U0613902

全国公共图书馆事业发展战略研究丛书

全国公共图书馆事业发展战略研究

饶　权　主编

国家图书馆出版社

图书在版编目（CIP）数据

全国公共图书馆事业发展战略研究 / 饶权主编. -- 北京 : 国家图书馆出版社, 2021.12

（全国公共图书馆事业发展战略研究丛书）

ISBN 978-7-5013-7339-0

Ⅰ. ①全… Ⅱ. ①饶… Ⅲ. ①公共图书馆－图书馆事业－发展战略－研究－中国 Ⅳ. ①G259.252

中国版本图书馆CIP数据核字（2021）第180074号

书　　名　**全国公共图书馆事业发展战略研究**

QUANGUO GONGGONG TUSHUGUAN SHIYE FAZHAN ZHANLÜE YANJIU

著　　者　饶　权　主编

责任编辑　张　颀

封面设计　耕者设计工作室

出版发行　国家图书馆出版社（北京市西城区文津街7号　100034）

（原书目文献出版社　北京图书馆出版社）

010-66114536　63802249　nlcpress@nlc.cn（邮购）

网　　址　http://www.nlcpress.com

排　　版　北京旅教文化传播有限公司

印　　装　河北鲁汇荣彩印刷有限公司

版次印次　2021年12月第1版　2021年12月第1次印刷

开　　本　710mm×1000mm　1/16

印　　张　37.75

字　　数　518千字

书　　号　ISBN 978-7-5013-7339-0

定　　价　188.00元

丛书编委会

总　序

凡事预则立，不预则废。长期以来，面向未来开展战略研究、科学编制中长期发展规划是指导我国经济社会快速稳定发展的宝贵经验。从 1953 年开始制定实施五年规划，我国目前已编制了十四个五年规划。这些五年规划不仅有利于保持国家战略连续性、稳定性，将战略思路落到实处，而且有利于明确未来一段时期内的发展目标和重点任务，集中力量办大事。公共图书馆历来也十分重视编制中长期发展规划，早在 1956 年国家图书馆就制定了第一个中长期发展规划——《北京图书馆十二年（1956—1968）工作规划纲要》，特别是"十二五"以来，《全国公共图书馆事业发展"十二五"规划》《"十三五"时期全国公共图书馆事业发展规划》发布后，很多图书馆也都开始围绕图书馆事业发展的重难点开展研究，编制五年发展规划，指导事业未来五年的发展方向。

"十四五"时期是我国在全面建成小康社会、实现第一个百年奋斗目标之后，乘势而上开启全面建设社会主义现代化国家新征程、向第二个百年奋斗目标进军的第一个五年。当前，世界多极化、经济全球化、社会信息化、文化多样化深入发展，公共图书馆事业正在经历传统媒体和新媒体融合发展带来的海量异构资源的巨大考验，经历数字网络环境下多元信息服务平台的强势竞争，经历在线学习、开放科研、协同创新等信息与文化交流传播新形态的猛烈冲击，经历新冠肺炎疫情导致疫情防控、经费缩减和服务需求变化的严峻考验，面向"智慧社会"的公共图书馆事业转型创新迫在眉睫。同时，

“文化强国”建设被提到突出重要位置，公共图书馆在国家经济社会发展中的地位、作用空前提高。2019 年 9 月，在国家图书馆建馆 110 周年前夕，中共中央总书记、国家主席、中央军委主席习近平同志给国家图书馆八位老专家回信，指出图书馆事业在国家发展特别是在文化发展中的突出重要作用和重要地位，明确强调“图书馆是国家文化发展水平的重要标志，是滋养民族心灵、培育文化自信的重要场所”，对图书馆事业提出“坚持正确政治方向，弘扬优秀传统文化，创新服务方式，推动全民阅读，更好满足人民精神文化需求，为建设社会主义文化强国再立新功”的殷切期望，为公共图书馆在新时代继续推进图书馆事业，服务国家发展大局，服务公众终身学习指明了前进方向，提供了根本遵循。2021 年 3 月，《中华人民共和国国民经济和社会发展第十四个五年规划和 2035 年远景目标纲要》明确提出，要推进公共图书馆等公共文化场馆免费开放和数字化发展；深入推进全民阅读，建设“书香中国”；加强古籍保护研究利用；积极发展智慧图书馆等。而后陆续发布的《“十四五”文化和旅游发展规划》《“十四五”公共文化服务体系建设规划》也都进一步明确了公共图书馆事业未来的发展重点。

为了应对当前经济社会改革发展和文化空前繁荣给公共图书馆事业带来的机遇和挑战，深入学习贯彻习近平总书记给国家图书馆八位老专家的回信精神，贯彻落实国家以及文化和旅游部系列“十四五”规划，近两年，图书馆行业围绕“十四五”时期事业发展，通过召开专题研讨会、实地调研、发表专栏文章、公开征求意见等方式，开展了大量调查研究及实践活动，国家图书馆和各级公共图书馆陆续编制了本馆的“十四五”发展规划，中国图书馆学会、全国图书馆标准化技术委员会等图书馆行业组织也陆续编制了“十四五”规划，为推动全国公共图书馆事业在新时代实现创新发展指明了方向。

2020 年 4 月，国家图书馆、中国图书馆学会受文化和旅游部公共服务司委托，承接“全国公共图书馆事业发展战略研究”项目，邀请 15 家副省级以上公共图书馆共同组成全国公共图书馆事业发展战略研究工作组，汇聚全国公共图书馆及全行业专家团队力量，围绕公共图书馆文献资源建设、基层公共文化服务、优秀传统文化传承发展、全民阅读服务、新技术创新应用等13个专题开展研究。通过文献整理、问卷调查、专家访谈、网络调研、实地考察等多种形式，全面总结我国公共图书馆事业的发展经验和问题，明确未来发展思路，共形成约122万字的15份调研报告，提出49项“十四五”时期重点项目建议，于2021年5月正式结项。为促进项目研究成果的转化利用，国家图书馆、中国图书馆学会联合项目成员馆策划出版“全国公共图书馆事业发展战略研究丛书”，这套丛书既有归纳全部研究内容的总报告，也有针对热点领域分析的专题报告。希望通过这套丛书的出版，为科学谋划公共图书馆事业“十四五”时期及未来更长远发展、支撑各级各类图书馆的中长期规划编制，以及图书馆学开展专业研究、文化主管部门进行有效管理提供参考。

丛书在编纂过程中，得到了全国许多图书馆的积极参与与热情帮助，得到了专家学者及其研究团队的理解支持与悉心付出，在此我谨向所有参与这套丛书编纂出版的机构与个人表达衷心谢忱。我们真诚地希望这套丛书能够为我国公共图书馆事业未来转型发展提供更好的思路和建议，同时也希望能够引发社会各界对公共图书馆事业未来发展的更多关注与思考。

文化和旅游部副部长、中国图书馆学会理事长

饶 权

二〇二一年十月

目 录

1　公共图书馆事业“十三五”回顾和“十四五”展望

“十四五”时期是我国全面建成小康社会、实现第一个百年奋斗目标之后，乘势而上开启全面建设社会主义现代化国家新征程、向第二个百年奋斗目标进军的第一个五年。在新的历史发展阶段，文化的重要性更加凸显。推动文化建设高质量发展，是经济社会高质量发展的重要内容，是满足人民群众日益增长的精神文化需求的重要基础，也是激发文化创造活力、推进文化强国建设的必然选择。作为公共文化服务体系的重要组成部分，公共图书馆在已有的收集、整理、保存文献信息以及承担记录文明的职能的基础上，通过面向所有社会成员开展免费提供文献查询、借阅等服务以及各种类型的社会教育活动，保障了公民获取信息和知识的基本权利，为提升公民素质作出重要贡献。改革开放以来，伴随着我国综合国力的不断提升，公共图书馆事业发展经历了一个快速发展的时期，积累了较为坚实的事业发展基础。在新的发展阶段，公共图书馆事业发展的环境和条件正在发生深刻变化，进一步发展面临新的机遇和挑战。

1.1 “十三五”时期我国公共图书馆事业发展的主要成就

2015年，中共中央办公厅、国务院办公厅印发《关于加快构建现代公共文化服务体系的意见》，提出“到2020年，基本建成覆盖城乡、便捷高效、保基本、促公平的现代公共文化服务体系”的要求[1]。《“十三五”时期全国公共图书馆事业发展规划》对公共图书馆事业发展提出了更加具体的要求：“到2020年，全国公共图书馆设施网络进一步完善，文献资源保障能力明显增强，县级图书馆总分馆制基本建立，公共图书馆服务标准化、均等化水平显著提高，信息网络等新技术应用更加普及，法人治理结构建设积极推进，人才队伍建设有效加强，政策法律保障更加有力，社会力量广泛参与，公众对公共图书馆服务的满意度持续提升。”[2]

在党和国家的高度重视和大力支持下，在文化主管部门的统筹部署下，“十三五”时期我国公共图书馆事业继续保持快速发展的态势，取得了一系列令人瞩目的成就。据《中华人民共和国文化和旅游部2020年文化和旅游发展统计公报》，截至2020年末，全国共建成公共图书馆3212个、分馆38631个，全国公共图书馆总藏量达11.8亿册（件），建筑面积1785.8万平方米，阅览室座席数126.47万个。此外，以总分馆制为依托的公共图书馆服务网络不断向城乡基层下沉，公共图书馆文献信息资源保障能力稳步加强的同时更加重视馆藏建设的多样化和特色化，珍贵典籍保护、研究和利用的水平进一步提升，全民阅读推广走向深入，创新驱动服务效能不断提升，新技术的应用为当前和未来的发展充分赋能，治理体系和治理能力现代化建设也有了较为坚实的基础。

1.1.1　总分馆建设推动设施服务网络进一步下沉

总分馆制是现代公共文化服务体系建设的重要内容，“十三五”时期，公共图书馆总分馆制建设进一步深化。2016年12月，文化部等五部委联合印发《关于推进县级文化馆图书馆总分馆制建设的指导意见》（以下简称《意见》），提出“到2020年，全国具备条件的地区因地制宜建立起上下联通、服务优质、有效覆盖的县级文化馆、图书馆总分馆制”的目标，湖南、陕西、四川等地也相继出台了总分馆制建设的地方政策[3]，《中华人民共和国公共图书馆法》更是从法律层面对建设图书馆总分馆制作了要求。“十三五”时期总分馆制建设模式在全国范围内全面推广，总分馆制成为各地建设图书馆服务体系的普遍选择。据《中华人民共和国文化和旅游部2020年文化和旅游发展统计公报》，到2020年末，全国共有2397个县（市、区）建成了图书馆总分馆制，占全国县级区划总数的比例超过84%，全国分馆数量达到38631个，相比2015年增加了193.3%。

“十三五”期间，总分馆建设逐渐从过去的探索和积累阶段走向了全面普及和成熟时期，总分馆的体系结构更加健全。在基本实现“县县有图书馆”后，一些地方在过去“总馆＋分馆”模式的基础上，发展出了四级乃至五级的体系。例如，广州市确立了“中心馆＋专业性分馆＋总馆＋分馆＋服务点”的多层建设模式[4]；深圳市盐田区构建了“区总馆＋街道分馆＋智慧书房＋社区服务点”的垂直一体化总分馆制[5]；山东、陕西等地也建立了类似的多层体系。这一时期的总分馆建设主要体现在：一方面不断完善的总分馆层级推动图书馆的服务网络向基层延伸，更加贴近用户；另一方面很多地方明确了市级馆在总分馆建设中的“中心馆”作用，强化了总分馆可持续运行的保障。

分馆的建设更加注重品质化和特色化。分馆（或服务点）作为总分馆体系的“神经末梢”，被布局到了社区、学校、企事业单位、机场车站等人流密集的地方，真正做到了“哪里需要图书馆就把分馆建到哪里”。分馆的呈现形式也越来越多样，越来越多的分馆以各式各样高品质的“城市书房”“百姓书屋”等形式出现。据统计，截至2020年10月底，全国已建成“城市书房”3300多个[6]。分馆也不再只是总馆的复制和延伸，而是更加强调特色化，各类主题分馆不断涌现，例如杭州市已建立了不同类型的主题分馆27家[7]。特别是在文旅融合的大背景下，很多分馆充分结合当地特色，打造具有鲜明地方特色的标志性空间。

总分馆建设的参与主体更加多元。越来越多的企事业单位、学校、个人等社会力量被吸纳到总分馆建设中，在各地的工作实践中，探索出了政府购买、协议合作等多种形式的建设模式[8]。很多地方采用了社会力量提供场地、资金，图书馆提供资源和配套管理的合作形式。这样的合作形式一方面强化了分馆建设的保障力量，另一方面也让公共图书馆得以充分发挥自身的核心优势，真正实现“合作共赢、优势互补”。同时，各地也及时总结和解决问题，探索出可持续的发展模式，如较早开展社会化合作探索的温州，在“十三五”时期确立了城市书房考核退出机制[9]，以保证分馆的服务水平和质量。

1.1.2 文献信息资源建设更加重视多样化和特色化

《中华人民共和国公共图书馆法》对文献信息的收集、整理、处置、共建共享等各个环节都做了规定，强化了资源建设的法律制度保障，特别是明确了国家图书馆和省级公共图书馆接受出版物交存的制度[10]。“十三五”时期，公共图书馆继续加强资源建设，文献信息资源保障能力稳步增强。据国家图书馆研究院编《中国公共图书馆事业发展基础数据概览》，截至2020年底，全国公共图书馆总藏量11.8亿册（件）、人均拥有藏量0.84册（件）、新增藏量购置费22.58亿元、人均购书费1.60元，相比2015年分别增长了40.7%、37.7%、14.6%和11.9%。公共图书馆在文献信息资源保障能力稳步提升的同时，也更加重视资源的多样化和特色化，并利用新技术探索了资源开发利用的新可能。

各级图书馆在持续开展纸质资源、数字文献等类型资源建设的同时，不断丰富资源的多样化程度，加强网络资源、口述史料等新形态资源的建设。例如，为了保存珍贵而易逝的网络信息资源，国家图书馆联合全国公共图书馆开展互联网资源保存工作，截至2018年底已累计采集网站2.3万余个[11]。图书馆还积极与互联网企业开展合作，将微博[12]、网络文学[13]等资源纳入馆藏保存体系。馆藏资源建设不再囿于以文字形态呈现的“显性知识”，在口述史、影像史资源等“隐性知识”的整理、保存和利用方面也进行了深入探索[14]。为了完整记录以习近平同志为核心的党中央团结带领全党全国各族人民抗击新冠疫情的伟大历程，国家图书馆还与全国各级各类图书馆共同开展中国战“疫”记忆库建设，广泛征集与战“疫”有关的各类型资料。

各级公共图书馆的馆藏资源建设更加注重特色化，结合文旅融合的社会背景打造了一批各具特色的精品资源。特色资源建设过去一直是公共图书馆资源建设的重要内容，各地建成了一大批特色资源库，内容涵盖地方文献、地域文化、专题资源等各种类型[15]。在文旅融合的时代大趋势下，各地公共图书馆进一步开展了特色资源建设的探索，为发展“文化旅游”提供了坚实的基础。例如，嘉兴市图书馆结合本地历史打造了“红船书苑”，并配合红色旅游建立了主题文献专藏[16]；长沙市图书馆结合本地文化打造了“东亚文化之都”文献资源中心[17]等。

在资源组织和整合揭示方面，数字人文技术的应用为图书馆的资源建设注入新的活力。由数字化、数据管理、数据分析、可视化等组成的数字人文技术体系[18]为图书馆馆藏资源的深度揭示和整合关联提供了新的思路。一些公共图书馆将数字人文技术应用于馆藏资源的开发，如上海图书馆推出“中国家谱知识服务平台”“人名规范库”“历史文献众包平台”等项目，有效推动馆藏资源的共建共享和开发利用[19]。但总体而言，当前公共图书馆对数字人文的应用范围还相对有限，未来还有较大的发展空间。

1.1.3 珍贵典籍保护、研究和利用的水平进一步提升

党的十八大以来，以习近平同志为核心的党中央高度重视弘扬中华优秀传统文化，对传承保护中华优秀传统文化做出了诸多重要论述和指示。2017年1月，中共中央办公厅、国务院办公厅印发《关于实施中华优秀传统文化传承发展工程的意见》，对如何实施中华优秀传统文化传承发展工程做出具体要求[20]。2017年5月印发的《国家“十三五”时期文化发展改革规划纲要》对传承弘扬中华优秀传统文化做出部署[21]。同年9月文化部印发《“十三五”时期全国古籍保护工作规划》，对“十三五”时期全国古籍保护工作做出了全面部署，在“中华古籍普查登记项目”“珍贵古籍保护项目”等延续性项目的基础上，部署了“中华传统文化百部经典”等一批新建项目[22]。

“十三五”时期，依托中华古籍保护计划等重要文化工程，我国古籍保护工作取得一系列重要成果，古籍存藏条件得到持续改善，古籍分级保护机制逐步建立。截至2020年底，全国90%以上存世古籍的普查登记工作已完成，累计发布264家单位古籍普查数据82.5万余条[23]；累计发布六批《国家珍贵古籍名录》，共收录古籍13026部、命名203家“全国古籍重点保护单位”[24]，名录申报范围扩大到香港、澳门地区；通过古籍普查新发现一批包括藏文、蒙古文、彝文、满文、东巴文等在内的少数民族古籍；古籍分级管理保护机制初步建立[25]。各地公共图书馆根据《图书馆古籍特藏书库基本要求》等国家标准新建或改建古籍库房，首都图书馆、江西省图书馆、新疆维吾尔自治区图书馆等均已建成专门的古籍标准化书库，超过2000万册（件）古籍得到妥善保护，360余万叶破损古籍得到精心修复[26]，古籍原生性保护与再生性保护工作体系进一步完善。

典籍整理出版和数字化工作取得一系列重要成果。“中华再造善本工程”、

《中华医藏》、“中华古籍数字资源库”等一批古籍整理再造项目实施推进，在线发布古籍数字资源累计超过 7.2 万部[27]。通过开展“海外中华古籍调查暨数字化合作项目”等数字化项目，促成古籍以数字化方式回归，同时通过海外合作、现场拍摄、缩微复制等方式，征集到大量的日本战犯审判、日本战争罪行等民国时期史料文献。由中共中央宣传部、文化和旅游部委托国家图书馆承担的“中华传统文化百部经典”编纂项目，截至 2020 年底已出版 5 批 40 种图书[28]。各地的典籍整理出版也成果丰硕，如“广州大典”项目完成了《广州大典总目》《广州大典·曲类》等成果的出版。各级公共图书馆还积极利用新的技术手段挖掘和利用馆藏资源，如上海图书馆依托馆藏家谱文献，基于关联数据技术建设“中国家谱知识服务平台”，具备上传家谱（在线捐赠）、在线识谱、在线修谱三种众包功能[29]。

与此同时，吉林省典籍博物馆、湖北典籍博物馆等一批典籍博物馆建成开放，通过组织展览、讲座、研学游等活动，广泛开展讲座、展览、研学旅游等活动，深入挖掘和阐发典籍中蕴含的中华优秀传统文化内涵，使古籍更好地走进群众视野、融入百姓生活。2017 年，全国图书馆联合发起成立“全国图书馆文化创意产品开发联盟”，引入“共享经济”“互联网 +”等理念，实现了图书馆文创产品文化价值与实用价值的有机统一，让书写在古籍里的文字真正“活”了起来。

1.1.4　全民阅读推广走向深入

党的十八大以来，全民阅读逐渐被确立为国家文化战略。自 2014 年起，“全民阅读”连续八年被写入政府工作报告；2016 年，《全民阅读“十三五”时期发展规划》印发；2020 年，中共中央宣传部印发《关于促进全民阅读工作的意见》。“深入推进全民阅读，建设‘书香中国’”还被写入国家“十四五”规划。此外，《中华人民共和国公共文化服务保障法》《中华人民共和国公共图书馆法》的先后实施为公共图书馆开展全民阅读工作提供了法律保障，江苏、湖北、辽宁、深圳等多个省市还出台了地方性全民阅读法规和有关全民阅读的中长期规划，为全民阅读提供了制度保障。在党和政府的高度重视下，在社会各界的共同推动下，全社会的阅读氛围日益浓厚。截至 2020 年，我国成年国民综合阅读率达 81.1%[30]。

“十三五”时期，公共图书馆阅读服务品牌的影响力进一步扩大。各级公共图书馆积极组织策划主题鲜明、内容丰富、形式多样的阅读推广活动，广泛开展读书节、读书周、读书月、读书季等全民阅读活动。据《中华人民共和国文化和旅游部 2019 年文化和旅游发展统计公报》，仅 2019 年，全国县以上公共图书馆举办各类阅读推广活动约 20 万场次，吸引公众参与达 1.18 亿人次。2019 年世界读书日，国家图书馆、中国图书馆学会联合全国公共图书馆共同发布了《服务全民阅读　共创美好生活——中国图书馆界 4·23 全民阅读活动倡议书》，全国超过 3000 家图书馆积极参与[31]。在区域一体化发展背景下，长三角图书馆联盟、中三角（湘鄂赣皖）公共图书馆联盟、京津冀公共图书馆联盟、粤港澳大湾区公共图书馆联盟等开展区域协作，联合打造了一批各具特色、富有新意的阅读活动品牌。国家图书馆的文津图书奖、国图公开课、文津经典诵读等经典阅读品牌已被社会公众广泛熟知。佛山市图书馆 2018 年开始实施的“邻里图书馆”家庭阅读推广创新项目在短短三年内发展增至 1170 家[32]。

多元参与的全民阅读服务生态初步形成。公共图书馆与各方力量合作积极搭建城市书房等新型阅读空间，29 个省份的 193 座城市先后建成 3300 余家城市书房，其中绝大多数以政府主导、社会参与的方式共建共享[33-34]。以浙江省温州市为例，城市书房、文化驿站运营管理的社会参与率分别达到 88%、49%[35]。公共图书馆还积极与书店、出版社、数字资源提供商等机构开展“馆店”“馆社”“馆商”合作，不断丰富阅读资源、创新阅读资源获取途径。例如，内蒙古自治区图书馆与新华书店等合作推出“彩云服务”；上海图书馆与盛大文学开展合作，将订阅的盛大文学资源逐步整合进馆藏数字内容服务体系；南京、合肥等地公共图书馆通过整合与合作书店的阅读资源，构建共享阅读平台。在文旅融合背景下，广东、浙江、山东等地还涌现出粤书吧、民宿图书馆、尼山书院等公共阅读空间新形态[36]。

新技术应用推动公共图书馆阅读服务方式和渠道不断创新。为满足公民不断增长的数字阅读、移动阅读需求，公共图书馆积极应用新技术提升读者阅读体验，推进数字阅读空间建设，通过提供数字触摸屏、电子书阅读器、虚拟现实场景体验等各类新兴数字阅读服务，引导读者走近数字阅读，例如上海浦东图书馆建立了“数字体验中心”，为用户提供“听＋看＋读＋活动体验”的一体化服务[37]。公共图书馆还积极适应新媒体环境，嵌入微信、微博、喜马拉雅、抖音等互联网社交媒体平台，拓展阅读推广渠道，创新服务形式。以微信为例，到2020年全国共有超过2500家公共图书馆开通了微信服务[38]；国家图书馆还在喜马拉雅平台开通账号，为用户提供有声读物资源。

1.1.5　创新驱动服务效能提升

党的十八届五中全会把“创新、协调、绿色、开放、共享”确定为新时代中国特色社会主义建设必须坚持的新发展理念，其中“创新”居首，是引领发展的第一动力。2017年5月，中共中央办公厅、国务院办公厅印发《国家“十三五”时期文化发展改革规划纲要》，提出要坚持创新发展，把新发展理念贯穿于文化发展改革全过程[39]。“十三五”时期，我国各级公共图书馆积极适应新时期社会环境和社会需求变化，不断创新服务内容和服务方式，提升服务质量和服务效率。

“十三五”时期，公共图书馆服务的均等化、便捷化程度进一步提升。浙江、山东、四川、云南、安徽、山西等地普遍建立起覆盖城乡的五级公共文化设施网络，打通了公共文化服务的“最后一公里”[40]。公共图书馆免费开放水平进一步提升，全国多地图书馆陆续取消收取图书滞纳金；很多公共图书馆还与第三方征信机构合作，面向常住人口推广免押金信用阅读服务，进一步降低图书馆使用门槛。例如，浙江图书馆联合全省公共图书馆建设了“阅读＋信用”共同体[41]。一些地区的公共图书馆尝试突破区域限制，实现更大范围内的通借通还。例如，广东省广州、佛山两地实现了两地读者证互认；北部湾经济区图书馆服务联盟实现了“一卡借遍六城”[42]，打破了通借通还区域壁垒[43]；长江三角洲区域公共图书馆发出“城市阅读一卡通”倡议，号召共同实现“借阅办证零门槛，文献传递无边界，个性服务通全域，通借通还重实效”[44]；山西省428个公共图书馆实现了图书共享、数字资源共享和服务共享，市民可以在各地随意借还图书[45]。

各级图书馆积极探索跨部门、跨行业协作模式，不断创新服务方式。一是与其他公共文化机构的融合发展有了更多实质性进展，“多馆合一”模式在全国各地不断涌现，如浙江省景宁县畲族文化研究发展中心（博物馆、文化馆、图书馆）、山东省青岛开发区综合展馆工程（博物馆、规划展馆、图书馆、档案馆）、河南省鹤壁市三馆（博物馆、图书馆、群众艺术馆）合一工程等[46]；二是与教育科研机构以及高新企业、文旅相关企业等开展了更广泛的跨界合作，在应用现代信息技术创新服务方式、提升公共文化服务效能等方面取得突出成效，例如国家图书馆与中国社会科学院图书馆、华为技术有限公司、北京市公园管理中心等机构在各领域广泛开展战略合作。

各地公共图书馆通过新建或改扩建馆舍，在空间创新方面取得了显著成效。一大批现代化馆舍陆续建成并投入使用，成为所在地区新的文化地标，例如新疆维吾尔自治区图书馆新馆、苏州第二图书馆等设置特色“馆中馆”，向读者提供智能化借阅体验。与此同时，一些图书馆通过对历史建筑进行修缮与扩建，打造名副其实的文化景观和城市名片。例如，北京角楼图书馆以北京建筑民俗元素为切入点，结合角楼自身历史文化价值，打造京味十足的公共文化空间；上海杨浦区图书馆在修缮过程中最大程度保留了原有的彩绘、琉璃瓦、水磨石等建筑亮点，完整再现“中国复兴式”建筑的历史特征与建筑风貌[47]。此外，一些图书馆还通过调整空间格局、重新划分区域等方式，对阅览区域进行空间优化和形象提升。

1.1.6 新技术应用为事业发展充分赋能

“十三五”时期，数字图书馆推广工程等公共数字文化工程继续推进。2017 年，文化部发布了公共数字文化建设的首个五年规划《“十三五”时期公共数字文化建设规划》，提出“到 2020 年，基本建成与现代公共文化服务体系相适应的开放兼容、内容丰富、传输快捷、运行高效的公共数字文化服务体系”的总体目标[48]。到 2019 年，依托推广工程建立的四级数字图书馆服务网络，已经覆盖了包括少儿馆在内的 41 家省级图书馆、485 家地市级图书馆、2740 家县级图书馆[49]。

在公共数字文化工程的带动下，全国公共图书馆在数字图书馆网络平台搭建、关键技术研发、数字资源建设和数字信息服务等方面取得重要进展，逐步建立起标准统一、互联互通的数字图书馆服务平台，积累了一批内容丰富、形式多样的数字资源，培养了一支数字图书馆专业人才队伍[50]。尤其是带动一批基础条件相对薄弱的中小型图书馆加快了数字化和信息化建设的步伐，显著提升了公共图书馆的数字化和网络化服务能力。

各级图书馆在推动优质数字服务向城乡基层延伸方面做了大量工作，通过网络连通、推送资源、搭建平台、人才培训等方式，在试点贫困县广泛开展数字文化帮扶活动[51]，为弥合数字鸿沟做出了重要贡献。公共图书馆对数字服务、移动服务的积极投入适应了新技术环境下用户需求和习惯的变迁，有效应对了技术变革对传统图书馆价值的冲击。特别是面对突如其来的新冠疫情对线下服务的冲击，数字化、信息化建设的积累帮助公共图书馆从容应对，疫情防控期间全国多家公共图书馆在关闭线下服务的同时，通过整合馆藏数字资源向社会公众继续提供服务[52]。

公共图书馆在数字化和信息化方面的积累，也为未来智慧化转型打下了基础。一些基础较好的公共图书馆已经开始了智慧化转型的初步探索。例如，国家图书馆引入智能机器人实现“人脸识别、迎宾讲解、智能交互”等智能导览服务，苏州第二图书馆利用新馆建设的契机建成了智能集成书库，深圳盐田区图书馆建成了智慧墙、智能书架、传感系统、智慧座席等项目[53]。但总体而言，现有的探索主要还是单体的、局部的，尚未对公共图书馆的资源、空间、服务等形成全方位的赋能，也没有在全国范围内形成合力，深度和广度都还有极大的探索空间。

1.1.7 治理体系和治理能力现代化有了坚实基础

自党的十八届三中全会以来，我国一直在推动国家治理体系和治理能力现代化建设。党的十九届四中全会正式通过了《中共中央关于坚持和完善中国特色社会主义制度 推进国家治理体系和治理能力现代化若干重大问题的决定》。公共图书馆作为公共文化事业的重要组成部分，也是国家治理体系和治理能力现代化的重要内容。“十三五”时期，我国公共图书馆法制化规范化建设成果显著，立法工作取得突破性进展，各项管理制度不断健全，标准规范体系也日益完善，法人治理结构改革取得初步成果，为未来建成现代化的图书馆治理体系奠定了坚实基础。

《中华人民共和国公共文化服务保障法》《中华人民共和国公共图书馆法》两部法律颁布实施，为公共图书馆事业的发展奠定了基础法制框架。特别是作为新中国成立以后我国第一部图书馆领域国家法律，《中华人民共和国公共图书馆法》从法律层面明确了公共图书馆的功能定位，政府主体责任，免费、平等、开放的基本理念，以及运行管理制度和服务要求等重要事项，为保障公共图书馆事业的科学可持续发展做出了一系列重要的顶层制度设计[54]。两部法律出台后，相关配套制度也在不断跟进完善。例如，根据《中华人民共和国公共图书馆法》第二十八条有关文献信息处置的要求，文化和旅游部启动了《公共图书馆馆藏文献信息处置管理办法》的研制工作，并于2020年发布了征求意见稿[55]。此外，根据这两部法律对公共图书馆信息公开的要求，文化和旅游部还组织启动了公共图书馆年报编制指南的研制工作。

公共图书馆标准规范体系不断完善，标准化水平进一步提升。“十三五”期间，由全国图书馆标准化技术委员会和全国信息与文献标准化技术委员会归口的29项国家标准发布实施；另有全国图书馆标准化技术委员会归口的15项文化行业标准发布实施。2019年，公共图书馆业务规范系列标准发布，系统描述了对于不同层级公共图书馆业务工作的要求[56]，对于提升公共图书馆业务活动的规范化水平有着重要意义。此外，《图书馆视障人士服务规范》《公共图书馆少年儿童服务规范》两项图书馆服务领域的国家标准也颁布实施，《公共图书馆服务规范》等重要标准规范的制修订工作也在“十三五”时期启动。

“十三五”时期，公共图书馆法人治理结构改革取得初步成果。2017年，中宣部、文化部等7部门联合发布了《关于深入推进公共文化机构法人治理结构改革的实施方案》，要求到2020年底全国市（地）级以上规模较大、面向社会提供公益服务的公共图书馆等公共文化机构基本建立以理事会为主要形式的法人治理结构[57]。在此背景下，各地纷纷推动公共图书馆的法人治理结构改革。据不完全统计，到2019年已有超过19家省级公共图书馆和百余家市级公共图书馆成立了理事会[58]。一些图书馆的法人治理结构改革取得了良好的效果，如较早开始这方面探索的温州图书馆充分发挥理事会作用，有效吸纳社会力量对城市书房等项目提供支持，充分激发了内部业务活力[59]。但总体而言，现有理事会在提升公共图书馆治理能力方面，还有待发挥更加积极的作用。

1.2 “十四五”时期公共图书馆事业发展面临的新要求

“十四五”时期，我国公共图书馆事业发展面临的环境发生深刻变化，国家、社会和公众对公共图书馆有了新的要求：信息和知识呈现形态更加多样，要求公共图书馆的馆藏体系更加多元和包容；公众对知识和信息的需求更加多元，个性化、圈层化的知识服务需求要求公共图书馆进一步提升服务的精准化程度；新一轮技术革命推动智慧社会的加速到来，要求公共图书馆加快智慧化转型的步伐，更好地融入智慧社会的建设中；经济社会转型的大背景下，要求公共图书馆转变发展方式，不断提升治理能力和治理水平。

1.2.1 文明多样性对图书馆资源采集与保存体系的新要求

采集和保存人类文明一直是公共图书馆孜孜以求的使命，《中华人民共和国公共图书馆法》赋予国家图书馆“承担国家文献信息战略保存”（第二十二条）的职能，同时要求政府设立的公共图书馆“系统收集地方文献信息，保存和传承地方文化”。过去，公共图书馆采集文献信息的重点在书刊资料和正式出版的数字文献信息。如今，随着文明的记录形态更加丰富，社会对于图书馆的馆藏资源体系也提出了新的要求。

随着数字时代、互联网时代和智能时代的到来，人类社会产生的数据量呈指数级爆炸式增长，据权威数据统计机构 Statista 的统计和预测，2020 年全球数据量将达到 47ZB①，而到 2035 年则会达到 2142ZB[60]。过去以书刊等

① 1ZB=1012GB。

纸质出版物为主体的知识载体形态正在发生变化。社会生活方面，据《第47次中国互联网络发展状况统计报告》，截至2020年12月，我国网页数量达到3155亿个、移动互联网接入流量达1656亿GB，相比2015年分别增长了48.6%和3852.3%。互联网尤其是移动互联网的迅猛发展深入社会生活的方方面面，互联网平台日益发展为信息和知识的重要集散地，产生了数量庞大、结构多样的信息资源。科学研究领域，随着科学研究的数字化程度不断加深，科研活动进入数据密集型的第四范式阶段，科学数据的价值日益凸显的同时，对科研数据进行有效保存和管理的需求也在不断增加[61]。2018年，国务院办公厅专门印发《科学数据管理办法》，对科学数据采集、汇交与保存等事项进行了规范。产业发展方面，数字经济蓬勃发展，2020年我国数字经济规模已达39.2万亿元，占GDP比重达38.6%[62]。2020年颁布的《中共中央　国务院关于构建更加完善的要素市场化配置体制机制的意见》将“数据”作为与土地、劳动力、资本技术并列的生产要素，数据要素的市场化配置被上升到国家战略的高度。相比之下，传统知识载体的书刊出版增速正在放缓。据国家统计局发布的数据，2020年我国图书总印数为103.7亿册，相比2015年仅增长19.8%，期刊和报纸的总印数、电子出版物的种数甚至出现了下滑。在这样的时代，以出版物形态呈现的知识体系依然重要，但社会信息和知识的呈现形态变得更加多元。

《国际图联／联合国教科文组织公共图书馆宣言》（1994年版）提出，（公共图书馆的）馆藏资料必须反映当前趋势和社会发展过程，以及记载人类活动和想象的历史。诞生于各大互联网平台的海量网络信息资源，数字科研环境下产生的各类实验、工具、方法等科学数据，数字经济环境下产生的各种数据要素，都凝聚着人类共同的社会记忆，是当代人类文明的真实记录，有着重要的保存价值。在文明多样性的环境下，海量的、分散的、结构化的和形态多样的资源不仅对公共图书馆馆藏体系的范围提出了新的要求，也对资源采集和加工的方式提出了新的挑战。前文提到，我国公共图书馆已在互联网信息等多元化的馆藏体系建设方面进行了积极探索，但对于庞大、脆弱且易流失的数字资源来说，资源采集和保存工作仍然任重道远。

1.2.2 多元的知识信息服务需求对图书馆服务效能的新要求

过去公共图书馆一直扮演着“为人找书、为书找人”的知识中介角色，尽管在时代发展的过程中，这一角色仍然是公共图书馆的核心价值之一。但正如前文所述，信息和知识呈现的形态已经发生重大改变，与此同时社会公众获取信息和知识的渠道和习惯也已经发生了巨大变化，用户对信息和知识服务的需求更加多元化，对公共图书馆的服务供给提出了更高要求。

以互联网为代表的信息技术的发展，不仅影响着信息和知识的生产和传播，更重塑了人们获取信息的渠道和习惯。截至2020年12月，我国网民规模已达9.89亿，互联网普及率达70.4%，网民人均每天上网时长超过3.7小时。微信、微博、抖音、B站、快手等平台广泛渗透不同社会群体，影响着人们生活、阅读、学习、娱乐的方方面面，2020年我国即时通信、网络新闻、网络文学、网络视频（含短视频）、在线教育的用户分别达到9.81亿、7.43亿、4.6亿、9.27亿、3.42亿，相比2015年分别增长了57.2%、31.6%、55.1%、83.9%、210.2%。更重要的是，过去图书馆在数字化建设中追求的搜索引擎式的“一站式”检索模式如今也正受到挑战。据《第47次中国互联网络发展状况统计报告》，搜索引擎的使用率已由2016年的82.4%下降至2020年的77.8%，取而代之的是基于算法推荐的信息和知识主动推送方式，这一方式越来越普遍地被应用于各类型互联网平台，公众对信息和知识服务的个性化、圈层化需求逐渐成为新的发展趋势。而公共图书馆现有的知识服务方式，无论是敏捷度还是精准度都不能很好地满足用户不断生长变化的知识信息需求。

同时，应该看到当前社会不同群体之间对知识和信息的需求差异化非常明显。从收入水平来看，随着改革开放以来我国经济的快速发展，国民收入水平不断上升，我国取得脱贫攻坚战的全面胜利，2020 年全国居民人均可支配收入超过 3.2 万元，比 2015 年增长了 46.5%。一方面我国已拥有全世界规模最庞大的中产阶级队伍[63]，另一方面我们仍然有 6 亿国民月收入不超过 1 千元，不同收入群体对知识和文化的需求存在较大差异。从受教育水平来看，一方面，2020 年全国高等教育毛入学率已达 54.4%[64]，国民整体素质稳步提升；另一方面，在我国劳动年龄（16—59 岁）人口中，受教育程度在大专及以上者的占比仅为 23.61%，初中及以下学历的人口仍接近 5 亿，占比超过 56%[65]。当前的社会结构下，公共图书馆要同时兼顾不同收入水平和受教育程度的用户多元的知识和信息服务需求，一方面要兼顾广大普通用户的一般化认识需求，另一方面又要关注越来越多的专业化需求，这对图书馆精细化服务能力提出了挑战。

1.2.3 新一轮技术革命对图书馆智慧化转型的新要求

图书馆一直是科技进步的倡导者和受益者，造纸术和印刷术的发明催生了图书馆（藏书楼）的诞生，计算机的出现推动图书馆自动化和数字化转型，互联网的繁荣则带动图书馆线上服务的蓬勃发展[66]。如今以人工智能为代表的新一轮科技革命的号角已经吹响，新技术的出现对公共图书馆提出了新的挑战和要求。

当前，人类社会正在经历以 5G 网络、大数据、云计算、物联网、区块链等新一代智能技术为代表的新一轮科技革命和产业变革。据麦肯锡咨询公司预测，到 2030 年会有 70% 的行业使用人工智能技术，预计为全球增加 13 万亿美元的附加值[67]。世界上很多国家都围绕未来社会的智慧化转型做出提前部署，如美国的《白宫智慧城市行动倡议》和《美国创新战略》、日本的《第五期科学技术基本计划》、新加坡的《智慧国家 2025》等。我国在《国民经济和社会发展第十三个五年规划纲要》中首次提出要“建设一批新型示范性智慧城市”，党的十九大报告中又提出要建设“智慧社会”。在党和政府的大力支持和推动下，我国智慧社会建设已经从规划逐步落地，我国累计建设 5G 基站超 70 万个（2020 年 10 月），稳居世界第一[68]；物联网连接数达 36.3 亿（2019 年），全球占比达 30%[69]。随着智能化基础设施建设和关键技术不断取得突破，未来智能化技术将会以更快的速度重塑我们的社会，智慧社会正加速向我们走来。

智慧社会的发展目标是通过智能技术的广泛应用、数据资源的高度共享与城市要素的开放互联，促进社会的结构性变革和功能性再造，从而构造新的社会运作体系，全面提升社会治理的精细化水平，实现基本公共服务的便捷高效与普惠均等，推动经济社会高质量发展。作为公共文化服务的重要组成部分，公共图书馆积极适应新技术变革，提供更加便捷高效、更具智慧化的服务，是智慧社会建设的重要内容，也是完善智慧化公共服务供给不可或缺的环节。公共图书馆只有主动求新，才能在未来智慧社会中继续有所作为。首先，未来的社会将是一个万物互联的社会，要求图书馆的馆藏资源、空间等也要实现互联互通，融入智慧社会的公共服务体系中。其次，智慧环境下知识生产链条上不同主体的边界正在逐渐模糊，出版机构、互联网平台运营商、数字技术服务提供商、社会化生产者等主体也纷纷进入知识服务领域，对图书馆的知识中介角色形成较大挑战，要求图书馆更加主动融入新的知识服务生态。最后，随着智能技术和智能设备的广泛应用，人们对智慧化知识服务体验的需求凸显，对线上线下互动、虚实结合、开放互联、知识共享的信息获取与交流环境需求日益强烈，要求图书馆充分利用智能化技术丰富和完善用户体验。

1.2.4　经济社会转型对图书馆综合治理能力的新要求

当前公共图书馆事业发展所需经费来源仍以政府投入为主，随着我国经济增长速度的放缓，政府对公共支出的财政投入不可能无限制增长，公共图书馆事业依靠政府高投入维持的快速发展模式将不可持续。在经济发展进入新常态的背景下，党和政府提出要加强治理体系和治理能力现代化的部署，这也对图书馆提升综合治理水平提出了新的挑战和要求。

改革开放以来，我国经济发展取得了举世瞩目的成就。按国家统计局发布的数据，我国的GDP总量从1979年的4100.5亿元增长到2019年的986515.2亿元，年均增长率14.7%；财政收入和支出分别从1979年的1146.4亿元、1281.78亿元增长到2019年的190390亿元、238858.4亿元，年均增长率分别为13.6%和14.0%。在经济快速增长和财政收支大幅提升的环境下，政府对公共服务的投入也大幅增加。据国家图书馆研究院编《中国公共图书馆事业发展基础数据概览》，公共图书馆财政拨款从1979年的5040万元增长到2019年的183.6亿元，年均增长率为15.9%。政府的大力投入快速弥补了我国公共图书馆事业薄弱的发展基础，行业经历了快速发展的时期。但随着我国经济增长速度放缓，经济发展进入“新常态”，再叠加新冠疫情对经济社会的巨大冲击，财政收入增长放缓、收支矛盾凸显。2020年政府工作报告提出“各级政府必须真正过紧日子”，“要大力提质增效，各项支出务必精打细算，一定要把每一笔钱都用在刀刃上、紧要处”。在此背景下，公共图书馆依赖财政高投入的粗放型增长模式将不可持续，实际上2020年很多公共图书馆的财政预算就已经受到大幅削减，这就要求公共图书馆转变发展思路，更加注重从已有资源中发掘潜能，盘活存量、提升效能。

在新的发展阶段，我国经济增长方式和驱动因素都发生了重要改变，经济社会正处于转型的关键期。党的十九大报告提出“我国经济已由高速增长阶段转向高质量发展阶段，正处在转变发展方式、优化经济结构、转换增长动力的攻关期”。国家“十四五”规划中不再设置具体的GDP增长率目标，而是要求“保持合理区间，各年度视情况而定”，并特别提出了一个全新的量化指标——“全员劳动生产率增长”要高于GDP的增长[70]。全员劳动生产率的增长离不开国民整体科学文化素养的提高，离不开人的全面发展。新的发展模式下，创新成为驱动经济社会发展更加重要的动力因素，知识和智力资源的作用将日益凸显，这对承担社会知识资源供给和社会教育职能的公共图书馆提出了更高的要求。

在经济社会转型的新阶段，党和国家开始更多关注软实力方面的建设，更加注重发展的质量。党的十八届三中全会以来，国家出台了一系列促进国家治理体系和治理能力现代化的制度，特别是党的十九届四中全会通过了《中共中央关于坚持和完善中国特色社会主义制度　推进国家治理体系和治理能力现代化若干重大问题的决定》，将国家治理体系和治理能力现代化建设提升到“两个一百年”奋斗目标的高度[71]。公共图书馆作为公共文化服务体系的重要组成部分，是国家治理体系和治理能力现代化中不可或缺的一环。我国公共图书馆在法治化、标准化建设方面虽然取得了一定成绩，在推进法人治理结构改革等方面也进行了初步探索，但尚未形成完备的现代化治理体系，多元参与的治理结构尚未形成，治理水平和治理能力仍需进一步提升。

1.3　未来公共图书馆事业发展思路及重点

习近平总书记在给国家图书馆老专家的回信中提出了对图书馆未来的期许：“希望国图坚持正确政治方向，弘扬优秀传统文化，创新服务方式，推动全民阅读，更好满足人民精神文化需求，为建设社会主义文化强国再立新功。”

这不仅是对国家图书馆的期望，更是对全国公共图书馆事业发展的总体要求。公共图书馆行业要以习近平总书记回信精神为指导思想，实现更高质量的发展，为社会主义文化强国建设和国家文化软实力的提升贡献新的力量。面对新形势、新要求，公共图书馆要在巩固已有发展成果的基础上，主动求新、求变，在不断变化的环境中强化自身的核心社会价值和作用，建立更加多元立体的资源体系，提供供需适配的知识服务。要以智慧化转型带动公共图书馆的全方位升级，积极探索新的发展模式，形成公共图书馆事业高质量发展的新格局。重点要做好如下几个方面的工作。

1.3.1　建立多元立体的资源体系，记录和守护多样态文明

公共图书馆的资源体系应当完整、系统地保存人类文明记忆，包括个体记忆、家庭记忆、民族记忆和国家记忆等多个不同层面的记忆。在多样态文明的时代，公共图书馆不仅要广泛采集记载在甲骨、金石、简帛、纸张、电磁介质、缩微制品等各类载体介质上的过往历史记忆，同时也要采集和保存与当代人的智慧活动相关的一切动态社会记忆，建立更加多元立体化的资源体系。

一方面，要继续守护好过去的文明。特别是要做好中华优秀传统文化的保护和传承，依托中华古籍保护计划、革命文献和民国时期文献保护计划、永乐大典研究中心等重大项目和平台，继续推进珍贵典籍普查登记、保护修复、数字化建设、整理出版等工作，进一步提升珍贵典籍保存和保护的水平。要加强统筹协调，进一步完善典籍存藏机构的合作机制，鼓励资源的共建共享，充分调动社会各方力量，吸纳更多社会资本和力量参与典籍保护工作。要继续加强以出版物为主体的文献信息资源建设，充分利用有限的经费，加强不同区域、不同层级、不同系统图书馆之间的合作，提升文献协同保障能力。

另一方面，要更加完整地记录当代文明。公共图书馆行业应当与互联网

信息平台等机构建立更加广泛深入的合作，建立分级分布式的互联网信息资源采集与保存体系，将更多记录当代社会生活和文明形态的网络信息资源，如微博、短视频等，进行系统采集和保存。应当加强活态记忆资源建设，围绕社会重大事件、重要人物、特色文化等专题，开展口述史、影像史等资料的采集、加工和保存，更加立体地记录当代文明。应当将具有重要价值的公共数据、科学数据资源纳入公共图书馆的馆藏体系，并与已有的知识内容建立有效连接，进一步提升资源的使用价值。

1.3.2 继续发挥好知识中介的职能，提升服务效能

面对公民信息获取习惯和偏好的变迁，以及社会日益多元化的知识需求，公共图书馆过去“为人找书、为书找人”的知识中介职能有了新的内涵和要求。在新的需求环境下，公共图书馆在继续坚守自身核心价值使命的同时，应不断创新服务方式，提升服务效能。

公共图书馆需要适应不断变化的社会需求，积极创新服务方式，不断提升服务质量和效能。要以推动全民阅读为抓手，不断创新阅读推广方式，引导公众开展优质阅读，营造“读好书、读经典”的良好社会氛围。要充分利用公共图书馆的资源、空间和服务优势，精准对接不同群体的阅读需求，为公民的终身学习和全面发展提供有力支撑，推动学习型社会建设，有效提升国民素质。公共图书馆要以更加开放的姿态融入知识服务新生态的建设，与公共服务机构、商业机构、非营利性机构等广泛开展合作，打通知识生产、传播和消费上下游链条，有效集成来自不同渠道的各类信息和知识产品，更加充分地发挥公共图书馆作为社会知识中介的职能。要始终以用户需求为导向，主动研究和适应公众阅读偏好的变化，更加深刻地理解用户获取信息和知识习惯的变化趋势，加强馆藏知识资源细粒度加工和关联整合能力，提升全媒体服务能力，充分满足用户个性化、圈层化的信息和知识需求。

在不断提升服务品质的同时，公共图书馆仍然要始终坚持服务的公益性和均等性。不同社会群体的信息和知识需求和获取能力存在巨大差异，数字化和智能化的发展更加剧了信息和知识资源在不同群体间分配的不均衡，数字鸿沟问题日益凸显。公共图书馆应继续致力于让每一位公民平等获取信息和知识，在“授人以鱼”的同时还要“授人以渔”，不仅要免费向所有人开放、平等地提供信息和知识资源，更要加强公民信息素养教育，提升老年人、留守儿童、残疾人等弱势群体获取信息和知识的能力，努力弥合信息鸿沟。公共图书馆应继续推进总分馆制建设，着力改善落后地区、城乡基层公共图书馆的服务水平，提升“最后一公里”服务的薄弱环节，让优质的公共图书馆服务惠及更多群体，让更多的人享受到发展的成果，提升人民群众的文化获得感。

1.3.3　推进智慧化转型，带动图书馆行业全方位升级

面对智慧社会建设的浪潮，公共图书馆要积极应对技术革新带来的机遇和挑战，主动求变，以人的智慧活动需求为目标，充分应用智能化技术推动公共图书馆资源、服务、管理的全方位智慧化转型。

“十三五”时期，一些有条件的公共图书馆已经在智能技术的应用方面进行了先行探索，积累了许多有益经验。但整体来讲，这些探索尚未实现对图书馆核心业务的全面智慧化升级，也没有在全国层面形成有效联动和合力。在此背景下，国家图书馆提出了“全国智慧图书馆体系”建设项目，旨在依托数字图书馆基础设施、资源及服务网络的建设成果及全国各级公共图书馆之间已建立的行业协同网络，以 5G、人工智能、云计算、区块链等新型信息技术为支撑，推动图书馆事业实现更高质量的信息化发展。该项目致力于新型知识服务业态的培育与发展，按照“1+3+N”的模式，搭建支撑智慧图书馆运行的云基础设施，在其上搭载智慧图书馆管理系统、智慧化知识服务运

营平台和全网知识内容集成仓储，辐射全国各级公共图书馆及其基层服务网点，普遍建立实体智慧服务空间[72]。未来随着该项目的逐步落地实施，公共图书馆行业将被赋予新的发展动能。

公共图书馆的智慧化转型是一项复杂的系统工程，虽然当前我们已经有了初步的建设思路，但仍有很多问题要在项目建设过程中不断进行探索，使之更加明晰，关于智慧图书馆的建设要重点把握好如下几个方面：第一，要进一步加强智慧图书馆的系统研究，学术界已经对智慧图书馆进行了广泛的探讨，但相关研究的系统性和深度仍有待加强，特别是对智慧图书馆建设中的技术细节还需要更加深入研究，以形成更具实操性的指导建议，业界和学界应当为此贡献更多智慧；第二，要平衡投入和产出，智慧图书馆的建设需要大量财力、物力和人力的投入，这就更要求我们做好绩效管理和评价，需要在全国层面加强行业统筹协调，避免重复建设和过度建设造成的浪费，要明确项目建设的重点优先事项，以有限的资源最大限度地推动全行业的共同转型；第三，要将智慧图书馆融入智慧社会的整体布局中，国家“十四五”规划中将“积极发展智慧图书馆”作为加快数字社会建设步伐、提供智慧便捷的公共服务的重要内容，这就要求智慧图书馆不能建设成为信息和知识“孤岛”，要将公共图书馆的知识资源、智慧空间、线上线下服务更好地融入公共服务体系和智慧社会建设中，在“万物互联”的智慧时代发挥更大的作用。

1.3.4 转变发展模式，提升综合治理水平

面对经济社会转型的新态势，公共图书馆应充分做好应对困难和挑战的准备，要主动转变发展模式，充分发掘内部增长潜能，提升公共图书馆行业的综合治理水平。

首先，公共图书馆要转变发展思路，不能再过度依赖财政高投入带动的粗放发展模式，而应学会精打细算、真正做好过紧日子的准备。一方面，要

加强成本控制和绩效管理，平衡投入和产出，以确保有限的资源投入能优先保障公共图书馆的核心职能和重点任务；另一方面，要充分盘活公共图书馆已有的存量资源，学会花小钱办大事，在常规服务中寻找新的增长点，探索节俭型创新和发展[73]。公共图书馆的发展目标也要从过去关注“量”的积累转向关注“质”的提升，从关注馆藏量、建筑面积、到馆人次等量化指标的增长，转向更加注重馆藏资源结构的优化、空间设备的合理布局、用户服务体验的完善等内在发展品质。特别是新冠疫情常态化对公共图书馆的线下服务形成的持续性冲击，更需要公共图书馆提升精细化管理水平和综合治理能力，在保障线下服务安全的情况做好线上线下服务的协同发展。

其次，要实现发展模式的转变，需要对现有的体制机制进行变革，推动形成多元治理的格局。“十三五”时期公共文化机构开展了法人治理结构的初步探索，很多公共图书馆建立了理事会，但建立理事会并不是改革的最终目的。受制于现有的管理体制，公共图书馆理事会发挥的作用整体上仍然有限。面对社会公众权利意识不断增强、政府简政放权的大趋势，公共图书馆的管理也有必要主动吸纳更多社会利益相关主体的参与。未来，公共图书馆要在法人治理结构改革的现有成果上，优化理事会结构，更好地发挥理事会作用，强化政府、社会公众等主体对公共图书馆的正向认知与参与[74]，形成更加现代化的多元治理体系。

最后，需要更加关注图书馆员队伍的素质和能力建设。不管多么宏大的目标和愿景，最终都需要馆员去执行，馆员的素质和能力最终会决定公共图书馆事业的发展质量。《国际图联 / 联合国教科文组织公共图书馆宣言》（1994年版）指出：“图书馆员是用户和馆藏资源之间的能动中介，图书馆员的专业培训和继续教育对保证服务质量至关重要。”公共图书馆要继续强化对馆员的培训和教育，使其具备未来转型和改革所必需的核心知识、技能和理念。特别是在外在资源投入可能减少的背景下，更需要充分调动馆员的主观能动性，充分发掘馆员队伍内部的潜能和智慧。只有建立一支不断学习成长的馆员队伍，才能保证公共图书馆事业在时代变迁中历久弥新，不断应对新的机遇和挑战。

（执笔人：申晓娟、李丹、张若冰、张孝天、王薇）

参考文献

［1］中共中央办公厅、国务院办公厅印发《关于加快构建现代公共文化服务体系的意见》（全文）［EB/OL］.［2021-10-12］.http://www.gov.cn/xinwen/2015-01/14/content_2804250.htm.

［2］文化部关于印发《“十三五”时期全国公共图书馆事业发展规划》的通知［EB/OL］.［2021-10-12］.https://www.mct.gov.cn/whzx/bnsj/ggwhs/201712/t20171204_829824.htm.

［3］申晓娟.新中国图书馆法治建设70年［J］.图书馆杂志，2020（1）：4-25.

［4］关于全面推进我市公共图书馆总分馆制建设的实施意见［EB/OL］.［2021-10-12］.http://www.gz.gov.cn/zfjgzy/gzswhgdlyjyswhgdxwcbj/zdlyxxgk/ggwh/content/post_2992029.html.

［5］郭洁琼.基层图书馆总分馆制实践样本［N］.中国文化报，2019-08-14（8）.

［6］金武刚，王瑞芸，穆安琦.城市书房：2013—2020年：基层图书馆建设的突破与跨越［J］.图书馆理论与实践，2021（3）：1-9，21.

［7］石璞，沈艾，王诺.打造展示文旅融合发展的“杭州窗口”：杭州图书馆主题分馆的实践与思考［J］.图书馆研究与工作，2021（4）：25-31.

［8］彭秋平，唐琼.社会力量参与广州“图书馆之城”建设：模式、问题与经验［J］.图书馆论坛，2019（5）：79-87.

［9］关于印发《温州市城市书房建设和管理办法》的通知［EB/OL］.［2021-10-12］.http://wl.wenzhou.gov.cn/art/2020/8/3/art_1229567167_1123082.html.

［10］中华人民共和国公共图书馆法［EB/OL］.［2021-10-12］.https://flk.npc.gov.cn/detail2.html?ZmY4MDgwODE2ZjEzNWY0NjAxNmYxY2U5MTcxNDExODE=.

［11］赵丹阳.国家图书馆网络资源采集与保存平台的技术实现［J］.数字图书馆论坛，2020（9）：41-47.

［12］国家图书馆互联网信息战略保存项目启动　首家基地落户新浪［EB/OL］.［2021-

10-12］.https://baijiahao.baidu.com/s?id=1631298480523040115&wfr=spider&for=pc.

［13］国家图书馆携手阅文集团共建互联网信息战略保存基地［EB/OL］.［2021-10-12］.https://baijiahao.baidu.com/s?id=1676594543197684821&wfr=spider&for=pc.

［14］刘东亮.图书馆口述史、影像史资源整理利用与公共服务研究：以国家图书馆中国记忆项目为例［J］.图书馆理论与实践，2021（1）：117-121.

［15］杨思洛，杨依依.省级公共图书馆特色数据库建设调查分析［J］.图书馆，2019（8）：104-111.

［16］鲁祎.文旅融合背景下“红船书苑”体系建设探析［J］.图书馆研究与工作，2019（9）：5-9.

［17］王自洋，陈一诗，肖雨滋.文旅融合背景下我国公共图书馆特色资源建设与利用策略研究［J］.图书馆，2021（6）：80-86.

［18］刘炜，叶鹰.数字人文的技术体系与理论结构探讨［J］.中国图书馆学报，2017（5）：32-41.

［19］夏翠娟，贺晨芝，刘倩倩，等.数字人文环境下历史文献资源共建共享模式新探［J］.图书与情报，2021（1）：53-61.

［20］中共中央办公厅　国务院办公厅印发《关于实施中华优秀传统文化传承发展工程的意见》［EB/OL］.［2021-10-13］.http://www.gov.cn/gongbao/content/2017/content_5171322.htm.

［21］中共中央办公厅　国务院办公厅印发《国家“十三五”时期文化发展改革规划纲要》［EB/OL］.［2021-10-13］.http://www.gov.cn/zhengce/2017-05/07/content_5191604.htm.

［22］文化部关于印发《“十三五”时期全国古籍保护工作规划》的通知［EB/OL］.［2021-10-13］.http://www.gov.cn/xinwen/2017-09/06/content_5223039.htm.

［23］国图联合10家单位发布古籍数字资源，新增1700余部古籍［EB/OL］.［2021-10-13］.http://www.chinawriter.com.cn/n1/2021/0422/c403994-32084633.html.

［24］第六批国家珍贵古籍名录公布：让书写在古籍里的文字活起来［EB/OL］.［2021-10-13］.http://www.xinhuanet.com/politics/2020-11/20/c_1126762799.htm.

［25］第六批国家珍贵古籍名录公布［EB/OL］.［2021-10-13］.https://epaper.gmw.cn/gmrb/html/2020-11/15/nw.D110000gmrb_20201115_3-04.htm.

［26］国家古籍保护中心：中国超2000多万册古籍已得到妥善保护［EB/OL］.［2021-10-13］.http://acad.cssn.cn/zgs/zgs_bk/201805/t20180521_4265509.shtml.

［27］国图联合10家单位发布古籍数字资源，新增1700余部古籍［EB/OL］.［2021-10-13］.http://www.chinawriter.com.cn/n1/2021/0422/c403994-32084633.html.

［28］中华优秀传统文化传承发展硕果累累：彰显文化魅力 增强文化自信［EB/OL］.［2021-10-13］.https://news.cctv.com/2021/04/13/ARTIIRNoyRsiYvYY1VzkJwtb210413.shtml.

［29］中国家谱知识服务平台［EB/OL］.［2021-10-13］.https://jiapu.library.sh.cn/#/.

［30］第18次全国国民阅读调查显示：成年国民综合阅读率达81.3%［EB/OL］.［2021-10-13］.http://www.gov.cn/xinwen/2021-04/23/content_5601693.htm.

［31］各地图书馆积极响应全民阅读活动倡议（二）［EB/OL］.［2021-10-13］.http://www.lsc.org.cn/contents/1342/13495.html.

［32］广东佛山：公共图书馆服务普惠化均等化迈上新台阶［EB/OL］.［2021-10-13］.http://sl.china.com.cn/2021/0422/113422.shtml.

［33］城市书房行业标准获批立项"温州标准"走向全国［EB/OL］.［2021-10-13］.http://news.66wz.com/system/2021/09/24/105405042.shtml.

［34］温州加快编织高质量公共文化服务网［EB/OL］.［2021-10-13］.http://cs.zjol.com.cn/202108/t20210823_22988176.shtml.

［35］共建共享家门口的"诗与远方"［EB/OL］.［2021-10-13］.https://zjnews.zjol.com.cn/zjnews/wznews/202108/t20210823_22986974.shtml.

［36］吴妙夫，张晨，江依婷，等.公共图书馆阅读空间建设实践探索与思考：以浙江省为例［J］.河北科技图苑，2021（4）：63-68.

［37］王韧.让阅读插上体验和互动的"翅膀"：从浦东图书馆"数字体验嘉年华"看阅读推广创新［J］.河南图书馆学刊，2019（4）：2-3，12.

［38］刘溪.公共图书馆新媒体矩阵服务现状及构建策略研究［J］.新世纪图书馆，2021（5）：62-66.

［39］中共中央办公厅 国务院办公厅印发《国家"十三五"时期文化发展改革规划纲要》［EB/OL］.［2021-10-13］.http://www.gov.cn/zhengce/2017-05/07/content_5191604.htm.

［40］鞍山地区公共图书馆联合借阅项目进入国家级示范项目名单［EB/OL］.［2021-10-12］.https://www.163.com/dy/article/GHMPD4AL0524RTOS.html.

［41］浙江：公共图书馆联手打造"阅读+信用"共同体［EB/OL］.［2021-10-12］.http://www.gov.cn/xinwen/2018-04/23/content_5285105.htm.

［42］广西北部湾经济区图书馆联网成片，实现"一卡借遍六城"［EB/OL］.［2021-10-12］.http://www.cssn.cn/whjs/whjs_pl/202011/t20201112_5215875.html.

［43］方玲.免押金借阅对公共图书馆服务效能的影响［J］.图书馆学刊，2021（7）：13-20.

［44］长三角“城市阅读一卡通”倡议书发布［EB/OL］.［2021-10-12］.https://www.mct.gov.cn/whzx/qgwhxxlb/sh/202005/t20200526_853636.htm.

［45］畅游浩瀚书海 尽享阅读快乐［N］. 山西日报，2021-08-09（1）.

［46］李健，任竞，张怡宁，等 . 我国公共图书馆跨界合作的现状与问题［J］. 国家图书馆学刊，2021（3）：3-12.

［47］杨浦图书馆新馆将试开放，“大上海计划”时期老建筑重获新生［EB/OL］.［2021-10-12］.https://www.thepaper.cn/newsDetail_forward_2485464.

［48］文化部关于印发《文化部“十三五”时期公共数字文化建设规划》的通知［EB/OL］.［2021-10-12］.http://zwgk.mct.gov.cn/zfxxgkml/202012/t20201204_925713.html.

［49］魏大威 . 浅析公共数字文化工程融合创新发展［J］. 图书馆理论与实践，2019（8）：26-31.

［50］饶权 . 中国图书馆事业的历史经验与转型发展［J］. 中国图书馆学报，2019（5）：15-26.

［51］魏大威，姜晓曦，邵燕 . 数字图书馆推广工程数字文化帮扶工作实践与思考［J］. 图书馆论坛，2019（1）：58-62.

［52］张兴 . 新冠肺炎疫情期间我国省级及以上公共图书馆线上服务调研［J］. 图书馆工作与研究，2021（4）：105-110.

［53］尹丽棠，李星光，刘俏，等 . 深圳市盐田区智慧图书馆对“智慧 +”的运用［J］. 图书馆论坛，2020（11）：161-163.

［54］申晓娟，李丹 .《中华人民共和国公共图书馆法》立法侧记（上）［J］. 图书馆建设，2018（1）：7.

［55］文化和旅游部办公厅关于《公共图书馆馆藏文献信息处置管理办法（征求意见稿）》公开征求意见的公告［EB/OL］.［2021-10-12］.http://zwgk.mct.gov.cn/zfxxgkml/ggfw/202012/t20201205_916624.html.

［56］业务建设 规范为本:《公共图书馆业务规范》编制人员访谈［J］. 图书馆建设，2019（4）：4-14.

［57］关于深入推进公共文化机构法人治理结构改革的实施方案［EB/OL］.［2021-06-20］.http://zwgk.mct.gov.cn/zfxxgkml/ggfw/202012/t20201206_918786.html.

［58］张贺 . 文化治理视域下公共图书馆法人治理建设研究［J］. 图书馆学刊，2019（12）：62-65.

［59］诸葛列炜，胡海荣 . 我国公共图书馆理事会制度研究：以温州图书馆理事会为例［J］. 图书馆工作与研究，2016（11）：35-38，61.

［60］中国信息通信研究院 . 大数据白皮书（2020）［EB/OL］.［2021-06-20］.http://www.caict.ac.cn/kxyj/qwfb/bps/202012/t20201228_367162.htm.

［61］彭鑫，邓仲华 . 数据密集型科研环境下的科研数据管理框架研究［J］. 数字图书馆论坛，2017（7）：61-67.

［62］中国信息通信研究院 . 中国数字经济发展白皮书（2020）［EB/OL］.［2021-06-20］.http://www.caict.ac.cn/kxyj/qwfb/bps/202104/t20210423_374626.htm.

［63］瑞信全球财富报告：中国超日本成第二富裕国 中产人数全球第一［EB/OL］.［2021-06-20］.https://www.guancha.cn/economy/2015_10_14_337444.shtml.

［64］2020 年全国教育事业统计主要结果［EB/OL］.［2021-06-20］.https://www.eol.cn/shuju/tongji/jysy/202103/t20210301_2079508.shtml.

［65］第七次全国人口普查主要数据结果新闻发布会答记者问［EB/OL］.［2021-06-20］. http://www.stats.gov.cn/ztjc/zdtjgz/zgrkpc/dqcrkpc/ggl/202105/t20210519_1817702.html.

［66］王世伟 . 信息文明与图书馆发展趋势研究［J］. 中国图书馆学报，2017（5）：4-20.

［67］中国信息通信研究院，中国人工智能产业发展联盟 . 人工智能核心技术产业白皮书［EB/OL］.［2021-07-12］.http://www.caict.ac.cn/kxyj/qwfb/bps/202104/t20210419_374019.htm.

［68］中国 5G 发展和经济社会影响白皮书（2020 年）［EB/OL］.［2021-07-12］. http://www.caict.ac.cn/kxyj/qwfb/bps/202012/t20201215_366185.htm.

［69］中国信息通信研究院 . 物联网白皮书（2020 年）［EB/OL］.［2021-07-12］. http://www.caict.ac.cn/kxyj/qwfb/bps/202012/t20201215_366162.htm.

［70］中华人民共和国国民经济和社会发展第十四个五年规划和 2035 年远景目标纲要［EB/OL］.［2021-07-12］.http://www.gov.cn/xinwen/2021-03/13/content_5592681.htm.

［71］中共中央关于坚持和完善中国特色社会主义制度 推进国家治理体系和治理能力现代化若干重大问题的决定［EB/OL］.［2021-08-01］.http://www.gov.cn/zhengce/2019-11/05/content_5449023.htm.

［72］饶权 . 全国智慧图书馆体系：开启图书馆智慧化转型新篇章［J］. 中国图书馆学报，2021（1）：4-14.

［73］吴建中 . 新现实 · 新业态 · 新作为：图书馆面临的挑战与机遇［J］. 数字图书馆论坛，2020（8）：2-6.

［74］张收棉 . 法人治理结构下公共图书馆的组织合法性证明机制［J］. 文献与数据学报，2020（4）：84-90，121.

2　公共图书馆发展环境及趋势

公共图书馆事业的发展需要顶层设计，需要加强前瞻性战略体系的规划部署。研究公共图书馆发展环境，分析环境变化为公共图书馆事业可能带来的机遇和挑战，研判公共图书馆未来的一系列可能性和潜在趋势，是开展顶层设计和前瞻性战略体系规划部署的重要前提。当前，我国正处于“十四五”开局之际，以战略思维把握全局，为一个开启新时代的五年谋篇布局，理应成为当下公共图书馆领域最重要的工作之一。为此，我们开展了“公共图书馆事业发展环境及趋势”研究：立足我国公共图书馆事业的发展现实，在分析“十三五”时期公共图书馆事业取得的成就、存在的问题，以及总结国内公共图书馆发展趋势研究现状的基础上，剖析我国公共图书馆事业所处的发展环境，探讨当前我国政治、经济、社会、文化、科技等方面的发展变化对公共图书馆事业可能带来的机遇与挑战；同时借鉴国外公共图书馆发展经验，对各国图书馆管理机构、图书馆行业组织以及在国际图书馆界有重要影响的代表性公共图书馆所发布的中长期战略规划、重点领域发展趋势报告等进行跟踪研究，在分析国际图书馆事业发展趋势的基础上，为“十四五”时期我国公共图书馆事业的发展目标提出建议。

2.1 我国公共图书馆事业发展环境分析

为更加全面地认识“十四五”时期我国公共图书馆事业的发展环境，在行业自身发展状况的基础上，我们从系统性、整体性和关联性等角度出发，将公共图书馆置于广泛的社会背景和交叉主题中进行审视，重点考量了以下会对我国公共图书馆事业的发展产生重要影响的因素：一是影响公共图书馆发展的各种政治因素，包括外部政治形势、国家方针政策及其变化等；二是构成公共图书馆生存和发展的社会经济状况，公共图书馆事业是公共事业，需要公共财政的支撑，一个地区公共图书馆事业的发展水平和当地的经济的发展水平有着很大的相关性；三是社会对公共图书馆认知的变化，公共图书馆的社会形象决定了其在与公众及各种社会组织形成的关系网中所处的地位；四是科技进步以及新技术的应用对公共图书馆行业产生的影响；五是公共图书馆用户需求的变化，“以用户为中心”是公共图书馆工作的出发点，用户需求的变化在很大程度上决定了公共图书馆未来的发展方向和服务提供方式；六是公共图书馆与其他行业以及与上下游产业之间的关系，这种关系的变化对公共图书馆服务业态的影响；七是我国公共图书馆在国际图书馆界所处的位置和影响力的变化。

在充分考虑上述因素对我国公共图书馆事业可能带来的正面或者负面效应之后，我们认为，“十四五”时期仍是我国公共图书馆事业发展的重要战略机遇期，但也面临着前所未有的复杂环境，机遇与挑战并存，不稳定性和不确定性明显增加，需要我们做好长期应对的准备。

2.1.1 “十四五”时期是我国公共图书馆事业发展的重要战略机遇期

《中共中央关于制定国民经济和社会发展第十四个五年规划和二〇三五年远景目标的建议》提出“我国发展仍然处于重要战略机遇期”[1]。这一判断同样适用于我国公共图书馆事业。纵观全局，“十四五”于我国公共图书馆来说仍是一个可以大有作为的重要战略机遇期。

2.1.1.1 “十三五”时期我国公共图书馆事业的稳步发展为“十四五”奠定了良好的基础

“十三五”时期，我国公共图书馆事业各项任务稳步推进，在多个方面取得了积极进展：①设施网络体系不断完善，截至 2019 年末，全国县级以上政府设立的公共图书馆达到 3196 个，馆藏总量超过 11 亿册，年流通人数超过 9 亿人次[2]。②县域总分馆建设积极推进，截至 2019 年 10 月，全国已有 1724 个县（市、区）建成县级图书馆总分馆制，完成比例达到 75%[3]。③老少边穷地区公共图书馆服务的“短板”得以弥补，有效促进了公共图书馆事业在城乡、区域、人群的均衡发展和服务的普遍均等。④以效能提升为导向的体制、机制、实践创新亮点纷呈，社会力量参与公共图书馆建设与服务的探索、不同层级公共图书馆法人治理结构的试点、围绕“推动、引导、服务全民阅读”的实践创新等，不断激发事业发展活力，加速了我国公共图书馆事业的繁荣。⑤资源建设、保障和共享水平进一步提升，各地公共图书馆新增藏量稳步增长，文献资源结构不断优化，建立了涵盖纸本文献、缩微文献、数字资源、网络资源等各种资源类型的公共图书馆信息资源体系，较好满足了公众新环境下的文献信息服务需求。这些都为下一阶段公共图书馆更高质量的发展奠定了良好的基础。

2.1.1.2　不断完善的公共文化政策和法治体系夯实了我国公共图书馆事业发展的基石

我国党和政府高度重视文化工作，近年来，以习近平同志为核心的党中央尤其关注中国特色社会主义文化事业，特别是国家图书馆建馆 110 周年之际，习近平总书记给国家图书馆八位老专家回信[4]，首次就图书馆事业作出专门重要论述，充分体现了以习近平同志为核心的党中央对文化事业、对图书馆事业的高度重视。

我国公共图书馆事业的政策和法治体系也在不断完善。自 2005 年党的十六届五中全会首次明确提出建设“公共文化服务体系”以后，国家出台了《中共中央办公厅、国务院办公厅关于加强公共文化服务体系建设的若干意见》（2007 年）、《关于加快构建现代公共文化服务体系的意见》（2015 年）、《国家基本公共文化服务指导标准（2015—2020 年）》（2015 年）等一系列推动和加快公共文化服务体系建设的政策文件，为我国公共图书馆事业发展提供了良好的政策保障。

尤其是“十三五”时期，我国公共文化领域贯彻落实全面依法治国战略，相继颁布了公共文化领域第一部综合性、全局性、基础性的法律《中华人民共和国公共文化服务保障法》和我国第一部推进公共图书馆事业发展的专门法《中华人民共和国公共图书馆法》。两部法律和重大改革政策紧密衔接，构筑了体现公共图书馆事业发展规律的基本制度，形成了保障人民利用图书馆权利的基本规范，为我国公共图书馆“十四五”时期更快更好地发展夯实了法治基础。这是我国公共图书馆事业可以不断取得新成绩并且持续保持高质量发展的前提。

2.1.1.3　经济的持续繁荣和企业社会责任意识的崛起为我国公共图书馆事业的发展注入了强大的动力

公共图书馆需要公共财政的支撑。我国经济保持了多年的繁荣，经济规模不断扩大，在世界主要经济体中名列前茅[5]，这也保证了我国文化事业经费的逐年增加。1979 年以来，我国公共图书馆财政投入逐年增长，2019 年全国公共图书馆财政拨款已达 1835549 万元，年均增速为 15.9%，比上一年度增长 4.6%[6]。虽然近年来世界经济中的不稳定因素明显增多，中国经济下行压力加大，但中国经济发展的韧性持续显现，经济稳中向好、长期向好的基本趋势没有改变，这为我国公共图书馆事业继续向好、向上发展奠定了必要的经济基础。

伴随着经济发展的还有我国企业社会责任意识的崛起。在《财富》杂志发布的世界 500 强公司名单中，中国内地（含香港）上榜公司数量不断增长，并且在 2020 年第一次超过美国[7]。与此同时，一些有社会责任与担当、有理想与情怀的企业家逐步完成了由“企业家”向“慈善家”的意识和身份转变。根据胡润研究院发布的《2019 胡润慈善榜》，2019 年总捐赠额上升至 225 亿元，有 114 位慈善家的慈善捐赠超过 2000 万元人民币[8]。我国企业已经具备承担更多社会责任的能力和条件。公共图书馆一直是吸引公益捐赠的一个重要领域。近年来，我国公共图书馆获得了更多社会力量的支持，企业家向公共图书馆捐赠文献、资金、设备，以及为公共图书馆无偿提供活动场地等公益行为变得越来越普遍。可以预见，这种态势在“十四五”时期还将持续下去，这将为我国公共图书馆的未来发展提供强大动力。

2.1.1.4　国家区域发展战略的扎实推进为我国公共图书馆进一步推动跨区域联合发展提供了契机

新中国成立以来，党中央、国务院一直高度重视区域协调发展。时至今日，京津冀协同发展、长三角、珠三角一体化发展态势已相对明显，跨行政区联系也越发普遍，城市发展连片化、连绵化趋势显著。2020 年的政府工作报告中再次提出“要加快落实区域发展战略，继续推动西部大开发、东北全面振兴、中部地区崛起、东部率先发展，深入推进京津冀协同发展、粤港澳大湾区建设、长三角一体化发展，推进长江经济带共抓大保护”[9]。这些都表明了国家推动更高水平区域协同发展的决心。

"联合"同样是我国几代公共图书馆人的共同梦想。为了更好地发挥行业整体力量，解决资源贫乏和服务能力不足的问题，早在1957年，国家就出台了《全国图书协调方案》，成立了北京、上海两个全国性中心图书馆以及武汉、沈阳、南京、广州、成都、西安、兰州、天津、哈尔滨等九个地区性中心图书馆，统筹不同地区图书馆之间的协作协调[10]。但由于种种原因，我国公共图书馆的跨区域联合一直没能达到理想的程度。现阶段国家层面的区域发展战略为公共图书馆进一步推动跨区域联合发展提供了契机。一方面，已有的区域合作成果为文化领域的联合互动奠定了基础；另一方面，为贯彻中央有关区域一体化发展的战略部署，"十三五"时期，长三角、珠三角、京津冀等地区的公共图书馆已经开展了一系列战略合作，而"十四五"正是公共图书馆在此基础上进一步推动区域联动共享，优化资源配置，建立长效合作机制，全面提升区域公共文化服务创造力、竞争力和影响力的有利时机。

2.1.1.5　欧美公共图书馆的发展态势为我国公共图书馆事业的国际化提供了机会

21世纪初，由于经济衰退等原因，欧美发达国家的公共图书馆事业经历了一个相对低潮的发展期，政府对公共图书馆的投入在减少，部分图书馆被迫关闭，公共图书馆服务遭到严重削减。以英国和美国为例，据英国特许公共财政和会计学会（Chartered Institute of Public Finance and Accountancy，CIPFA）2019年度的调查数据显示，与2010年相比，2019年英国（不包括北爱尔兰）公共图书馆数量减少了773家（近五分之一），图书馆财政支出下降了29.6%，图书馆政府雇员从24000名下降到15300名，图书馆的访问量从3.15亿次下降到2.26亿次[11]。美国博物馆与图书馆服务协会（IMLS）发布的《2008财年美国公共图书馆调查》和《2017财年美国公共图书馆报告》显示，2008—2017年十年间，美国公共图书馆的人均收入下降4.4%，人均支出下降5%，文献流通量下降10.3%，到馆人数下降17.5%，人员（每25000人拥有图书馆员数）下降7.8%[12]。

同一时期，我国公共图书馆事业则发展迅速。据《2012年文化发展统计公报》[13]和《2019年文化和旅游发展统计公报》[14]显示，2019年全国公共图书馆数量为3196个，比2012年增加了120个；平均每万人公共图书馆建筑面积为121.4平方米，比2012年增长了55%；全年全国人均购书费为1.68元，比2012年增长了68%；全年总流通人次90135万，比2012年增长了108%。从设施到设备、资源到服务、活动到平台、制度到保障，具有创新意义的实践层出不穷[15]，已经开始从单纯"学习国外先进经验"向学习和贡献"中国经验"并存过渡。两相对比，欧美公共图书馆事业的相对低潮为我国公共图书馆进一步国际化，提高我国公共图书馆在国际舞台上的号召力和影响力提供了良好的机会。

2.1.2　"十四五"时期我国公共图书馆事业面临新的挑战

虽然现在仍处于重要战略机遇期，但我国公共图书馆事业也面临着与以往任何时代都不同的复杂发展环境，机遇和挑战都有新的变化，需要我们更加重视。

2.1.2.1　经济发展中不确定因素明显增多，有必要做好政府财政支持有限增长甚至减少的准备

虽然我国经济企稳向上的基本面没有变，但也应该注意到目前国内外错综复杂的经济形势。尤其是受新冠疫情的影响，全球经济受到严重拖累，不确定因素显著增多，我国经济发展面临新的困难和挑战。根据财政部公布的数据[16]，2020年中国GDP增速为2.3%，比2019年下降了3.8个百分点；2020年全国一般公共预算收入同比下降3.9%，一般公共预算支出的增长率与2019年相比下降了5.3个百分点。中国财政科学研究院发布的《财政蓝皮书：中国财政政策报告（2020）》[17]预测，"十四五"期间中国GDP增速总体将处于5%—6%，全国一般公共预算收入增速可能进一步放缓，财政支

出仍面临较大压力。这势必会影响政府支持公共文化事业优先发展的力度。

为此，在经费压力增大、不确定性增加及外部环境并不友好的大背景下，公共图书馆有必要增强自身的忧患意识和工作紧迫感，应对未来一段时期地方预算紧张的可能性，将资金问题作为公共图书馆发展所要面临的重大挑战之一，做好政府财政支持有限增长甚至减少的准备。

2.1.2.2　技术颠覆性变革带来的挑战需要公共图书馆做好长期应对的准备

数字和互联网信息技术对公共图书馆行业产生了巨大影响。传统的图书馆信息服务功能面临着谷歌、百度等搜索引擎的挑战，更多的人开始借助搜索引擎而不是图书馆寻找信息。2015 年英国广播公司（BBC）根据牛津大学人工智能专家发布的一项研究结果，列出了未来 20 年最有可能被人工智能取代的 20 个职业，其中就包括图书馆员[18]。这些都是技术的颠覆性变革给图书馆行业带来的阵痛，公共图书馆要做好长期应对的准备。

首先，要认识到技术带来挑战的同时也为图书馆工作的升级带来了机会，明智的策略、合理的利用可以缓解技术颠覆带来的短期阵痛，并为长期利益铺路。国际图联在《国际图联趋势报告 2017 年新进展》中就提出了要反对“反图书馆”的观点，认为在互联网时代，图书馆仍然是被需要的，甚至会随着“反图书馆”的出现而变得更有价值，但前提是“要拥抱技术创新”“持续跟上技术变革的节奏”[19]。图书馆应该充分利用新技术，创造新的发展路径，开创新的发展空间。

其次，技术的发展日新月异，图书馆要能预见那些在一段时期内会对公共图书馆领域产生重要影响的技术发展趋势，并探讨将其应用的可能性。美国图书馆协会下设的未来图书馆中心（Center for the Future of Libraries）详细分析并持续跟进美国社会的发展趋势及其对图书馆产生的影响，技术方面的趋势是其重点分析的领域之一[20]。非营利组织新媒体联盟（New Media Consortium，NMC）致力于文化教育等方面新兴技术发展趋势的预估，每年都会发布高等教育、基础教育、图书馆、博物馆几类版本的《地平线报告》

（*The Horizon Report*）[21]。关注这些相关趋势分析报告可以帮助我们预见未来引领公共图书馆发展的技术，并为这些技术在相关场景中的应用提供可借鉴的工作思路。

我国公共图书馆虽然在数字信息资源平台建设、智能化服务开展等方面取得了一定的成绩，在智慧图书馆建设方面也有了一些探索，但这些探索实践还没能对图书馆的核心业务产生实质性影响和改善，离实现真正的智慧化服务还有很大距离。为此，公共图书馆更要深刻地认识到技术的变革给图书馆带来的挑战和机遇，在技术领域持续深耕、超前部署，并推进前沿技术在图书馆中的应用，实现文化和科技的深度融合发展，确保在未来科技发展的洪流中不被淘汰。

2.1.2.3 用户需求的变化要求公共图书馆服务的进一步优化调整和转型升级

“以用户为中心”是公共图书馆工作的出发点，用户需求的变化会对公共图书馆的发展产生重大的影响。分析当前我国公共图书馆的用户需求，可以看到以下几个特点。

一是对更高质量公共图书馆服务的需求。随着社会的发展和人们生活水平的提高，当前我国社会的主要矛盾已经转化为人民日益增长的美好生活需要和不平衡不充分的发展之间的矛盾。就公共图书馆服务而言，公众已经不再满足于“有”公共图书馆服务，而是希望得到“更好的”公共图书馆服务，比如信息获取更加方便快捷、空间更加舒适、服务更具体验性和针对性等。

二是对社会教育和终身学习的需求。未来的社会是一个知识和信息社会，它的发展取决于其教育水平和创造力，终身学习是一个人事业成功的先决条件。当前，我国义务教育已经全面普及，高等教育的毛入学率超过 50%，终身学习正在由传统的学历教育为主向学历教育、非学历教育、非正式教育、网络教育等多种形式并举转变，同时，公众对终身学习的需求也更加多样化，质量要求也更高[22]。虽然我国的终身教育体系建设已经有了很大的发展，但是仍然不够完善，供给模式也比较单一，不能很好地适应公众对终身学习不断提升的需求。公共图书馆作为开展社会教育、提供终身学习的重要场所，应当考虑到用户这种强烈并且正在发生深刻变化的终身学习需求。

三是对发展性公共文化服务的需求。按照马斯洛的需求层次理论，人的公共文化需求随着经济的发展会呈现从基本需求向发展性需求的演变[23]。发展性公共文化需求的一个突出特点是，人们的主体意识日益增强，开始寻求在公共文化服务过程中更强的自主性，从被动接受公共文化服务向主动参与公共文化服务转变[24]。国际经验表明，人均 GDP 达到 5000 美元是产生这一变化的临界点[25]。2012 年，我国人均 GDP 为 6100 美元[26]；2019 年，我国人均 GDP 突破 10000 美元[27]。由此可知，我国公众的发展性公共文化需求比较强烈。公共图书馆有必要为公众的这种文化需求提供平台，帮助用户实现从公共文化使用者到创造者和生产者的身份转化。

2.1.2.4　跨界融合的发展趋势带来的竞争压力需要公共图书馆采取更加积极的应对措施

“互联网 +”环境下，新技术、新业态、新管理模式不断涌现，行业壁垒被不断打破，跨界融合日益成为各行各业的普遍态势。一些行业开始跨界到公共图书馆的服务领域，比如合肥新华发行集团将新华书店变为“共享书店”[28]开展图书借阅服务，亚马逊、当当网等电商平台以低廉价格推出海量电子书包月服务，一些房地产商以图书馆服务培育地产项目的文化内涵和商业价值[29]，越来越多的机场、车站、酒店、餐厅等公共场所开始面向社会公众提供免费借阅或低价租阅图书服务。这些行业“跨界”到了原本属于公共图书馆的服务领域，并且颇具吸引力，公共图书馆的生存空间在被“蚕食”。

面对这样的趋势，公共图书馆已经采取了一些措施。比如，近年来越来越被广泛应用的“你点书我买单”服务模式，就是公共图书馆和书店合作，重组业务流程，主动将图书借阅服务融入书店的积极探索；也有一些公共图书馆正在将服务空间融入咖啡馆、花店、菜场、医院、地铁站、饭店等场所中，试图拓展服务空间，和用户走得更近，并取得了较好的服务成效。但与其他行业相比，公共图书馆的响应速度和行动力度显然还是有些落后的，面对这一日益显著的融合发展趋势，公共图书馆需要采取更加积极的应对措施，在其他行业“融合进来”的同时，更加主动地“出去融合”，寻求与其他行业和机构合作的机会，尤其是要重新思考和上下游产业，诸如出版社、书店、数据供应商等之间的关系，探索新的服务业态。

2.1.2.5 城市化过程中的农村转移人口融入问题对公共图书馆服务提出了更高要求

我国正处于城市化快速发展的阶段，2019 年我国的城市化率已达 60.6%[30]。当农村人口向城市转移时，产生了“经济性接纳、社会性排斥”的现象，一部分人虽然已经进入城市，但却未能完全融入城市，普遍缺乏归属感[31]。2018 年我国非农产业劳动生产率为农业部门的 4.6 倍，而高收入国家的平均水平在 2.2—2.5 倍，这意味着我国劳动力从农业向非农产业、农村人口向城市转移的动力仍然非常强劲。按照目前的转变速度，达到均衡还需要 10 年以上的时间[32]。因此，大量农村人口向城市的转移还将是一个长期的过程，而由这种转移带来的社会问题也将在未来一段时间内继续存在。

城市化过程中的这一问题对公共图书馆服务提出了要求。“归属感，归根结底就是同在一座城市，应享受均等的公共服务。”[33]公共图书馆是公益性社会机构，是公共文化服务的重要提供者，是体现城市公平的重要场所，从农村转移人口的特点和实际需求出发，为其提供同等服务，帮助其融入城市生活，是公共图书馆公共属性的内在要求。为此，在“十四五”期间，公共图书馆需要更多地考虑到这部分人口的需求，更好地发挥城市黏合剂和城市人口的作用，积极参与解决我国城市化进程中农村转移人口的城市融入问题。这既是公共图书馆的职责所在，也彰显了公共图书馆的社会价值。

2.1.2.6 不确定因素的增加给公共图书馆长期发展带来了更多不稳定性

现代社会的各种不确定因素和风险正在增加，尤其是 2020 年突如其来并且席卷全球的新冠疫情，给各行各业带来的巨大影响直至现在还没有消除，并且有长期存在的可能。因此，公共图书馆要在思想上做好充分的准备，加强应急管理体系和能力建设，增强发展弹性和韧性，建立更加灵活的危机应对和中长期风险管控机制，提升风险应对和治理水平。

2.2 公共图书馆事业发展趋势研究

在探索面向未来的发展道路问题上，全世界的图书馆人都在努力，并且贡献了源源不断的思想、灵感和智慧。学习这些国外图书馆的先进经验，对于我国公共图书馆更好地理解发展趋势、把握发展方向具有重要的意义。为此，我们梳理了国际图联等国际性图书馆联盟组织，以及美国、加拿大、英国、苏格兰、爱尔兰、德国、瑞典、挪威、芬兰、丹麦、荷兰、俄罗斯、澳大利亚、日本、新加坡等部分代表了现阶段国际图书馆领域先进水平的国家，他们发布的和公共图书馆事业相关的中长期战略规划、趋势报告等文件（研究样本见附录），总结其中体现出来的行业趋势、未来可能性和应对策略，希冀通过相互参照，通过不同的视角，更加准确地研判公共图书馆事业的发展趋势。

纵观这些报告和规划，我们发现，它们在总体上呈现出了一定的相似性，不同国家的公共图书馆在很多问题上看法趋同，对未来的发展有着类似的目标追求，正如国际图联在《全球愿景报告》中所言，“我们的目标和价值观在全球紧密相连”[34]。各国对公共图书馆事业的关注重点主要可以归纳为以下几个方面。

2.2.1 对公共、平等、包容核心价值的不懈追求

公共、平等、包容是公共图书馆的核心价值，公共图书馆的天生使命就是要“不分年龄、种族、性别、宗教、国籍、语言或社会地位，向所有的人提供平等的服务”[35]。人类社会虽然在不断地发展进步，但是不平等的现象并没有随着这种进步而消失，反而在新的环境下产生了一些新形式的不平等。比如：全球化背景下人员的流动性越来越强，社区人群越来越多元，产生了一些语言和文化上的弱势群体；地区冲突的加剧导致了更多的移民和难民问题；技术的发展诞生了一批“数字文盲”——不会使用电脑的人；等等。为此，在为未来发展制定规划时，强调普遍均等的包容性原则仍然非常重要，这是全球公共图书馆领域的普遍共识。

2.2.2 信息获取和传承文明仍然是重要的任务之一

信息获取、文献保存、文化遗产保护等公共图书馆的基本功能仍然是各国公共图书馆关注的重点，而且都更加重视利用现代技术手段来推动这些传统功能和服务的现代实现方式。比如在为用户提供信息方面，公共图书馆强调通过更大范围的馆藏数字化和信息网络基础设施建设来推动更加方便快捷地获取信息，构建值得信赖的信息知识网络。作为文化遗产的守护者和传播者，公共图书馆强调收集、保存和传播所在区域的历史文化和当下故事的重要性，除了传统的纸质文献外，更要关注数字作品的收集和以稳定、可靠的方式加以储存，用现代方式来保护和传承文明。

2.2.3 更加重视图书馆在社会教育和终身学习中的作用

未来的社会是一个知识和信息的社会，它的发展取决于社会中每一个人的教育水平和创造力，不断学习进步不仅是人们维持就业能力的必要条件，也是其与社会保持联系的必要条件。为此，各国公共图书馆在规划未来的战略重点时，都强调了对人们终身学习的支持，将社会教育这一公共图书馆的天然职能提升到了更加重要的位置，通过建立教育生态系统、创造吸引各个年龄段人群的阅读和学习空间、扩展网上教育途径等方式，帮助培养人们的阅读习惯和持续学习的能力，增加人们的受教育机会，从资源和服务的各个方面满足所有人群在不断变化环境中继续教育和终身学习的需求。

2.2.4 聚焦技术变革和数字创新

技术的发展日新月异，图书馆不可能脱离技术发展的潮流单独存在。国际图联特别强调新技术对图书馆行业的影响。2013 年，国际图联趋势报告初版的发布，就是为了探讨技术对图书馆各个方面的影响以及图书馆如何在信息狂潮中把握方向。2016 年，国际图联在发布了趋势报告的第一个更新版之后，保持了每年发布一版更新报告的频率，对图书馆所处信息和技术环境变化的持续跟进和不间断研究。因此，关注技术变化对图书馆的影响，积极拥抱技术创新，应用新技术提升公共图书馆的管理和服务水平，是各国公共图书馆面对未来发展时考虑的重点。各国的公共图书馆都认为，技术是挑战，但更多的是机遇，公共图书馆应该积极参与技术变革，探索新兴技术环境，充分利用新技术丰富服务内容、拓展服务方式、提升服务体验，让技术成为吸引用户的新方式，积极塑造公共图书馆更加美好的未来。

2.2.5 可持续发展正在成为越来越重要的战略优先事项

可持续发展（Sustainable Development）是指“既能满足我们现今的需求，又不损害子孙后代，能满足他们的需求的发展模式”[36]。世界对发展的理解一直在改变，如今很多国家都认可能促进繁荣、增加经济机会、提升社会福祉和改善环境保护的可持续发展可以为改善世界各地人民的生活提供最佳的路径，联合国还特别为此制定了宏大的《2030年可持续发展议程》。在面向未来的探索中，各国公共图书馆也在积极地思考行业的可持续发展之路，力求将自身的发展和联合国2030年议程联系起来，国际图联专门设立了可持续发展工作小组，编写《所有人的渠道和机遇——图书馆如何促进联合国2030年议程》[37]，帮助各个国家和地区的图书馆参与推动联合国可持续发展目标的工作；美国图书馆协会将可持续发展作为图书馆管理的核心价值之一，把“可持续性”定义为“一个组织或团体的实践必须对环境无害、在经济上可行并且体现社会公平”[38]。可以看到，可持续发展正在成为全球公共图书馆越来越重要的战略优先事项。

2.2.6 致力于建立公共图书馆和社会之间更加广泛和有黏度的连接

国际图联主席西尼卡·西皮莱（Sinikka Sipilä）在其任内（2013—2015年）提出了“强大的图书馆，强大的社会”的主题，着眼于强大的图书馆是强大的社会的基础这一概念[39]。时至今日，这一概念不仅没有过时，反而成为越来越多公共图书馆在探索未来发展道路时的一个基本的着眼点。《欧洲图书馆宣言》就指出，图书馆对欧洲至关重要，图书馆是学习和公民社会参与的重要场所，欧洲对图书馆也很重要，我们期待一个能帮我们实现使命的欧洲。因此，将公共图书馆的发展放到社会和城市发展的大环境中，强调公共图书馆的社会角色，让公共图书馆的发展目标与城市发展目标相适应，建立公共图书馆和社会、城市、社区以及社区居民之间更加密切的联系，已经成为各国公共图书馆面向未来的重要发展战略。

2.2.7 强调图书馆界的联合以及与社会机构的融合发展

“合作”是国际图书馆领域在各种战略规划和趋势报告中最频繁提及的词汇之一。从国际图联的趋势报告、愿景报告、战略规划，到各个国家图书馆、州立图书馆和不同规模城市公共图书馆的战略发展报告，都提到了不同层面的合作对于公共图书馆事业发展的重要意义。国际图联就一直强调要建立一个“强大、联合的图书馆界”，因为“日益深化的全球化进程给图书馆界带来的挑战，只能以联合的图书馆界的包容性和全球性的响应来迎接和应对”[40]。因此，公共图书馆不仅要加强地区、国家和国际层面的合作，建立更加紧密的联盟，还应该加强与其他类型图书馆的合作，通过合作共享，共同应对挑战。

与其他社会机构的融合发展也是公共图书馆的战略重点。在芬兰、英国、荷兰和美国，一些城市图书馆已经在自己的场馆融入其他社会机构或者融入其他社会机构中，比如游客服务中心、成人教育学校、博物馆、档案馆、餐厅、咖啡馆、书店、展览会议中心、媒体中心、艺术画廊等。在未来，公共图书馆可能会更多地和其他文化教育以及公共服务设施融合在一起，形成复合服务模式。

2.2.8 持续推进和社会发展相适应的能力构建

维持公共图书馆的公共价值，保持并加强其作为可信赖知识机构的作用，公共图书馆必须不断加强自身建设，发展与社会需求同步的能力。这也是众多公共图书馆和行业组织在审视自身之后对未来发展提出的要求。公共图书馆的能力构建包括两个方面：一是自身组织结构和运营管理模式的优化，即挑战现有的结构和工作方式，国际图联和美国图书馆协会都在审查其治理结构，希望开展面对治理结构的改革，建立更加包容、透明、高效的工作机制；二是培养训练有素的图书馆员队伍，发展符合未来公共图书馆需求的馆员综合素养，尤其是对年轻专业人员的培育，就如同国际图联在《全球愿景报告》中指出的，“我们的年轻专业人员非常敬业并且渴望引领这一潮流”“我们必须给年轻专业人员提供学习、发展和施展领导力的有效机会”[41]。

2.2.9 疫情之下更加强调应对不确定因素的挑战

在《国际图联趋势报告 2019 更新版》中，“应对不确定性”第一次作为一个主要的议题被提出，显示出国际图联对图书馆所面临复杂发展环境的关注[42]。尤其是 2020 年初新冠疫情的暴发，疫情之下公共图书馆的转型成为这一时期的关注重点。国际图联秘书长杰拉尔德·莱特纳在一份声明中强调“我们需要重新构想图书馆并建立一个新常态”[43]。欧洲图书情报与文献协会管理会（European Bureau of Library Information and Documentation Associations，EBLIDA）于 2020 年 5 月发布《后疫情时代的欧洲图书馆议程（一项正在进行中的工作）》为后疫情时代欧洲图书馆的发展确定了五个新常态[44]。这都反映了公共图书馆对新冠疫情等突发事件对图书馆事业带来影响的思考。面对未来不确定因素和风险增加的趋势，如何应对挑战，保持图书馆的韧性和弹性，成为公共图书馆领域重点探讨的话题。

2.3 公共图书馆“十四五”时期发展建议

在分析梳理我国公共图书馆发展现状、面临机遇挑战以及各种影响因素的基础上，参考国际图书馆领域的先进经验，聚焦我国公共图书馆的现实需求和未来发展，我们提出如下公共图书馆“十四五”发展建议。

2.3.1 实施联合发展战略

“联合”是当下全球图书馆领域最重要的关键词之一。面对瞬息万变的信息社会和各种不确定因素的挑战，通过联合的方式来共同应对是国际图书馆界公认的最佳解决方案。

就我国公共图书馆而言，面对“十四五”时期的新挑战、新机遇，通过联合发展来推动资源的共建共享，从而提高服务效能，强化信息的无差别和高效获取，同样应该成为最重要的发展战略之一。“十三五”时期，我国县域总分馆建设已经取得积极进展，技术条件也日益成熟，这些都为“十四五”期间更大范围和更深层次的联合共建奠定了基础。应当在继续完善县域总分馆体系的基础上，积极推动更广泛区域（省域、市域）不同层级公共图书馆之间的联合。在国家区域发展战略的指导下，更加注重跨区域的联动发展，特别是在区域协同发展已经取得较好成效的京津冀、长三角、粤港澳大湾区等地区，构建更加强大的图书馆联合体。尤其是在国家层面，有必要进一步推动并完善全国公共图书馆联合目录建设，完善全国公共图书馆用户系统建设，基于联合目录推动以馆际互借、文献提供为主要形式的联合服务。同时还要加强公共图书馆和高校、科研院所等不同类型图书馆之间的合作，构建更加一体化和更大范围的图书馆服务体系。

2.3.2 实施社会化发展战略

公共图书馆的发展，不能仅局限于所属部门和文化系统，必须面向社会，开放办馆，实现协同发展。就如吴慰慈先生所言，“图书馆事业是一项社会事业，办好这项事业不是单靠哪个部门就能办得到的，必须依靠全社会才能使图书馆事业兴旺发达起来”[45]。

从“十四五”时期的发展环境来看，一方面，互联网和信息技术迅速发展，社会的开放、融合程度越来越高，图书馆面临来自多个行业的竞争压力；另一方面，社会环境和经济发展中存在的诸多不确定因素也给公共图书馆的发展带来了一定的资金压力。因此，以开放融合的理念实施社会化发展战略，对于我国公共图书馆在“十四五”期间的发展建设来说尤为重要。总体来说，公共图书馆的社会化发展战略至少应该包括以下几个方面：一是面向社会的发展战略。以社会需求为着眼点，时刻关注用户需求的变化，从关注自身的行业导向转向关注外在的社会导向，构建面向大众的开放化服务体系，这是对公共图书馆社会化发展的基本要求。二是对社会资源的全面整合。实践融合发展的理念，和各种社会机构建立更广泛和深入的合作关系，从空间、设备、技术、人员等各个相关要素和服务出发全面整合资源，推动资源配置的社会化，实现共建共享共赢的低成本发展。三是积极融入城市发展体系。强调公共图书馆的社会角色，将公共图书馆的发展目标和城市的发展目标结合起来，在公共图书馆和社会、城市、社区以及社区居民之间建立更加密切的联系，进一步体现公共图书馆在城市中的价值。四是推动社会化管理创新。在已取得的法人治理结构改革成效的基础上进一步优化，探索理事会、基金会等制度在我国公共图书馆领域更加成熟的运行模式，通过社会化管理创新，更好地推动“管理”向“治理”的转变。

2.3.3 实施技术引领的发展战略

在如今的时代，图书馆不可能脱离技术的发展而单独存在，我们前面已经提到，技术的颠覆性变革带来的挑战需要公共图书馆做好长期应对的准备，不让技术为我所用就只能是被技术的发展所淘汰。为此，公共图书馆必须时刻关注技术的变化，积极拥抱技术创新，探索新兴技术在图书馆应用的可能性，以此提升公共图书馆的服务和管理水平，这是公共图书馆面对未来发展时需要重点考虑的问题。

“十四五”期间，我国公共图书馆同样需要抓住新一轮技术革命的机遇，科学预见技术发展的规律特点，准确把握、及时布局公共图书馆技术创新的方向和重点，实施技术引领的发展战略。要通过技术手段推动传统图书馆业务的迭代更新，比如在馆藏建设方面除传统的纸质文献之外，更要关注数字作品的收集，并以稳定、可靠的方式加以处理和储存，推进数字遗产建设；在为用户提供信息方面，应通过更大范围的馆藏数字化和信息网络基础设施建设来提高信息获取的便利性和快捷性，构建值得信赖的信息知识网络，确保用户在任何时间、地点都能以某种方式获得图书馆的服务，等等。同时，还要积极利用新技术丰富服务内容、提升服务体验，重点关注云计算、大数据、物联网、移动互联网、人工智能等技术与图书馆业务场景深度融合，通过无处不在的感知连接，实现随时随地的服务提供。尤其是，要把公共图书馆的数字化、智慧化建设和数字城市、智慧城市建设结合起来，实现“智慧图书馆”和“智慧城市”的同步发展。

2.3.4 实施可持续发展战略

可持续发展已经成为全球共识，落实并践行可持续发展理念，也是新时代我国公共图书馆事业实现高质量发展的必然选择。目前我国公共图书馆界对可持续发展的关注还不够，对什么是可持续发展、可持续发展对公共图书馆有什么意义、公共图书馆如何实践可持续发展等问题并没有一个清晰的认识。因此，首先需要在国家层面发力，通过建立培训制度、提供发展工具、建立标准体系和评估机制等方式完善公共图书馆可持续发展的顶层设计。就具体目标而言，第一是要进一步推动社会公平，消除新环境下诸多信息、知识获取不平等的现象，弥合因为人员流动、技术发展等带来的信息鸿沟和数字“文盲”问题，加强为弱势人群的服务，推动包容性发展；第二要更多地体现公共图书馆在经济发展中的促进作用，通过终身教育和终身学习，提供培训机会等，来提升公众的素养，增进就业能力，进而改善人们生活；第三要践行“绿色图书馆”理念，一方面要使得图书馆建筑本身最大程度地减少对自然环境的负面影响并使室内环境质量达到最优化，另一方面要积极开展与绿色环保运动相关的服务、活动和馆藏建设，展示图书馆的相关社会责任。

2.3.5 实施国际化发展战略

图书馆界的国际交流，对公共图书馆事业的发展有着积极的影响。国际化是一种更加积极主动的开放创新战略，是一个深度参与国际合作、融入全球发展的进程，也是提升国际影响力、吸引力和竞争力的过程。分析行业发展环境，可以看到“十四五”时期应是我国公共图书馆更好地站上国际舞台的良好机遇期，为此，国际化发展应该成为我国公共图书馆“十四五”时期建设和发展的一个战略重点。

实施国际化发展战略，首先要加强顶层设计，在国家层面统一协调，为各层级公共图书馆搭建顺畅的国际交流平台，提供更多与国外图书馆界合作交流的机会，提升我国公共图书馆在国际舞台上的整体形象。其次，要进一步拓展对外交流的深度和广度，通过推动在人员互访、资源共享等方面的实质性合作，举办高水平的学术会议搭建国际学术交流平台，深入参与国际图书馆事务，在国际图联等国际图书馆行业机构的委员竞选、奖项申请、标准指南制定等事项中表达观点和意见等方式，积极融入国际图情界，让世界听到更多的中国声音。此外，还有必要培养一批具有全球视野和国际竞争力的创新人才，为我国公共图书馆的国际化发展提供人才支撑。

（执笔人：褚树青、朱晔琛、屠淑敏）

参考文献

［1］中共中央关于制定国民经济和社会发展第十四个五年规划和二〇三五年远景目标的建议［EB/OL］.［2020-12-22］.http://www.gov.cn/zhengce/2020-11/03/content_5556991.htm.

［2］中华人民共和国文化和旅游部 2019 年文化发展统计公报［EB/OL］.［2020-12-13］.https://www.mct.gov.cn/whzx/ggtz/202006/t20200620_872735.htm.

［3］文化和旅游部关于政协十三届全国委员会第二次会议第 1995 号（文化宣传类 176 号）提案答复的函［EB/OL］.［2020-04-12］.http://zwgk.mct.gov.cn/auto255/201910/t20191028_848524.html.

［4］习近平给国家图书馆老专家回信［EB/OL］.［2021-02-22］.http://www.gov.cn/xinwen/2019-09/09/content_5428592.htm.

［5］［6］List of countries by largest historical GDP［EB/OL］.［2021-03-03］.https://en.wikipedia.org/wiki/List_of_countries_by_largest_historical_GDP.

［7］2020 年《财富》世界 500 强排行榜［EB/OL］.［2020-10-02］.https://www.fortunechina.com/fortune500/c/2020-08/10/content_372148.htm.

［8］胡润研究院发布《2019 胡润慈善榜》［EB/OL］.［2020-10-02］.http://www.hurun.net/CN/Article/Details?num=EA96B4EB1E0F.

［9］政府工作报告（2020 年 5 月 22 日在第十三届全国人民代表大会第三次会议上）［EB/OL］.［2020-11-03］.http://www.gov.cn/premier/2020-05/29/content_5516072.htm.

［10］全国图书协调方案［EB/OL］.［2021-03-03］.https://www.hy136.com/view/358315.html.

［11］FLOOD A. Britain has closed almost 800 libraries since 2010，figures show annual survey shows sharp cuts to local authority funding have led to the loss of 17% of branches, alongside sharp staff and funding shortfalls［EB/OL］.［2020-06-27］.https://www.theguardian.com/books/2019/dec/06/britain-has-closed-almost-800-libraries-since-2010-figures-show.

［12］IMLS 发布 17 财年美国公共图书馆调查［EB/OL］.［2020-09-10］.https://mp.weixin.qq.com/s/9MgGfwNyPxH2evm8YupP7.

［13］中华人民共和国文化部 2012 年文化发展统计公报［R/OL］.［2021-03-03］.http://www.gov.cn/foot/site1/20140421/782bcb888d4914bf24b301.pdf.

［14］中华人民共和国文化和旅游部 2019 年文化和旅游发展统计公报［EB/OL］.［2021-03-03］.https://www.mct.gov.cn/whzx/ggtz/202006/t20200620_872735.htm.

［15］饶权.中国图书馆的历史经验与转型发展［J］.中国图书馆学报，2019（9）：15-26.

［16］2020 年中国财政政策执行情况报告［EB/OL］.［2021-03-03］.http://www.gov.cn/xinwen/2021-03/06/content_5590913.htm.

［17］财政蓝皮书：中国财政政策报告（2020）［EB/OL］.［2020-12-27］.https://www.pishu.cn/zxzx/xwdt/556955.shtml.

［18］FREY C B，OSBORNE M. The future of employment：how susceptible are jobs to computerisation?［EB/OL］.［2020-10-02］. https://www.oxfordmartin.ox.ac.uk/publications/the-future-of-employment/.

［19］IFLA Trend Report Update 2017［R/OL］.［2020-05-06］.https://trends.ifla.org/files/trends/assets/documents/ifla_trend_report_2017.pdf.

［20］Center for the future of libraries［EB/OL］.［2020-05-11］.http://www.ala.org/tools/future.

［21］Horizon Report［EB/OL］.［2020-05-11］.https://library.educause.edu/search#?publicationandcollection_search=Horizon%20Report.

［22］李立国.搭建终身学习的“立交桥”（专家视点）［N］.光明日报，2020-10-27（14）.

［23］MASLOW A H. A theory of human motivation［EB/OL］.［2021-03-03］.http://psychclassics.yorku.ca/Maslow/motivation.htm.

［24］康伟.准确把握人民群众需求的新变化［N］.学习时报，2013-07-22（3）.

［25］林向阳，胡睿宪.人均 GDP5000 至 10000 美元国际发展经验及对策［J］.国际观察，2007（6）：50-52.

［26］中华人民共和国2012年国民经济和社会发展统计公报［EB/OL］.［2021-03-06］.http://www.stats.gov.cn/tjsj/tjgb/ndtjgb/qgndtjgb/201302/t20130221_30027.html.

［27］我国人均GDP突破1万美元［EB/OL］.［2020-10-02］.http://www.xinhuanet.com/2020-01/17/c_1125474704.htm.

［28］韩寒.共享：为实体书店创造生机［N］.光明日报，2017-07-20（9）.

［29］朱峻薇.公共图书馆特色服务建设的实践与探讨——以杭州图书馆运动主题分馆为例［J］.图书馆杂志，2019（4）：56-60.

［30］范毅.我国城镇化发展新趋势［N］.北京日报，2020-07-27（14）.

［31］［32］陈映芳，罗国芬.城市化研究述评［J］.中国城市研究，2012（1）：1-8.

［33］蒋萌.两会“好声音”：农民工变居民能获得城市归属感吗？［EB/OL］.［2021-03-06］.http://opinion.people.com.cn/n1/2017/0314/c1003-29145056.html.

［34］全球愿景报告摘要［R/OL］.［2019-05-06］.https://www.ifla.org/files/assets/GVMultimedia/publications/gv-report-summary-zh.pdf.

［35］公共图书馆宣言（1994）［R/OL］.［2020-05-08］.https://www.ifla.org/files/assets/public-libraries/publications/PL-manifesto/pl-manifesto-zh.pdf.

［36］Our common future［EB/OL］.［2020-05-08］.https://en.wikipedia.org/w/index.php?title=Our_Common_Future&oldid=842210850.

［37］所有人的渠道和机遇：图书馆如何促进联合国2030年议程［R/OL］.［2021-03-06］.https://www.ifla.org/files/assets/hq/topics/libraries-development/documents/access-and-opportunity-for-all-zh.pdf.

［38］ALA.Resolution for the adoption of sustainability as a core value of librarianship［R/OL］.［2021-01-08］.http://www.ala.org/aboutala/sites/ala.org.aboutala/files/content/governance/council/council_documents/2019_ms_council_docs/ALA%20CD%2037%20RESOLUTION%20FOR%20THE%20ADOPTION%20OF%20SUSTAINABILITY%20AS%20A%20CORE%20VALUE%20OF%20LIBRARIANSHIP_Final1182019.pdf.

［39］A call to culture：Europeana 2020 strategic update［EB/OL］.［2020-03-06］.https://strategy2020.europeana.eu/update/.

［40］IFLA president’s meeting 2017 and a global vision for a united library field［EB/OL］.［2020-08-23］.https://www.ifla.org/node/11383.

［41］Strategic plan 2016—2021［R/OL］.［2020-05-06］.https://www.ifla.org/files/assets/hq/gb/strategic-plan/2016-2021-zh.pdf.

［42］IFLA global vision［R/OL］.［2020-05-06］.https://www.ifla.org/files/assets/

GVMultimedia/publications/gv-report-summary-zh.pdf.

［43］In uncertain times，we need each other more than ever：the IFLA strategy and COVID-19［EB/OL］.［2020-07-03］.https://www.ifla.org/node/93178.

［44］Libraries Deliver：Ambition forPublic Libraries in England 2016-2021［EB/OL］.［2020-03-06］.https://www.gov.uk/government/publications/libraries-deliver-ambition-for-public-libraries-in-england-2016-to-2021.

［45］吴慰慈，董焱.图书馆学概论［M］.2版.北京：国家图书馆出版社，2008：72.

3　公共图书馆守好意识形态阵地、传播社会主义核心价值观策略

作为政府举办的公益性文化事业机构，公共图书馆承担着保存人类文化遗产、开展社会教育、传递科学情报、开发智力资源和提供文化娱乐等社会职能，在引导思想观念、凝聚政治认同等意识形态工作中能够发挥独特作用，是我国意识形态阵地的重要组成部分。公共图书馆应紧密结合自身的社会职能，自觉担当起守好意识形态工作前沿阵地的使命，在唱响主旋律、坚守主阵地、凝聚正能量、传播好声音中率先垂范，为社会主义现代化发展提供强大的思想保证、精神动力和舆论环境。

具体而言，公共图书馆守好意识形态阵地要做好以下相关工作：要全面贯彻落实习近平总书记给国家图书馆老专家的回信精神，坚守“传承文明，服务社会”的初心，提高政治站位，强化责任担当，将图书馆建设成为能体现我国文化发展水平的重要标志，建设成滋养民族心灵、培育文化自信的重要场所；要坚持社会主义先进文化前进方向，将意识形态工作融入图书馆建设、管理与服务工作始终，充分提升主流文化的供给力、引领力和影响力；要着力开展图书馆意识形态空间建设，提升总分馆及其配备的流动图书馆在主流意识形态方面的引领力，重点加强网上图书馆先进文化的传播力、影响力，强化讲坛、论坛、讲座、展览等空间的思想教育功能；要着力开展图书

馆服务资源与活动内容建设，强化图书馆藏品、展陈等内容监管，加大对各类学术研讨、交流学习等公共活动的审核力度，把好政治导向关、价值导向关；要着力创新图书馆服务方式与教育形式，充分运用新兴技术丰富资源服务载体与表现方式，增强主流资源的可及度和体验性，传播和传递有思想、有温度、有品质的作品，提高图书馆的社会影响力；要强化自身的队伍建设，规范管理制度，提高安全防范意识等，引导馆员和社会公众做社会主义核心价值观的坚定信仰者、积极传播者、模范践行者。

《中华人民共和国公共图书馆法》第三条指出，“公共图书馆应当坚持社会主义先进文化前进方向，坚持以人民为中心，坚持以社会主义核心价值观为引领”[1]。公共图书馆弘扬社会主义核心价值观是社会主义公共文化服务事业的必然要求，应将培育弘扬社会主义核心价值观作为根本任务，贯穿到图书馆工作的各个业务环节中。以文明、和谐的理念引领线上线下公共图书馆服务空间建设，使之成为中华文明融合、收藏、传播的重要机构；以包容、民主的理念引领公共图书馆文献信息建设，为个人成长和社会进步提供知识支撑；用平等、公正的理念引领公共图书馆多元服务体系建设，使图书馆服务惠及最广大受众；以“以文化人、立德树人”的理念引领公共图书馆社会教育职能发挥，使之成为涵养热爱祖国、爱岗敬业、诚实守信、与人为善公民的精神家园。具体而言，公共图书馆要牢牢把握意识形态工作的领导权、管理权、话语权，防止非社会主义意识形态侵袭；发挥传播社会主流价值的主渠道作用，把社会主义核心价值观贯穿到图书馆资源采购、组织、利用和服务的全流程，贯穿到讲座、展览和学术交流等活动中，壮大主流舆论阵地，不为错误思想观点提供空间；落实舆论引导工作，用社会主义核心价值观引领思潮凝聚共识，加强线上线下突发公共安全事件舆论引导和危机管控能力，确保阵地安全；加强公共图书馆社会主义核心价值观宣传、教育常态化；完善公共图书馆传播社会主义核心价值观的制度保障机制建设，最终实现助力文化强国建设的宏伟目标。

3.1　当前国内外政治环境、意识形态工作形势对公共图书馆的要求

公共图书馆作为一项制度性安排，其建设和发展要与人民文化需求和社会整体发展相适应，体现人民意愿，符合社会价值，彰显国家文化软实力。当前，文化软实力建设面临更为严峻和复杂的政治局面，公共图书馆更应该切实明确自身的定位，积极提升自身的服务水平，为提升文化自觉、坚定文化自信做出应有的努力。因此，公共图书馆只有系统把握国内外政治环境和意识形态工作形势的要求，才能时刻保持思想警惕，完成新时代的使命。

3.1.1　国内政治环境、意识形态工作形势对公共图书馆的要求

3.1.1.1　文化强国战略的实施对文化自信提出了更高的要求

“文化兴国运兴，文化强民族强”[2]，文化强盛是一个国家强大的重要象征。2020 年 10 月党的十九届五中全会审议通过的《中共中央关于制定国民经济和社会发展第十四个五年规划和二〇三五年远景目标的建议》，明确提出到2035年建成文化强国的远景目标，提出要“繁荣发展文化事业和文化产业，提高国家文化软实力”[3]。这是继 2011 年党的十七届六中全会确立“建设文化强国”战略愿景以来第一次从国家规划层面提出了建设文化强国目标的时间表。文化强国依赖于高度的文化自信，“没有文化的繁荣兴盛，就没有中华民族伟大复兴”[4]。文化自信的底气，来自中华优秀传统文化所蕴含的强大文化基因，来自党和人民在伟大斗争中孕育的革命文化所迸发的持续文化动力，来自社会主义先进文化所指向的科学文化方向。

践行文化自信，提高文化软实力，要把坚持马克思主义在意识形态领域

指导地位的根本制度贯彻到文化建设全过程全领域，使坚持和发展马克思主义始终成为主旋律、最强音，坚守中华文化立场，坚持把社会主义核心价值观融入国家治理体系和治理能力建设各领域，充分发挥先进文化在各个领域的引领作用，坚持为人民服务，把统一思想、凝聚力量作为中心环节，提高社会文明程度，提升公共文化服务水平，还要营造良好的文化氛围，努力展示中华文化独特魅力，要把优秀的文化传承下来，把优秀的文化资源开发出来，并把它传播出去。

3.1.1.2　新兴技术发展为意识形态宣传工作带来了更大机遇和挑战

意识形态工作的安全是国家安全体系中不可或缺的组成部分。在国际竞争中，一些国家往往利用意识形态这一无形力量，长期对他国进行价值渗透、思想侵蚀、话语建构等，建立起“利我”的文化霸权主义，削弱他国的国民意志。随着大数据、人工智能、新媒体等的发展，意识形态安全面临着更加复杂化、隐蔽化和尖锐化的格局和趋势。首先，多元化的技术媒介丰富了意识形态入侵的手段，使得意识形态斗争的内容和形式都有了更大的变化；其次，多角度的意识形态产品的推送，悄然无声地影响着受众的价值判断，进而建立起话语霸权体系；最后，技术主导的意识形态渗透，在智能化时代更大范围地冲击着目标国的年轻一代，弱化年轻一代的民族认同和社会主流价值认同，引起思想领域的混乱。

现阶段，我国公共图书馆要高度重视新兴技术。一方面要提高警惕，避免敌对势力借助技术的便捷性对我国国民进行文化演变；另一方面，要积极重视新技术运用，发挥意识形态的能动性，以社会主义核心价值观引领意识形态工作，完成“举旗帜、聚民心、育新人、兴文化、展形象”[5]的使命任务。

3.1.1.3　公共图书馆是滋养民族心灵、培育文化自信的重要场所

公共图书馆自诞生之日起，就承担着保存人类文化遗产、开展社会教育、传递科学情报、开发智力资源、提供文化娱乐的主要职能。2019 年 9 月，在

国家图书馆建馆 110 周年之际，习近平总书记在给国家图书馆老专家回信中，肯定了图书馆的文化价值，并对图书馆事业在新时代的发展提出了明确要求，指明了方向。

中国文化有着旺盛的生命力和光明的发展前途。然而，由于缺少深入挖掘、创新创作、广泛传播，当代中国文化的繁荣发展受到一定的阻碍，使得我国有一部分人缺乏精神信仰，迷信西方文化，没有意识到中国文化的魅力和精髓。“图书馆是国家文化发展水平的重要标志，是滋养民族心灵、培育文化自信的重要场所。”[6] 在实现中华民族伟大复兴中国梦的新征程上，国家图书馆乃至整个图书馆界必须担当起新的历史使命。首先，公共图书馆要明确政治责任，坚持正确政治方向；其次，要明确文化责任，发挥好公共服务职能；再次，要担当引领责任，大胆推进文化创新；最后，要“坚持正确政治方向，弘扬优秀传统文化，创新服务方式，推动全民阅读，更好满足人民精神文化需求，为建设社会主义文化强国再立新功”[7]。

3.1.2 国际政治环境、意识形态工作形势对我国公共图书馆的要求

2020 年新冠疫情蔓延全球，国际经济、科技、文化、安全等格局都发生了巨大的变化，多种因素的交叠使得全球化的趋势受到冲击。在这个大环境下，我国在意识形态领域或将受到激烈的冲击，尽管如此，我们对和平、团结、发展、进步的渴望仍然强烈。当前意识形态工作的重心是既要守好我国意识形态阵地，又要积极传播社会主义核心价值观，在国际舞台上占据话语权。公共图书馆的性质和职能决定了它需要时刻保持警惕，以辩证、长远的眼光正确看待国际政治环境，加强管理，确保党的领导贯彻落实到图书馆意识形态传播的各个领域、各个方面、各个环节。

3.1.2.1 积极助力辟谣和纠偏，营造良好的意识形态环境

近几年，国际反华势力一直曲解、遏制打压中国，种种有关中国的恶意

谣言时有耳闻。例如，澳大利亚战略政策研究所炮制的所谓新疆在建设拘留营的不实观点[8]，美国国会恶毒攻击中国新疆的人权状况[9]，等等。全球新冠疫情持续蔓延期间，国外社交媒体上更是充斥着大量关于疫情阴谋论的言论，散布着大量针对中国的虚假信息。

面对诸如上述种种恶意攻击和谣言等，公共图书馆除了自身要保持清醒头脑，不传谣不偏信，还可发挥在文化建设基础设施覆盖面广以及资源检索、服务等方面的优势，开展以下相关工作：①提升民众虚假信息辨识的技能，邀请专业人士为社会公众提供准确信息，答疑解惑，以治理虚假新闻与提升公众信息素养为契机，创新图书馆服务模式；②搜集国际国内舆情动态、社会反应及以往先进经验，为政府提供专题信息、分析报告、专题解答，为政府决策提供信息支持，发挥图书馆智库服务的作用。

3.1.2.2　加强国际文化交流互鉴，消减国际社会对华偏见

改革开放以来，西方的文化霸权所导致的文化渗透对我国的文化安全带来强烈的冲击和挑战。由于我国在文化价值观、意识形态和发展模式上与西方存在显著差异，加之近年来中国崛起对西方构成的心理冲击，部分西方国家一直对华抱有偏见，经常通过新闻报道等形式误导和蒙蔽国际视听，质疑与非难中国的政治、经济、文化发展，从而使一般西方民众对中国产生不正确且不全面的认识。

对此，公共图书馆身为公共文化服务体系中的一员，可发挥其本身具有的文化交流功能，向西方民众传递有关中国的正确信息，改变对方的错误认知，摒弃意识形态偏见，从而维护我国文化安全。习近平总书记曾强调："文化的影响力是超越时空、跨越国界的。"[10]公共图书馆不仅可在国内不同地区间开展文化交流，还应增强文化自信，在国际上传播中国精神，提升我国文化的国际影响力。为此我们可开展以下相关工作：①加强文化交流空间场所的建设，积极在国际文化交流场合中亮相，主动策划国际文化交流活动，助推中国文化走向世界；②搭建和完善信息资源线上线下流通平台，利

用新媒体技术，向世界传播中华优秀传统文化，讲好中国故事，传递中国声音。

综上所述，国内外政治环境和意识形态工作形势均对公共图书馆现阶段的工作和任务提出了要求：公共图书馆既需要深入贯彻党的十九大以及十九届二中、三中、四中、五中全会精神，坚持马克思主义在意识形态领域的指导地位，增强新发展阶段意识形态建设的主导性，牢牢把握意识形态工作的领导权、话语权、管理权；也需要坚持以社会主义核心价值观引领文化建设，壮大主流思想文化，举旗帜、聚民心、育新人、兴文化、展形象，助推我国“十四五”和二〇三五年远景目标实现。

3.2　我国公共图书馆意识形态工作的成效和不足

公共图书馆作为政府举办的公益性文化事业机构，是我国意识形态工作体系的重要组成部分。梳理我国公共图书馆意识形态工作的现状，结合案例分析其工作成效将有助于推广各馆的经验，扩大意识形态工作的示范范围；归纳总结当前工作中的不足，则有助于发现问题，确定工作重点，以便更好地开展意识形态工作。

3.2.1　我国公共图书馆意识形态工作的成效

3.2.1.1　传播主流文化与意识形态价值，守好社会主义意识形态阵地

公共图书馆已日益成为各种社会群体的文化需求与文化价值交汇融合的场所，在意识形态方面也对整个社会产生着潜移默化的影响。近些年来，公共图书馆积极行动，向社会传播先进文化，弘扬社会主义核心价值观。

例如，由中宣部宣教局、光明日报社共同主办的“核心价值观百场讲坛”第 100 场活动于 2021 年 1 月 10 日在首都图书馆举办，中国伦理学会常务副会长、浙江师范大学马克思主义学院名誉院长李建华作了题为《以先进模范树立鲜明时代价值取向》的演讲，并就社会伦理秩序、公民道德建设等相关话题，与观众、网友进行了交流互动[11]。湖南图书馆举办“当代中国核心价值观”主题公益讲座，邀请清华大学名师论道“核心价值观”，围绕价值观的认识、特点、主要内容与功能等问题，向来自社会各界的近 200 名听众展开细致讲解，收到了良好的效果[12]。江苏省淮安市图书馆以“以文化人　共创文明城——阅读筑梦社区行”为主题，以全国文明城市创建为主线，通过“书香进社区，阅读走万家”的形式，进行社会主义核心价值观宣教活动[13]。值得一提的是，山西省太原市图书馆开设了以马克思主义为主题的“马克思书房”，将马克思主义文献集中收藏，并融入教学演讲、展览展示、数字阅读等功能，引发关注[14]。

3.2.1.2　传承中华优秀传统文化，守护文明记忆

中国是一个有着五千年文明历史的文化大国，文化底蕴深厚程度不言而喻，图书馆与博物馆、档案馆等文化机构共同守护着这份宝贵的文明记忆。近年来，公共图书馆按照《中华人民共和国公共图书馆法》第三条规定，发挥“传承发展中华优秀传统文化，继承革命文化，发展社会主义先进文化”[15]的本质功能，担负起保存本地文献的重要任务以及文化传承、服务社会、服务人民的使命。

例如，2017 年 9 月，由中宣部等部门支持和指导、国家图书馆组织实施的“中华传统文化百部经典”编纂项目首批 10 部图书正式出版发行。“中华传统文化百部经典”丛书采取导读、原典、注释、点评相结合的编纂体例，对历代典籍中最精髓、最精彩的部分进行深入阐释。这项重大文化工程很大程度上适应了时代的要求以及广大社会公众学习优秀传统文化、提升自己文化素养的愿望[16]。2019 年 9 月 7 日，由文化和旅游部、国家文物局主办的

“中华传统文化典籍保护传承大展”在国家典籍博物馆开展，展出大批珍贵典籍，“国宝吉光”“百代芸香”“汲古润金”“交流互鉴”四大展厅各具特色，阐述中华传统文化典籍精髓，将中华民族上下五千年灿烂文明展示给每一位来宾，为人类文明传承做出重要贡献[17]。2020 年 6 月，重庆市潼南区图书馆为推进图书馆新时代文明实践阵地建设，自建“闇公杯”全民阅读系列活动平台，开展“闇公杯”阅读征文大赛，开展“闇公杯”故事分享会，分享革命先驱杨闇公红色故事，举行“闇公杯”主题经典电影展播，助力爱国主义教育基地建设[18]。2020 年 11 月，广东省深圳图书馆举办“华夏意匠”中华文明系列展览之“纸的文明”，该展览以图片、实物与文字相结合的方式面向观众展示了汉字、纸张、印刷术的发展历程，还特别展出由当代著名设计师设计的各种纸艺作品[19]。

3.2.1.3　立足本地历史文化，挖掘意识形态内涵

全国各级公共图书馆作为一个地区的主要文化机构之一，其建设和发展离不开当地文化的影响，需要扎根本地，打造特色区域文化。从守好意识形态阵地的角度来说，一个国家的意识形态内涵很多都是从历史文化中来，立足本地，尊重历史文化能更好地理解意识形态，并能从历史文化中挖掘出与当下意识形态一脉相承的优秀文化，丰富意识形态的内涵。同时，只有立足本地，尊重历史文化，才能因地制宜制定适合本地的意识形态宣传方案，让意识形态宣传活动开展得更深入人心。

例如，福建作为文化大省，发挥其红色文化资源丰富的优势，于 2016 年 6 月印发《福建红色文化保护、传承和弘扬工程实施方案》，从加强红色文化保护传承、深化红色文化研究整理、推进红色文化弘扬传播、创作红色文化文艺精品、培育红色文化旅游品牌等五大方面，明确了红色文化保护、传承和弘扬工程的重点工作[20]。作为率先实施公共数字文化工程的省份之一，福建省图书馆近年来以数字文化资源建设为核心，拓展数字资源服务方式与范围，自建“建党 90 周年 · 海西红土地党建信息库”，设立“永远的丰

碑”“党史研究”等六大栏目，全面展示革命先烈们在海西红土地上留下的珍贵遗产[21]。四川省绵阳市图书馆自20世纪80年代起，十分重视特色馆藏文献资源收集工作，建立了融收集、加工、整理、特藏、查阅为一体的地方文献工作体系，如今已拥有较全面反映绵阳政治、经济、文化、历史、民俗民风、地理地貌、特产资源及社会发展等各方面的地方文献6000余册，包括1985年开始的中华人民共和国成立后第一次修志期间所编纂的《绵阳市地方志丛书》、绵阳本土作家作品、“5·12汶川特大地震文献”[22]。这些独具特色的地方文献资源是读者了解绵阳、研究绵阳的珍贵文献，也是进行爱祖国爱家乡教育的特殊教材。

再如，2019年11月9日，北京西城区第二图书馆“西城公益讲坛”以宣南文化为特色，通过讲坛向读者解释宣南为何能担起“首都文化的源头、缩影和精华”的称号，介绍以琉璃厂为代表的士人文化，此外还介绍了包含以大栅栏为代表的商业文化和老字号文化，以先农坛为代表的皇家文化，以法源寺、天宁寺为代表的寺庙文化，以牛街为代表的小吃文化，以《京报》《晨报》为代表的报业文化，以天桥为代表的民俗文化，以京剧为代表的戏曲文化，以湖广会馆、湖南会馆为代表的会馆文化，以厂甸为代表的庙会文化，以陈独秀、李大钊为代表的红色文化，以大观园为代表的红楼文化，等等，让宣南文化为大众所熟悉和了解[23]。

3.2.1.4　提升人民文明素养，凝聚人民精神力量

作为文化服务机构及社会合作的纽带，公共图书馆是中国文化传播体系中的重要组成部分，有责任也有义务成为发展社会主义先进文化、广泛凝聚人民精神力量的思想阵地。公共图书馆应通过发挥其在先进文化创造与传播方面的积极作用，丰富全民阅读形式，在阅读活动中提高公民科学文化素养，培养公民的社会主义核心价值观。

例如，江西省图书馆以“阅读红色经典　传承红色基因”为主题的红色图书馆藏有红色书籍、期刊和影视纪录片，为读者提供阅读红色书刊、数字

资源等服务，读者还可通过馆内交互式平台现场体验难忘的烽火岁月，了解革命历史，读懂爱国精神[24]。湖北省鄂州市图书馆举办“用社会主义核心价值观引领社会风尚”讲座，通过《管子·牧民》中的“国之四维”、梁启超先生的“国有三等论”引出社会主义核心价值观对当今中国的重要意义，又深入浅出地剖析当今社会一些不良现象产生的原因，内容生动具体，引发在场观众对社会主义核心价值观重要性的思考[25]。云南省昆明市五华区图书馆通过“五华讲坛”开展关于传统文化、儿童健康成长的公益讲座，大力弘扬爱国主义、集体主义和社会主义精神，努力提高居民的文明素养[26]。浙江省湖州市图书馆“韵海讲堂”举办“良渚文化与中华文明五千年”专题讲座，介绍良渚文化，从对良渚文化的研究引出中华文明从多元走向一体的过程，进一步说明良渚遗址的发现和成功申遗对实证“中华文明五千年”的重要意义[27]。

3.2.1.5　发展国际文化交流，提升中国文化国际影响力

文化因交流而丰富，因交融而多彩。公共图书馆应注重自身文化交流空间场所的建设与文化资源交流平台的搭建，积极参与国际文化交流场合，主动策划国际文化交流活动，助推中国文化、中国精神走向国际，提升中国文化的国际影响力。

例如，国家图书馆的出版物交换业务是我国对外文化交流的重要窗口之一，并始终受到党和国家的高度重视。“十一五”期间国家图书馆配合国务院新闻办开展了“中国之窗”赠书项目计划。该项目甄选与中国政治、经济、社会、历史、文化、科技相关的精品图书赠予国外知名图书馆，为国外读者了解真实的中国文化提供渠道，烘托积极的国际舆论氛围[28]。2018 年 5 月，丝绸之路国际图书馆联盟成立，该联盟的成立推进了国家间文明的交流，帮助沿线国家和地区进行文化往来，未来的合作发展更是为宣扬与传播中国文化提供了一个平台，助力我国国际影响力的提高[29]。上海图书馆积极开展国际文化交流项目，加强文化互动，“上海之窗”在“十一五”期间已在 6 大

洲32个国家和地区的53家图书馆扎根；“十二五”期间，129家“上海之窗”落地6大洲64个国家（地区），累计赠书8.7万册[30]。广东省广州图书馆从20世纪90年代起，多次在德国、加拿大、瑞典、美国、韩国等国家举办文化展览活动，在2010年广州亚运会举办期间开展有关韩国、日本、印度、伊朗等国家的亚洲文化系列讲座，也陆续开展韩国文化月、俄罗斯文化月活动，加深了公众对国外文化的了解，促进了双边的文化交流与对话[31]。

再如，重庆图书馆在英国、泰国、贝宁、德国、哈萨克斯坦、西班牙、俄罗斯等国家和地区建设“重庆之窗——中国图书角”[32]。浙江省杭州市文化传播项目“映像西湖”通过在杭州图书馆的境外友好图书馆中设立“映像西湖”图书典藏专区，从2011年起，陆续与俄罗斯涅克拉索夫图书馆、瑞典斯德哥尔摩市立图书馆、爱尔兰科克大学图书馆、美国印第安纳波利斯市立图书馆等合作，依托专区开展多种文化交流活动，宣传我国悠久的历史文化和巨大的发展成就，推介杭州的自然景观、城市建设人文风貌[33]。福建省图书馆通过省文化和旅游厅在海外设立的“海外文化驿站”，提供“文化一点通”资源服务，向世界传递来自中国福建的文化声音[34]。这些文化项目已成为世界各国了解我国独特的风土人情、增进对华友谊的重要阵地，在传播中国源远流长的历史文化中发挥着独特的作用。

3.2.1.6 重视跨界融合，加大意识形态宣传力度

2018年，国家旅游局和文化部合并成立文化和旅游部，被称为“诗与远方”的结合。文旅融合、跨界融合成为新时代图书馆生存发展的新背景。国家提出了“宜融则融，能融尽融，以文促旅，以旅彰文”[35]的文旅融合工作思路。公共图书馆历来重视旅游功能的发挥，特别是近两年，公共图书馆在跨界融合、文旅融合方面进行了许多积极的尝试。公共图书馆组织的研学旅行、“图书馆＋民宿”、景区图书馆、地铁图书馆等图书馆跨界融合模式逐渐被公众熟知。

例如，2018年4月，由湖南省长沙图书馆发起，中国图书馆学会阅读推

广委员会主办，全国60余家图书馆参与的“阅天下·邂逅图书馆之美”活动践行“读万卷书，行万里路”的中国传统理念，旨在创新阅读推广思路，以“图书馆”为路线图，游学行天下，让公众深度认识图书馆、走进图书馆、利用图书馆，推动全民阅读。活动参与者通过“游学护照签章”“游学笔记记录”“最美图书馆拍照分享”等方式，将阅读、旅行、学习、社会实践有机结合，在阅读中体验、在旅行中学习、在社会实践中实现真正的“知行合一”[36]。2018年8月，国家图书馆主办“文旅·融合·创新——首届海淀区研学旅游季”系列活动，这是我国文旅融合以来图书馆界举办的关于研学旅行的重量级活动之一。该活动植根于深厚的中华文明，致力于文化资源和旅游资源的创新性体验，推动文化文物资源、旅游资源与学校教育资源的交流融合，丰富面向青少年等人群的研学游文化内涵[37]。

再如，浙江省嘉兴市图书馆总馆建成“红船·中心书苑”，在重要旅游景区和游客较多的农村中建设“红船·特色书苑”，通过空间打造、资源典藏与展示、服务配套，让嘉兴本地居民和外地游客不自觉地走入图书馆，了解嘉兴的历史文化和“红船精神”[38]。

3.2.1.7　引进现代科技，助力意识形态宣传

科技改变生活，科技也改变着图书馆。纵观图书馆转型升级的发展历程，也是一个图书馆与科技融合发展的过程。从传统图书馆到数字图书馆，再到未来的智慧图书馆，图书馆发展与信息技术的发展休戚相关，信息技术的进步为图书馆注入了全新动能和创新活力，推动了图书馆事业的进步。科技的进步，也为公共图书馆开展意识形态宣传提供了新方法和新工具。

例如，目前大多数公共图书馆都运用了RFID技术，大大提升了图书检索、分类排架、借阅的效率。正在推进的智慧图书馆建设，运用5G网络、大数据、云计算、人工智能、物联网等技术，将其用于知识智慧加工、内容智慧创作、服务场景智慧化等。国家图书馆是我国公共图书馆的代表和领头羊，近年来，国家图书馆积极践行“传承文明，服务社会”的初心和使命，推出

"华夏记忆""甲骨文记忆""中华传统文化典籍保护传承大展"等文化类专题展览，运用数字人文等现代信息技术宣传和再现中华优秀传统文化，还将中华优秀传统文化结合现代工艺和科技以精美的文创产品的形式呈现在公众面前[39]，极大增强了这些文化内容的生动性与感染力。弘扬优秀传统文化有助于提高民族凝聚力，为培育社会主义核心价值观打下坚实的基础。

3.2.2 我国公共图书馆意识形态工作的不足之处及完善建议

3.2.2.1 社会主义先进文化阅读空间难以满足读者需求

公共图书馆的社会主义主题文化物理阅读空间是公众系统学习、了解马克思主义的重要文化场所，是传播习近平新时代中国特色社会主义思想的有效渠道，更是我国文化服务体系中坚守社会主义阵地、弘扬爱国主义精神不可或缺的重要一环。当前，图书馆正处于转型和变革的关键时期，传统的图书馆物理布局已经难以满足读者的多元化需求，改造图书馆的物理空间，拓宽社会主义主题文化网络学习空间，将有力推动图书馆焕发新的生机活力。

公共图书馆为进一步加强社会主义先进文化阅读空间建设，可采用以下做法：①在创新物理空间功能分区时融入主流价值观，打造形式新颖的社会主义主题文化物理阅读空间，开辟主流意识形态主题馆、专题室等文化空间，创新阅读空间模式，优化阅读环境，完善软硬件基础设施。②融入现代化建筑理念，打造集理论性、趣味性、教育性于一体的社会主义先进文化空间，吸引广大读者主动成为社会主义先进文化空间的参与者。③借助"互联网+"环境下网络空间的发展机遇，为图书馆建设社会主义主题空间。以"学习强国"为例，该平台是中宣部主管的信息库和思想文化聚合平台，以深入学习宣传习近平新时代中国特色社会主义思想为主要内容，凭借其丰富的资源优势和强大的聚合能力，深受广大用户的青睐和喜爱。④让正面声音、先进文化在网络中占领一席之地，利用物联网、人工智能等技术对公共图书馆先进文化空间进行改造，提升文化空间的科技感和未来感，融合三维模型重构、虚拟/增强/混合现实、人机交互、人工智能等高新信息技术的应用，进一步拓展图书馆的服务，实现虚拟空间的创设，开展基于情境式、体验式的新型服务模式。⑤顺应时代潮流，满足用户多方面的需求，不断将先进技术成果引入具体工作实践中，着力打造先进、现代的社会主义文化空间，不断重构图书馆的服务模式，以满足用户碎片化阅读、非正式阅读等需要。

3.2.2.2 社会主义先进文化相关馆藏资源利用率较低

馆藏资源是公共图书馆的核心资源，也是图书馆开展服务的基础，制定科学的馆藏资源建设策略对于公共图书馆发挥意识形态阵地作用至关重要。当前，我国公共图书馆馆藏资源数量呈逐年递增趋势，各类文献资源藏量较为丰富，但现有馆藏资源与读者实际利用情况存在一定差距，不同类型的文献资源利用率存在明显差异。以上海市普陀区图书馆读者阅读倾向为例，该馆读者借阅的图书主要以文学类（I），历史、地理类（K），艺术类（J），文化、科学、教育、体育类（G）为主；马克思主义、列宁主义、毛泽东思想、邓小平理论类（A）的借阅率占比为0.23%，相对较低[40]。实际上，目前大部分公共图书馆存在社会主义先进文化相关资源利用率相对较低的情况。

为提升相关馆藏资源的利用率，公共图书馆可以适当考虑以下做法：①对相关书籍存放空间进行改良。②提高读者与相关馆藏资源的互动感。江西省图书馆设立以“阅读红色经典　传承红色基因”为主题的红色图书馆，可以让读者通过馆内交互式平台现场体验难忘的烽火岁月，了解革命历史，弘扬爱国主义精神，在利用馆藏资源的同时附加趣味性，加深读者印象[41]。③将相关馆藏资源进行数字化开发。例如云南省昆明市五华区图书馆与喜马拉雅昆明城市服务站合作，打造“智慧有声红色阵地”，内藏有2000册优秀红色图书，内容涵盖党章党规、《习近平谈治国理政》及习近平总书记重要讲话精神、名人传记、革命故事、经典名著、科普养生、少儿读物等，后期还可继续更新扩容，读者通过扫描二维码就可以免费听书[42]。④为党建服务。例如安徽省黄山市图书馆依托党群服务中心，努力以党建主题引领红色阅读，为黄山市党员干部开展党建主题活动和专题教育提供了充足的资源与设施，同时也向广大读者开放，为读者提供了一个红色阅读主题的首选场所[43]。

3.2.2.3　活动策划与宣传推广有所不足

开展读者活动是公共图书馆的核心工作之一，也是履行公共图书馆职能的重要途径。当前，公共图书馆意识形态宣传推广活动策划不足，主要表现在以下几个方面：

第一，公共图书馆为读者举办的活动多以组织讲座、举办展览、开展阅读推广或举办培训班为主，部分公共图书馆开展的活动类型较为单一，难以调动公众参与活动的积极性。

第二，公共图书馆馆员在进行读者活动策划时，由于主题通常较为相似，导致图书馆开展的读者活动重复性较高。

第三，多数公共图书馆通常在馆外张贴海报或通过图书馆官方网站以及微博、微信公众号等社交平台发布馆内开展的各项活动信息，公众若没有亲自到馆或没有关注图书馆的社交平台账号，几乎无法获知相关信息。

公共图书馆在活动宣传推广方式上的选择对活动参与人数和活动产生的最终效果会起到重要影响作用，图书馆应该避免以上不足之处，加强活动宣传力度，主动将活动信息推送到公众面前。例如，上海图书馆联合上海广播电视台推出的“古籍今读”特别节目，每天介绍一种馆藏古籍善本，向公众普及古籍知识及其蕴含的中华优秀传统文化，带公众体验阅读中国古籍的“书情写意”之美，还同步推出了独具图书馆审美和创意的系列文创产品，提升了知名度，拉近了与用户的距离[44]。

3.3 公共图书馆意识形态工作的重点任务和未来发展战略

黄宗忠在《图书馆学导论》中提出，图书馆作为一个政治思想的阵地，还具有传播政治思想的职能[45]。在科学技术高速发展的当下，公共图书馆要紧抓守好意识形态阵地的重点任务，完善社会主义核心价值观传播任务的保障机制，完善意识形态工作制度，面向未来，贯彻落实好党的十八大报告、党的十九大报告以及习近平总书记在国家图书馆建馆 110 周年之际给国家图书馆老专家回信精神。

3.3.1 公共图书馆意识形态工作的重点任务

3.3.1.1 深化意识形态理论引领研究

各级公共图书馆要坚持正确的政治导向，深化理论学习，牢牢团结在以习近平同志为核心的党中央周围，不断增强“四个意识”、坚定“四个自信”、做到“两个维护”，不断用党的最新理论成果武装头脑，推动我国图书馆事业不断繁荣发展。

（1）开展理论研究，助力业务提升

要注重将意识形态与公共图书馆信息资源建设、管理和服务等环节紧密结合进行理论研究，加强图书馆理论研究队伍建设，策划一批重点理论研究课题，推动公共图书馆与科技的融合发展，将理论研究成果及时用于指导公共图书馆意识形态阵地建设工作。

（2）拓展战略视野，把握发展趋势

要加强公共图书馆事业的研究，将公共图书馆意识形态阵地建设纳入更广阔的视野和空间，立足我国图书馆运行现状，从坚定文化自信、建设社会主义文化强国的战略高度，把握公共图书馆的意识形态工作。

3.3.1.2 建立社会主义先进文化相关资源建设和宣传常态化机制

（1）打牢意识形态阵地和传播核心价值观的根基

公共图书馆要继续发挥好资源中心优势，强化社会主义文化体系建设，打牢意识形态阵地和传播核心价值观的根基。公共图书馆可以建立中国特色社会主义先进文化资源库，其中可包含与马克思列宁主义、毛泽东思想、邓小平理论、“三个代表”重要思想、科学发展观以及习近平新时代中国特色社会主义思想相关联的内容。公共图书馆作为守好意识形态的重要阵地，直接面对的就是人民大众，可通过多种形式开展宣传主流意识形态和核心价值观活动，将意识形态和核心价值观教育纳入公共图书馆宣传教育体系，形成意识形态和核心价值观教育的常态化。

（2）打造公共图书馆意识形态领域品牌效应

公共图书馆应打造和推广自身专属品牌，提升自身品牌的知名度、辨识度和影响力，使之为社会公众所知晓。“要把学习贯彻党的创新理论作为思想武装的重中之重，同学习马克思主义基本原理贯通起来，同学习党史、新中国史、改革开放史、社会主义发展史结合起来，同新时代我们进行伟大斗争、建设伟大工程、推进伟大事业、实现伟大梦想的丰富实践联系起来，在学懂弄通做实上下苦功夫，在解放思想中统一思想，在深化认识中提高认识，切实增强贯彻落实的思想自觉和行动自觉”[46]。公共图书馆作为一个具有政治属性和社会属性的公共文化机构，有责任有义务立足本土文化和馆藏特色，在“四史”教育发展中出一份力。

（3）积极宣传主流舆论，搭建线上线下、国内国际宣传平台

就世界范围而言，西方的文化霸权由来已久，且不遗余力进行文化扩张，尤其是持续不断向我国进行文化渗透。公共图书馆应加强线上线下意识形态和核心价值观的宣传教育，充分利用好微博、微信等新媒体宣传马克思主义

理论及中国化成果和我国优秀的传统文化，增强“四个意识”，坚定“四个自信”，做到“两个维护”，培育好新时代中国特色社会主义事业的接班人。公共图书馆要搭建和完善信息资源线上线下流通平台，特别是要充分利用新媒体技术，向世界传播中华优秀传统文化，讲好中国故事，传递中国声音；同时，要归纳总结意识形态宣传教育工作经验，使得意识形态宣传教育工作持久有序地开展。

3.3.1.3　落实守好意识形态阵地的责任制

守好意识形态政治阵地、传播社会主义核心价值观是明确政治站位、坚持正确政治方向的要求，事关公共图书馆事业发展的根本。公共图书馆要将意识形态工作作为常态工作、重点工作、专项工作，并建立一套配套的责任制度。须建立意识形态工作报告制度，领导干部要把意识形态工作作为民主生活会和组织生活会述职报告的重要内容，接受监督和评议，在发生意识形态领域重大问题时必须第一时间向党组织报告。

（1）充分发挥馆长的带头作用

馆长作为公共图书馆的最高行政管理者，要从思想上和行动上都高度重视意识形态工作，从经费统筹、人员安排等各方面对意识形态工作进行安排、管理、跟进。相关部门和公共图书馆要把意识形态工作作为馆长竞聘、考评的重要参考标准之一，使馆长肩负起意识形态工作的主要责任。

（2）压实责任主体，将具体责任落实到具体部门（人）

以意识形态工作第一责任人为领导核心，安排专人或者专门部门负责意识形态工作，形成一套领导核心牵头、专人（部门）负责落实的上下联动的责任制度，综合考虑将意识形态工作纳入绩效考核体系。

（3）强化馆员意识形态教育，提高政治站位

馆员作为图书馆事业的重要主体，理应成为主流意识形态和社会主义核心价值观的传播者与践行者，广大图书馆馆员要以身作则，坚定自身政治信仰，公共图书馆也要加强对馆员的政治素养的培养。

3.3.2 公共图书馆意识形态工作的未来发展战略

3.3.2.1 加快推进意识形态管理制度和标准建设

《中华人民共和国公共图书馆法》第三条第二款规定:“公共图书馆应当坚持社会主义先进文化前进方向,坚持以人民为中心,坚持以社会主义核心价值观为引领,传承发展中华优秀传统文化,继承革命文化,发展社会主义先进文化。”[47]这标志着社会主义核心价值观已经融入了公共图书馆法治建设当中,应加快推进公共图书馆意识形态管理制度和标准建议。

具体而言,需要做到以下几点:

(1)细化《中华人民共和国公共图书馆法》中相关法律条文,完善相关制度

根据《中华人民共和国公共图书馆法》的相关要求,制定更具针对性的公共图书馆意识形态工作管理制度,首先,应突出公共图书馆在国家文化安全守卫、文化精神传播方面的重要地位和作用,明确公共图书馆在国家发展中的阶段服务属性;其次,要细化公共图书馆意识形态阵地建设的基本立场、基本原则、工作内容、管理制度、责任意识等具体内容,落实意识形态工作在具体工作中的实施举措。

(2)推进公共图书馆界相关标准建设

加强公共图书馆在守好意识形态阵地、传播社会主义核心价值观方面相关标准体系的建设,出台标准体系和业务规范,对意识形态主题空间建设的规模标准、社会主义主题资源的采购经费比例及具体要求、社会主义主题资源共建共享的实施规范等做出具体要求,保障相关工作的有序开展运行。

3.3.2.2 进一步落实意识形态责任机制

公共图书馆要把意识形态工作纳入党建工作的重要内容,围绕中心工作制定有关意识形态阵地建设的工作计划和实施方案,明确责任主体,统筹实

施，推动公共图书馆意识形态阵地建设工作科学、有效地开展。

（1）明确意识形态工作责任主体

落实意识形态工作责任制，坚持党管意识形态的原则，坚持属地管理、分级负责和谁主管谁负责的原则。公共图书馆意识形态工作领导小组要统揽馆内意识形态工作全局，协调各部门意识形态工作和中心工作开展，加强意识形态阵地建设，加快图书馆中心工作融合发展，推动意识形态工作的长效化和常态化开展。各级公共图书馆意识形态工作领导小组要强化组织领导，确认党委（总支）书记为意识形态工作的第一责任人，并根据工作分工和“一岗双责”，制定各负责人工作职责，各领导班子对分管部门意识形态工作负主要领导责任，各部门负责人对本部门意识形态工作负具体责任，各责任主体分工协作，定期部署、开展、督查意识形态工作，全面落实好意识形态工作责任制。

（2）优化意识形态工作机制

公共图书馆应充分发挥党员的先锋模范作用，建立以党委（总支）书记为领导核心，以优秀党员为主导，各党支部书记和支委、业务素养较强和政治理论水平较高的各民主党派人士、群众在共同参与的意识形态工作机制，细化小组组织架构，形成含意识形态常规化工作组、意识形态宣传应急工作组的组织架构，并明确各工作组工作职责和内容，确保公共图书馆意识形态阵地建设工作扎实有效开展。公共图书馆应结合馆内中心工作对全馆意识形态进行指导、组织、协调、监督和落实，围绕资源采购、读者服务、阅读推广和空间服务等日常业务工作做好防范和管理工作，制定和落实意识形态工作责任制的具体方案和措施，重抓落实，严格责任追究。

（3）建立意识形态常规化工作小组

立足公共图书馆意识形态工作长效化开展要求，成立以党委（总支）书记、党委（总支）组织委员、党支部书记、党支部组织委员为核心的意识形态常规化工作小组，以支部为学习单位，以党员为学习典范，带动各民主党派和无党派人士定期开展意识形态政治思想理论学习，提高全体馆员的政治思想理论水平。政治思想理论学习应该立足中心工作，围绕各党支部的部门业务特点，深入贯彻党的十九大和十九届二中、三中、四中、五中全会精神，坚持习近平新时代中国特色社会主义思想，开展“不忘初心、牢记使命”主题教育，承载习近平总书记对国家图书馆“坚持正确政治方向，弘扬优秀传统文化”的希望，开展业务综合知识学习，以提升全体馆员的业务技能与政治素养，尤其是党员馆员的政治信仰，坚定馆员“传承文明、服务社会”的职业初心。

（4）抓实中心工作的意识形态工作职责

坚持马克思主义在意识形态领域的指导地位，把意识形态工作的责任落细落实到图书馆中心工作的各个业务流程，把好每个部门的政治方向。资源建设部门要做好文献资源的把关，杜绝将来历不明、违背主流意识形态图书或盗版图书提供给读者。阅读推广部门要按照“谁主办、谁负责、谁审批、谁监管”的原则，做好各项讲座、研讨会和展览等活动的审批监管制度，实行“一事一报”制，并注意审核主讲人和报告者的身份和思想动态，仔细审阅讲稿内容，做好现场活动把控，及时制止违背主流意识形态观念的言论和行为。技术部门和办公室要坚持党管媒体原则，认真做好线上线下思想宣传阵地管理，明确网站、微信、微博等平台的意识形态具体责任主体和领导责任主体，注重利用图书馆丰富的信息资源开展各平台文化建设，加强线上线下的正面思想教育。

3.3.2.3　系统做好社会主义先进文化相关资源建设

（1）重视社会主义先进文化相关资源的建设与完善

明确社会主义先进文化相关馆藏资源采购指标，充分保证相关馆藏资源比重合理，使之具有系统性和完整性；加强党史、新中国史、改革开放史、社会主义发展史相关文献资源采集，可以按时间线整合文献资源，也可以按文献类型绘制交叉表格的方式呈现有内容交叉的文献资源，方便读者对历史进行记忆与理解；注重国家级及国际级会议内容，包括领导人讲话、工作报告、章程修正案和地方政府报告、计划等信息资源的建设；收集年鉴、家谱、地方志等地方文献，着重加强古籍收集与古籍保护；扩展公共图书馆信息资源建设方式，鼓励读者参与文献信息资源建设，如在微信公众号向用户发布“收集书单”的公告，征集读者的图书需求；有条件的公共图书馆可开发资源采购app，将读者、图书馆、出版社、馆配商等相关群体联系在一起，实现图书馆资源有效配置；依托公共图书馆联盟实现馆际相关资源共建共享，发挥区县公共图书馆总分馆优势，避免重复购置文献资源，提高馆藏资源流通率和利用率。

（2）加快建设社会主义先进文化相关数字资源

加速将纸质资源向数字资源转换，扩充信息资源类型，以多样化方式向读者呈现信息资源；注重影像资源、视听资料包括照片、音乐、电影、纪录片、口述史等资源类型的建设；加快图书馆网络平台建设；探索与高校图书馆共建共享相关资源的模式，搭建相关资源共建共享平台；与强势媒体合作宣传馆藏信息资源，帮助图书馆进行阅读推广；公共图书馆要强化微信公众号服务，将馆藏书目系统和数据库有效对接微信公众号，使得社会大众可以通过微信公众号第一时间获取馆内信息资源和服务；公共图书馆同样可以利用媒体对“四史”文献资源、社会主义先进文化相关专题文献资源进行包装，拍摄专题节目，吸引大众眼球，将图书馆的文献资源向大众进行宣传；公共图书馆可利用短视频的方式，提取文献资源的精华拍摄为短视频，通过媒体平台推送，方便公众利用碎片化时间观看，达到宣传正确的意识形态知识、传播正能量的目的。

（3）把控好馆藏的质量和风险

公共图书馆要设置文化产品的准入审查和监督反馈机制，为我国的文化安全建立坚固的屏障，充分发挥好公共图书馆守好意识形态阵地和传播社会主义核心价值观的阵地作用：①全国公共图书馆要定期开展图书审查清理专项行动，不断完善文化作品准入机制，建立严格的审核机制。②公共图书馆要考评各类馆藏资源占有量，评估呆滞馆藏率，合理规划公共图书馆各类信息资源占比，完善馆藏文献资源采购环节以优化馆藏结构；邀请相关专家学者进行评估分析，提出意见；培养馆员专业技能，定期交流工作经验，从而完善馆藏评估标准；有必要定时与不定时地对意识形态工作进行跟进、评估、调整，需要建立一套行之有效的监督反馈机制。

3.3.2.4　完善社会主义先进文化相关资源的阅读推广工作

（1）传播中华优秀传统文化

公共图书馆要积极主动地做好宣传推广工作，将中华优秀传统文化润物细无声地推广给人民大众，潜移默化地影响人民大众的价值观，提高人民大众的文化认知。第一，公共图书馆应立足当地传统文化背景，从著名先贤、名胜古迹、知名特产、民俗活动等多个角度出发，在相应节点开展与之相关的品牌服务与阅读推广服务，将传统文化以讲坛、话剧、音乐、电影、展览等形式进行传播。第二，公共图书馆要注重挖掘地方文化特色，开发展示地方文化的文创产品，用文创产品引导人民大众提升文化认知。

（2）提升公共图书馆品牌知名度

公共图书馆可设计品牌 logo，策划品牌活动，塑造品牌服务项目等，增加与公众的情感联系，通过公众对品牌认同感的提升，增加公众对公共图书馆服务工作的认知。

（3）扩大阅读推广服务范围

公共图书馆应着眼地方特色传统文化，大力收集、整理、挖掘和加工地方文献，为地方特色传统文化的弘扬提供文献支撑；应充分利用“互联网＋公共文化”服务的形式推进基层文化共享共建；要加大文化辐射力度，丰富农村居民精神文化生活；要“量村定制”“量身定制”，成立帮扶小组，规划帮扶活动，建立以图书馆为中心的乡村振兴信息共享体系，开展诸如提供文化设施和产品、共享文化服务、培育文化人才、培训文化帮扶志愿服务者等工作，使受帮扶群众能够就近地获得文化产品和服务。

3.3.2.5 优化人才队伍建设机制

（1）加强人才的选拔和引进

公共图书馆要发挥好意识形态阵地作用，传播好社会主义核心价值观，关键在于公共图书馆思政人才队伍的建设。公共图书馆在人才队伍建设方面，应“选优配强”宣传思想工作力量，选拔那些信念坚定、为民服务、勤政务实、敢于担当、清正廉洁、善于做意识形态工作的优秀干部到领导岗位上来，确保意识形态工作领导权牢牢掌握在忠于党、忠于人民的党员干部手中。现有公共图书馆馆员大多具有多年图书馆工作从业经验，可通过专家讲座、实地考察、主题教育等多种方式加强现有馆员的主流意识形态宣传教育，选拔出一批有意愿且有能力从事意识形态工作的馆员，作为意识形态工作的“排头兵”和“主心骨”。在引进新馆员时，公共图书馆要重点考察相关人员的政治素养，有条件的图书馆还可设立意识形态工作岗位单独招聘。

（2）重视意识形态工作的人才培养

有条件的图书馆可对意识形态工作专业人才培养采取馆内馆外联合培养、提前储备的模式，如与党校、高校马克思主义学院等相关单位合作，定向培养和储备有意愿从事图书馆意识形态工作的高素质专业人才。

（3）针对意识形态工作要建立一套高效的激励制度

意识形态工作事关图书馆事业的根本和方方面面，公共图书馆可根据实际情况综合考虑将意识形态工作开展情况并入员工绩效评估体系，对意识形态工作开展取得良好成效的馆员要给予表扬和奖励，对于意识形态工作的成功案例要及时学习、推广、总结。尝试创新考核选拔机制，建立起配套的管理制度，为新时期建设更高质量的公共图书馆思政人才队伍创造良好的外部环境。

（4）强化志愿者意识形态管理

图书馆文化志愿服务的开展需积极响应国家相关部门发布的《关于推进

志愿服务制度化的意见》《学生志愿服务管理暂行办法》《关于支持和发展志愿服务组织的意见》等政策文件精神，系统开展志愿理念、志愿精神等基础教育，加强对志愿者的意识形态管理。志愿者中的党员应发挥中坚力量的作用，巩固主流意识形态在志愿活动中的主导性地位，着重引领青年志愿者对主流意识的积极认知，发挥党员模范作用，成为主流意识形态的传播者，动员其他志愿者在工作中践行“奉献、友爱、互助、进步”的志愿精神，共同筑牢社会主义核心价值观的坚实堡垒。

3.3.2.6　完善公共图书馆意识形态宣传渠道

公共图书馆门户网站是图书馆的形象代表和信息传播主渠道。公共图书馆应着手加强并完善门户网站建设。

加强国家级和省级公共图书馆网站的资源优选和宣传服务。公共图书馆应秉持精简原则完善网站门户建设，将人民大众所需的资源和服务置于网站首页，并充分利用多种传播媒介，宣传并推广其资源类型和形式，提高图书馆的吸引力和影响力。

整合图书馆门户网站专题资源库。整合馆藏资源中“马克思主义”“中国传统文化”“红色革命文化”“中国特色社会主义道路”等文化专题，建立导航，形成系统化的意识形态文化资源库，方便线上阅览者更直观地获取相关资源，使读者能科学、系统地认知中国社会主义先进文化。同时，为加强中华优秀传统文化的对外宣传工作，图书馆网站可考虑支持多语种检索、多字段检索和浏览功能，在内容输出中也可考虑文字、图画、视频、音频等形式，增加网站亲和力和资源的多元化展示。

重视基层图书馆网站的健全完善工作。基层公共图书馆是基层文化惠民工作的主阵地，在数字技术愈来愈发达的时代，应建设自己的独立网站并保持网站链接的有效性以及资源的动态更新，在互联网上“讲好中国图书馆的故事，传播好中国图书馆的声音”。

3.3.2.7　加强意识形态工作经费保障

公共图书馆应积极拓展经费来源，完善馆内各项工作的经费分配，科学合理规划经费的管理和使用，为意识形态工作提供资金支持。

公共图书馆应对意识形态工作中产生的各项费用进行分析评估，规定各项环节的经费使用标准和比例，将公共图书馆在馆藏建设、人员管理、读者服务、活动开展等各项环节中开展的意识形态工作所需经费都纳入各级财政预算，并根据财政投入情况和馆内意识形态工作开展情况逐步提高经费投入，以保障意识形态工作的常态化和长效化开展。

明确经费管理制度，指定经费管理责任人，明确经费审查制度，指定审查人员，规定审查周期，定期盘点审查，对审查中违规者制定相应的处罚规定等。

建立经费保障机制，将经费重点向文化认可度高、有教育意义的活动项目倾斜，确保公共图书馆意识形态工作的创新发展。

（执笔人：郑智明、洪秋兰、唐雅琳、李燕燕、陈秋萍、叶建勤、雷兰芳、万小刚）

参考文献

[1][15][47] 中华人民共和国公共图书馆法［EB/OL］.［2020-06-17］.http://www.npc.gov.cn/npc/c2/c30834/201905/t20190521_278356.html

[2][4] 习近平 . 决胜全面建成小康社会 夺取新时代中国特色社会主义伟大胜利：在中国共产党第十九次全国代表大会上的报告［EB/OL］.［2020-05-12］.http://www.gov.cn/zhuanti/2017-10/27/content_5234876.htm.

[3] 中共中央关于制定国民经济和社会发展第十四个五年规划和二〇三五年远景目标的建议［EB/OL］.［2020-11-17］.http://www.gov.cn/zhengce/2020-11/03/content_5556991.htm.

[5] 习近平：举旗帜聚民心育新人兴文化展形象　更好完成新形势下宣传思想工作使

命任务［EB/OL］.［2020-11-17］.http://www.xinhuanet.com/politics/2018-08/22/c_1123310844.htm.

［6］［7］习近平给国家图书馆老专家回信［EB/OL］.［2020-05-10］.http://www.gov.cn/xinwen/2019-09/09/content_5428592.htm.

［8］外交部：澳战略政策研究所炮制虚假信息抹黑中国 只会被事实打脸［EB/OL］.［2020-11-17］.http://www.chinanews.com/gn/2020/10-15/9313740.shtml.

［9］人民日报评论员：美国大搞反恐双重标准令人不齿［EB/OL］.［2020-10-20］.http://www.gov.cn/xinwen/2019-12/06/content_5458916.htm.

［10］文化部部长《求是》发文：文化先行 建设“一带一路”[EB/OL].[2020-03-17].https://www.gov.cn/xinwen/2014-05/05/content_2671565.htm.

［11］李姝昱.核心价值观百场讲坛第100场将走进首都图书馆［N］.光明日报，2020-01-09（8）.

［12］尹虹，李紫薇.清华名师论道“核心价值观”［N］.湖南日报，2013-08-13（4）.

［13］淮安市图书馆扎实开展社会主义核心价值观宣教活动［EB/OL］.［2020-05-20］.http://www.jslib.org.cn/pub/njlib/njlib_zzjg/njlib_tsgxh/jslib_tsgxhjckx/202005/t20200518_174007.htm.

［14］太原市图书馆开设“马克思书房”［EB/OL］.［2020-08-10］.http://www.wenming.cn/book/ttfm/201805/t20180517_4689579.shtml.

［16］《中华传统文化百部经典》首批10部正式出版［EB/OL］.［2020-08-17］.http://www.xinhuanet.com/politics/2017-09/30/c_129715240.htm.

［17］“中华传统文化典籍保护传承大展”在国家图书馆开展［EB/OL］.［2020-08-23］.http://www.gov.cn/xinwen/2019-09/09/content_5428628.htm.

［18］重庆市潼南区图书馆扎实推进新时代文明实践活动［EB/OL］.［2020-09-08］.http://www.lsc.org.cn/contents/1132/14929.html.

［19］2020“华夏意匠”中华文明系列展览之“纸的文明”在深圳图书馆开幕［EB/OL］.［2020-12-20］.http://www.lsc.org.cn/contents/1132/15069.html?from=singlemessage.

［20］易向农.以红色旅游推动红色文化保护、传承与发展：福建省红色资源保护与红色旅游开发的调研［J］.福建党史月刊，2016（12）：31-34.

［21］海西红土地党建信息库正式启用［EB/OL］.［2020-09-15］.http://www.fjlib.net/zx/djgz/201711/t20171118_342845.htm.

［22］加强地方文献收集 努力建设特色馆藏：近期社会各界积极为绵阳市图书馆捐赠文献资料［EB/OL］.［2020-06-10］.http://mylib.net/content.asp?channelID=39&content

ID=3281.

［23］浅谈宣南文化［EB/OL］.［2020-06-17］.http://www.lsc.org.cn/contents/1132/14646.html.

［24］［43］江西省图书馆新馆试运行［J］. 国家图书馆学刊，2020（1）：19.

［25］市图书馆顺利举行《用社会主义核心价值观引领社会风尚》讲座［EB/OL］.［2020-09-25］.http://wtxgj.ezhou.gov.cn/xwdt/wlyw/202007/t20200727_346994.html.

［26］五华讲坛［EB/OL］.［2020-10-04］.http://www.whtsg.org.cn/forum.

［27］良渚文化与中华文明五千年讲座在湖州市图书馆举办［EB/OL］.［2020-08-10］.http://www.lsc.org.cn/contents/1132/14718.html.

［28］出版物国际交换与捐赠［EB/OL］.［2020-12-07］.http://www.nlc.cn/chubanwu/xmjs.html.

［29］丝绸之路国际图书馆联盟在成都成立［EB/OL］.［2020-05-16］.http://www.xinhuanet.com/book/2018-05/28/c_129881862.htm.

［30］陈超，马春. 上海图书馆（上海科学技术情报研究所）“十三五”发展规划概览［J］. 数字图书馆论坛，2016（11）：46-51.

［31］柯平，卢晓彤，胡曼曼. 图书馆在国际文化交流中的作用与地位［J］. 图书情报知识，2021（1）：45-52.

［32］“重庆之窗：中国图书角”扎根新加坡［EB/OL］.［2020-08-05］.http://www.cqlib.cn/?q=node/15574.

［33］杭州图书馆成功开设海外典藏专区：“映像西湖”［EB/OL］.［2020-11-02］.https://www.hzlib.net/htzcdywh/216.htm.

［34］“福建文化海外驿站”布点海丝沿线［EB/OL］.［2020-05-27］.http://www.china-fjftz.gov.cn/article/index/aid/6827.html.

［35］文旅融合引领旅游产业再升级［EB/OL］.［2020-03-17］.https://www.mct.gov.cn/whzx/whyw/201901/t20190114_836916.htm.

［36］诗和远方的牵手：“阅天下·邂逅图书馆之美”活动长沙启动［N］. 湖南日报，2018-04-23（8）.

［37］国图启动首届海淀区研学旅游季系列活动［EB/OL］.［2020-03-09］.http://culture.people.com.cn/n1/2018/0806/c1013-30211064.html.

［38］骆蔓.“图书馆 + 民宿”：让远方更诗意［N］. 中国文化报，2019-05-20（6）.

［39］中国国家图书馆［EB/OL］.［2020-11-21］.http://www.nlc.cn/index_zt_3339.htm.

［40］庄园姝．地市级公共图书馆基础业务的发展现状与趋势应对研究：以上海市普陀区图书馆为例［J］．图书馆建设，2019（S1）：124-129.

［41］江西南昌：红色图书馆传承红色基因［EB/OL］．［2020-05-06］.https://baijiahao.baidu.com/s?id=1678500348603909257&wfr=spider&for=pc.

［42］阅读红色书籍　传承红色文化：五华区图书馆打造“智慧有声红色阵地”［EB/OL］．［2020-05-06］.http://www.kmwh.gov.cn/c/2020-02-01/3924106.shtml.

［43］黄山市图书馆党建主题分馆引领红色阅读［EB/OL］．［2020-08-06］.http://www.ahread.com/front/news/10-5406.

［44］上海图书馆与上海广播电视台联合推出“古籍今读”特别节目［EB/OL］.［2020-05-09］.http://www.chinanews.com/cul/2019/05-26/8847676.shtml.

［45］黄宗忠．图书馆学导论［M］．武汉：武汉大学出版社，2013：136-137.

［46］习近平出席“不忘初心、牢记使命”主题教育总结大会并发表重要讲话［EB/OL］．［2020-03-17］.http://www.gov.cn/xinwen/2020-01/08/content_5467591.htm.

4 东部地区基层公共图书馆发展策略

党的十九大报告中明确指出要“坚定文化自信，推动社会主义文化繁荣兴盛”，并提出“完善公共文化服务体系，深入实施文化惠民工程，丰富群众性文化活动”的具体要求。基层公共图书馆是公共文化服务体系的基本单元和神经末梢，是党和政府文化惠民的主要阵地，在满足基层民众文化需求、提高基层群众文化素养、构建学习型社会、培育文化自信等方面具有不可替代的重要作用。

随着我国公共文化服务体系建设的逐步深入，国家及地方政府近年来也加大对基层公共图书馆的支持力度，先后实施“文化信息资源共享工程”“乡镇综合文化站”“农家书屋”等项目，并从政策规划和标准规范层面对公共图书馆体系建设和基层公共图书馆予以关注。“十三五”期间政府出台的《国家“十三五”时期文化改革发展规划纲要》《“十三五”时期全国公共图书馆事业发展规划》都将加强基层公共图书馆建设作为公共文化服务体系建设的重点内容之一，部分地方政府颁布的图书馆法规、政令，以及制定的图书馆标准、规范等，为基层公共图书馆发展提供了有力的政策保障。中共中央办公厅、国务院办公厅 2015 年联合印发《关于加快构建现代公共文化服务体系的意见》，提出“以基层为重点，构建体现时代发展趋势、适应社会主义初级阶段基本国情和市场经济要求、符合文化发展规律、具有中国特色的现代公共文化服务体系，促进基本公共文化服务标准化、均等化”，文化部、财政部等多部门于2016年12月联合印发《关于推进县级文化馆图书馆总分馆制建设的指导意见》，旨在有效促进优质资源向基层倾斜和延伸，解决城乡公共文化服务发展不均衡等突出问题。党的十九大前后，《中华人民共和国公共文化服务保障法》《中华人民共和国公共图书馆法》相继出台，更是为公共图书馆事业发展提供了坚实的法律保障。

近十多年来，长三角、珠三角等东部沿海发达地区率先探索区域图书馆体系建设，涌现诸如深圳“图书馆之城”“东莞图书馆集群”“佛山模式”“杭州模式”“苏州模式”“嘉兴模式”等发展模式，以“普遍均等、共建共享”为目标，以总分馆体系建设和区域性图书馆服务网络建设等为主要方式，构建覆盖城乡的公共图书馆服务体系，取得显著成效。然而，即便在东部地区，公共图书馆体系发展不均衡不充分等问题仍普遍存在，基层公共图书馆经费投入不足、重视程度不够、覆盖范围有限、建筑面积偏小、馆舍设施陈旧、管理与服务不规范、未加入互通互联网络等现象依然严重。例如珠三角地区9个地级市每万人公共图书馆面积达176.71平方米，而粤东地区每万人公共图书馆面积为74.91平方米，粤西仅有66.01平方米[1]。本章针对东部地区基层公共图书馆发展情况以及存在的问题开展研究，寻求破解基层公共图书馆发展难题的有效途径，提出基层公共图书馆的发展策略。

4.1　概述

当前我国社会最突出的问题是发展不平衡不充分，这已经成为满足人民日益增长的美好生活需要的主要制约因素。党的十九大报告就这一问题的解决，提出了“在发展中补齐民生短板，促进社会公平正义”的要求。基层公共图书馆是当今图书馆事业发展的短板，更是未来公共图书馆服务体系发展的难点、关键点，也是新时期公共图书馆事业新的生长点。在此背景下寻求破解基层图书馆发展难题的有效途径，研究提出未来基层公共图书馆发展策略，对于加快公共文化服务体系建设，推进社会主义强国建设具有重要而深远的意义。

“基层公共图书馆”是我国当代图书馆研究中的特有概念，尽管它在专业文献中频频出现，却没有公认的确切含义。在调研国内相关文献中发现，近年来国内对基层公共图书馆的研究呈稳步增长态势，但是对基层公共图书馆的概念界定从未有过统一认识，有人认为基层公共图书馆主要指县以下公共图书馆，包括乡镇、街道、村、社区图书馆；有人认为基层公共图书馆应包括县级及县级以下图书馆；还有将“基层图书馆”理解为相对的概念，即任何图书馆相对于上一级别的图书馆而言都是基层图书馆[2]。

国外没有与我们的“基层公共图书馆”概念严格对应的图书馆群体，通常指的是设置在公众身边，承担服务体系中绝大部分公众服务职能的图书馆，且范围界定基本是以行政区划等级为参考依据的。例如，在美国的公共图书馆服务体系中，那些服务于小范围人群的社区图书馆、乡村图书馆及流动图书馆等各种形式的图书馆，是其公共图书馆服务体系的主体，英文表述中以乡镇图书馆（town library）、乡村图书馆（rural library）、社区图书馆（community library）、流动图书馆（mobile library）等形式出现。在澳大利亚，基层公共图书馆一般包括每个自然居住区或邮政编码区的公共图书馆、图书馆分馆或流动图书服务点，以及专门为土著居民提供服务的公共图书馆服务网络。日本的基层公共图书馆主要包括区立图书馆、町和村图书馆。韩国的基层公共图书馆一般是指邑、面、洞以及里、统图书馆[3]。

在现代汉语中，基层是指“各种组织中最低的一层，它跟群众的联系最直接”[4]。从与广大人民群众的密切关系来说，县级图书馆、区级图书馆、街道图书馆、乡镇图书馆、社区图书馆、农村图书室等无疑都属于基层图书馆。

我国现行行政区划主要由省级行政区、地级行政区、县级行政区及乡镇（街道）行政区组成，其中乡镇（街道）是其中数量最多、规模最大，也是最为基层的部分，村和社区虽然不是独立的行政规划，却是组成乡镇（街道）的基本分子。根据国家统计局网站数据显示，截至2019年底，我国共有公共图书馆3196个（不含县级以下图书馆），其中市级图书馆（379个）约占公共图书馆总数的12%，县级图书馆（共2777个，含县图书馆1570个）约占公共图书馆总数的87%[5]。值得注意的是，这一统计数据只计算了我国省、市、县三级图书馆，而数量更为庞大的乡镇、街道等县级以下图书馆未被纳入其中，这给调研基层图书馆数据和情况也增加了一定难度。

事实上，纵观我国图书馆事业发展史，乡镇、街道、村、社区图书馆（室）并未被排除在公共图书馆的范畴，相反，在改变基层群众生活方式、满足基层群众文化需求、提高基层群众文化素养、保障基层群众文化权利方面，这些基层图书馆做出了相当大的贡献[6]。国家统计局统计数据显示，截至2019年末，我国乡村人口约为5.5亿，城镇人口约8.5亿，其中城镇人口包括县城和中小城市人口。我国的人口分布特点决定了聚居在乡镇（街道）、村（社区）的人口占总人口数的相当比重，乡镇（街道）、村（社区）图书馆作为我国最基层的公共图书馆，承担着为本辖区内所有居民就近提供基本公共文化服务的任务，是建设覆盖全社会的公共文化服务体系、向社会提供“普惠均等”图书馆服务的主力军，长期以来发挥着至关重要的作用。

本书将基层图书馆的研究范畴主要界定为“城市街道图书馆和社区图书馆、农村乡镇图书馆和村图书馆（室）”，但考虑到市级图书馆、区（县）级图书馆在国家正在大力推行的总分馆体系建设中的作用，因此也将市级图书馆、区（县）级图书馆纳入调研的范围内，但重点关注它们在基层图书馆建设与管理中的职能和实际效果。

本章调查与统计数据未包括香港特别行政区、澳门特别行政区和台湾省。有关东部地区的范围界定，参照《中华人民共和国文化和旅游部2017年文化发展统计公报》中注释 18 的定义，东部地区包括北京、天津、辽宁、上海、江苏、浙江、福建、山东、广东。本章将调研范围定为 17 个城市，包括：

1. 经济实力强，开展的公共文化服务具有引领示范作用的一线城市，包括北京、上海、广州、深圳。

2. 长三角、珠三角地区在图书馆总分馆体系和基层图书馆建设走在全国前列，取得一定成效并具有一定影响力的城市，包括杭州、苏州、嘉兴、东莞、佛山。

3. 东部地区省份的其他重要城市，如辽宁省的沈阳、大连，山东省的青岛、济南，福建省的福州、厦门。

为全面了解基层图书馆发展状况，考虑到市级图书馆在其所在区域公共图书馆体系中所发挥的中心带动作用，以及区（县）级图书馆在区域总分馆体系建设中的重要角色，分别设计了市级、区（县）级、街道图书馆三类调查表，梳理基本关键指标，采取描述和数值的混合式 Excel 表格，在全面掌握市、区（县）范围基层图书馆总体概况的同时，深入调查基层图书馆基础设施、管理模式、财政投入及运行绩效等情况。对有关体制机制、发展特色等方面的问题，选取基层图书馆关键案例展开重点调研的方式。调查表包括 1 个市级公共图书馆基本情况调查表、1 个县（区）公共图书馆基本情况调查表，3 个针对乡镇（街道）、村（社区）的专项表（基本设施、管理模式、运行绩效），可由市级图书馆填写，或在市级图书馆指导下由区（县）级图书馆分别填写（以上所述表格，可参见附录）。同时，为收集更翔实的资料用于研究分析及撰写报告，调研函中还设置了关于东部重点地区基层图书馆建设经验、突出问题和未来发展对策等开放式问题。

4.2　东部地区基层公共图书馆发展现状与问题分析

东部地区是我国经济发展较为发达的区域，自然禀赋优良、区位条件优越、历史文化底蕴深厚，是全国发展基础较好、体制环境较优、整体竞争力较强的地区。本章选取东部地区 17 个城市的基层公共图书馆进行调研，从反馈情况看，我国东部地区基层公共图书馆发展整体呈现较好的发展态势，各级政府积极推进各地公共图书馆体系建设，在政策、法规方面得到较为充分的保障，各地基本建立起覆盖市、县（区）、乡镇（街道）、村（社区）的公共图书馆网络，在城市图书馆一体化和区域总分馆建设方面成效显著。

综观比较 17 个东部城市的基层公共图书馆发展概况，我们能直观看到在这些图书馆间依然存在各地区之间和区域内的发展不均衡，一体化总分馆制推进程度存在差异，部分地区基层公共图书馆经费保障不足和服务品质亟待提升等问题。从回收数据的情况来看，部分地区依然存在基层公共图书馆管理不到位甚至无法管理的问题，导致基层图书馆数据收集不完整，也为本研究带来一定的难度。

基于调查结果，东部地区基层公共图书馆的发展状况和问题归纳为以下几个方面。

4.2.1　各级政府主导城市公共图书馆体系建设

政府是公共图书馆事业的建设主体。各级政府应按国家相关法律规定，将公共图书馆建设纳入当地经济和社会发展总体规划，加强顶层设计，制定出台相应的法规、条例、政策规划等，统一部署加快推进当地公共图书馆体系建设。在本次调研的 17 个城市中，有省（市）级和县（区）级层面发布的公共图书馆法规政令，也有各级政府主导推进公共文化服务体系和总分馆制建设的政策、规划，保障并推动了公共图书馆事业的健康、快速发展。

自 1996 年起，上海、深圳、北京、广州、东莞等城市陆续出台了关于公共图书馆建设和管理的条例或政府规章（见表 4–1）。1997 年颁布的《深圳经济特区公共图书馆条例（试行）》是全国首部关于公共图书馆的地方性法规，为深圳市的图书馆一体化发展奠定了法律基础，该条例于 2018 年启动修订工作，目前已送审。各地政府为推动公共图书馆一体化和总分馆体系构建，加强基层图书馆建设，在不同时期制定发布了许多相应的政策文件，既有前期的规划引领，也有宏观的指导意见，还有详细的实施方案，部分城市和县（区）还通过创建公共文化服务示范区的契机，制定出台相应的建设规划及方案。

表 4–1　制定出台公共图书馆法规政令的东部地区城市一览表

城市	法规政令名称	施行时间
上海	《上海市公共图书馆管理办法》	1996 年（2015 年最新修改）
深圳	《深圳经济特区公共图书馆条例（试行）》	1997 年
北京	《北京市图书馆条例》	2002 年（2016 年修改）
广州	《广州市公共图书馆条例》	2015 年
东莞	《东莞市公共图书馆管理办法》	2017 年

此外，各地政府通过制定评估、考核、奖惩等管理办法，督导、保障公共图书馆建设与运行绩效，特别是区（县）、乡镇（街道）图书馆的发展，巩固公共图书馆体系建设成果。例如，2006 年上海出台《上海市区（县）图书馆评估定级标准》和《上海市街道（乡镇）图书馆等级评定标准》，规范和促进县（区）、乡镇（街道）图书馆的发展；嘉兴在提出构建城乡一体化公共图

书馆服务体系后，于2012年制定出台《嘉兴市图书馆总分馆考核办法》，全面检验图书馆总分馆建设与管理水平；2013年杭州出台《杭州市区、县（市）公共图书馆总分馆制建设考核办法》；2014年东莞出台《东莞市公共文化服务体系的绩效评估办法》，对总分馆建设成果和公共文化服务体系绩效进行评估和考核。

从东部调研情况来看，长三角、珠三角部分城市在图书馆总分馆制建设方面起步较早，在制度设计和政策保障方面的经验较为丰富，各级政府不仅出台针对公共文化体系构建、总分馆制建设以及基层公共文化建设的宏观指导意见，还有针对性强的实施方案及规范标准。个别东部城市起步较晚，政府制定出台的政策较少且过于宏观，不够深入和具体，政策保障力度不足。

值得注意的是，东北地区的部分城市近年来推进事业单位机构改革，出台相关政策文件，但对公共图书馆事业发展的影响却并不正面。如辽宁省从省、市、区层面推进文化事业单位整合，其中大连市依据公益性事业单位优化整合方案，组建公共文化服务中心，将图书馆、群艺馆、美术馆等公共文化机构进行整合，除大连市图书馆和大连市少年儿童图书馆是独立法人（归口大连市公共文化服务中心）外，其他县（区、市）公共图书馆转归改革后新成立的公共文化和教育服务中心（或文化教育发展中心、文化与传媒中心等，不同区、市的名称不一）管理，各县（区、市）公共图书馆均被取消独立法人资格，财权和事权受限，一些县（区、市）公共图书馆的购书经费、业务经费、人员等遭到大幅削减，人财物缺乏保障，读者到馆率、图书流通率大幅度降低，总分馆体系构建更是无从谈起，公共图书馆事业面临较大发展困境。

4.2.2 公共图书馆覆盖率普遍较高但不均衡

从调研结果来看，东部地区基本建成覆盖市、区（县）、乡镇（街道）、村（社区）的四级公共图书馆网络。反馈数据较为完整的14个城市，公共图书馆体系覆盖广泛且深入基层，区（县）级、乡镇（街道）级、村（社区）级图书馆的平均覆盖率普遍较高。这些城市基本上都将区（县）级和乡镇（街道）级图书馆纳入政府规划，区（县）级图书馆覆盖率几乎都是100%，乡镇（街道）图书馆的平均覆盖率也达到了93.9%，其中北京、上海、南京、苏州、东莞、佛山的乡镇（街道）馆覆盖率也达到100%，相对较高；村（社区）级图书馆的平均覆盖率为75.41%，其中57%的城市的村（社区）图书馆覆盖率超过79%，东莞、南京、杭州、苏州等地的村（社区）馆覆盖率较为突出，均达到90%以上。

根据东部地区所调研城市的数据分析，平均每7500人拥有一个公共图书馆（室），人口覆盖率较高的杭州、福州、嘉兴等平均每3100人拥有一个公共图书馆（室）；人口覆盖率相对较低的深圳、东莞、佛山、广州等平均每1万余人拥有一个公共图书馆（室）。

调研发现，各城市的公共图书馆体系中，除了各级政府兴办的图书馆之外，还有与企业、各类机构合作建设或管理的其他类型图书馆。但与政府投资建设的各级公共图书馆相比，社会合作建设的图书馆数量极为有限，始终只是公共图书馆服务体系的有益补充。

由于各地区经济水平的差异，基层公共图书馆的覆盖率不均衡，有的城市高达100%，有的城市则不足33%，城市的县（区）级图书馆和乡镇（街道）级图书馆依然缺失，导致相应县（区）、乡镇（街道）的图书馆不能形成体系，难以有效管理。据了解，县（区）级和乡镇（街道）级图书馆缺失的原因涉及行政区划变更、政府重视不足、区域经济发展差异等。此外，即使是整体覆盖率相对较高的东部地区，对于其公共图书馆整体发展状况的调研难度依然较大。各城市普遍对纳入总分馆体系的公共图书馆（室）信息掌握较为充分，对未纳入总分馆体系的基层公共图书馆（室）信息掌握不足，这本身也体现出城市图书馆一体化管理和区域总分馆制推进的必要性。

4.2.3　多模式、多层级推进城市图书馆一体化

图书馆一体化建设是城市公共图书馆的发展目标，也是城市公共服务的重要组成部分。对东部地区城市图书馆的调研结果显示，目前东部地区城市图书馆一体化工作主要分为两个层级三种模式。其中，“两个层级”分别指以市馆为中心馆的全市各级公共图书馆一体化建设以及在城市一体化框架下的以市图书馆或县（区）图书馆为总馆的总分馆建设。

4.2.3.1　城市一级模式

在城市一级模式中，市级图书馆既是城市中心馆，同时也是区域总馆，其下拥有县（区）分馆、乡镇（街道）分馆、主题分馆以及其他分馆，全市采用以图书馆自动化系统为核心的统一技术平台。该模式的典型代表城市为东莞市。

4.2.3.2　城县（区）二级模式

在城县（区）二级模式中，市图书馆主要为城市中心图书馆，县（区）图书馆承担区域总馆职责，负责辖区内各级公共图书馆建设与管理，采用全市统一的以图书馆自动化系统为核心的技术平台，或与全市的技术平台互联互通。市图书馆可能拥有一定数量的直属分馆，但不是主流。该模式的典型代表城市主要是副省级以上城市或较大的城市，如北京、上海、广州、深圳、杭州、佛山等。

4.2.3.3　混合模式

混合模式中既存在城市一级模式，也存在城县（区）二级模式。存在这种情况主要有两个方面的原因：一个是市区地域相对集中，而县域相对偏远，市区采取相对简单的城市一级模式，市县采取城县（区）二级模式；另一个是市图书馆先行带动县（区）图书馆，当条件成熟后，县（区）图书馆担任本区域总馆职责，与中心图书馆保持互联。对于采取混合模式的城市，其图

书馆一般覆盖区域较广，该模式的典型代表城市如嘉兴和苏州。

但是从总体上看，东部城市图书馆一体化整体规划存在明显差异，部分城市从立法保障、制度设计到体系构建等方面，为实现一体化打造了坚实的基础和条件；仍有一些城市未从政策层面明确市图书馆的中心馆职责，从实际效果来看，呈现出整体规划不足、推进力度不够的现象。另外，采用城县（区）二级模式的较大城市图书馆一体化与区域总分馆体系的关联程度尚需加强。部分城市的一些区域总分馆建设并未纳入城市一体化范畴，局部甚至较大范围的区域均出现两极情况，这一困境亟需破解。

4.2.4 覆盖全市的图书馆一体化服务效能凸显

本调研涉及的东部地区城市公共图书馆整体服务绩效处于全国较高水平，高于全国公共图书馆评估的东部标准。东部城市图书馆一体化的服务效能指标在持证、到馆、外借、读者活动、网站访问等方面普遍较高，如嘉兴、厦门、深圳、苏州等城市年人均到馆次数分别达到4.76、2.68、2.65、2.60次，处于较高水平；在人均外借量方面，厦门、嘉兴、广州、杭州的年人均外借量均达到2册以上。

加入统一服务体系或全市通借通还体系的图书馆数量，是衡量城市图书馆一体化的重要指标。调研发现，东部地区城市的图书馆一体化基本覆盖了市、县（区）两级，在体系中发挥重要作用的乡镇（街道）图书馆、较大社区图书馆等骨干分馆力量也大部分加入了城市一体化范畴。部分城市如东莞、佛山、深圳、杭州等地全市统一服务或通借通还覆盖率达到50%，一体化程度相对较高。但还有部分城市的全市统一服务或通借通还覆盖率不到10%，主要是纳入一体化的基层公共图书馆数量不多，一体化程度较低。

同时，由于一部分城市公共图书馆一体化程度低，各县（区）及下辖基层公共图书馆使用不同的系统平台，导致持证、外借等数据的收集难度较大。同时，由于缺乏统一的标准、各图书馆网站数据上的定义不同，在图书馆服务效能常规统计项目中，读者活动数据、网站访问数据依然难以进行对比分析。

4.2.5　市图书馆发挥城市一体化龙头与中心馆作用

调研发现，全面推动和实现城市图书馆一体化，充分发挥城市中心馆的引领、带动作用，已是东部地区公共图书馆发展的共识。“城市图书馆一体化”与各类总分馆体系建设相辅相成，是激活基层公共图书馆的最佳路径。17个城市中，90%以上在城市一体化方面推进较为坚决且效益显著。市级图书馆作为城市图书馆一体化发展的中心馆和龙头馆，在一体化推进过程中履行统一业务规范、统一技术平台、统一资源保障、统一全城物流等重要职责。中心馆对业务、技术、资源的统筹范围和统筹力度，奠定了一个城市图书馆一体化的总体发展水平。

4.2.5.1　统一业务标准和规范

建立统一的业务标准和业务规范是保障区域内图书馆业务健康发展、高效运转的必要条件，是打造城市一体化服务门户、促进服务创新的前提。通过对东部17个城市的统一业务标准和规范情况的调研，结果显示，部分城市在政策法规中引入了业务标准和规范的相关内容，北京、上海、广州、深圳、大连、青岛、嘉兴、苏州、佛山等城市还专门发布了一系列统一的业务标准或业务规范，涉及基层公共文化设施建设、全市图书馆一体化服务、一体化技术平台应用、联合编目与书目质量控制、总分馆建设与管理、图书馆评估定级标准等。

4.2.5.2　统一技术平台

统一技术平台是城市图书馆一体化建设的先行条件与关键环节，在推行总分馆制的基础上，县（区）图书馆及辖区基层公共图书馆需依托全市统一技术平台开展日常业务，以便得到市图书馆较为完备的技术保障，符合全市图书馆共建共享的宗旨。通过对各城市中心馆建设统一技术平台情况进行的专门调研，结果显示，各城市普遍建立起区域内的统一技术平台，在不同程度上推进着区域内读者库、书目库和服务规则的统一。上海、深圳等城市在有效整合各县（区）公共图书馆数据的基础上，开展联机编目，构建统一书目数据库，推进书目共享、书目质量控制和采购协作。但统一技术平台的基层覆盖率并不理想，且在部分城市存在两极分化情况，如建立统一技术平台的 11 个城市的县（区）图书馆覆盖率达 100%，但对县（区）以下基层公共图书馆的覆盖率较低。

4.2.5.3　统一资源保障

构建统一的文献信息资源保障体系，是城市图书馆一体化发展的重要目标，也是支撑城市经济和文化发展的重要基础。通过对中心图书馆推进全市资源保障情况进行专门调研，结果显示，目前纸质资源采购的普遍做法是由市级图书馆统一采购，天津、嘉兴、苏州等城市的市图书馆也向县（区）图书馆提供部分统采统配文献。数字资源采购存在全市统一订购，市、县（区）联合订购，市、县（区）分别订购三种模式，大多城市以全市统一订购和联合订购为主。调研结果还显示，苏州、佛山、广州（租用）、深圳（在建）已经拥有或在建全市调剂书库，服务于全市公共图书馆体系。

4.2.5.4　统一全城物流

物流配送是实现城市图书馆一体化的重要工具，随着图书馆一体化范围的不断扩大，各级图书馆之间、图书馆与读者之间的文献配送都需要物流，物流的覆盖范围决定了城市图书馆一体化的程度。

调研结果显示，各城市图书馆普遍已实现全市范围物流覆盖。北京、上海、广州、深圳、青岛、济南、杭州、嘉兴、苏州、东莞、佛山均在全市建立市、区两级物流服务体系，市馆主要负责市馆与直属分馆及市、区馆之间的物流，区馆负责区级总分馆之间的物流，通过两级文献物流服务体系确保加入图书馆一体化服务各馆的文献流转，以及文献的统配到位。同时，部分城市物流覆盖的基层馆数量仍显不足且差异较大。

4.2.6 总分馆模式从一体化服务向全方位统筹发展

2016 年 12 月，文化部、新闻出版广电总局、体育总局、发改委、财政部联合印发《关于推进县级文化馆图书馆总分馆制建设的指导意见》，其中明确提出：有条件的地方可以探索总馆统一管理或参与管理各分馆人财物。

本次调研的结果显示，17 个城市均已在不同程度上推进总分馆制，涌现出多种模式，且正在从一体化服务走向管理机制的变革。北京、上海、深圳、杭州、嘉兴、佛山、东莞等城市都在不同程度上开展了人、财、资源统筹的总分馆制探索，服务效益和管理效能显著提升，打通了原来阻碍基层图书馆发展的壁垒，为解决基层公共图书馆问题做出了有益的探索，其经验具有可借鉴性、可复制性和可推广性。

目前图书馆总分馆制对基层公共图书馆的覆盖率依然不高，相当多的基层公共图书馆依然游离在总分馆体制之外；总馆对基层公共图书馆人、财、物统筹力度不足，在人员统配、经费保障、资源统配、统一技术平台建设等方面的区域差异较为明显。各城市由市级馆派驻到基层图书馆的人员比例极低；专项经费整体覆盖率不高，同一城市内各县（区）之间的专项经费差距较大。

部分城市图书馆每年编印公共图书馆行业发展报告，如《上海市公共图书馆行业发展报告》《广州市“图书馆之城”建设年度报告》《深圳市“图书馆之城”年度事业发展报告》等，这些报告的编辑和数据整理，都是建立在市馆与区馆、区馆与街道馆（以及社区馆）有通畅的信息交流渠道的基础上的，总分馆覆盖的范围越广，全市对基层图书馆发展数据掌握就越翔实。部分基层公共图书馆的数据采集困难，缺乏对其人、财、物等状况的清晰把握，也反映出总分馆建设依然任重道远。

4.2.7 各地区基层图书馆基本保障条件分析

本次调研选取了我国东部省份中经济较发达、基层图书馆发展比较有代表性的 17 座城市的基层图书馆作为调研对象，尽管部分城市的数据反馈不完整，但根据已回收的数据可以看出城市的基层图书馆建设现状，分析后可得出以下结论：

基层公共图书馆覆盖率较高。除了广州、深圳、沈阳外，其余城市的乡镇（街道）图书馆覆盖率均达到了 90% 以上，其中北京、上海、苏州、东莞和佛山 5 个城市达到 100%，有些城市一个街道甚至还建有多个街道图书馆；过半数城市的村（社区）馆覆盖率达到七成以上，其中东莞、杭州和福州的社区图书馆覆盖率达到 90% 以上。

基层公共图书馆的面积普遍较小且不均衡。基层公共图书馆的面积是图书馆基本保障条件中最重要的内容。调查结果显示，即使是在经济较发达的东部城市，基层图书馆的面积普遍也不大。如北京基层公共图书馆的面积在 100 平方米以下的占 92%，300 平方米以上仅占 1% 左右；广州基层公共图书馆的面积在 100 平方米以下占 61.2%，300 平方米以上占 18.9%；深圳基层公共图书馆的面积在 100 平方米以下的占 53.78%，300 平方米以上的占 13.29%。各地人均拥有图书馆面积差异较大，其中嘉兴每万人拥有基层公共图书馆面积达 463.7 平方米，沈阳、上海、佛山等地仅 180 平方米左右，仅为前者的三分之一左右。

各地基层公共图书馆平均每周开放时长为 40—64 小时。其中上海基层公共图书馆开放时间最长，为每周 64 小时，佛山为 54.1 小时、北京为 51.9 小时、深圳为 48.9 小时。各地的乡镇（街道）图书馆平均开放时间都高于村（社区）图书馆。

各地基层公共图书馆专项经费覆盖率较低，过半数城市并无此一专项经费。在有基层图书馆专项经费的城市中，深圳的覆盖率为54.5%，其余城市均不足50%；城市各区域专项经费投入不均，基层公共图书馆专项经费下沉不足，大多数补贴仅覆盖乡镇（街道）一级。

在提交相关数据的8个城市中，沈阳、深圳、广州由上级配置服务设备的乡镇（街道）图书馆占比最高，分别为94.07%、80.39%、76.13%，由上级配备服务设备的村（社区）图书馆占比方面，深圳、北京接近半数。

4.2.8　国家工程和社会合作促进基层图书馆发展

“国家公共文化服务体系示范区（项目）创建工程”在“十二五”期间被列为公共文化服务体系建设重点工程，“十三五”期间持续推进，得到了各级政府的高度重视，使得全国三分之一的县及县以上公共图书馆得以改善工作条件，实现跨越式发展，同时也对基层图书馆发展起到了重要的推动作用。本次调研的17个东部城市中，已有不少城市和县（区）相继被文化和旅游部评为创建国家公共文化服务体系示范区，如北京市朝阳、东城、海淀三区；上海市徐汇、浦东、嘉定三区；天津市河西、北辰两区；深圳市福田区、沈阳市沈河区、南京市江宁区，以及大连、佛山、厦门、青岛、东莞、嘉兴、苏州、福州等城市。

“公共数字文化共享工程”“数字图书馆推广工程”以及“公共电子阅览室建设计划”三大重点工程的实施，覆盖了城乡服务网络，通过“走进农村、走进社区”的方式，面向基层群众推送丰富的数字文化资源，让基层群众获得了实实在在的文化服务。东部地区城市结合本地区的实际和需求，深度挖掘优质资源，积极推进国家公共数字文化工程项目相关建设任务，创新拓展数字图书馆服务，促进公共数字文化工程精准化供给。例如，上海市公共图书馆不断推进数字图书馆推广工程，通过外购或自建馆藏数据库，为读者提供了内容优质、专业性强、开放获取多元化的数字服务；北京市建成“北京市文化信息资源共享工程信息内容传输服务平台”，已建成的数字文化社区数量不断增加，使得更多资源数据库可实现全市范围内的共享使用。

社会力量是政府主导的公共文化服务体系建设的有益补充。调研结果显示，各馆引入社会力量主要体现在参与图书馆总分馆制建设、参与基层阅读推广活动、拓展基层公共图书馆服务等方面。在图书馆总分馆制建设过程中，有些城市积极引入社会力量，县（区、市）级图书馆分别与街道、社区、学校、企业、厂区、园区等多种机构合作，建设各类特色主题分馆或者具备基本图书馆功能和阅读空间的小型图书馆（室），如杭州图书馆的主题分馆、深圳市罗湖区的“悠·图书馆”、上海的嘉定区“我嘉书房”等，社会力量合作共建基层图书馆呈现出多种形态的发展模式，在满足公众文化需求方面发挥了重要作用。

在引入社会力量拓展图书馆基层服务方面，佛山市图书馆于 2018 年 4 月实施“邻里图书馆”项目，搭建“图书馆 + 家庭”阅读体系，将公共图书馆资源“搬进”市民家中，帮助家庭建立“微型图书馆”，向社区邻里、亲朋好友开放。目前为止，佛山市已建有邻里图书馆 1000 余家，散落在城市各个角落，成为图书馆深入社区的服务点，该项目荣获 2020 年国际图书馆协会与机构联合会（International Federation of Library Associations and Institutions，IFLA）国际营销奖第一名[7]。深圳图书馆与深圳市关爱行动组委会办公室、深圳报业集团联合于 2012 年创办“深圳捐赠换书中心”，倡导捐赠、分享的文化理念，营造城市全民阅读氛围。截至 2020 年底，深圳捐赠换书中心联网的分中心和服务站达 13 家，分中心进驻街道、社区、连锁餐饮店、公园以及写字楼，遍布主要城区；参与中心捐赠和交换的读者达 8.4 万余人次，换入和捐赠的闲置图书达 33.5 万余册。

4.2.9 新技术应用创新基层图书馆建设与管理模式

本次调研显示，各城市积极运用新技术创新基层公共图书馆建设模式，涌现各种图书馆新形态，如深圳市“城市街区自助图书馆”、东莞市“图书馆ATM”、嘉兴市“智慧书房”、深圳市盐田区“智慧书房”、佛山市南海区“读书驿站”、东莞市“城市阅读驿站”、北京市“城市书房”、福州市平潭综合实验区“城市书房”等。

尽管名称各异，但它们最显著的共性就是在有限的空间内集中了图书馆常用的服务设备，并不同程度地引入了智能化空间管理技术或设备管理技术，提供便利、温馨的环境，为读者提供远程服务。常见的服务实现方式有两类，一类是在城市布设集成化服务设备，一类是在城市打造智能化管理的新型服务空间。

集成化服务设备和智能化管理的空间能帮助图书馆在布点、运行管理和服务等方面显著提升服务的便利性，具备现代化服务特征，是公共图书馆网点建设的补充，是城市图书馆延伸服务，将纸本文献服务、数字资源服务送到城市每一街区的有效设施。

但是，集成化服务设备、智能化管理的空间集成了多项新的技术，有关部门应充分了解其布设、管理与维护的难度，预估所需要投入的人力，以及开展服务所必需的网络化管理平台支撑、电话咨询服务配套等。同时，我们要清楚地认识到，集成化服务设备、智能化管理的空间均应仅为基层公共图书馆的补充形式，必须合理规划和控制规模，并由骨干图书馆参与建设与就近管理。

4.3 发达国家和地区基层公共图书馆发展经验及趋势分析

在发达国家和地区，基层公共图书馆的建设和发展较早得到国家及地方政府的重视，并在相关立法和标准规范建设中得到进一步的保障，公共图书馆体系发展较为成熟，效能显著。发达国家和地区基层公共图书馆的最大特点是以城市为单位进行组织，管理高度一体化，从而保障了体系内资源的高度整合、统筹规划和高效运作，其主要经验包括以下几个方面。

4.3.1 以一体化、深耦合的图书馆体系为保障

建立一体化的图书馆服务管理体系，是保障基层公共图书馆发展的中心议题。梳理国际上发达国家和地区基层公共图书馆的发展历程，可以看出，各城市通过建设分馆不断扩大公共图书馆体系，并通过庞大而密集的公共图书馆服务网络为市民提供最便利的服务。

尽管以欧美国家为代表的基层公共图书馆体系不存在我国所面临的“一级政府办一个图书馆”困境，但加强基层一体化、提高体系协同性，仍然是基层图书馆工作的发展方向。随着分馆数量的增加，如何进一步紧密联系体系内图书馆，在共享和联动中实现效能提升，是基层公共图书馆发展的重要议题。为解决这一问题，各地探索各种管理办法和技术以强化体系内总分馆的紧密联系，最核心的内容是推进一体化管理，实现各基层公共图书馆的资源共享和服务互通。从纽约公共图书馆体系内统一分馆规划流程、伦敦公共图书馆体系内联合开展品牌活动、韩国国家级图书馆统计系统建设等实践来看，各地区在加强一体化管理体系构建的过程中，除文献资源通借通还、统一的管理

平台以及服务数据实时更新等资源和数据的统一等外，更加重视统一建设规范、统一服务标准、共享服务品牌等的建设，制定一系列服务规范和发展规划，加强专业理论的统筹与规划，以促进体系内总分馆共建共融，全面促进体系内图书馆的有效联动。在一体化、深耦合的体系运作机制保障下，庞大服务网络下数量繁多的图书馆，遵循统一的建设标准和服务规范，使用统一的技术平台，共享体系内资源和服务活动。同时，这一机制也能在保障体系内图书馆在一体化的前提下，保持各图书馆的多元化和积极性，通过创新公共文化服务的服务方式和服务手段，全面提升体系内资源和服务供给的质量和效能。

4.3.2 以坚实、完善的图书馆政策体系为支撑

发达国家和地区在基层公共图书馆的管理方面，基本建立了以图书馆基本法为基本保障、以基层公共图书馆相关法规为专门规范、以图书馆年度计划为具体指引的政策体系。图书馆基本法如英国的《公共图书馆与博物馆法案》、日本《图书馆法》、韩国的《图书馆法》等，确立了基层图书馆作为公共图书馆的一部分，应将公共图书馆法的内容作为基层公共图书馆开展工作的基本遵循。基层公共图书馆相关法如韩国的《小型图书馆振兴法》和《小型图书馆振兴法实施令》等，规定了政府在建立和运营基层图书馆方面的义务，基层公共图书馆的职能、服务和管理等内容。图书馆年度计划如纽约公共图书馆的五年计划、《伦敦公共图书馆 2014—2017 年战略规划》、《“阅读首尔”图书馆及读书文化的综合发展计划（2012—2018）》等，对基层公共图书馆的发展目标和实施方案做出具体规划。

4.3.3 以所在国家、地区的重大社会问题为导向

随着图书馆服务“最后一公里”延伸工作的推进，基层公共图书馆成为社区的重要组成部分，成为社区居民生活中不可或缺的文化机构。调研结果显示，发达国家和地区的基层公共图书馆能时刻关注社区用户需求变化，对服务内容做出适当调整，以促进社区交流与融合。在服务内容的调整过程中，用户服务项目日益呼应所在国家、地区的重大社会问题，关注社区居民切身实际的需求。例如，纽约基层公共图书馆针对所在地区移民人数较多的现状，免费提供英语培训课程、法律援助咨询等服务；日本的基层公共图书馆为适应社会经济环境变化，强调图书馆从“文化教养型”向“课题解决型”服务视角转变，可向社区居民提供包括商业支援、医疗支援、法律支援、教育支援等在内的一系列社区服务。

4.3.4 以未成年人和特殊人群的服务创新为品牌

联合国教科文组织发布的《公共图书馆宣言》与国际图联发布的《公共图书馆服务指南》中均有专门针对未成年人的服务条款，指导各国公共图书馆为未成年人提供优质服务。从各国实践来看，基层公共图书馆面向未成年人积极创新服务内容和服务方式，可以有效提高未成年人阅读素养和技能学习水平。例如，纽约基层公共图书馆结合不同年龄阶段未成年人的特征提供分层的素养教育；伦敦基层公共图书馆通过“R.E.A.D”计划与“The Labs”项目提升未成年人的阅读与创作能力；东京基层公共图书馆在“少子化”社会背景下重点开展具有吸引力的少儿服务；首尔基层公共图书馆从“Book Start”项目出发，设计具有本土特色的婴幼儿服务。此外，各地区基层公共图书馆还积极面向残障人士、老年人、退伍军人等特殊群体开展有针对性的

服务，提供无障碍通道、盲文图书、送书上门等服务，帮助他们平等享受图书馆的各项服务。

4.3.5 以有限经济条件下的基层效能提升为导向

对于发达国家和地区，尤其是西方发达国家，近几年的经济下行趋势明显，导致图书馆经费面临不同规模的削减。在这样的背景下，不同国家和地区都注重以效能提升为导向，重塑基层公共图书馆服务体系。例如，纽约公共图书馆体系以往发布的五年计划中，会针对社区图书馆建设目标和绩效评估方法提出相应的要求；伦敦市指导社区和志愿者参与基层公共图书馆的运营，协调跨部门合作为社区居民提供服务，实现服务效率和机会的最大化；在日本则以馆外服务为核心，馆际分工合作，坚持服务效益最大化；首尔市凭借图书馆统计数据，有针对性地为基层公共图书馆提供经费、人员、设备等各方面的支援。发达国家和地区通过加强基层图书馆与各级图书馆和相关部门的联合，促进志愿者等服务提供者支援图书馆建设和管理等合作方式，基于相对完善的基层公共图书馆统计评估体系，制定针对性的支援方案和实践准则等相关举措，实现了基层公共图书馆管理和服务效能的提升。

4.4 东部地区基层公共图书馆未来发展战略

基层公共图书馆是当前公共文化服务体系发展的关键点和薄弱环节。依据对东部地区基层公共图书馆的发展现状分析，立足东部地区基层公共图书馆发展的关键问题与瓶颈，结合东部地区经济社会发展状况、发展需要，通过创新体制机制、区域标准化与规范化、科技应用、品牌建设、品质提升、社会合作等多个维度，研究未来五到十年东部基层公共图书馆事业可持续发展战略，具体包括以下几个方面。

4.4.1 全面构建“城市图书馆一体化”体系

“城市图书馆一体化”是以市级图书馆为中心，以县（区）级图书馆为中枢，从业务发展、服务组织、资源建设、技术应用、阅读推广等诸多领域对城市内各级公共图书馆实行全城一体化服务和运营管理，是城市公共图书馆服务体系的发展目标。

“城市图书馆一体化”是城市公共文化服务一体化的重要组成部分，与图书馆总分馆制建设相辅相成，是实现全市公共图书馆资源共建共享、打造全市公共文化品牌的必要举措，也是提升城市公共图书馆体系服务能力、改善基层图书馆服务的有效路径。

城市是公共图书馆管理的重要层级，“城市图书馆一体化”已在国内外实践中证明了其可行性和有效性。美国、英国等发达国家多以城市为单位打造公共图书馆体系，如纽约公共图书馆体系、伦敦公共图书馆体系等，体系内组织、管理高度一体化，以实现资源高度整合、统筹规划，其基层图书馆完全在体系内运作，显著提高了资源利用率和图书馆服务效能。在现行分级行政和财政管理体制不变的背景下，我国东部地区城市均在不同程度上采用“城市图书馆一体化”模式，以市图书馆为中心馆和龙头馆，以最经济集约的方式激活、带动基层公共图书馆发展。

4.4.1.1 加强“城市图书馆一体化”顶层设计

公共图书馆事业应形成城市合力，加强顶层设计，推进“城市图书馆一体化”。这既是城市公共文化服务的需要，更是包括基层图书馆在内的城市图书馆可持续发展的需要。

调查显示，东部地区部分城市图书馆体系建设的顶层设计不充分。例如，部分城市的政府对县（区）总分馆制发展政策较为明确，但城市中心图书馆定位和应发挥的作用尚不明确，相应的人员、空间、设备设施不到位，使城市中心图书馆在履行一体化职责时捉襟见肘；有的城市县（区）馆总分馆制做得很好，而“城市图书馆一体化”进展缓慢，等等。

“城市图书馆一体化”应通过顶层设计、统一部署，由政府出台相应的法规政策，在城市中心图书馆的引领和统筹下，在县（区）级图书馆共同参与下，通过制度设计、组织设计、业务设计、品牌设计等，将各级基层公共图书馆纳入全城一体化业务和管理模式中，使其获得全市一体化网络和平台支撑；同时，应不断推动体系内图书馆各项服务的一体化、品牌一体化，打造“全城一个图书馆”，面向市民提供均等、便利的图书馆服务，重点如下：

（1）制度设计

“城市图书馆一体化”建设需要完善的政策制度作为保障，需要坚定、持续不断地推进，形成完善的运行管理体制机制。市政府应依法将公共图书馆建设纳入当地经济和社会发展总体规划，同时制定出台相应的法规、条例、政策规划以及推进、监管办法，为城市图书馆一体化建设提供制度支持，并促进规范化建设。

（2）组织设计

城市图书馆体系应从宏观角度规范组织模式，进行统一部署。较大城市应重点发展以城市图书馆为中心馆、以县（区）图书馆为总馆的“中心馆+总分馆”体系；其他城市可根据实际情况，推进以城市图书馆为总馆的总分馆体系。

（3）业务设计

不同层级图书馆依照一体化体系运行所需各有分工。城市中心图书馆除服务全市读者外，应统筹全市公共图书馆业务，制定统一的业务规范和标准，构建统一技术平台，并统筹推进各项业务，以实现全市图书馆事业的可持续发展。城市中心图书馆要切实履行自身的职责，县（区）级总馆应按照中心馆的部署，遵循统一的业务标准，采用中心馆的技术平台，或在独立引进技术平台后与中心馆互联互通。

（4）品牌设计

“城市图书馆一体化”应设计统一的品牌，将品牌建设作为一体化建设的有机组成部分，通过统一的 logo、公共图书馆城市标识、统一的图书馆服务及全城联动的活动品牌设计，体现城市图书馆的发展宗旨和服务目标，通过品牌效应有效提升城市图书馆的传播力和影响力。

4.4.1.2 发挥城市中心图书馆的作用

城市中心图书馆是“城市图书馆一体化”建设中的中心和龙头，在全市公共图书馆体系建设中不仅要起到统筹全局的作用，还应为全市各级图书馆提供业务和技术支撑，在服务一体化的基础上，不断推进全城资源的共建、共享。

本次调研的记录显示，部分城市中心图书馆所发挥的作用有待加强，特别是以县（区）图书馆为总馆的城市，城市中心图书馆对县（区）级总分馆建设统筹力度不够，联系不充分，对已实现总分馆管理的区域没有进一步推进在读者服务、资源建设等方面的互联互通，对未实现总分馆管理的区域缺乏支持，等等。

城市中心图书馆应加强与县（区）图书馆的联系和合作，不断推进城市图书馆平台一体化、业务一体化、资源一体化、物流全城化，加强全市以及跨区域资源共建共享和阅读推广联动等，重点工作如下：

（1）平台一体化

城市中心图书馆应牵头搭建、维护全市统一技术平台，为城市图书馆一体化提供技术基础和技术保障。县（区）级总分馆建设即便已率先实现了一体化服务，除非过于偏远，或不完全必要，也应考虑加入全市统一技术平台。在网络信息安全和新技术飞速发展的今天，集约化的城市一体化平台比各县（区）分别建设和管理更为有效，也满足了读者跨区域频繁流动的实际需求；

而城市中心图书馆一般拥有相对较高的技术管理能力，能够统筹各馆需求，不断提升技术水平，让先进技术惠及更多图书馆。

平台一体化包括建设统一的图书馆业务管理系统、统一的读者库和书目数据库、统一的服务网站和移动服务平台、统一的公共图书馆数据中心等。此外，平台还需支持各馆进行多元化平台建设和创新项目管理，既做到全市图书馆互联互通、数据共享，也能满足各馆不同的业务需求。

（2）业务一体化

城市中心图书馆在遵循国家颁布的相关行业标准和业务规范的基础上，应联合政府职能部门、图书馆行业学会（协会）和县（区）图书馆等，共同制定全市范围内统一的读者服务规范、资源建设标准、技术应用标准、业务统计规范、图书馆评估标准等，在实现城市图书馆服务一体化的基础上，不断推进、拓展和深化全城业务，提升城市图书馆业务的整体水平。

（3）资源一体化

城市中心图书馆应统筹规划、推动城市图书馆体系内资源建设和资源保障的一体化工作开展。在资源建设方面，城市中心图书馆应在统一书目质量控制的基础上，推进纸质资源的整体布局和采购协调；推进数字资源的统筹管理和联合采购，建设纸质资源和数字资源统一发现门户。在资源保障方面，城市中心图书馆应建立全市文献保障与服务机制，推进建设全市文献资源保障书库，连通县（区）图书馆的书库，提升全市图书馆的文献服务与保障能力。

（4）物流全城化

城市中心图书馆应在全城构建互连畅通的文献物流网络，部署图书馆物流转运中心，有效对接其他物流系统，使文献配送、转运服务物流体系覆盖全城。通过物流全城化，促进全城文献调配快速高效，及时响应文献预借、调阅服务，使全市图书馆服务（含自助型设备）的资源更新维持在较高的水平。

4.4.2 高质量完善城市骨干图书馆设施

城市图书馆体系中，县（区、市）图书馆无疑是最重要的层级，而在以下的基层图书馆中，乡镇（街道）图书馆则起到承上启下的作用，是落实和支撑城市图书馆服务的骨干力量。

尽管我国东部地区城市基本上已建成覆盖县（区、市）、乡镇（街道）、村（社区）的公共图书馆网络，但部分城市的乡镇（街道）图书馆依然缺失，个别城市的县（区）图书馆尚未建全。只有高质量建设城市骨干图书馆设施，才能有效发挥公共图书馆一体化效益，真正实现体系内各图书馆互联互通，有力带动基层图书馆不断发展和提升服务效能。

4.4.2.1 以总馆标准建设县（区、市）图书馆

县（区、市）图书馆是城市图书馆事业发展的中枢，更是骨干，是需要优先保障的城市重要基础设施，应及时补齐和高质量建设。在市、县（区、市）二级总分馆模式中，县（区、市）馆作为总馆，主导辖区内总分馆制改革。因此要落实总分馆制度，必须根据总馆的业务需求，高标准、高质量建设县（区、市）馆，使其具备履行总馆职能的资源和能力，包括配备必要的用于总分馆建设的网点管理业务空间、集中采编业务空间、文献调配保障空间、统一技术平台和设备、区域物流作业空间等。

4.4.2.2 按重要节点补齐乡镇（街道）图书馆

乡镇（街道）图书馆是总分馆体系的主要组成部分，是城市图书馆体系的重要节点。调研显示，东部地区部分城市的乡镇（街道）图书馆缺口依然明显，面积普遍偏小，致使总分馆建设难以辐射到位，基层服务质量保障乏力。不少城市的基层公共图书馆（室）总量不少，但高质量的不多，追求数量而不追求质量，追求功能齐全而不追求服务效果的情况较为普遍。

城市图书馆体系需要高质量的城市中心图书馆、县（区、市）图书馆，

也需要一定数量的能起到骨干作用的乡镇（街道）图书馆，才能形成一个有一定覆盖率、有效运转、稳定持续的网络体系，这应是引入社会力量参与图书馆建设和创新图书馆形态的重要基础。高质量地建设和补齐乡镇（街道）图书馆，并使其达到中小型图书馆的基本要求，既可显著提升公共图书馆的整体服务能力，又能辐射和带动区域其他基层公共图书馆（室）和其他类型图书馆（室）的发展。

4.4.2.3　依托骨干图书馆发展城市主题图书馆

主题图书馆是城市公共图书馆的重要组成部分，甚至可能成为城市或区域的文化标志。主题图书馆建设一方面可积累特色资源，另一方面能直接支撑具有地域特色的文化的发展，并促进本地区的经济繁荣。建设高质量的县（区、市）、乡镇（街道）图书馆，将其作为骨干图书馆承载主题图书馆建设，在保障基本图书馆服务的同时，也创新了图书馆的发展模式。

4.4.3　大力推进人、财、物统筹的图书馆总分馆制建设

人、财、物统筹的图书馆总分馆制建设是国家倡导的基层图书馆管理运行机制，是城市公共图书馆体系建设的发展方向，是已被证实了的有效管理模式，能够最大限度地发挥总分馆的优势，为基层图书馆发展提供更强有力的支持。

东部地区各城市普遍推行图书馆总分馆制建设，其中北京、上海、深圳、杭州、嘉兴、佛山、东莞等城市已在不同程度上开展了人、财、物统筹，积累了可借鉴、可复制、可推广的实践经验。推进人、财、物统筹的总分馆制重点时应考虑以下几方面的相关事宜。

4.4.3.1　完善城市图书馆一体化总分馆发展模式

东部地区各城市在总分馆建设中先行探索，涌现出各具特色的总分馆发展模式，在推进城市图书馆一体化建设中取得一定成效。

综合来看，直辖市和副省级城市应发展以城市中心图书馆为中心馆、以县（区、市）图书馆为总馆的“中心馆 + 总分馆”体系；其他城市可根据实际情况，推进“中心馆 + 总分馆”体系或以城市中心图书馆为总馆的总分馆体系；城区相对紧密，所辖县（区、市）相对较远的城市，可两种模式兼顾。城市图书馆一体化重点在全市服务和业务体系建设，总分馆制建设的重点则在分馆的日常运行管理，并参与城市一体化建设。

4.4.3.2 推进人、财、资源全面统筹管理

创新基层图书馆建设和运行管理机制重点是实现经费统筹、人员统配、资源统建等。县（区、市）图书馆应发挥在总分馆体系中承上启下的中坚地位，统筹规划本区域内公共图书馆的业务工作。在图书馆总分馆建设中，应做到总分馆经费由县（区、市）级政府如期核拨，总馆统筹使用经费；参与人员统一招聘，负责人员统一管理并向基层派驻管理人员；统一采购和配置各类文献资源；在总分馆体系内统一人员培训和考核，统一绩效评估。

4.4.3.3 构建主要分馆、小型分馆和服务点架构

对基层公共图书馆实行差异化、精细化管理，既是实事求是工作态度的体现，也是图书馆事业发展的必然要求，可以加快公共图书馆骨干体系的形成，进而带动整个城市图书馆体系建设。

基层公共图书馆覆盖范围大，但层级多，差异化十分显著，即使在一些经济较发达的城市，各县（区、市）级以下的基层公共图书馆的发展状况依然差异较大。不加区别地赋予每个图书馆同样的职能，看似覆盖率高，实则会由于空间、配套不足，导致图书馆难以发挥应有的作用和实现可持续发展，从而影响整个图书馆体系的服务质量。

总分馆制建设应结合基层公共图书馆所属行政层级、馆舍规模、覆盖区域等，将不同基层图书馆（室）分为主要分馆、小型分馆和服务点等，由文化行政主管部门与总馆牵头，依据国家法规、标准和规范，编制基层图书馆（室）评估定级标准，根据基层图书馆差异显著的特点实事求是地开展精细化

管理。

（1）主要分馆

作为总馆所辖的骨干图书馆，承担所服务区域的综合服务功能（包括读者事务和通借通还事务），拥有与服务相适应的较大建筑面积，配备相对齐全的图书馆设备，配置品种与学科相对齐全的资源；同时，可辐射部分小型分馆和服务点；由总馆派出馆长和部分业务人员进行管理。

（2）小型分馆

作为总馆辖区中最基层的图书馆，承担能辐射基层的最基本的图书馆服务（包括通借通还事务），拥有与服务相适应的基本建筑面积，配备必要的图书馆设备，配置一定数量的资源；可由总馆直接管理或由主要分馆代管，并辅助以自助服务和志愿者服务。

（3）服务点

作为总馆辖区中的专门化服务网点，承担一项或多项基本服务，拥有必要的建筑面积，如预借取书点、还书点、学习空间、活动空间等，可配置少量期刊、报纸；一般主要由分馆代管，辅助以志愿者服务。

4.4.4 重点实施“基层公共图书馆品质提升工程”

基层公共图书馆不仅需要建，需要管，也需要在一定时限内，遵循发展需要，提升环境，改善服务形象和服务品质，吸引更多的市民享受公共文化服务。

现阶段，各城市基层公共图书馆设备设施不足，环境形象需要提升的情况比较普遍，大多城市的图书馆分馆建设时所配套的空间与设备都是一次到位配备的。

建议有条件的城市和地区在实施“基层公共图书馆品质提升工程”（以下简称“提升工程”）时，在“城市图书馆一体化”总体发展框架下，开展区域总分馆管理的必要配套工程，即聚焦基层图书馆工作需求，按照统一标识、统一技术标准、统一基本服务项目、统一基础服务设施的总体要求，分期分批制定相应遴选条件和建设、验收标准，不断提升基层图书馆整体形象、环境品质、服务内涵、服务效能。

4.4.4.1　提升环境改善基层图书馆服务品质

“提升工程”最基本的是环境提升。应根据主要分馆、小型分馆和服务点划分，按照相应标准全面提升服务环境，涉及各功能区设置与导视系统、阅览座位、保障性安全设备与设施、书架及相关家具、空调与照明等。

在基层公共图书馆场地许可情况下，引入现代化、智能化设备，增强馆舍自助服务能力，提升智慧管理水平。主要分馆应配备相对齐全的自助服务和电子阅读设备，同时为所辐射的小型分馆和服务点配备必要的技术管理平台。小型分馆应配备必要的自助服务设备。具备借还功能的服务点宜配备封闭式还书系统和封闭式预借取书系统。

各分馆和服务点均应通过安装适宜的人流统计系统和监控系统。

4.4.4.2　专业管理促进基层图书馆发挥效能

“提升工程”应同时引入总馆或骨干图书馆的专业管理。专业管理不仅贯穿在“提升工程”的推进之中，还体现在提升之后的日常管理中。总馆应加强对本区域基层公共图书馆的统筹规划，对具备较理想基础条件、在体系中能发挥重要作用的主要分馆进行优先提升；同时，对于其他小型分馆和服务点，按不同标准予以提升。总馆应具体负责或深度参与基层公共图书馆“提升工程”全过程，并在提升后，将其纳入总分馆体系，由总馆实行专业化管理与运营。

区域文化行政主管部门与总馆组织专家，严格按照基层公共图书馆提升标准和相关工作方案开展评估验收工作，确保专业管理能够在后期工作中稳步推进。区域文化行政主管部门与总馆应建立跟踪监测和评估、督导的长效机制，保障基层图书馆“提升工程”发挥实效。

4.4.4.3 统一标识纳入全市一体化服务网络

“提升工程”最终要落实到一体化服务和一体化管理上，应使用统一标识，通过统一技术标准、统一基本服务项目，将基层图书馆纳入全市一体化服务。

基层公共图书馆标识应具备较高的辨识度和鲜明的品牌特色，可直接采用城市中心图书馆的标识，也可结合本区域特色和发展规划，创设并同时采用区域性基层图书馆的子品牌标识。

一体化服务，不应简单定义为通借通还服务点。随着全民阅读的开展，基层图书馆作为公共文化空间，其所承载的功能会更多、更丰富。针对基层图书馆普遍面积较小的现状，并不是每个基层图书馆都需要达到一定的藏书量，配备一定数量的借还设备，完全可以按照“活动阅览室”“自习室”“预借柜”“还书箱”等组件灵活规划提升，但依然在一体化服务的框架下开展工作。凡涉及技术平台的，在提升时应同步进行所需的技术条件提升，包括网络和硬件配置升级、系统安装与培训等；凡涉及文献资源调配的，应考虑必要的文献暂存空间等。

4.4.5 “文化 + 科技”为图书馆体系注入创新活力

4.4.5.1 智慧化建设为基层公共图书馆赋能

智慧化是基层公共图书馆建设提升的有效途径，可明显改善基层公共图书馆服务品质，提升对市民的吸引力。调研显示，各城市除为基层公共图书馆配置常见的自助服务设备外，还采用了先进技术，通过布设多种智能化设备，建设智慧型图书馆（室），为公共图书馆体系建设注入新的活力。

基层公共图书馆的智慧化建设可分为智慧化场馆管理和智能化服务系统建设。智慧化场馆管理重点在入室控制（自动刷卡、扫二维码、人脸识别）、光线控制、温湿度控制等；智能化服务系统建设重点在于部署自助办证设备、自助借还服务设备、自助电子阅读设备，以及文献安全防盗设施等。

应该注意的是，智慧型图书馆（室）完全无人值守是不现实的。基层公共图书馆所提供的主要服务是大众型的服务，应采用成熟的适用技术，不宜过于超前。

4.4.5.2　网络化全面提升基层公共图书馆管理

基层公共图书馆全面采取网络化管理模式，可以极大提升基层公共图书馆管理效能，并使城市骨干图书馆发挥应有的作用。调查显示，部分城市的县（区）总馆甚至是街道图书馆采取了网络监控和相关管理技术对辖区基层公共图书馆进行管理，除及时掌握借还等日常服务的数据外，有些还在基层公共图书馆安装视频系统、到馆读者计数系统，通过大屏幕实时掌控基层图书馆状况，有的还配有网络遥控远程断电设施、应急语音通话设备，读者应急求助或中心管理人员可通过语音对现场进行管理。

4.4.5.3　大型智能化设备加入城市图书馆体系

大型智能化设备加入城市图书馆体系是对城市公共图书馆的有益补充，这将使图书馆呈现出新的形态，如自助图书馆、智慧书房等。大型智能化设备具备功能集成度高、部署快捷灵活的特点，可覆盖延伸更多的区域，促进公共图书馆体系的智能化发展。

大型智能化设备应全面采取网络化管理模式，在提供基本公共图书馆服务方面持续创新。大型智能化设备的管理往往需要更多的技术支持和资源保障，其引进和部署应在城市一体化框架下，以城市为单位建设，或者在城市中心图书馆的统一规划指导下，鼓励各总馆在辖区内参与建设和管理。

4.4.6 继续倡导“图书馆 +”基层公共图书馆发展模式

4.4.6.1 社会力量参与图书馆建设

政府鼓励社会力量参与公共图书馆建设，应在政府构建公共图书馆骨干网络的基础上，作为基层公共图书馆网点建设的补充和延伸，不应是建设的主要方式。部分城市引进社会力量建设图书馆，并逐渐成为基层公共图书馆建设的主要方式，这一现状令人担忧。图书馆将资源送到合作方，却得不到应有的公共服务承诺，或者运营一段时间后无法持续开展公共文化服务，甚至有随时中止服务、退回资源的可能。当这种情况不是个例时，公共图书馆的开放性、公益性则难以保障。

“图书馆 +”是以图书馆为主体的社会合作，是在构建基本骨干体系的基础上，在政府主导下、在图书馆统筹下展开的合作模式。一个城市的辖区内，必须拥有或规划一定数量的由政府设立和建设的骨干图书馆，社会合作应在此基础上开展。

4.4.6.2 市场主体参与图书馆运营

政府鼓励市场主体参与图书馆运营，应在总分馆管理模式下，作为基层公共图书馆网点管理的一种工作模式，任何公共图书馆都不应孤立运营，全盘移交。

引进市场主体承担图书馆的运营，市场主体参与图书馆运营或许能够带来新的管理模式，又或在一定程度上能缓解专业人员缺乏、人员成本负担过重等问题，但作为一项长期的公共文化服务事业，完全采用社会合作或采购招标的方式，一旦合作方出现撤馆、违约等现象，会对已投入的公共服务资源造成损失或者产生不良的社会影响。在“城市图书馆一体化”模式下，在某一区域内由市场主体参与图书馆运营，还有可能对公共图书馆的全域连通造成困扰，在业务推进上出现不和谐因素。有的城市引进市场主体时，这些市场主体承担的不完全是图书馆运营，而是会引入其他经营，其实是在变相压缩图书馆的服务空间，侵蚀公共文化服务场所，违背了公共图书馆空间用途不容改变的法律规定，更失去了图书馆应有的公益性，导致在基层服务中出现盲区。

市场主体参与图书馆运营重点在“参与”，即在总分馆模式下，针对一个片区、一个主题图书馆，由总馆统筹实施，其业务要求应与城市图书馆一体化和总分馆管理标准保持一致。

4.4.6.3　合作开展特色图书馆服务

引进社会力量通常着眼于合作方在某一领域拥有的特色资源，着眼于合作方所聚集的特定读者群体，着眼于双方可以共赢。通过与社会力量合作，一方面能在城市图书馆建设体系中聚集更多的资源，另一方面能让图书馆服务惠及更多的读者群体，还可借助合作方在人力资源、设施设备方面的优势，提供具有一定特色的公共图书馆服务。

在各个城市中，普遍存在着这样一些社会机构，它们通常拥有一定的特色资源，聚集了一定的读者群体，拥有特殊的社会技能，在特定领域具有一定的社会影响，愿意参与公益文化活动。但由于空间和环境的局限，它们所拥有的资源往往封闭在特定区域内，不能发挥更大的作用。联合社会力量开展特色化公共图书馆服务，不仅是城市图书馆发展的需要，也是合作方发展的需要。

实践表明，合作共建不止有一种模式。图书馆应不断开拓思维，积极引进社会力量，在资源、人力、技术、空间等方面不断拓展，通过深度合作增强自身的辐射力和影响力。

（执笔人：张岩、蔡箐、王洋、肖鹏）

参考文献

[1] 张靖，李思雨，杨乃一，等.广东省公共图书馆事业发展报告（2013—2017）[J].图书馆论坛，2018（10）：3.

[2][3][6] 申晓娟.标准化视角下的我国基层图书馆事业发展研究[M].北京：国家图书馆出版社，2015：3.

[4] 汉语词典[EB/OL].[2021-05-13].https://cidian.bmcx.com/.

[5] 中华人民共和国国家统计局统计数据[EB/OL].[2020-05-13].https://data.stats.gov.cn/easyquery.htm?cn=C01.

[7] 重磅！佛山市图书馆荣获国际图联（IFLA）营销奖第一名[EB/OL].[2021-03-13].https://www.sohu.com/a/409375498_291629.

5 中部地区基层公共图书馆发展策略

在现代公共文化服务体系中，公共图书馆处于中心地位，为民众文化满意度与文化获得感的提升作出了重要贡献。现今我国东部、中部、西部地区的基层公共图书馆都得到了一定程度的发展，但地区发展仍不平衡。就中部地区而言，相对于其庞大的人口规模，基层公共图书馆建设的整体水平仍有待提高。

由于以往对中部地区基层公共图书馆事业存在的资源不足、人力不足、专业性不足等问题已经有较为完整的调研和阐述，加上篇幅的限制，本章并不试图呈现中部地区基层公共图书馆的整体面貌，而将重点从总分馆体系建设的角度探讨我国中部地区基层公共图书馆的发展空间和制约条件，进而思考对应的发展策略和方向。总分馆制是近年来基层公共图书馆建设和发展的重要抓手，倘若总分馆体系建设拥有较好的发展基础和支撑，即便目前阶段基层公共图书馆仍未振兴，但其崛起是可期的。总分馆制的成败并不取决于分馆，更大程度上取决于总馆（一般为区县级图书馆，部分地区为地市级图书馆）的水准。因此，我们既要考察目前总分馆制的建设情况，还要考察区县级图书馆乃至省级图书馆、市级图书馆的基本情况，从整体上了解中部地区基层公共图书馆事业的可持续发展力量。

目前我国对于“中部地区”有多种提法，2018 年，文化和旅游部发布的《中华人民共和国文化和旅游部 2017 年文化发展统计公报》解释说明了中部地区包括河北、山西、吉林、黑龙江、安徽、江西、河南、湖北、湖南、海南 10 个省份[1]。本章将沿用该划分标准，研究以上 10 个省份的基层公共图书馆，其中，对于“中部崛起”战略中的山西、安徽、江西、河南、湖北和湖南 6 个省份又给予特别关注。

5.1　中部地区公共图书馆重点数据分析

本节主要利用国家统计数据对中部地区公共图书馆事业的整体情况进行分析。这些数据主要呈现了县级以上公共图书馆而非基层公共图书馆的发展面貌，这种呈现对于本课题而言是必要的。当前中国基层公共图书馆的主要发展思路是“总分制”，核心要旨即以区县级乃至市级图书馆带动基层公共图书馆事业发展。本节的分析却表明：由于中部地区图书馆资源和能力的整体偏弱，区县级及以上图书馆本身的运作和服务已经存在巨大困难，它们未能为基层公共图书馆事业的发展提供动力和支持。在这样的背景下，很难寄希望于中部地区各省份能够实现内生的成长和发展，需要国家对中部地区基层公共图书馆给予特殊的扶持。

5.1.1　中部地区公共图书馆整体数据①

下文主要呈现 2018 年中部地区公共图书馆事业的相关统计数据。总体而言，中部地区公共图书馆的“省均”数据排名多为十几名，位于全国中游，可一旦以“人均”数据进行考察，则基本排名在 20 名以后，处于下游。

① 这部分数据来源为国家图书馆研究院提供的《2018 年中国公共图书馆事业发展基础数据概览》。

5.1.1.1　公共图书馆基本办馆情况（总量）

根据2018年的统计数据，在公共图书馆基本办馆条件的9项指标中，中部地区部分省份多个指标落后于全国平均值。在图书馆数量方面，河北、山西、安徽、河南、湖南超过全国平均值，海南和吉林则明显低于全国平均值，需加强馆舍建设。在分馆数量上，安徽分馆较多，最为突出，海南则只有22个分馆，与全国平均值相差甚远。在从业人员方面，除了河北、河南、湖北、湖南，其他省份均低于全国平均值（见表5-1），其中海南的落后形势最为严峻。在建筑面积方面，河南与湖北的公共图书馆拥有65万平方米以上的建筑面积，吉林、黑龙江和海南的公共图书馆建筑面积较小。在总藏量方面，只有湖北超过全国平均值，其他省份的总藏量多为2000万册左右。在本年新购藏量方面，湖北、安徽、河南3省领先，吉林、黑龙江和海南不足100万册（见表5-2）。在财政拨款方面，除了河南与湖北略超全国平均值，其他中部地区省份均远低于全国平均值，中部地区省份对公共图书馆的财政拨款较少。在新增藏量购置费方面，中部地区仅有湖北一省高于全国平均值。在电子阅览室终端数方面，中部地区有6个省份高于全国平均值，在各项指标中表现较佳。

表5-1　2018年中部地区公共图书馆基本办馆条件（总量）

地区	图书馆数量/个	分馆数量/个	从业人员数量/人	建筑面积		总藏量	
				数据/万平方米	全国排名	数据/万册	全国排名
全国值	3176	25430	57602	1595.98	—	103716	—
全国平均值	102.45	820.32	1858.13	51.48	—	3345.68	—
河北	173	424	1921	54.04	10	2717	15
山西	128	963	1652	52.00	11	1860	23
吉林	66	369	1556	28.80	25	2052	19
黑龙江	109	762	1659	33.60	21	2233	17

续表

地区	图书馆数量 / 个	分馆数量 / 个	从业人员数量 / 人	建筑面积		总藏量	
				数据 / 万平方米	全国排名	数据 / 万册	全国排名
安徽	126	1235	1504	51.06	12	2910	12
江西	113	533	1408	41.43	17	2522	16
河南	160	740	2914	67.46	6	3169	11
湖北	115	687	2128	69.13	5	3910	8
湖南	140	670	2110	49.65	13	3305	10
海南	24	22	319	8.84	29	551	29

注："全国值"一行的统计数据包含国家图书馆，下同。

表 5–2　2018 年中部地区公共图书馆基本办馆条件（总量）（续）

地区	本年新增藏量 / 万册	财政拨款数额 / 万元	新增藏量购置费数额 / 万元	电子阅览室终端数 / 台
全国值	6894	1754512	246475	146333
全国平均值	222.39	56597.16	7950.81	4720.42
河北	182	37758	4754	5639
山西	127	37935	3662	4816
吉林	85	31933	3521	2980
黑龙江	91	28322	2213	3929
安徽	289	37970	5410	5896
江西	104	30253	3978	4952
河南	261	61314	6600	7021
湖北	359	59781	11151	4998
湖南	209	46738	6426	4966
海南	52	16011	1381	1061

5.1.1.2　公共图书馆基本办馆情况（人均）

从人均值的角度来讲，中部地区公共图书馆的基本办馆条件更不容乐观（见表 5-3）。2018 年，在人均藏量、年人均新增藏量与人均购书费方面，中部地区 10 个省份都未排进全国前 10 名，远远不及总量排名。在万人均建筑面积、万人均电子阅览室终端数与万人均拥有少儿阅览室座席数方面，中部地区排名最靠前的省份也仅为第 8 名，所有省份整体上处于全国的中下游水平，其中河北与河南的不少数值排名甚至垫底。由此可见，在公共图书馆的资源总量并未特别充足而中部地区省份又人口众多的情况下，中部地区的人均资源占有量尤为稀少。

5.1.1.3　公共图书馆主要服务指标

公共图书馆的主要服务指标是衡量公共图书馆服务成效的重要指标。根据 2018 年的统计数据（见表 5-4），在公共图书馆的总流通人次中，安徽与河南的公共图书馆流通人次较多，山西、吉林、黑龙江、江西、海南的流通人次不足 1000 万人次，有待提高，中部地区其余省份则差别不大。除了线下流通量，在网站访问量方面，中部地区 10 省的数值均低于全国平均值，更以山西为最低。在人均年到馆数值上，海南因为人口数量少而排到全国第 10 名，为中部地区最高，其余省份则排名落后。在书刊文献外借册次总量上，中部地区有 3 个省份的数值超过了全国平均数，但人均书刊外借册次，则无一超过全国平均值，“中部洼地”现象明显。至于举办活动场次与活动参与人次，除了吉林、黑龙江、海南全国排名较低，其他省份数据多与全国平均值相关不大，可见在资源不足的情况下，中部地区各省份的服务效能与其他区域相比并不逊色。

表 5-3　2018 年中部地区公共图书馆基本办馆条件（人均）

地区	人均藏量		年人均新增藏量		人均购书费		万人均建筑面积		万人均电子阅览室终端数 / 台	万人均拥有图书馆员		万人均拥有少儿阅览室座席数	
	数据 / 册	全国排名	数据 / 册	全国排名	数据 / 元	全国排名	数据 / 平方米	全国排名		数据 / 人	全国排名	数据 / 个	全国排名
全国值	0.74	—	0.05	—	1.77	—	114.38	—	1.05	0.41	—	1.94	—
河北	0.36	30	0.02	23	0.63	27	71.52	30	0.75	0.25	30	1.21	31
山西	0.50	23	0.03	18	0.99	21	139.86	9	1.30	0.44	13	1.94	15
吉林	0.76	11	0.03	19	1.30	14	106.50	19	1.10	0.58	9	1.58	27
黑龙江	0.59	16	0.02	25	0.59	28	89.05	23	1.04	0.44	14	1.85	17
安徽	0.46	27	0.05	14	0.86	24	80.74	26	0.93	0.24	31	1.83	19
江西	0.54	22	0.02	27	0.86	23	89.14	22	1.07	0.30	26	2.42	8
河南	0.33	31	0.03	22	0.57	29	70.23	31	0.73	0.30	25	1.49	28
湖北	0.66	13	0.06	11	1.88	10	116.83	14	0.85	0.36	20	1.76	21
湖南	0.48	25	0.03	20	0.93	22	71.96	29	0.72	0.31	24	1.85	16
海南	0.59	18	0.06	12	1.48	11	94.59	20	1.14	0.34	21	2.11	11

表 5-4　2018 年中部地区公共图书馆主要服务指标

地区	总流通人次 / 万人次	网站访问量 / 万页次	人均年到馆		书刊文献外借册次 / 万册次	人均书刊文献外借数量		举办活动数量 / 场次	参加活动人次 / 万人次
			数据 / 次	全国排名		数据 / 册次	全国排名		
全国值	82032	204957.23	0.59	—	58010	0.42	—	179043	10647
全国平均值	2646.19	6612.52	—	—	1871.29	—	—	5775.58	343.45
河北	2371	1098.81	0.31	24	1413	0.19	27	6251	355
山西	1620	578.16	0.44	16	961	0.26	18	4246	391
吉林	812	1060.78	0.30	26	757	0.28	17	1943	105
黑龙江	1131	1672.77	0.30	27	929	0.25	20	3739	191
安徽	3341	3286.50	0.53	11	2229	0.35	12	8485	445
江西	1764	2749.82	0.38	19	1584	0.34	13	4298	304
河南	3360	2758.51	0.35	22	2271	0.24	23	7740	285
湖北	2577	2636.26	0.44	17	2210	0.37	11	4875	278
湖南	2478	4318.63	0.36	20	2275	0.33	15	8235	519
海南	578	1115.72	0.62	10	223	0.24	21	2304	45

5.1.1.4　公共图书馆新增数量

从 2017 年到 2018 年，中部地区的地市级图书馆、县级图书馆与分馆馆舍都有新增（见表 5-5）。从地市级馆来看，在全国新增的 3 个图书馆中，有 2 个分别位于山西和河南。在县级馆方面，中部地区的 2 个省份各减少 1 个，4 个省份共增加了 5 个图书馆。至于分馆，除了江西减少了 4 个，中部地区其他省份都有增加，其中山西省增加最多，为 434 个。从图书馆总量来看，安徽最多，海南最少。

表 5-5　2018 年中部地区公共图书馆新增数量一览

地区 / 层级	地市级馆			县级馆			分馆		
	2018 年数量 / 个	2017 年数量 / 个	新增数量 / 个	2018 年数量 / 个	2017 年数量 / 个	新增数量 / 个	2018 年数量 / 个	2017 年数量 / 个	新增数量 / 个
全国值	376	373	3	2760	2753	7	25430	19239	6191
全国平均值	12.13	12.03	0.10	89.03	88.81	0.23	820.32	620.61	199.71
河北	12	12	0	160	160	0	424	253	171
山西	10	9	1	117	118	−1	963	529	434
吉林	10	10	0	55	55	0	369	268	101
黑龙江	12	12	0	96	96	0	762	651	111
安徽	21	21	0	104	102	2	1235	1185	50
江西	11	11	0	101	101	0	533	537	−4
河南	19	18	1	139	138	1	740	476	264
湖北	16	16	0	98	99	−1	687	587	100
湖南	17	17	0	121	120	1	670	507	163
海南	4	4	0	19	18	1	22	16	6

5.1.1.5　独立建制少年儿童图书馆基本办馆情况（总量）

中部地区在独立建制的少年儿童图书馆的基本办馆条件方面差距较大（见表 5-6、5-7）。各省中基本办馆条件较为优越的是吉林省，其多个指标都远超全国平均值，建筑面积排名全国第一，总藏量排名全国第二，2018 年新增藏量、财政拨款、新增藏量购置费、电子阅览室终端数、阅览室座席数等数值都较高，反映出该省对少年儿童图书馆投入巨大。除此以外，河北、山西、黑龙江、海南四省的图书馆数量、分馆数量、从业人员数量、建筑面积、总藏量等数值不高，远低于全国平均值。需要指出的是，江西省因没有独立建制的少年儿童图书馆而无法获取相关数据。

表 5–6　2018 年中部地区独立建制少年儿童图书馆基本办馆条件（总量）

地区	图书馆数量 / 个	分馆数量 / 个	从业人员数量 / 人	建筑面积		总藏量	
				数据 / 万平方米	全国排名	数据 / 万册	全国排名
全国值	123	1208	2531	49.12	—	4635.10	—
全国平均值	3.97	38.97	81.65	1.58	—	149.52	—
河北	1	0	9	0.12	26	39.80	20
山西	1	0	10	0.08	27	22.13	22
吉林	5	15	318	7.32	1	615.51	2
黑龙江	1	5	10	0.05	28	4.94	28
安徽	13	44	84	2.27	9	130.92	15
江西	—	—	—	—	—	—	—
河南	8	38	121	2.38	8	161.99	11
湖北	4	14	63	1.05	16	136.16	13
湖南	8	67	148	2.82	7	220.57	6
海南	1	0	5	0.20	24	8.30	27

注：江西省无独立建制少年儿童图书馆，下同。

表 5–7　2018 年中部地区独立建制少年儿童图书馆基本办馆条件（总量）（续）

地区	本年新增藏量 / 万册	财政拨款数额 / 万元	新增藏量购置费数额 / 万元	电子阅览室终端数量 / 台	阅览室座席数量 / 个
全国值	337.54	81832	10682	4555	38989
全国平均值	10.89	2639.74	344.58	146.94	1257.71
河北	5.39	201	90	8	200
山西	9.46	500	142	20	35
吉林	27.66	9519	1411	521	4232

续表

地区	本年新增藏量 / 万册	财政拨款数额 / 万元	新增藏量购置费数额 / 万元	电子阅览室终端数量 / 台	阅览室座席数量 / 个
黑龙江	0.27	119	5	25	90
安徽	11.41	2165	339	442	2510
江西	—	—	—	—	—
河南	16.80	2527	395	207	2572
湖北	10.94	2185	345	71	610
湖南	19.20	3393	575	173	2158
海南	4.15	130	128	4	204

5.1.1.6 独立建制少年儿童图书馆主要服务指标

分析统计数据发现，2018 年中部地区独立建制少年儿童图书馆的主要服务指标数值高低参差不齐，省间差距大（见表 5-8）。在 5 个指标中，人口大省河南的各项指标数值均为最高，位于第一梯队，超过全国平均值；吉林与安徽位于第二梯队，数值稍低于河南；湖南与湖北则位于第三梯队；数值较低的是山西、黑龙江与海南，反映出这三省少儿馆的服务水平有待进一步提高。

表 5-8 2018 年中部地区独立建制少年儿童图书馆主要服务指标

地区	总流通人次 / 万人次	网站访问量 / 万页次	书刊文献外借数量 / 万册次	举办活动数量 / 场次	活动参加人数 / 万人次
全国值	3697.06	3862.41	3822.85	13970	498.82
全国平均值	119.26	124.59	123.32	450.65	16.09
河北	76.13	0	26.96	211	9.00
山西	8.31	0	8.31	5	1.10
吉林	187.32	165.91	198.44	206	18.35
黑龙江	0.79	0	0.97	38	1.48
安徽	200.66	64.54	132.82	710	14.22
江西	—	—	—	—	—

续表

地区	总流通人次 / 万人次	网站访问量 / 万页次	书刊文献外借数量 / 万册次	举办活动数量 / 场次	活动参加人数 / 万人次
河南	239.19	268.37	265.37	1605	66.10
湖北	118.74	33.10	99.45	272	4.77
湖南	175.51	33.14	137.80	308	10.97
海南	22.00	0.11	4.02	35	0.14

5.1.2 中部六省公共图书馆重点数据①

上文对中部地区10省公共图书馆的整体数据进行了说明，在这些省份中，山西、安徽、江西、河南、湖北和湖南6省又是国家执行“中部崛起”战略的重点省份，因此，下文将对这6省的相关数据进行梳理，指出其全国排名，以便更清晰地认识中部地区公共图书馆的情况。

（1）常住人口

截至2018年底，我国31个省（自治区、直辖市）常住人口总数约为139653万人，各个省份的常住人口平均数达到了4500万人，而中部六省的常住人口平均数约为6100万人，但各省份的常住人口数量相差较大。总体来看，中部六省的常住人口全国排名较为靠前，在近五年呈现出稳步增长的趋势。

（2）生产总值

2018年，全国GDP达到了914117亿元，平均每省29488亿元。中部六省平均国内生产总值（GDP）约为29000亿元，平均值位于全国第12名。中部六省内呈现出较大差异，河南GDP全国排名最高，为第5名，而山西GDP全国排名最低，为第23名。

---

① 这部分数据来源：国家统计局.分省年度数据[EB/OL].[2020-05-01].https://data.stats.gov.cn/easyquery.hem?cn=E0103;中国文化和旅游统计年鉴2019[EB/OL].[2020-05-01].https://data.cnki.net/trade/Yearbook/Single/N2020050235?zcode=Z019.

（3）财政拨款

2018年，全国各地区公共图书馆财政拨款达到1667986万元，平均每省53806万元。2015—2018年中部六省平均财政拨款数量为38198万元，平均排名位于全国第16名。湖北省的年平均财政拨款数量最多，达到了56000多万元，位列全国第8名，处于较为领先的地位。中部六省中排名最后的江西省以财政拨款27301万元位于全国排名的第24名。

（4）新增藏量购置费

2018年，全国各地区公共图书馆的新增藏量购置费突破200亿大关，达到225373万元，平均每省7270万元。中部六省平均新增藏量购置费为5264万元，平均排名位于全国第15名。但中部六省内部的差异较大，最高可以排到全国第6名，最后的则排到全国第21名，体现了较大的资源分布不均。

（5）从业人员

2018年，全国各地区公共图书馆从业人员数量达到56158人，平均每省1812人。中部六省2015—2018年平均从业人员数量为1967人，超过全国平均值，平均排名为全国第13名。中部六省中有3个省份的从业人员数量处于全国领先水平，另外3个省份则处于较为中等和下游的水平，中部六省之间的差异仍较为明显。

（6）有效借书证数

2018年，全国各地区有效借书证数量达到6822万个，平均每省220万个。中部六省平均有效借书证数量为143万个，平均排名位于全国第12名。中部六省2015年至2018年的平均有效借书证数量差异较小，且在全国的平均排名全部处于中上水平。

（7）总流通人次

2018年，全国各地区公共图书馆总流通人次达到81486万，平均每省2629万人次。2015—2018年中部六省平均总流通人次为2021万人次，平均排名位于全国第13名。年平均总流通人次最多的是河南省，为2771万人次，排名全国第 7 名。排名靠后的是江西省和山西省，其总流通人次分别约为 1527 万人次和 1155 万人次，分别位列全国第 16 名和第 20 名，低于全国平均水平。

（8）组织讲座次数

2018 年，全国各地区公共图书馆共组织讲座 78768 次，平均每省组织讲座 2541 次。2015—2018 年中部六省平均组织讲座次数为 2653 次，平均排名位于全国第 12 名。中部六省中年平均组织讲座次数最多的省份是湖南省，达到 3698 次，排名高居全国第 6 名。江西省只有 1642 次，排名全国第 19 名，处于较为靠后的位置。

（9）举办展览数

2018 年，全国各地区公共图书馆共举办展览 33370 场，平均每省举办展览 1076 场。2015—2018 年中部六省平均举办展览个数为 977 场，平均排名位于全国第 12 名。河南省和江西省是中部六省中年均举办展览个数最多的，分别为 1280 场和 1256 场，分别位列全国第 5 名和第 6 名。山西省举办展览最少，年平均举办展览 556 场，全国排名靠后，为第 20 名。

（10）举办培训班数

2018 年，全国各地区公共图书馆共举办培训班 64627 个，平均每省举办培训班 2085 个。2015—2018 年中部六省平均举办培训班个数为 1406 个，平均排名位于全国第 15 名。中部六省中年平均举办培训班个数最多的省份是湖南省，达到 2123 个，排名高居全国第 7 名。举办培训班个数较少的江西省和山西省，分别以 917 个和 766 个的数量排名全国第 19 名和第 22 名，处于较为落后的位置。

（11）公共图书馆总藏量

2018 年，全国各地区公共图书馆总藏量为 99815 万册，平均每个省为 3219.80 万册。2015—2018 年中部六省平均公共图书馆总藏量为 2602 万册，平均排名位于全国第 14 名。湖北省公共图书馆年均总藏量超过全国平均值，以 3456.87 万册的总藏量居全国第 8 名。山西省是中部六省中唯一一个年均公共图书馆总藏量低于 2000 万册的省份，其总藏量只有 1721.68 万册，处于全国第 21 名。中部六省近四年平均公共图书馆总藏量为 2602 万册，远低于全国平均水平，但其平均排名为全国第 14 名，处于全国中等水平，说明公共图书馆馆藏量存在地域分布不均的情况。

（12）人均拥有藏量

2018 年，全国各地区人均拥有藏量 0.79 册。根据 2015—2018 年统计数据，中部六省平均人均拥有藏量为 0.45 册，平均排名位于全国第 24 名。整体来看，中部六省人均拥有藏量的地域差异较小，均处于全国中后水平。湖北省以 0.59 册的人均拥有藏量居于中部六省第一，全国第 14 名。安徽省和河南省的人均拥有藏量则分别以 0.39 册和 0.29 册，位于全国第 28 名和第 31 名，在全国排名中垫底。

（13）每万人拥有图书馆建筑面积

2018 年，全国每万人拥有图书馆建筑面积为 123.11 平方米。2015—2018 年中部六省平均每万人拥有图书馆建筑面积为 88.7 平方米，平均排名位于全国第 22 名。中部六省中，山西省的年平均每万人拥有图书馆建筑面积最多，达到 130.66 平方米，排名全国第 9 位。江西省、安徽省、湖南省、河南省的年平均每万人拥有图书馆建筑面积分别以 84.16 平方米、73.50 平方米、66.25 平方米、64.09 平方米，位列全国第 22 名、第 26 名、第 29 名和第 31 名，处于相对落后。

（14）人均购书费

2018 年，全国各地区公共图书馆人均购书费为 1.84 元。2015—2018 年中部六省平均人均购书费平均值为 0.90 元，平均排名位于全国第 22 名。平均人均购书费全部低于全国平均水平。四年中部六省人均购书费最高的是湖北省，为 1.66 元，排名全国第 10 名。人均购书费最低的河南省仅有 0.52 元，排名全国第 30 名。

5.2 中部地区市、县总分馆体系发展现状与存在问题

《中华人民共和国公共图书馆法》第三十一条规定“县级人民政府应当因地制宜建立符合当地特点的以县级公共图书馆为总馆，乡镇（街道）综合文化站、村（社区）图书室等为分馆或者基层服务点的总分馆制，完善数字化、网络化服务体系和配送体系，实现通借通还，促进公共图书馆服务向城乡基层延伸。总馆应当加强对分馆和基层服务点的业务指导”。依据该法相关规定，以县级图书馆为总馆的总分馆制是推动基层公共图书馆发展的主要抓手；而部分地区会进一步上移建设主体，以市级图书馆为中心建设总分馆体系或“图书馆之城”，为基层公共图书馆事业的发展带去更有力的支持。第一节的数据已经显示，中部区县级以上的各层次图书馆本身都存在较大的发展压力，那么，在市级总分馆或县级总分馆的建设背景下，它们能否有效带动基层图书馆的发展呢?

在第一节的基础上，本节进一步聚焦于中部地区市级和县级图书馆的总分馆体系建设情况。本节主要采用问卷调查的方式，从图书馆数据统计、总分馆建设、图书馆建设情况等方面设置问题，发放至中部地区基层公共图书馆进行填写，其中第二项即“总分馆建设”是调查的重点，除问卷之外还针对相应区域开展了政策调查和新闻材料的梳理工作。

本节呈现了 4 个市级馆（及其分馆体系）、7 个区县级馆（及其分馆体系）的基本情况。这些市级、区县级总分馆体系分布在中部地区不同省份，其总馆效能在同级别的机构中普遍处于中上游位置（但均非国家公共文化服务体系示范区的图书馆）。下文，将以字母顺序命名图书馆，即“市级 A 馆”“市级 B 馆”“市级 C 馆”“市级 D 馆”，以及“县级 A 馆”至“县级 G 馆”。

5.2.1 市级图书馆案例调查

本次针对市级公共图书馆的问卷调查共收集到 4 份有效问卷。问卷填报总体完整，但也存在总分馆与部分单馆数据缺失的情况，对此，若某项指标中有一半及以上图书馆的数据缺失，便不再计算该项指标的平均值。总体而言，受调查的市级公共图书馆基本建立起了以自身为中心的总分馆体系，总分馆之间实现了统一编目、统一配送、通借通还、统一标志等服务。在保障条件方面，不同地区的公共图书馆财政拨款较为悬殊，而财政拨款进一步影响图书资源与数字资源的购置费用。在服务效能方面，各馆仍有较大的提升空间。

5.2.1.1 图书馆基本情况

（1）市级 A 馆：以市级 A 馆为中心馆的基层公共图书馆总分馆体系主要包含 11 个分馆，其中县（区）级分馆数量达到了 6 个。

（2）市级 B 馆：以市级 B 馆为中心馆的基层公共图书馆总分馆体系分馆数量达到了20个，其中县（区）级分馆4个，基层分馆（街道、乡镇、村）14 个，其他类型分馆 2 个。

（3）市级 C 馆：尚未建立起以市级 C 馆为中心的总分馆体系。

（4）市级 D 馆：以市级 D 馆为中心馆的基础公共图书馆总分馆体系共有 62 个分馆，其中 59 个为基层分馆（街道、乡镇、村），3 个为其他类型分馆。

5.2.1.2 图书馆保障条件

（1）图书馆单馆保障条件

查看中部地区市级图书馆案例单馆保障条件的相关数据（表 5–9）。各馆年财政拨款总额平均数为 1269.17 万元，其中 A、B 两馆的拨款总额达不到平均数，表明不同馆的财政拨款存在一定差距。在年文献购置费方面，各馆平均数超过 90 万元。在年数字资源购置费方面，各馆平均数近 40 万元。同时可以看出，年财政拨款总额较多的 C 馆，文献与数字资源的购置也更高。在建筑面积方面，各馆平均数为 1.44 万平方米。另外，受调查的图书馆的编制内员工数量平均有 47.5 人，编制外员工数量平均有 34 人。

表 5–9　中部地区市级图书馆案例单馆保障条件数据表

指标	A 馆	B 馆	C 馆	D 馆	平均数
本馆（单馆）年财政拨款总额 / 万元	991.5	572.5	2243.51	—	1269.17
本馆（单馆）年文献购置费 / 万元	70	70	130	105	93.75
本馆（单馆）年数字资源购置费 / 万元	6	15	90	—	37
本馆（单馆）实体文献馆藏量 / 万册（件）	107.85	100	114.96	100.7	105.88
本馆（单馆）建筑面积 / 万平方米	1.71	1.1	1.5	—	1.44
本馆（单馆）编制内员工数量 / 人	49	40	62（实有 50 人）	39	47.5
本馆（单馆）编制外员工数量 / 人	49	7	19	62	33

注：表格在处理数据时尊重源数据，以确保数据的真实性，故并未统一小数点位数，下表同。

（2）图书馆总分馆保障条件

在中部地区市级图书馆的总分馆保障条件方面，最为突出的问题是数据缺失严重（见表 5–10）。在受调查的市级馆中，A 馆与 C 馆未能提供相应数据，D 馆仅提供总分馆建筑面积与编制外员工数量两项数据。严重的数据缺失我们难以掌握总分馆的保障情况，侧面反映出中部地区的市级馆在总分馆建设方面未形成规范的工作机制或未对此加以重视，值得反思。对于提供了数据的 B 馆，其分馆数量达到了 20 个，但总分馆的保障条件与市级单馆的保障条件相比并未提升很多，说明大多数资源用于保障市级馆，只有少量资源用于保障分馆，这些资源平均到 20 个分馆上更是寥寥。

表 5-10　中部地区市级图书馆案例总分馆保障条件数据表

指标	A 馆	B 馆	C 馆	D 馆	平均数
总分馆年财政拨款总额 / 万元	—	608.5	—	—	—
总分馆年文献购置费 / 万元	—	82.5	—	—	—
总分馆年数字资源购置费 / 万元	—	20.5	—	—	—
总分馆实体文献馆藏量 / 万册（件）	—	130	—	—	—
总分馆建筑面积 / 万平方米	—	2.2	—	1860	—
总分馆编制内员工数量 / 人	—	52	—	—	—
总分馆编制外员工数量 / 人	—	12	—	62	—

5.2.1.3　图书馆服务效能

（1）图书馆单馆服务效能

查看中部地区市级图书馆单馆服务效能的相关数据（见表 5-11）。在读者到馆总人次中，各馆平均数接近 50 万人次，其中 D 馆接待能力相对较弱。各馆的年文献外借量平均数为 387543.75 册，有效注册用户数的平均值为 46913.75 人。在举办读者活动场次方面，各馆平均数为 206 场，其中仅 B 馆低于 100 场。在年数字阅读量方面，B 馆是 A 馆的 2 倍，C 馆与 D 馆则数据缺失，可见部分图书馆在相关数据的统计方面有待加强。在网站访问量方面，各馆平均值约为 14 万，其中 C 馆访问量低于 10 万。总体而言，尽管受调研的都属于条件较好的图书馆，但各馆的各方面数值差异仍然巨大，优势劣势各不相同。

表 5-11　中部地区市级图书馆案例单馆服务效能数据表

指标	A 馆	B 馆	C 馆	D 馆	平均数
本馆（单馆）读者到馆总人次 / 人次	356769	600000	884575	140900	495561
本馆（单馆）年文献外借量/册次	103514	550000	358539	538302	387544
本馆（单馆）有效注册用户数 / 人	29206	80000	65672	84777	46914
本馆（单馆）举办读者活动场次 / 场次	261	80	347	134	206
本馆（单馆）读者活动参与人次 / 人次	95860	50000	3000000	50000	798965
本馆（单馆）年数字阅读量/篇（册）次	15000	36000	—	—	—
本馆（单馆）网站访问量 / 次	230000	150000	74778	100000	138612

（2）图书馆总分馆服务效能

查看中部地区市级图书馆总分馆服务效能的相关数据（见表 5-12）。B 馆与 D 馆的到馆总人次分别为 70 万人次与 3 万人次，年文献外借量分别为 60 万册次与 12 万册次，有效注册用户数分别为 92000 人和 84777 人，举办读者活动场次分别为 120 次与 30 次，存在一定差距。在网站访问量方面，A 馆与 B 馆分别约为 30 万与 16.5 万。关于总分馆服务效能的其余大半数据均有缺失，这反映出中部地区市级图书馆在总分馆的服务效能方面缺乏规范管理或未建立起完善的工作机制。受调查的图书馆在中部地区属于条件较好的馆却仍然如此，其他馆的情况可能更令人担忧。

表 5-12　中部地区市级图书馆案例总分馆服务效能数据表

指标	A 馆	B 馆	C 馆	D 馆	平均数
总分馆读者到馆总人次 / 人次	—	700000	—	30000	—
总分馆年文献外借量 / 册次	—	600000	—	120000	—
总分馆有效注册用户数 / 人	—	92000	—	84777	—
总分馆举办读者活动场次 / 场次	—	120	—	30	—
总分馆读者活动参与人次 / 人次	—	63000	—	2200	—
总分馆年数字阅读量 / 篇（册）次	—	39500	—	—	—
总分馆网站访问量 / 次	300000	165000	—	—	—

5.2.2　县区级图书馆案例调查

本次报告在对于中部地区区县级公共图书馆的调查中共收到了 7 份有效问卷，问卷填报整体情况良好，但同样存在部分数据尤其是总分馆数据缺失的问题。受调查的图书馆的总分馆体系大都实现了统一编目、统一配送、通借通还与统一服务规则。

5.2.2.1　图书馆基本情况

（1）县级 A 馆：总分馆体系中包含的分馆有 138 个，其中街道分馆有 1 个，乡镇分馆有 9 个，村（社区）分馆有 127 个，其他类型（如社会力量合建分馆）有 1 个。

（2）县级 B 馆：总分馆体系中包含的分馆有 21 个，其中街道分馆有 3 个，乡镇分馆有 3 个，村（社区）分馆有 14 个，其他类型（如社会力量合建分馆）有 1 个。

（3）县级 C 馆：总分馆体系中包含的分馆有 10 个，其中街道分馆有 9 个，乡镇分馆有 1 个。

（4）县级 D 馆：总分馆体系中包含的分馆有 20 个，其中街道分馆有 1 个，乡镇分馆有 12 个，村（社区）分馆有 2 个，其他类型（如社会力量合建分馆）有 5 个。关于该区域总分馆体系，该馆表示建设有总分馆数字资源平台（小程序），目前数字资源购买和分馆新书购买没有完全被纳入预算。

（5）县级 E 馆：总分馆体系中包含的分馆有 8 个，均是乡镇分馆。

（6）县级 F 馆：总分馆体系中包含的分馆有 17 个，其中街道分馆有 16 个，其他类型（如社会力量合建分馆）有 1 个。

（7）县级 G 馆：总分馆体系中包含的分馆有 12 个，其中街道分馆有 2 个，乡镇分馆有 4 个，村（社区）分馆有 4 个，其他类型（如社会力量合建分馆）有 2 个。

5.2.2.2　图书馆保障条件

（1）图书馆单馆保障条件

查看中部地区部分县级图书馆单馆保障条件相关数据（见表 5–13）。在年财政拨款总额方面，各馆平均数约为 448 万元，其中 A 馆与 B 馆仅有 100 万元左右。在年文献购置费方面，各馆平均数约为 34 万元。在年数字资源购置费方面，受调查的 5 个馆的平均数接近 10 万元。在实体文献馆藏量方面，各馆平均数约为 21 万册（件）。各馆的建筑面积平均数为 0.29 万平方米。各馆平均有 8.71 人为编制内员工，有 7.29 人为编制外员工。

表 5–13　中部地区县级图书馆案例单馆保障条件数据表

指标	A 馆	B 馆	C 馆	D 馆	E 馆	F 馆	G 馆
本馆（单馆）年财政拨款总额 / 万元	102	94	849	300	—	894	—
本馆（单馆）年文献购置费 / 万元	35	20	68	22	10	70	10
本馆（单馆）年数字资源购置费 / 万元	15	8	15	—	5	5	—

续表

指标	A 馆	B 馆	C 馆	D 馆	E 馆	F 馆	G 馆
本馆（单馆）实体文献馆藏量 / 万册（件）	18	5	39	20	14	33	21
本馆（单馆）建筑面积 / 万平方米	0.16	0.08	0.48	0.30	0.36	0.17	0.48
本馆（单馆）编制内员工数量 / 人	4	3	11	12	6	21	4
本馆（单馆）编制外员工数量 / 人	6	5	17	1	2	16	4

（2）图书馆总分馆保障条件

查看中部地区部分县级图书馆总分馆保障条件的相关数据（见表 5–14）。各馆的年财政拨款总额差距较大，高者接近 1000 万元，低者不足 100 万元，平均约 376 万元。A 馆的年文献购置费较低，约为 25 万元，F 馆的较高，为 72 万元。在数字资源购置费方面，各馆平均为 24.48 万元。在实体文献馆藏量方面，各馆平均约有 30 万册（件），其中 B 馆最少，仅有 7 万册（件）。各馆的建筑面积均数约为 0.5 万平方米，差距不大。在编制内和编制外员工数量方面，各馆的平均数分别为 35 人与 11 人。

表 5–14　中部地区县级图书馆案例总分馆保障条件数据表

指标	A 馆	B 馆	C 馆	D 馆	E 馆	F 馆	G 馆
总分馆年财政拨款总额 / 万元	63	199	—	330	—	914	—
总分馆年文献购置费 / 万元	25	39	—	—	—	72	—
总分馆年数字资源购置费 / 万元	—	58	—	15	20	5	—
总分馆实体文献馆藏量 / 万册（件）	43	7	8	70	19	33	—
总分馆建筑面积 / 万平方米	0.51	0.16	0.67	0.25	0.77	0.35	0.78
总分馆编制内员工数量 / 人	132	3	—	40	14	21	2
总分馆编制外员工数量 / 人	5	26	—	1	—	22	2

5.2.2.3　图书馆服务效能

（1）图书馆单馆服务效能

查看中部地区县级图书馆单馆服务效能的相关数据（见表 5-15）。从读者到馆总人次来看，7 个馆平均数约为 21 万，E 馆仅有 1 万多人次。在年文献外借量方面，各馆平均数为 17 余万册次。在有效注册用户数方面，各馆平均数约为 1 万人。在举办读者活动场次方面，各馆平均数为 83 场。在读者活动参与人次方面，各馆平均数超 2 万人次。在年数字阅读量方面，各馆平均数为 52179 篇（册）次，G 馆的年数字阅读量则只有 223 篇（册）次，与其他馆差距显著。在网站访问量方面，各馆平均数为 110492。

表 5-15　中部地区县级图书馆案例单馆服务效能数据表

指标	A 馆	B 馆	C 馆	D 馆	E 馆	F 馆	G 馆
本馆（单馆）读者到馆总人次 / 人次	156362	250000	342592	420000	17156	195000	116098
本馆（单馆）年文献外借量 / 册次	187464	270000	197973	180000	38285	298093	50531
本馆（单馆）有效注册用户数 / 人	13626	—	16939	12000	2500	15691	5205
本馆（单馆）举办读者活动场次 / 场次	27	5	37	130	96	120	169
本馆（单馆）读者活动参与人次 / 人次	76323	450	7590	30000	16338	32000	7574
本馆（单馆）年数字阅读量 / 篇（册）次	21324	30000	22863	200000	13355	77493	223
本馆（单馆）网站访问量 / 次	8361	—	151279	400000	6523	81200	126083

（2）图书馆总分馆服务效能

查看中部地区县级图书馆总分馆服务效能的相关数据（见表 5-16）。总分馆读者到馆总人次平均数接近 20 万人次，年文献外借量平均数约为 17 万册次。各馆有效注册用户数平均数略超 1 万，其中 E 馆仅有 485 人，远低于平均数。在举办读者活动场次方面，各馆平均数为 133 场，同时活动参与人次的平均数接近 4 万人次。总分馆年数字阅读量平均数接近 8 万篇（册）次，网站访问量平均数接近 18 万次。

表 5–16　中部地区县级图书馆案例总分馆服务效能数据表

指标	A 馆	B 馆	C 馆	D 馆	E 馆	F 馆	G 馆
总分馆读者到馆总人次 / 人次	245962	27000	342733	550000	4970	210000	7798
总分馆年文献外借量 / 册次	327194	27500	226518	220000	47451	315800	29414
总分馆有效注册用户数 / 人	13626	—	16939	15000	485	16320	6236
总分馆举办读者活动场次 / 场次	42	125	57	200	136	150	219
总分馆读者活动参与人次 / 人次	109485	3450	7990	50000	21938	43000	42955
总分馆年数字阅读量 / 篇（册）次	32637	30000	—	300000	16173	98300	223
总分馆网站访问量 / 次	8361	—	—	500000	—	81200	126083

5.3　中部地区基层公共图书馆存在问题

以上两节对中部地区公共图书馆的整体情况及部分案例进行了调查及说明，对此综合分析，可发现基层公共图书馆的建设与发展存在诸多问题。本节对这些问题进行归纳总结，以此寻找适合中部地区基层公共图书馆发展的道路。

5.3.1 总分馆体系化建设落后

地方政府是基层公共图书馆建设和发展的责任主体，但存在忽视基层公共图书馆建设的情况，主要表现在重视程度不够与实施不力两方面。首先，中部地区的很多地方政府对基层公共图书馆重视程度不够、认知不足。一些领导一味追求容易出政绩的经济方面的发展，却忽视了以图书馆为代表的文化方面的发展。另外，部分中部地区为了赶上发达地区发展的步伐，更是一味地追求经济效益，对图书馆的发展不做优先考虑。其次，地方政府对图书馆的建设与发展实施不力。中部地区多数基层公共图书馆与文化馆合建，名义上有图书馆，实际上只是在当地的文化馆内拥有一间阅览室或图书室，还存在开馆时间不规律、馆藏书刊不丰富、馆内设施老旧等问题[2]。在所调查的基层公共图书馆中，县级A馆指出“基层村一级服务点工作人员身份多为村干部兼职，无法保障书屋正常开放运行”的问题，县级B馆指出该馆存在“场地面积不足，一室多用”的情况。究其原因，政府对图书馆的建设存在敷衍塞责的情况，使得图书馆的建设流于形式、图书馆的发展没有活力，不能为民众带来实实在在的服务。

5.3.2 经费保障存在严重短板

总分馆经费保障机制不健全是中部地区基层公共图书馆面临的一个重大问题。图书馆的建设与发展离不开经费的支持，没有充足经费支持的图书馆举步维艰。然而现在中部地区的很多地方不能够为基层公共图书馆提供充足稳定的经费保障，主要体现在两个方面：

一是经费投入量不够。从国家层面来看，国家在继鼓励东部地区率先发展、西部大开发、东北老工业基地振兴战略之后，才出台关于中部地区崛起的文件，政策出台时间相对较晚，且在政策关照方面，中部地区受到的支持、配套强度相对低于西部地区，使得中部地区所获的经费补助相对不足。从地方政府层面来看，中部地区的经济不够发达，国内生产总值不高，政府的财政收入有限，除此之外，中部地区还存在人口多、贫困地区多的特点，政府需要将大量财政收入投入基础设施建设、民生发展、扶贫攻坚等任务中，背负的财政压力较大，对公共图书馆的投入便因此减少。调研发现，县级 A 馆因经费短缺而存在“人员编制偏少，年龄结构老化”“图书情报类专业、信息类专业人员缺乏”“人员、经费不足，仅能维持馆内运转，无法大量举办延伸服务活动”等问题，县级 B 馆存在“图书馆馆藏不足”的突出问题，县级 F 馆反映本地区公共图书馆“无专项购书费、无专项活动经费”，县级 E 馆也特别强调“本地最突出的困难就是，总分馆严重缺乏专业技术人员，图书购置经费不足”。可见这些基层公共图书馆都因经费短缺而面临各种问题。

二是经费投入持续性不足。一些地方对基层公共图书馆的经费投入存在“一锤子买卖”现象，在某些特定的时机一次性投入大量经费，却不能在日常保持稳定的、持续的经费投入。相当多的图书馆在建馆时能够获得大量经费，但在开馆后难以获得更多财政拨款，这影响了图书馆的日常运行与维护。另有一些图书馆经费数据看似比较可观，但这些图书馆主要在评估定级时获得的经费骤增，购书量也在短时间内猛增，评估过后获得的经费减少，平日里难以获得更多拨款。这些现象都说明，政府对基层公共图书馆的经费投入不够合理，经费骤多骤少都难以使图书馆得到可持续性发展，如果经费投入持续稳定增长，将对图书馆的发展大有益处。

5.3.3 区域与层级不平衡明显

中部地区基层公共图书馆发展不平衡，包括不同省之间、同一省不同市之间、城乡之间，以及不同层级的图书馆之间等发展不平衡。在不同省之间，2014 年河南省公共图书馆财政拨款占当年财政支出的比例为 0.045%，湖北省的此项数据为 0.087%，体现出中部地区基层公共图书馆的财政拨款数额之间存在较大差距。同一省的不同市，既有经济水平较高的省会城市，也有相对贫困落后的小城市，这两类城市图书馆的发展有较大差距。此外，既有发展水平较高的城市的街道、乡镇图书馆，也有条件艰苦的贫困县街道、乡镇的图书室，同样级别的基层公共图书馆却有着大相径庭的发展现状，而城乡之间基层公共图书馆的发展差距更是不言而喻。以中部地区某县图书馆为例，截至 2015 年底，该县共有 134 万余人，其中常住人口 94 万余人，城镇人口 33 万余人，而馆中藏书共有 5 万册次，人均藏书量远低于其他地区。在馆藏面积上，该馆占地约 3000 平方米（不包含各分馆的占地面积），公共图书馆人均占地标准规定，服务人口在 20 万至 50 万需建设中型馆，千人占地面积应为 22.5—15 平方米，由此可见该馆的占地面积远未达标[3]。这些不同方面都说明中部地区基层公共图书馆发展不协调、均等化水平低。

5.3.4 基层内生活力严重不足

中部地区的基层公共图书馆内生活力不足，对外在力量的依赖性强，当外在力量不足以支撑基层公共图书馆的发展时，图书馆便难以发展。总体来讲，社会力量在中部地区基层公共图书馆的发展中参与不足。当企业、社会团体与个人想要参与基层公共图书馆的建设时，往往受公益性和专业性的限制而影响参与度。例如，合肥地区在运营城市阅读空间方面参与度较高的企业有合肥新华书店有限公司、安徽华博胜讯信息科技股份有限公司和安徽知本文化传播有限公司，目前在合肥建成的城市阅读空间中，有31家由合肥新华书店有限公司中标，有11家由安徽华博胜讯信息科技有限公司运营，企业运营压力大，并且易出现有实力的企业进行独家经营的垄断风险。此外，一些能够承接图书馆外包服务的企业成立时间短、发展不成熟，难以开展专业化服务，这也增大了有能力提供专业化服务的企业的垄断风险，如此一来，社会企业的竞争环境不良，影响了社会力量在公共图书馆领域的参与度[4]。在法律政策保障中，各地也未能给予社会力量以规范有力的保障。2015年以来，中共中央办公厅、国务院办公厅相继出台了《关于加快构建现代公共文化服务体系的意见》[5]《国家基本公共文化服务指导标准（2015—2020年）》[6]等政策标准，随后中部地区各省也陆续出台落实《关于加快构建现代公共文化服务体系的实施意见》的地方政府文件，部署推进“两办”意见。中部地区各省的实施意见是在“两办”意见的基础上，结合地方特色制定而成。这些地方意见提到鼓励与支持社会力量参与公共图书馆建设，但后续没有更详细的、有针对性的政策法规进行配套指导，无法在社会力量参与服务建设的实践中保障其法律权利，也无法规范社会力量的参与方式，这在一定程度上影响了社会力量的参与度，阻碍了基层公共图书馆内生活力的发挥。同时，对于社会力量的发展，还缺乏有效的评估监督体系。目前一些针对社会力量的评估体系指标僵化、标准单一，如评估看重开展活动的数量而不是质量、对志愿者活动评估仅仅以出勤率或服务时长为标准等，这些不完善的评估标准对社会力量没有很好的激励作用，反而影响其积极性，并可能导致其参与的不稳定性。以上种种，都反映出中部地区基层公共图书馆接受的社会力量的扶助较少，内生活力不足。

5.3.5 社会可见度与认可度低

尽管问卷调查中没有展开对用户认知问题的调查，但根据相关受访者的反映，中部地区普遍存在用户对基层公共图书馆认知度不高的情况，即很多用户要么不知道基层公共图书馆的存在，要么不了解图书馆的功能，或者不愿使用图书馆服务。从基层公共图书馆的角度来看，图书馆的服务效能不高、宣传不到位，导致用户对图书馆缺乏基本认知。中部地区多数基层公共图书馆缺乏经费和人员编制，既不能充分地加强馆内建设与丰富藏书量，也招不到高素质的专业人才开展先进的服务，因此服务效能低下。从用户的角度来看，中部地区农村区域广大，经济条件落后，教育水平一般，不少人受教育程度低，人口素质相对不高，因此缺少使用图书馆的意愿和技能，平日里并不会对图书馆多加关注，也就难以提高对图书馆的认知度。据统计，88.46% 的县级图书馆利用传统的宣传栏进行宣传，71.54% 的县级图书馆利用图书馆网站进行宣传，而通过宣传手册、推介活动、广播 / 电视 / 报纸等方式宣传的县级图书馆比例均不足 50%，这反映出图书馆的宣传力度有待加强。此外，以开封市祥符区图书馆为例，该馆约一成读者为初中及以下学历，较低的文化水平制约着他们对图书馆的认知[7]。县级 D 馆也指出“基层读者基础差，人员外流严重，留守人员文化需求有差距”是当地图书馆面临的突出问题。总之，无论是什么原因造成了用户对图书馆的认知度低，这种情况都使得图书馆的存在感低，进而再次影响图书馆的经费获取与服务效能。由此可见，目前亟须唤醒公众的图书馆意识，强化公众对图书馆的认知，使公众知晓图书馆、了解图书馆进而使用图书馆。对此，图书馆可从公共文化政策入手，制定政策并加以宣扬，提高图书馆的“热度”，提高公众对其认知程度与使用频率。

5.4　中部地区基层公共图书馆未来发展战略

前文对中部地区基层公共图书馆的发展现状、存在问题进行了调查、分析与总结，发现中部地区的基层公共图书馆整体发展水平不高且外来支持不足，“中部洼地”现象明显。基于此，本节将提出基层公共图书馆“中部崛起”的战略目标与核心任务，并从国家、中部地区、机构与用户四个维度提出未来的发展方向，期望为中部地区基层公共图书馆的发展增加动力并提高不同层面的支持水平，以促其壮大。

5.4.1　战略目标与核心任务

5.4.1.1　发挥地方政府职能，扛好发展主体责任

地方政府是发展基层公共图书馆的责任主体，应当压实各级政府的主体责任，充分发挥地方政府职能，避免出现“央进地退”现象。从各区域的发展来看，东部地区的基层公共图书馆有强大的自我发展能力，西部地区的基层公共图书馆有强大的外部援助力量，而中部地区的基层公共图书馆在上述两方面均不占优势，处于缓慢发展阶段，这就要求中部地区的各级地方政府重视基层公共图书馆的发展，肩负好发展主体责任，主动推动图书馆前进。第一，中部地区的市级、县级地方人民政府及时合理制定本行政区域公共文化服务目录。公共文化服务目录包含的内容较为丰富，在基层公共图书馆层面，包含全民阅读、阅读服务、书报展览等方面的内容，这些内容应当被合理地纳入公共文化服务目录。地方人民政府可以结合本辖区的人口结构、地理环境、经济文化等实际情况，制定包含基层公共图书馆服务内容的全面合

理的服务目录。第二，县级以下地方人民政府应当积极落实基层公共图书馆的建设工作。基层公共图书馆从区县级到乡镇（街道）级，每一层级公共图书馆建设工作的重要动力来自对应层级地方政府的支持与推动。地方政府需要将基层公共图书馆建设所需经费纳入本级政府预算，还可通过补助、政府购买、税收优惠等方式为基层公共图书馆的建设提供财力保障，同时建立监督检查制度，完善自身监督、接受社会监督、加强绩效考评，使基层公共图书馆切切实实地享受到各种利好。

5.4.1.2　加快总分馆制度建设，规范社会力量参与

经过多年实践与探索，总分馆制被认为是较为适合我国国情以及具有可行性的图书馆建设制度。中部多数地区经济欠发达、农村人口众多，加快构建县级图书馆总分馆制建设是推动基层图书馆发展行之有效的方法。县级总分馆制以县级图书馆为总馆，以乡镇、村图书馆为分馆，涵盖三级图书馆的网络建设。总分馆制能够整合基层地区的资源，在总馆的主导下实现文献信息资源的统一采购、编目、调配、借还，让资源流动起来，为资源匮乏地区送去“及时雨”，保障基层群众普遍均等地享受基本公共文化服务。

目前基层公共图书馆中已有不少关于总分馆制建设的实践，其经验显示：社会力量对总分馆的发展起着重要作用，因此应重视及规范社会力量参与。社会力量参与基层公共图书馆建设能够为不够富裕的地区带来更多资金、人力、物力等投入，有利于创造良好的社会环境，还能够减轻政府的压力。此外，还要加强对社会力量的规范管理，可从制定规章、加强监督、评估绩效与信用等方面着手。政府与图书馆可制定规章与标准规范，规定社会力量的参与方式、权责任务、合作方式等内容，使合作有章可依。其次，加强对社会力量的监督，使各流程透明公开运行，防止腐败等不良事件的发生。最后，制定合理的绩效评估与信用评估标准，全面了解合作成效，调整薄弱、加强优势、促进共赢。

5.4.1.3　完善数字技术发展，推动服务模式转型

互联网时代，基层公共图书馆应跟上社会发展的步伐、加强数字技术应

用，在做好传统服务的基础上，创新服务方式，推动服务模式转型。基层公共图书馆的数字化服务可包含以下几个方面：一是构建一站式的数字化服务平台，建设数字图书馆，整合文献信息资源，进行统一的网络服务，使群众可通过该平台突破时间、地点的限制获取服务。二是推动馆内服务向自动化、数字化方向转变，推进网络图书馆与智慧图书馆建设，为到馆用户提供更便捷的服务。例如，使用智能化检索系统，为用户提供更精确的检索服务；配置数字屏、智能自助借还机、电脑等数字化设备，使用户获得更好的到馆体验。三是提供更丰富的数字资源，并拓展数字服务的内容和范围，调整馆藏资源结构，适当增加数字资源的藏量，满足用户需求。

要注意的是，基层公共图书馆服务模式的转型不是一蹴而就，而是在探索中曲折发展，这种探索贯穿于新的服务模式开展的整个过程。首先，在开展新的服务前，图书馆应了解基层群众的特点与需求，选择合适的服务方式。其次，图书馆可大胆运用新媒体、新技术开展新服务，及时关注用户使用情况与反馈意见，不断调整服务模式，寻找最合适的模式。最后，图书馆可加强用户培训，提高用户接受、使用新技术的能力。

5.4.1.4 优化评价评估机制，发挥标准导向作用

在基层公共图书馆的建设、服务与发展等方面，应当建立相关标准，发挥标准的导向作用，并优化评价评估机制，以使图书馆有发展的目标与方向。合理的标准与评价评估机制能使图书馆的建设与服务工作有依据，也能促使图书馆不断完善建设、不断改进服务，充满活力。首先，应当加强标准和评价评估内容的制定工作，在制定基层公共图书馆相关标准时需依据国家基本公共文化服务指导标准和省、自治区、直辖市基本公共文化服务实施标准，并结合本区域的实际情况制定更为细化的内容。其次，评价评估机制应以服务效能为导向，多考虑用户的到馆率、网站点击率、活动参与率等指标，而不单单以经费投入、藏书量、馆舍面积作为评价指标。再次，标准与评价评估内容可结合地方特色，而非“一刀切”。基层区域的文化特色、财政能力等

情况各不相同，图书馆的建设与服务也应当是符合当地特色的，因此优化评价评估机制应做到地域化、特色化与标准化相结合。最后，标准与评价体系可从基层总分馆的服务体系层面进行整体评价，综合看待图书馆体系的发展，而不仅以单馆为评价对象。

5.4.2 四种维度发展方向

5.4.2.1 国家维度：中部地区文化传承与创新重点项目

（1）项目背景与内容

促进中部地区崛起是新时代重要的国家战略。中部地区具备文化传承的优势和文化创新的诉求，也明显存在文化信息资源匮乏的问题。充分发挥中部地区公共图书馆在中部地区文化传承与创新过程中的作用，是提升中部地区公共图书馆文化影响力、活化中部地区优秀文献资源的关键所在。以国家主导、地方配合的形式，开展多元化的资源建设、多途径的资源利用、多层次的配套服务，是中部地区基层公共图书馆的资源建设日益自主化、服务体系日益完整化的发展路径。第一，结合目前中部地区公共图书馆资源缺乏的现状，建立大型的中部地区传统文化资源数据库。第二，促进多途径资源利用。第三，在提供传统文化资源服务的同时，形成对应的服务配套体系，最大限度匹配用户需求。

（2）实施路径

①设置机构与项目

在文化和旅游部的指导下，以中国图书馆学会或中部图书馆联盟为依托，设立“中部地区传统文化传承与创新项目小组”，负责与中部地区公共图书馆共同推动中部地区传统文化传承与创新实践以及中部地区传统文化资源数据库建设相关的调查、研究、评审工作。中部地区各省、市建立起相应的地方文化资源数据库，实现传统文化创新工作的专业化、规范化发展。

②提出方案

建议由文化和旅游部主导，国家图书馆、中国图书馆学会等图书馆界相关机构参与，制定"关于中部地区公共图书馆推动中部传统文化传承与创新的指导意见"。同时，落实中部地区地方政府各部门责任分工，鼓励各地因地制宜、大胆探索，建立符合本地实际的传统文化传承创新机制。

③确立规范

建议文化和旅游部连同中国图书馆学会等图书馆界行业组织制定适用于中部地区的"中部传统文化传承与创新重点项目指引"，明确中部地区传统文化资源数据库的建设内容、监督机制和保障举措，同时，建立健全配套措施，明确相应服务规范。

④展开服务

通过在中部地区部分公共图书馆进行试点示范的前期探索，组织考察学习和总结研讨，吸收成功经验，在文化和旅游部主导下，要求中部地区各省、市、县（区）政府将推进地方传统文化资源数据库建设项目作为"十四五"时期构建现代公共文化服务体系的重要内容，因地制宜地结合地方文化特色持续推进相关工作。

⑤绩效评估

在"十四五"时期，中部地区公共图书馆应依据相关标准，将地方图书馆传统文化资源数据库建设纳入定期督查、考核和评估的体系之中。首先，在中部文化传承与创新的过程中，明确项目的公益性。其次，实施评估验收。由文化和旅游部主导，建立相应的监管、汇报机制，配合中部地区各省成立评估验收小组。

（3）保障条件

①政策保障

主管部门推出相关指导文件和政策文本，为项目提供政策保障，确保中部地区公共图书馆推进地方文化传承与创新、建设地方传统文化资源数据库全过程的合法性与合理性，同时制定相关优惠政策，减小项目实施阻力。

②资金保障

项目开展前期，中央财政为“中部地区传统文化传承与创新重点项目”划出充足预算，向中部地区的地方财政部门下拨专项资金用于相关工作。以往用于支持中部贫困地区、欠发达地区图书馆建设的数字资源建设资金，可考虑以本项目作为实施载体下发。

5.4.2.2　中部地区维度：长江中游城市群基层图书馆一体化发展项目

（1）项目背景与内容

长江中游城市群是以武汉城市圈、环长株潭城市群、环鄱阳湖城市群为主体的特大城市群，如今已经在跨省图书馆合作方面踏出开创性的一步，但合作效果还有待提高。因此，建议建立深度合作的跨省图书馆联盟，完善相关管理运行机制，为长江中游城市群乃至整个中部地区经济社会发展提供文化支撑和文献保障。具体内容为：

第一，推动业务建设一体化。业务建设一体化需以公共图书馆联盟为载体。健全的公共图书馆联盟建设机制应包括宏观的发展规划和章程、常务管理小组、例会制度、评估考核制度。业务建设一体化的具体内容包括文献资源建设一体化、服务项目一体化与物流网络一体化。

第二，推动组织管理一体化。依托中部地区一体化发展行政协调机制建设，以区域政府间自主协商的充分性为前提，在省级层面成立中部地区崛起发展领导小组，作为跨行政区的协调组织，主导区域内文化合作机制的建立健全，制定出台跨省域文化合作、图书馆合作相关的政策、规范、标准。

第三，推动数字资源建设一体化。采用分布式架构搭建区域公共图书馆多点协同云平台，建成统一的数字图书馆，采用统一的编目标准，建立一站式的资源检索服务平台，使图书馆向智慧型发展。

第四，推动人才建设一体化。建立长江中游城市群图书馆行业人才互动共享机制，促进人才跨省交流合作。长江中游城市群政府需通过协同合作，共同布局人力资源，推动人才合理分配。

（2）实施路径

①提出方案

法制建设是项目实施路径的重点。由文化和旅游部协调省文化和旅游厅及相关政府部门制定“长江中游城市群基层公共图书馆一体化发展指导意见”，明确长江中游城市群基层公共图书馆一体化发展的发展目标、整体规划和保障条件等。

②确立配套组织和制度

由各省级政府协调组建中部崛起发展领导小组，负责制定基层公共图书馆一体化的规划、标准。以各省政府共同出资为主要经费来源，领导小组负责为一体化建设筹集和管理专项资金。

③建设图书馆联盟

在中部崛起发展领导小组指导下，各省市图书馆以签订协议的方式组建图书馆联盟，联盟内图书馆多方面展开合作，推动区域内公共图书馆服务均等化。图书馆联盟内常务管理小组负责处理日常事宜。

④开展图书馆合作项目

在中部崛起发展领导小组指导下，依托公共图书馆联盟，建设图书馆合作需求数据库，为图书馆找到合适的合作伙伴提供一个便捷有效的平台。鼓励开展多样化、多层次的图书馆合作项目。

⑤搭建数字资源平台

由各省级图书馆协商，利用高校技术力量，共同出资搭建现代化的分布式数字资源平台，首先整合中部地区已有的图书馆联盟资源，避免重复开发，再开展需求调研，根据调研结果统筹采购数字资源。

（3）保障条件

①经费保障

依托多层次的长江中游城市群财税合作机制建设，中部地区各级政府共同提供图书馆一体化专项资金，专款专用。建立图书馆联盟建设基金，以政府投入为主，并鼓励社会力量依法参与资助，由中部崛起发展领导小组负责资金的统筹管理和分配。

②组织保障

由各省级政府和图书馆牵头，成立中部崛起发展领导小组、常务管理小组与专家咨询机构。

③制度保障

明确政府主导，配合中部地区崛起战略和长江中游城市集群战略合作，逐步完善长江中游城市群基层公共图书馆一体化的合作、激励、约束和利益分享与补偿机制，建立健全区域内图书馆服务供给政策和制度，保障一体化建设有据可依、有制可循。

5.4.2.3 机构维度：中部地区特色基层公共图书馆扶持计划

（1）项目背景与内容

中部地区基层公共图书馆事业可谓“难中之难”，“中部洼地”现象严重阻碍了中部地区基层公共图书馆的发展建设。因此，项目目标是在“十四五”时期，推动中部地区基层公共图书馆形成共建、共享、统一协调和管理的运行机制，并建设起10个省份的流动图书馆，再建成100个分馆，每个分馆设立3个以上乡镇村基层流动服务点，至少覆盖一半经济欠发达地区。具体内容包括：

第一，省级图书馆负主导责任。采用扁平化管理模式，以中部地区10个省馆为主导，在基层建设和管理流动图书馆，分别在各省份的县级图书馆建立分馆。

第二，市级图书馆负责建设基层公共图书馆体系。由各省文化行政主管部门与省级图书馆牵头，中部地区所有的市级图书馆负责建立各地的基层公共图书馆体系。

第三，建立流动图书馆契约与制度。对流动图书馆采用制度规范管理，省级公共图书馆与分馆所在地的政府文化主管部门、县（市）图书馆三方签订合作协议，通过契约保证服务质量。

（2）实施路径

①提出方案

在文化和旅游部的指导下，以各地省级图书馆为依托，制定“中部地区特色基层公共图书馆扶持方案”“中部地区流动图书馆建设规划”等，明确流动图书馆的建设原则和主要内容，确定其规范化、一体化、规模化、长效化的基本路径。

②提出标准

由文化和旅游部明确规定流动图书馆的建设标准、建设流程、保障机制，明确省级图书馆与市级图书馆的职责分工、权责关系。根据基层公共图书馆发展情况参差不齐的客观实际，由区域文化行政主管部门与省馆牵头，编制相应的流动图书馆建设标准。

③建设与验收

在省级图书馆统筹调配、市级图书馆配合实施下按统一流程、标准建设流动图书馆，中部地区各省文化主管部门和省级图书馆确保流动图书馆符合要求和标准。省级图书馆与分馆所在市（县）文化局、图书馆三方共同签订协议书，明确规定各个主体应履行的权利和义务。

④监管与评估

中部地区各省文化行政主管部门与省馆应建立跟踪监测和评估、督导的长效机制，将流动图书馆纳入公共图书馆绩效评估体系之中，省级图书馆每年应依据相关标准对社会分馆定期评估。

（3）保障条件

①政策与制度保障

文化和旅游部给予政策方面的支持，明确省级图书馆主导地位，统筹协调、落实流动图书馆建设、管理、经费相关政策。各级政府及其文化主管部门应该着力落实流动图书馆建设相关的规章制度和支持措施；同时从政策层面重视有规范、有规模地吸收社会力量参与流动图书馆建设。

②资源投入

由文化和旅游部为中部地区设置基层公共图书馆扶持专项基金，确保流动图书馆购书经费。各省文化主管部门承担起主导与投入责任，每年补拨款用于建设、运营与购置文献资源，由省级图书馆统一调配。

5.4.2.4　用户维度：中部地区基层公共图书馆留守儿童服务重点方案

（1）项目背景与内容

随着农村劳动力向城市的流动与经济产业结构的调整，中部地区出现了大量留守儿童，与之相伴的文化问题尤其突出与严重，但中部地区基层公共图书馆面向留守儿童开展的服务较为缺乏。对此，建议关注留守儿童文化困境，完善相关服务标准，解决中部地区基层公共图书馆提供留守儿童服务中的问题。具体内容为：

第一，制定基层公共图书馆服务留守儿童的专门性政策，将留守儿童服务上升为基层公共图书馆的核心业务。政策包含基层公共图书馆的服务保障、服务内容、服务方式、评价标准等内容，为图书馆的留守儿童服务提供依据与支持。

第二，进行模式探索。设立中部地区10省图书馆联盟，每年由国家财政直接拨款，提供专项经费。图书馆联盟参考国家公共文化服务体系示范区模式，每两年为一个周期，每个周期选择一批留守儿童较多的地区作为先行探索的示范区，在示范区通过项目探索适宜的服务方式，两年后评审验收，总结经验并推广。

第三，由国家统一拨款，以政府购买服务的方式，向社会购买留守儿童服务项目。各地政府将基层公共图书馆留守儿童服务项目纳入政府购买服务指导性目录，结合当地实际做好财政预算及资金保障，健全评估机制。

第四，为留守儿童服务资金设立一定的标准。可为每个留守儿童设立每年 200 元的标准，按标准采购适合留守儿童阅读的书刊资源与数字设备，并通过创新服务等方式确保资源能够被每位留守儿童利用。

（2）实施路径

①政策设计

政策设计应涵盖政策的制定、执行、评估与反馈过程。政策应规定基层公共图书馆的资金保障、人力保障等，鼓励政府购买服务以及社会力量参与留守儿童服务项目，明确相关奖惩措施与法律责任，促进图书馆实施服务项目。

②设立中部地区图书馆联盟委员会

成立中部地区 10 省图书馆联盟，并设立中部地区图书馆联盟委员会。委员会具有决策与监督功能，联盟委员吸纳不同领域的代表，具有一定的多样性。还需建立健全委员会管理规范，保障服务项目合理运行。

③开展示范项目

通过留守儿童服务示范区建立基层公共图书馆留守儿童服务示范项目。示范项目可在以下方面展开实践：一是制定和完善本地区留守儿童服务方案与标准；二是探索政府购买服务的实施方案与社会力量提供服务的评估方案；三是构建留守儿童数字化服务平台，并对留守儿童进行数字设备使用技能培训。

④设置内容

面向留守儿童设置合理的服务内容，设置时应考虑以下要素：留守儿童的特点及其精神文化需求；基层公共图书馆的实际状况；当地政府财政收入及资金预算水平；可提供服务的社会力量的成熟程度与专业性。图书馆联盟委员会在服务内容的设置中把握总体方向。

⑤验收标准

制定验收标准，根据标准评审验收示范区基层公共图书馆的留守儿童服务项目。验收标准应包含留守儿童服务资源保障、服务设施建设、服务活动开展、服务效能评定等大类，每个大类设置可量化的评价指标，每个指标给予优秀、良好、合格、不合格等评价等级。

（3）保障条件

①资金保障

对于示范项目，按建设周期拨付一定经费，支持示范项目的运作开展；对于广大中部地区的所有基层公共图书馆，财政部门要拨付一定经费，保证留守儿童的日常服务；对于中部地区约400万的留守儿童，按每人每年200元的标准，约拨付8亿元，将这笔专项资金用于购买留守儿童的书刊资源与服务，并设立对应的监督机制。

②政策保障

政府推出专门政策和调研工作，为留守儿童服务项目的实施提供依据。以民政部、文化和旅游部为政策的主要支持部门，制定专门政策，各级政府与文化主管部门根据本地实际情况推出相关的实施方案，并着力落实政策、方案的执行情况。对于政府购买服务与社会力量参与，也应制定相应的规范，使实施行动有法可依。

③人力保障

各级政府与文化主管部门保障留守儿童服务项目的执行人员数量足、质量好。首先，通过择优选拔、培训学习、组织交流、馆员互派、表彰奖励、职位晋升等方式培训与激励人才。

（执笔人：李静霞、肖鹏、鄢静慧、丁亚茹、张熙、刘征霞、蔡卫萍、杨雅勤、夏雪萍、陈心雨、郑焰丹、赵佳贤、朱含雨、邝静雯、阿衣努拉·阿曼吐尔、莫纯扬、王影、陈苗）

参考文献

[1] 中华人民共和国文化和旅游部 2017 年文化发展统计公报 [EB/OL]. [2020-11-24].http://zwgk.mct.gov.cn/auto255/201805/t20180531_833078.html.

［2］刘宝玲 . 河南省基层图书馆基本服务现状调查分析［J］. 新世纪图书馆，2012（7）：91-94，54.

［3］于淇楠 . 城镇化进程中基层公共图书馆建设研究［D］. 福州：福建师范大学，2017.

［4］何可 . 社会力量参与合肥地区公共图书馆服务建设的调查与分析［D］. 合肥：安徽大学，2019.

［5］中共中央办公厅、国务院办公厅印发《关于加快构建现代公共文化服务体系的意见》［EB/OL］.［2020-08-09］. http://www.gov.cn/xinwen/2015-01/14/content_2804240.htm.

［6］国家基本公共文化服务指导标准（2015 — 2020 年）［EB/OL］.［2020-08-09］. http://www.qh.gov.cn/bsfw/system/2015/01/15/010148385.shtml.

［7］李淑君 . 县级公共图书馆服务创新研究［D］. 昆明：云南大学，2018.

6　西部地区基层公共图书馆发展策略

基层公共图书馆作为国家保障人民群众享受公共文化服务最基础的机构，是构建现代化公共文化服务体系的关键所在。我国西部地区包括重庆市、四川省、云南省、贵州省、广西壮族自治区、陕西省、甘肃省、青海省、宁夏回族自治区、西藏自治区、新疆维吾尔自治区、内蒙古自治区等12个省（自治区、直辖市）。虽然“十三五”期间西部地区社会、经济和文化发展都取得了长足的进步，但是由于脆弱的自然环境和薄弱的经济基础，西部地区各项事业的发展依然相对滞后，所以西部地区基层公共图书馆发展要走一条符合地区特色的可持续发展道路。

本章通过实地调研、数据分析、问卷调查等方式，重点调研包括广西、重庆、四川、云南、贵州、西藏、陕西、甘肃、宁夏、青海、新疆、内蒙古等12个西部省（自治区、直辖市）68个县级行政区及青海省玉树藏族自治州和新疆维吾尔自治区伊犁哈萨克自治州下辖的14家少数民族地区基层公共图书馆，总结目前西部地区基层公共图书馆发展存在的问题症结，并提出相应的发展路径和策略。

6.1　西部地区基层公共图书馆发展概况

“十三五”时期，在党和国家的正确领导下，在中央公共文化相关政策法规的正确指引下，西部地区公共图书馆事业以国家“十三五”规划纲要为方针，强化自身管理，锐意改革进取，在基础设施建设、文献资源保障、优化服务效能、规划管理机制等多方面取得了长足进步。

6.1.1　法律法规与政府支持

法律法规与政府支持是基层图书馆发展的根基。在本次调研的68个县级行政区中，有23个县级人大表决通过了地方公共文化保障相关法规条文，占地区总数的33.8%；有22个县级人大表决通过了地方公共图书馆相关法规条文，占地区总数的32.4%。在法律法规保障方面，有53个县级地方政府近年来将公共图书馆发展纳入本地区国民经济和社会发展规划，占地区总数的77.9%；有59个县级地方政府近年来将公共图书馆发展纳入本地区文化改革发展规划纲要等文件，占地区总数的86.8%；有44个县级地方政府近年来将公共图书馆发展纳入本地区信息化建设相关规划，占地区总数的64.7%；有48个县级地方政府近年来将公共图书馆发展状况反映到本地区政府年度工作报告中，占地区总数的70.6%。总之，近年来西部地区基层人大、政府对公共图书馆事业发展的重视程度和支持力度前所未有地提高。

6.1.2 经费保障

各级政府的财政经费保障是基层图书馆履行公共文化服务职能的物质基础。“十三五”期间，从中央到地方各级财政对西部地区基层图书馆投入不断加大，取得了令人瞩目的巨大成就。2019 年西部地区县级图书馆馆均经费达到 148.9 万元，其中除重庆的县级图书馆馆均经费（542.2 万元）超过全国平均水平外，其他各省区的县级图书馆馆均经费都远低于全国平均水平（见表 6-1）。同时，2015—2019 年西部地区县级图书馆人均购书经费由 0.31 元增长到 0.37 元，增长率达 19.4%，其中宁夏增幅达到 200%。

表 6-1 2015—2019 年西部地区县级公共图书馆馆均经费

	馆均经费 / 万元		增长率 /%
	2015 年	2019 年	
全国	186.6	279.8	49.9
西部	116	148.9	28.4
广西	81.3	107.2	31.9
重庆	370.5	542.2	46.3
四川	145.9	164.5	12.7
贵州	62.2	107.9	73.5
西藏	13.7	24.3	77.4
内蒙古	145.3	170.2	17.1
云南	103.5	142.6	37.8
陕西	135.6	196.3	44.8
甘肃	99.4	126.2	27.0
青海	55.6	68.9	23.9
宁夏	145.6	222.3	52.7

续表

	馆均经费 / 万元		增长率 /%
	2015 年	2019 年	
新疆	109.9	100.6	−8.5

注：数据来源于国家图书馆研究院《中国公共图书馆事业发展基础数据概览 2019》。

6.1.3　馆舍条件

馆舍是公共图书馆为读者开展各项服务的主要阵地和基本保障。基层公共图书馆只有拥有良好的馆舍条件和完备的服务设施，才能为读者打造温馨舒适的阅读环境。2015—2019 年西部地区县级图书馆馆均建筑面积由 1900 平方米增加到 2300 平方米，增长率为 21.1%；每万人建筑面积由 53.7 平方米增长加到 64.5 平方米，增长率为 20.1%；馆均少儿阅览座席数由 45 个增加到 58 个，增长率为 28.9%。同时，2015—2019 年西部各省区内基层馆舍建设发展也存在一定差异（见表 6–2）。2019 年重庆市县级图书馆馆均建筑面积达到 7700 平方米，而青海馆均建筑面积只有 1000 平方米。

表 6–2　2015—2019 年全国各地区县级馆馆舍状况对比

	馆均建筑面积 / 平方米		增长率 /%	每万人建筑面积 / 平方米		增长率 /%	馆均少儿阅览座席数 / 个		增长率 /%
	2015 年	2019 年		2015 年	2019 年		2015 年	2019 年	
全国	2700	3500	29.6	53.7	69.6	29.6	59	75	27.1
东部	4900	6800	38.8	69.3	95.5	37.8	88	112	27.3
中部	2000	2600	30.0	38.8	50.7	30.7	54	67	24.1
西部	1900	2300	21.1	53.7	64.5	20.1	45	58	28.9

注：数据来源于国家图书馆研究院《中国公共图书馆事业发展基础数据概览 2015》《中国公共图书馆事业发展基础数据概览 2019》。

6.1.4 从业人员

高质量的人才队伍是基层图书馆高质量发展不可或缺的因素。2017 年西部地区县级图书馆从业人员共 9643 人，占全国县级馆从业人员总数的 29.1%，馆均从业人数与全国平均馆均从业人数相差 2.9 人（见表 6-3）。不过西部地区基层公共图书馆高技术人员比例和全国平均指标差距并不明显，这也是西部地区基层图书馆未来发展的最大潜力。2017 年西部地区县级图书馆从业人员共有正高级职称 27 人、副高级职称 660 人、中级职称 2991 人，分别占西部地区县级图书馆从业人员总数的 0.28%、6.84%、31.02%，其中副高级职称人员比例甚至高于东部与中部。

表 6-3　2017 年西部地区区县级公共图书馆从业人员数

	全国	西部	广西	重庆	四川	贵州	西藏
从业人员数量 / 人	33104	9643	759	654	1428	626	120
馆均从业人员 / 人	12.0	9.1	7.8	16	7.9	7.2	1.6
	内蒙古	云南	陕西	甘肃	青海	宁夏	新疆
从业人员数量 / 人	1221	1146	1532	933	218	292	714
馆均从业人员 / 人	11.7	8.7	15	10.9	5.3	14.6	7.8

注：数据来源于《中国文化文物统计年鉴 2018》。

6.1.5 文献资源

丰富的文献资源是基层图书馆开展图书借阅等服务的基础。虽然“十三五”期间西部地区县级图书馆馆均藏量由 2015 年的 8.67 万册增加到 2019 年的 11.18 万册，增长率为 28.95%，然而无论是馆均藏量还是增长速度都低于全国同期各项指标，其中新疆馆均藏量 8.06 万册，增长率不足 1%（见表 6–4）。

表 6–4 2015—2019 年西部地区县级公共图书馆馆均文献藏量

	馆均文献藏量 / 万册		增长率 /%
	2015 年	2019 年	
全国	14.16	20.29	43.29
西部	8.67	11.18	28.95
广西	12.31	13.21	7.31
重庆	21.66	34.38	58.73
四川	9.58	12.55	31.00
贵州	8.74	11.61	32.84
云南	8.92	10.93	22.53
内蒙古	7.36	10.08	36.96
西藏	0.96	1.75	82.29
陕西	7.24	10.88	50.28
甘肃	7.52	9.95	32.31
青海	3.82	4.59	20.16
宁夏	14.97	16.92	13.03
新疆	8.04	8.06	0.25

注：数据来源于国家图书馆研究院《中国公共图书馆事业发展基础数据概览 2015》《中国公共图书馆事业发展基础数据概览 2019》。

同时，本章调研了 2015 年至 2019 年 60 余家西部地区基层公共图书馆数字资源现状。此次参与调查基层公共图书馆平均现有电子图书 9.33 万种，5.88% 的基层公共图书馆无电子图书；平均现有电子期刊 0.55 万种，25.37% 的基层公共图书馆无电子期刊；平均现有电子报纸 114 种，其中 36.76% 的基层公共图书馆无电子报纸；平均现有数据库 4.32 个，26.47% 的基层公共图书馆无数据库；平均购买数据库 1.79 个，35.29% 的基层公共图书馆未购买数据库；平均自建数据库 2.57 个，52.94% 的基层公共图书馆无自建数据库；73.53% 的基层公共图书馆采购并使用了“听书”等新型数字资源服务读者，26.47% 的基层公共图书馆没有采用此类设备。

6.1.6 信息化及新媒体服务

信息化、数字化、智能化是传统图书馆向智慧图书馆转变的必由之路，而随着读者阅读习惯由电脑端向手机端转移，新媒体服务则是图书馆拓展服务边界的新型手段。2015—2019 年西部地区县级图书馆馆均电子阅览室终端数量由 30 台增加到 33 台，增长率为 10%；馆均网站访问量由 6.3 万页次增加到 8.17 万页次，增长率为 29.7%（见表 6–5）。同时，本次调研时发现虽然西部地区仅有 3% 的县级图书馆没有独立的电子阅览室，但仍有 29.4% 的西部地区县级图书馆没有网站。

表 6–5　2015—2019 年西部地区县级图书馆电子阅览室及网站情况

	馆均电子阅览室终端 / 台		增长率 /%	馆均网站访问量 / 万页次		增长率 /%
	2015 年	2019 年		2015 年	2019 年	
全国	34	38	11.8	7	10.28	46.9
东部	44	54	22.7	14.3	22.33	56.2
中部	30	33	10	2.6	4.25	63.5
西部	30	33	10	6.3	8.17	29.7

注：数据来源于国家图书馆研究院《中国公共图书馆事业发展基础数据概览 2015》《中国公共图书馆事业发展基础数据概览 2019》。

同时，本次调研发现西部地区县级图书馆采用其他信息化、数字化、智能化服务与设备的比例较低。在 68 家县级图书馆中，58 家使用图书馆自动化管理和编目系统，占总数的 85.3%；26 家县级图书馆采用 RFID 及自助借还系统，仅占总数的38.2%；只有21家县级图书馆采购与使用VR、AR、3D打印、“朗读吧”等新型数字文化设备，占总数的30.9%；有24家县级图书馆通过24小时书吧等新型数字文化设施服务读者，占总数的35.3%。

最后，西部地区基层公共图书馆的新媒体服务总体发展较差。山东省图书馆编制的《全国县级公共图书馆微信微博监测月报》显示，2019年上半年，全国2744个县级图书馆共开通微信公众号2017个，而西部地区县级图书馆仅开通470个公众号。全国开通微博的县级图书馆共291个，占总数的10.6%，其中东部地区占据一半以上，而除重庆市外，西部地区其他省（区）县级图书馆开通微博的比例均在10%以下，西部地区县级图书馆微博平均粉丝数甚至不到100个。

6.1.7　服务效能

“十三五”期间西部地区基层公共图书馆各项服务效能指标得到明显提升，各项服务覆盖的人群数量不断增长。2015—2019年西部地区县级图书馆馆均流通人次由5.55万增长到7.49万，增长率为34.95%；馆均书刊文献外借量由4.49万册次增长到5.41万册次，增长率为20.49%；馆均参加活动读者由0.78万人次增长到1.07万人次，增长率为37.18%（见表6-6）。

表6-6　2015—2019年全国各地区县级图书馆服务效能

	馆均流通人次 / 万人次		增长率 /%	馆均书刊文献外借 / 万册次		增长率 /%	馆均参加活动读者 / 万人次		增长率 /%
	2015年	2019年		2015年	2019年		2015年	2019年	
全国	11.80	19.21	62.80	9.28	13.42	44.61	1.01	2.13	110.89
东部	29.12	47.84	64.29	22.07	31.95	44.77	1.90	5.11	168.95
中部	6.43	11.85	84.29	5.51	9.11	65.34	0.64	1.18	84.38

续表

	馆均流通人次 / 万人次		增长率 /%	馆均书刊文献外借 / 万册次		增长率 /%	馆均参加活动读者 / 万人次		增长率 /%
	2015 年	2019 年		2015 年	2019 年		2015 年	2019 年	
西部	5.55	7.49	34.95	4.49	5.41	20.49	0.78	1.07	37.18

注：数据来源于国家图书馆研究院《中国公共图书馆事业发展基础数据概览 2015》《中国公共图书馆事业发展基础数据概览 2019》。

同时，西部地区县级图书馆服务效能存在较大差距。2019 年重庆市各项服务指标远高于其他西部省（区），陕西、广西、宁夏等省（自治区、直辖市）的各项指标较为接近，而西藏、青海、新疆三省（自治区）各项指标则远低于其他省区。同时，西部 12 省（自治区、直辖市）中也只有重庆市基层公共图书馆各项指标达到全国平均指标，而其他 11 省（区）的基层公共图书馆的馆均流通人次、馆均书刊外借人次、馆均参加活动读者人次均落后于全国平均水平（见图 6–1）。

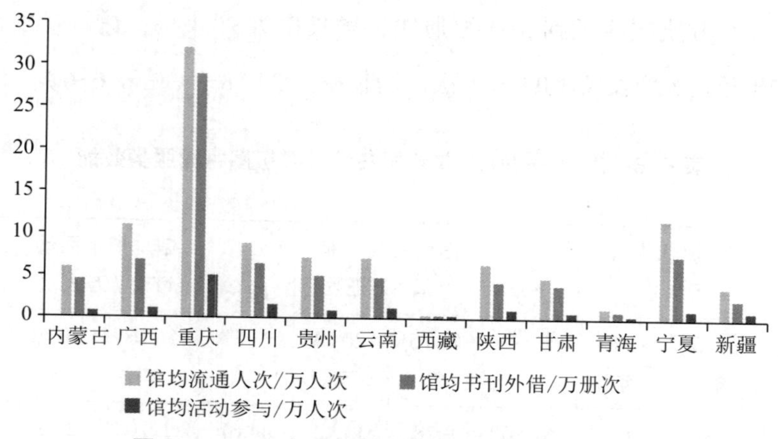

图 6–1　2019 年西部各省区县级馆服务效能对比

注：数据来源于国家图书馆研究院《中国公共图书馆事业发展基础数据概览 2019》。

6.1.8 总分馆制

2016 年 12 月，文化部等五部门联合印发《关于推进县级文化馆图书馆总分馆制建设的指导意见》，此后西部地区各省（自治区、直辖市）纷纷推出相关政策落地方案和意见。例如，甘肃省出台《甘肃省推进县级文化馆、图书馆总分馆制建设方案》，陕西省发布《陕西省关于推进县级文化馆图书馆总分馆制建设的实施意见》，云南发布《云南省县级图书馆总分馆制建设试点实施方案》，内蒙古发布《内蒙古自治区全面推进文化馆 图书馆总分馆制建设的实施意见》，等等。

西部地区以相关政策意见为依托，总分馆实施模式普遍以县（市、区）图书馆为总馆，以乡镇（街道）综合文化站图书馆（室）、村（社区）综合性文化服务中心图书馆为分馆或基层服务点，并统筹农家书屋、共享工程及其他社会资源设立基层服务点。目前各地建设初见成效。截至 2019 年，西部 12 省（自治区、直辖市）共建设分馆 10510 个，比 2015 年增加了 9170 个，其中甘肃省分馆建设总量贡献最多，达到 4350 个（见表 6-7）。

表 6-7 2015—2019 年西部地区各省（自治区、直辖市）公共图书馆分馆建设情况

	公共图书馆建设数量 / 个		增长量 / 个
	2015 年	2019 年	
内蒙古	233	1081	848
广西	31	123	92
重庆	232	1410	1178
四川	249	845	596
贵州	143	577	434
云南	171	622	451
西藏	1	122	121

续表

	公共图书馆建设数量 / 个		增长量 / 个
	2015 年	2019 年	
陕西	196	1064	868
甘肃	28	4350	4322
青海	1	43	42
宁夏	10	85	75
新疆	45	188	143

注：数据来源于国家图书馆研究院《中国公共图书馆事业发展基础数据概览 2015》《中国公共图书馆事业发展基础数据概览 2019》。

“十三五”期间西部地区总分馆制推进取得了可喜的成绩，2015—2019 年西部地区县级图书馆分馆增幅全国最高，达到 684%（见表 6-8）。然而，西部地区总分馆建设由于起步晚、基础薄弱，与东部地区和中部地区的分馆数量仍有不小的差距，分馆建设总量、县（区）均分馆数依然是各地区中最少的。

表 6-8　2015—2019 年全国各地区县级馆总分馆建设情况

	分馆数量 / 个		增长率 /%	县均分馆数量 / 个		增长率 /%
	2015 年	2019 年		2015 年	2019 年	
东部	5173	13223	156	7.5	19.2	156
中部	2440	11551	373	2.5	11.6	364
西部	1340	10510	684	1.3	10	669

6.1.9　民族地区基层公共图书馆发展

西部地区是我国少数民族聚集区，目前共有 5 个少数民族自治区、27 个自治州、83 个自治县（旗）。为更好地了解西部民族地区基层公共图书馆发展现状，本章调研分析了青海省玉树藏族自治州和新疆维吾尔自治区伊犁哈萨克自治州下辖的 14 家基层公共图书馆发展概况。

调研数据表明少数民族地区基层公共图书馆发展状况总体非常薄弱，表现为人员、经费、馆舍等多项投入不足。玉树及伊犁 14 家基层公共图书馆中有 1 家县级图书馆未参加第六次全国县级以上公共图书馆评估定级工作，3 家图书馆未上等级，7 家被评为三级图书馆，3 家被评为二级图书馆。14 家县级图书馆平均从业人员 6.4 人，少数民族工作人员占比为 33.33% 至 100.00%（见表 6–9）。2019 年依然有 2 家县级图书馆未获财政拨款，8 家县级图书馆经费不足 20 万元。同时，各地区馆舍建设差距巨大，其中曲麻莱县图书馆馆舍面积为 60 平方米，而奎屯市图书馆馆舍面积高达 9427 平方米。微薄的投入严重制约了民族地区基层公共图书馆服务效能的发挥。

表 6–9 玉树及伊犁地区基层公共图书馆发展现状

地区	第六次评估定级	从业人员 / 人	少数民族工作人员占比 /%	2019 年财政拨款 / 万元	馆舍面积 / 平方米
治多县	无	5	100.00	40	3000
曲麻莱县	无	7	100.00	0	60
杂多县	未参评	5	100.00	0	2400
囊谦县	无	7	100.00	20	3000
称多县	三级	2	100.00	16	2400
奎屯市	二级	6	33.33	20	9427
察布查尔锡伯县	三级	8	62.50	112	1082
巩留县	三级	5	80.00	3	280
尼勒克县	三级	7	71.43	20	2500
新源县	三级	11	63.64	18.8	2498
伊宁县	二级	8	87.50	3.2	1200
霍城县	三级	6	50.00	46	1334

续表

地区	第六次评估定级	从业人员 / 人	少数民族工作人员占比 /%	2019 年财政拨款 / 万元	馆舍面积 / 平方米
特克斯县	二级	7	57.14	250	1200
昭苏县	三级	6	66.67	20	874

6.2 西部地区基层公共图书馆发展经验及问题分析

西部地区基层公共图书馆发展存在的主要问题，包括政府保障力度不足，服务效能低下以及发展基础薄弱、速度有待提升、均衡性欠佳[1]三方面。这三方面问题相互联系、相互交错。其中，政府保障力度不足是造成部分西部地区基层公共图书馆发展中存在各项问题的重要原因之一，服务效能低下是各项问题的外在集中表现，而发展基础薄弱、速度有待提升、均衡性欠佳则是造成基层公共图书馆服务效能低下的直接原因。同时，产生相关问题的原因，既有社会发展、制度设计层面的客观因素，也有图书馆自身管理、人员素养层面的主观因素。国家未来要加速西部地区基层公共图书馆事业发展，就要克服相关不利因素。

6.2.1 西部地区基层公共图书馆事业政府保障力度有待加强

6.2.1.1 西部地区基层图书馆事业政府保障不足的表现

虽然《中华人民共和国公共文化服务保障法》《中华人民共和国公共图书馆法》以及各省（自治区、直辖市）发布的公共文化相关条例都明确各级政府是发展公共图书馆事业的责任主体，但在实际工作中部分西部地区政府保障力度不足问题时有发生，表现为部分公共图书馆运行经费难以保障、馆舍面积不足、人员编制不合标准等多个方面。以经费保障为例：虽然《中华人民共和国公共图书馆法》明确规定各级政府应该将公共图书馆运营经费列入本级政府财政预算，并及时、足额拨付，但本次调研的西部地区 68 家基层公共图书馆中，有 88.24% 的相关图书馆负责人认为基层公共图书馆发展面临的主要障碍是财政经费不足，其中 8 家基层公共图书馆负责人甚至表示 2019 年该馆并没有专项购书经费，57.35% 的基层公共图书馆负责人认为上级支持不足是图书馆发展主要障碍（见图 6–2）。

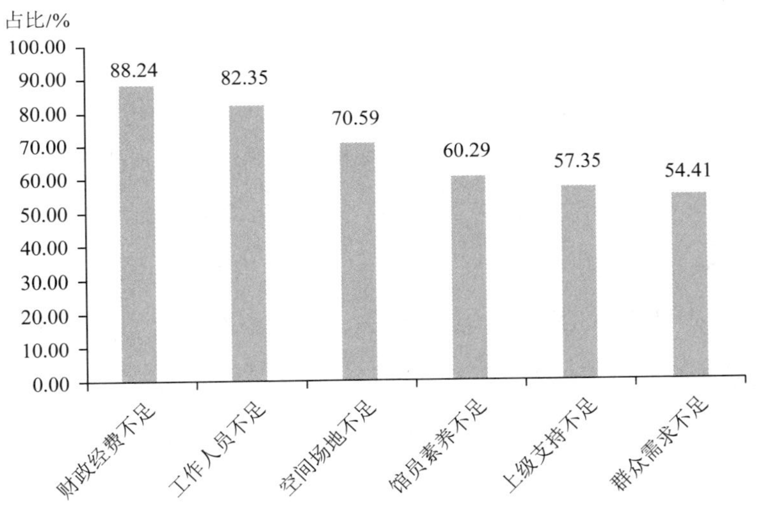

图 6–2　基层公共图书馆相关负责人视角下的基层公共图书馆发展主要障碍

同时，实地调研中发现，即便陕西省 52% 的基层公共图书馆的从业人员数量已经不满足《公共图书馆服务规范》规定的“每服务人口 10000—25000 人应配备 1 名工作人员”的人员设置标准，即便大量基层公共图书馆在推动总分馆和农家书屋建设中遇到场地、人员双缺失的困难[2]，部分基层政府主管部门在机构改革中不但没有按需增加服务人员和阵地，而且还削减基层公共图书馆人员编制和乡镇公共文化服务点（乡镇综合文化服务中心），从而无形中加剧了基层公共图书馆所面临的既无人员、又无阵地的两难处境。

6.2.1.2　西部地区基层公共图书馆事业政府保障不足的原因

西部地区部分基层公共图书馆事业保障力度略显不足的原因，包括个别地方领导不够重视基层公共图书馆发展、法律法规宣传不到位、西部地区财政力不从心、基层文化行政主管部门“权责不相称”等主客观因素。

（1）部分地方领导主观上不重视基层公共图书馆发展。个别领导虽然理念上重视公共图书馆事业，但支持基层公共图书馆的实际行动仍落实不到位。公共图书馆作为公益性机构，其核心价值是保障公民基本文化权益，提高公民科学文化素质和社会文明程度，传承人类文明和坚定公民文化自信，而基层公共图书馆的公益属性，造成部分人认为图书馆是“花钱单位”，因此对图书馆事业缺少重视和实际支持。

（2）客观上部分地区存在有对《中华人民共和国公共文化服务保障法》《中华人民共和国公共图书馆法》及地区相关条例宣传不到位的问题，这造成有关部门对相关法律不够重视。以往涉及《中华人民共和国公共文化服务保障法》《中华人民共和国公共图书馆法》及地区相关条例的学习班、宣传会，与会人员往往局限于公共文化系统内部，由于会议组织的与会人员没有“破圈”，特别是没有邀请编办、财政、人社、城建等有关部门人员参与学习，所以其他部门对公共图书馆事业相关法规缺乏了解，自然也就对相关法规落实不够到位。

（3）西部地区基层政府财政力不从心，也是造成政府主体责任缺失的主要客观因素。西部地区经济发展相对落后，根据《中国统计年鉴 2020》，西部地区人均财政只有全国平均水平的一半，这些客观因素造成西部地区基层财政特别依赖中央转移支付，而西部地区基层公共图书馆经费也不例外。从现实情况来看，中央财政制定的免费开放专项经费等补贴，已经不能够更好地满足西部地区人民群众日益增长的公共文化需求以及文化事业发展的需要，因此近些年馆均新增藏量等指标开始下降。

（4）在制度的层面，西部地区也与其他地区一样，存在基层文化行政主管部门“权责不相称”的问题。虽然政策法规赋予了基层文化行政主管部门管理职责，但公共图书馆事业发展所需要的人、财、物等诸多要素却大多集中在城建、发展改革、财政、人社等相关部门。这导致文化主管部门在政府制定城乡规划、文化机构改革、人员定编、财政预算等涉及公共图书馆事业发展的方案时缺少声音。例如，在新一轮乡镇机构改革中，不少地方撤销了乡镇综合文化服务中心的建制，将其与乡镇其他职能部门合并成为综合性的社会事业服务站，导致《中华人民共和国公共文化服务保障法》和《中华人民共和国公共图书馆法》在基层执行遭遇部门间协调障碍，难以达到理想的效果。

6.2.2　西部地区基层公共图书馆事业发展有待提升

6.2.2.1　西部地区基层公共图书馆发展不足的表现

从图书馆事业的建设主体角度来看，经费、馆舍、人员、文献、设备和业务发展基础不足、发展水平较低、发展不均衡是西部地区基层公共图书馆事业发展主要问题[3]。

（1）西部地区基层公共图书馆发展基础不足，表现为部分图书馆的经费条件、馆舍条件、人员条件、文献条件、设备条件和业务水平比较落后。本章第一节的数据表明，2019 年西部地区基层公共图书馆众多指标落后于全国平均水平，其中，西部地区基层公共图书馆馆均财政拨款是全国平均水平的 53.2%，馆均建筑面积是全国平均水平的 65.7%，馆均从业人员数量是全国平均水平 75.8%，馆均藏量是全国平均水平的 55.1%，馆均电脑终端数是全国平均水平 86.8%，馆均微信公众号数量只占全国总数的 23.3%（机构数占全国的 36%）。

（2）西部地区基层公共图书馆发展水平相对低下，表现为经费条件、馆舍条件、文献条件、设备条件等投入要素和业务发展速度指标落后于全国平均水平。其中，2015—2019年馆均财政拨款增长率比全国平均水平低43.1%，馆均建筑面积增长率比全国平均水平低28.7%，馆均藏量增长率比全国平均水平低33.3%，馆均电脑终端数增长率比全国平均增长率低18%。

（3）西部地区基层公共图书馆地域发展不均衡，表现为西部各省（自治区、直辖市）内基层公共图书馆的发展差距较大[4]，特别是部分图书馆规模过大，而个别图书馆规模过小的问题。比如，在本次调研的14家少数民族地区基层公共图书馆中，新疆维吾尔自治区伊犁哈萨克自治州奎屯市图书馆建筑面积9427平方米，而青海省玉树藏族自治州曲麻莱县文化图书馆面积只有60平方米，前者是后者的157倍。2018年陕西省只有14家县级图书馆面积超过4000平方米，达到第六次评估一级馆标准，然而这14家县级图书馆总面积却占全省县级图书馆总建筑面积的47.4%（见图6-3）。

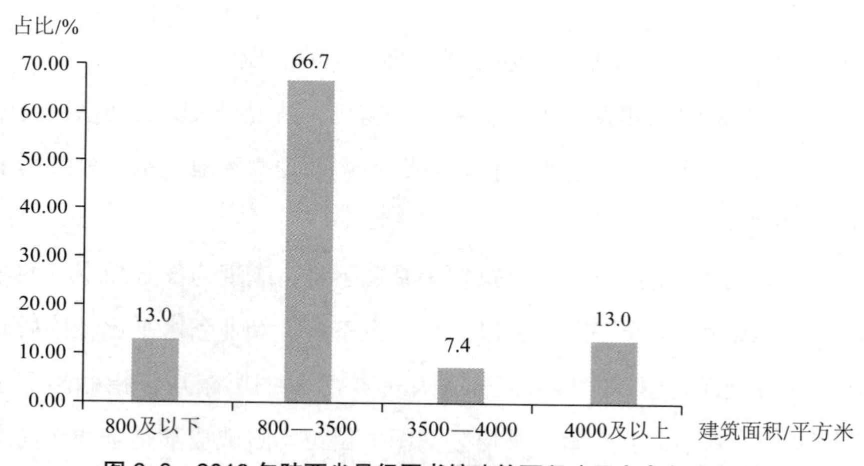

图6-3　2018年陕西省县级图书馆建筑面积（平方米）分布图

6.2.2.2　西部地区基层公共图书馆发展不足的原因

西部地区基层公共图书馆发展不足，既有西部经济发展落后、财政能力不足等客观原因，也有图书馆自身管理水平及队伍建设不足、部分地区基层政府对图书馆事业不够了解和重视等主观原因，还有评估指标不够合理等机制方面问题。

（1）各地区社会、经济和财政发展差异等客观因素，是影响西部地区基层公共图书馆除从业人员数量外其他投入指标的关键因素。本文采用多元回归证明了西部各省（自治区、直辖市）人口、城市化率、人均 GDP、各地区县（区、市）级政府平均预算收入等社会经济因素，与基层图书馆的馆均藏量、馆均建筑面积、馆均财政拨款、馆均从业人员之间的弹性关系（即因变量、自变量都取 ln 值）。具体回归方程如下：

$$\ln(Y_{mn}) = \alpha + \lambda_1 \cdot \ln(X_{mn}) + D + S + \delta \qquad （公式1）$$

在公式 1 中：m 为省区代码，n 为年份代码；Y 为被因变量（解释变量），包括各省区馆均藏量、馆均面积、馆均财政拨款、馆均人员等投入指标；X 为自变量（解释变量），包括各地区人口、人均 GDP、平均预算收入、城市率等区域发展指标；D 和 S 分别控制地域固定效应和时间固定效应；同时，本文对 Y 和 X 分别取自然对数值（ln），求两者之间的弹性系数；其他符号含义，α 为截距，λ_1 为回归系数，δ 为误差项。据公式 1 统计，西部地区基层公共图书馆的馆均藏量、馆均面积、馆均财政拨款，和所在地区城市化率、人均 GDP、地区平均预算收入弹性系数显著相关，而与人口因素弹性系数相关性不显著（见表 6-10）。比如，西部各县级政府平均预算收入增加 1%，基层公共图书馆的馆均藏量、馆均面积、馆均财政拨款分别增加 0.93%、0.87%、0.68%，而人口因素对此没有影响。因此，西部地区相对落后的社会、经济发展条件，是制约西部地区基层公共图书馆发展的重要因素。

表 6-10　西部地区基层社会经济因素与图书馆各项资源指标的弹性关系

自变量	因变量			
	ln（馆均藏量）	ln（馆均面积）	ln（馆均财政拨款）	ln（馆均人员）
ln（人口）	−0.1070632 （0.0549651）	−0.043071 （0.071085）	−0.087562 （0.0696238）	−0.0072831 （0.1262506）

续表

自变量	因变量			
	ln （馆均藏量）	ln （馆均面积）	ln （馆均财政拨款）	ln （馆均人员）
ln（城市化率）	1.463569** （0.3211851）	1.32786* （0.4153806）	1.757956** （0.4068424）	2.571168* （0.7377377）
ln（人均 GDP）	−1.010895** （0.2051917）	−0.6272759* （0.2653693）	−0.4610042 （0.2599146）	−0.6820676 （0.4713098）
ln（平均预算收入）	0.9323895*** （0.0978852）	0.867623** （0.1265924）	0.6838333*** （0.1239903）	0.2984886 （0.2248348）

注：1.*、**、*** 分别表示在 5%、1%、0.1% 的水平上显著；

2. 括号内小数为方差。

（2）部分西部地区基层政府对图书馆事业不够了解和重视，而增加领导重视程度可以有效加快基层图书馆的发展速度。本文通过多元回归证明了 2016—2018 年各级领导视察（调研）总次数对陕西省一百余家基层图书馆发展的影响。具体回归方程如下：

$$\ln(Y_m) = \alpha + \theta_1 \cdot K_i + \lambda_2 \cdot \ln(X_m) + \delta \qquad （公式2）$$

在公式 2 中：m 县级图书馆代码；Y 为因变量（被解释变量），包括陕西省各县级图书馆的馆舍面积、馆藏数量、财政拨款等投入指标；K 为自变量（解释变量），分别为各馆 2016—2018 年县级以上领导视察总次数和县级领导视察总次数；X 为控制变量，包括各地区人口和人均 GDP；同时，为减少误差的影响，本文对 Y 和 X 分别取自然对数值（ln）；其他符号含义，α 为截距，θ_1 和 λ_2 分别为回归系数，δ 为误差项。公式 2 的统计数据表明，县级以上领导和县级领导视察都可以显著提高基层公共图书馆的馆舍面积、馆藏数量和财政拨款（见表 6-11、6-12）。例如，2016—2018 年县级以上领导视察基层公共图书馆的总次数每提高 1 次，那么基层公共图书馆的馆舍面积就会提高 5.4%、馆藏数量就会提高 4.1%、财政拨款就会提高 6.1%。

表 6–11　2016—2018 年县级以上领导视察总次数对陕西基层公共图书馆发展的影响

自变量	因变量		
	ln（馆舍面积）	ln（馆藏数量）	ln（财政拨款）
县级以上领导视察次数	0.0539757*** （0.0145069）	0.0405923*** （0.0131032）	0.0607708** （0.0266259）
ln（地区人口）	0.2336679** （0.1003643）	0.3730614*** （0.0907445）	0.4639019** （0.1883044）
ln（人均 GDP）	0.5189406*** （0.1428686）	0.2750686** （0.1297502）	0.6451595** （0.2608197）

注：1.*、**、*** 分别表示在 10%、5%、1% 的水平上显著；

2. 括号内小数为方差。

表 6–12　2016—2018 年县级领导视察总次数对陕西基层公共图书馆发展的影响

自变量	因变量		
	ln（馆舍面积）	ln（馆藏数量）	ln（财政拨款）
县级领导视察次数	0.0526289*** （0.0135976）	0.0304253** （0.0126635）	0.0481178* （0.0254177）
ln（地区人口）	0.1803188* （0.1023812）	0.3502501*** （0.0952522）	0.4236017** （0.195025）
ln（人均 GDP）	0.3344993** （0.1403565）	0.1479878 （0.1313737）	0.453294* （0.2604334）

注：1.*、**、*** 分别表示在 10%、5%、1% 的水平上显著；

2. 括号内小数为方差。

（3）公共图书馆评估标准相关指标设置不够合理，基层公共图书馆建设片面迎合评估标准，也是西部地区基层公共图书馆发展失衡的原因之一。第六次评估标准中部分指标设置有待进一步科学论证[5]。比如，馆舍面积、电脑终端数等指标为总量指标，而非人均指标。其中，西部地区县级图书馆建筑面积二级馆标准是至少3500平方米，然而仅陕西省就有24个县人口少于17万。这意味着每万人建筑面积至少为235平方米，是“十三五”公共图书馆事业发展规划的两倍有余。因此，西部地区部分经济发达县（区、市），缺乏因地制宜考虑当地人口因素，为满足评估标准，对馆舍面积和设备求大、求全，既拉大了区域内图书馆间发展的不平衡，又降低了该区域图书馆效能。

6.2.3 西部地区基层公共图书馆服务效能有待优化

6.2.3.1 西部地区基层公共图书馆服务效能低下的表现

西部地区基层公共图书馆服务效能投入、产出低下[6]客观上制约了广大西部地区人民群众充分享受高质量的公共文化服务。所谓服务效能投入、产出低下，是指西部地区基层公共图书馆经费、馆藏和人员等各项投入指标的产出效率较低。

（1）部分西部地区基层公共图书馆经费使用效率较低，服务单位成本较高

2019年西部地区县级公共图书馆馆均经费与馆均流通人次的比值，即是各地区县级县级公共图书馆服务每位进馆读者的馆均单位成本。数据表明，西部地区县级公共图书馆服务每位进馆读者的馆均单位成本为19.88元，而全国县级公共图书馆服务每位进馆读者的馆均单位成本为14.57元，因此西部地区县级公共图书馆服务读者的馆均单位成本比全国平均单位成本高36.4%（见表6-13）。其中，青海省县级公共图书馆馆均成本为68.90元，是全国县级公共图书馆均单位成本的近5倍。

表 6–13　2019 年西部地区县级公共图书馆馆均经费与馆均流通人次比值

地区	全国	西部	广西	重庆	四川	贵州	西藏
经费 / 万元	279.8	148.9	107.2	542.2	164.5	107.9	24.3
流通人次 / 万人次	19.21	7.49	6.91	31.85	9.55	7.64	0.14
比值 /（元・人次 $^{-1}$）	14.57	19.88	15.51	17.02	17.23	14.12	173.57
地区	内蒙古	云南	陕西	甘肃	青海	宁夏	新疆
经费 / 万元	170.2	142.6	196.3	126.2	68.9	222.3	100.6
流通人次 / 万人次	6.68	6.99	7.73	5.53	1	13.72	3.77
比值 /（元・人次 $^{-1}$）	25.48	20.40	25.39	22.82	68.90	16.20	26.68

（2）部分西部地区基层公共图书馆由于新书数量和结构不合理，文献利用率较低，存在大量文献闲置、无人问津的现象

2019 年西部地区基层公共图书馆馆均书刊文献外借册次与馆均藏量比，即馆均书刊文献单册外借率。数据表明，西部地区馆均书刊外借率为 0.48 次 / 册，而全国平均值为 0.66 次 / 册，西部地区基层公共图书馆馆均书刊文献外借率比全国平均水平低 27.3%（见表 6–14）。其中，新疆的馆均书刊外借率只有 0.28 次 / 册，不到全国平均水平的一半。这表明西部地区基层公共图书馆的馆藏结构和馆藏质量都急需优化。

表 6–14　2019 年西部地区基层公共图书馆馆均书刊文献外借册次与馆均藏量比

地区	全国	西部	广西	重庆	四川	贵州	云南
馆均藏量 / 万册	20.29	11.18	13.21	34.38	12.55	11.61	10.93
馆均书刊外借 / 万册次	13.42	5.41	5.00	28.80	6.89	4.92	6.99
比值 /（次・册 $^{-1}$）	0.66	0.48	0.38	0.84	0.55	0.42	0.64
地区	内蒙古	西藏	陕西	甘肃	青海	宁夏	新疆
馆均藏量 / 万册	10.08	1.75	10.88	9.95	4.59	16.92	8.06

续表

地区	内蒙古	西藏	陕西	甘肃	青海	宁夏	新疆
馆均书刊文献外借 / 万册次	4.38	0.08	5.43	4.08	0.66	9.38	2.27
比值 / （次 · 册 $^{-1}$）	0.43	0.05	0.50	0.41	0.14	0.55	0.28

（3）部分西部地区基层公共图书馆人员服务效率较低

比如，许多西部地区基层公共图书馆由于人员经费和服务经费互相挤占、相互恶化，导致“书吃人，人吃书”、人浮于事的现象[7]。2017 年西部各省（自治区、直辖市）持证读者总数与从业人员总数比值，即每位从业人员服务的持证读者的数量，可衡量基层公共图书馆从业人员的服务效率。数据表明，西部地区每位基层公共图书馆从业人员需要服务的持证读者数为 438.9 人，而全国平均水平为 932.6 人，因此西部地区从业人员服务效率只有全国平均水平的 47.1%（见表 6–15）。其中，陕西省基层公共图书馆从业人员平均服务的持证读者人数约有 140 人，仅为全国平均水平的 15%。

表 6–15　2017 年西部各省（自治区、直辖市）持证读者总数与从业人员总数比值

地区	全国	西部	广西	重庆	四川	贵州	西藏
从业人员总数 / 个	33104	9633	759	654	1428	626	120
持证读者总数 / 万个	3087.3	422.8	25.2	121.4	108.9	43.4	0.6
持证读者总数：从业人员	932.6	438.9	332.0	1856.3	762.6	693.3	50.0
地区	内蒙古	云南	陕西	甘肃	青海	宁夏	新疆
从业人员总数 / 个	1221	1146	1532	923	218	292	714
持证读者总数 / 万个	32.1	26.5	21.4	19.2	1.8	7.3	14.7
持证读者总数：从业人员	262.9	231.2	139.7	208.0	82.6	250.0	205.9

注：数据取自《中国文化文物统计年鉴 2018》。

6.2.3.2　西部地区基层公共图书馆服务效能低下的原因

西部地区部分基层公共图书馆服务效能低下，既有经费不足、设备老化、馆藏陈旧等规模不经济因素，也有图书馆人员管理较差、服务意识不足等方面的主观问题。

（1）经费不足、设备老化、馆藏陈旧等因素导致图书馆阅读环境缺乏吸引力，是部分西部地区基层公共图书馆服务效能低下的主要原因。以馆舍条件为例，本次调研的68家西部地区县级图书馆中，有20家馆舍始建于2000年以前，占总数的29.4%，其中两家馆舍建于20世纪50年代。这些馆舍不仅建设年代久远，而且长期没有翻新，其中个别图书馆卫生间至今还沿用旱厕。不舒适的阅读环境自然难以吸引读者，本次调研的303份基层公共图书馆读者问卷中，有118位读者提出的意见与馆舍条件有关，意见内容包括扩大活动场地、增加自习和阅览区席位、改造卫生间、添加降温取暖设备等。

统计数据也表明投入不足已经成为制约西部地区基层图书馆发挥效能的重要因素。本文采用多元回归固定效应模型，根据以往相关研究控制西部各省区人口、城市化率、人口GDP和地方预算财政收入等因素后[8]，分别计算了基层公共图书馆馆均流通人次、馆均书刊文献外借册次、馆均参加活动读者人次，与其馆均藏量、馆均建筑面积、馆均从业人员数量、馆均财政拨款间的弹性关系。具体回归方程如下：

$$\ln(Y_{mn})=\alpha+\beta_1\cdot\ln(T_{mn})+\lambda_1\cdot\ln(X_{mn})+D+S+\delta \qquad （公式3）$$

在公式3中：m为省区代码，n为年份代码；Y为因变量（被解释变量），包括各省区基层图书馆馆均流通人次、馆均书刊文献外借册次、馆均参加活动读者人次等服务效能指标；T为自变量（解释变量），包括各省区基层图书馆馆均藏量、馆均面积、馆均从业人员数量、馆均财政拨款等投入指标；X为控制变量，包括各地区人口、人均GDP、平均预算收入、城市率等区域发展指标；D和S分别控制地域固定效应和时间固定效应；同时，本文对Y和T分别取自然对数值（ln），求两者之间的弹性系数；其他符号含义，α为截距，λ_1为回归系数，δ为误差项。公式3统计数据表明西部地区基层公共图书馆的馆均流通人次、馆均书刊外借册次、馆均参加活动读者人次，和馆均藏量、馆均面积、馆均财政拨款间的弹性系数显著，且弹性都大于 1（除馆均参加活动读者人次与馆均藏量弹性）（见表 6–16）。这说明西部地区基层图书馆各项指标投入 1%，相关产出指标的提升就会大于 1%。因此，现阶段政府应该增加基层公共图书馆相关投入，以提高公共图书馆服务效能。

表 6–16　西部各省（自治区、直辖市）基层公共图书馆产出指标与投入指标弹性

因变量	自变量			
	ln（馆均藏量）	ln（馆均面积）	ln（馆均人员）	ln（馆均财政拨款）
ln（馆均流通人次）	1.615618*** （0.1856525）	1.999143*** （0.4153087）	0.8625456 （0.8610752）	1.681888* （0.6694178）
ln（馆均书刊外借册次）	1.596497*** （0.1365162）	2.042784*** （0.3106843）	0.7584368 （0.8494276）	1.822147* （0.5613853）
ln（馆均活动参与人次）	0.9737499* （0.2991838）	1.297004* （0.4021982）	0.1361664 （0.6732094）	1.319795* （0.4410566）

注：1.*、**、*** 分别表示在 5%、1%、0.1% 的水平上显著；

2. 括号内小数为方差。

（2）专业能力欠佳、服务意识不足、工作人员“在编不在岗”等因素是造成部分基层图书馆从业人员服务效能低下的主要原因。西部地区基层公共图书馆从业人员数量与全国平均水平差距较小，和当地社会、经济发展也无关（见表 6–3）；同时，西部地区基层公共图书馆馆均从业人员数和各项服务效能无关（见表 6–16）。这些统计数据都表明，部分西部地区基层公共图书馆从业人员数量的增加并没有显著创造相应的服务价值，所以仅仅提高从业人员数量，并不能提高部分西部地区基层公共图书馆服务效能。

西部地区部分基层公共图书馆从业人员服务效能不佳，需要从工作人员的专业能力、服务意识、工作人员“在编不在岗”等方面寻找原因。一方面，由于晋升渠道、工资待遇等问题，西部地区部分基层公共图书馆员工作积极性、专业素养欠佳（见图 6–4）。以馆员专业素养为例，60% 以上的西部地区基层公共图书馆负责人认为员工专业素养欠佳，导致新媒体服务、古籍保护[9]、图书馆营销等需要高技术素养的业务难以开展（见图 6–2）。另一方面，调研中发现西部地区部分基层公共图书馆存在工作人员被上级机关大量借调的问题。以往研究也表明，仅陕西省就有 61 个基层公共图书馆存在这种“在编不在岗”现象，占全省县级图书馆的 62%[10]。

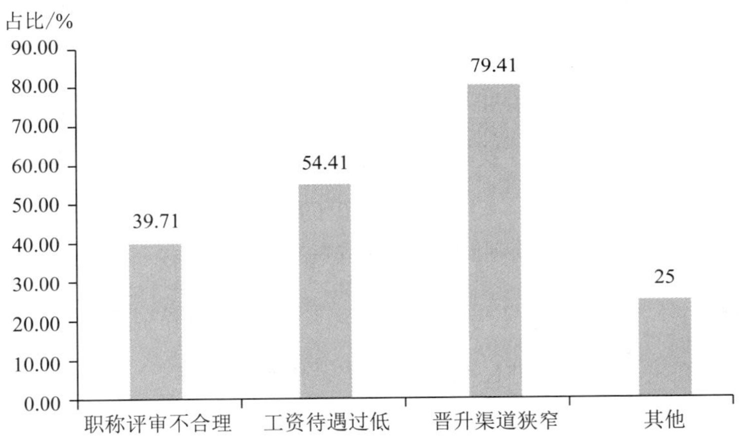

图 6–4　西部地区基层图书馆负责人视角下的馆员职业发展障碍

6.3　西部地区基层公共图书馆未来发展战略

为推动“十四五”时期西部地区基层公共图书馆事业可持续发展，加快完善西部地区现代公共文化服务体系，更好地满足西部地区人民群众基本文化需求，根据《中华人民共和国公共文化服务保障法》《中华人民共和国公共图书馆法》以及“十四五”时期国家文化事业发展的系列规划文件等有关法规文件精神，下面从基本原则、实现策略及路径、重点任务及项目三方面对未来西部地区基层公共图书馆事业发展提出了建议。

6.3.1 基本原则

6.3.1.1 深入贯彻党的十九大精神和习近平总书记给国家图书馆老专家的回信精神，切实转变发展方式，推动质量变革、效率变革、动力变革，实现更高质量、更有效率、更加公平、更可持续的发展，对标国家“十四五”规划经济社会宏观布局和新时代推进西部大开发形成新格局的总体要求，夯实各级政府的主体责任，精准定位西部地区基层公共图书馆发展战略。

6.3.1.2 认真吸收世界发达地区及我国东部、中部地区公共图书馆建设与服务经验，科学研判中小型公共图书馆的建设规律及服务方式，找准西部地区基层公共图书馆事业发展的主攻方向及其实现路径。系统总结西部地区基层公共图书馆事业的建设与服务工作经验，以总分馆制建设为抓手，按照标准化、规范化的思路推进公共图书馆体系化建设。

6.3.1.3 大力强化新媒体、新技术的应用，推动社会力量参与，因地制宜推进西部地区基层公共图书馆与旅游融合发展，着力拓展公共图书馆的服务范围和服务效能，提高西部地区基层公共图书馆的办馆效益，把西部地区基层公共图书馆办成市民的第三生活空间和名副其实的公共文化服务综合体。

6.3.2 实现策略及路径

6.3.2.1 进一步强化党委政府主体责任，推动法治化、标准化建设

（1）建议由中央建立、完善《中华人民共和国公共文化服务保障法》《中华人民共和国公共图书馆法》执行监督机制，定期对各省、自治区、直辖市贯彻“两法”落实情况开展督查、调研。

（2）建议在“十四五”期间，西部地区各省、自治区、直辖市根据本地实际，出台地方公共图书馆法规，推进西部地区公共图书馆事业发展。

（3）建议中央有关部门加快西部地区基层公共图书馆各项标准制定工作，重点应开展对基层公共图书馆人员编制、设施建设、经费投入、服务规范等方面标准的研制工作，争取在“十四五”期间能够实施。

6.3.2.2　加大政府投入力度，鼓励社会力量参与基层图书馆建设

（1）建议中央财政加大对西部地区基层公共图书馆免费开放经费投入力度，将县级图书馆免费开放经费补助标准由原有的20万元提高到50万元，同时对经济欠发达地区、边疆地区和少数民族地区免费开放补助经费提高到80万元。

（2）建议中央在“十四五”期间设立“西部欠发达地区基层公共图书馆设施提升项目”，对设施条件未达到评估标准最低线2000平方米的基层公共图书馆，在馆舍新建、改建、扩建、提升改造等方面予以项目补助，并要求在“十四五”期间西部地区基层公共图书馆设施条件全部达标。

（3）建议中央和地方有关部门出台社会力量参与公共图书馆设施建设的相关政策，鼓励、规范和引导社会力量参与基层公共图书馆建设[11]。

6.3.2.3　推进基层公共图书馆体系化建设，推动总分馆制发展

（1）建议中央对西部地区总分馆制建设设立专项补助资金，各省、自治区、直辖市也应设立专项资金用于推进总分馆制建设，各级地方政府应建立议事协调机制，改革现有管理体制，实现总馆对分馆人财物的垂直管理。

（2）明确地方政府在基层图书馆体系化建设中的主体责任，建立和完善政府多部门参与的体系化建设议事协调机制，通过制定地方性法规和政策，在总分馆制建设方面给予基层公共图书馆以明确的制度保障。

6.3.2.4　充分运用科技创新手段，赋能基层图书馆提升计划

（1）建议有条件的省份建立全省公共图书馆统一大数据平台[12]，实现全省公共图书馆的统一调度、统一数据收集等智能管理和服务。

（2）建议有条件的地区实施公共数字文化工程服务效能提升项目，完成对本地区优秀文化信息资源的数字化加工、整合、存贮及推广，提供丰富多彩的公益性文化资源服务。

6.3.2.5 加强文献资源建设，进一步提升文献信息保障能力

（1）建议中央有关部门编纂“中国公共图书馆基本藏书目录”和欠发达地区基层公共图书馆名单，由国家有关部门定期向欠发达地区基层公共图书馆提供和更新“中国公共图书馆基本藏书目录”所规定的成人普通书及少儿图书，以提升欠发达地区基层公共图书馆的基础服务能力。

（2）因地制宜采选，构建特色馆藏。西部地区基层公共图书馆应在保障基本馆藏的前提下，构建有特色的文献资源体系。重点建设专业性强、有特色的文献资源体系，应当突出区域特色、民族特色，充分发挥区位优势，构建具有本地特色的文献资源体系[13]。

（3）优化藏书结构，服务留守老幼[14-15]。西部地区基层公共图书馆应从人口结构角度侧重考虑区域内留守儿童、老年人、妇女等主要服务对象的阅读需求，调整其与普通成人书的馆藏比例。

（4）建立少数民族文献协调管理机制，设立少数民族文献资源保障中心，发挥统一规划和协调管理作用，以解决现有体制分散的弊端。制定少数民族文献信息资源建设的宏观规划，协调各地区、各系统、各部门之间的关系，明确各类型少数民族文献收藏机构的职能、权利和义务，制定统一标准和规范。

6.3.2.6 加大免费开放力度，提升读者服务效能，推动全民阅读

（1）西部地区基层公共图书馆应持续推动阅读推广活动的品牌化、系统化建设，借鉴东部、中部地区先进图书馆的成熟经验，策划、组织、开展区域性的阅读推广系列活动。

（2）鼓励地方政府有关部门整合资源，通过空间改造的形式利用现有闲置的公园、商铺、遗址等场地资源，建设24小时自助图书馆或社区图书馆。

（3）支持通过流动图书车延伸总馆服务半径；通过建设无人值守自助图

书馆加密城乡服务网络，延长图书馆开放时间。

6.3.2.7　发挥行业组织协调交流作用，充分交流学习先进经验

（1）建议西部地区基层公共图书馆之间加强合作协调，中国图书馆学会和国家图书馆应进一步强化指导作用，充分发挥政府主导和行业合作的机制，整合力量，发挥各自优势，形成合力，共建共享。

（2）进一步发挥区域图书馆协作组织在构建西部地区基层公共图书馆服务体系建设中的作用，加强与西部地区其他系统图书情报单位的合作，形成基层公共图书馆的工作合力，促进资源共建共享良好局面的形成。

（3）进一步落实图书馆界的“东西部对口帮扶行动计划”，鼓励东西部地区图书馆结对共建、缔结友好帮扶协作关系，通过文献交换、邀请专家授课、现场教学指导、馆员互派交流等多种形式促进西部地区基层公共图书馆健康发展。

6.3.2.8　深化内部管理，打造西部地区基层公共图书馆新形象

（1）地方政府有关部门应根据公共图书馆发展需要，依照国家颁布的《公共图书馆服务规范》确定的服务人口基数核定基层公共图书馆的人员编制；可以采用盘活存量、人随事走的改革思路，统筹利用相关事业编制和人员，解决西部地区基层公共图书馆人员不足的问题。政府有关部门应杜绝随意借调基层公共图书馆工作人员的现象。

（2）西部地区基层公共图书馆应深化人事制度改革，采取服务外包，社会化用人等方式多层次多渠道解决人员不足的问题，建立科学的考核和奖励机制。地方政府有关部门应支持基层公共图书馆改革措施，为其提供必备的改革条件。

（3）西部地区基层公共图书馆应加强人才培养力度，通过输送馆员参加高校委托代培、“三区”人才专项培训计划、东西部馆员互派交流、不同层级图书馆上挂下派等多种方式奋力拓宽基层公共图书馆人员业务培训渠道，助推西部地区基层公共图书馆人才队伍良性发展。

6.3.3 重点任务及项目

6.3.3.1 西部地区公共图书馆政策法规体系建设工程

本项目的目标是立足西部地区经济社会发展状况及大众阅读、知识信息需求特点，通过地方立法及公共图书馆政策、标准制定等形式，贯彻落实国家有关公共图书馆事业发展的政策法规，从制度层面进一步强化各级政府的主体责任，加强公共图书馆的财政保障力度，规范省、市、县各级公共图书馆的工作行为，构建高效规范、运作有致的西部地区公共图书馆服务体系，保障广大民众的基本阅读权利。

西部地区公共图书馆政策法规体系建设工程主要包含以下内容：

（1）以西部地区省（自治区、直辖市）为单位，启动各省（自治区、直辖市）《公共图书馆条例》地方立法工作。

（2）配合“十四五”时期新一轮《国家公共文化服务体系建设指导标准》的出台，启动实施各省（自治区、直辖市）《公共文化服务体系建设实施标准》的编制工作，充实公共图书馆建设内容，使之适应西部地区公共图书馆的建设需要。

（3）配合《公共图书馆服务规范》的修订，启动西部地区各省（自治区、直辖市）《公共图书馆服务规范》的编制工作，使之能够满足本地公共图书馆的服务需要，保障人民大众阅读权利的顺利实现。

6.3.3.2 西部地区公共图书馆总分馆制建设推进工程

本项目聚焦西部地区地域辽阔、人口稀少、经济欠发达、财政自给能力欠缺、地貌特征相对复杂、民族众多等特点，按照强化政府主体担当，夯实市县图书馆工作基础，遵循固本强基、整合资源、规范运作、重点突破的原则，做好西部地区公共图书馆体系化建设顶层设计，构建覆盖城乡、特色鲜明、优质高效、可持续发展的西部地区公共图书馆总分馆制服务体系，打通公共文化服务“最后一公里”，为广大民众提供均等普及、便利可及的文献信息服务。

根据西部地区基层公共图书馆发展情况参差不齐，西藏自治区多数县级行政区域没有图书馆机构，部分经济欠发达地区县级图书馆馆舍狭小残破、文献补充过少，难以承担总馆重任这一客观现实，从提升国民素质、夯实经济欠发达地区县级图书馆总馆工作基础的现实需要考虑，组织实施西部欠发达地区、民族地区基层公共图书馆固本强基工程。

固本强基工程主要包含以下内容：

（1）启动实施“西部民族地区县级公共图书馆基础设施建设计划”，以弥补西部民族地区县级公共图书馆在机构设置及基础设施建设上的空白。

（2）启动实施“西部欠发达地区县级公共图书馆新馆建设及旧馆提升改造计划”，以解决西部地区县级公共图书馆基础薄弱，无法胜任总馆重任的问题。

（3）启动实施“欠发达地区基层公共图书馆基本藏书帮扶项目”，以解决西部地区县域公共图书馆总分馆制服务体系文献藏量不足，文献馆藏体系构建不科学的问题。

6.3.3.3　欠发达地区基层图书基本藏书帮扶项目

本项目聚焦全国欠发达地区的脱贫攻坚成果巩固拓展工作，延伸文化扶贫工作范围与内容，“欠发达地区基层公共图书馆基本藏书帮扶项目”按照地区间公共文化服务均衡化、均等化的总体要求，需编制“中国公共图书馆基本藏书目录”和“欠发达地区基层公共图书馆名单”，在国家文化主管部门领导下，由行业组织或国家图书馆协调，发达地区图书馆及相关机构参与完成，定期向欠发达地区基层公共图书馆提供和更新“公共图书馆基本藏书目录”所规定的成人图书及少儿图书，以提升欠发达地区基层公共图书馆的基础服务能力，满足欠发达地区人民群众的公共文化需求，弥补地区间的文化信息鸿沟，实现各地公共文化均等化发展。

项目内容包括两个方面：

（1）编写“中国公共图书馆基本藏书目录”及评估要求

为提高公共图书馆馆藏资源建设质量，促进购书经费合理地配置，满足广大人民群众的基本阅读需求。文化和旅游部可委托相关机构、行业协会以及各类专家基于中国图书馆学会、教育部等机构以往组织编写的“中国基层图书馆基本藏书推荐书目”“中小学生阅读指导目录”等推荐书目，根据现阶段人民群众文化需求、基层图书馆服务效能，组织编写新的“中国公共图书馆基本藏书目录”，并列入县级图书馆评估标准，以规范、指导和激励基层图书馆文献资源建设。

（2）编制“欠发达地区基层公共图书馆名单”及补助标准

文化和旅游部等相关主管机构可依据国家乡村振兴局等部门颁布的经济欠发达地区名单，公布全国《欠发达地区基层公共图书馆名单》。同时，为满足巩固拓展脱贫攻坚成果的需求，文化和旅游部等机构制定欠发达地区基层公共图书馆文献资源建设的补助标准。其中，欠发达地区基层公共图书馆所需的《中国公共图书馆基本藏书目录》采购经费，统一由中央财政补贴。

6.3.3.4　西部地区基层公共图书馆业务骨干专业素养提升项目

本项目聚焦西部地区基层公共图书馆从业人员服务效能低下相关问题，希望通过东西部地区对口交流、行业协会与高校志愿帮扶培训、省内各级图书馆下挂上调等多种业务交流和培训形式，提升西部地区基层公共图书馆业务骨干专业素养，以“东西部基层公共图书馆人才培训对口帮扶项目”“西部基层图书馆业务骨干培训志愿者行动”“西部基层公共图书馆骨干人才委派培训项目”三个子项目为实施路径，解决西部地区基层公共图书馆从业人员管理技术欠佳、业务思维落后、创新能力不足等诸多现实问题，从而提高西部地区基层公共图书馆服务效能，促进西部地区基层公共图书馆更好、更快的高质量发展。

本项内容主要包括三个方面：

（1）东西部基层公共图书馆人才培训对口帮扶项目

近两年陕西省各级图书馆通过“苏陕交流项目”，组织各级馆长、技术骨干通过参观学习、挂职培训等多种形式前往江苏省南京图书馆、苏州图书馆等机构交流学习，极大地开阔了基层公共图书馆干部队伍的发展视野。这种区域间对口交流形式值得借鉴推广。东部、西部其他地区可以仿效这种形式，结交“兄弟省份”“兄弟单位”，通过定期组织西部地区基层公共图书馆业务骨干前往东部地区对口单位交流、东部地区基层公共图书馆业务专家学者前往西部地区相关部门传经授业等多种形式，帮扶西部地区基层公共图书馆业务骨干改变思维、开阔眼界。

（2）西部基层公共图书馆业务骨干培训志愿者行动

中国图书馆学会、各省图书馆学会仿效之前的“基层图书馆馆长及业务骨干培训志愿者行动”、“春雨工程”、“三区”人才专项培训计划、“彩虹计划”等形式，通过三至五年的时间，由中国图书馆学会或西部各省图书馆学会组织，市级图书馆承办，邀请高校和公共图书馆专家学者作为志愿者，向西部地区基层公共图书馆业务骨干传授基层公共图书馆最新服务理念和实务，并通过互动交流、座谈讨论等途径，使西部地区基层公共图书馆同人了解最新的前沿理论、掌握基础服务技能、树立强大的精神力量。

（3）西部地区基层公共图书馆骨干人才委派培训项目

本项目包含高校专业培训和省（自治区、直辖市）图书馆实习培训两项内容：高校专业培训项目由西部地区各省文化主管部门统一部署，组织筛选全省基层公共图书馆业务骨干，委托北京大学、武汉大学、南京大学等全国高校图书情报学专业教师，对基层业务骨干基础知识进行专项培训；省（自治区、直辖市）图书馆实习培训项目由西部地区省（自治区、直辖市）图书馆学会，组织筛选全省（自治区、直辖市）基层公共图书馆业务骨干，分期、轮流前往各省（自治区、直辖市）图书馆采编、借阅、阅读推广等业务部门实习，了解和掌握现代化图书馆服务实务知识。

6.3.3.5　西部地区特色文献资源建设项目

本项目旨在依托西部地区多样的民族文化，丰富的红色资源，悠久的丝路文明，收集、保存和传承独具西部地区特色的文献资源，以“少数民族文献资源建设项目”“革命老区红色文献资源建设项目”“‘一带一路’特色文献资源建设项目”三个子项目为实施路径，将西部各地区基层公共图书馆所收集的具有地方色彩的文字、图片、音视频、数字网络文献等信息资源按照统一的标准规范进行分析、整理和存储，集中管理，全域共享，从而构建具有西部地区特色的文献资源体系，保存历史文化，服务边区群众，促进研究发展。

本项目内容包括：

（1）少数民族文献资源建设项目

着眼于西部地区少数民族比较集中的省份，鼓励基层公共图书馆针对本地区的民族着重采集一些与民族历史、文化、风土人情有关的文献资源，形成少数民族历史文化、民族艺术、民族语言、民族特色资源专题、民族地区地方志、少数民族多媒体资源等多样化文献体系。尤其注重收集少数民族古籍、语言文字、发展史、宗教和生活习俗变迁等方面具有重要价值的文献[16]。同时强调纸质文献的保护与管理，由于部分民族语言文字使用人数较少、数字化记录困难，必须借助纸质文献才能有效保存，以提供更权威、翔实、精确的文献依据。

（2）革命老区红色文献资源建设项目

红色文献资料指自 1921 年 7 月中国共产党成立起至 1949 年 10 月中华人民共和国建立之前由中国共产党机关或各根据地所出版、发行、制作的各种文献资料，其中包括党的领袖的著作、党组织各类文件及根据地出版的各种书籍和报纸杂志等，被称为“现代文物”[17]。基层图书馆作为最贴近当地居民的一线文化阵地，在收集与保存红色资源上更具优势，应当突出区域特色，构建红色主题文献资源库。目前很多红色文献进行变脆易碎，难以利用，急需保护。针对西部地区红色文献进行收集整理及数字化建设能有效保护原始文献，从而加快红色文献典籍的数字化进程。

（3）“一带一路”特色文献资源建设项目

西部地区公共图书馆应当发挥馆藏文献资源优势和信息挖掘整理能力，有规划和针对性地开展“一带一路”沿线国家和地区的信息整理。通过跨区域、跨国合作交流，包括互赠与交换文献、举办合作论坛、成立战略联盟等形式促进“一带一路”文献资源建设。同时应当看到数据库在收集与传播“一带一路”特色文献方面具有重要的便利性，如国家图书馆“一带一路”历史文化类数据库、中国社科院打造的“一带一路”数据库和 CNKI 打造的丝绸之路宗教历史文化数据库等[18]。

（执笔人：周云岳、陆路、强颖、万行明、邓辉、王岚、辛娜、方明媚、杨镜台、段小虎、金栋昌、李焕龙、马静、扎西卓玛）

参考文献

［1］肖希明，完颜邓邓 . 我国公共图书馆均衡发展机制研究［J］. 图书馆，2016（10）：2-7.

［2］唐丹丹，郑永君 . 农家书屋政策执行的“内卷化”困境：基于全国 267 个村庄 4078 户农民的分析［J］. 图书馆建设，2020（1）：159-169.

［3］王佩 . 我国公共图书馆服务能力区域差异研究［J］. 图书馆理论与实践，2015（6）：85-88.

［4］杨海玲 . 我国公共图书馆发展差异性评价研究［J］. 新世纪图书馆，2016（1）：65-68.

［5］王丙炎，王鳐 . 全国公共图书馆评估定级标准完善刍议：基于《第六次全国公共图书馆评估定级标准》县级成人馆部分［J］. 图书馆学研究，2018（7）：9-12.

［6］彭雷霆，刘子琰 . 我国公共图书馆服务区域均等化实证研究：基于泰尔指数的分析［J］. 图书馆，2019（5）：47-56.

[7] 陶小鹏 . 西部地区基层公共图书馆服务困境及解决对策 [J]. 图书馆工作与研究，2015（12）：96-98.

[8] 张璐，陈晓华 . 我国县级图书馆服务效率演化的内外部干扰因素探讨 [J]. 图书馆，2019（2）：7-12，18.

[9] 冯云 . 民族地区公共图书馆服务效能提升策略探讨：以西藏自治区为例 [J]. 西藏研究，2018（2）：140-147.

[10] 万行明，邓辉 . 中西部地区基层公共图书馆人员保障机制探究：以陕西省 102 家县级公共图书馆为例 [J]. 图书馆建设，2020（2）：104-110.

[11] 宁阳，王旭明 . 社会力量参与基层图书馆发展的研究与思考 [J]. 图书馆杂志，2019（1）：54-59.

[12] 余波，张妍妍，郭蕾 . 贫困地区公共图书馆数字化建设策略研究 [J]. 图书馆，2018（6）：21-27.

[13] 马海云 . 民族自治区域基层图书馆群众文化服务开展与研究 [J]. 四川戏剧，2017（12）：187-189.

[14] 陈涛 . 农村未成年人阅读贫困与干预机制研究：以云南民族地区为例 [J]. 图书馆，2020（5）：106-111.

[15] 王春梅 . 农民阅读的内在多维度贫困：齐齐哈尔地区阅读情况调查 [J]. 图书馆论坛，2019（1）：149-156.

[16] 刘灿，刘敏榕 . 少数民族特色文献库建设调查研究：以“一带一路”沿线高校为例 [J]. 数字图书馆论坛，2019（11）：44-53.

[17] 贾翠玲 . 延安时期红色文献收集整理与数字化建设 [J]. 延安大学学报（社会科学版），2016（4）：122-125.

[18] 张蕊 .“一带一路”建设中的图书馆定位与发展 [J]. 甘肃科技，2019（16）：105-107.

7 公共图书馆传承弘扬中华优秀传统文化

“文化兴则国家兴，文化强则民族强。”党的十八大以来，以习近平同志为核心的党中央大力倡导传承中华优秀传统文化，赋予中华优秀传统文化新的时代内涵，将中华优秀传统文化提升到崭新的发展阶段，使其转化为实现中华民族伟大复兴、构建“人类命运共同体”的强大精神力量。

习近平总书记曾在不同场合对中华优秀传统文化作出重要论述，指出“中华优秀传统文化已经成为中华民族的基因，植根在中国人内心，潜移默化影响着中国人的思想方式和行为方式”[1]，“中华优秀传统文化是中华民族的精神命脉，是涵养社会主义核心价值观的重要源泉，也是我们在世界文化激荡中站稳脚跟的坚实根基”[2]。

“中华优秀传统文化”是什么？目前尚无一个明确的定义。《现代汉语词典（实用版）》对“文化”和“传统”的解释分别为“人类在社会历史发展过程中所创造的物质财富和精神财富的总和，特指精神财富，如文学、艺术、教育、科学等”和“世代相传、具有特点的社会因素，如风俗、道德、思想、作风、艺术、制度等”[3]。那么所谓传统文化，就是一个民族或地区世代相传的物质财富与精神财富。这些传统文化中随着人类社会的进步不断发展与扬弃，最终为大众接受的，必将是那些引领人类走向光明的文化，就是“优秀传统文化”。因此，我们认为中华优秀传统文化就是由居住在中国地域内的人民群众及其祖先创造的，经过长期发展而为中华民族广泛认同的，用以组织、协调中华民族的，引领中华民族走向光明未来的物质财富和精神财富。

传承弘扬中华优秀传统文化是公共图书馆的重要职责与义务。《中华人民共和国公共图书馆法》（以下简称《公共图书馆法》）将公共图书馆功能从传统的存藏、借阅扩展到了社会教育领域，并明确指出图书馆具有传承发展中华优秀传统文化的职责：政府设立的公共图书馆应当加强对馆内古籍的保护，根据自身条件采用数字化、影印或者缩微技术等推进古籍的整理、出版和研究利用，并通过巡回展览、公益性讲座、善本再造、创意产品开发等方式，加强古籍宣传，传承发展中华优秀传统文化[4]。中共中央办公厅、国务院办公厅联合发布的《关于实施中华优秀传统文化传承发展工程的意见》也明确指出："要充分发挥图书馆、文化馆等公共文化机构在传承发展中华优秀传统文化中的作用。"[5]

公共图书馆在传承弘扬中华优秀传统文化方面具备一定优势。公共图书馆拥有丰富的文献信息资源，承担着社会教育职能，有着广泛的群众基础，具备良好的阅读氛围，集聚着大量专业人才。最重要的是，公共图书馆还是历史文献①的主要收藏单位，是传承推广中华优秀传统文化的重要物质载体。

7.1 我国公共文化机构传承弘扬传统文化实践现状

受新冠疫情的影响，本课题主要采取发放调查问卷、开展专题访谈以及收集各有关机构网站信息和媒体相关报道的方式进行调研。围绕图书馆工作，将公共图书馆传承弘扬中华优秀传统文化的实践分为古籍普查与保护、革命

① 本报告所说的历史文献，是指古籍、革命文献与民国时期文献的总和。

文献与民国时期文献保护利用、历史文献出版、数字化、中华优秀传统文化推广活动五部分。此外，课题组还调研了博物馆界、美术馆界传承弘扬中华优秀传统文化的情况，以资参考。

7.1.1　公共图书馆的实践

7.1.1.1　古籍普查与保护

2007 年，国务院办公厅下发《关于进一步加强古籍保护工作的意见》，对全国古籍保护工作进行总体部署，提出实施中华古籍保护计划。同年 5 月，中国国家古籍保护中心成立。随后，31 个省、自治区、直辖市相继建立起古籍保护中心，组织开展各地区古籍保护工作。13 年来，中华古籍保护计划在古籍普查、制度建设、保护修复、人才培养、整理研究等方面取得了许多标志性成果。

第一，开展古籍普查登记工作，建立“全国古籍普查登记基本数据库”。全面了解全国古籍存藏情况，建立古籍总台账，是开展古籍保护的基础。各古籍收藏单位通过目验原书，按照统一的古籍著录规则完成编目并上传数据至平台，实现了全国古籍的统一检索。截至 2019 年底，全国 2760 家单位完成普查工作，总数达 270 万部[6]。

第二，评选“国家珍贵古籍”，实施分级保护。在建设“全国古籍普查登记平台”的同时，国家还组织开展“国家珍贵古籍名录”的评选工作。2007 年 9 月，文化部办公厅颁布《〈国家珍贵古籍名录〉申报评审暂行办法》。2008 年至今，国务院已公布了六批《国家珍贵古籍名录》，入选古籍 13026 部[7]。“国家珍贵古籍名录”的评审也带动了全国 20 个省份开展省级“珍贵古籍名录”评审工作。古籍分级管理保护机制初步建立。

第三，评选“全国古籍重点保护单位”。截至目前，由国务院批准命名的“全国古籍重点保护单位”达到 203 家[8]，极大地提高了地方政府对古籍保护工作的重视程度。部分地区也开展省级古籍重点保护单位的评比工作，建立了本地区古籍保护分级体系。

第四，建立古籍原生性保护与再生性保护工作体系。为进一步提高古籍修复能力，做好古籍原生性保护工作，在全国建立了国家级古籍修复中心、国家古籍保护人才培训基地、修复技艺传习所等，在多所高校设立古籍保护专业，大力培养古籍修复人才。在开展古籍原生性保护的同时，古籍整理影印出版和古籍数字化推动着古籍再生性保护工作向前稳步发展，启动了“国家重点古籍整理”“国家珍贵古籍题跋整理”和“国家珍贵古籍数字化”等项目，组织各地申报，促进全国的古籍整理出版工作。各地也充分发挥古籍在学术研究和文化建设方面的积极作用。

第五，积极与海外机构沟通联络，促成古籍以数字化方式回归。2015 年，国家图书馆启动了“海外中华古籍调查暨数字化合作项目”。当年国家图书馆“海外中华古籍数据库”即完成数据登记约 10 万条[9]。在此基础上，国家图书馆还启动了“海外中华古籍书志书目丛刊”“海外中华古籍珍本丛刊”两个出版项目，以揭示海外古籍的存藏情况及古籍珍本。

7.1.1.2　革命文献与民国时期文献保护利用

民国时期文献全面记载了 1912—1949 年中国社会的方方面面，文献数量众多、内容丰富，具有较高的历史价值、学术价值与重要的现实意义。受纸张特性和历史条件的影响，民国时期文献酸化严重，亟需抢救。2011 年，国家图书馆联合国内文献收藏单位策划了“革命文献与民国时期文献保护计划”项目，得到中央有关部委的高度重视和大力支持。2012 年，“革命文献与民国时期文献保护计划”作为“文献典籍保护重点项目”被纳入《全国公共图书馆事业发展“十二五”规划》。2016 年，该项目又被列入《中华人民共和国国民经济和社会发展第十三个五年规划纲要》。8 年来，取得了不少成果：

第一，开展文献普查。在国家图书馆民国时期文献保护工作办公室的牵头组织下，各馆藏单位首先开展民国时期图书联合编目，建立了“民国时期文献联合目录普查平台”。截至2020年5月，该平台已汇聚了32家成员馆的民国时期书目数据30万条、馆藏数据70万条以及2万余种民国时期图书的书影目次[10]。2018年和2019年，又先后启动了民国时期连续出版物及民国时期线装书的普查工作。

第二，出版《民国时期图书总目》。在普查成果的基础上，2015年2月起，国家图书馆民国时期文献保护工作办公室启动《民国时期图书总目》的编纂工作，至今已完成哲学、社会科学总论、自然科学（基础科学）、农业科学、宗教5卷的出版，合计收录图书24066种[11]。

第三，组织文献整理出版。2013年起，国家图书馆民国时期文献保护工作办公室在全国范围内开展革命文献与民国时期文献整理项目申报立项工作。根据馆藏特色、资料类型、濒危状况、珍稀程度与社会需求等原则，有计划、有步骤、成规模陆续编纂出版。截至2020年6月，共立项256项，完成117项，出版图书7183册。多个项目填补了国内空白，具有重要文献价值[12]。

第四，推动海外文献征集。国家图书馆民国时期文献保护工作办公室在对海内外民国文献存藏、开发和缩微数字化情况深入调研的基础上制定了征集方案，对美国、英国、日本、俄罗斯等45个国家和地区的文献进行重点征集。自2011年起，国家图书馆民国时期文献保护工作办公室通过海外合作、现场拍摄、缩微复制等方式，已征集到馆大量关于日本战犯审判、日本战争罪行、中国抗日战争、民国时期外国对华调查的史料文献，包括缩微胶卷3493卷、缩微平片2208片、数字化档案5.9万拍、老照片2万余张、视频30余份[13]。

第六，加强原生性保护。2014年，国家图书馆编制完成《民国时期文献库房建设规范》，并与南京图书馆合作开展“民国时期文献检测及国内外脱酸技术调研”项目，为开展脱酸工作打下理论基础。2015年，国家图书馆启动“民国时期文献脱酸研究与脱酸设备研制项目”，2018年底二期项目通过验收，获得“一种纸张脱酸剂及其纸张脱酸系统和方法”“一种纸张脱酸液及其制备方法”两项国家发明专利。

第七，加快人才培养。2014 年起，国家图书馆联合中国图书馆学会开展培训活动。在全国 18 个省（自治区、直辖市）举办革命文献与民国时期文献保护工作培训班 20 次，培训来自全国各级各类革命文献与民国时期文献收藏单位的业务骨干 2404 人[14]，为工作的深入开展储备力量。

7.1.1.3 历史文献整理出版

近年来，随着普查工作的深入开展，古籍文献与民国时期文献陆续整理出版，充分发挥历史文献在学术研究和文化建设方面的积极作用。

除由国家和各省古籍保护中心牵头出版的《中华古籍总目》《珍贵古籍名录图录》、国家图书馆牵头出版的《民国时期总书目》外，各馆藏单位利用本馆馆藏特色，影印出版相关文献，大致可分为珍本影印、专题影印、仿真影印三种。此外，地方文献的集结出版也是一大特色，此类项目都受到当地政府的积极扶植，学术界和地方图书馆共同参与，如《江苏文库》《广州大典》《荆楚文库》《金陵全书》等。

影印出版之外，题跋的整理汇编也颇受学界欢迎，如《上海图书馆藏善本题跋辑录》。“中国茶文化资料集成”项目所采用的是文献资料整理汇编的形式，这是近年来历史文献出版的一个新趋势。该书按时间、文献类别及内容进行分类，包括古今方志、诗文著作、报刊、档案文件等，种类十分丰富，不仅加强了地方特色历史文献的整理，也是对当前文旅融合背景下图书馆如何利用自身优势发挥公共图书馆作用的一种探索。

我国港澳台地区编纂馆藏古籍书目书志的工作开展较早，成果丰富。1970 年，香港就出版了饶宗颐编著的《香港大学冯平山图书馆藏善本书录》，著录古籍 229 部，约 6 万字。2003 年重编，增至 704 部，25 万字。台湾汉学研究中心于 1994 年开始“第二阶段古籍整编计划”，组织了 13 人撰写中心所藏善本书志，分批出版。

7.1.1.4 数字化

所谓历史文献的数字化，就是指采用现代信息技术，对文献进行加工、处理及存储介质的转换。数字化作为保护与整理历史文献的重要手段，可以真实、清晰地反映文献原貌，同时借助网络等媒介提供给大众使用，促进历史文献的传播和利用，最大限度地发挥文献资源的作用。

数字化的第一步是对文献进行数字化转化，将常见的语言文字或图形符号转化为能被计算机识别的数字符号。目前各图书馆主要采取的是用专业扫描仪器将文本转化为图片储存。不少图书馆均采用以扫描件代替原本的方式，提供给读者使用。

将数字化的历史文献进一步整理加工，制作成数据库发布，才能更好地为读者所用。由国家古籍保护中心（国家图书馆）牵头建设的“全国古籍普查登记基本数据库”、“民国时期文献联合目录普查平台”、中华古籍资源库、“民国图书”专题资源库以及举办的古籍数字资源在线发布活动，是当前公共图书馆历史文献数字化最为重要的成果。

“全国古籍普查登记基本数据库”于2016年9月28日起对公众开放。发布内容主要包括普查编号、索书号、题名、著者、版本、册数、存缺卷、收藏单位等。截至2019年11月，该数据库累计发布217家单位普查数据772861条[15]。

国家图书馆的“中华古籍资源库”在线发布古籍数字资源3.3万余部，包括国家图书馆、天津图书馆藏古籍以及法国国家图书馆藏敦煌遗书等数字资源[16]。在国家古籍保护中心的牵头组织下，截至2019年，包括图书馆、高等院校、科研机构、博物馆等在内的30余家古籍收藏单位在线发布古籍7.2万余部[17]。

台湾汉学研究中心官网首页检索栏还可以对本馆所有资源进行检索，无论是馆藏古籍原本或影印丛书、自建数据库平台、已购商业数据库均可显示，方便读者根据实际需求选取。

革命文献与民国时期文献方面，“民国时期文献联合目录普查平台”是目前国内最大的民国时期图书普查数据库。国家图书馆“民国图书”专题资源库，免费提供753万页电子版民国时期图书。

随着数字化的不断深入发展，数字展览作为图书馆存藏资源、开展活动的新兴手段受到广泛关注。大部分图书馆都推出了网上展厅、线上展览。如国家图书馆的“中国记忆”项目，不仅包括文献、照片、纪念物等传统展览元素，还加入了口述史料、影像资料等特色资源。

7.1.1.5　中华优秀传统文化推广活动

各图书馆传承弘扬中华优秀传统文化的模式大致可分为三种：

第一种，围绕典籍文献本身开展的宣传推广。此类推广主要包括举办展览、开办讲座、历史文献阅读推广等。

展览　由国家古籍保护中心牵头，各地积极参与，在全国范围内举办大型展览有“册府千华——珍贵古籍特展”“古籍保护计划十年成果展”“革命文献与民国时期文献保护计划成果展”等。不少图书馆也根据本馆的馆藏特色，筹划主题展览。如国家图书馆“旷世宏编文献大成——国家图书馆藏《永乐大典》文献展”“妙笔生辉：上海图书馆藏名家手稿展”以及南京图书馆的“家国书运——八千卷楼藏书特展”等。

讲座　各馆开办的讲座根据受众的不同，大致可以分为针对普通读者的通识讲座，面向专业研究人员的学术研讨会，针对图书馆从业人员的业务培训以及针对相关专业学生的名师讲堂。

历史文献阅读推广　围绕典籍文献开展阅读推广是将图书馆开展“阅读推广”与“弘扬传承中华优秀传统文化”两项职能相结合。“十三五”期间，历史文献阅读推广的重点项目是“中华传统文化百部经典”编纂项目，该项目旨在遴选中华优秀传统文化中最具代表性的100部经典，深入浅出地进行解读，为广大读者提供一套立足学术、面向大众的古代典籍普及读本。截至2020年，已先后完成了40部著作的出版。与此同时，各古籍收藏单位的相关宣传推广工作也已拉开序幕。

第二种，借助典籍推广打造中华优秀传统文化传承平台，包括线上和线下两种。

线上平台包括公共图书馆自行建设的数字人文平台（数字图书馆）和各类媒体平台。

“数字人文”作为新的国际议题，是横跨技术与人文的新兴领域，是“大数据时代”的产物。上海图书馆家谱知识服务平台的建设是借助古籍推广传承中华优秀传统文化的一次成功尝试。该平台具有上传家谱（在线捐赠）、在线识谱、在线修谱三种功能，使所有网络终端用户都可以参与到寻根问祖的活动中来，真正实现“文化遗产，全民共享”。

图书馆不仅通过与各类报刊媒体、广播电台合作，制作相关节目，来传播中华优秀传统文化，还积极利用互联网站、微信、微博、短视频 app 等各类网络载体，创新表达方式。国家图书馆、上海图书馆、浙江省图书馆等单位还开通抖音短视频账号分享古籍知识。粤港澳地区公共图书馆间建立了粤港澳书目统一检索系统和粤港澳古籍民国文献网上资源共享平台，并联合开展各种活动，其中规模最大、影响最广的是每年“4·23”期间的世界阅读日粤港澳创作比赛，该活动自 2012 年开办，已成为该地区具有代表性的少年儿童阅读文化交流活动。

图书馆自建线下传统文化推广平台的典型当属“图书馆 + 书院”模式，大连图书馆白云书院、山东省图书馆尼山书院、黑龙江省图书馆龙江书院等致力于中华优秀传统文化的推广，围绕国学、国艺、地方历史等方面进行阅读推广活动，传承了地方文化。

第三种，挖掘古籍中的优秀传统文化元素，对其进行提取再造。

在古籍的宣传推广过程中，积极挖掘提取古籍中的文化艺术价值，与时代特点及要求相结合，提练出能够凸显文化特色的经典元素或标志符号进行推广，此类模式大致包括以下几种：

主题活动 通过挖掘中华优秀传统文化中的一些经典因素，如节庆、风俗、传统技艺等，传承民族传统与文化。例如："我们的节日"系列主题活动、"中华传统晒书节"等。香港公共图书馆围绕"香港文化轨迹""香港·生活""认识少数族裔文化"等主题，组织了一系列延续性活动，包括书籍介绍、专题讲座、展览及共融分享四类活动。

文艺创作 通过图书出版和纪录片拍摄，来宣传古籍中的传统文化。如国家图书馆联合中国楹联学会出版《书香联萃》《佳联赏析：亥猪拱福》。2019年3月，国家古籍保护中心与《藏书报》合作拍摄"工匠筑梦——古籍修复影响力人物"。

文创研发 2016年，国务院办公厅转发《关于推动文化文物单位文化创意产品开发的若干意见》指出：深入发掘文化文物单位馆藏文化资源，推动文化创意产品开发，对弘扬中华优秀传统文化具有重要意义[18]。至此，各古籍收藏单位纷纷对古籍文化创意产品开发工作进行尝试。2017年9月12日，"全国图书馆文化创意产品开发联盟"在国家图书馆成立，以指导各成员馆开展文创研发。

7.1.2 博物馆、美术馆的主要经验

博物馆、美术馆开展中华优秀传统文化推广的先进经验主要包括：

第一，开展游学活动。博物馆响应文旅融合的要求，推出了融旅游探索与学习研究于一体的游学活动。除了在馆内开展外，有些博物馆还结合区域特色及参与者年龄特点组织集体旅行，如国家博物馆的"公共考古夏令营"、苏州博物馆的"悠游@苏博"。

第二，与非物质文化遗产相结合。不少机构推出了"非物质文化遗产"系列讲座。南京博物院非遗馆内设"民俗茶社"，供民众体验欣赏江苏表演类、饮食技艺类非遗项目，"动态"展示非物质文化遗产。

第三，重视馆校合作。博物馆积极与学前、中小学、特殊教育、大学等

机构建立馆校联盟，开发“第二课堂”。合作活动的类型丰富、形式多样，包括参观、课程资源开发、志愿者培养、教育读物编写等。美术馆也将一些讲座沙龙、体验活动、艺术课程等引进学校。

第四，加强业务培训与志愿者队伍建设。美术馆十分重视提升员工的策展能力。2016 年以来，文化和旅游部持续实施“全国美术馆青年策展人扶持计划”，成果丰硕，挖掘、培养了很多杰出人才。展览标注策展人姓名，既是对策展人劳动成果的尊重，也提高了他们的创作热情。大力建设志愿者队伍，是博物馆行业的特色之一。博物馆通过严格的面试、岗前培训、考核等招募机制选优立新，为各项文化服务工作提供有力的支持和帮助。

第五，建立地域性的博物馆联盟。目前，国内形成了多个地域性的博物馆联盟，如黄河流域博物馆联盟、长三角博物馆教育联盟，以打造更多重量级的精品展览以及特色活动。中国国家博物馆还牵头组织丝绸之路国际博物馆联盟，在文物展览、藏品管理、学术研究、人员培训、联合考古、社会教育、公共服务、文化产业等多方面开展务实交流合作。

第六，广泛运用新媒体技术。博物馆美术馆大量运用当前流行的短视频、H5 互动游戏等，以全新的角度向观众展示文物与艺术品的魅力，让观众在获取信息的同时享有丰富而愉悦的互动体验。

7.2 公共图书馆传承弘扬中华优秀传统文化的成就与问题分析

通过对国内各公共图书馆传承弘扬中华优秀传统文化的实践考察可以看出，各个图书馆在传承弘扬中华优秀传统文化方面取得了一些成绩，但也存在着不少问题。

7.2.1 公共图书馆传承弘扬中华优秀传统文化成就分析

7.2.1.1 在中华优秀传统文化传承发展体系构建中发挥积极作用

随着社会经济的发展，文化建设的重要性愈加凸显。中华优秀传统文化是中华民族的“根”与“魂”，是中华民族必须世代相传的文化根脉、文化基因。传承弘扬中华优秀传统文化，是建设社会主义文化强国，增强国家文化软实力，实现中华民族伟大复兴的中国梦的重要举措。十八大以来，习近平总书记对传承保护中华优秀传统文化做出了诸多重要论述和指示，党和国家对于传承弘扬中华优秀传统文化也做出了宏观布局。2017 年，中共中央办公厅、国务院办公厅印发《关于实施中华优秀传统文化传承发展工程的意见》，首次以中央文件形式就如何实施中华优秀传统文化传承发展工程提出了具体要求，对公共图书馆在内的公共文化机构实施中华优秀传统文化传承弘扬工作做出具体部署、提供切实指导。“十三五”规划明确了“构建中华优秀传统文化传承体系”的必要性和重要性[19]。

地方政府积极响应中央号召，出台了地方性的指导性文件。比如中共山东省委办公厅印发《山东省传承发展中华优秀传统文化工作方案》，提出了传承发展中华优秀传统文化的五大体系，即中华优秀传统文化研究阐发体系、普及教育体系、实践养成体系、保护传承体系、传播交流体系[20]。

近年来，根据党和国家的要求，遵照《中华人民共和国公共图书馆法》的规定，公共图书馆坚持保护为主、抢救第一、合理利用、加强管理的方针，在中华优秀传统文化传承发展体系构建中发挥积极作用，主要体现在：

第一，将“中华优秀传统文化的保护传承”置于常规业务中，围绕中华优秀传统文化的研究、保护、传播、普及、实践等开展工作。国内各公共图书馆在资源建设、信息服务、社会教育、整理研究等方面都不同程度地涉及“中华优秀传统文化传承发展”。“中华优秀传统文化”已然成了公共图书馆在推动公共文化建设中不可忽视的主题。

首先是资源建设。公共图书馆不断充实中华传统文化书籍资源，满足人民群众对于阅览传统文化书籍的需求和权益。立足馆藏资源，特别是历史文献资源，全面开展古籍、革命文献与民国时期文献普查，摸清家底，梳理藏书脉络，使得书、目清晰，藏、用得当。提高以历史文献为主的中华传统文化资源的受保护水平。加强文献、文物的修复力量，对珍贵文献、文物予以重点保护，对濒危文献、文物予以及时抢救。充分挖掘地方文献资源以及地方文化遗产资源。加强历史文献资源的整理出版和数字化建设，推动再生性保护。

其次是信息服务。进一步扩大历史文献的开放性程度，利用数字化、整理出版等方式使得社会大众可以更便捷地阅览历史文献，实现“文化遗产，全民共享”。开发、整合中华优秀传统文化信息资源，为读者提供相关信息服务，方便读者获取、掌握、了解信息。

再次是社会教育。通过举办各类活动，进一步宣传历史文献保护的思想理念，向社会公众普及相关知识，以弘扬中华优秀传统文化。

最后是整理研究。加强地方文献、特色文献、珍善文献的整理、研究工作，挖掘文献资源所蕴藏的文化价值，使得更多深藏于书库中的文献为人所知，重焕生机。

第二，联结多方力量，扩大传承弘扬中华优秀传统文化的阵地与影响。中华优秀传统文化传承发展体系的构建不仅需要公共图书馆等文化机构的参与，也需要出版机构、教育机构以及家庭等多方力量的共同配合。公共图书馆作为向社会公众免费开放，收集、整理、保存文献信息并提供查询、借阅及相关服务，开展社会教育的公共文化设施，在中华优秀传统文化传承发展体系中还积极发挥了纽带作用，在书籍和读者之间，学校教育、家庭教育以及社会教育之间形成一个有效的传播渠道，通过协作、合作的方式，联系多个机构，成为中华优秀传统文化传承发展体系中非常重要的一环。

7.2.1.2 为中华优秀传统文化的传承弘扬营造优良的社会氛围

书籍是传播知识的重要载体，是人们接受知识的重要来源，公共图书馆利用馆藏书籍资源的优势，面向社会大众开展中华优秀传统文化传承弘扬的具体实践，取得了较为突出的成效。

从范围上看，无论是国家图书馆、省级图书馆，还是地市级图书馆、区县级图书馆，甚至是基层的文化站、农家书屋等，各级公共图书馆及其他公共文化机构都采取了针对传统文化推广和宣传的实践行动。

从实践类型上看，主要包括展览、讲座、读书会、体验互动、视频播放以及线上活动等。部分公共图书馆举办的活动具有一定创新性，宣传推广有力，形成了具有一定影响力的活动品牌，在社会上的知名度和认可度都较高。比如山东省、福建省及黑龙江省所推行的“图书馆 + 书院”模式，将各种传统文化相关活动和服务系统有序结合，建立起地方性的中华优秀传统文化推广平台，培养了大量的学员，特别是加强了优秀传统文化在未成年人中的宣传普及工作，培育其文化素养[21]。还有一些公共图书馆开展了诸多国学培训课程，充分发挥了图书馆的社会教育功能。

从工作组织上看，公共图书馆在进行传统文化推广时，常与阅读推广工作相结合，借助古代经典书籍的阅读推广，进一步宣传中华优秀传统文化。公共图书馆也会将传统文化推广和历史文献保护工作相结合，通过宣传加深民众对历史文献的认识与了解，提高民众对历史文献的保护意识，传承中华文明，弘扬传统文化。

从社会影响上看，公共图书馆积极发挥公共文化服务职能，激发社会大众对于传统文化的兴趣，为中华优秀传统文化的传承弘扬营造优良的社会氛围。在国家的大力推动和政策扶持下，公共图书馆积极引领中华优秀传统文化的创新发展，在公共服务、文化产业中倡导中华优秀传统文化的传承弘扬，鼓励民间力量参与传统文化的保护和推广事业。积极参与社会宣传活动，借助网络等新媒介，扩大推广路径，比如《书房里的中国》《我在故宫修古籍》

等纪录片以及《国家宝藏》《典籍里的中国》等文博探索节目，以其广泛传播力为中华优秀传统文化造势。

7.2.1.3　不断推进中华优秀传统文化的创新性转化和创造性发展

公共图书馆积极挖掘中华优秀传统文化的深厚内涵，重点围绕典籍文化、地方文化、非物质文化等，做好专题研究，开展宣教活动，组织人才队伍，激发文化创意，积极阐发传统文化符合时代需要的新内涵、新价值和新意义，并不断进行补充、拓展、完善，使之成为具有时代精神的文化，从而助推社会发展。文化不仅是民族的，更是世界的。当今世界各族文化碰撞、交流、融合，公共图书馆通过建立国际行业间的对话与互动，以世界的、开放的眼光尊重每个民族文化的传统和个性，并致力于扩大中华优秀传统文化对外传播力和国际影响力，培育国人的文化自信，让世界更加了解中国。

为了推动中华优秀传统文化的传播，公共图书馆尽可能将专业、高深的知识转变成普及、通俗的知识，将存在于典籍文物中的文化元素融入百姓家常生活。普遍实施了优秀传统文化进学校、进机关、进企业、进农村、进社区等；广泛开展面向各个年龄层的宣传推广活动，使传统文化和现代生活相适应、相融合。

公共图书馆从内容和形式两个方面推进中华优秀传统文化的创新性转化和创造性发展。一些公共图书馆推行的经典阅读、展览宣传、礼仪普及、大众讲座等活动，虽然是常规形式，但仍然长期受群众欢迎，其原因在于做到了“旧瓶装新酒”，创新了内容，抓住了受众的参与动机和兴趣，使得活动紧扣热点、联系生活，真正接了“地气”。除此以外，越来越多的公共图书馆创新理念，与时俱进，在方法上、渠道上大力创新，在教育引导、舆论宣传、文化熏陶、实践养成等方面，选择大众喜闻乐见、便于参与的载体和形式，比如电子阅读、游学活动、文创产品、手机游戏等，让中华优秀传统文化成为一种全新的流行风尚。

7.2.1.4　运用新兴技术，助力中华优秀传统文化的传承与弘扬

随着科学技术的蓬勃发展，公共图书馆在客观上不可避免地被卷入科技大潮，同时主观上也在努力探索，积极拥抱网络和 VR、AI 等新兴技术，从而更好地服务社会。此次调查显示，在传承弘扬中华优秀传统文化的实践过程中，国内公共图书馆较为普遍地运用了数字化技术，这表现在：

其一，数字化技术越来越成熟。现在公共图书馆基本采用数字化扫描、影印等复制手段，不仅是对历史文献这种文化遗产的再生性保护，亦便于其传播和使用。相对于过去的缩微胶片技术，经过高清数字化处理的图片，可以更全面、真实地反映文献的文本信息，这是目前解决保护与利用的最佳方案。

其二，相关数据库层出不穷。文本的数字化只是第一步，如何将数字化资源有机整合以便于检索利用是古籍数字化建设的关键。在索引数据库方面，公共图书馆已经从创建馆藏书目数据库向建设全国性联合书目网络发展。在全国普查的基础上，形成了覆盖全国、易于联合检索的“全国古籍普查基本数据库”和“民国时期文献联合目录普查平台”。而在全文数据库的建设上，“中华古籍资源库”的建设显示出国家大力建设数字化资源的决心。“中华古籍资源库”是中华古籍保护计划的重要成果，目前在线发布的古籍影像资源包括国家图书馆馆藏善本和普通古籍、法国国家图书馆藏敦煌遗书、天津图书馆藏普通古籍等，资源总量超过 3.3 万部，国家图书馆三分之二的善本古籍实现在线阅览。国家图书馆（国家古籍保护中心）在古籍资源方面开放共享的举措，也迅速得到了全国各古籍收藏单位的积极响应，2017—2019 年，国家古籍保护中心先后举办了四次古籍数字资源联合发布活动，联合各级公共图书馆、高等院校、科研机构、博物馆系统等 30 余家古籍收藏单位在线发布古籍共计 7.2 万余部[16]，形成了全国联动的新局面。此外，各图书馆建设的专题性数据库也颇具亮点，如国家图书馆的“数字方志”“中华医药典藏资源库”“碑帖精华”等数据库，上海图书馆的“上海年华”，楚雄州图书馆彝族文献数据库等。

其三，新媒体技术的广泛运用拓展了中华优秀传统文化的传播推广渠道，为公共图书馆提供了更好的服务手段。公共图书馆利用移动客户端、微信公众号、微博、听书等平台线上分享知识、普及文化，让人们可以随时随地享受远程服务，如线上展览、网页游戏、听书、讲座等，通过引入一些新的技术例如 VR、AR 等增强推广效果。

其四，数字人文技术的发展为数字化的升级服务提供新的可能。数字展览是当前图书馆数字化发展的新趋势，依托数字人文和信息技术的发展，将传统的文献资源通过整理和编辑，转化成为线上展览，是图书馆实现其公共文化职能的重要表现方式之一。数字展览不仅推动了公共图书馆对传统文献资源存藏、利用手段的革新，更丰富了公共图书馆社会教育、文化普及与传播和推动全民阅读等公共文化活动的表现形式。近些年来，我国的公共图书馆积极推动数字资源建设，各馆将历年来积累的数字展览通过线上展厅转化成为本馆常态化的公共教育类资源，其中以国家图书馆的“中国记忆”项目最具代表性。该项目在集合了大量文献、照片、实物、口述史料、影像资料的基础上，形成现当代中国社会重大事件和重要人物等专题文献资源集合，通过线上展陈等多种服务形式为读者提供服务。

7.2.2 问题及分析

为了更好地了解公共图书馆开展传承弘扬中华优秀传统文化工作的情况，在重点选取各地区具有代表性的各级图书馆进行相关资料收集的基础上，课题组还制作了面向各图书馆的调研表及面向图书馆相关从业人员的调查问卷，发放单位包括全国 29 家公共图书馆、4 家高校图书馆及 1 家博物馆，收回 21 家单位的有效问卷及调研表。此外，课题组还选择了福建省图书馆和金陵图书馆，进行深入调研，完成相应的调查报告。

7.2.2.1　缺乏引导和规范，认识或有偏差

调查发现，某些公共图书馆对于推广传统文化的热情高涨、态度积极，策划举办了很多活动。但是从活动内容上看，这些公共图书馆对于推广传统文化的认识仅停留于“传统文化”，而对是不是“优秀文化”缺乏辨别力，向公众传播了一些较为落后的文化糟粕。调研发现某公共图书馆设立的家风馆在微信公众号上发布的一些文章内容低俗，公然宣传所谓“妻子道”：“先从‘三从’上定住位，才能助夫成德。”不仅严重影响图书馆的社会形象，甚至可能影响人民群众对国家弘扬传统文化初衷的理解与认识，效果适得其反。造成这种现象的原因一是许多图书馆员自身文化素质水平不高，在日常工作中，对自古流传下来的文化习俗、思想观念不加甄别地予以宣传。二是缺乏引导和规范。随着“传统文化热”不断升温，社会上一些学术机构、民间团体、企事业单位以“弘扬国学”“推广传统文化”为名举办培训或组织活动，但是由于缺乏正确的引导和管理，这些培训与活动等呈现出混乱无序、良莠不齐的状态。公共图书馆作为重要的公共文化服务机构，在中华优秀传统文化的传承弘扬中本应该起到良好的文化导向作用，然而目前公共图书馆自身在主观认识以及监督管理机制上还存在问题，在推进中华传统文化健康发展进程中引领作用有待提升。

7.2.2.2　推广程度不同，地区发展不平衡

“十三五”以来，公共图书馆在传承弘扬中华优秀传统文化事业上整体取得长足发展，但是由于各地的主客观条件有异，对中华优秀传统文化的推广程度不同，地区发展不平衡现象比较明显。我们分别调查了广东、河北、江苏、湖北、陕西、辽宁等地区公共图书馆传承弘扬中华优秀传统文化的情况，从每个地区选择相应的省级图书馆、地市级图书馆、区县级图书馆进行横向比较，以归纳各区域发展的特点，并分析造成地区发展不平衡的原因。

其一是省级公共图书馆、地市级图书馆、区县级图书馆之间的差距。省级公共图书馆一般位于省会城市或者是省内较为发达的地区，服务人口众多，

文献资源丰富程度居省内前列，大多藏有不少历史文献；业务全面且水平较高，在历史文献的存藏修复、整理出版、研究利用工作上都拥有较强的人才力量；作为全省的公共文化信息中心，经费较充裕，在购买和自建网络数字资源方面有很大优势。省级图书馆一般也都是省古籍保护中心所在地，主要负责全省古籍普查登记工作、汇总古籍普查成果、建立全省古籍联合目录，承担全省古籍保护业务指导、培训的具体工作。由此可见，在传承弘扬中华优秀传统文化的工作中，省级图书馆所具有的优势非常明显。与省内其他图书馆相比，省级图书馆通常都是传统文化推广的引领者。而地市级图书馆及区县级图书馆的发展综合来看明显不如省级图书馆。在经济发达的地区，地市级图书馆及区县级图书馆的基础设施、资源建设、馆藏条件还比较好；而欠发达地区地市级及区县级公共图书馆基础设施建设并不完善，有的还没有独立的馆舍，人均阅览面积较少，资源建设也很薄弱，两者从基础条件上来说已经具有相当大的差距。其次地市级图书馆及区县级图书馆的服务人口远不如省级图书馆，再加上很多图书馆在当地宣传不足，影响不大，举办相关活动较少，市民对图书馆及其服务、活动的了解不多，即使举办了若干关于传统文化推广的活动，也会产生参与者有限、活动效果欠佳的问题。当然，我们通过调查，也发现一些地市级及区县级公共图书馆在当地政府的重视下，大力创新，积极拓展业务，在读者服务、读者活动上表现突出，在优秀传统文化的传承弘扬事业中发挥着积极且有效的作用，甚至成了当地文化标杆，对当地的经济社会建设也有促进作用。

其二是城乡之间的差距。在我国城镇经济发展差距较大，这在一定程度上也影响了文化发展的同步性。目前，乡、镇、村等基层公共图书馆或文化馆通常只能满足人民群众最基本的文化需求，如借阅书籍、休息娱乐。活动举办较少，形式也很单一。广大农村地区作为中华优秀传统文化传播的热土，有很深厚的文化积淀、较庞大的受众群体及较迫切的文化需求，但是由于“人、财、技”的缺乏，乡、镇、村等基层公共图书馆在内的文化机构未能利用此优势对中华优秀传统文化进行行之有效的推广。目前，为做好文化扶贫工作，更好地满足新时代农民群众对文化服务的需求，省市级公共图书馆大力开展“文化下乡”服务活动，通过送书补充了农村的文献资源，通过举办活动丰富了农村居民的生活，传统文化推广的活动通过此形式走进了乡镇、村社。但是文化下乡活动的覆盖面毕竟有限，真正提高农村公共文化建设水平才是根本方法。

其三是地域发展差距。从调查情况可以看出，京津冀、长三角和珠三角地区公共图书馆，在中华优秀传统文化的弘扬和推广工作中整体工作落实到位，表现突出，该区域内的各级公共图书馆在基础建设、活动设计、内容选择、组织方法、人才配备、技术支持上发展得较为成熟。特别是某些公共图书馆对于中华传统文化推广所提出的一些先进理念颇具创新性和指导意义。社会经济发展水平对于文化发展有较大影响，在经济、文化和教育发达的地区，当地政府对于文化的重视程度高、经费投入多，那么对于公共图书馆传统文化传承与弘扬工作上的投入也相应多一些，这些图书馆在古籍保护推广、人才培养、数字化建设、传统文化相关读者活动举办等方面做得也更好。而中部、西部地区的推广程度明显不及上述地区，硬件设施和软件条件等都是限制其发展的原因。

我们对河北、江苏、广东、湖北、陕西、辽宁六省各地市级图书馆中华传统文化自建数据库的情况做了简单统计，其中江苏、湖北、广东三省地市级公共图书馆自建数据库的比例明显高于其余三省，且数字资源整理和开发水平也在其余三省之上。造成这种差别的原因，首先是技术条件。一个地区的文化主管部门对于数字化建设的经费投入不足、没有给予相应的技术支持，数据库建设的客观条件明显缺失，直接限制了该地区数字化发展。其次是缺少相应的人员配备。数字化建设并不是光靠技术就可以实现，也需要人员对馆藏资源进行开发、整理，挖掘特色馆藏，确定选题。因此，我们看出，我国东南部地区的公共图书馆在人才培养和储备上具有一定优势，有利于数字化技术的综合运用。再次是很多地方对于本馆以及当地的资源重视程度不够，其网站上的数字资源基本都是外购，而自建资源很少甚至没有。调查中也发现，一些馆在自建资源上虽然成绩斐然，但是在开放使用上理念保守，读者只能在馆内阅览馆藏自建数字资源，未实现全网公开发布。

7.2.2.3 推广效果参差，创新之举不多

研究结果显示，公共图书馆关于中华优秀传统文化的传承和弘扬，最主要体现在对历史文献的利用上，包括文献的开放阅览、数字化、整理出版、宣传推广等；也有以图书馆其他资源为核心对中华优秀传统文化的开发和宣传。从内容上看，中华优秀传统文化包罗万象，丰富灿烂，但是公共图书馆在推广过程中仍然显示出利用不足的问题：

一是部分公共图书馆对优秀传统文化传承保护的重要性认识不足，自觉性不够。一些馆存在“死保死守，藏而不用”的现象，珍贵文献或者文物没有得到有效展示，文献开放程度较低，对于非物质文化遗产项目没有及时发掘整理和深度开发利用。部分地区的公共图书馆以及博物馆对传统文化元素挖掘不够，策展布展、组织活动能力较弱。无法有效地和文化产业对接，文创开发仍存在开发层次低、创意不足等一系列问题等。因此，公共图书馆在传统文化宣传过程中实质性推进力度小，导致传统文化的社会影响力比较微弱。

二是从形式上看，公共图书馆的传统文化弘扬显示出载体不足、缺乏民众喜闻乐见的形式等问题。线下的推广活动形式较为单调、陈旧，创新性不足；同地区不同馆举办的活动存在着简单模仿的问题，形式雷同，对参与者吸引力不大。在数字、网络、新媒体发展的潮流下，线上活动渐渐兴起，但囿于人才、资金、技术等因素，公共图书馆线上活动并不普遍，一些基层公共图书馆还没有建立自己的新媒体平台，而借助公众号、微博等新媒体平台推广的单位，发布的内容也都是以图文类的静态文稿或者视频类的讲座资源为主，是对馆藏资源和线下活动简单复制与转化，制作比较粗糙，可看性不高。

7.2.2.4 人才缺乏，经费不足，相关保障措施执行不力

各个地区、各个单位都普遍存在人才匮乏问题，人才队伍现状同时代发展的要求还不相适应。调查问卷显示，从事传承和弘扬中华优秀传统文化相关工作年限：16 年以上的人员占 22.22%，11—15 年的人员占 5.56%，6—10 年的人员占 22.22%，5 年以下的人员占 50%。各馆工作人员中有其他岗位人员兼职的占 83.33%，有志愿者和专职人员的各占 50%。由于资金与编制设置问题，各地公共图书馆专职从事中华优秀传统文化推广工作的人员比例较低，从业时间也较短。事实上，不少市县级公共图书馆从事古籍编目、修复工作的人员都十分匮乏，在边远地区、少数民族地区这一问题更为突出。不少基层公共图书馆古籍藏量巨大，却没有古籍专职人员。不少参与普查的人员在此之前没有系统学习过古籍整理编目知识，不具备古籍分类编目和版本鉴定的专业素养，古籍著录质量难以保证。做古籍普查的同时，还要兼职其他工作，普查进度较慢。古籍修复人才缺口严重，不少公共图书馆古籍修复人才严重缺编，许多经济欠发达省份古籍修复人才不断外流，相关工作人员不断减少，古籍原生性保护工作难以持续开展。基层文化遗产保护事业的管理和专业技术人员欠缺的现象严重，且人员素质有待提高。

无论是开展基础性古籍保护工作或是中华优秀传统文化的传承推广，都是一项长期的艰巨工程，公共图书馆作为非营利的公共文化单位，依赖地方财政的稳定投入。只有在经费有保证的情况下，各项工作才能顺利开展下去。目前全国绝大多数图书馆都面临着经费短缺问题，在经济欠发达地区，情况更为严重。问卷调查结果显示，94.44% 的受访者认为财政支持不足是当下传承弘扬中华优秀传统文化工作中的主要困难。由于经费不足，不少基层公共图书馆无力购置樟木书柜、恒温恒湿的古籍保管设备，古籍保存环境与国家颁布的古籍保护标准有很大差距；在古籍修复方面，绝大多数公共图书馆没有开设古籍修复室，而部分有古籍修复室的古籍收藏单位，由于馆舍条件限制，无法提供专业的修复工具和先进的修复设备，影响古籍修复工作正常开

展。古籍整理与数字化、人员的培养等都因经费短缺难以为继。一些古籍等文化遗产资源丰富的经济欠发达地区，由于地方财政困难，保护资金缺口较大。此外，关于经费保障、人才支持等方面的规定过于笼统，缺少长效性、系统性的保障措施，影响了实际执行效果。可以说，资金短缺是制约各馆古籍保护和传承弘扬中华优秀传统文化工作持续开展的最大瓶颈。

7.3　公共图书馆传承弘扬中华优秀传统文化未来发展战略

基于调查研究的结果，课题组提出了公共图书馆传承弘扬中华优秀传统文化的未来发展战略，包括发展方向与发展重点、发展对策及发展规划。

7.3.1　发展方向与发展重点

深入贯彻《关于实施中华优秀传统文化传承发展工程的意见》，以内容建设为根本，以先进技术为支撑，以宣传引导为目的，深入开展中华优秀传统文化的宣传推广。充分利用全媒体时代的传播体系与新技术，通过经典诵读、展览展示、数字化服务、影印出版、文化创意产品开发等多种方式，加强对中华古籍的揭示和利用，发挥古籍的文化价值和社会服务功能。进一步挖掘中华优秀传统文化的内核与价值，支持文化创意产业发展，促进文旅融合。秉承“不忘本来、吸收外来、面向未来”的宗旨，实现中华优秀传统文化的创新性转化和创造性发展。

未来公共图书馆在弘扬传承中华优秀传统文化方面的工作重点包括：

7.3.1.1　加强对文化典籍资源的开发、整理、利用

“十三五”期间，全国古籍普查登记工作基本完成。下一阶段，应充分利

用所取得的系列成果，做好开发利用工作：向社会发布全国古籍普查登记工作成果，以便大众了解、利用古籍文献；完善古籍的保护管理机制，建立科学有效的古籍分级保护机制，强化对古籍的原生性保护与再生性保护；加强中华文化典籍整理编纂出版工作，通过点校、注释、今译、影印、索引、汇编、辑佚、书目等方式，使珍贵典籍化身千万，传播八方；加强对地方文献的开发、整理及研究；进一步加强对少数民族文化典籍文献的编译和整理，推动少数民族地区传统文化的传承和保护。

7.3.1.2　深入开展中华优秀传统文化的宣传推广

公共图书馆等古籍收藏单位应立足所藏古籍资源，围绕古籍保护，开展相关主题展览，积极举办如讲座、诵读、读书会、知识竞赛、征文等不同形式的读者活动。积极运用现代科技手段，让观众在多样的互动体验中感受古籍的魅力。深入阐发中华优秀传统文化精髓，让公众了解中华文化的历史渊源和发展脉络，使古籍在提高人民群众文化素养、增强民族凝聚力、扩大中华文化影响力等方面发挥更大作用。在全国各级各类图书馆、博物馆、美术馆等文化机构中评选出“中华优秀传统文化培训教育基地”，专门从事相关培训教育，以培养社会大众对中华优秀传统文化的兴趣并强化社会大众对传统文化的深入理解。公共图书馆应加强与学校的合作，以中华优秀传统文化为引领，帮助和引导广大青少年发现中华文化之美，使中华优秀传统文化在中小学校园里焕发生机。

7.3.1.3　广泛运用数字技术、新媒体技术

加强中华优秀传统文化数字资源的开发与建设，促进资源的开放与共享。鼓励和支持不同类型的文化机构加快中华优秀传统文化数字化步伐，借助互联网、大数据、云服务等高新技术，率先对特色文化资源进行数字化。整合国内优秀的古籍数字资源，联合发布古籍影像在线资源。建立开放共享的中华优秀传统文化资源公共数据平台。

7.3.1.4　创新文创业态，促进文旅融合

加强中华传统文化和文化遗产传承利用，坚持社会效益为先，大力推进文化创意产品开发工作，让传统文化融入生活，服务社会经济发展，使文化产业借助新颖创意迸发新姿态、实现新发展。进一步推动文化和旅游深度融合，实现以文促旅、以旅彰文的双重目标。通过与游戏、动漫、影视等各种类型文化共创，助力文旅产业转型升级。做好对非物质文化遗产的保护、传承、推广工作。

7.3.1.5　推动中外文化交流互鉴

加强对外文化交流合作，创新人文交流方式，丰富文化交流内容，不断提高文化交流水平。积极开展新形势下中国文化特别是中华优秀传统文化的对外宣传工作，传播中国声音，讲好中国故事。

7.3.2　发展对策

公共图书馆传承弘扬中华优秀传统文化，需要在组织领导、政策制度、协作机制、宣传推广、资金保障、人才配备六个方面采取有效措施。

7.3.2.1　加强领导，为传承弘扬中华优秀传统文化提供强有力的组织保障

发挥政府在中华优秀传统文化体系建设中的主导作用，加强监管，科学制定长期规划，建立统筹协调的工作机制，充分发挥专家学者作用，将弘扬中华优秀传统文化深度融入意识形态建设、精神文明创建和价值观培育等各项工作中。认真抓好试点示范，及时总结推广好的经验做法，使弘扬传统文化工作沿着健康轨道发展。

7.3.2.2　加强相关法律法规建设，加大监管力度

根据我国实际制定中华优秀传统文化弘扬发展的规划和政策，支持制定并推广相关行业标准，完善相关法律。加快古籍保护立法，加强古籍保护标准化建设。依据《中华人民共和国非物质文化遗产法》，加大非物质文化遗产

保护力度。充分发挥各行政主管部门在传承发展中华优秀传统文化中的重要作用，建立完善联动机制，严厉打击违法经营行为。加强法治宣传教育，增强全社会依法传承发展中华优秀传统文化的自觉意识，建设礼敬守护和传承发展中华优秀传统文化的良好法治环境。

7.3.2.3 建立健全协作协调长效机制，各司其职、优势互补，共同推进中华优秀传统文化的传承弘扬

公共图书馆应积极开拓思维，充分调动并联合社会各界优势力量，形成合力，为中华优秀传统文化的传承弘扬提供有力支持。建议政府及相关部门积极扶持民间组织和单位参与传统文化的弘扬和宣传，鼓励与支持企业和民间资本投入传统文化推广。

7.3.2.4 加强中华优秀传统文化宣传

积极宣传中华优秀传统文化推广工作，并联合各新闻媒体发表专稿、专栏、专刊及新闻报道等，在社会上广泛宣传中华优秀传统文化知识，提高公众保护优秀传统文化的意识。加强以移动互联网为代表的新媒体、新渠道传播，用适当的方式融入中华文化的元素。

7.3.2.5 不断加大资金投入，解决经费短缺困难

建议政府划拨专项经费，支持公共图书馆弘扬优秀传统文化。同时大力拓展筹资渠道，形成多元化的筹资机制，除专项财政资金资助外，还可以寻求基金会、企业和个人等非官方资助。有条件地适度放宽公共图书馆从事经济活动的限制，鼓励其在开展公益性活动的同时开展与自身业务相关且不以营利为目的的合法经营性活动。

7.3.2.6 增加专业人才配备，加强人才培养力度

促进古籍保护工作的持续开展，应按实际情况增加古籍专业人员的编制数量，同时提高员工待遇，留住人才。培养、发掘、鼓励具有创新意识、创业精神的人才，建立中华优秀传统文化传承弘扬人才智库。规范人才队伍管理，加强培训，推动从业人员专业素质提升。与院校、社会机构等合作，大

力培养志愿者。

7.3.3　发展规划

公共图书馆传承弘扬中华优秀传统文化应贯彻“保护为先，传承为本，弘扬为要，服务为上”的总原则。

7.3.3.1　国家层面战略目标

（1）古籍保护战略

古籍是重要的文化遗产，公共图书馆要继续依托中华古籍保护计划开展相关工作：

进一步推进古籍普查与修复工作。加快全国古籍普查登记工作的完成。全面了解和掌握各级图书馆、博物馆等单位及民间所藏古籍情况，建立中华古籍综合信息数据库，形成中华古籍联合目录。完善国家珍贵古籍名录和全国古籍重点保护单位评定制度。完善古籍修复标准和规范，重点加强列入国家和省级珍贵古籍名录和濒危古籍的修复工作。开展对少数民族古籍文献、海外中华古籍专项保护。

推进中华文化典籍整理编纂出版工作。开展长江、黄河、大运河流域文献等重点专题征集整理工作。提高古籍数字化建设水平，推进古籍保护数字化标准建设，为古籍数字资源采集、记录、存贮和检索应用提供遵循。打造特色鲜明的古籍数字化成果，建设“中华古籍书目数据库”“中华古籍数字资源库”等古籍资源库，向全社会开放共享。

开展古籍保护宣传与推广。充分利用全国古籍普查登记工作所取得的系列成果，推动各地区有关单位加强对古籍文献的诠释和解读，通过组织开展线上线下相结合的中华优秀古籍宣传活动，深入挖掘古籍所蕴含的文化内涵，促进古籍保护成果的创造性转化、创新性发展。推动以古籍为载体加强对外文化交流，加强与海外古籍存藏机构合作，充分运用海外中国文化中心等机构和文化节展、博览会和旅游推介会等平台，组织对外宣传展示活动，推动中华文化“走出去”。

（2）宣传弘扬中华优秀传统文化战略

①整合各类资源

全面调研“十三五”时期中华优秀传统文化的宣传推广工作，整合全国各级公共图书馆已有项目资源、活动资源和人才智力资源，创新运行机制、工作模式和服务手段，促进优质资源逐级下沉。利用目前数字化建设的既有成果，探索建设中华优秀传统文化数字资源平台，促进中华优秀传统文化数字资源的开放与共享。鼓励图书馆员发挥专业优势投身中华优秀传统文化推广服务，壮大中华优秀传统文化推广人才队伍。

②开展推广服务活动

完善从国家层面到地方层面多层次的中华优秀传统文化传承弘扬体系。通过专题展览、学术交流及讲座、互动体验等多种形式开展古籍保护宣传工作，提升社会各界对古籍保护工作的认识。充分利用重要传统节日、重大节庆和纪念日等时间节点积极开展中华优秀传统文化推广服务活动。继续举办“中华传统晒书节”、“册府千华”珍贵古籍展览、“古籍修复技艺进校园”等系列活动，扩大并延续此类活动的社会影响。各类图书馆、博物馆、美术馆等文化单位全面梳理馆藏文化资源，广泛吸引社会力量参与，进行文化创意产品开发。推动优秀传统文化与当代文化相适应、与现代社会相协调，推陈出新，更好地弘扬中华优秀传统文化。

③推动经典阅读

充分发挥图书馆的空间优势，打造经典阅读推广文化空间。加强对馆藏资源的开发和利用，广泛开展经典阅读活动，弘扬中华优秀传统文化。开展中国传统文化书籍导读、推荐，举办讲座、沙龙、读书会等多种形式的阅读指导活动，创设具有一定影响力的经典阅读品牌活动。推进优秀中华典籍的当代解读，形成一批学术性、知识性和普及性相结合的精品丛书。对“中华传统文化百部经典”丛书进行重点推介，培养社会大众对经典文献阅读的兴趣，让经典走进大众、走进生活。

④拓展宣传阵地

加强中华优秀传统文化主题宣传、普及活动，如巡展、读书会、游学、培训等。扩大传统文化宣传范围，将传统文化推广延伸至中小学校、高校、社区、企事业单位等。利用机构自设的书院，或联合当地文化书院开展传统文化教育推广活动。通过典型引导、以点带面，推出一批在全国范围内取得突出成绩的典型代表。继续开展中华优秀传统文化实践基地、“中华经典传习所”等教育基地建设，在全国各级各类图书馆、博物馆、美术馆等文化机构中评选“中华优秀传统文化培训教育基地”，培养社会大众对中华优秀传统文化的兴趣，并强化社会大众对传统文化的深入理解。

⑤加强对非物质文化遗产的保护

实施非物质文化遗产传承发展工程，进一步完善非物质文化遗产保护制度。充分发挥各级图书馆、文化馆、博物馆等公共文化机构的作用，有条件的地区或机构可设立非物质文化遗产专题博物馆、展示中心、传习所等。其中，图书馆应加强对雕版印刷、活字印刷、古籍修复等相关非物质文化遗产的保护和展示，实施传统工艺振兴计划。深入开展“我们的节日”主题活动，丰富春节、元宵、清明、端午、七夕、中秋、重阳等传统节日的文化内涵，形成新的节日习俗。大力推广和规范使用国家通用语言文字，保护传承方言文化。启动非物质文化遗产整体保护规划的编制工作。重点做好国家级非物质文化遗产项目的专项保护规划。

7.3.3.2　地方层面举措建议

（1）古籍保护与利用

古籍收藏单位应继续完成古籍普查，做好古籍修复和保护、古籍整理和利用、古籍的宣传与推广等各项工作。进一步提升地方公共图书馆古籍文献管理水平，重视古籍文献的保护、揭示和服务，方便使用者对于古籍文献的利用和研究。对馆藏珍贵古籍实现数字化存储，提供数字阅览服务，提高图书馆信息化服务水平。未藏有古籍的单位要充分利用各类新印典籍、专题数据库等资源，做好古籍收集、保护、宣传等工作，积极开展文化典籍服务活动，提升中华传统文化的影响力。

（2）加强传统文化资源建设与宣传

整合公共图书馆传统文化资源，建立以公共图书馆为主体，联结社会各方力量统筹推进的协同创新机制。除古籍资源外，图书馆要加强馆藏传统文化类文献信息资源的建设水平，丰富、优化馆藏纸质文献和数字化资源。促进地方文献资源建设，系统搜集整理和抢救保护地方文献资源，加强历史文献整理出版。开展地域性文脉传承与文化特色的研究，将中华优秀传统文化的传播和地域文化的挖掘弘扬相结合，通过历史、民俗、名人、文献、方言等系列活动内容，因地制宜、突出重点，推动地方文化的保护和传承，开发老百姓喜闻乐见的文化产品和文化旅游项目。

7.3.3.3　保障措施

（1）建立健全体制机制保障

贯彻落实《关于进一步加强古籍保护工作的意见》《关于实施中华优秀传统文化传承发展工程的意见》《关于推动文化文物单位文化创意产品开发的若干意见》《关于推动数字文化产业创新发展的指导意见》等相关政策性文件，积极推动中华优秀传统文化保护传承体系建设，开展一系列富有成效的工作。在组织领导上，建立中央和地方优秀传统文化传承发展工作联席会议制度，加强规划指导、统筹协调和督促检查，构建党委统一领导、各方共同推进的工作机制和格局。在政策保障上，探索设立地方优秀传统文化传承发展专项基金，完善财政投入、金融支持、税收优惠和法治建设、激励表彰、人才培养等政策措施。在宣传教育上，把中华优秀传统文化作为文化建设的重要内容，贯穿国民教育、滋养文艺创作、融入生产生活，形成良好的舆论导向和社会氛围。

（2）完善法治保障

完善以《中华人民共和国公共图书馆法》《中华人民共和国文物保护法》《中华人民共和国非物质文化遗产法》为核心的法律法规体系。制定文化产业促进法等相关法律，对中华优秀传统文化传承发展有关工作做出制度性安排。国家及地方的相关部门，特别是文化部门需因地制宜，制定出台具体的规划、意见、方案、标准等，促进中华优秀传统文化传承发展。

（3）加强资金保障

加大中央和地方各级财政支持力度，同时统筹整合现有相关资金，支持中华优秀传统文化传承发展重点项目。在古籍保护经费上加大投入，以推动全国各地区古籍存藏条件改进、破损古籍的抢救与修复，推进古籍整理出版及古籍数字化工作等。为中华优秀传统文化推广提供专项经费，完善硬件设备，改进软件条件。特别是对于经济薄弱的地区财政上应给予适当倾斜。引入绩效考核机制，对于在传承弘扬优秀传统文化工作中表现优秀的单位和个人给予一定的物质和精神奖励，以此提高各单位及员工的积极性。

（4）强化人才队伍保障

重视对中华优秀传统文化专业人才的培养，强化人才队伍保障。加强与高校合作，培育跨学科、跨专业的复合型人才；设立中华优秀传统文化传承弘扬专职岗位；统筹开展分类分层培训，不断提升从业人员的业务水平和专业素养；引入激励机制，以荣誉奖励为主、物质奖励为辅，提高人才的工作积极性与成就感。

（执笔人：韩显红、全勤、陈顺、尹士亮、陈立、周蓉、武心群、纪景超、徐昕、赵彦梅、张小仲、史星宇、郝翠琴、韩德洁、李姣、韩超、程赟徽）

参考文献

［1］习近平．青年要自觉践行社会主义核心价值观（二〇一四年五月四日）［M］// 习近平．论党的宣传思想工作．北京：中央文献出版社，2020：75.

［2］习近平．在文艺工作座谈会上的讲话（二〇一四年十月十五日）［M］// 习近平．论党的宣传思想工作．北京：中央文献出版社，2020：114.

［3］商务国际辞书编辑部．现代汉语词典［M］．实用版．北京：商务印书馆国际有限公司，2018：821，121.

［4］中华人民共和国公共图书馆法［EB/OL］．［2021-06-10］.http://www.gov.cn/xinwen/2017-11/05/content_5237326.htm.

［5］中共中央办公厅国务院办公厅印发《关于实施中华优秀传统文化传承发展工程的意见》［EB/OL］．［2021-06-10］．http://www.gov.cn/zhengce/2017-01/25/content_5163472.htm.

［6］国家古籍保护中心．给古籍上“户口”真不简单：发现抢救“命悬一线”的古籍［EB/OL］．［2021-05-20］.http://www.nlc.cn/pcab/zx/xw/202010/t20201020_195602.htm.

［7］［8］新华网．第六批国家珍贵古籍名录和全国古籍重点保护单位名单公布［N/OL］．［2021-01-20］．http://www.xinhuanet.com/politics/2020-11/13/c_1210885210.htm.

［9］李伟，马静．海外古籍回归与利用的模式及思考［J］．图书馆学刊，2016（10）：12-14.

［10］守岗尽责，同心战役：民国时期文献保护工作办公室努力做好疫情期间在线服务工作［EB/OL］．［2021-06-09］.http://mgwxbh.nlc.cn/xwdt/202005/t20200508_202101.html.

［11］共享普查成果《民国时期图书总目》已出版 5 卷［EB/OL］．［2021-06-09］．http://mgwxbh.nlc.cn/xwdt/202104/t20210409_202141.html.

［12］2020 年革命文献与民国时期文献整理项目专家评审会在国家图书馆召开［EB/OL］．［2021-06-09］.http://mgwxbh.nlc.cn/xwdt/202008/t20200815_202105.html.

［13］民国时期文献保护计划：国图牵头、全国联动、共建共享［N］．新华书目报，2018-11-16（3）.

［14］2020 年“革命文献与民国时期文献保护计划”举办线上专题培训班［EB/OL］．［2021-06-09］.http://mgwxbh.nlc.cn/xwdt/202009/t20200921_202110.html.

［15］全国古籍普查登记基本数据库［DB/OL］.［2020-06-10］.http://202.96.31.78/xlsworkbench/publish.

［16］赵文友 . 基于开放共享理念的古籍数字资源服务：以中华古籍保护计划为中心［J］. 古籍保护研究，2020（2）：21-28.

［17］7.2 万部古籍，网上免费阅览：国家图书馆等全国二十家单位联合在线发布古籍数字资源［EB/OL］.［2021-06-09］.http://www.nlc.cn/pcab/zx/xw/201911/t20191113_184140.htm.

［18］关于推动文化文物单位文化创意产品开发的若干意见［EB/OL］.［2020-05-20］.http://www.gov.cn/zhengce/content/2016-05/16/content_5073722.htm.

［19］中华人民共和国国民经济和社会发展第十三个五年规划纲要［EB/OL］.［2020-05-20］.http://www.gov.cn/xinwen/2016-03/17/content_5054992.htm.

［20］山东省传承发展中华优秀传统文化工作方案［EB/OL］.［2020-05-22］.http://www.qufu.gov.cn/art/2020/9/23/art_15226_1005860.html.

［21］蒋倩，张雪静 . 公共图书馆弘扬中华优秀传统文化管见：基于“图书馆 + 书院”模式的思考［J］. 图书馆学刊，2019（9）：22-26.

8　公共图书馆文献信息资源保障体系建设

当今世界，数字化变革走向深入，新技术、新经济、新业态不断涌现，云计算、物联网、大数据、5G、区块链等新技术越来越为人们所熟悉，数字经济、智能制造、智慧服务越来越成为驱动经济增长的新引擎，整个社会迫切需要源源不断的创新性人才支撑和智力支持。面对“百年未有之大变局”，如何以高度的文化自信、文化自觉与文化担当激发全民族文化创新创造活力，成为亟需思考的重要问题。

受益于党和国家对文化建设的重视，覆盖城乡的公共文化服务体系正在形成，人民的文化获得感、幸福感不断提升，但数字鸿沟、发展不平衡现象依然十分突出。为改善这一局面，公共图书馆一直推进文献信息资源保障及其体系建设，试图消除城乡壁垒、联通信息孤岛。1997 年，全国图书馆联合编目中心成立，全国公共图书馆资源整合工作迈出坚实一步。随后，全国文化信息资源共享工程、数字图书馆推广工程、公共电子阅览室建设计划等工程的推出，大幅提升基层公共图书馆的信息化水平。古籍资源共建共享、区域总分馆制、标准化等工作取得的进展也为实现文献信息数据互联互通夯实基础。

“十四五”时期是我国图书馆事业实现高质量发展的重要时期，也是全球图书馆事业转型发展的关键时期，公共图书馆全面审视新时代国家和社会发展需求，主动谋划、积极作为，力主依托以往数十年工作的成绩和积累，通过互联互通、共建共享实现全国范围内的文献信息资源在统一平台上的共享利用，满足人们对高质量文化生活的向往和追求，也为我国开启全面建设社会主义现代化国家新征程贡献源源不断的文献保障和智力支持。

在国内，“文献信息资源保障体系”这一概念的产生与文献资源布局相关。1986 年 11 月，广西南宁召开“全国文献资源布局学术讨论会”，会上提出了“文献资源保障体系”这一概念。目前，学界对于“文献信息资源保障体系”这一概念还没有统一的定义。肖希明认为，信息资源保障体系是指在一个国家或一个地区范围内，各类型的信息机构协调合作，根据统一的规范，建立一个集信息资源的收集、组织、存储、传递、开发和利用于一体的信息资源保障体系[1]。王翠萍和杨沛超认为，文献信息资源保障体系是通过文献信息资源整体建设，建立起来的能在一定范围内有效地保障社会文献需求的文献信息资源系统[2]。张学福认为，文献信息资源保障体系是一个集文献信息收集、贮存、揭示、传递、利用等诸多环节为一体的社会系统，包括印刷型文献资源建设、网络数据库建设、数字化信息加工系统建设等[3]。

本书将“公共图书馆文献信息资源保障体系”定义为：公共图书馆为提高国家和区域经济社会发展所要求的文献信息资源保障能力，满足用户社会性文化信息需求而建立的文献信息资源整合和服务系统，集文献信息收集、组织、存储、保存、传递、开发和利用于一体，涉及联合采购、联合编目、共建共享、合作储存、长期保存、馆际互借、原文传递、参考咨询、研究开发等多方面内容。资源类型包括两大类：一是传统文献信息，主要包括物理介质的书刊报纸、地图乐谱、音像资料、缩微资料等；二是数字资源，主要包括可获取的数字资源（含免费获取的网页资源和开源资源、有偿获取使用许可的资源）和自身拥有的数字资源（含自建数字资源和有偿购买了所有权的数字资源）。

8.1 我国公共图书馆文献信息资源保障体系建设现状分析

我国出台了一系列政策法律为公共图书馆文献信息资源建设保驾护航，多地构建起了较为成熟的文献资源保障体系，通过成员馆之间合作协调的方式实现文献资源共建共享。公共图书馆文献资源建设成果显著，全国各级图书馆文献总藏量稳步增长，文献资源构成科学合理，数字资源建设发展迅猛。目前，我国文献信息资源组织与揭示工作标准化程度不断提高，各种信息资源组织与揭示的规范、标准纷纷出台。

8.1.1 文献信息资源建设的政策法律保障现状

我国现有的与公共图书馆文献信息资源保障相关的法律法规和条例包括《中华人民共和国公共文化服务保障法》《中华人民共和国公共图书馆法》，以及各地出台的地方性图书馆法规条例和管理办法、其他关联的法律法规和政策文件，它们从不同层面对文献信息资源保障体系建设起到促进作用。但从实际效果看，我国现有的与公共图书馆文献信息资源保障相关的法律政策也存在一些有待完善的地方。

8.1.1.1 经费保障问题

我国现有的法律政策中涉及文献信息资源建设的内容，对公共图书馆文献资源建设的经费保障，收藏文献的数量、重点、载体类型，目录管理，文献资源投入借阅的时间要求，馆藏文献资源的管理等都做了明确和具体的规定，在公共图书馆的文献资源建设方面发挥了积极的保障作用。

但是法律法规并没有硬性规定公共图书馆的财政经费占政府全部财政收

入的比例，各级公共图书馆的经费投入主要还是受当地经济发展状况和政府重视程度的影响，各地财政投入差距较大，公共图书馆文献资源建设发展不平衡。因此，法律政策还应该完善相关细则，保证政府对公共图书馆的经费投入。

8.1.1.2 文献交存执行问题

文献交存制度已在法律层面得到确认。《中华人民共和国公共图书馆法》在法律层面上规定了交存正式出版物的接受单位是国家图书馆和省级公共图书馆，为我国完善法定交存制度提供了依据。各地图书馆条例或管理办法也对交存物的接受单位和数量进行了规定，对不履行交存义务的责任主体进行追责。相关条款的制定对于全面收藏本地出版物和特色文献，为后世保存完整的文化遗产起到积极的作用。

但是文献法定交存制度的落实和执行情况不尽如人意。目前，各地图书馆的交存率都不高，即使是国家图书馆也达不到 80%；执法力度和惩罚威慑力度不够，相关处罚属于行政处罚，效力不够，执行效果难以令人满意。

建议我国建立交存物公开制度和惩罚、监督制度，明确交存制度执行的监督单位，对拒不履行交存义务的出版单位采取相应的处罚措施，在现有处罚方式的基础上，补充经济处罚，激发出版单位交存出版物的积极性[4]。

8.1.1.3 共建共享与服务效能问题

《中华人民共和国公共图书馆法》对馆际交流与合作提供了法律支持和保障，各地的图书馆条例和管理办法也鼓励各种形式的文献资源共建共享。文献资源共建共享能有效解决不同区域、不同层级公共图书馆中普遍存在的文献馆藏分布不均衡、文献来源渠道狭窄、文献流通效能低下等问题，实现公共图书馆的均衡、良性、长效发展，并为社会大众提供多样化、动态化的文献资源服务，为社会的经济发展与科技进步提供有力的信息支撑与资源保障。

但是，由于缺乏具体的、可操作性强的条款，文献资源共建共享的服务效能有待提升。各地图书馆共建共享的认知程度和实施效果差异明显，需要出台更加明确的政策法规细则，以保障其深入进行和可持续发展。

8.1.1.4　服务体系建设问题

公共文化服务体系建设和总分馆制方面政策法规纷纷出台，包括 2017 年 11 月颁布的《中华人民共和国公共图书馆法》，中共中央办公厅、国务院办公厅 2015 年 1 月印发的《关于加快构建现代公共文化服务体系的意见》，文化部等五部门 2016 年 12 月印发的《关于推进县级文化馆图书馆总分馆制建设的指导意见》，以及四川省出台的《四川省县级文化馆图书馆总分馆制建设实施方案》、湖北省发布的《关于推进全省文化馆图书馆总分馆制建设的通知》等。这为我国多级文化服务网络的建立和总分馆制度的落地提供了政策支持、经费投入和技术保障，并指明了发展目标和实现途径。但是，服务体系建设和总分馆制的发展受行政制度限制，总馆仅进行业务指导而无实际领导与干涉的权力，分馆发展不平衡。建立全国性的文献保障体系，完善相关制度，也需要从顶层设计上考虑各馆、各系统的权利和义务。

8.1.2　馆藏文献信息资源建设情况

8.1.2.1　我国公共图书馆馆藏文献信息资源建设成果

自 2010 年开始，我国公共图书馆文献资源建设进入快速发展期。馆藏总量、新增藏量购置费、新购图书数量整体稳步增加（见表 8-1），近十年间，这三项数据的增幅分别为 68.03%、121.86%、133.22%。人均拥有公共图书馆藏量和人均购书费保持持续增长趋势，人均购书费增长速度略高于人均藏书量。

表 8–1 全国公共图书馆文献资源建设的基本状况

指标	年份								
	2010 年	2011 年	2012 年	2013 年	2014 年	2015 年	2016 年	2017 年	2018 年
公共图书馆业机构数 / 个	2884	2952	3076	3112	3117	3139	3153	3166	3176
总藏量 / 万册（件）	61726	69719	78852	74896	79092	83844	90163	96953	103716
新增藏量购置费 / 万元	111093	141477	147785	165959	170133	197468	216020	236506	246475
新购图书 / 万册	2956	3985	5826	4865	4742	5151	6275	7034	6894

注：表中数据根据《中国图书馆年鉴》（2010—2018）数据整理，表 8–2、8–3、8–4 同。

我国公共图书馆馆藏结构相对稳定，图书在馆藏中占比仍然最大。从 2013 年到 2018 年，图书占总藏量的比重从 74.9% 上升到 79.1%，报刊从 10.7% 降到 9.2%，其他各类型文献比重相对稳定（见表 8–2）。

表 8–2 全国公共图书馆文献资源构成情况

指标	年份								
	2010 年	2011 年	2012 年	2013 年	2014 年	2015 年	2016 年	2017 年	2018 年
总藏量 / 万册（件）	61726	69719	78852	74896	79092	83844	90163	96953	103716
普通图书 / 万册	46234	46969	51331	56124	59772	64183	69786	75759	82082
盲文图书 / 万册	0	65	82	84	67	80	90	98	104
古籍 / 万册	2749	2759	2747	2736	2747	2712	2701	2701	2690

续表

指标	年份								
	2010 年	2011 年	2012 年	2013 年	2014 年	2015 年	2016 年	2017 年	2018 年
善本 / 万册	249	253	266	272	274	273	277	276	277
报刊 / 万册	7512	7544	7832	8035	8244	8521	8769	9185	9543
视听文献 / 万册	2957	1106	1198	1353	1419	1494	1605	1782	1840
缩微制品 / 万册	0	1471	1446	1462	1481	1492	1476	1516	1526
其他 / 万册	5024	4047	4272	5187	5428	5443	5826	6010	6034
少儿文献 / 万册	0	3099	4574	5626	6377	7371	8597	10000	11466
电子图书 / 万册	0	5823	10025	37767	50674	83041	88798	102627	80828

我国数字资源建设发展迅猛。2013 年到 2018 年，我国电子图书总藏量增幅为 114%，实体文献总藏量增幅为 38.48%，电子图书增幅远高于传统文献资源总藏量。新增购置费对比，数字资源涨幅为 100.5%，传统文献资源涨幅为 48.52%，在资源购置费上对数字资源的投入高于对传统文献资源的投入（见表 8–3）。

表 8–3　全国公共图书馆传统文献资源与数字资源发展情况对比

指标	年份					
	2013 年	2014 年	2015 年	2016 年	2017 年	2018 年
总藏量 / 万册（件）	74896	79092	83844	90163	96953	103716
电子图书总藏量 / 万件	37767	50674	83041	88798	102627	80828
新增藏量购置费 / 万元	165959	170133	197468	216020	236506	246475
新增数字资源购置费 / 万元	20873	19060	35103	40949	45242	41852

续表

指标	年份					
	2013 年	2014 年	2015 年	2016 年	2017 年	2018 年
新购图书 / 万册	4865	4742	5151	6275	7034	6894
新增电子图书 / 万册	14885	7045	30795	11043	14204	6341

我国省、市、县各级图书馆文献资源总藏量保持整体上升趋势。我国省、市、县各级公共图书馆文献资源总藏量保持整体上升趋势，涨幅分别为 27%、69.88%、96.51%、72.52%。从总藏量增长速度来看，省级图书馆因为基数较大，表现得增速平缓；其他三级图书馆的增幅都高于全国总藏量 68.03% 的涨幅。其中，县级公共图书馆增长最快；市级、县级以下图书馆增幅均高于省级图书馆；县级图书馆在 2015 年有一个快速发展时期，整体增长表现为波动上升（见表 8–4）。

表 8–4　不同等级公共图书馆的文献资源建设状况

指标	年份								
	2010 年	2011 年	2012 年	2013 年	2014 年	2015 年	2016 年	2017 年	2018 年
省级公共图书馆机构数 / 个	37	38	38	39	39	39	39	39	39
省级公共图书馆总藏量 / 万册	16602	18624	19985	18105	18754	19375	20184	20448	21123
省级公共图书馆平均总藏量 / 万册	448.70	490.11	525.92	464.23	480.87	496.79	517.54	524.31	541.62
市级公共图书馆机构数 / 个	334	343	354	360	361	365	369	373	376
市级公共图书馆总藏量 / 万册	16105	18435	21121	19501	20736	22227	24106	25649	27359

续表

指标	年份								
	2010年	2011年	2012年	2013年	2014年	2015年	2016年	2017年	2018年
市级公共图书馆平均总藏量/万册	48.22	53.75	59.66	54.17	57.44	60.90	65.33	68.76	72.76
县级公共图书馆机构数/个	2512	2570	2683	2712	2716	2734	2744	2753	2760
县级公共图书馆总藏量/万册	26122	29523	34272	34046	36224	38724	42238	47087	51333
县级公共图书馆平均总藏量/万册	10.40	11.49	12.77	12.55	13.34	14.16	15.39	17.10	18.60
县级以下图书馆机构数/个	1532	1539	1628	1632	1630	1988	1596	1580	1580
县级以下图书馆总藏量/万册	10819	11823	13637	13735	14527	23027	16200	17363	18666
县级以下图书馆平均总藏量/万册	7.06	7.68	8.38	8.42	8.91	11.58	10.15	10.99	11.81

8.1.2.2 我国公共图书馆馆藏文献信息资源建设的问题

我国公共图书馆馆藏文献信息资源建设发展中，在资源建设整体规划、纸质文献资金保障、地区协调发展、资源整体配置、数字资源标准化发展、县级图书馆的馆藏文献信息资源建设等方面还有待提高。

根据《中国图书馆年鉴》（2010—2018）相关数据整理发现：我国公共图书馆总藏量、新增藏量购置费、新购图书数量及规模虽然都在不断增长，但我国公共图书馆购书费支出占总支出的比重却下降了4.2%。购书费支出比重的下降，与工资福利支出、各种设备购置费、维护费用、物价等因素变化有关。为了保证文献资源建设的协调发展，在公共图书馆馆藏资源建设费用中，要做好文献信息资源资金规划，合理分配、科学保障我国文献资源建设的资金来源。

地区发展不平衡是我国文献资源建设的一个显著特点，以 2017 年为例，北京人均拥有公共图书馆馆藏量为 1.27 册 / 人、上海 3.21 册 / 人、广东 0.78 册 / 人、河南 0.30 册 / 人、贵州 0.39 册 / 人、西藏 0.58 册 / 人。可见，不同地区的人均藏量差距较大[5]。所以，协调发展、全面提高，继续加强公共图书馆文献资源建设力度，是切实保障读者权益，提高文献资源服务质量的重要保证。

从我国公共图书馆文献资源构成来看，既要重视数字资源发展，也要注意古籍、缩微、视听资料等信息资源的保护，要建立多层次、类型丰富的资源体系。根据《中国图书馆年鉴 2018》数据统计分析结果，从文献构成来看，电子图书和纸质图书占文献资源体系的 90% 左右，而报刊、古籍、视听资料、缩微资料以及其他资料合计占比才接近 10%，很多资源都出现了比例降低现象。我们不能因为数字资源的发展，而忽略了传统文献资源的建设。以后，还需要重视古籍、缩微资料等不可复制资源的保存与保护。

数字资源是未来文献资源建设的重点，但目前数字资源建设存在资源类型界定不规范、资源建设标准不统一、资源建设统计重复等问题，容易导致数字资源重复建设、资源共建共享存在标准壁垒、资源规划难以精准定位等障碍。同时，数字资源建设发展缺乏战略规划。从电子图书不稳定的增速和先增后跌的波动发展趋势来看，我国公共图书馆数字资源建设还处于摸索阶段，建立科学发展、合理规划的数字资源保障体系任重而道远。

从我国公共图书馆五级服务体系来看，虽然市级、县级公共图书馆发展取得了极大进步，总藏量增幅较大。但是由于市级、县级公共图书馆机构个数多，平均总藏量偏低。2018 年，省级公共图书馆的平均总藏量是地市级馆的 7.44 倍、县市级馆的 29.12 倍、县级馆的 45.86 倍[6]。为了缩小这一差距，未来还需要继续重视市级、县级公共图书馆文献资源建设，加大基层公共图书馆文献资源建设力度。

8.1.3 区域性文献信息资源共建共享现状

我国公共图书馆系统目前已在全国多个省（自治区、直辖市）区域内构建起了较为成熟的文献资源保障体系，这些保障体系正通过成员馆之间合作协调的方式进行文献资源共建共享。这能有效解决不同区域、不同层次公共图书馆中普遍存在的文献馆藏分布不均衡、文献来源渠道狭窄、文献流通效能低下等问题，进一步实现了公共图书馆的均衡、良性和长效发展，并为社会大众提供多样化、动态化、更契合读者需求的文献资源服务，为社会经济发展与科技进步提供有力的信息支撑与资源保障。

8.1.3.1 区域性文献信息资源共建共享情况

全国各地区先后成立了多个文献信息资源共建共享区域性联盟，京津冀地区主要有北京市公共图书馆计算机信息服务网络、京津冀图书馆联盟，长三角地区主要有上海市中心图书馆、上海市文献资源共建共享协作网、长江三角洲图书馆联盟、嘉兴市城乡一体化公共图书馆服务体系，珠三角地区主要有深圳“图书馆之城”、珠江三角洲数字图书馆联盟，其他地区主要有湘鄂赣皖四省公共图书馆联盟、吉林省图书馆联盟、西部省级公共图书馆联盟等。

以嘉兴市图书馆为例，其积极推进城乡一体化公共图书馆服务体系建设，形成了“政府主导、统筹规划，多级投入、集中管理，资源共享、服务创新”的乡镇分馆建设模式。截至 2018 年初，嘉兴市图书馆已建成包括 1 家总馆、2 家区级分馆、16 家乡镇（街道）分馆、32 家村（社区）分馆、336 家图书流通站（包括农家书屋）、7 家 24 小时自助图书馆和 1 家汽车图书馆的城乡一体化公共图书馆服务体系[7]，探索出了独具地方特点的公共图书馆总分馆制——“嘉兴模式”。该模式具有两大特色，一为主题分馆理念模式的全面推广，二为数字资源共享服务的全面铺开。

8.1.3.2 文献资源共建共享合作实践成果

我国公共图书馆文献资源保障体系通过联合、协调、统一采购文献资源、特色数字资源共建等多元化形式，共同进行文献资源的馆藏建设与开发，以达到节约成本、丰富馆藏类型、提高馆藏质量、缩小馆藏差距、实现均衡发展等多重目标。

文献资源共享机制能使成员馆原本分散割裂的馆藏文献资源通过一定方式为其他成员馆所共享，打破了图书馆之间的壁垒，提高了文献资源的流转速度，提升了文献资源的服务效益，使图书馆的服务与保障功能更好地发挥出来。联合参考咨询、馆际互借、文献传递为区域内专业人员的知识信息获取、人文学科研究、科学技术研发提供了坚实的信息保障，提升了城市的科学硬实力；数字资源的跨库检索、联合使用、功能优化提升了用户的阅读体验感与利用便捷度。

更重要的是，资源共建共享的观念已在公共图书馆界达成共识。图书馆参与资源共建共享的积极性被调动，凝聚力得以增强，为整个文献资源保障体系的进一步深层次、可持续发展打下了坚实基础。现有的公共图书馆区域性共建共享实践为建立全国性的文献信息资源保障体系提供了经验，创造了条件。

8.1.3.3 区域性文献资源保障体系建设问题

目前，我国比较成熟的公共图书馆文献资源保障体系基本局限在一个城市、一个省或一定区域内的几个省的范围内，跨多个区域乃至全国性的大型公共图书馆联盟尚未形成。因为面临着不同地域文化差异大、经济水平与社会发展水平差异大、各公共图书馆对资源建设及资源共享的认知程度差异大、组织架构与运营管理模式差异大等多个难题，跨区域与全国性的公共图书馆文献资源保障体系的建设难以起步。

由于经费投入、政策支持、用户文化信息需求程度差异等多重因素，我国公共图书馆文献资源保障体系的发展状况与保障体系所在地的经济发达程度、政策支持力度以及用户情况密切相关。东部沿海、珠三角、京津冀等地区经济相对发达，政府对公共图书馆的运作支持力度大、投入资金足，图书馆馆藏规模大、区域内人口分布密集、人力资源储备充足，图书馆用户普遍文化程度高、文献利用需求旺盛、文献利用活跃度高，因此这些区域内公共图书馆，文献资源保障体系大多成立时间早、数量多、发展模式成熟、运营情况稳定、影响力也较大；中部地区次之；一些经济发展相对落后地区，如西部地区、东北地区等则明显滞后。即使是公共图书馆事业整体较为发达的地区，也存在着市区与乡镇地区基层公共图书馆间差距较大的问题。总体来说，我国公共图书馆文献资源保障体系的发展呈现出“东部—中部—西部”“城市—乡镇—农村”逐渐减弱的特点，发展不平衡的情况长期存在。

8.1.4 文献信息资源组织与揭示情况

8.1.4.1 我国文献信息资源组织与揭示工作成果

随着资源类型、信息技术、组织揭示理论的发展，我国文献信息资源组织与揭示工作在方法、技术、模式、标准化等各个方面，都取得了长足进步。

文献信息资源组织方法根据文献资源载体形态不断变化发展。文献外部特征揭示方法从手工著录款目，发展到 MARC 元数据、DC 元数据、XML 语法描述的 RDF；内容特征揭示从分类法、主题法、叙词法，发展到分类主题一体化，以及本体等。工作模式从手工编目发展为合作编目、联机编目；数字图书馆建设实现了资源整合，为信息组织向知识组织发展提供了平台。

我国资源组织与揭示标准化工作成果显著，颁布资源描述与揭示的国家标准已达 60 项。数字资源组织与揭示规范化不断发展[8]。“国家数字图书馆工程”“国家科学数字图书馆项目”“中国高等学校数字图书馆联盟”等重大工程的数字图书馆标准研究与建设工作，为数字资源信息组织、揭示、关联、整合、共享提供了保障。文献信息资源组织技术不断创新：图书馆自动化系统、各种编目软件的研发，以及语义网关联数据的应用发布，不断推动文献信息资源组织与揭示工作深入发展。

8.1.4.2　我国文献信息资源组织与揭示工作问题

经过几十年的努力，我国文献信息资源组织与揭示工作已经在自动化、规模化、标准化方面取得巨大成就。但在具体实践过程中，还存在文献信息编目的规范程度和质量需要提升、数据关联和数据整合标准需要制定等问题。

编目规范控制工作是文献信息著录规范化、标准化的基础。我国编目规范工作虽然有标准和规范文件作为指导，但在具体工作中，由于各馆资源情况、编目传统、员工水平、编目外包等方面有差距的原因，导致各馆编目水平不一，给编目质量带来影响。并且，我国各系统联合编目中心的编目标准和标引规则也各有差异，给文献资源整合带来障碍。在联合编目的今天，加强规范数据库建设，建立联机规范控制系统，是文献信息资源持续发展与共建共享的关键。

数据关联是数字资源建设、数字图书馆建设、语义网发展的重要特征，也是文献资源组织与揭示的价值体现。加强关联数据研究、文献信息资源组织研究、智慧图书馆标准研究，是未来文献信息资源组织与揭示发展的方向。但关联数据技术在我国图书馆中的应用才刚起步，许多项目都是先验性的实践，缺乏数据关联和整合的国家标准规范文件，这成为文献信息资源组织朝开放化、关联化、智能化发展的障碍。

8.1.5　数字资源长期保存情况

随着信息技术的不断发展，数字文献资源已经成为科技和文化领域信息创作与出版的主要形态，数字文献资源的普及极大地提高了用户获取信息的能力，同时也带来了严峻挑战。其中，数字资源长期保存，使得其在存储介质的长期可靠性、数据格式的长期可用性、存储系统的长期可靠性，以及在变化格式及其提供机制下的内容完整性和内容可使用性等方面面临巨大挑战[9]。对数字资源长期保存工作进行研究，有利于丰富图书馆数字化馆藏，促进建设高质量的馆藏资源保障体系。

8.1.5.1 数字资源长期保存工作研究

目前，世界各国在数字资源长期战略保存方面的研究和应用已经取得长足进展，积累了大量的知识和经验，对于推动我国数字资源长期战略保存的研究和应用，具有重要意义。

（1）数字资源长期保存国际会议。主题会议是业界专家开展经验交流、分析发展态势的重要学术活动。数字资源长期保存国际会议（International Conference on Digital Preservation，iPRES）作为数字资源长期保存领域规模最大、最重要的会议，历经 16 年的发展，已经成为国际数字资源长期保存领域展示成果、宣传理念、学术推介、合作共享的专业平台，对全球数字资源长期保存理论和实践发展起到了积极的推动作用。

（2）数字资源长期保存项目。数字资源长期保存领域经历了从理论研究到个体实验再到联合实践的发展历程，研究内容不断拓展和深入，越来越受到国内外机构的关注和重视。国际上较为成熟的数字资源长期保存项目包括：大英博物馆项目、e-Depot 数字存档系统项目、Portico 电子存储项目等。

8.1.5.2 我国数字资源长期保存工作面临的问题

我国数字资源长期保存工作开始于 20 世纪 90 年代后期，经过 20 多年的发展，虽取得了一定的成绩，但与国外相比，我国在数字资源长期保存领域仍处于起步阶段，基本上还是以跟踪、学习国外研究成果为主，自主创新能力还不够。目前面临以下三个方面的突出问题。

（1）未出台相关政策法规。数字资源长期保存主要涉及数字资源的提供方、存储方和使用方，在法律层面上，这三方主要与著作权法、知识产权法、隐私权保护法等法律法规相关，只有不断健全完善这些法律法规，才能确保数字资源长期保存工作良性开展。

（2）缺乏持续、充足的资金支持。数字资源的长期保存需要政府持续投入大量的资金，才能保障数字资源长期保存工作的正常实施，但是图书馆作为公益性单位，长期保存数字资源仅以提供服务保障为主，这就使资金投入与经济效益产出失衡。

（3）长期保存技术水平不足。不同于传统文献资源的保存，数字资源的存储和利用会受到软硬件和支撑系统的制约。目前，数字资源长期保存采用的技术主要有迁移、仿真、转换和更新等，有些技术策略比较实用，但有些技术策略只停留在理论研究层面，目前还没有哪一种技术策略能够全面满足不同类型数字资源长期保存的需求，只有根据实际的保存需要将不同的保存策略综合运用，才能真正确保数字资源的长期保存。

8.1.6 资源建设面临的版权障碍情况分析

由于在开放网络环境中获取资源的便捷性和在线交易的无形性，图书馆纸质资源和数据库资源很容易被非法复制、传播甚至篡改，这使得资源的拥有者和使用者之间的权益关系愈发复杂，资源版权与资源自由使用之间的矛盾更加尖锐[10]。协调版权保护与图书馆向公众提供文献资源自由使用的矛盾，已成为一个亟待解决的问题。

8.1.6.1 图书馆在资源建设过程中面临的版权风险

图书馆文献信息资源建设中文献复制、馆藏文献数字化、数据库建设、下载网络资源等方面都有可能造成侵犯版权问题的发生。根据我国《中华人民共和国著作权法》（以下简称《著作权法》）中第二十四条第八款和《信息网络传播权保护条例》第七条的有关规定，馆藏作品中属于著作权保护期内的作品，对其复制和数字化也只能是基于“陈列和保持版本需要”而非向读者提供借阅或查询，否则就不属于图书馆合理使用范围。图书馆在数字化过程中必然会复制出版者的版式设计，根据《著作权法》第三十七条的规定，如果图书馆未经许可或者不符合法定许可，对十年内新书的版式设计进行数字化，都会侵犯出版者的版式设计权。此外，在数字化过程中，如果图书馆通过出版社获取授权，但著作权人并未将信息网络传播权授予出版社，或授权期限已满，图书馆获取的著作权授权就可能存在瑕疵，使得这些资源即使是在图书馆内使用，也有可能面临连带侵权的风险。

8.1.6.2　现有版权环境下公共图书馆资源建设的建议

公共图书馆文献信息资源建设与政治、经济、文化、科技、教育事业的发展密不可分。因此，图书馆文献信息资源建设不仅需要图书馆自身的努力，更有赖于国家政策和法律的规范、协调和保障。现行的《著作权法》适用于图书馆的著作权例外有第二十二条第八款，《信息网络传播权保护条例》中适用于图书馆的著作权例外集中在第六条和第七条。此外，在《信息网络传播权保护条例》中也给予了网络服务提供者一些“避风港”条款，并首次在立法层面确认了默示许可使用作品的情形。例如，《信息网络传播权保护条例》第九条规定了通过网络向农村地区公众提供与扶助贫困有关的作品和适应基本文化需求的作品的许可；第十二条规定不以营利为目的，通过信息网络以盲人能够感知的独特方式向盲人提供已经发表的文字作品等。采用法定许可模式允许图书馆在支付著作权人报酬的前提下，合法使用著作权人的作品，在保护著作权的同时满足国民的阅读需求[11]。

现行的著作权制度虽然对图书馆有例外，但限制条件过多，在适应网络环境下公众对于文献信息利用的诉求方面仍面临巨大挑战。首先，公共图书馆必须深入研究并自觉遵守现行法律法规，对于超出法律规定内容的使用和传播，必须坚持先授权后使用的原则，保障著作权人的利益。其次，公共图书馆不能一味地担心被控侵权而拒绝在受保护作品的使用和传播方式上创新，应当以最大限度地满足读者对信息资源的充分利用为宗旨，不断深化服务以满足社会公众文献信息需要。

8.2　国外及国内其他类型图书馆文献信息资源保障体系建设经验

为了克服单个图书馆无法满足用户所有需求的障碍，世界各国图书馆都开展了通过建立合作关系使用彼此馆藏，从而提升文献信息资源保障能力的实践。在长期的历史进程中，世界各国都形成了一系列的形式多样、特色各异、功能明确的文献信息资源保障体系，这些宝贵的经验可以为我国公共图书馆建立高效完备的保障体系和解决现存的问题提供参考。

8.2.1　国外文献信息资源保障体系建设经验

国外文献信息资源保障体系建设实践活动最初被称为合作藏书和资源共享（Cooperative Collection Development and Resource Sharing），起源于 20 世纪的馆际互借。1909 年，美国图书馆协会会议将资源共享的馆际合作作为一个讨论主题，使资源共享工作正式走上历史舞台。在 100 多年的发展过程中，图书馆合作经历了馆藏建设阶段、地区协作阶段、国家布局阶段和全球合作发展阶段[12]，积累了丰富的建设经验。本章选取国际组织和世界主要发达国家的典型案例进行模式研究，包括国际图书馆协会与机构联合会发展政策、美国联机计算机图书馆中心（Online Computer Library Center，OCLC）模式、日本国立情报研究所（National Institute of Informatics，NII）模式、欧洲数字图书馆 Europeana 模式、美国数字图书馆联盟 HathiTrust 模式和英国资源合作储存项目（UK Research Reserve，UKRR）合作储存模式，将经验总结为以下六个方面。

8.2.1.1　政策法规体系健全，制度环境良好

相关政策法规的体系构成主要分为三个方面。一是图书情报领域宏观性发展规划和法律法规，其中的部分条目或条文涉及资源保障相关内容。如美国、加拿大、俄罗斯、芬兰、韩国、日本等国家的公共图书馆法都有关于资源共享的条款。二是针对资源保障具体业务内容的专门性阶段规划和政策，如 IFLA 发布的《国际资源共享与文献传递：原则与操作指南》（*International Resource Sharing and Document Delivery: Principles and Guidelines for Procedure*）、《馆际互借与文献传递最佳实践指南》（*Guidelines for Best Practice in Interlibrary Loan and Document Delivery*）、国际机读目录（Universal Machine-Readable Catalogue，UNIMARC）战略计划以及文献传递和资源共享行动计划等；美国图书馆协会（American Library Association，ALA）发布的《美国馆际互借法典》（*Interlibrary Loan Code for the United States*）（2016 年修订）、《馆际互借手册》（*Interlibrary Loan Practices Handbook*）（2011 年）、《馆际互借操作管理指南》（*Guidelines for Interlibrary Loan Operations Management*）（2012 年）、《面向自然和人为灾害的资源共享指南》（*Guidelines for Resource-Sharing Response to Natural and Man-made Disasters*）（2017 年）和《馆际互借许可证示范条款》（*Model Interlibrary Loan License Clause*）（2019 年）等。三是涉及资源保障相关内容的其他行业的法律法规，如各国的著作权法、知识产权法等。这三个维度的政策法规无缝衔接，构成了相对完善的制度体系，为资源保障体系建设提供了可靠的依据。

8.2.1.2　确立保障模式，创新管理机制

各国文献信息资源布局分为集中型和分散型，据此设立的保障模式分为多层级和单层级，其中多层级保障模式相对较多。日本实行国家和地方两级保障模式；美国没有统一的布局模式，以联盟形式建立的单级保障较多，但全国期刊中心计划采用的是三级保障模式[13]。虽然该计划因资金问题终止，但是美国研究图书馆中心（Center for Research Library）承担了相应职能，三

级保障得以延续。保障模式发挥作用需要有与之相配套的组织管理模式，包括组织协调业务活动、保质保量完成建设目标的管理机构以及行之有效的管理机制。国际图书馆普遍采用理事会管理制度，如 HathiTrust 理事会下设执行委员会、提名委员会和规划指导委员会，对联盟的活动、职能和运营以及数字资源长期保存的完整性和可访问性承担最终责任[14]。无论采用哪种管理机制，都要与本国国情相适应，只有这样才能够有效解决文献信息资源保障体系建设和项目管理中存在的现实问题。

8.2.1.3 资金支持稳定可持续，项目经费保障方式多元

对于政府主导的项目，政府拨款是主要的资金筹措渠道，如日本国立情报学研究所模式和英国资源合作储存项目，都有国家专项资金的支持。另外，成员单位自筹、接受捐赠和文献传递收费也可以成为项目运行的经费来源。如美国联机计算机图书馆作为非营利的公益性机构，服务收费是其主要的经费来源。欧洲数字图书馆 Europeana 项目的经费来源是欧洲联盟委员会，成员单位所在国也会有相应的经费支持。总结资金保障的经验得到的启示是：在项目建设过程中，特别是建设初期，政府需要提供充足的资金支持，在后续建设和发展过程中，可以广泛寻求行业合作，开辟多种渠道筹集资金，吸收更多的投资，从而使经费支持更具弹性和活力。

8.2.1.4 资源共建共享方式多样，注重新技术的利用

从资源共建共享案例来看，其方式除了传统的馆际互借、文献传递、联合编目，还包括协调采购与联合采购、联合建设机构知识库和数字资源共享门户等。联合采购数据库资源，能够减少资源重复，避免浪费，同时提升与数据库提供商价格博弈的优势，以及共同研究外购数据库资源的永久保存问题，如日本国立情报学研究所联合日本国立大学图书馆协会联盟（Japan Association of National University Libraries，JANUL）与公立和私立大学图书馆联盟（Private & Public University Libraries Consortum，PULC）合作建立日本大学图书馆电子资源采购联盟（Japan Alliance of University Library Consortia for E-Resources，

JUSTICE），代表联盟成员与出版商和电子资源供应商谈判，在签订商业合同和协商电子资源许可方面争取更大的利益。机构知识库有利于机构特色资源的保存和使用，如日本国立情报学研究所的学术机构知识库协作支持项目（NII Institutional Repositories Program，NII-IRP），构建了机构知识库数据库（Institutional Repositories Database）。数字资源共享门户侧重于采用云计算技术整合数字资源，优化资源共享网络门户功能，关注新技术在拓展共享平台服务功能方面的可能性。如 Europeana 提供应用程序接口（Application Programming Interface，API）服务，允许用户基于 Europeana 数字内容开发自己的应用；不断开发多种类型的云服务和云应用，建设从门户建设向平台建设转移；开发和使用人工智能、电子翻译和机器学习等尖端技术。

8.2.1.5　建立数字资源长期保存联盟，探索版权问题解决方案

联盟共同开展资源数字化工作，并通过服务平台提供共享，以“藏用一体化”的资源建设模式实现了资源的长期保存和永久使用，扩大了资源的使用范围。但相伴而生的版权问题在一定程度上影响了保障能力的发挥。应对版本问题的思路有两种：一是保守策略，以谨慎的态度规避可能的侵权风险，牺牲部分可用性。如 Europeana 要求提供数据的成员国签订《数据提供协议》或《数据聚合协议》，保证所提供资源具有明确而详细的权利信息，使用者可以与资源权利人联系获取资源，而不直接提供所有资源。Europeana 版权数据库——欧洲数字图书馆版权信息与孤儿作品登记（Accessible Registries of Rights Information and Orphan Works towards Europeana，ARRIOW），功能包括版权数据交流、孤儿作品登记、提供绝版作品信息或登记、建设版权清理机制网络等，不仅能在一定程度上防止未来孤儿作品的产生，并且建立了资源之间版权关联关系，以及版权与馆藏资源之间的授权关系，便于各相关方交流和合作。二是激进策略，在衡量用户需求满足程度和侵权风险时，给予前者更多权重，所以导致了更多的法律纠纷，如 HathiTrust 为不能阅读印刷版本的残疾会员提供经格式转换的可读版本，就遭到了作家的集体维权，不

过最终法院的判定结果是该行为属于合理使用[15]。

8.2.1.6 低利用率纸本文献合作储存，缓解馆藏空间问题

合作储存是图书馆之间通过合作对各馆的低利用文献、特殊文献等经过相应的收集与筛选、科学的储存与调用、合理的文献所有权确定等，对文献的保存进行集约入藏、及时取用、合理分配，从而实现一定的经济与社会效益[16]。比如 UK Research Reserve 项目，英国国家图书馆和高校图书馆将馆藏的低利用率过期印本期刊进行集中储存，整个英国只保留 3 个复本，1 个由英国国家图书馆收藏，2 个由其他高校图书馆收藏，多余的复本进行环保化处理，如转卖、捐赠等。合作储存实现了低利用率文献的长期保存和利用，有利于缓解藏书空间相对不足与文献数量增长之间的矛盾，但却存在所有权转移带来的资产处理问题。虽然在计算图书馆的馆藏资源量时，某些情况下成员馆可以将合作储存的所有文献包含在内，但是随着文献转移到集中存储场所，文献所有权毕竟被划归到了主要保存馆或者合作联盟机构，在部分权属管控严格的国家不太容易实现。如果不改变所有权，而是将符合需要合作储存的文献，按照统一的标准组织揭示，建设联合仓储目录数据库，并在版权允许范围内，进行部分数字化处理和提供使用，则具有一定的可行性。

8.2.2 国内其他类型图书馆文献信息资源保障体系建设经验

国内文献信息资源保障体系建设实践虽始于 20 世纪 90 年代，但 1957 年出台的《全国图书协调方案》就已经开始对全国图书工作做全面规划和统筹安排。20 世纪 80 年代，部际图书情报工作协调委员会组织实施全国性文献资源调查，《普通高等学校图书馆规程》颁布，对高校图书馆文献资源建设进行指导和规范。2018 年《中华人民共和国公共图书馆法》施行，为文献资源保障体系建设提供政策依据。本书对这些重要政策法规进行梳理，并选取国内典型案例进行模式研究，包括高校、中国科学院、中国社会科学院、军队和

医院系统以及国家图书馆的文献信息资源保障体系，将经验总结为以下四个方面。

8.2.2.1　资源共享理念的推广普及是保障体系建设顺利进行的基础

19 世纪末，资源共享理念在图书馆领域被正式提出。20 世纪 90 年代，国内各图书馆系统开始基于该理论的实践和探索，高校、中国科学院、中国社会科学院、军队和医院的图书情报机构以及国家图书馆纷纷开始搭建各自领域内覆盖全国的各类型资源共享保障平台，包括全国高校图书馆文献资源保障体系（China Academic Library & Information System，CALIS）、国家科技图书文献中心（National Science and Technology Library，NSTL）和国家科学数字图书馆（Chinese Science Digital Library，CSDL）及国家哲学社会科学文献中心（National Center for Philosophy and Social Science Documentation，NCPSSD）等。2012 年，全国高校图书馆文献资源保障体系完成与多个大型公共图书馆和共享机构平台的对接，建成基于全国顶级资源与服务的协同服务平台；国家科技图书文献中心依托地方和行业科技信息机构，建立辐射全国的科技文献信息服务体系，并指定中国医学科学院 / 北京协和医学院图书馆作为医学分中心，协调医学文献资源的共建工作。

通过国内各体系实践可以得到以下三点结论：一是从产权角度来看，资源共享理念确立了社会所有观念，即文献资源是社会共有的财富，应供广大读者使用；二是从效益角度来看，图书馆的投入也追求效益产出最大化，即通过共享的方式建立文献信息资源保障体系，提高文献利用率，用有限的资源尽可能地服务更多读者；三是从系统角度来看，资源共享理念延伸和拓展了图书馆的服务能力和范围，“资源共享，优势互补”突破了资源、机构、地域、时间、空间等对图书馆的约束，在更广泛范围内最大程度地为读者提供文献资源服务。

8.2.2.2　国家需要与政策扶持是保障体系持续发展的重要推动因素

全国高校图书馆文献资源保障体系作为国家重点建设的两个高等教育公

共服务体系之一，截至 2018 年国家累计对其投资 4.4 亿元；国家科学数字图书馆的国家总投资为 1.4 亿元；国家图书馆数字图书馆工程与国家图书馆二期合并立项国家“十五”期间重点文化建设项目，总投资约 4 亿元；国家哲学社会科学文献中心的建设响应了习近平总书记在哲学社会科学工作座谈会上提出的“加快国家哲学社会科学文献中心建设，构建方便快捷、资源共享的哲学社会科学研究信息化平台”要求，也获得国家专项资金支持[17]。军队和医学系统虽然建立了自身整套法规和工作体系，却缺乏国家层面的政策支持，经费来源渠道单一，协调作用逐渐弱化。

文献资源保障体系通过跨部门、跨领域、跨地区提供文献信息服务，对国家经济、科技、教育、文化等各方面事业具有促进作用；加强资源保障体系建设对于加快推进自主创新，全面推进国家创新体系建设，提高自主创新能力，落实国家创新驱动发展战略具有重大意义，因此国家长期以来大力支持文献资源保障体系的建设和发展。与此同时，在国家支持和政策扶持下，文献资源保障体系建设在多方面得到强化和保障，实现了各种数字化资源的网络化运用，并持续努力实现更高水平、更高层次的文献资源共享。

8.2.2.3 多层级保障系统架构有利于实现相关资源的优势互补

国内图书馆多层级文献信息资源保障体系，有力保障了馆藏资源与服务的共享共用。立足于多层级资源保障，各参与主体的资源、服务和能力都得到充分利用，整体上的优势互补使得资源保障系统能够更好地适应新的业务需求和不断出现的新变化，有效提升了体系的服务能力。全国高校图书馆文献资源保障体系的 4 大全国中心，7 大地区中心，31 个省（自治区、直辖市）级中心和 500 多个服务馆，支撑面向全国 1700 多所院校的共享服务；中国科学院系统由中国科学院文献情报中心及 4 个地区文献情报中心和 80 余个研究院（所）图书馆组成的相对独立的三级文献保障体系[18]；医学文献信息资源共建共享体系始于 20 世纪 50 年代，以中国医学科学院 / 中国协和医科大学图书馆作为国家中心馆，以一批院校图书馆为大区中心馆和省市中心馆的三级网络。

但是，多层级保障系统在实践中也存在资源重复、各自为政等问题。接下来，文献信息资源保障体系建设有必要进一步统筹多方力量，强化横向多层次系统架构建设，突破纵向系统资源整合壁垒，建立健全多层级的、横纵联通的保障系统架构，以利于资源整合，实现资源优势互补，提升信息化平台服务水平，提升用户的使用满意度。

8.2.2.4　顺应时代发展要求、创新管理机制才能赢得新的发展动力

国内各系统的文献资源保障体系建设目前，在基础平台、资源建设、数字化整合、标准规范、信息服务、公益性传播等方面已经取得了重要的阶段性成果，各系统依托自身资源优势，已建立起专业领域文献资源共享化体系[19]。

随着时代的发展，我们迫切需要建设适应现实需要的文献资源保障体系。一是加强顶层设计，从全局的角度，对体系建设的各方面、各层次、各要素统筹规划，以集中有效资源，高效快捷地实现目标。二是加强组织机构建设管理，从单个图书馆到全行业、跨领域，构建系统完备、科学规范、运行有效的制度体系，提高管理效率。三是加强服务体系建设，突破体制机制的障碍，加快体系建设制度创新，把创新作为引领发展的第一动力。

8.3　公共图书馆文献信息资源保障体系建设未来发展战略

发展战略是着眼于全局和长远的发展目标以及为实现目标设计的方案和策略。具体到公共图书馆文献信息资源保障体系，明确建设目标、建设原则和建设内容是制定未来发展战略的起点，以此为依据构思的可行性操作方案和发展策略是发展战略的核心，主要包括布局模式、资源共享平台和服务体系、运行保障机制、利益分配和绩效评估机制几个方面。

8.3.1　明确建设目标、建设原则和建设内容

公共图书馆文献信息资源保障体系建设将以习近平新时代中国特色社会主义思想为指导，按照“创新、协调、绿色、开放、共享”的新发展理念，着力提升中文文献保障率，解决影响国家和社会公众获取文献信息的满足率和效率问题，提升公民信息素养，夯实创新发展基础。

8.3.1.1　建设目标

到2025年，建成覆盖全国的公共图书馆文献资源保障服务平台，实现市级以上公共图书馆文献信息资源数据互联互通。到2030年，该平台应成为全球中文文献资源保障体系的主要组成部分，国内中文文献保障率100%，服务效益达到世界先进水平。

8.3.1.2　建设原则

（1）国家主导，统筹管理。实现资源共享还需要各个区域内图书馆的通力合作，但各区域的人、财、物等各方面都会受到当地政策环境和投入的影响。因此，为能更好地服务国家经济社会发展，公共图书馆文献信息资源保障体系建设需要充分发挥国家和相关部门的职能优势，从政策支持、财政扶持、机构设置和标准制定等多个角度强化统筹和监督，促进交流和沟通。

（2）藏用结合，务实推进。应广泛收集、积累全球范围内中文文献，逐步建立起涵盖各种资源类型的公共图书馆文献信息资源保障体系。应强调文献信息可见性和可获得性，强化本地资源与特藏资源的深度开发。推动资源管理和服务方式创新，在科学研究和大众阅读两个维度都能提供多层次、高质量的文献信息服务。

（3）因地制宜，科学有序。充分摸清当前全国公共图书馆文献信息资源建设、利用、保存和需求方面的基本情况，准确把握不同规模、不同经济发展水平区域之间的差异。在综合条件好的区域或重点领域先行先试，避免贪

多求全、重复建设。

（4）开放合作，共建共享。营造开放包容的发展环境，广泛与政府、社会和其他系统图书馆开展合作交流。加强技术共建共享，整合各种文献信息资源，逐步完善资源共享平台，广泛推进多区域、多类型文献资源互补与共享，为各类用户提供有效、便捷、全面的文献信息资源支撑。

8.3.1.3 建设内容

（1）建设文献信息资源共享服务平台。平台功能包括网上联合目录、统一检索、馆际互借与文献传递、联合参考咨询等。

（2）完善文献资源协调与共享机制。努力发挥政府作为统筹保障体系建设主导力量的积极作用，充分发挥国家图书馆、省级公共图书馆的积极作用，加强它们与其他层级图书馆之间的资源共建共享。加强各级公共图书馆联合馆藏建设，共同实现文献信息资源在统一平台上的共享利用。

（3）持续开展用户信息素养培训。通过讲座、公开课、新媒体推介等方式，帮助用户了解、掌握文献信息共享平台提供的服务内容和主要资源，打造符合数字时代需求的用户信息素养项目，提升国民整体综合素质。

8.3.2 采用纵横结合的网络布局模式

参照国内外文献资源保障体系建设经验，结合我国公共图书馆层次多、体量大、发展不均衡的现状，以及文献信息资源本身具有的广泛分散分布特征，建立一个集中式的系统难度极大。考虑到区域性保障体系建设已经小有规模，以及跨系统合作日趋成熟的现状，建议搭建纵横结合的网络布局模式，纵向采用四级保障体系，横向与区域保障系统以及其他系统（如高校）图书馆充分合作。

8.3.2.1 纵向四级保障体系

四级保障体系是指由国家级—省级—市级—县级公共图书馆构成的层次

型保障结构。

（1）四级保障体系在统一规划下完成内部纵向布局，建立全国范围的公共图书馆文献信息资源保障体系建设的领导机构。然后层层推进，完成公共图书馆文献资源的合理配置。各级公共图书馆在系统内部统筹规划指导下，分工协作，纵向互联，形成共享网络。建立分布式整体系统架构，结合系统内等级式配置模式，形成集中与分布相结合的全国文献信息资源保障体系。

（2）四级保障体系具备整体性、层级性、系统性、协同性等特点

①整体性。四级保障体系是一个有机整体，各级公共图书馆须全部被纳入文献资源保障服务体系，最大范围地实现公共图书馆文献资源整合。

②层级性。四级保障体系要分别被赋予不同的定位、职能、职责，分工明确，协同发展。

③系统性。体系的每一个层级都有与之相适应的服务功能模块，实现各层级不同的功能定位，各模块之间相互配合。

④协同性。体系的上一层级为下一层级的建设和运行提供指导和保障，下一层级为上一层级体系发展和演进提供支撑和支持。

（3）明确保障体系各个层级的职责和任务

国家级公共图书馆以国家文化发展战略需求为导向，明确目标、规划管理、统筹协调，搭建权威的文献信息资源收藏和服务平台，奠定全国文献资源保障体系建设的基础。省级公共图书馆以地区经济建设、文化事业发展需求为导向，规划本地区文献信息资源保障体系的建设，持续建设、不断完善，支撑地区公共图书馆事业发展的文献资源保障体系。市级公共图书馆应强调市级政府的主导作用，完善财政投入、人力保障等方面长效工作机制。以布局合理、资源共享、服务高效、普遍均等为原则，坚持“政府主导、科学统筹、逐步推进”的方针[20]，建立区域文献资源保障体系，推动区域间、系统间文献资源的有效联通。县级公共图书馆应发挥县级政府的具体组织实施作用，整合县域内的公共文献资源。以建立服务优质、有效覆盖的县级图书馆

服务网为导向，实行县馆主导下的文献资源统一采购、统一编目、统一配送、通借通还和人员的统一培训，丰富广大基层群众享受的基本公共文化服务内容，提升公共文化获取的便捷程度，稳步提高公共文化均等化水平[21]。

（4）充分发挥总分馆制的基层保障作用

我国市级、县级及以下的各级公共图书馆是按照行政级别建立的，图书馆隶属于不同层级的政府，在本身面临经费不足问题的同时，还存在资源的重复和浪费问题，资源保障能力不足。总分馆制的推行为图书馆间的资源和服务整合做出了重要贡献，形成了多种建设模式，如区域性服务网络模式、准总分馆模式和纯粹的总分馆模式[22]，提升了资源利用的效益和效率。在四级保障体系建设过程中，应重点关注市、县两级公共图书馆的资源保障，以现有总分馆制建设为基础，以资源建设和共享为纽带，拓展协同服务的业务内容，加强宏观规划和协调，并将合作触角向基层不断延伸。

8.3.2.2　横向跨系统联合保障

省级公共图书馆要寻求与所在地区现有区域保障体系以及高校图书馆保障体系的联合，实现系统间的协调合作，充分发挥各自的差异化资源优势，提升文献信息资源保障率。联合保障方式分为以下三种：

（1）跨平台服务模式。即省级公共图书馆以成员方式加入现有的多个保障体系，在多渠道提供文献传递服务的同时，开辟多种文献来源渠道。馆员可通过跨平台交叉获取信息的方式满足读者需求。

（2）系统整合模式。即将公共图书馆文献信息资源保障体系的系统平台接入现有的其他保障体系系统平台预留的接口，或预留出外部系统接入的接口以供系统整合，从而使读者在查找和获取信息资源的过程中，可以无缝切换到其他的资源系统。

（3）协议协作模式。如果公共图书馆不能采取以上两种方式实现与其他保障体系的联合，则可以与区域保障体系以及图书馆签订合作协议，建立馆员工作协作关系，实现需求转发、文献传递和馆际互借等资源共享功能。

8.3.3 建立资源共享平台和联合服务体系

建立文献信息资源保障体系的最终目的是进行资源共享，具体实施需要技术平台的支持和联合服务关系的建立，即在文化和旅游部的统一领导下，借鉴发达国家的经验及我国部分系统、地区的成功先例，由国家图书馆牵头，联合各级公共图书馆，整合成员馆的馆藏书目数据和数字资源，建设覆盖全国的文献信息资源共享平台，向社会公众提供综合性、开放性和公益性的文献信息服务和联合参考咨询服务。具体来说，平台应具有以下五方面功能：

8.3.3.1 联合编目和联合目录

建立具有统一标准的书刊联合目录数据库，在此基础上实现联机共享编目。联合目录数据来源除了各成员馆馆藏新增数据的即时更新，还包括回溯数据的大规模迁移，系统模块宜具有智能化的数据比对功能、报错机制和推荐机制，以控制数据质量并减少人工依赖。

8.3.3.2 数字资源整合与统一检索

数字资源整合包括馆藏目录数据资源的整合和数据库资源的整合，前者已在上文论述过，后者主要涉及自建数据库和外购数据库。自建数据库在符合版权要求的前提下，可对资源实体对象进行整合；外购数据库可通过跨库检索实现异构数据库的整合，用户通过统一的检索界面向各数据库发送检索请求，检索界面返回汇总后的检索结果。两种方式面向不同的资源类型，宜在系统模块中并存。统一检索功能应设计不同的版本，不但提供全国公共图书馆文献资源的统一检索，还提供面向不同区域或主题范围的文献信息资源的统一检索，同时对系统外的合作单位的资源整合和联合检索预留开放性接口，以供跨系统合作。

8.3.3.3 馆际互借与文献传递

馆际互借系统模式主要分为集中式和分布式两种：前者通过一个集中式

的管理软件管理所有的馆际互借事务，将需求统一发送至中心馆；后者是网络内的成员馆可以随时随地向网络内的其他成员馆发送馆际互借请求，被请求馆直接对其提供服务。由于后者减少了业务流程的中转环节，能够从一定程度上提升服务效率，因此建议馆际互借模块采用这种系统模式。

文献传递包括两种服务类型：一是共享数字资源或经数字化转换加工后的资源，二是发送纸质资源的复印件。二者都是非返还式借阅。平台应为文献传递模块设置权限控制的标准和流程，通过控制文献访问次数、文献访问时限、文献传播权限等方式，规避数字资源利用的侵权风险。文献传递方式宜提供多种功能选项，除了传统的 E-mail、快递邮寄和即时传输等方式，还应考虑云存储平台，使传递更加符合用户习惯。

8.3.3.4 数字参考咨询协作

数字参考咨询协作需要实现两个方面的功能：一是针对用户利用资源共享平台检索和获取文献过程中遇到的问题，馆员通过协作平台进行回复和解答。系统要依据咨询规范和标准，设置高效易用的咨询流程并建立配套机制。二是针对咨询馆员业务交流的需要，提供面向馆员的协同工作模块，便于各成员馆馆员分享工作经验，存储知识性的智力成果，为平台优化升级提供理论与实践参考。

8.3.3.5 联合储存

联合储存包括数字资源的联合储存和纸质资源的联合储存：前者分为联合储存目录数据库和联合机构储存知识库；后者是通过建立联合仓储基地，若干图书馆联合存储和使用低利用率文献。目前，我国公共图书馆（特别是基层公共图书馆）物理存储空间相对不足，可考虑建立区域性联合储存书库，在不影响使用的情况下剔除不必要的复本。各省（自治区、直辖市）公共图书馆根据地区特点和先天禀赋条件，分工对具有地域性、民族性、历史性、学术性的特色文献予以保存，并尽可能以数字化的形式进行存储，在资源共享平台系统中建立联合仓储，在版权允许范围内，提供用户浏览和查询。

8.3.4　建立运行保障机制

8.3.4.1　组织管理

公共图书馆文献信息资源保障服务体系，按照国家、省、市、县四个层级组织结构进行管理（见 8–1），通过统筹协调、规定分工、明确责权等，有效实现组织目标。国家级组建权责明晰、管理高效的协调机构，确保优质、高效地实现建设目标；省级建立科学规划、有效运转的服务体系，保障分阶段落实、监督体系的建设；市级实施管理有序、配置合理的举措，构建完善、标准化的区域服务网；县级搭建资源共享、均等服务的网络，实现县域资源、设施均等全覆盖。

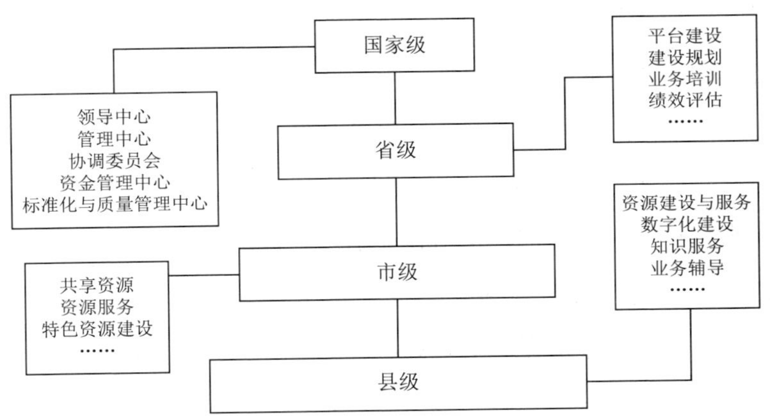

图 8–1　公共图书馆文献信息资源保障体系组织管理结构

8.3.4.2　运行机制

运行机制，是文献资源保障体系管理机构科学规范、高效有序完成工作的基础，主要分为管理工作运行机制和业务工作运行机制。前者主要是指管理职能部门的工作流程和工作制度，包括纵向层级管理机制、横向平行协调机制、财务人事机制。后者主要是指文献资源保障体系中，资源建设、资源保存、资源服务等核心业务的工作流程、工作制度，以及各项业务工作中涉及的标准规范、合作协议的具体内容。

8.3.4.3 经费保障

经费保障是对管理运行经费、项目经费和人员经费的保障。

（1）管理运行经费主要用于支付机构运作、人员工作过程中产生的管理成本，包括管理职能部门的组建、管理设备采购、各种管理协调工作的支出等。

（2）项目经费是文献资源保障体系建设的根本和核心。要重点保证资源建设经费，合理配置传统资源与数字资源的经费比例；加大文献资源组织加工经费投入；提高文献资源保存保护经费；增升文献资源服务工作经费支持力度。

（3）人员经费保障，主要是对管理人员和技术人员在工作、培训、业务活动等项目中使用资金的保障，是人力资源的成本保证。

8.3.4.4 人才培训

人才培训主要包括以下三方面：

（1）业务技术人才培训，是指根据各项业务工作内容，以及专业技术的更新发展，对业务人员开展的专项技术培训。

（2）平台技术人才培训，是指在文献资源保障体系中，对从事资源平台建设和维护的工作人员进行的培训。

（3）管理服务人才培训，是指对从事文献资源保障体系管理工作的员工进行的培训。

8.3.4.5 技术规范

公共图书馆文献保障体系技术规范主要分为以下三类：

（1）文献资源建设规范，按照工作流程来分，主要包括文献资源采集规范、文献资源内容创建规范、文献资源组织加工规范。

（2）文献资源保存规范，根据保存对象可以分为实体文献保存规范、古籍及民国时期文献保存规范、数字资源长期保存规范。

（3）文献资源服务规范，主要包括检索服务规范、咨询服务规范和借阅服务规范。

8.3.5 建立利益分配和绩效评估机制

8.3.5.1 构建合理的利益平衡机制

公共图书馆构建合理的利益平衡机制，能够使图书馆发挥图书馆文献资源的最大效益。

（1）充分发挥政府强有力的支持作用。政府主管部门通过出台权威性的政策文件明确各个成员馆的权利和义务，利用行政手段解决平台建设、资源采购等全局性的资金问题，最大限度地减轻成员馆的经费压力。

（2）制定利益诉求的表达渠道。成员馆应通过协商制定出完善的服务章程和利益分配制度，规范成员馆的行为，保护成员馆的利益[23]。

（3）实现利益扩大化和再分配。国家图书馆和省级公共图书馆可以利用自身丰富的文献资源和人力资源为其他成员馆提供服务，县级公共图书馆则利用地区优势和服务渠道优势保障特色资源，通过利益扩大化和再分配实现“1+1>2”的目标。

8.3.5.2 实施规范的激励机制

实施规范的激励机制能够增强成员馆的积极性，减少“不作为”行为，更好地发挥文献资源的保障作用。

（1）权利激励模式。通过赋予成员馆权利，如设施权、知情权、安全保障权、参与权、教育培训权等权利，达到激励的目标。

（2）义务激励模式。各成员馆在遵守《中华人民共和国公共图书馆法》及资源保障具体业务内容的专门性阶段规划和政策的基础上，积极主动履行文献保障的义务，实现权利与义务的统一。

（3）奖励激励模式。奖励模式分为物质奖励和精神奖励，前者主要通过经济利益刺激，如资金补贴调动成员馆的积极性；后者主要通过授予荣誉证书或者采用晋升等方式，调动成员馆的积极性。

（4）惩罚激励模式。对没有达到考评标准的成员馆予以物质惩罚、行政处理、舆论谴责等，同时建立淘汰机制，使成员馆有责任意识和危机意识，有效地避免成员馆“不作为”。

8.3.5.3　制定高效的绩效评估机制

应建立相应的绩效评估机制，以便掌握整个文献资源体系的状况、功能、保障能力及其发挥作用的情况，评估机制应包括以下几方面。

（1）评估主体。评估主体应主要包含图书馆自身、相关利益者（政府主管部门、使用者、赞助者等）和独立第三方（审计部门、质量认证机构等），从而形成自评、外审和第三方独立评审的多元格局[24]。

（2）评估内容。设置绩效评估指标体系，参考全国县级以上公共图书馆评估和数字图书馆评估的既有成果，根据保障体系的特性建立适用的评估体系。

（3）评估时间。实行定期全国评估和不定期抽查评估相结合的方式，促使成员馆检查自身不足并不断改进，从而优化文献资源。

（4）评估方法。借鉴企业的绩效评估方法，如因子分析、聚类分析等，应重点考虑各个公共图书馆自身评价能力和评价目的。

（5）评估标准。在制定评估标准过程中应以《GB/T 29182—2012　信息与文献　图书馆绩效指标》和《国家图书馆绩效评估指标体系》为参照，结合我国公共图书馆的实际情况，制定切实可行的绩效评估标准。

（执笔人：陈坚、陈人语、窦玉萌、纪陆恩、康迪、刘春鸿、宋艳萍、宋兆凯、孙慧明、王琦、肖佐刚、熊丽、徐冰、于菲菲、虞敏、张娟、郑佳盈）

参考文献

［1］肖希明．信息资源建设［M］．武汉：武汉大学出版社，2008：316.

［2］王翠萍，杨沛超．国家文献信息资源保障体系建设论纲［J］. 图书馆学研究，2000

（2）：15-17，14.

［3］张学福．论国家文献信息资源保障体系建设［J］．中国图书馆学报，2004（4）：37-41.

［4］任宋洁，金武刚．呈缴本制度完善之路：关于《公共图书馆法》“交存”制度研究［C］//《图书馆》编辑部．中华人民共和国公共图书馆法：导读·阐释·践行．北京：国家图书馆出版社，2018：151-161.

［5］中国图书馆学会，国家图书馆．中国图书馆年鉴 2018［M］．北京：国家图书馆出版社，2019：433.

［6］中国图书馆学会，国家图书馆．中国图书馆年鉴 2019［M］．北京：国家图书馆出版社，2020：504，514，524.

［7］嘉兴市图书馆简介［EB/OL］．［2018-01-16］.http://www.jxlib.com/lib/Sub.html#!Module/Article/Type/Show/ColumnId/e1073cc0-4b1c-4016-bdbd-cd77a6b7f9b8/ItemId/597c7b98-3c04-40a5-92f3-a830dd3f3e8f.

［8］饶权．中国图书馆事业发展报告（图书馆标准化卷）［M］．北京：中央编译出版社，2019：231-249.

［9］张晓林，吴振新，付鸿鹄，等．国家科技数字资源长期保存体系建设与发展［J］．数字图书馆论坛，2020（7）：12-19.

［10］刘兹恒，刘雅琼．图书馆应对数据库商业版权的研究综述［J］．图书与情报，2014（3）：1-9.

［11］郭威．版权默示许可制度研究［M］．北京：中国法制出版社，2014：240-246.

［12］王翠萍．国家文献信息资源保障体系建设研究［D］. 吉林：东北师范大学，2000.

［13］全国文献资源调查与布局研究课题组，中国人民大学图书馆．全国文献资源调查与布局研究成果汇编［G］．北京：中国人民大学出版社，1991.

［14］周秀霞，刘万国，杨雨师．基于云平台的数字资源保存联盟比较研究：以 Hathitrust 和 Europeana 为例［J］．图书馆学研究，2018（23）：52-60.

［15］刘文琦．关于美国作家协会等诉 HathiTrust 案合理使用认定的评述［J］．浙江树人大学学报（人文社会科学版），2014（6）：79-84.

［16］刘丽莉．图书馆合作存储研究述评［J］．图书馆建设，2016（2）：63-66.

［17］郭哲敏．新时代文献资源共享创新模式探索：国家哲学社会科学文献中心的资源建设与服务优化［J］．信息资源管理学报，2019（1）：114-121.

［18］孙坦，刘细文．关于中国科学院文献情报系统业务组织模式创新的若干思考［J］．图书情报工作，2003（2）：110-112.

［19］孙一钢，申晓娟，陈道泉，等．我国主要国家级数字图书馆工程项目介绍［J］．数字图书馆论坛，2006（1）：47–62.

［20］关于全面推进我市公共图书馆总分馆制建设的实施意见［EB/OL］．［2020-12-21］.http://www.gz.gov.cn/zfjgzy/gzswhgdlyjyswhgdxwcbj/zdlyxxgk/ggwh/content/post_2992029.html.

［21］关于推进县级文化馆图书馆总分馆制建设的指导意见［EB/OL］．［2020-12-21］．http://www.bhwh.gov.cn/home/content/detail/id/1774.html.

［22］张娟，倪晓建．我国公共图书馆总分馆体系建设模式分析［J］．图书与情报，2011（6）：17–20.

［23］潘松华，孙素云，吴小玲．图书馆联盟利益均衡机制构建研究：基于江苏高校图书馆区域联盟的实例分析［J］．图书情报工作，2014（24）：11–18.

［24］姜晓．图书馆绩效评估方法评析［J］．大学图书馆学报，2004（1）：6–9.

9　公共图书馆服务创新战略

在现代公共文化服务体系中，公共图书馆是重要的支撑力量。“十三五”时期，我国公共图书馆在多个方面进行了创新，现代公共图书馆理念普及推行，全民阅读如火如荼，总分馆建设卓有成效，移动服务已成潮流……在“十四五”时期，公共图书馆要继续发挥公共文化服务职能，实现长足发展，必须持续开展服务创新。为此，深入研究我国公共图书馆服务创新的社会环境、社会需求，明确新时期公共图书馆服务创新的关键问题和发展趋势，对我国公共图书馆提升服务效能，找准发展方向，争取政府、社会对公共图书馆的关注、重视与支持，最终推动公共图书馆事业在新时代整体发展具有重要意义。

在现有研究中，创新被定义为“创造性破坏的过程”，是一种“不断内生变革经济结构、不断破坏旧的并创造新的产业变革过程”[1]。本章旨在为我国公共图书馆创新发展提供参考和借鉴，主要立足于我国国情、国策及公共图书馆的发展现状和发展趋势，将视域聚焦在公共图书馆服务创新的发展战略上。从公共图书馆实际出发，本章所倡导的创新是一种广泛意义上的创新理念与行为实践，即凡是图书馆（个体）自身未实践过的、推动进步的、有益于提升服务效能的活动都是创新。从纵向视角看，服务创新可以表现为一系列层次不同的选项，包括服务理念创新、服务内容创新、服务方式创新、服务机制/体制创新。服务理念创新主要指图书馆在工作实践中，从服务性出发，对一系列图书馆问题所形成的总体思维的创新；服务内容创新主要指图书馆在内容供给和具体服务项目方面的创新；服务方式创新主要指图书馆在服务供给渠道、服务开展手段等方面的创新；服务机制/体制创新主要指图书馆在运营和运作机制方面的创新，一般反映在政策、指南或法律法规文本中。

本次调研发布了“公共图书馆服务创新”问卷调查，从服务创新的总体情况和服务理念创新、服务内容创新、服务方式创新、服务体制/机制创新等方面，围绕我国“十三五”时期公共图书馆的创新状况和创新成果以及具体案例、“十四五”时期公共图书馆服务创新的方向和途径等设计问题。调查共收到答卷489份。经筛选，获得334份有效问卷，问卷有效率为68.31%。问卷的回答者包括馆长（64名，含副馆长）和部门领导（含主任、副主任、部门负责人等）。通过克朗巴哈系数计算可知，问卷的信度为0.753，大于0.7，表明研究数据信度良好。

9.1 我国公共图书馆服务创新现状分析

一直以来，我国公共图书馆对服务创新都比较关注，“十三五”以来先后推行了一系列新理念，实施了多种新方案，取得了突出成效，但也暴露出一些问题。

9.1.1 我国公共图书馆服务创新成效及经验

根据问卷调查，在“十三五”期间，业界为图书馆服务创新的打分情况依次为：服务理念创新4.03分，服务内容创新4.08分，服务方式创新4.12分，

服务体制 / 机制创新 3.94 分，表明“十三五”以来我国公共图书馆在各方面的创新均取得了较好成果。本章结合优秀服务案例，从上述四个方面对我国公共图书馆在“十三五”期间的服务创新进行总结。

9.1.1.1 服务理念创新

服务理念创新是图书馆服务创新的基础，“十三五”期间，我国公共图书馆的服务理念创新主要体现在以下几个方面：

开放理念。随着公共文化服务体系建设的推进，我国陆续颁布各类政策、规划，有力推进了国内图书馆的开放热潮。国家图书馆联合上海图书馆、天津图书馆、浙江图书馆、云南省图书馆等单位共同在线发布古籍数字资源，在古籍资源开放共享方面形成全国联动的局面[2]。广州图书馆于 2017 年 4 月“广州读书月”期间，倡导成立了“广州阅读联盟”（该联盟现更名为“广州公益阅读”），以开放的姿态广招各类读书会入驻，并且为读书会组织活动提供方便，2019 年 3 月又启动“广州公益阅读创投项目征集”活动，进一步升级开放理念，吸纳社会力量参与。图书馆的开放不应只是表现在图书馆的大门免费向大众开放，更应体现在资源的开放和服务的开放上。从多个层面进行全面开放和深度开放，有助于扩大公共图书馆的社会影响力，更好地满足民众的需求。

共享理念。在信息资源量呈指数增长的情况下，单一的图书馆服务已无法满足读者日益增长的多元文化需求，建立图书馆联盟、实现信息资源共建与共享是现代图书馆事业发展的必然趋势[3]。甘肃省图书馆建立了集资源、服务、特色馆藏于一体的服务平台“甘肃知识文化服务平台”，为全省 84 个县区图书馆整合地方资源，创建统一门户、统一检索平台和统一资源存储空间，平台采用共享资源 + 共享管理 + 特色资源 + 特色服务的模式，有效解决了县区图书馆经费短缺、资源不足、服务能力较低、人力缺乏等问题①。公共

① 除特别说明外，本章国内案例主要来自中国图书馆学会公共图书馆分会“公共图书馆创新创意推广”活动的获奖案例。

图书馆应充分认识到共享的意义，通过构建有效的共享运作机制[4]，促进成员馆间的交流合作，发挥协作共享的优势。

包容理念。促进社会包容是公共图书馆的责任和使命。上海市虹口区图书馆针对中老年、青少年、外来务工者等群体推出了“e 厘米”信息素养提升项目，根据用户的年龄及需求定制培训，如在“星期四”课堂中对中老年人进行网络信息技术、公共信息查询、网络社交媒体应用及信息安全等培训，“e 厘米——掌上图书馆”为辖区内 22 家标准化菜场的进城务工人员安装无线服务器[5]，满足了不同群体对信息素养提升的需要。图书馆关注特殊群体，为不同群体提供满足其需要的信息资源服务是图书馆包容精神的重要体现，图书馆应扮演好公益机构的角色，实现服务的“零门槛”和“全包容”。

共创理念。近年来，创新和创业已成为拉动我国经济增长的引擎[6]，公共图书馆丰富的创新知识储备和强有力的信息资源共享能力使图书馆成为服务双创（创新与创业）的重要主体[7]。浙江省嘉兴市图书馆的“数字众创空间”利用新技术、新方法为各类创新、创业群体提供全流程知识服务[8-9]，不仅为创客搭建了专题交流平台，也为普通民众提供了一个体验多媒体创意及新技术的智能空间。在推进大众创业的背景下，有条件的图书馆应因馆制宜搭建活动场所，提供多样化设备，积极寻求同界和跨界合作，为创新和创业人士提供服务[10]。

9.1.1.2　服务内容创新

“十三五”期间，我国公共图书馆在服务内容创新方面亮点频现，特色突出，主要的创新点包括如下几个方面：

基层图书馆建设改造。随着图书馆事业发展，基层图书馆面临着服务功能单一、空间与设备不足等挑战。为有效解决这些问题，基层图书馆开始了改造旧建筑的探索。北京外城东南角楼、左安门值房、花市火神庙等北京古建筑在旧城改造中变成了“最北京”的图书馆[11]。其中，角楼图书馆是最具代表性的改造案例，以古建筑的天然优势成就了公共图书馆的特色定位[12]。

浙江省江山市坛石镇对老粮站进行修缮改造，建成了占地面积 1200 平方米的综合文化站[13]。目前，国内大量旧建筑面临着更新改造和再利用的问题，基层图书馆空间改造可着眼于对老旧建筑（尤其是具有特殊意义的保护性建筑）的空间资源进行再生利用，打造符合新时代需求的图书馆空间，降低基层图书馆建设和改造成本，促进基层图书馆可持续发展[14]。

全民阅读。近年来，各地图书馆都开展了丰富多彩的阅读推广活动。由甘肃省兰州市图书馆承办的兰州读书节，通过开展名家讲座、诗歌朗诵、知识竞赛、数字阅读体验、优秀图书推荐、征文大赛等活动，在全社会推广全民阅读[15]，目前已成功举办 14 届。山东省青州市图书馆组织“全民阅读直通车”活动，通过“个人买借直通”“馆际联盟直通”“全市家庭直通”“城乡互借直通”等方式横向构建起市图书馆、新华书店、驻青高校“三位一体”的城市文化引擎，纵向构建起市图书馆、镇级图书馆、村（社区）图书馆、民间图书馆的“四级联动”。公共图书馆阅读推广活动只有贴近大众需求，夯实服务基础，细化服务环节，才能有效提高民众的阅读意愿。

青少年服务。图书馆在加强青少年思想道德建设、提升青少年信息素养和科学素质方面发挥着不可替代的作用[16]。江苏省无锡市图书馆成立未成年人心理健康活动中心，同时开设未成年人心理健康咨询平台，通过各种有创意的活动，提高全社会对未成年人心理健康的关注度，增强未成年人认识自我、调控自我及管理自我的能力[17]。广州图书馆开展的“我是科普小达人”青少年科普系列活动以贴近生活、符合大众口味的特色科普项目为主，通过专题讲座、科普制作、科学实验展示、科普游戏、手工书 DIY、书目推荐等方式，向青少年普及科学知识[18]。青少年是衔接成人与儿童的过渡阶段，历来在图书馆服务中居于薄弱环节，图书馆在服务青少年时，应关注他们的身心成长和知识成长，促进青少年素质全方位提高[19]。

老年人服务。有关数据显示，2020 年，我国 65 岁及以上的老年人口占总人口的比重已经达到 11.97%[20]。我国自 2000 年进入老龄化社会以来，老龄化程度不断加深，这对公共图书馆开展老年人服务提出了挑战。辽宁省图书馆老年阅读推广实践——“乐龄俱乐部”、广东省佛山市图书馆老年人数字资源体验活动——“耆英畅游数字乐园”正是应对这一挑战的创新举措。“乐龄俱乐部”以“用知识乐享晚年”为口号，结合多种营销策略和渠道形成合力[21]，加大老年人服务力度。“耆英畅游数字乐园”则是专门为时间充裕，且对数字产品有体验需求的离退休老年人举办的老年人数字阅读活动。该活动以培训手机应用、手机阅读、网络数据库的使用为抓手，促进老年人数字素养提升。当前，我国正快速步入老龄化社会，公共图书馆在老年人服务方面有较大发展空间。公共图书馆在开展老年人服务时，应充分了解老年人的身心特点、生活环境和社会需求，实施针对性服务，多方面满足老年人的精神文化需求。

特殊群体服务。近年来，我国公共图书馆积极为特殊人士提供知识援助服务。2012 年，广东省佛山市图书馆实施了“阅读·温暖”佛山视障读者关爱行动，打造了一支志愿者团队——“佛图朗读者”，并与残疾人联合会等机构建立文化助残协作网，加强助残合作。佛山市图书馆还以“互联网 + 微信语音”的形式举办“文学创作微课”，设置“视障人士流动服务站”，开展“流动无障碍影院”。广东省立中山图书馆于 2012 年开始举办“心聆感影”无障碍电影讲解活动，通过口述影像协助视障人士理解电影内容。残障群体是特殊群体中的重要人群，加强对残障群体的服务也是图书馆包容性的体现，图书馆应不断优化服务供应，采用新的信息技术，为有不同需要的特殊群体提供针对性服务。

专题服务。1999 年，国家图书馆设立两会咨询服务处，在会议期间推出了 24 小时咨询热线，并先后推出了针对两会的 24 小时全天候服务、免费办证、图书借阅、到馆参观等项目。2002 年，国家图书馆推送《两会热点专题资料》《两会文献信息专报》《舆情专报》等主题资料，2010 年又推出自主产品《国家图书馆两会专题文献报》。如今，国家图书馆借助新技术，相继推出

“两会服务平台”“电子触摸屏”“国家数字图书馆进驻两会”等服务。专题服务是公共图书馆的一种重要服务方式，公共图书馆在开展专题服务时，应充分了解服务对象在需求内容和需求形式上的变化，采用新的服务技术，引入新的服务形式，努力拓宽公共图书馆的服务范围。

9.1.1.3　服务方式创新

“十三五”期间，我国公共图书馆积极探索服务方式创新，产生了良好的效果，主要体现在以下几个方面：

跨界合作。“十三五”期间，不少公共图书馆都开展了与其他行业的合作。如上海图书馆与东方卫视合作打造了“古籍精读”节目，每天在节目中介绍一种善本，并同步推出系列文化产品和古籍善本展[22-23]。河北省图书馆与河北广播电视台联合播出《图书馆史话》，以“一部图书馆史就是一部中国文化史”为立意，以“史话”方式向听众讲述我国图书馆的历史变迁和中国文化发展脉络。这些跨界合作表明，通过发挥公共图书馆与各合作行业的优势，可以形成优势互补、高质量发展的共赢局面，促进公共图书馆把服务通过更多渠道延伸到更广泛的领域。

移动服务。近年来许多图书馆都将传统图书馆服务“搬”到了手机上。深圳图书馆结合“深圳图书馆 | 图书馆之城”微信公众号，构建了纸本图书线上全流程服务，包括“虚拟读者证”“新书直通车”“快递到家”“文献转借”四个部分，读者利用手机即可接受图书馆有关服务。目前，不少图书馆都使用了 app，开通了微博、微信公众号，部分图书馆还尝试了抖音服务。公共图书馆在开展移动服务时，要充分关注用户的使用习惯，考虑移动媒介的特点和使用情境，将用户最需要的资源和服务推送到用户手中。

文化联合。公共文化机构的联合是现代公共文化服务体系建设的基本要求。2017 年，“国家公共文化云”投入使用。该平台整合了包括全国文化信息资源共享工程、数字图书馆推广工程、公共电子阅览室建设计划三大工程的资源，作为国家公共数字文化服务总平台推出[24-26]，体现出文化联合的大趋势。2017 年，广东省佛山市提出建立“党建引领、文群共建”的公共文化服务机制，在此背景下，佛山市图书馆与文化馆、博物馆等九部门组成“佛山市公共文化设施联盟”[27]，通过一系列措施推动公共文化服务体系建设在覆盖面、活动规模、品牌效应、队伍力量等方面取得成效[28]。公共图书馆与其他行业组织开展文化联合，能有效提升自身服务能力，并对其他行业进行文化赋能，从而形成文化合力，发挥公共图书馆在公共文化服务体系中的核心作用。

文旅融合。公共图书馆文旅融合对于提升国家文化软实力和中华文化影响力起着重要作用。2019 年 5 月 11 日，武汉市有关图书馆联合举办了一场“阅读马拉松”活动，基于“文化 + 旅游”“图书馆 + 景区”“线上 + 线下”等活动要求，在全市公共图书馆、公园景区、学校、社区开展讲座、诗歌朗诵、读书会、亲子阅读等活动，同时在知名景点对活动进行实况直播，促进了文化与旅游融合。除武汉图书馆外，国内也有不少图书馆开展了文旅融合服务尝试。公共图书馆应充分挖掘本地区特色旅游景点、景区的文化价值，通过开展多种形式的文旅融合活动和服务，促进文化与旅游的深度融合。

9.1.1.4 服务体制 / 机制创新

“十三五”期间，公共图书馆通过建设主题分馆、推动法人治理制度和社会力量参与、实施信息公开、建设基层综合性文化服务中心 / 新时代文明实践中心等，实现了服务体制 / 机制的创新。

主题分馆建设。杭州图书馆主题分馆建设是国内图书馆主题分馆建设的代表。从 2007 年起，杭州图书馆以“一馆一主题”和“一馆一特色”为宗旨开展主题分馆建设工作，力求做到从合作方选择到选址、空间设计装修、馆藏图书、文化活动、特色资源等都各具特色[29]。目前，杭州图书馆主题分馆已覆盖 10 个区、县[30]，不少主题分馆在全国甚至是世界成为首例[31]。江苏省无锡市图书馆主题分馆建设也较突出，该馆以“主题 + 书香”模式建设特色分馆，如“佛学 + 书香”主题分馆整合馆内与合作寺院所藏佛教经典为公众提供服务。主题分馆建设是公共图书馆总分馆体系建设在内涵上的深化。在主题分馆建设中，公共图书馆应充分注重分馆特色，加强分馆与环境的融合，促进资源的多样化利用。

法人治理制度。浙江省温州市图书馆是国内较早进行法人治理结构建设的图书馆，该馆理事会享有图书馆建设发展规划、重大项目、重要服务、大项经费开支、薪酬分配等的决策权并承担大部分公共文化服务的事权，主管单位对理事会进行指导和监督但不干预；理事会通过章程和会议行使自主决策权但不直接参与图书馆管理；图书馆管理层接受理事会监督[32]。为推动法人治理结构改革，国家和地方先后颁布了一系列政策和条例，公共图书馆应充分利用这些政策和条例，推动建立和完善理事会制度，促进图书馆规范化发展。

社会力量参与。社会力量参与是图书馆扩大服务范围、提升服务效能、增加办馆资源的重要途径。广州黄埔区图书馆结合当地产业园区、大型企业聚集优势，致力于探索“政府主导资源补给 + 企业园区自主运营 + 社会参与”的分馆建设模式，采取因地制宜、融合街镇文化特色、一馆一策的模式建设分馆，形成了黄埔特色[33-34]。广东省佛山市图书馆邻里图书馆则致力于构建“图书馆 + 家庭”阅读体系，图书馆为成员馆提供优惠和便利，成员馆承担为周边家庭提供服务的义务。社会力量是公共图书馆的有效补充，可以在一定程度上解决公共图书馆办馆资源不足的问题，公共图书馆应积极鼓励社会组织和个人参与公共图书馆服务，以外部力量促进图书馆服务能力提升。

信息公开。在信息公开方面，一些公共图书馆做出了尝试。广州图书馆于 1997 年开始编撰年报，2013 年，《广州图书馆年报》进入“规范化编撰、常规化发布”阶段。《广州图书馆年报》通过大众媒体、网站以及微信、微博等媒体发布，同时向理事会和政府主管部门呈报，并主动向社会各界、业内同行发送[35]。通过年报形式公共图书馆可以向社会公开工作总结、组织架构、服务情况、人才队伍与文献资源、社会参与状况等馆务信息与管理信息，有助于公共图书馆自觉履行信息公开义务，接受社会监督，保障公众的知情权。

基层综合文化服务中心 / 新时代文明实践中心建设。加快基层综合文化服务中心和新时代文明实践中心建设，对于满足广大基层群众多样化的文化需求，促进基本公共文化服务均等化具有重要意义。2014 年，中山市出台了《中山市国家基层综合性文化服务中心试点工作实施方案》，选择 30 个行政村（社区）作为试点村居建设综合文化服务中心，2016 年又出台了《中山市全面推进行政村（社区）综合性文化服务中心建设实施方案》和《中山市行政村（社区）综合性文化服务中心公共文化服务实施标准》，形成了具有中山特色的“三三三”建设模式，即构建起标准化、特色化、数字化的“三元服务空间”，形成基层党委、社会组织、专业社工的“三方联动格局”，实现“文化 + 公益 + 便民”三项服务的融合[36-37]。基层综合文化服务中心与新时代文明实践中心的建设，不仅需要政府政策的大力扶持，解决基层公共文化资源供给不足的难题，更需要激发基层活力，发挥基层主动性，提高基层服务能力。

9.1.2 我国公共图书馆服务创新存在的问题

9.1.2.1 创新氛围的营造与培育不足

我国各级公共图书馆积极适应新时期社会环境和社会需求变化，不断创新服务内容和服务方式，提升服务质量和服务效率，形成了一定的创新氛围。但值得注意的是，创新氛围尚未成为一种业界“新常态”，创新思维和创新实践也尚未真正成为中国公共图书馆发展的核心驱动力。仅从服务理念创新来看，根据问卷调查，七成左右的人认为我国公共图书馆的服务理念创新主要体现在共享和开放上，仅三成左右的人认为平等理念、共创理念也有一定体现，认为体现了包容理念的人不到一成。目前，国际图书馆界的前沿理念主要包括可持续发展理念、包容理念、共创理念。而国内在可持续发展理念方面的创新明显不足，在提高全社会信息素养，提升公民参与、支持就业和经济发展等方面的服务也有所欠缺；在包容理念方面，国内公共图书馆主要关注儿童、老年人及残障群体，但对不同民族、不同人种的包容性仍较缺乏，针对特定群体的服务能力与国外存在一定差距；在共创理念方面，国内公共图书馆创客空间的建设尚未普及，仅小部分图书馆具备为创客提供服务的能力，而图书馆与科技园区、科技孵化器的合作也有待推进。此外，国内公共图书馆还未普遍意识到对残障创客群体服务的重要性。

9.1.2.2　创新经验的总结与推广不足

“十三五”时期，在加快建设现代公共文化服务体系的过程中，各公共图书馆因地制宜探索适合本区域的发展模式，积累了一定的创新经验，形成了一批创新案例。随着国家和各省公共文化服务体系示范区建设进程的推进、公共图书馆创新创意案例征集推广活动的开展及一系列学术会议和研讨班的举办，公共图书馆完成了对创新经验和创新案例的初步总结。然而，我国创新经验和创新案例的应用范围有限，且周期过长，尤其是较发达地区的创新经验和创新案例经过提练、总结，很难促进和推动欠发达地区公共图书馆事业的发展。以基层公共图书馆为例。随着“图书馆总分馆制”“基层综合性文化服务中心”等一系列举措的实施和推进，我国基层公共图书馆加快建设发展，在设施条件、服务供给等方面都有了明显改善，但从总体上看，基层公共图书馆仍然是我国公共文化服务体系的薄弱环节。一方面，基层分馆的建设需要大量资金、人力、资源，只有大型公共图书馆或具备资源优势的图书馆才具有建设基层分馆的能力，小型公共图书馆缺乏人力、物力、财力，基层分馆建设工作难以开展。另一方面，公共图书馆与基层文化服务中心、农家书屋以及新时代文明实践中心等基层服务点壁垒明显，合作不足，资源分散。上述问题在发达地区已进行了一定探索，形成了创新经验，但缺乏相应的经验发掘、案例总结和创新推广机制，欠发达地区受惠有限。因此，应当支持、推动已有的创新改革举措在全国范围内复制推广，更好地贯彻落实创新发展理念，推进公共图书馆服务高质量发展。

9.1.2.3 体制 / 机制的创新深度与广度不足

体制和机制是公共图书馆事业发展的基础支撑。“十三五”以来，我国公共图书馆领域的服务体制 / 机制创新主要体现在总分馆体系建设和社会力量参与两方面。然而，图书馆在法人治理制度改革、基层服务延伸、文旅融合发展等方面的创新明显不足。法人治理制度方面，国家目前以试点城市、试点图书馆的方式推进制度改革，改革的覆盖面尚未覆盖到大部分公共图书馆。而且，理事会制度也尚未普及。从法人治理结构试点工作现状看，存在诸如相关法律法规细则不完善、人事及财政等配套政策无法有效落地、理事会成员专业提升机制及理事会决策支撑机制待完善、监督机制缺位等问题，导致试点工作运行并不顺畅。基层服务延伸方面，基层综合性文化服务中心的建设尚在起步阶段，规范化、体系化程度不足。文旅融合方面，公共图书馆活动举办以及分馆建设的文旅融合度不高，地区特色旅游景区、景点的文化价值挖掘不足。可见，我国公共图书馆在服务体制 / 机制方面仍有较大创新空间。

9.1.2.4 对创新技术的回应和应用不足

改革开放以来，公共图书馆长期关注技术创新，取得了多项突破性成就，但随着技术环境的变化，近年来公共图书馆对新技术的回应和应用明显有落后趋势，其根源在于当下公共图书馆逐渐失去信息技术创新的主动权，缺乏相应的人力、财力来推动技术创新。在这种情况下，公共图书馆只能采用“引入”方式实现创新技术应用。现代信息技术手段日新月异，公共图书馆从决定引入某种新技术到将该技术应用于用户服务的过程经历了项目决策、项目策划、项目招标、投入建设、应用测试、推广应用等环节，这个过程少则 3—5 个月，多则一年以上，在新技术应用方面的较大周期给公共图书馆服务创新带来了不小的挑战。同时，公共图书馆对新需求和新趋势的反应速度明显变得较为迟缓，无法及时使用技术手段满足用户需要。在这样的背景下，有必要加强公共图书馆对新技术的应用能力，加快应用速度，提升应变和服务能力。

9.2 我国公共图书馆服务创新环境及需求分析

近年来，国家先后颁布了一系列的法律、法规和政策，奠定了图书馆服务创新的政策基础。同时，图书馆服务的社会环境及社会需求也发生了明显变化，驱动着图书馆不断提高创新意识和创新能力，拓展服务理念、服务机制 / 体制、服务内容和服务方式。本节将通过对国家和行业政策、社会环境与社会需求变化的分析，探讨公共图书馆服务创新的发展背景，分析“十四五”期间公共图书馆服务创新的社会环境。

9.2.1 政策环境分析

政策是公共图书馆事业发展的指向标，本节将分别从国家层面和行业层面介绍和分析影响我国公共图书馆未来服务创新的政策，以展示公共图书馆服务创新的宏观基础和未来指向。

9.2.1.1 国家层面的创新政策

“十三五”期间，我国发布了百余条与“创新”相关的法律法规和政策，涉及社会、经济、生活的方方面面，为公共图书馆实施服务创新奠定了坚实的基础。

第一类是战略层次上对各行各业都有指导意义的政策。例如，2016 年，中共中央、国务院印发《国家创新驱动发展战略纲要》[38]，提出创新的战略目标和发展纲要；在科技创新方面，国务院 2016 年发布《“十三五”国家科技创新规划》，强调营造激励创新的社会文化氛围[39]；在信息化方面，中共中央办公厅、国务院办公厅于 2016 年发布《国家信息化发展战略纲要》，提出“加强网络文化阵地建设……推进重点新闻网站体制机制创新”[40]；2017年，中共中央办公厅、国务院办公厅印发《国家“十三五”时期文化发展改革规划纲要》[41]，提出创新公共文化服务运行机制，大力推动政府购买公共文化服务，推进数字图书馆、文化馆、博物馆建设，开发和提供适合老年人、未成年人、农民工、残疾人等群体的基本公共文化产品和服务。2019年，国务院办公厅又相继三次发布推广支持创业改革举措的通知[42-44]。

第二类是针对政府职能及创新体制机制进行调整的政策。例如，中共中央、国务院于2015年发布的《中共中央　国务院关于深化体制机制改革加快实施创新驱动发展战略的若干意见》提出，通过“改进新技术新产品新商业模式的准入管理”并“改进互联网、金融、环保、医疗卫生、文化、教育等领域的监管，支持和鼓励新业态、新商业模式发展”，以营造激励创新的公平竞争环境[45]。2017年，中共中央办公厅、国务院办公厅发布的《关于创新政府配置资源方式的指导意见》[46]也可归入此类。

第三类是与区域发展相关的创新政策，涉及各类开发区、示范区、试验区。例如，中共中央办公厅、国务院办公厅于2015年发布《关于在部分区域系统推进全面创新改革试验的总体方案》[47]，2016年发布《中共中央　国务院关于全面振兴东北地区等老工业基地的若干意见》[48]，2018年发布《国务院关于支持自由贸易试验区深化改革创新若干措施的通知》[49]，2019年发布《中共中央　国务院关于支持河北雄安新区全面深化改革和扩大开放的指导意见》[50]、《国务院关于推进国家级经济技术开发区创新提升打造改革开放新高地的意见》[51]。在这些文件中，许多都将推进文化领域改革，鼓励创新，探索公共文化服务新模式等作为重要内容。

第四类是直接为经济发展服务的创新政策。例如，国务院2015年出台《国务院办公厅关于发展众创空间推进大众创新创业的指导意见》[52]、《国务院关于进一步做好新形势下就业创业工作的意见》[53]、《国务院关于大力推进大众创业万众创新若干政策措施的意见》[54]、《国务院关于推进国内贸易流通现代化建设法治化营商环境的意见》[55]等政策，2016 年发布《国务院关于大力发展电子商务加快培育经济新动力的意见》，强调民生服务创新[56]，2019 年发布《国务院办公厅关于促进平台经济规范健康发展的指导意见》，鼓励发展平台经济新业态，加快培育新增长点[57]。

国家层面的政策为图书馆开展服务创新奠定了宏观基础，使图书馆服务创新获得了战略和方向上的指引。

9.2.1.2　文化层面的创新政策

中共中央、国务院对文化创新工作给予了高度重视，近年来陆续出台了一系列政策、规划与指导意见，为我国文化领域的创新提供支持。

第一类是促进公共文化服务整体创新的政策。中共中央办公厅、国务院办公厅发布的《关于加快构建现代公共文化服务体系的实施意见》提出以市图书馆、文化馆为中心馆，县（区）图书馆、文化馆为总馆，乡镇综合文化站（服务中心）为分馆，农家书屋、社区图书室为基层服务点，整合城乡资源，促进城乡均衡发展，推进公益性文化事业单位改革，建立和完善图书馆法人治理结构，进一步发挥公共图书馆理事会功能[58]。文化部发布的《“十三五”时期公共数字文化建设规划》的基本原则之一就是“坚持科学管理、创新发展”，要求“围绕建设、管理和服务等关键环节，完善公共数字文化建设工作机制，创新服务模式，完善公共数字文化建设政策保障，优化配置各级各类公共数字文化资源，促进互联互通、共建共享，实现创新发展”[59]。

第二类是针对公共文化服务机构的法律法规和政策，如《博物馆条例》《中华人民共和国公共文化服务保障法》《中华人民共和国公共图书馆法》等，这些法律法规和政策对公共文化服务机构的创新给予了支持和指引。例如，《中华人民共和国公共图书馆法》从多个方面体现了对改革创新的鼓励和支持。其中指出，公共图书馆“应当改善服务条件、提高服务水平”，“通过流动服务设施、自助服务设施等为社会公众提供便捷服务”，“利用数字化、网络化技术向社会公众提供便捷服务”，“加强与学校图书馆、科研机构图书馆以及其他类型图书馆的交流与合作，开展联合服务”，县级以上人民政府应“积极调动社会力量参与公共图书馆建设”[60]，等等。

第三类是为解决特定文化问题而出台的政策，这一类政策包括《国务院办公厅关于推进基层综合性文化服务中心建设的指导意见》及与农村公共文化服务体系建设相关的文件，其中《国务院办公厅关于推进基层综合性文化服务中心建设的指导意见》针对基层存在的资源、设施不足等问题，提出要创新体制机制，运用现代技术，加强社会力量参与，并制定了一系列财政、人才支持措施[61]。

第四类为推动文化产业创新升级的政策，如《国家级旅游业改革创新先行区建设管理办法》[62]、《文化部“十三五”时期文化产业发展规划》等[63]。

在国家和相关部门文化政策的框架和指引下，各地也出台了一系列实施文本，如《北京市人民政府关于进一步加强基层公共文化建设的意见》[64]、《中山市人民政府办公室关于印发中山市创建国家公共文化服务体系示范区规划（2018—2020年）的通知》[65]、《黄冈市人民政府办公室关于印发黄冈市创建国家公共文化服务体系示范区规划（2018—2020年）的通知》[66]、《哈尔滨市关于加快构建现代公共文化服务体系的实施意见》[67]、《温州市创建国家公共文化服务体系示范区规划（2018 – 2020年）》[68]等，在这些文件中，推动创新、鼓励创新成为强化公共文化服务建设的一大举措，这为公共图书馆服务创新奠定了基础。

9.2.2 社会环境与社会需求变化分析

9.2.2.1 社会环境分析

根据调查，多数人认为信息技术、经济形势、媒体发展、城乡问题是影响图书馆服务创新的前四大社会环境要素。

信息技术。“十四五”时期，信息技术的发展将进一步加速，在这样的背景下，信息技术对服务创新的影响将是多方面的。例如，信息的开放性需要图书馆加快开放理念的创新，人工智能技术的运用推动着智慧图书馆的建设和发展，移动技术的发展与普及带来移动图书馆的服务创新。总体来看，引进先进的信息技术能有效提高图书馆的服务质量和服务效率，使图书馆更好地履行社会职能。

经济形势。中国稳中向好的经济态势为图书馆创新服务提供了坚实的财政支持和稳定的经济环境，也加大了民众的文化消费能力，促进了文化事业的繁荣。但不能忽视的是，中国正在逐渐走出“高速度发展”时期，而转向“高质量发展”新时代，尤其是新冠疫情可能会使经济发展遭遇一定压力，公共财政收入缩减导致对图书馆的投入可能减少。

媒体发展。《2020年中国互联网年度流量报告》[69]显示，移动互联网用户攀升趋势放缓，但用户黏性仍呈现较大幅度的上升趋势。在新媒体不断发展的环境下，用户获取资源的方式不断变化，促使图书馆改进服务方式，扩大服务范围，加快服务创新，但其中最大的影响还是对图书馆基础领域——“阅读”的影响。新时代阅读方式呈现出载体复合化、内容多样性、利用灵活性等特征，这些特征在“十四五”时期会更加明显，迫切需要图书馆学界、业界展开探索，应对挑战。

城乡问题。从利好角度讲，“城乡区域协调发展成效明显，新型城镇化稳步推进”[70]，为基层图书馆服务开展奠定了良好基础。但对于图书馆来讲，城乡问题更多的是一个挑战——城市与乡镇之间经济、文化发展及资源配置不平衡等状况要求推进总分馆制和基层图书馆建设，平衡城乡资源，促进基本公共文化服务均等化。在经济社会高速发展、文化事业繁荣兴盛的环境下，公共图书馆更要发挥其促进社会文化资源合理分配的基本功能，为用户提供高质量的新型服务，促进国家和民族的健康发展。

9.2.2.2　社会需求变化分析

根据调查，阅读需求、网络需求、文化教育需求和休闲娱乐需求是排在前四位的影响图书馆服务创新的社会需求。

阅读需求。在“十四五”时期，满足民众的阅读需求依然是公共图书馆事业最重要的职责，也是影响图书馆服务创新的首要因素。用户日益增长的阅读需求要求图书馆不断拓展服务形式，从多个途径为群众提供各类阅读资源，并促进图书馆阅读推广活动规模扩大化、形式多样化、发展个性化，推动基层图书馆服务创新。

网络需求。网络需求在所有需求中占据第二位，这意味着，公共图书馆作为网络中心的重要性较为明显。但是，民众的图书馆网络需求不仅需要图书馆提供免费的互联网接入服务，更需要推进数字包容的理念创新，建立较为丰富、与网络相关的培训业务体系和内容供给体系。

文化教育需求。文化教育需求要求图书馆推进文化、教育联合创新服务，进行图书馆、博物馆、档案馆数字资源整合研究，加快公共文化体系建设，同时推动图书馆进行服务内容提质升级，加强面向不同群体的教育支持和知识服务。

休闲娱乐需求。休闲娱乐需求推动图书馆进行跨界合作，扩展服务形式，通过“图书馆 +”的形式，在各种休闲娱乐场景中满足群众的文化需求。然而，从某种程度上，娱乐性与教育性之间是存在一定冲突的，这就要求通过创新战略，将图书馆打造为复合式、一体化的新型空间，满足娱乐与教育的多重需求。

9.3 图书馆服务创新发展面临的机遇和挑战

我国公共图书馆服务创新发展既面临着机遇，也面临着一系列挑战，图书馆需要把握机会，迎接挑战，积极推进服务的创新型发展。

9.3.1 图书馆服务创新发展面临的机遇

9.3.1.1 优良的政策土壤

“十三五”期间，国家大力鼓励创新，为公共图书馆服务创新提供了优良的政策土壤。一方面，图书馆服务创新得到了国家政策的有力支持，如中共中央、国务院发布的《国家“十三五”时期文化发展改革规划纲要》鼓励推进文化体制创新、深化文化事业单位改革[71]；文化部公共文化司发布的《“十三五”时期全国公共图书馆事业发展规划》鼓励图书馆建立覆盖全社会的服务体系，进行管理体制和运行机制创新[72]。另一方面，地方政府也出台了许多有利于创新的政策文件，这些政策从当地图书馆实际出发，提出了促进公共图书馆服务内容、体制机制和服务方式等多方面创新的条款，为图书馆服务创新提供了指导。

9.3.1.2 有力的技术支撑

技术发展为图书馆服务创新提供了支持。大数据、云计算、人工智能等技术为图书馆的管理和服务创新提供了便利。例如，在大数据支持下，图书馆可以对用户数据进行挖掘，为用户提供更加智能化、个性化的服务[73]，而对云图书馆技术的研究，有利于推动数字图书馆总分馆体系建设，加快促进各级图书馆资源共享和服务均等化、高效化[74]。移动技术的发展推动了图书馆服务方式的创新，促进了图书馆移动终端平台如官方微信公众平台、图书馆移动 app 等的建设，适应了用户移动化、碎片化阅读的特点，有助于提高服务效率[75]。

9.3.1.3 持续向好的经济发展

在经济稳步发展的背景下，公共文化的供给端和需求端同时发力，共同推动图书馆服务创新。

从供给端来说，经济社会发展带来了文化领域的繁荣。当经济发展到一定程度，为了进一步提升国民素养，突破社会经济瓶颈，改善公共文化服务不平衡、不充分的现状，满足人民日益增长的美好生活需要，加强对公共文化服务的投入将成为国家的一个重要选择。除此之外，整个社会的文化供给总量和质量也比以前有了较大幅度的提升，对于图书馆服务创新有很大帮助。例如，在“互联网 +”时代下，“图书馆 +”跨界服务模式逐步应用于实践，通过图书馆与实体书店的合作[76]、图书馆与咖啡室的结合[77]等服务方式，有力拓宽了图书馆服务的产品序列。

从需求端来看，经济水平的提升带来旺盛的文化需求。近年来，我国人均收入与高收入国家的差距进一步缩小，全国居民恩格尔系数逐渐下降，文化消费潜力巨大。《2019 上半年全国文化消费数据报告》显示：“文化消费成为国民消费升级的重要标志，文化消费作为满足人们对美好生活的向往、丰富游客深度体验的重要途径，持续为旅游经济健康发展提供新的动能。”[78]人民群众对文化存在巨大需求，迫切需要图书馆创新服务方式，提供新的服务和产品。

9.3.1.4 图书馆的国际化发展趋势

随着改革开放的深入发展，中外交流日益增多，中国公共图书馆与国际图书馆事业开始交汇融合，在推动全球图书馆事业发展的同时反哺本土，不断汲取外来经验以加强自身建设。改革开放以来，国家图书馆、上海图书馆、首都图书馆、浙江图书馆、杭州图书馆、广州图书馆等先后举办了“颇具规模的国际会议与学术论坛以及颇具影响力的各类文化主题展览”[79]，有利于国内公共图书馆学习和借鉴世界各地图书馆的发展成果，促使图书馆的创新水平和创新能力得到进一步提升。

9.3.2 图书馆服务创新发展面临的挑战

9.3.2.1 社会发展和经济增长的压力

“十三五”时期是图书馆事业补足硬件的时期，以量为主，投入加大，但尚未能真正全面满足各地区、各层次人群的需要。随着中国经济体量的增大，经济发展增速趋于平稳。我们需要慎重思考的是，“十四五”时期是否还能够保证同样力度，甚至更大力度的财政投入和支持？如果经济发展遭遇一定压力，公共图书馆的经费就可能会受到影响。在投入不足的情况下，创新驱动尤为重要，这就要求图书馆的发展不再是“粗放式”的，而是转向“精细化”，从“高速度增长”转变为“高质量增长”。

9.3.2.2 迅速变化和分化的用户需求

随着经济社会的发展，人民群众的需求也在不断变化，这深刻影响着图书馆创新服务的方向。以数字化需求为例，第十六次全国国民阅读调查[80]显示，“超过半数成年国民倾向于数字化阅读方式，倾向纸质阅读的读者比例下降，而倾向手机阅读的读者比例上升明显”，“我国成年国民和未成年人有声阅读继续较快增长，成为国民阅读新的增长点，移动有声 app 平台已经成为听书的主流选择”，与此同时，“我国成年国民网上活动行为中，以阅读新闻、社交和观看视频为主，娱乐化和碎片化特征明显，深度图书阅读行为的占比偏低”。尽管图书馆一直重视数字化建设，但从用户角度讲，还没有完全养成利用图书馆进行数字阅读的习惯——“图书馆是纸质时代的产品”的旧观念依然深入人心。面对不断变化的用户需求带来的挑战，图书馆服务创新要平衡数字化阅读与传统纸质阅读之间的矛盾，同时还要应对互联网环境下用户需求日趋娱乐化、碎片化的问题，应提供大众喜闻乐见的优质服务，更好地满足人民群众的精神需求。

9.3.2.3 图书馆人才队伍的专业性不足

创新的根本在于人才。当前，我国图书馆行业的人才队伍在专业性方面有明显不足。尤其在经济欠发达地区和中小型公共图书馆中，图书馆人才队伍创新意识不足，专业素质有限，限制了发展的可能性。这些问题的原因是多方面的，包括图书馆对专业人才的重视不足、图书馆学教育的衰退等。程焕文等人[81]指出，图书馆学专业人才培养滞后于国家文化事业发展，“粗略统计，我国每年培养的图书馆学本科生和硕士生人数大约为 2200 人”，同时考虑到不少图书馆学毕业生热衷于政府部门、事业单位、学术机构和公司企业，就业去向并非全部是各类图书馆，“最后服务于图书馆的毕业生大体不足总数的 50%。相对我国现有的 3166 个县级以上公共图书馆和 2600 多个高校图书馆而言，这种图书馆学专业人才的培养数量远远不能满足图书馆事业的发展需要”。

9.4 公共图书馆服务创新战略

立足于环境扫描、理论研究和案例分析，我们认为，要解决上述问题，需要在“十四五”时期重视并全方位提振“服务理念—服务内容—服务方式—服务体制 / 机制”这一服务创新的完整链条，从社会化（社区化）、对象化、主题化等路径入手，展开公共图书馆服务创新的战略设计。

9.4.1 公共图书馆服务创新的战略思路

9.4.1.1 创新动力：重视人才为本，培育创新精神

随着经济和技术的发展，许多知识密集型产业出现，公众的素质和需求也在不断提高，这就要求图书馆建设更加专业的人才队伍来应对挑战。充分发挥图书馆员在图书馆服务创新中的作用，需要从加强其职业认同感、规范从业资格与提高其专业素质等方面着手。图书馆员对事业的热爱是调动其自身积极性与提高其工作能力的基础，图书馆员只有更加热爱本职工作，才能在服务创新中发挥最大潜力。首先，图书馆需要营造良好的工作环境，建设积极向上的工作团队，加强图书馆员的职业认同感。其次，服务创新要求图书馆员具有较高的受教育程度、专业素质与创新能力。目前我国还没有图书馆员职业资格认证制度，图书馆员素质参差不齐。图书馆界可以学习与参考国外法律法规、行业指南与相关政策等，逐渐从县级图书馆、市级图书馆、省级图书馆到国家级图书馆等不同层面试点推动图书馆从业资格认证。除此之外，图书馆应加强对图书馆员创新能力的培训，可以组织员工学习创新的知识与方法，研讨典型的创新案例，并在实践中给予员工发挥创新能力的空间，实现理论学习与实践探索相结合。

9.4.1.2 创新氛围：营造良好环境，培育创新土壤

创新环境是孕育创造与创意的土壤。图书馆在转型的关键节点需要可持续性的创新服务来塑造未来，需要营造良好的创新氛围以推动源源不断的创意与进步。因此，为进一步支持和推动图书馆服务创新，需要建立更加具体、有效的激励机制。一方面，图书馆内部需要营造良好的创新氛围，将创新、创意与员工绩效相结合，通过各种手段鼓励为创新服务做出贡献的员工。另一方面，为了号召更多机构与个人参与创新并推动创新服务可持续发展，业内协会应联合有影响力的公共图书馆举办活动、公开征集创新创意项目、奖

励提供出色创新作品的人员。中国图书馆学会公共图书馆分会联合广州图书馆、武汉图书馆等举办了数届公共图书馆创新创意征集推广活动[82]，活动对参赛作品进行研究、讨论，公示入围名单与获奖名单，并提供平台展示与推广优秀案例。这一活动让图书馆事业焕发出新的生命力。对于在服务中有重大创新并获得较好反响的图书馆，国家和政府可以联合行业协会建立示范点，并投入奖励资金以支持进一步推广、交流。

9.4.1.3　创新可持续性：增强制度支持，夯实创新基础

推动公共图书馆服务创新需要良好的制度基础。随着国家体制机制改革的不断深入，改革进入攻坚期与深水区，图书馆事业受到很大影响，图书馆必须响应国家政策，紧跟国家发展步伐，实现制度改革。同时，随着我国图书馆事业建设逐渐由量变转入质变阶段，公共图书馆服务网络覆盖目标基本完成。接下来，为迎接高质量服务与创新服务的挑战，公共图书馆应注重顶层设计，共同塑造更好的制度基础和行业基础。例如，在持续推进总分馆制和基层图书馆、基层综合文化服务中心建设的同时，主题分馆建设也应得到重视，要强调分馆与环境“融合发展”，结合馆址的社会地理环境建设特色分馆。再如，图书馆要充分发挥理事会在管理决策中的作用，进一步明晰理事会与管理层、党组织和职代会等的权责关系[83]。信息公开是图书馆主动接受社会监督，更好提高服务能力，履行公共文化服务职责的重要手段。公共图书馆要自觉向社会公开工作总结、组织架构、服务结构、人才队伍与文献资源建设数据、社会参与状况等馆务信息与管理信息，主动接受社会监督，吸纳社会意见。

9.4.1.4　机制创新：推进社会参与，提高服务效能

为弥补政府投入公共图书馆的资金、人力等的不足，我国图书馆支持并鼓励引入社会力量参与图书馆建设。2018 年施行的《中华人民共和国公共图书馆法》要求，“公共图书馆服务网络建设坚持政府主导，鼓励社会参与”。尤其是面对我国公共文化服务规模大、资金与资源分配不平衡的问题，基层

图书馆更需要社会团体、组织或机构以及个人的支持与帮助，以实现基本公共文化服务的标准化、均等化。目前，我国社会力量参与图书馆建设的模式主要分为向现有公共图书馆或主办机构捐赠资源，纯公益性独立运营的图书借阅组织，半公益性独立运营的图书借阅组织以及非营利性或营利性图书借阅组织[84]；参与主体包括社会机构、私营企业与个人等。同时，业内也鼓励公众为图书馆发展提供想法与思路，并参与图书馆管理，如芬兰赫尔辛基图书馆举办“梦想树”活动，邀请公众参与图书馆的设计，为图书馆的空间、功能等出谋划策。未来图书馆应强调增加资金来源，开发新的筹资模式，更大力度地吸引社会力量，同时开发新的图书馆建设模式，充分动员家庭、社区、工业园区等各社会群体和行业资源共建基层图书馆；重视人的主观能动性，发挥公众参与图书馆设计和监督等方面作用。

9.4.1.5　创新空间：推动多方合作，扩大创新机会

随着学科和行业的交叉与融合，领域间合作的广度和深度也有所增加。近年来，图书馆与文化行业内部的合作变得更加密切，除了与博物馆、档案馆合作，也与文化馆、工人文化宫、青少年宫、科学馆与儿童活动中心等结成联盟，同美术、电影、音乐等领域共同举办活动。其中，文旅融合是跨界合作的热点趋势，武汉图书馆推出的“文化+旅游”“图书馆+景区”等活动，以及三联书店海边公益图书馆等都是将图书馆与旅游结合的成功典范。业内合作使图书馆可以整合各方资源，为公众提供更高效、便捷的一站式服务；跨界合作则帮助图书馆更广泛地进入公众视野，塑造鲜活、灵动的形象。公共图书馆需要继续加强与文化行业内部的合作，并在此基础上深入推进与各领域的合作，以突破图书馆的传统服务范围，开发新的服务模式，同时发挥图书馆优势，推动自身与其他行业的共同发展。

9.4.1.6　创新技术应用：接纳新兴技术，塑造创新未来

近年来，我国图书馆界勇于突破传统，吸纳新技术，如开发数字资源，建立数字图书馆，推出微信公众平台、NFC 认证和服务、移动 app 等服务。

这些尝试回应了公众需求，为图书馆带来了新的服务空间。未来，随着5G、人工智能与物联网等的发展与成熟，图书馆将持续面临技术升级带来的转型挑战。在“数字资源规模扩大，信息用户习惯于网络环境与原生数字内容，前沿科技与教育等领域已经形成以数字资源为中心的信息环境”的背景下，数字图书馆将持续成为图书馆服务创新的重要方向[85]。我国数字图书馆建设应在现有基础上寻求突破，扩大资源范畴与整合广度、深度，在服务中嵌入语义技术、数据聚类技术、信息分析技术等适应数据时代的技术，由被动式和等待式服务转变为主动推荐式服务[86]。智慧图书馆也是发展重点，许多图书馆已经开展了定制型数字资源推送等智慧服务。未来，我国图书馆应充分利用5G技术、人工智能等技术加速智慧图书馆的建设进程。同时，我国公共图书馆还应积极关注第三代图书馆服务平台等应用的新技术，以技术助力图书馆服务创新。

9.4.2 公共图书馆服务创新行动目标与策略

根据上文研究，本章提出“十四五”时期公共图书馆服务创新战略发展的建议性行动策略，其目标就是通过推动图书馆服务领域的全行业创新、全面创新，让创新驱动成为推动新时期图书馆服务的基础动力，实现挖掘图书馆潜力，提升服务效能，满足社会各界对知识、信息与交流的需要，扩大图书馆的社会影响并进而获得政府与社会各界更多的认同与支持。

9.4.2.1 目标一：建立创新发展机制

（1）策略一：完善公共图书馆创新服务制度

实施要点：

①针对图书馆服务创新制定条例和规章，或在有关条例和规章中充实服务创新内容。

②对相关法律和法规中与图书馆服务创新有关的内容进行衔接和优化。

③各地因地制宜，制定本地支持和鼓励服务创新的条例和政策。

④图书馆学会或协会与中心馆 / 总馆合作，制定本地图书馆服务创新指导意见。

⑤各图书馆制定和完善与本馆服务创新有关的规章制度。

（2）策略二：建立公共图书馆服务创新推广机制

实施要点：

①以图书馆学会为依托，建立负责公共图书馆服务创新案例的搜集、评选、研究和经验推广的公共图书馆服务创新推广团队。

②制定《公共图书馆服务创新推广机制建设指导意见》，明确公共图书馆服务创新推广机制的建设原则、主要内容和整体推进路径，并由各地制定相应的地方创新管理办法或实施细则。

③建立创新评估标准，建立创新案例征集和评选机制，构建创新宣传渠道，设立创新创意奖项。

④挖掘与图书馆职能，尤其是服务职能紧密相关的创新项目，每 1—2 年形成一批支持创新的改革举措，通过多种方式推广。

9.4.2.2　目标二：构建创新发展路径

（1）策略三：社会化——广泛吸纳社会力量参与图书馆建设和服务

实施要点：

①制定鼓励社会力量办馆或支持图书馆发展的政策。

②探索图书馆资金和资源的多样化筹措途径。

③形成图书馆建设的多主体模式，邀请社会力量投资和建设图书馆或分馆。

④建设图书驿站或迷你图书馆，并实施社会化管理。

⑤征集志愿家庭，实施邻里图书馆项目，建设小型家庭图书馆分馆。

⑥邀请社会力量如志愿机构、志愿者深度参与图书馆的文化服务和活动，建立制度化管理措施。

⑦与社会力量合作举办阅读推广、文化交流等相关活动。

⑧图书馆与社会文化机构共同推进公共文化服务，以健康、高品位文化取代低俗文化。

（2）策略四：主题化——推进主题分馆建设，探索多样化体系建设

实施要点：

①推动分馆与服务环境融合发展，结合当地社会、行业、文化和地理等方面情况建设特色分馆。

②推动社会力量参与，吸纳社会资本与资源参与图书馆建设。

③探索向企业商圈、党政机关、旅游景区等地开展分馆建设和服务。

（3）策略五：对象化——全面实施分众服务项目

实施要点：

①运用大数据技术和智慧技术，开展用户数据挖掘，对用户进行分组和画像，实施个性化定制和分众推荐。

②实施分众阅读服务：针对不同受众购置和推广适配资源，开展适应不同群体特点的活动。

③实施分众咨询：根据不同用户特点，以其乐于接受的方式开展咨询和传递资源。

④发挥图书馆决策支撑优势，开展智库研究和服务，为政府决策提供智力支撑。

⑤加强企业（特别是中小企业）服务，实现我国企业由劳动密集型向技术、知识密集型的转变。

9.4.2.3　目标三：充实创新服务内容

（1）策略六：推进公共图书馆资源和服务向基层下沉

实施要点：

①实施图书流通或资源捐赠等举措，将资源延伸到基层，其中捐赠资源既可从公共图书馆自有资源中调拨，也可向读者征集。

②区县级以上公共图书馆与基层公共图书馆（室）建立服务协作关系，实现读者证互认和通借通还。

③将基层公共图书馆（室）纳入公共数字图书馆服务网络，为基层公共图书馆（室）读者开通数字资源使用权，实现数字资源同城服务。

④通过品牌延伸，将文化活动向基层推进，加强与基层公共图书馆（室）在社会文化活动方面的合作。

⑤对基层图书馆（室）员工开展业务培训。

⑥建立专业馆员常规下沉制度，支持馆员到欠发达基层图书馆（室）进行业务交流。

⑦通过共享讲座视频和在线课程的方式，使基层馆员和民众受惠。

（2）策略七：优化“图书馆+”服务模式

①实施“图书馆+购物中心”“图书馆+书店”“图书馆+咖啡厅”等模式，建设新馆、分馆。

②推动“图书馆+技术”，探索“图书馆+物联网”“图书馆+人工智能”等服务模式。

③推动“图书馆+文化”，拓展公共图书馆的文化服务体验，将公共图书馆建成集交流中心、学习中心、知识中心于一体的场所，融合全民学习、体验与交际休闲等特色功能。

④推动“图书馆+历史”，挖掘城市和社区历史特色，通过巡回展览、特色活动，加强民众对城市和社区历史的了解。

（3）策略八：加强对青少年的服务

实施要点：

①为青少年提供心理辅导和成长规划服务，建立与学校、社区、家庭等的长效合作机制。

②邀请青少年为同龄人推荐图书，提高推荐书目被青少年认可的程度。

③提高青少年阅读能力，帮助他们顺利度过由儿童阅读向成人阅读的过

渡阶段。

④提高青少年数字信息素养，增强他们的网络信息辨识能力，使他们能够正确利用网络获取有益信息。

⑤开展 STEM[①] 等主题培训和实践活动，促进青少年科技文化素养发展和创新能力提升。

⑥提供青少年创客服务。

（4）策略九：加强老年人服务

实施要点：

①根据老年人身心特点，对图书馆服务设施和服务空间进行改造，提高图书馆面向老年人的服务能力。

②做好老年人线上服务，提供老年人专题资源，满足老年人足不出户阅读书刊的需要。

③针对老年人举办专门活动，加强对老年人，特别是空巢老人的关怀。

④提升老年人的信息素养，增强老年人的信息辨识和查找能力，并能及时获得有用信息，如健康信息等。

⑤为老年人提供手机、电脑、互联网、数字资源利用等方面的培训，特别应加强对空巢老人的培训，方便空巢老人利用现代信息设备与子女沟通。

（5）策略十：完善残障人士服务

实施要点：

①对图书馆空间、网络平台进行无障碍改造。

②配置无障碍资源，引入无障碍阅读辅助软硬件，方便残障人士阅读普通资源。

③精选资源进行无障碍转换，制作如无障碍绘本、图书音频等无障碍资源。

---

① STEM即“科学、技术、工程和数学教育”的简称，是“科学”（Science）、“技术”（Technology）、“工程”（Engineering）、“数学”（Mathematics）四门学科英文首字母的缩写。

④引入 VR、AR 等技术，为残障人士提供多感官图书馆服务指引。

⑤为残障人士开展上门服务。

⑥加强残障人士与社会机构的联系，推进残障群体社会支撑机制的建设。

⑦针对残障人士开展个性化定制信息素养培训项目。

⑧利用新型信息技术，实施口述电影等服务项目，推动无障碍阅读进入体系化建设轨道。

⑨招募志愿者为残障人士提供符合残障人士特点的阅读服务，如朗读服务等。

⑩加大残障人士创客设备投入。

（6）策略十一：探索新型健康服务

实施要点：

①夯实和优化图书馆健康资源，实现精准配置。

②邀请公共医疗和卫生机构的医护人员进驻图书馆，配置必要的健康和医疗器械，提供紧急护理服务。

③围绕健康举办专门的活动，如健康咨询、健康信息查找培训等。

④加强与公共医疗卫生机构的合作，通过在医院设立分馆或借阅点，请医生在处方中开设书单等方式，为患者提供服务。

⑤推动阅读疗法，推荐专题书目，组织专场活动。

9.4.2.4　目标四：推动创新服务模式

（1）策略十二：推动文化联合，实现融通融合

实施要点：

①与博物馆、档案馆、美术馆、音乐馆、电影院、文化馆 / 宫、科学馆、体育馆等机构建立公共文化服务联盟。

②加强公共图书馆与各公共文化机构在服务上的合作，建立合作项目，发挥彼此优势，形成服务合力。

③在重点项目上，如历史文献和档案资料的数字化项目，应加强与专业

机构如博物馆或档案馆的合作，实现共同建设，共享成果。

④推动地区性与全国性公共文化服务云平台或联合平台的建设。

（2）策略十三：推动跨界融合，激发行业活力

实施要点：

①探索图书馆与书店合作模式，激发行业活力，促进业务转型。

②探索图书馆与电视、广播电台、手机app服务商等传播媒体的合作，如在电台开设读书频道等。

③加强与社交媒体合作，扩大图书馆的服务面，提高图书馆的影响力。

④加强与企业园区、科技园区、科技孵化器等的合作。

（3）策略十四：文旅融合发展

实施要点：

①与旅游景区采取融合建设策略，结合特色景区环境优势选择馆址，在建筑和设计中融入旅游与文化元素，打造特色主题图书馆。

②挖掘本区特色旅游景点、景区文化价值，推出并推广文旅融合主题活动，如实施走读活动，邀请读者看一本书，观一个景点，加深读者对当地人文景观的认识。

③建设地方旅游资源专架，开展专题图书推广，设在景区的分馆可提供乡村或名胜旅游咨询等服务。

④探索地方特色旅游文化，借助VR、AR等技术提供文化体验服务。

⑤推动优秀文化与创意设计、旅游资源等的跨界整合，开发旅游文创产品。

（执笔人：方家忠、程焕文、肖鹏、付跃安、肖红凌、潘颖、马泳娴、邵雪、宁亚龙、张靖、唐琼、周旖、莫纯扬、王影、何亚丽、邱越、王朦、麦洁雯、黄书悦、姚彩虹）

参考文献

［1］傅晓岚．中国创新之路［M］．李纪珍，译．北京：清华大学出版社，2017：5.

［2］促进全国联动 开放古籍资源［N］．中国文化报，2017-03-20（8）.

［3］徐晓濛．公共图书馆联盟馆藏资源建设共享的实践创新：以郑州图书馆公共图书馆联盟为例［J］．河南图书馆学刊，2019（8）：7-8，21.

［4］余明霞．粤港澳大湾区图书馆联盟发展策略研究［J］．上海高校图书情报工作研究，2019（3）：75-81.

［5］虹口图书馆“e厘米”项目让数字阅读触手可及［EB/OL］．［2020-03-29］．http://sh.sina.com.cn/zw/h/2016-03-03/detailz-ifxqaffy3540443.shtml.

［6］曾永杰．“双创”背景下图书馆信息共享空间服务机遇与挑战［J］．甘肃科技，2019（22）：90-94.

［7］寇垠，刘宇初．图书馆与科技孵化器创新创业服务融合研究［J］．图书馆建设，2017（10）：16-20.

［8］中国知网与嘉兴市图书馆联合搭建“数字众创空间平台”［EB/OL］．［2020-03-29］.https://www.sohu.com/a/139017813_734862.

［9］创客福音！嘉兴数字众创空间让创业创新跑出加速度［EB/OL］．［2020-03-29］．https://zj.zjol.com.cn/news/632088.html.

［10］肖玮．公共图书馆创客空间研究［J］．图书馆，2016（6）：83-85.

［11］那些隐于古建的图书馆，您知道吗？［EB/OL］．［2020-03-29］.https://www.sohu.com/a/207950009_740399.

［12］明代古建变身图书馆值房和火神庙里充满书香［EB/OL］．［2020-03-29］.http://www.cssn.cn/tsg/201801/t20180121_3822802.shtml?COLLCC=782807924&.

［13］干净清新！江山这个曾经的“土圆”旧粮仓，变成了图书馆~［EB/OL］.［2020-03-29］.https://www.sohu.com/a/335652922_100224826.

［14］曹涵促，张红．赋予更新改造的旧建筑以新的生命：北京大学图书馆旧馆改造［J］．建筑学报，2007（6）：68-71.

［15］兰州市2018年“书香兰州”全民阅读启动暨第十四届兰州读书节开幕［EB/OL］．［2018-05-28］.http://www.lzlib.com.cn/gaikuang/news/2018-05-30/1674.html.

［16］［17］殷洪．青少年心理援助：基于社会责任的图书馆服务创新：以无锡市图书

馆建设未成年人心理健康活动中心为例［J］. 图书情报工作，2010（17）：95-99.

［18］广州图书馆常规活动［EB/OL］.［2020-06-14］.http://www.gzlib.org.cn/regulAct/index.jhtml.

［19］邓辉 . 公共图书馆对未成年人心理健康的"全功能"综合服务［C］// 全国中小型公共图书馆联合会，中国知网 · 中国知识资源总库编委会，上海图书馆杂志 .2017 年全国中小型公共图书馆联合会研讨会论文集，2017：244-253.

［20］中国历年老年人（65 岁及以上）占总人口比重［EB/OL］.［2021-09-01］. https://www.kylc.com/stats/global/yearly_per_country/g_population_65above_perc/chn.html.

［21］李光媛 . 基于文化营销视角的老年阅读推广实践研究：以"乐龄俱乐部"项目为例［J］. 图书馆学刊，2019（1）：103-108.

［22］上海图书馆与上海广播电视台联合推出"古籍今读"特别节目［EB/OL］.［2020-03-29］.https://baijiahao.baidu.com/s?id=1634602164816748923&wfr=spider&for=pc.

［23］古籍今读书情写意：上海图书馆联手上海广播电视台推出"古籍今读"东方卫视《诗书画》特别节目［EB/OL］.［2020-03-29］.https://www.sohu.com/a/318596584_523187.

［24］王学思 . 国家公共文化云平台：开启数字服务新时代［N］. 中国文化报，2017-12-05（1）.

［25］国家公共文化云官网［EB/OL］.［2020-03-30］.https://www.culturedc.cn/guide.html.

［26］韩业庭 . 国家公共文化云正式开通［N/OL］. 光明日报，2017-12-05［2020-03-30］.https://www.sohu.com/a/208461586_115423.

［27］佛山市公共文化设施联盟成立［N/OL］. 南方日报，2017-09-01［2020-03-30］. http://m.people.cn/n4/2017/0901/c3522-9794958.html.

［28］佛山创新探索公共文化设施联盟成果显著［EB/OL］.［2020-03-30］.http://www.foshan.gov.cn/gzjg/fswenhua/zt/ggwhfw/gzjb/content/post_1701784.html.

［29］［31］这一次，主题图书馆也有了杭州模式［EB/OL］.［2020-03-27］.http://zjhz.wenming.cn/rwhz/201912/t20191217_6201749.shtml.

［30］柯平，袁珍珍，张畅 . 主题图书馆的中国实践［J］. 图书馆建设，2020（1）：8-15.

［32］馆建 | 管办分离，深度放权，社会参与：温州市图书馆法人治理结构的深化推进［EB/OL］.［2020-03-27］.https://www.sohu.com/a/206428302_748548.

［33］政府主导社会参与 广州黄埔：总分馆为群众提供高质量文化服务［N/OL］. 中

国文化报，2018-11-26［2020-03-28］.https://www.sohu.com/a/277977499_155679.

［34］赵晋芝.社会力量参与广州地区街镇一级公共图书馆建设研究［J］.晋图学刊，2018（6）：36-40.

［35］广州图书馆2017年年报［R/OL］.［2020-03-28］.http://www.gzlib.org.cn/gzlibYearReport/159803.jhtml.

［36］吴荣超，李杰锋.中山市以“三三三”工作模式统筹推进基层综合性文化服务中心建设纪实［J］.文化月刊，2016（23）：54.

［37］广东中山从市镇村三个层级立体式推进现代公共文化服务体系构建［EB/OL］.［2020-02-27］.https://www.mct.gov.cn/whzx/qgwhxxlb/gd/201609/t20160901_790381.htm.

［38］国家创新驱动发展战略纲要［EB/OL］.［2020-02-28］. http://www.gov.cn/xinwen/2016-05/19/content_5074812.htm.

［39］国务院关于印发《“十三五”国家科技创新规划》的通知［EB/OL］.［2020-02-28］.http://www.gov.cn/zhengce/content/2016-08/08/content_5098072.htm.

［40］中共中央办公厅　国务院办公厅印发《国家信息化发展战略纲要》［EB/OL］.［2020-02-28］. http://www.gov.cn/xinwen/2016-07/27/content_5095336.htm.

［41］［71］中共中央办公厅　国务院办公厅印发《国家“十三五”时期文化发展改革规划纲要》［EB/OL］.［2020-02-28］. http://www.gov.cn/zhengce/2017-05/07/content_5191604.htm.

［42］国务院办公厅关于推广第二批支持创新相关改革举措的通知［EB/OL］.［2020-02-28］.http://www.gov.cn/zhengce/content/2019-01/08/content_5355837.htm.

［43］国务院办公厅关于推广支持创新相关改革举措的通知［EB/OL］.［2020-02-28］.http://www.gov.cn/zhengce/content/2017-09/14/content_5225091.htm.

［44］国务院办公厅关于推广第三批支持创新相关改革举措的通知［EB/OL］.［2020-02-28］.http://www.gov.cn/zhengce/content/2020-02/21/content_5481674.htm.

［45］中共中央　国务院关于深化体制机制改革加快实施创新驱动发展战略的若干意见［EB/OL］.［2020-02-28］.http://www.gov.cn/xinwen/2015-03/23/content_2837629.htm.

［46］关于创新政府配置资源方式的指导意见［EB/OL］.［2020-02-28］.http://www.gov.cn/zhengce/2017-01/11/content_5159007.htm.

［47］关于在部分区域系统推进全面创新改革试验的总体方案［EB/OL］.［2020-02-28］.http://www.gov.cn/zhengce/2015-09/07/content_2926502.htm.

［48］中共中央　国务院关于全面振兴东北地区等老工业基地的若干意见［EB/

OL］.［2020-02-28］.http://www.gov.cn/zhengce/2016-04/26/content_5068242.htm.

［49］国务院关于支持自由贸易试验区深化改革创新若干措施的通知［EB/OL］.［2020-02-28］.http://www.gov.cn/zhengce/content/2018-11/23/content_5342665.htm.

［50］中共中央　国务院关于支持河北雄安新区全面深化改革和扩大开放的指导意见［EB/OL］.［2020-02-28］. http://www.gov.cn/zhengce/2019-01/24/content_5360927.htm.

［51］国务院关于推进国家级经济技术开发区创新提升打造改革开放新高地的意见［EB/OL］.［2020-02-28］.http://www.gov.cn/zhengce/content/2019-05/28/content_5395406.htm.

［52］国务院办公厅关于发展众创空间推进大众创新创业的指导意见［EB/OL］.［2020-02-28］.http://www.gov.cn/zhengce/content/2015-03/11/content_9519.htm.

［53］国务院关于进一步做好新形势下就业创业工作的意见［EB/OL］.［2020-02-28］.http://www.gov.cn/zhengce/content/2015-05/01/content_9688.htm.

［54］国务院关于大力推进大众创业万众创新若干政策措施的意见［EB/OL］.［2020-02-28］.http://www.gov.cn/zhengce/content/2015-06/16/content_9855.htm.

［55］国务院关于推进国内贸易流通现代化建设法治化营商环境的意见［EB/OL］.［2020-02-28］. http://www.gov.cn/zhengce/content/2015-08/28/content_10124.htm.

［56］国务院关于大力发展电子商务加快培育经济新动力的意见［EB/OL］.［2020-02-28］.http://www.gov.cn/zhengce/content/2015-05/07/content_9707.htm.

［57］国务院办公厅关于促进平台经济规范健康发展的指导意见［EB/OL］.［2020-02-28］.http://www.gov.cn/zhengce/content/2019-08/08/content_5419761.htm.

［58］中共中央办公厅　国务院办公厅印发《关于加快构建现代公共文化服务体系的实施意见》［EB/OL］.［2020-03-31］.http://www.gov.cn/xinwen/2015-01/14/content_2804250.htm.

［59］文化部印发《“十三五”时期公共数字文化建设规划》［EB/OL］.［2020-03-25］.http://www.ce.cn/culture/gd/201708/01/t20170801_24725909.shtml.

［60］中华人民共和国公共图书馆法［EB/OL］.［2020-03-25］.http://zwgk.mct.gov.cn/auto255/201711/t20171106_693582.html?keywords=.

［61］国务院办公厅关于推进基层综合性文化服务中心建设的指导意见［EB/OL］.［2020-03-25］.http://www.gov.cn/zhengce/content/2015-10/20/content_10250.htm.

［62］《国家级旅游业改革创新先行区建设管理办法》印发［EB/OL］.［2020-03-25］.http://www.gov.cn/xinwen/2017-03/10/content_5176048.htm.

［63］文化部关于印发《文化部“十三五”时期文化产业发展规划》的通知［EB/

OL]. [2020-03-25] .https://www.mct.gov.cn/whzx/ggtz/201704/t20170420_695671.htm.

[64] 北京市人民政府关于进一步加强基层公共文化建设的意见 [EB/OL]. [2020-02-25] . http://www.beijing.gov.cn/zhengce/zhengcefagui/201905/t20190522_58673.html.

[65] 中山市人民政府办公室关于印发中山市创建国家公共文化服务体系示范区规划（2018—2020 年）的通知 [EB/OL] . [2020-03-16] . http://www.zsnews.cn/uploads/files/20200729/214cfa5d817044b936ae31d672e2c505.pdf.

[66] 黄冈市人民政府办公室关于印发黄冈市创建国家公共文化服务体系示范区规划（2018—2020 年）的通知 [EB/OL] . [2020-03-10] .http://www.hg.gov.cn/art/2018/6/20/art_13613_348328.html.

[67] 中共哈尔滨市委办公厅　哈尔滨市人民政府办公厅印发《哈尔滨市关于加快构建现代公共文化服务体系的实施意见》的通知 [EB/OL] . [2020-03-03] . http://www.harbin.gov.cn/art/2016/7/14/art_13792_2077.html.

[68] 印发《关于创建国家公共文化服务体系示范区的实施意见》《温州市创建国家公共文化服务体系示范区规划（2018—2020 年）》的通知 [EB/OL] . [2020-04-01] .http://wl.wenzhou.gov.cn/art/2018/9/28/art_1229134924_617620.html.

[69] 艾瑞咨询 . 2020 年中国互联网年度流量报告 [EB/OL] . [2020-03-23] .http://report.iresearch.cn/report_pdf.aspx?id=3541.

[70] 盛来运 . 稳中上台阶进中增福祉 :《2019 年统计公报》评读 [EB/OL]. [2020-03-23] .http://www.stats.gov.cn/tjsj/sjjd/202002/t20200228_1728918.html.

[72] 文化部关于印发《“十三五”时期全国公共图书馆事业发展规划》的通知 [EB/OL] . [2020-04-02] .http://www.gov.cn/xinwen/2017-07/07/content_5230578.htm.

[73] 张帆 . 大数据时代的图书馆服务研究 [J]. 中国管理信息化，2020（5）：186-187.

[74] 韩祥荣 . 云图书馆在公共图书馆总分馆建设中的应用研究 [J] . 传媒论坛，2020（1）：110-111.

[75] 李冰 . 移动互联网微技术在图书馆信息服务中的应用研究 [J] . 河南图书馆学刊，2019（11）：83-85.

[76] 韩冰，杨晓菲 . 公共图书馆与实体书店跨界合作模式比较研究 [J] . 图书馆工作与研究，2017（4）：118-122.

[77] 王娟娟，吴跃伟 . 我国咖啡图书馆的发展现状、存在问题及发展策略研究 [J] . 图书馆学研究，2013（20）：18-22.

[78]《2019 上半年全国文化消费数据报告》显示，文化消费持续为旅游健康发展提供新动能 [EB/OL] . [2020-03-30] .https://www.mct.gov.cn/whzx/whyw/201908/

t20190808_845592.htm.

［79］王世伟．关于公共图书馆文旅深度融合的思考［J］．图书馆，2019（2）：1-6.

［80］中国新闻出版研究院全国国民阅读调查课题组，魏玉山，徐升国．第十六次全国国民阅读调查主要发现［J］．出版发行研究，2019（6）：33-36，23.

［81］程焕文，潘燕桃，张靖，等．新时代中国图书馆学教育的发展方向［J］．中国图书馆学报，2019（3）：14-24.

［82］中国图书馆学会公共图书馆分会．创新引领未来：活动介绍［EB/OL］．［2020-04-10］.http://innovation.cnki.net/activity/gfcxcy/hdjs.html.

［83］饶权．回顾与前瞻：图书馆转型发展面临的问题与思考［J］．中国图书馆学报，2020（1）：4-15.

［84］王素芳，于良芝，邱冠华，等．社会力量参与图书馆建设制度保障研究［J］．中国图书馆学报，2010（4）：4-9.

［85］张晓林，许旭．让数字图书馆驱动图书馆服务创新发展：读《国际图联数字图书馆宣言》有感［J］．中国图书馆学报，2010（3）：73-76.

［86］苏新宁．大数据时代数字图书馆面临的机遇和挑战［J］．中国图书馆学报，2015（6）：4-12.

10　公共图书馆全民阅读服务战略

党的十八大提出“开展全民阅读活动”，标志着全民阅读被提高到国家战略的高度。党的十八大后，政府工作报告连续八年倡导全民阅读，国家“十三五”发展规划纲要将全民阅读列为八大文化工程之一并做出规划安排，国家先后出台《中华人民共和国公共文化服务保障法》《中华人民共和国公共图书馆法》等多项法律对全民阅读予以保障，标志着这项国家战略正不断地推进。

全民阅读活动是一项社会文化系统工程，需要集合全社会的力量推行。当前组织全民阅读活动的主要力量包括政府机构、出版商和书店、协会和民间组织、传媒机构以及图书馆。其中，图书馆的社会职能决定了它是全民阅读活动的倡导者、组织者和实施者，是推动全民阅读的中坚力量。洪文梅、沈增洪[1]认为：图书馆，尤其是公共图书馆的公益性、专业性和独有的丰富阅读资源决定了它是读书活动的主要阵地，是联系群体阅读和个体阅读的桥梁。

党的十九大提出，要坚持中国特色社会主义文化发展道路，激发全民族文化创新创造活力，建设社会主义文化强国。习近平总书记明确指出“没有高度的文化自信，没有文化的繁荣兴盛，就没有中华民族伟大复兴”。党的十九大以来，全民阅读受到更多重视，研究并推广全民阅读服务是一场功在当代、利在千秋的战略谋划。

10.1　国内外公共图书馆阅读服务比较研究

1970 年，联合国教科文组织第十六届大会将 1972 年定为“国际图书年”，倡导人们养成良好的阅读习惯，朝着“阅读社会”（Reading Society）的方向迈进。1995 年，联合国教科文组织发布《世界读书日主旨宣言》：“希望散居世界各地的人，无论你是贫穷还是富有，无论年老还是年轻，无论患病还是健康，都能享受阅读的乐趣。”近些年来，国家与国家之间、民族与民族之间的竞争在全球化的背景下日益激烈，而阅读作为提高人口素质和国家综合实力的重要引擎，自然是各国比拼的发力点[2]。近些年来，在国家的大力支持下，全国广泛开展了全民阅读活动，促使整个社会的阅读水平得到提升。2020 年，我国成年国民包括书报刊和数字出版物在内的各种媒介的综合阅读率已达到了 81.3%[3]。本节对国内外全民阅读服务在立法保障、资金来源、评估评价、管理体制、参与主体等方面的差异进行比较，以了解我国与世界先进水平的距离。

10.1.1　立法保障比较

中国的全民阅读立法启动较晚。1997 年 1 月，中央宣传部、文化部、国家教委、国家科委、广播电影电视部、新闻出版署、全国总工会、共青团中央、全国妇联 9 个部门联合发出《关于在全国组织实施“知识工程”的通知》，提出了实施“倡导全民读书，建设阅读社会”的“知识工程”。2006 年起，在中央宣传部、中央文明办、新闻出版总署、文化部、国家广电总局、教育部等多个国家部委的倡导下，全民阅读活动在全国各地开展起来。图书馆界、出版界和教育界等相关行业积极配合，主动引入国外阅读推广的先进经验，全民阅读活动规模不断扩大，内容不断充实。2013 年，全民阅读立法被列入 2013 年国家立法工作计划[4]。自 2014 年开始，“全民阅读”连续 8 年被写入政府工作报告。2016 年 2 月，国家新闻出版广电总局率先公布《全民阅读促进条例（征求意见稿）》并向社会征求意见[5]。2016 年 12 月，《全民阅读“十三五”时期发展规划》正式发布，提出要将全民阅读纳入法治化轨道，推动地方全民阅读立法工作[6]。2016 年 12 月 25 日，十二届全国人大常委会第二十五次会议表决通过的《中华人民共和国公共文化服务保障法》明确规定，各级政府应当充分利用公共文化设施、促进优秀公共文化产品的提供和传播，支持开展全民阅读等活动；基层综合性文化服务中心应当为公众提供书报阅读等多种公共文化服务[7]。2017 年 2 月，国家新闻出版广电总局在《关于开展 2017 年全民阅读工作的通知》中明确提出全民阅读工作的八项“着力点”。2017 年 6 月，国务院法制办办务会议审议并原则通过了《全民阅读促进条例（草案）》，进一步保障了公民的基本阅读权利，促进了全民阅读[8]。2017 年 11 月 4 日，十二届全国人大常委会第三十次会议表决通过了《中华人民共和国公共图书馆法》，该法明确规定“公共图书馆是社会主义公共文化服务体系的重要组成部分，应当将推动、引导、服务全民阅读作为重要任务。”全民阅读再次得到国家法律的确认，这为制定全民阅读方面的行政法规和地方性法规提供了法律依据，对于促进全民阅读意义重大。2014 年至 2017 年，江苏、湖北、辽宁、深圳、上海、吉林等地通过了诸如《关于促进全民阅读的决定》《全民阅读促进办法》《全民阅读促进条例》等法规，有关全民阅读的法规遍地开花，全民阅读立法进程加快推进，标志着各地全民阅读工作已进入依法促进阶段。各地以法律保障的方式，为全民阅读创造条件，进一步顺应民众诉求，契合时代发展大势。实践证明，全民阅读立法为全民阅读活动在全国各地蓬勃开展营造了良好的政治环境，从而更好地保障了公民的阅读权利，推动全民阅读成气候，个人阅读成习惯。因此，党的十九大以来，加快推动新时代全民阅读立法的步伐就是对公民阅读权利的最重要和最根本的保障[9]。

西方发达国家的阅读推广立法普遍较早。例如，1964 年英国重新修订的《公共图书馆和博物馆法案》（*The Public Libraries Museums Act*）就提出图书馆鼓励成人及儿童充分利用馆藏，2003 年发布的《未来的框架：未来十年的图书馆、学习和信息》（*Framework for the Future: Libraries, Learning and Information in the Next Decade*），提出建立专业阅读组织，改善阅读设施，设立专门基金，开展了针对不同群体的阅读活动。

为阅读保障领域专门立法，最早始于美国。1986 年，美国总统里根发布公告，将 1987 年设为“全国读者年”，以鼓励民众参与阅读。1998 年，美国出台了第一部专门为青少年阅读立法的法律《卓越阅读法案》（*Reading Excellence Act*），2001 年出台《不让一个孩子落后法案》（*No Child Left Behind Act*）。随后，《残疾人教育法》（*Individuals with Disabilities Education Act*）、《中小学教育法》（*Elementary and Secondary Education Act*）和《美国残疾人法案》（*Americans with Disabilities Act*）等法律也随之出台。

日本 2002 年出台的《儿童阅读推进法》（子どもの読書活動の推進に関する法律）、《文字和印刷品文化振兴法》（文字・活字文化振興法）、《第二次儿童读书活动推进基本计划》（第二次「子供の読書活動の推進に関する基本的な計画」）和《第三次儿童读书活动推进基本计划》（第三次「子供の読書活動の推進に関する基本的な計画」）等措施都保障了阅读推广的实施。

德国出台了《促进阅读基金会章程》，西班牙推出了《阅读、图书和图书馆法》，法国推出了《有关地方政府促进公众阅读和为电影院提供优惠的法律》，瑞典出台了《文学、文化杂志与阅读提高活动国家财政补贴条例》。

通过以上国内国外阅读立法情况的介绍可以看出，不少发达国家将全民阅读视为一项国家文化工程，且已经出台了真正意义上的阅读法，并且把促进儿童和知识信息弱势群体阅读放在了全民阅读战略之首。相较来说，我国对全民阅读的认识较浅相关工作的开展比较晚，因此《全民阅读条例》和各省市全民阅读法律政策的出台也晚于发达国家，许多法律条文还处于不完善阶段，但近年来日益受到重视，阅读立法的脚步明显加速。

10.1.2 资金来源比较

各国开展全民阅读推广活动的资金来源大致可以分为三大类：阅读推广领导主体的拨款，企业及社会团体的捐赠，活动组织者的其他收入等。

我国目前并没有针对全民阅读推广活动设立专项经费，阅读推广活动所需的资金基本由活动组织机构自行解决，但因为我国阅读推广活动的行为主体以政府机关和事业单位为主，因此大部分活动经费都来自本单位事业经费，也就是来自中央和各级地方政府的财政拨款。公共图书馆作为政府文化部门的下属公益性单位，其公共服务性质决定了其本身创收很少；而高校图书馆作为学校的组成部分，其开展阅读推广活动的经费主要来源于学校预算拨款，其他业务收入非常有限。因此我国的阅读推广资金来源相对单一，不够丰富，对活动组织者来说，能够投入的经费也比较少。近年来，也有部分图书馆开始利用社会资金开展阅读推广活动：如寻求与图书馆有业务合作的企业进行赞助、冠名；寻求慈善组织及社会爱心人士捐助等。但总的来说，我国的阅读推广资金保障基础的建设并不完善[10]。

美国博物馆与图书馆服务署（Institute of Museum and Library Services，IMLS）发布的报告显示，美国公共图书馆的资金来源主要有四部分：各州图书馆机构拨付到各图书馆的联邦拨款、州政府拨款、当地政府拨款，以及其他收入。其他收入包括公共图书馆收到的赠款、利息收入、罚金、图书馆服务费用（如文献传递等）。其中，当地政府拨款是公共图书馆收入的主要来源[11]。在美国图书馆的其他收入中，来自财团、法人或个人的捐赠资金所占的比例在日益提高。比如卡耐基钢铁公司创始人安德鲁·卡耐基曾先后捐资 5000 万美元修建了 1700 座图书馆大楼，遍布美国的大小城镇。另外，美国国内高达数千个各类基金会的捐赠也是图书馆收入的一个来源。根据美国的慈善法，捐赠者可以免税，这就鼓励更多的财团、法人或个人积极捐资[12]。

英国公共图书馆事业的经费主要来自地方政府拨款，以及慈善基金会捐赠等。由于英国政府近些年来大幅度、大规模地削减公共服务资金（尤其是公共图书馆的经费），英国地方政府曾一度尝试以拓宽服务领域、增加服务内容但在一定程度上降低服务水平的方式（如缩短开馆时间，用薪资、资历较低的非专业人员代替专业图书馆工作人员，降低图书更新频率，购置平装版图书取代精装版，等等）来满足民众对图书馆服务的多样化需求[13]。

南非公共图书馆的资金也主要来自中央、省级以及地方三级政府，以及社会捐赠。当然，大部分的经费还是来源于地方政府。而南非的阅读推广工作形势较为严峻的一个主要问题也是政府经费的欠缺[14]。

10.1.3　评估评价比较

从 1994 年至 2018 年，文化部共开展了六次全国县级以上公共图书馆评估定级工作，并编制能够适应评估需要的指标体系，其中不乏阅读推广考评指标。第一至第四次评估标准在“读者服务工作”部分有“书刊宣传与读者活动”“导读活动”“读者活动”等评估项目；2013 年第五次评估标准首次在“社会教育活动”类下设置“阅读推广活动”指标；2017 年第六次评估标准则在“服务效能”部分设置“阅读推广与社会教育”评估大项，且专门设置“年数字阅读量占比”指标，逐渐填补了相关领域标准化建设的空白。为将政府的评估行为上升为行业规范，文化部于 2015 年 1 月 9 日颁布文化行业标准《公共图书馆评估指标》（WH/T 70.1—2015 / WH/T 70.6—2015）[15]，由此形成省市县三个层级、综合性公共图书馆和专门性少年儿童图书馆两个维度六个标准组成的评估指标体系。其中，公共图书馆在“社会教育活动”类下设置年讲座培训次数、展览次数、阅读推广活动次数、活动宣传次数四个三级指标；少年儿童图书馆亦设置年读者活动场次、读者活动参加人次、活动宣传次数三个三级指标，并通过规范性附录《评估指标描述》对相关指标进行解读和指标值设定。中国新闻出版研究院通过对居民的阅读率，阅读量，阅读观念，阅读公共服务普及度、利用度和满意度的考察，研究创建了书香社会指标体系。这套指标体系在全国范围内形成了一个统一的、同口径的、可比较的数值系统，可以客观明了地反映我国国民的阅读状况和各地阅读公共文化服务情况，让社会各界在关注全民阅读的同时，也积极关注阅读推广活动的成效，在全国范围内形成书香城市建设情况的综合比较，进而使全民阅读的活动内容更加丰富、更具吸引力，全民阅读促进活动更加深入[16]。

国际图联素养与阅读专业组 2011 年发布《在图书馆中用研究来促进识字与阅读：图书馆员指南》，强调“鼓励图书馆员和其他机构开展行动和测评研究”，并提出阅读推广是否成功可以从 2 个维度来测量：一是过程，某工作 / 规划 / 项目的计划和实施情况如何；二是成果，对参与者，即图书馆和利益相关方有什么影响，取得了哪些成果[17]。国外阅读推广工作比较注重设置评估评价的机制和办法，以评价和总结活动的成效，以便进一步完善阅读推广服务。如提前制定项目实施效果的评估标准，执行阶段进行第三方监管，事后进行项目调查和效果评估，以及发布各种工作报告和调查总结。美国著名的“早期阅读优先”计划取得很大成功的一项重要措施就是设定计划实施效果的标准，并根据 5 项标准进行自我评估，给出年度绩效报告数据。日本的“玩偶读书会”通过数据统计证明，该会能直接引起儿童对阅读的兴趣。英国“阅读起跑线”（Book Start）项目对参与家庭和儿童进行长期跟踪，调查其在阅读态度和行为方面的变化[18]。澳大利亚埃迪斯科文大学早期儿童研究中心受托评估“全国阅读年”活动（National Year of Reading，NYR），通过定性方法访谈和调查，收集统计数据[19]。韩国制定了《阅读文化振兴基本计划

（2014—2018）》阅读文化政策，针对阅读文化推广项目创建评估工具[20]。

目前，欧美国家大都已开展全国性的阅读推广评估项目，开发和创建了国家统一评估框架和成熟的评估工具包，并且评估范围广、持续时间较长。在评估合作方面，我国的主要力量还是图书馆，面临孤军奋战的局面，缺乏社会各界力量的参与，而欧美国家具有一个庞大的合作网络，与教育机构、政府部门、出版社、家庭、书商等都有广泛合作。在覆盖面上，虽然近年来我们日益关注弱势群体，但对弱势群体的研究、服务评估等与发达国家还有不小差距。在评估方法方面，国外的评估方法更加多样，既有定量方法、定性方法，又有定性定量相结合的混合法，包括文献综述分析、观察、问卷调查、访谈、测试、案例分析等。在评估重视程度上，国外在用户影响包括用户个人发展、新技能获得、情感、态度、认知、社会发展等方面进行深入研究，尤其对阅读推广软指标进行详细研究，例如对阅读推广前后用户的阅读态度、阅读兴趣、阅读成绩、阅读习俗、阅读情感、语言与识字发展、学习态度、认知、个人发展、新技能获得等多方面进行对比研究[21]。

10.1.4 参与主体比较

参与主体是推进全民阅读建设的保障。全民阅读的实现不是一朝一夕的事情，也不是凭借单一机构或者组织所能实现的。这是一个广泛参与、长久实施的长期工程，不但需要调动全民的积极性和自主性，倡导全民参与，还需要保障参与的持久性和有效性。

中国全民阅读是通过政策和行政命令导向自上而下进行推动的，比如知识工程、全民阅读计划、读书节等。所以，参与主体主要是政府机关和事业单位，政府是主要的推动者。图书馆作为“没有围墙的大学”，开展全民阅读推广是图书馆的重要工作之一。2004 年，中国图书馆学会开始负责承办“全民读书月”，每年颁发全民阅读优秀组织奖，表彰先进单位。2006 年，中国图书馆学会成立“科普与阅读指导委员会”，下设6个分委员会，分别是专家委员会、阅读文化研究委员会、推荐书目委员会、家庭藏书读书委员会、图书馆与社会阅读委员会、媒体与社会阅读委员会。科普与阅读指导委员会后更名为“阅读推广委员会”，下设分会增至15个。中国图书馆学会阅读推广委员会每年以“世界读书日”为主要契机，牵头组织了大量精彩纷呈的全民阅读公益活动。此外，全国各省市的公共图书馆、大学图书馆都开展了年度读书节、公益讲座等系列活动，上海图书馆还实施“互联网+”和“图书馆+”战略，运用互联网思维，服务更广泛的读者。大型出版集团、出版社等也积极参与推动全民阅读建设，北京出版集团参与“世界读书日”系列主题活动，已经成为极具北京特点的主题文化活动；凤凰传媒高度重视全民阅读精品出版物的生产，开展公益讲座，创建“手拉手红领巾书屋”；长江出版传媒的“崇文大讲堂”“青年书香号”“长江书友会”是每年例行阅读推广活动。同时，社区、企业也在学习型社会构建中不断地找寻自己的角色。近年来，随着社区书屋、农家书屋、“学习+激励”的企业培训项目遍地开花，全民阅读也在稳步推进。

英国的公共图书馆、博物馆、出版商、独立的协调机构、基金会等都是阅读活动的重要推动者。英国独立机构，开卷公司和阅读社分别参与领导了诸多国家级项目，如“希望之书”“国家阅读年”“头脑空间”等。英国的文学基金会、国家彩票基金为英国自主学习建设投入大量基金和基础设施建设。

美国图书馆协会、出版商、书商、网络媒体之间通力合作，广泛参与到全民阅读中来。教育机构、学校、社区、家庭共同承担24小时全天候教育，如“阅读遍及全美日”“快乐阅读”等活动。美国的企鹅集团以出版大众图书闻名于世，为顺应美国全民阅读推广的潮流，企鹅集团出版了更多优质的文学精品书籍，同时还与电视台、报纸、杂志等媒体合作开展阅读活动，向美国教育协会、图书馆等捐赠大量的图书。此外，美国还积极发挥志愿者团体和非营利性基金会的作用，协助社会弱势群体融入阅读社会。

日本的新闻出版业界、学校、读书推进协议会，通过设立专门机构、基金，举办相关活动等形式，也成为日本学习型社会建设的主力军。讲谈社作为日本最大的出版机构之一，一直致力于阅读事业的推广，成立了读书事业推进部，每年用装满图书的大篷车在全国进行推广，鼓励阅读。

澳大利亚也采取政府主导，其他力量共同推动的形式，政府、图书馆、出版界、学术界合作成立澳大利亚青少年阅读指导委员会，针对青少年进行阅读推广。“新鲜阅读”（Book Alive）项目和“2012年全国阅读年”，都选派作家大使与读者进行阅读交流，并充分发动媒体的力量[22]。全国阅读年创始者为澳大利亚图书馆和信息协会，选定内容和框架，由不同地区、行业和组织自选推广模式。

10.2 我国公共图书馆全民阅读服务的经验与不足

公共图书馆拥有丰富的馆藏文献信息资源，承担着提升人们文化生活品质、提高民众素质的重任。近些年来，公共图书馆开展了一系列大家喜闻乐见的文化娱乐活动，如举办专题书画展、读书讲座、专题报告会、新书推荐等形式多样的活动，增进了图书馆与读者之间的相互沟通与交流，激发了民众的学习热情。公共图书馆在各级政府的大力支持下，创新服务空间，推进图书馆服务布局，提升图书馆服务覆盖率，久久为功，深耕细作，使全民阅读蔚然成风，各地书店回暖，城市书房兴起，农村书屋“受宠”，读书活动日渐丰富，全民阅读氛围日益浓厚，书香社会逐渐形成。但同时我们也要清醒地看到，全民阅读还存在诸多不足，如目标任务不够明确、保障机制不够健全等，还需要我们继续推进。

10.2.1　我国公共图书馆全民阅读服务的经验

10.2.1.1　政府主导，保障有力

任何工作的开展都离不开政府的主导和支持。作为一项全民参与的事业，全民阅读更是如此。在我国，公共图书馆作为公益性的文化机构，是公共文化服务体系的重要组成部分，是推进全民阅读服务的主要阵地。近年来，公共图书馆在推进全民阅读服务过程中取得的成就都离不开政府的坚定领导。政府主导保障了公共图书馆全民阅读服务合法合理、科学有力。尤其是在法律政策方面，政府层层推进，从法律法规到文件精神，政府不断为公共图书馆开展全民阅读服务提供有力的法理支撑，通过具体规定，为经费、机制、设施等方面提供了有力保障。

自党的十八大以来，以习近平同志为核心的党中央高度重视全民阅读。2012年，党的十八大报告明确提出“开展全民阅读活动”。2014年起，“倡导全民阅读”连续多年被写入国务院政府工作报告。2016年，国家“十三五”规划要求“推动全民阅读”，并将全民阅读工程列入“十三五”文化重大工程，将全民阅读提升到国家战略高度。2018年1月施行的《中华人民共和国公共图书馆法》明确指出，推动、引导、服务全民阅读是公共图书馆的重要任务。自2015年起，江苏、湖北、广东、吉林、贵州以及深圳、宁波等省、市纷纷出台地方性法规，切实保障全民阅读服务的广泛铺开和深入开展。

10.2.1.2　空间创新，多维并举

在“互联网+”的趋势下，图书馆正在改变原来的模样，从以书为主体，转变为以知识为主体；从以阅览为主的空间，转变为交流和开放的空间。

近年来，我国各级公共图书馆都在探索空间改造的有效途径，并且做出了有益的尝试。其中的成功范例可分为三大类型：一是舒适的阅读体验空间。在设计上更加注重人性化、个性化，更加符合读者的审美品位和实际需求。

舒适、轻松的阅览环境可以令读者心情愉悦，从而更加享受阅读的过程。天津滨海新区图书馆成为“网红”正因如此。二是高效的学习共享空间。强调以读者为中心构建协同与交互式的学习环境。学习共享空间在设备齐全、先进方便的同时还充满创新活力与交流乐趣，对读者学习、研究、交流、探讨等一系列阅读、习得与分享都大有帮助。三是新颖的创客空间。其建设理念与现代图书馆所倡导的“知识、学习、分享、创新”理念高度契合。在创客空间中，读者与图书馆间的信息传递关系转变为知识孵化关系。

通过对图书馆空间的重塑，将图书馆打造成集学习、研讨、创新、交流，甚至娱乐的场所；通过图书馆阅读空间的设计与再造，将赋予图书馆新的活力和能量，有利于促进全民阅读的深入开展，推动全民信息素养的提升。

10.2.1.3　星罗棋布，不留死角

完善的结构体系是公共图书馆扩大服务覆盖面、提高服务效能的有效途径之一。公共图书馆开展全民阅读服务离不开完善的体系支撑。

根据《中华人民共和国文化和旅游部2019年文化和旅游发展统计公报》，2019年末全国共有公共图书馆3196个，实际使用房屋建筑面积1699.67万平方米，阅览室座席数119.07万个[23]。国家、省、市、县四级公共图书馆服务网络构建进一步完善。在筑牢体系结构的同时，公共图书馆不忘以先进带动后进，整体提升服务能力，尤其是基层馆的服务能力。“十三五”以来，全国大力推行公共图书馆总分馆制建设。2016年，文化部、新闻出版广电总局、体育总局、发展改革委、财政部五部门联合印发了《关于推进县级文化馆图书馆总分馆制建设的指导意见》。2018年1月，《中华人民共和国公共图书馆法》正式施行，第三十一条明确要求，“县级人民政府应当因地制宜建立符合当地特点的以县级公共图书馆为总馆，乡镇（街道）综合文化站、村（社区）图书室等为分馆或者基层服务点的总分馆制，完善数字化、网络化服务体系和配送体系，实现通借通还，促进公共图书馆服务向城乡基层延伸”[24]。在一系列法律政策的引导下，浙江、福建、江西、湖南、广东等地出台了具体的实施意见或实施方案，绝大多数省份开展了试点工作。不少地方在推进过程中形成了各具特色的县级图书馆总分馆制建设模式，如浙江嘉兴的“中心馆—总分馆体系”建设模式、江苏苏州公共图书馆与各系统图书馆合作共建模式、广东佛山禅城的“1 主 +5 分 +14 成员馆”服务模式等。随着总分馆建设的推进，我国公共图书馆逐渐将资源与服务送到更多群众身边，开展全民阅读服务的体系基础愈见完备。

如果说国家、省、市、县四级公共图书馆体系是骨骼，那么遍布基层的流通点、自助图书馆和穿梭其中的流动图书车就是毛细血管，是图书馆体系网络的“第五级”。它们的存在延伸了公共图书馆服务触角，解决了阅读服务“最后一公里”的问题。近年来，全国各级公共图书馆利用流通点、自助图书馆和流动图书车开展了一系列进基层活动，如进机关、进学校、进军营、进农村等，使阅读更深入基层、贴近群众。进机关，倡导党员干部带头读书，带领本单位、本系统、本地区大兴读书之风；进学校，倡导在校学生建立读书会，开展读书活动，丰富书本外的知识；进军营，服务强军建设，为人民军队提供智力支持等。在农村地区、贫困地区和边远地区，流通点、自助图书馆的设立和流动图书车的运行不仅确保了阅读资源的流转更新与服务的开展，还逐渐挖掘了一批本土的阅读推广人，发展了一批身边的“书香家庭”，为带动农村地区阅读之风发挥了重大作用。

10.2.1.4　无时不在，如影随形

公共图书馆阅读推广服务是一种典型的公共产品，相同条件下其使用时间与效能正相关且边际成本为零。《中华人民共和国公共图书馆法》规定公共图书馆在公休日应当开放，在国家法定节假日应当有开放时间，依托数字技术开展数字全民阅读服务更让阅读服务无时不在，如影随形。

全国文化信息资源共享工程始自 2002 年，随着公共电子阅览室建设、数字图书馆推广工程陆续开展，微博、微信、支付宝小程序上陆续出现公共图书馆全民阅读服务踪影，数字图书馆愈加可知、可及、可用。

《文化部“十三五”时期公共数字文化建设规划》明确提出要“形成国家全民艺术普及基础资源库和全民阅读基础资源库”，在重点项目中也要求建设公共图书馆基础资源库，“建立包括精品电子书、主流期刊报纸、精品公开课的公共图书馆基础资源库，借助各级公共数字文化服务平台面向全民推广，充分利用移动互联网的优势和特点，满足不同群体的阅读需求”[25]。通过近年来的建设，各级公共图书馆存储空间和服务器数量都有了大幅增长，公共图书馆已成为“取之不尽，用之不竭”的文化宝库，图书、期刊、图片、视频、音乐应有尽有，资源内容涵盖艺术鉴赏、知识讲座、实用科技、健康生活等方方面面，满足不同群体的阅读需求。

标准统一、覆盖城乡、互联互通、便捷高效的公共图书馆数字文化服务网络正在加速构建，县级以上公共图书馆基本具备提供互联网服务和移动终端服务的能力。部分发达地区公共图书馆和地方龙头大馆还利用云计算、大数据等信息技术，推动图书馆信息化装备和系统软件的研发应用，促进图书馆数字服务手段升级换代，深入开展用户需求数据分析，推广线上线下互动的服务模式。2020 年，新冠疫情袭来，全国各大公共图书馆纷纷闭馆，但闭馆不停服务，各馆仍依托微博、微信、app 等为广大群众送去文化大餐。

10.2.1.5　深耕细作，见微知著

随着服务的深入，公共图书馆全民阅读服务已经从以往的“大众阅读”转向“分龄分众阅读”。前者是一种无差别的服务思维和模式，后者则关注了不同年龄、不同群体的差异性，是一种有针对性的服务思维和模式。在“分龄分众阅读”思想的引导下，全国公共图书馆结合自身情况进行转变，将阅览区进行功能划分，对阅读活动进行分类管理，从中挑选出精品进行品牌打造。这种改变意味着图书馆全民阅读服务的精细化，增强了图书馆的导向性，与当代个性化潮流相吻合，因而能增加阅读推广服务的实际效能。如面对女性读者，各级公共图书馆都会在妇女节期间举办女性文学沙龙、旗袍秀等具有女性突出特征的阅读推广活动，这不仅是为了迎合节日氛围，更有助于在特定时间吸引特定群体走进图书馆，享受阅读的乐趣。

近年来，全国各级公共图书馆在阅读推广的过程中，都将重点放在了儿童阅读上。原因有二：一是儿童阅读是全民阅读的基础。阅读习惯的培养、阅读兴趣的激发需要从小抓起，成人的阅读习惯很难改变。美国与日本的阅读立法都重点针对少年儿童，特别是美国，直接是以教育基本法的方式来提升低年级儿童的阅读水平。二是适应我国的现实情况。我国家庭的中心是儿童。从组织行为学和传播学的角度思考，提供儿童阅读推广服务不仅能满足儿童的成长需求，还能直接带动、吸引家长一同参与到阅读中来。

根据《全民阅读“十三五”时期发展规划》，近年来，我国公共图书馆大力倡导家庭阅读、亲子阅读，发挥父母对未成年人言传身教的重要作用，推动全社会共同为少年儿童创造、维护一个良好的阅读环境。鼓励幼儿园开展与学龄前儿童的年龄和心理状况相适应的阅读活动，着力培养其阅读兴趣、阅读习惯。以苏州图书馆为例，该馆于 2011 年启动“悦读宝贝计划”。作为一个大型的阅读品牌，其下设多项读书活动：有面向 0—3 岁婴幼儿的阅读大礼包和“儿歌时间”，也有针对 3—6 岁儿童的“听故事姐姐讲故事”；有专门服务家长的“家长课堂”，也有针对志愿者的专业培训；有全市规模的大型比赛，也有仅十多个人的小型座谈；有馆内的阵地活动，也有大量分散在社区的故事会；有“家长沙龙”全天候的线上互动，也有每周末家长与馆员面对面的线下讨论等。苏州图书馆通过总分馆的通力合作，制定统一的活动标准和流程，使全市各区域的儿童都能享受到规范的阅读服务，缓解了读者需求与总馆场地和组织力量不足的矛盾，也切实通过儿童吸引整个家庭加入书香阅读的行列[26]。

10.2.1.6　全民阅读，形成习惯

全民阅读并不是一时之举，而必须是长远之策。公共图书馆开展全民阅读的经验也证实只有形成长效机制、成为常态，才能真正做好全民阅读。

一是依托特定的时间节点集中开展阅读推广服务。1995 年，联合国教科文组织将每年的 4 月 23 日定为“世界读书日”。1988 年，我国将 5 月的最后一周定为全国图书馆服务宣传周。2000年，我国又将每年的12月定为“全民读书月”。自此以后，每年“世界读书日”、图书馆服务宣传周与“全民读书月”活动便成为全国公共图书馆集中开展阅读推广服务的特定时段。每当这些时候，全国各级公共图书馆都会围绕当年的主题开展一系列丰富多彩的阅读推广活动。经过多年的实践，活动规模日渐扩大、范围逐渐变广。活动类型也不再局限于传统的书刊推荐、讲座等形式，而是结合时下流行的读书会、图书漂流和体验式服务等变得丰富多彩，给了读者更多的私人阅读空间，深受群众喜爱。2019年，为迎接第24个“世界读书日”的来临，国家图书馆、中国图书馆学会、“学习强国”平台联合全国图书馆界，共同开展以“读经典 学新知 链接美好生活”为主题的世界读书日系列活动。活动包括发布全民阅读倡议书和第十四届“文津图书奖”获奖图书名单、“同城共读”、经典阅读推广展览展示、“万卷共知”等多个系列活动。其中不少活动是面向全国读者的，受到广大读者的欢迎与喜爱。

二是开展长期的阅读推广服务。长期的阅读推广服务除了固有的传统阅读推广服务，主要包括以下两种。一种是周期性开展的阅读推广服务。典型的有一些区域性的阅读活动，如深圳读书月。该活动迄今为止已举办了二十年，被誉为“深圳人最认可的一张名片、一个品牌”。为此深圳市制定了《深圳读书月发展规划（2011—2020）》，要求将阅读作为城市的特质和气质来塑造，提升至城市发展战略和打造文明特质的高度上来，把阅读作为市民实现文化权利的有效抓手，对各地全民阅读服务开展具有启发和推广价值[27]。第二种是系列活动或者专题活动，往往围绕同一主题在同一年份长期开展。组织方可以是单一的图书馆，也可以是多个图书馆。2019年，中国图书馆学会在全国范围内组织了多项系列活动，或是贯穿全年，或是贯穿季度，但都在一定时段内持续为广大读者提供了别开生面的阅读推广服务。

表 10–1　2019 年中国图书馆学会部分活动列表

类别	项目名称	活动时间
系列活动	同城共读，万卷共知——2019 年 4·23 世界读书日全民阅读活动	4—9 月
	2019 全国少年儿童阅读年系列活动	3—9 月
	科技周、科普日等系列科普活动	5 月、9 月
	“阅读推广公益行动——‘悦读悦听悦览，码上同行’”活动	全年
	穿越千年·感受经典——中华经典之诗经主题亲子阅读系列活动	3 月
征集、展示活动	全国首届“图书馆杯全民英语口语风采展示活动”	4—7 月
	首届全国大学生“悦读之星”读书演讲风采展示活动	4—11 月
	“漫话传统文化”未成年人漫画创作征集活动	3—10 月
	2019 年馆员书评第七季征集活动	4—9 月
	2019 年“书香社区”发现活动	4—10 月
	图书馆文化创意产品征集大赛暨优秀文创设计精品展	1—11 月
	全国书偶创意设计征集活动	5—11 月
展览	“共读中华经典 同度传统新年”全国巡展活动	全年
	2019 年博洛尼亚国际儿童书展·中国插画名家作品展	4—9 月
特色活动	“万卷共知”阅读竞答	4—9 月

三是将阅读推广纳入公共图书馆评估定级指标。在全国第六次公共图书馆评估定级标准中，一级指标“服务效能”中含有二级指标“阅读推广与社会教育”，并将其细化为讲座、培训、展览、阅读指导、阅读推广次数、数字阅读、服务宣传推广等多个三级指标。通过评估定级，刺激、推进公共图书馆持续开展阅读推广服务。

在一系列措施的推广下，公共图书馆全民阅读服务可谓“日日有、时时有”，形成了长效机制，成为新时代公共图书馆的新常态。

10.2.2　我国公共图书馆全民阅读服务的不足之处

10.2.2.1　目标任务不够明确

2016年，全民阅读被列入国家“十三五”规划，并被列为八项重要文化工程之一。同年发布的首个全民阅读五年规划——《全民阅读“十三五”时期发展规划》主要是对全民阅读“七进”（进农村、进社区、进家庭、进学校、进机关、进企业、进军营）工程的服务点推介数量和“书香中国e阅读”推广工程的覆盖人群数量提出了目标，对国民人均阅读量并未做要求。国民经济和社会发展统计公报中相关数据为公共图书馆总流通人次（包括借阅书刊、咨询问题以及参加各类读者活动等的数量）和人均图书拥有量（当年出版图书总册数除以人口数量）。在影响力较大的中国新闻出版研究院出版的《全国国民阅读调查报告》中，与居民个人相关的指标主要是综合阅读率、数字化阅读率、年人均纸质图书阅读量、年人均电子图书阅读量、日均手机使用时长等，城市公共阅读服务指数则反映了全民阅读公共服务的普及度、利用度和满意度。但总体来看，为建设书香社会设定的目标任务还存在不足之处，体现在：①可计量的国家级目标还不够明确；②目标任务仍偏重投入与产出，在成效上还需探索；③不同区域间目标任务的可比性尚需提升。

目标任务的实现必须调动包括政府、公共文化机构、社会团体、城乡居民在内的各方力量。有研究者调查我国阅读推广联盟后发现[28]，地方性和异质性的阅读推广联盟居多，主导力量方面仍以政府、图书馆主导模式为主，阅读团体主导比例较小。目前，我国公共图书馆在管理机制的完善程度、资源共享的合作深度、联盟服务的丰富程度等方面仍有很大发展空间。

10.2.2.2　服务策略亟需进化

刘兹恒教授将图书馆发展趋势归纳为服务泛在化、工作网络化、资源数据化、功能智慧化、阅读移动化、空间创意化、用户自主化、工作规范化、馆藏仓储化和事业社会化[29]。图书馆全民阅读服务同样需要顺应这些趋势。然而，在实际转型过程中，因受到发展意识、业务模式、服务资源等因素的影响，仍有相当数量的图书馆转型动作缓慢迟滞，无法满足当前读者的新期望和新需求。

如以高标准的活动计划性、持续性和目标性作为衡量标准，当前众多阅读推广活动的质量和影响还需要在更长的观测时段和更多维的观测体系中得到充分证明。分析苏州图书馆“悦读宝贝计划”的成功案例可以发现，该计划具备已开展多年的“听故事姐姐讲故事”主力活动及衍生活动作为基础，并且在启动之初就有加入“阅读起跑线”国际项目的清晰目标。在 2013 年成功通过认证的同时该计划获得了财政专项拨款支持，从而夯实活动持续开展的经费保障。如果没有这些要点，“悦读宝贝计划”就不可能成功。而是否已经具备开展项目所需要素，值得各阅读推广机构深入思考。

在策划和开展图书馆全民阅读活动过程中，图书馆应认识到活动不仅是活动本身，还起到增加图书馆认知度和美誉度、发展和巩固核心用户群体、连接和支持全民阅读社会力量、扩大和锻炼阅读推广人队伍、增强图书馆内部凝聚力的作用。

10.2.2.3 活动保障尚需巩固

全民阅读服务的顺利开展有赖于政策、文献、资金、人员的全方位保障。我国已基本建成覆盖城乡的六级公共文化服务网络，然而，阅读服务保障力度呈梯次递减的现实仍客观存在，相当一部分县以下公共文化服务机构开展服务的资源极为有限。

以文化站为例，其阅读服务是否顺利开展取决于多方因素：地方政府是否给予公共文化服务足够重视、地方政府是否拥有充足财力、服务人员是否具备相应服务意识与专业知识。在地方财政配套资金未能到位的情境下，基层服务点仅能依靠国家发放的有限资金运行，可供乡村居民接触与选择的阅读服务极为有限。

经费使用方面，相当数量的文化站并无阅读活动专项经费，而依靠文化站先行垫付。人员培训方面，基层服务人员年培训课时难以保证，难以达到更新专业知识和提升服务技能的要求。

研究表明，全民阅读指数与人均地区生产总值、常住居民人均可支配收入均显著相关[30]。《第十七次全国国民阅读调查报告》和《广东省全民阅读指数调查（2019）》显示，2019年成年国民数字化阅读接触率为79.3%，广东省成年居民数字化阅读终端接触率为92.38%，差距明显，而经济最为发达的珠三角地区数字化阅读终端接触率较全省均值又高出近3%。可以预见的是，全民阅读活动保障的地域性差异仍将长时间存在。

10.2.2.4 评估激励仍待完善

评估机制有利于图书馆查漏补缺，提高效能。科学的评估机制可分为日常性和总结性的，即对某次阅读推广活动的预评估、评估和某个主体在一定周期内阅读推广效能的评估。须有基础数据指标、特色性内容及体验反馈等，形成系统构架，并持续完善。

当前，大量单次阅读推广活动的预评估和评估还基本停留在文字描述和最基础数据如人次、经费等的收集阶段，内容不全面，尤其是在读者满意度、活动后的借阅量变化等能够在较大程度上反映出阅读推广效果的信息和数据方面有所缺失。部分基层图书馆缺少电子化、数据化、多元化的调研评估方式。而对某个主体在一定周期内阅读推广效能的评估相对受到重视，但依旧需要细化完善。在全国第六次公共图书馆评估定级的指标体系中，设有二级指标“阅读推广和社会教育”，其三级指标包括：年阅读推广活动次数、阅读指导和图书馆服务宣传推广等，指标设置仍显单薄，还需要进一步细化。

图书馆阅读推广激励机制是图书馆利用自身的资源和服务，开展具有吸引力的阅读推广活动，从物质、精神等方面激发读者的参与兴趣，驱动读者的参与行为，从而达到调动读者阅读积极性，促使其阅读习惯养成和阅读行为持续等目的的机制[31]。常见激励手段有物质激励、精神激励、政策激励、竞争激励等。良好的激励机制需要综合运用各种激励手段，并结合实际情况进行取舍，逐渐常态化、周期化。然而，当前公共图书馆受理念、经费等影响，所采取的激励手段仍不够丰富，力度不强，持续时间短，故而激励作用有限。

10.3 我国公共图书馆全民阅读服务未来发展战略

文化部于 2017 年印发了《“十三五”时期全国公共图书馆事业发展规划》，将全民阅读列为“十三五”的重点任务，并要求各级公共图书馆根据职责制定阅读推广计划，围绕世界读书日、图书馆服务宣传周、全民读书月以及中华传统节日、重要节假日和重大节庆活动，深入开展系列阅读推广活动；完善针对不同读者群体的优秀读物推荐机制；鼓励基层群众依托公共图书馆，兴办读书社、阅读兴趣小组等，开展阅读活动，进行读书交流；发挥中国图书馆学会等行业组织的作用，指导各级公共图书馆探索形成符合本地实际的阅读推广方式。

2020 年 10 月，中宣部印发《关于促进全民阅读工作的意见》，为全民阅读推广服务体系的发展和完善提出了新目标、新任务。该文件指出，到 2025 年，通过大力推动全民阅读工作，基本形成覆盖城乡的全民阅读推广服务体系，全民阅读理念更加深入人心，活动更加丰富多样，氛围更加浓厚，成效更加凸显，优质阅读内容供给能力显著增强，基础设施建设更加完善，工作体制机制更加健全，法治化建设取得重要进展，国民综合阅读率显著提升。要以习近平新时代中国特色社会主义思想为指导，以满足人民精神文化生活新期待为出发点和落脚点，在全社会大力营造爱读书、读好书、善读书的良好氛围，引导人民群众提升阅读兴趣、养成阅读习惯、提高阅读能力，不断增强思想道德素质和科学文化素质，为实现“两个一百年”奋斗目标和中华民族伟大复兴的中国梦提供强大精神动力和智力支持。

作为全民阅读重要阵地的公共图书馆，“十四五”时期要进一步完善设施网络，增强文献资源保障能力，强化县级图书馆总分馆建设，服务标准化、均等化水平显著提高，信息网络等新技术应用更加普及，法人治理结构建设积极推进，人才队伍建设有效加强，政策法律保障更加有力，社会力量广泛参与，公众对公共图书馆服务的满意度持续提升。同时，公共图书馆应当充分利用自身的资源优势、人才优势和社会资源，在开展全民阅读的活动中不断大胆创新，融会贯通，积极构建覆盖城乡、便捷均等的全民阅读网络。

10.3.1 全民阅读服务制度建设战略

10.3.1.1 创新公共文化治理理念

要在制度体系构建中深刻融入现代治理理念，坚持开放思维、合作意识和服务导向，减少干预、鼓励参与、坚持引导，探索多样化的深化开展全民阅读服务的可行路径。完善公共图书馆全民阅读服务的领导机制、联动机制、渗透机制、引导机制，形成多元共治的良好格局。

10.3.1.2 加强顶层设计

通过协调机制的建设和完善，解决全民阅读服务条块分割、资源分散、重复建设、效益不彰的问题。通过阅读立法，重点创设经典阅读推广制度、全民阅读评估制度、经费政策保障制度、社会力量参与制度和新闻媒体宣传制度，充分保障全民阅读权利；通过规范阅读服务社会购买机制，为社会力量参与全民阅读服务扫清障碍。

10.3.1.3 完善服务评价反馈机制

优化信息沟通与反馈平台，由全国阅读评估、区域阅读评估和城市阅读评估逐级展开、滚动实施，从消费端评估向供给端评估延伸，从广度评估向深度评估转变。充分借鉴国际阅读素养进展研究等国际阅读研究项目成果，开展阅读素养评估、阅读弱势群体专项评估和大型阅读推广活动专项评估。

10.3.2 全民阅读服务资源建设战略

10.3.2.1 强化巩固纸质文献建设

从国家层面对全国纸质文献的馆藏发展规划进行不断完善并提出明确目标，为各级公共图书馆因地制宜地制定馆藏纸质文献发展规划提供依据和指引。着眼长期保存，推广国家文献战略储备库等标志性国家级文献保存项目在建设和运行中形成的宝贵经验，推进历史文献数字化工程，释放珍贵纸质文献的文化价值。进一步提升采选质量，使得文献结构在学科布局、区域覆盖、类型分布等方面更趋合理。平衡好文献载体类型结构，有机结合纸质文献和数字文献。最后，应加强国际合作，优化文献揭示，以中国宏富的纸质文献为世界读者创造文化福祉。

10.3.2.2 丰富数字阅读精品供给

坚决维护数字资源合理使用，强化合规审查和技术保护。持续推进数字资源集团采购实践，加强图书馆联盟话语权；丰富定价策略，保护小型机构利益；促进数字资源社会资本协同运营，及时披露资源需求。从国家层面对数字资源协调采购进行整体布局，将数字资源筛选系统前置、升级。完善数字资源管理平台，着力解决数字资源交叉重复、内容缺失、管理粗放的问题，探索数字资源需求驱动采购（Demand Driven Acquisition，DDA）、用户驱动采购（Patron Driven Acquisition，PDA）、用量驱动采购（Usage Driven Acquisition，UDA）的混合运行，提升初始验收水平，实行全周期质量控制。加强社会合作，充分发挥教育界、媒体界、出版界、公益界的协同推广力量，进一步丰富数字阅读精品供给。

10.3.2.3　推进资源共建共享进程

持续建设完善国家级和跨区域跨系统资源共享平台，充分利用大数据、云计算、物联网等信息技术为读者创造一站式资源检索平台和一体化访问体验，保障信息资源公开获取，促进科学数据管理和共享。

广泛合作，引入社会力量，疏浚公共、商业、第三方领域间信息通路；深化法治建设，完善、推行《公共图书馆馆藏文献信息处置管理办法》及其他与资源共建共享高度相关的配套法律法规。

10.3.3　全民阅读服务设施建设战略

良好的阅读环境能起到激励阅读的作用。全民阅读设施建设就是以营造良好阅读环境为目标，通过空间设施建设和技术设施建设，为全民阅读提供实体领域和虚拟领域的环境保障。应充分发挥公益性设施、商业性设施和混合性设施等各类设施的资源价值、文化气质和运营规律，激发各类全面阅读设施的生机活力，和而不同、美美与共。

10.3.3.1　发挥公共图书馆核心网络作用

公共图书馆作为文化、文明传承的荟萃之地、构建学习型社会的重要平台、城市发展的文化地标，应根据《中华人民共和国公共文化服务保障法》《中华人民共和国公共图书馆法》及地方相关法规，大力发展公共图书馆事业，促进各级公共图书馆和城乡图书馆均衡稳健发展。

10.3.3.2　积极打造创新型公共阅读空间

将全民阅读服务网络从传统的图书馆、书店、宣传栏延伸至旅游景点、交通站点和商业网点（住宿、餐饮、商超等），将阅读资源获取节点和流转网络配置到人民群众日常生活的热点区域和核心场景，书香相伴、阅读同行。

10.3.4 全民阅读服务融合创新战略

10.3.4.1 聚焦先进技术，注入创新动能

在运用数字出版、云计算、虚拟现实（VR）技术的同时，依托5G技术发展无感借阅、导航导览、超清影视、智慧书房、精准推送等场景服务。依托区块链技术建设分布式的高度开放的全新共读平台。依托人工智能技术实现服务与管理场景从数字化向智能化的跃升，实现公共图书馆全民阅读服务的全景智能、全域智能和全数智能[32]。

10.3.4.2 覆盖重点人群，发展深度服务

应在更广阔范围内推广和普及婴幼儿阅读服务，向家长提供资源支持和专业指导，包括阅读理念普及、阅读书目推荐、亲子阅读示范等，为婴幼儿成长奠定坚实的阅读基础。

加强儿童早期阅读能力的培养，利用形式多样的活动激发少年儿童的阅读兴趣和社会意识，形成图书馆、学校、家庭三方联动机制，为留守儿童、进城务工人员子女建立专门计划，组织专业队伍，消弭信息贫困代际传递。

应切实提升中老年读者基础信息获取技能，抚平信息焦虑。结合读者阅读经验和生活习惯推荐相应资源，增强安全防护意识，做好安全防护措施，保障老年读者的人身安全。针对留守老人，应联合老年组织和社会公益组织为他们提供服务。

深化残障群体阅读服务意识，依照其心理需求和阅读习惯开发专用资源并增配专业设备，提高阅读服务的便利性。帮助智力障碍群体、阅读障碍群体读者亲近阅读。

10.3.4.3 融合事业产业，实现全局发展

秉持融合理念，突破既有框架，将文化价值与文化创意相结合，将公共

图书馆阅读服务充分融入城乡空间。将地方地理、历史、环境、文化传统融入文创产品设计开发，推动文化事业和文化产业、旅游产业、创意产业协同发展。从民众生活中实用性的小物件入手，将阅读服务精神灌注到日常生活细节。

10.3.5 全民阅读推广人培育战略

10.3.5.1 构建专业化认证与培训体系

完善阅读推广人资质管理和常态化培训体系，要凸显阅读推广人培训的公益性质，增加政府投入、鼓励社会资助，建立公益性的阅读推广人培训和认证制度，统一课程体系、统一考核标准、统一认证方法，鼓励由具备相应培训资源的公共图书馆承担培训和认证工作，由学会承担统一发证和管理工作。发展多层次、多面向的阅读推广人培训和管理制度，如以“金牌阅读推广人”认证为代表的阅读推广人晋级制度和以“数字阅读推广人”为代表的专门领域阅读推广人培训管理制度。

10.3.5.2 优化阅读推广人成员结构

以地方公共图书馆、大中小学校、社区便民中心等承担文化传播功能的公共场所为主阵地，以公共文化服务机构从业人员、教师、媒体人、出版人、艺术家、公益志愿者等为主力军，积极开展阅读推广工作。同时也欢迎相关商业机构如书店、绘本馆、教育培训从业人员的参与和贡献。不同职业的阅读推广人能够辐射和带动不同身份的读者群体。

10.3.5.3 提升阅读推广人素养与能力

在个人素养方面，要求阅读推广人具备较为深厚的文化积淀，积极的世界观、人生观和价值观，较高的审美能力和道德水准，对传播中华优秀传统文化具有强烈的责任感与使命感，具有较强的共情能力。在核心能力方面，要求阅读推广人精益求精，不断提升自身的分析与沟通能力、阅读活动组织与策划能力、阅读推广与指导能力。

10.3.6 全民阅读服务宣传推广战略

10.3.6.1 构建立体宣传推广体系

首先，要定位精准。阅读服务定位既包括阅读服务主体的自身定位，也包括阅读服务对象的定位。通过以上两方面的精准定位促进阅读资源优化，阅读推广活动完善，拓展辐射的用户群体范围。其次，宣传媒介要多元化。新时代用户阅读行为呈现出跨媒介和多媒介的特征，新技术环境下的阅读媒介可分为纸质媒介、电脑媒介和移动媒介等。几种媒介存在相互沟通与互补的关系，相关调查表明，用户倾向于根据阅读环境的变化选择多种媒介共同完成同一文本资料的读取。不同媒介因其自身个性化属性而具有不同的功能和优势。再次，宣传手段要多样化，多样化宣传手段将有效提升读者满意度，吸引更多目标群体共同受益于公共文化资源。最后，宣传内容综合化。宣传内容综合化体现在以公共图书馆为主阵地，兼顾书店等社会文化场所，融合博物馆、文化馆、档案馆、美术馆等不同类别公益文化场馆的特色资源进行广泛宣传。

结合热忱服务、平等对话、谦逊引领，塑造有温度、可接触、生动鲜活的阅读代言人。发展实时传播、多向互动，建立传统媒体与社交媒体相结合的传媒矩阵，形成线上与线下交互联通的全民阅读服务体系。

10.3.6.2 创建优秀的全民阅读服务品牌

创建阅读品牌首先应注重可持续性。阅读品牌的创建离不开系列阅读推广活动的充实、丰富和完善，在连续性活动开展中积累和培育阅读品牌的内涵和生命力，前瞻性的品牌意识和常态化的读者维护将对阅读品牌的可持续性产生深远影响。此外，推广阅读品牌应具备国际视野。创建具有良好社会效益的“走出去”阅读服务品牌需要明确的顶层设计，包括两方面：一方面要有明确的“品牌文化理念”，另一方面要有明确的阅读品牌战略组织和实施机构。例如，“上海书展”是一个文化行业内认可度较高的阅读品牌，已建立了具有独特价值的阅读长效机制，对广大民众具有很好的推广效果。在文化“走出去”的国家战略框架下，应打开国际视野，以明确的品牌文化理念和有力的实施机构制成凝聚中华优秀传统文化的特色阅读品牌名片。

（执笔人：刘伟成、严继东、杨萍、黄英运、刘元珺、张汉强、竺佳怡、谢娟、曹星月、李茜、白樱子、杨帆、游梦娜、张志嵘、李翔宇、张文静、杨晓彤、潘玲、胡姝）

参考文献

［1］洪文梅．公共图书馆在全民阅读活动中的作用与对策探讨［J］．图书馆理论与实践，2009（7）：85-88.

［2］张涵钰，完颜双双．中外全民阅读建设比较研究［J］．中国出版，2016（6）：23-27.

［3］国家新闻出版署．第十八次全国国民阅读调查成果公布［EB/OL］．［2021-09-02］.http://www.nppa.gov.cn/nppa/contents/280/75981.shtml.

［4］张麒麟．全民阅读立法研究［D］．南京：南京大学，2015.

［5］《全民阅读促进条例》公开征求意见［J］．中国出版，2016（5）：5.

［6］《全民阅读“十三五”时期发展规划》发布［J］. 国家图书馆学刊，2017（1）：22.

［7］中华人民共和国公共文化服务保障法［EB/OL］．［2021-09-02］．http://zwgk.mct.gov.cn/zfxxgkml/zcfg/fl/202012/t20201204_905423.html.

［8］辛闻．国务院法制办审议通过《全民阅读促进条例（草案）》［EB/OL］.［2021-09-01］.http://www.china.com.cn/news/txt/2017-06/05/content_40964731.htm.

［9］陈晓萍．阅读权利：我国全民阅读立法的本源［J］．图书馆理论与实践，2018（11）：15-18.

［10］郭效．中美阅读推广活动比较研究［D］．长春：东北师范大学，2018.

［11］IMLS Releases annual data on american public libraries［EB/OL］．［2021-07-21］. https://www.imls.gov/news/imls-releases-annual-data-american-public-libraries-0.

［12］［13］李晓敏．中外图书馆阅读推广活动比较研究［D］．洛阳：河南科技大学，2013.

［14］CHIZWINA S. An exploratory study of children's reading promotion in south africa［J］. Mousaion，2011，29（3）：227–247.

［15］中华人民共和国文化部．公共图书馆评估指标：WH/T 70—2015［S］．北京：国家图书馆出版社，2015：8.

［16］中国新闻出版研究院“书香社会指标体系”课题组．书香社会阅读评估指标体系建设［J］．科技与出版，2019（8）：6–9.

［17］FARMER L，STRICEVIC I. Using research to promote literacy and reading in libraries：guidelines for librarians［EB/OL］．［2021–09–02］．https://repository.ifla.org/handle/123456789/646.

［18］VANOBBERGEN B，DAEMS M，TILBURG S V. Book babies，their parents and the library：an evaluation of a Flemish reading programmer in families with young children［J］. Educational Review，2009，61（3），277–287.

［19］王红霞．国外阅读推广评估研究及其启示［J］．情报科学，2019（7）：16–22.

［20］［21］HOANG G S，LEE Y O，SEO W S，et al. A study on the evaluation and improvement of reading culture promotion programs［J］. Journal of Korean Library and Information Science Society，2016，47（3）：289–314.

［22］闫伟东．国外政府及图书馆的多元化推动阅读策略及模式［J］．图书与情报，2013（1）：58–64.

［23］中华人民共和国文化和旅游部 2019 年文化和旅游发展统计公报［EB/OL］．［2021–09–02］.http://www.gov.cn/xinwen/2020–06/22/content_5520984.htm.

［24］中华人民共和国公共图书馆法［EB/OL］．［2021–09–02］．http://www.gov.cn/xinwen/2017–11/05/content_5237326.htm.

［25］文化部关于印发《文化部“十三五”时期公共数字文化建设规划》的通知［EB/OL］．［2021–09–02］．http://zwgk.mct.gov.cn/zfxxgkml/202012/t20201204_925713.html.

［26］陈力勤．从“阅读起跑线”（Book start）到“悦读宝贝计划”：苏州图书馆特色婴幼儿阅读服务实证研究［J］．图书馆理论与实践，2018（5）：88–93.

［27］胡莹．常态化机制是图书馆推广全民阅读的重要途径［J］．科技情报开发与经济，2014（10）：14–16.

［28］孙萌．我国阅读推广联盟发展现状及对策研究［D］．保定：河北大学，2019.

［29］刘兹恒．图书馆未来发展的十大趋势［N］．中国出版传媒商报，2016–04–08

（13）.

［30］广州连续三年领跑全民阅读指数 数字阅读深圳居首位［EB/OL］.［2020-09-02］. http://epaper.oeeee.com/epaper/ A/html/2020-04/23/content_12007.htm.

［31］吴惠茹 . 高校图书馆实施阅读激励的实证分析［J］. 图书馆论坛，2016（5）：109-116.

［32］王世伟 . 论“十四五”期间公共图书馆“全程智能”发展的三重境界［J］. 图书馆建设，2020（6）：35-46.

11　公共图书馆未成年人阅读推广和服务战略

《中华人民共和国未成年人保护法》规定未成年人是指未满十八周岁的公民。我国法律上“未成年人”的概念与联合国《儿童权利公约》中对儿童年龄的定义完全一致。但“公共图书馆未成年人阅读推广服务”的对象却不仅限于“未成年人”，还包括家长、教师及其他儿童工作者等人群。

《中华人民共和国公共图书馆法》在第四章第三十三条中明确规定阅读推广是公共图书馆应该向社会公众提供的服务。笔者认为，未成年人阅读推广是公共图书馆为未成年人提供的服务，其定义是指图书馆以未成年人为中心，为满足其阅读需求，设计、组织和配置图书馆资源，通过各种渠道和形式，主动为其提供的阅读服务。此定义主要强调两点：一是以未成年人为中心。在开展阅读推广服务时，要充分考虑未成年人的阅读权利、获取文献的需要、学习知识的需要、休闲娱乐的需要、自我展示的需要等。二是主动服务。阅读推广是图书馆主动面向未成年人提供服务，多数服务属于先组式服务。

根据 2021 年 5 月 11 日国务院新闻办公室公布的第七次全国人口普查数据，我国 0—14 岁人口约有 2.5 亿，占总人口的比例约为 17.95%。总体来说，未成年人所处的年龄阶段是生理、心理显著变化，世界观、人生观、价值观逐步形成的重要时期。未成年人阅读不仅影响未成年人自身的成长发展，也涉及千家万户的切身利益，事关国家未来发展。一直以来，党和政府高度关注未成年人的思想道德建设与“三观”树立。公共图书馆作为未成年人获取知识信息、开展文化交流的重要场所之一，加强对未成年人身心特点的研究，探索与之相适应的阅读推广工作方式，帮助未成年人树立正确的三观，是公共图书馆应有的社会责任。

11.1 我国公共图书馆未成年人阅读推广及服务现状

本章结合问卷调查法、文献调查法、网站调查法对我国公共图书馆未成年人阅读推广及服务现状进行调研，共设计了 4 份问卷，分别是“0—18 岁未成年人阅读情况调查”（附录 7）、“全国公共图书馆面向未成年人阅读推广服务调查”（附录 8），专门考察特殊未成年人阅读推广现状的“公共图书馆面向特殊未成年人阅读推广及服务现状的调查”读者版（附录 9）及馆员版（附录 10）。

“0—18 岁未成年人阅读情况调查”内容涵盖早期阅读开始的时间、阅读兴趣、阅读载体、阅读内容、阅读中存在的主要问题以及未成年人对公共图书馆服务的评价及建议等，主要针对学龄前、小学、初中、高中等各个年龄段的未成年人，覆盖我国华东、华南、西部、华北、华中（见表 11-1）。截至 2020 年 5 月 18 日，共收回有效问卷 11861 份，其中男生占比 47%，女生占比 53%。

表 11–1 《问卷“0—18 岁未成年人阅读情况调查”样本覆盖地区和年龄段分布》

年龄段	地区					
	华东地区	华南地区	西部地区	华北地区	华中地区	合计
学龄前	20	221	25	15	25	306
小学一年级至三年级	372	2716	321	1100	460	4969
小学四年级至六年级	182	1800	240	950	340	3512
初中	75	1005	9	20	40	1149
高中	15	1846	7	25	32	1925
合计	664	7588	602	2110	897	11861

“全国公共图书馆面向未成年人阅读推广服务调查”对我国多所公共图书馆进行了调查，了解其面向未成年人阅读推广服务的情况，包括阅读推广服务的内容、形式、场地及设施、阅读推广制度、阅读推广人才队伍、阅读推广经费、频次和存在问题等。调查对象包括北京、天津、江苏、浙江、福建、海南、陕西、湖北、新疆等地的公共图书馆，同样覆盖了华东、华南、西部、华北、华中。截至 2020 年 5 月 18 日累计回收 100 份问卷。

“公共图书馆面向特殊未成年人阅读推广及服务现状的调查（读者版）”及问卷 4“馆员版”回收了来自广东、湖南、四川、新疆、北京、上海等地的公共图书馆的问卷共 345 份，其中 276 份来自读者，69 份来自馆员。

本次问卷调研所采集的样本基本覆盖全国各个地区，样本量远大于 30，符合“大样本”的标准。但本次调查也有不足之处：一是受新冠疫情影响，样本主要集中在华南地区，其他地区的样本量占比偏低；二是未成年人的样本主要来自中小学，学龄前的样本量偏少；三是基层图书馆尤其是农村图书馆的样本量较少。

结合问卷调查所采集的数据，并通过文献调查、网站调查所获得的资料，本节从未成年人阅读概况、政策法规、服务空间、阅读资源、阅读推广活动、服务团队、现代技术、社会合作、特殊未成年人阅读推广及服务等方面来概述我国公共图书馆未成年人阅读推广及服务现状。

11.1.1 未成年人阅读概况

11.1.1.1 未成年人阅读的影响因素

据本次调查数据，78% 的未成年人 6 岁以前接触阅读：0—3 岁开始接触阅读的有 34%，4—6 岁开始接触阅读的有 44%。7 岁以上才开始接触阅读的未成年人只有 22%。未成年人的阅读行为会受到身边家长、老师、同学朋友等的影响。60% 以上的未成年人在学龄前和小学阶段的阅读都受家长的影响。早期阅读受家长、老师及同学朋友影响较大，随着年龄的增长，未成年人的阅读自主性越来越强，进入初中以后未成年人在阅读方面受家长、老师的影响逐步减弱（见表 11-2）。

表 11-2 未成年人阅读图书的影响因素

影响因素	年龄段				
	学龄前	小学一年级至三年级	小学四年级至六年级	初中	高中
家长推荐	64%	76%	63%	50%	19%
老师推荐	55%	87%	89%	72%	43%
同学朋友推荐	30%	55%	63%	66%	63%
图书馆推荐	50%	22%	26%	25%	30%
媒体推荐	40%	22%	20%	26%	41%
自主选择	20%	52%	63%	75%	81%
其他	7%	3%	2%	4%	3%

因此，公共图书馆不但直接为儿童服务，也要为儿童背后的家长、老师

及其他儿童工作者服务，提升他们的阅读引导能力。

11.1.1.2　未成年人的图书馆阅读特点

本次调查结果显示，79% 的未成年人非常喜欢或比较喜欢阅读，对公共图书馆的服务总体比较满意。90% 的未成年人认为公共图书馆的阅读推广服务对世界观、人生观、价值观的培养有重要作用，90% 的未成年人愿意接受公共图书馆提供的中国传统文化阅读推广服务，80% 的未成年人对图书馆环境满意，80% 的未成年人认为图书馆的文献资源（书刊、电子资源）能够满足需求，70% 的未成年人满意图书馆举办的针对未成年人的阅读推广活动。

但是，另一方面本次调查结果也显示了未成年人的阅读时间少、阅读量较小，对图书馆的利用率较低，参加阅读推广活动也较少。48% 未成年人每天阅读时长集中在半小时以内（如图 11-1），68% 未成年人的年阅读量在 20 本以内（如图 11-2），去图书馆的频率也偏低（如图 11-3），参加阅读推广活动较少（如图 11-4）。由此可见，公共图书馆对未成年人阅读的影响力还有待提高。

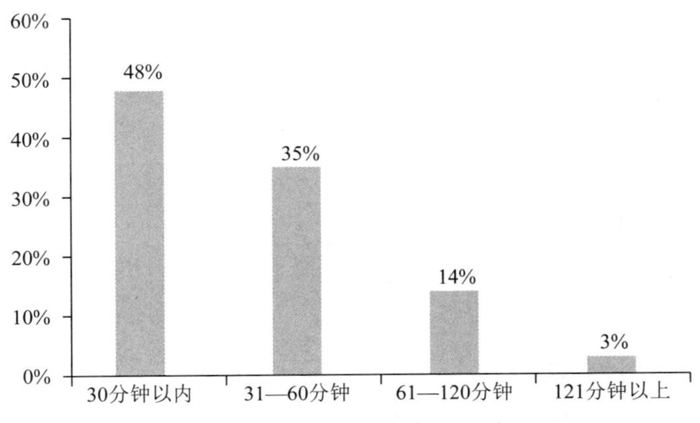

图 11-1　未成年人每天阅读时间

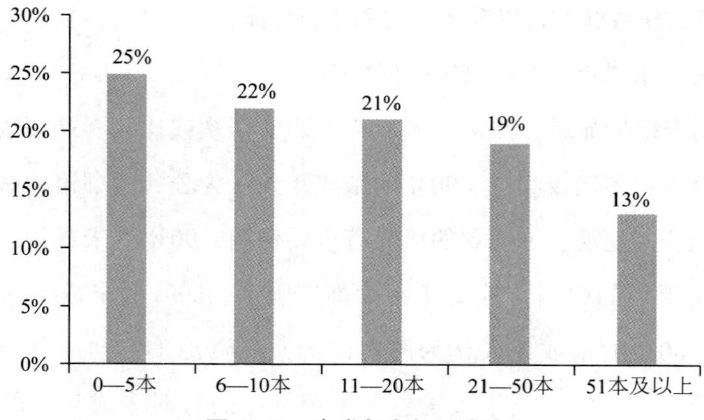

图 11-2　未成年人年阅读量

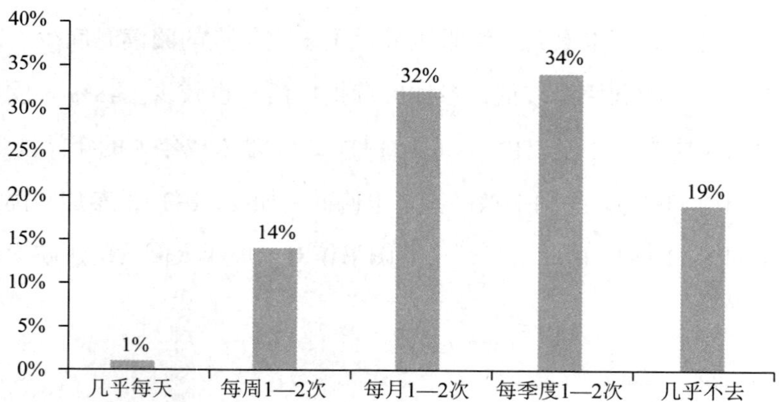

图 11-3　未成年人到图书馆阅读的频率

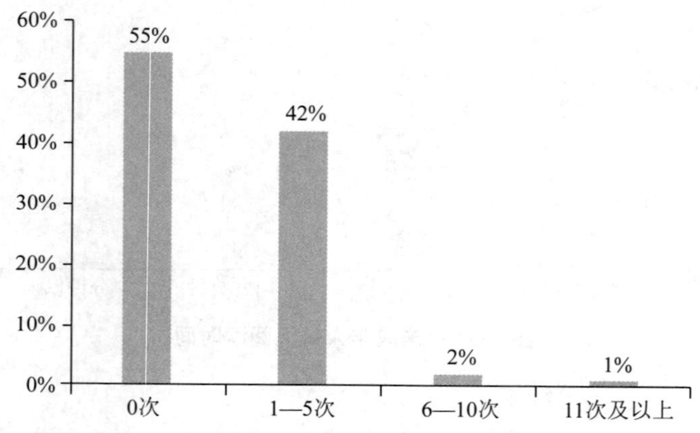

图 11-4　未成年人参加阅读推广活动的次数

另外，在本次调查中，有 60% 的未成年人认为自己缺乏阅读指导，这说明了公共图书馆为未成年人提供阅读指导服务具有必要性和重要性（如图 11-5）。

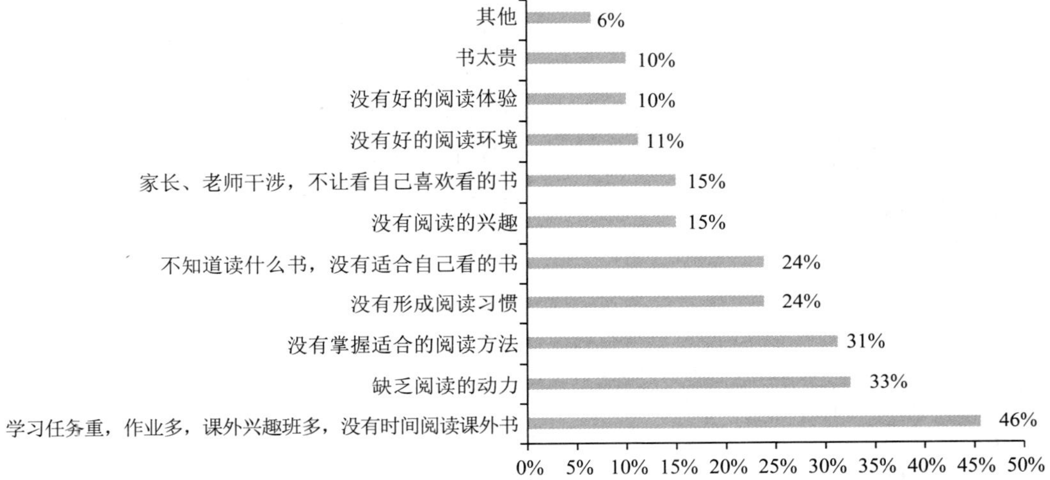

图 11-5　未成年人阅读的主要问题或障碍

11.1.2　政策法规建设现状

近 10 年来，我国从中央到地方都非常重视对未成年人阅读方面的权利保障，积极推动着包括未成年人在内的促进和保障全民阅读方面的法制建设。

11.1.2.1　我国关于未成年人阅读法律法规及相关政策、国家标准情况

我国对未成年人阅读和受教育权利的保障主要基于《中华人民共和国宪法》《中华人民共和国义务教育法》《中华人民共和国未成年人保护法》《中华人民共和国公共文化服务保障法》《中华人民共和国公共图书馆法》等法律以及一系列全国和地方性的行政法规、行业标准等在内的政策体系（见表 11-3）。

表 11-3　未成年人阅读法律法规及相关政策、国家标准情况（部分）

	法律 / 法规 / 政策 / 国家标准	相关条款或说明
法律	《中华人民共和国宪法》	第四十六条　中华人民共和国公民有受教育的权利和义务。国家培养青年、少年、儿童在品德、智力、体质等方面全面发展
	《中华人民共和国未成年人保护法》	第四十二条　全社会应当树立关心、爱护未成年人的良好风尚。国家鼓励、支持和引导人民团体、企业事业单位、社会组织以及其他组织和个人，开展有利于未成年人健康成长的社会活动和服务
	《中华人民共和国公共文化服务保障法》	第九条　各级人民政府应当根据未成年人、老年人、残疾人和流动人口等群体的特点与需求，提供相应的公共文化服务。 第十条　国家鼓励和支持公共文化服务与学校教育相结合，充分发挥公共文化服务的社会教育功能，提高青少年思想道德和科学文化素质
	《中华人民共和国公共图书馆法》	第三十四条　政府设立的公共图书馆应当设置少年儿童阅览区域，根据少年儿童的特点配备相应的专业人员，开展面向少年儿童的阅读指导和社会教育活动，并为学校开展有关课外活动提供支持。有条件的地区可以单独设立少年儿童图书馆
行政法规	《全民阅读促进条例（草案）》	该条例的第三章“重点群体阅读保障”，提出制定未成年人阅读促进计划，从家庭阅读、亲子阅读、学校阅读等社会各方面保障未成年人阅读权利
地方性法规、地方性政府规章	《广州市公共图书馆条例》 《广东省全民阅读促进条例》 《江苏省人民代表大会常务委员会关于促进全民阅读的决定》	各省市地方根据上位法和本地公共文化服务的发展需求，灵活制定地方性法规或规章

续表

	法律 / 法规 / 政策 / 国家标准	相关条款或说明
中央规范性文件	《中国儿童发展纲要》《中国共产党中央委员会、国务院关于进一步加强和改进未成年人思想道德建设的若干意见》《全民阅读发展规划》	行政规范性文件针对性强，自上而下执行力度强、效率高，可根据我国未成年人文化素质的发展水平和社会现状，制定出短中长期的政策，为贯彻保护未成年人文化和教育等权益的法律法规做出了强有力行政保障
国际公约	联合国:《儿童权利公约》 国际图联:《0—18 岁儿童图书馆服务指南》《婴幼儿图书馆服务指南》《青少年图书馆服务指南》《公共图书馆服务发展指南》	国际图联《0—18 岁儿童图书馆服务指南》提出：儿童图书馆的目的是向所有年龄和能力的儿童提供多种媒介形式的资源和服务，以满足他们教育、信息和个人发展方面的需求
国家标准	《GB/T 36720—2018 公共图书馆少年儿童服务规范》《GB/T 28220—2011 公共图书馆服务规范》《WH/T 84—2019 信息与文献·公共图书馆影响力评估的方法和流程》《WH/T 70—2020 公共图书馆评估指标》	《公共图书馆少年儿童服务规范》规定了公共图书馆对 0—18 岁少年儿童的服务资源、服务政策、服务内容和要求、服务宣传、合作共享服务绩效评价等内容

11.1.2.2　我国现行法律框架下未成年人阅读推广服务存在的问题

（1）地方法制建设滞后阻碍了未成年人阅读推广服务的发展

由于我国阅读推广相关法律制定较晚，少部分省市在三部国家法律《中华人民共和国公共文化服务保障法》（2017）、《全民阅读促进条例（草案）》（2017）、《中华人民共和国公共图书馆法》（2018）发布之前已出台了地方性政策法规，部分政策法规修订时间久远，出现与上位法冲突的条文，也存在许多滞后条款。我国未成年人阅读推广服务模式近十年来有较大创新变化，如电子资源的应用、阅读基金的设立、多阅读推广主体合作、网络直播及短视频的出现，都导致政策法规有修订需求。此外，各地经济发展不平衡和各地法制观念水平不同，东部沿海等经济较发达地区对公共文化服务立法意愿较强，中西部地区立法意愿则较弱，其他各省市政府应该从文化发展和人才建设的长远角度出发，不断加强公共文化服务方面的相关法制建设工作。

（2）缺乏专门针对未成年人阅读推广的法规，缺乏保障未成年人阅读的专门机构和配套政策

根据《中华人民共和国公共图书馆法》和《中华人民共和国公共文化服务保障法》，公共文化服务“由政府主导、社会力量参与”，说明未成年人阅读推广服务趋势必然是社会多元主体共同参与，涉及出版、教育、文化等领域的各政府部门和相关机构，涉及自然人、法人、各社会团体等社会力量的参与。但是在现实中，现行法律只提出建立和完善未成年人阅读的基本设施，没有针对未成年人阅读促进和阅读推广服务的专项法规政策，没有建立未成年人阅读推广工作协调机制，没有一个具有公信力、影响力的法定机构专门统筹协调未成年人阅读事务，这导致公共图书馆在开展未成年人阅读活动的过程中势单力薄，常常无法与学校、阅读推广机构等社会力量形成合力。

因为在现行法律法规下，未成年人阅读推广配套政策和国家标准的缺乏，导致许多公共图书馆无法更好地提升未成年人阅读推广服务。如《中华人民共和国公共图书馆法》目前仅提出未成年人阅读区域和阅读活动的基本服务，尚未考虑0—18岁的未成年人每个发展阶段不同的阅读需求[1]。此外，第三十四条提出“政府设立的公共图书馆应当设置少年儿童阅览区域”，“有条件的地区可以单独设立少年儿童图书馆”。但如何根据未成年人的身心发育情况设置阅览区域、活动区域及其面积所占比重，还有未成年人阅读资源建设数量和经费的比重与保障等方面，都需要制定更详细的实施细则和国家标准。

（3）缺乏阅读推广人员的制度管理和法律保障

《中华人民共和国公共图书馆法》第三十四条要求公共图书馆“开展面向少年儿童的阅读指导和社会教育活动”，为未成年人的阅读提供专业的指导与服务，不仅要为未成年人提供馆藏文献和数字化资源的服务指导，还要针对未成年人开展阅读推广活动。而目前，未成年人阅读推广领域的专业服务

人员还比较紧缺，现有阅读推广人员也缺少规范的业务培训和考核管理方式，各地文化主管部门尚未形成一个系统的阅读推广人培育和管理办法，这不仅导致公共图书馆阅读推广服务工作人员水平参差不齐，也阻碍了志愿者和一些社会力量通过专业培训参与公共图书馆阅读推广专业服务队伍[2]。

11.1.3 服务空间建设现状

艾登·钱伯斯（Aidan Chambers）在《打造儿童阅读环境》一书中说道："阅读的场所和我们阅读的乐趣、情绪和专心度有极大的关系。"[3]可见环境对未成年人阅读至关重要。

我国儿童图书馆事业始于20世纪初期，1914年在北京建立的京师通俗图书馆儿童阅览室是国内公共图书馆首次创建的儿童阅览室。随后浙江、江西等省也相继设立了儿童阅览室。1917年第一所独立建制的儿童图书馆在天津创办，之后上海、济南、杭州、长沙等地的儿童图书馆相继成立。中国共产党十一届三中全会后，全国的儿童图书馆事业走上了兴旺蓬勃的发展之路。2007年，"全国图书馆联合编目中心少年儿童图书馆中心"在天津市少年儿童图书馆成立；2008年底，深圳少年儿童图书馆改建开馆，建筑面积1.56万平方米；2010年5月，国家图书馆少年儿童图书馆开馆。截至2019年底，我国现有独立建制少年儿童图书馆128个，实际使用公用房屋建筑面积52.30万平方米，阅览室座席数44628个。公共图书馆少年儿童阅览室座席数12043个，馆均308.79个，比2018年增长了13.31%①。

总的来说，我国公共图书馆未成年人阅读服务空间随着社会政策法规、经济技术、儿童观、图书馆的功能与定位的发展而不断发展。

未成年人阅读服务空间应依据科学、规范、严格的标准创设。我国虽然

① 数据来源于国家图书馆研究院《2019中国公共图书馆事业发展基础数据概览》。

尚未建立起一套专门的未成年人阅读服务空间建设标准，但也做了一些有益探索。在全国层面，《建标 108—2008　公共图书馆建设标准》中规定“少年儿童图书馆的建筑面积指标包括在各级公共图书馆总建筑面积指标之内，可以独立建设，也可以合并建设……合并建设的公共图书馆，专门用于少年儿童的藏书与借阅区面积之和应控制在藏书和借阅区总面积的 10%—20%”[4]。《GB/T 36720-2018　公共图书馆少年儿童服务规范》中就公共图书馆少儿服务的馆舍建筑、建筑功能总体布局、家具设备、引导标识、服务告示进行了规定。《第六次少年儿童图书馆评估标准》中“安全与环境管理”指标、“建筑与设施保障”指标均涉及空间布局。部分省市也对少儿图书馆（室）的设立、性质、面积等内容进行了初步界定（见表 11-4）。考虑到全国各地图书馆事业发展不均衡的情况，《中华人民共和国公共图书馆法》规定有条件的地区可以单独设立少儿图书馆，为地方选择独立建制提供了自主权，便于地方根据自身实际情况做出科学决策。

表 11-4　地方政策法规中与未成年人阅读空间相关的条文

政策名称	与少年儿童图书馆（室）空间相关的条文内容
《北京市图书馆条例》（2002 年）	第十条　市和区县应当设立少年儿童图书馆。区县少年儿童图书馆可以单独设立，也可以附设在区县公共图书馆或者其他少年儿童活动场所。 第十一条　新建、改建、扩建少年儿童图书馆不仅要适应图书馆应用现代科学技术进行管理和服务的需要，还要适合少年儿童的特点，并符合下列基本要求： （一）北京市少年儿童图书馆要符合《条例》第十七条（一）的基本要求。 （二）单独设立的区县少年儿童图书馆建筑面积应当达到 2000 平方米以上，阅览座位应当达到 150 席以上。 （三）附设在区县公共图书馆或者其他少年儿童活动场所的区县少年儿童图书馆建筑面积应当达到 1000 平方米以上，阅览座位应达到 100 席以上

续表

政策名称	与少年儿童图书馆（室）空间相关的条文内容
《上海市公共图书馆管理办法》（2015年修订）	第五条　有条件的地区，应当设置独立建制的少年儿童图书馆；无独立建制少年儿童图书馆的地区，应当在公共图书馆内开设少年儿童图书室
《广州市公共图书馆条例》（2020年修订）	第十四条　市人民政府应当设立少年儿童图书馆。区人民政府可以设立少年儿童图书馆。市、区人民政府设立的少年儿童图书馆为中心馆、区域总馆的专业性分馆。中心馆、区域总馆应当设置少年儿童阅览区域 第十六条　公共图书馆的少年儿童阅览区域面积应当不低于全馆借阅服务区域面积的百分之二十
《四川省公共图书馆条例》（2013年）	第十六条　公共图书馆应当设置少年儿童分馆或者少年儿童阅览室（区）
《浙江省公共图书馆管理办法》（2003年）	第八条　市及有条件的县（市、区）应当设立少年儿童图书馆
《湖北省公共图书馆条例》（2001年）	第五条　市、州和较大市的区以及有条件的县（含市、区，以下统称县）可以设立少年儿童图书馆和特色图书馆
《重庆市公共图书馆管理办法》（2017年）	第八条　有条件的区县，应当设置独立建制的少年儿童图书馆，无独立建制少年儿童图书馆的区县，应当在公共图书馆内设置独立的少年儿童阅览室（区）
《山东省公共图书馆管理办法》（2009年）	第七条　具备条件的设区的市和县（市、区），可以设置独立的少年儿童图书馆；不具备条件的，应当在公共图书馆内设置独立的少年儿童阅览室
《乌鲁木齐市公共图书馆管理办法》（2008年）	第十一条　有条件的区（县）和乡、镇（街道）可以单独设立少年儿童图书馆 第二十四条　公共图书馆应当实行开架或者半开架制度，提高文献信息资源利用率，图书馆内应开设少年儿童图书室，不断拓展服务领域

其中，《广州市公共图书馆条例》指出少儿图书馆是市中心馆（总馆）的专业性分馆，并对少年儿童阅览区域面积占总服务面积的比例进行了规定，要求不低于20%。该比例是我国《建标108—2008　公共图书馆建设标准》对合并建设的公共图书馆中少儿阅览区域面积做出的最高要求。

但笔者在此次调研中也发现，我国公共图书馆在未成年人阅读服务空间建设方面也还存在一些问题：

一是少儿阅览座席相对匮乏显示出少儿阅读空间的不足。目前公共图书馆少儿阅览区与独立建制的少年儿童图书馆的阅览座席数总计约 30.6 万个。据第七次人口普查，0—14 岁未成年人口约 2.5 亿人[5]。未成年人的巨大需求与 30.6 万个未成年人阅览座席数对比明显，一定程度上显示出少儿阅读空间的不足。

二是服务空间成人化。除独立建制的少年儿童图书馆外，大部分公共图书馆仍以成人读者作为服务重点，面向未成年人读者的服务常被放在较为次要的位置。未成年人阅读服务空间面积小，功能设置往往仅能满足未成年人借阅服务等基本需求。另外，有的独立建制的少年儿童图书馆也是在原成人馆的基础上改造而成，本身遗留问题较多，比如安全设施不足、空间单一、缺乏趣味性等[6]。未成年人阅读空间的设计方面是否能符合儿童心理行为需求，是否能引起他们的兴趣并参与互动，是否能从环境的创设去促进儿童发展，还缺乏关注与相关理论指导。

11.1.4 阅读资源建设现状

在阅读资源方面，据有关统计数据，近年来我国未成年人可以获取的阅读资源越来越多，供给方式呈多元化。2018 年，全国共有儿童图书 4.4 万种，出版儿童图书 8.9 亿册，分别比上年增长 4.1% 和 8.4%。全国共有公共图书馆 3176 个，公共图书馆中有少儿文献 11465.8 万册，分别比上年增长 0.3% 和 14.7%[7]。《第 17 次全国国民阅读调查报告》显示，在 0—8 周岁儿童家庭中，七成家庭有陪伴孩子读书的习惯[8]。

在阅读资料的来源方面，本次调研结果显示未成年人阅读图书的主要来源是购买，但有五分之一的被调查者会从图书馆借阅图书（见图 11-6）。

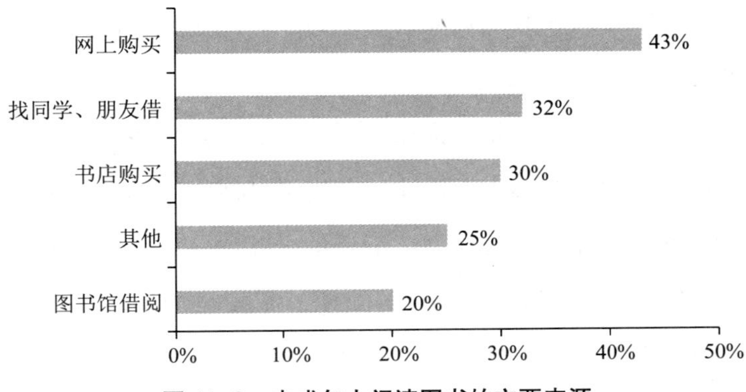

图 11-6　未成年人阅读图书的主要来源

在阅读载体方面，纸质文献仍是我国未成年人的主要阅读载体，本次调查中 90% 的未成年人倾向于纸质阅读，完全阅读数字文献和以数字文献为主要阅读载体的只占 10%（见表 11-5）。

表 11-5　未成年人对于阅读载体的选择

单位：人

年龄段	阅读载体				
	完全纸质文献	纸质文献为主，数字文献为辅	数字文献为主，纸质文献为辅	完全数字文献	合计
学龄前	146（48.99%）	135（45.30%）	14（4.70%）	3（1.01%）	298
小学一年级至三年级	2304（46.36%）	2464（49.59%）	140（2.82%）	61（1.23%）	4969
小学四年级至六年级	1448（41.23%）	1793（51.05%）	222（6.32%）	49（1.40%）	3512
初中	366（31.85%）	664（57.79%）	99（8.62%）	20（1.74%）	1149
高中	477（24.78%）	993（51.58%）	421（21.87%）	34（1.77%）	1925
合计	4741（40.00%）	6049（51.03%）	896（7.56%）	167（1.41%）	11861

对应以上未成年人在阅读资源方面的特点，我国公共图书馆在未成年人阅读资源建设上还有很大的进步空间。

一是公共图书馆为未成年人提供的阅读资源总量偏少。受地方政策、地理环境及经济因素制约等多方面影响，各地公共图书馆面向未成年人的阅读资源存在较大差异。部分公共图书馆下设的少儿阅览室存在空间与馆藏数量规模小、图书陈旧单一、服务水平低等问题。资源重复建设，共享度不高[9]。

据《2019 中国公共图书馆事业发展基础数据概览》，截至 2019 年，全国公共图书馆文献总藏量 111181 万册，全国独立建制少年儿童图书馆文献总藏量为 5000 万册，占比仅 4.5%。供未成年人阅读使用的文献资源与成人馆拥有的文献资源相比在数量上相对匮乏。

二是时效性欠缺，阅读资源分布不合理，阅读资源吸引力不足。图书馆和未成年人群体还未建立有效的信息互动沟通，导致图书馆在新需求出现后反馈时间较长，资源采买更新有时滞性。因为不同年龄、不同性别、不同成长背景的未成年群体的阅读需求差异较大，图书馆采买时很难兼顾各群体，导致资源分布不均的情况时有出现。据本次调研结果，绘本在学龄前儿童中最受欢迎，拼音读物在小学一至三年级学生中最受欢迎，全文字图书在小学低年级至高年级学生中的受欢迎程度逐步攀升，而图文并茂的图书一直比较受各年龄段未成年人的青睐（见表 11–6）。公共图书馆在建设阅读资源时可参考上述比例变化。

表 11–6　各年龄段未成年人纸质文献的选择特点

年龄段	纸质文献类型			
	绘本	全文字图书	文字为主，配一些图片	拼音读本
学龄前	93.81%	18.14%	41.59%	24.34%
小学一年级至三年级	75.86%	42.92%	79.58%	58.72%
小学四年级至六年级	27.27%	73.78%	79.70%	5.07%

续表

年龄段	纸质文献类型			
	绘本	全文字图书	文字为主，配一些图片	拼音读本
初中	8.84%	79.94%	63.60%	1.52%
高中	3.93%	82.21%	56.59%	1.39%

在阅读内容方面，男生和女生在部分文献主题上存在明显的性别差异，相差 10 个百分点以上。在军事，计算机、人工智能，天文地理，机械制造，汽车、船舶、舰艇，航空航天等六个方面男生喜爱程度高于女生；在语言文字、文学、艺术三个方面女生喜爱程度高于男生（见图 11–7）。

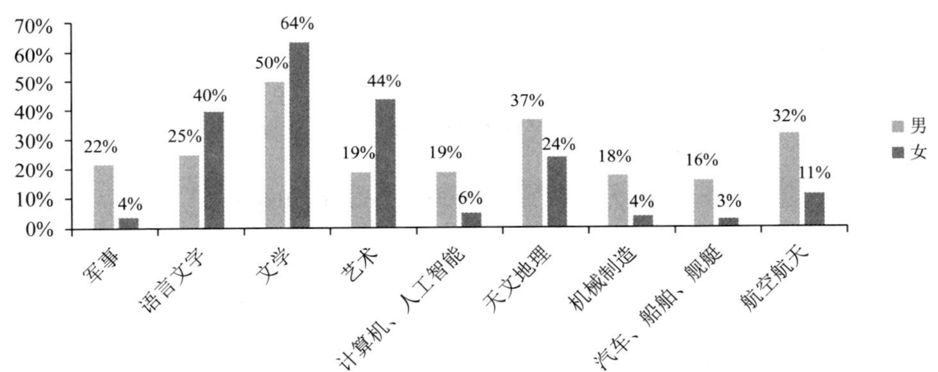

图 11–7　不同性别的未成年人阅读主题偏好比较

可见，公共图书馆在建设阅读资源、进行阅读推广时要注意尊重不同年龄、不同性别的阅读特点，为不同的阅读对象提供合适的阅读资源及阅读推广活动。

11.1.5　阅读推广活动概况

本次调查数据显示，公共图书馆未成年人阅读推广活动的形式多样、各具特色、不乏创新。读书会是目前各图书馆举办阅读推广最为普遍也是最受欢迎的活动形式，其次讲座、知识竞答、专题展览也较为多见。此外，其他选项里还呈现了互动性较强的阅读推广活动，如自主研发的活动、亲子手工、电影赏析等多样的活动形式（如图 11-8）。

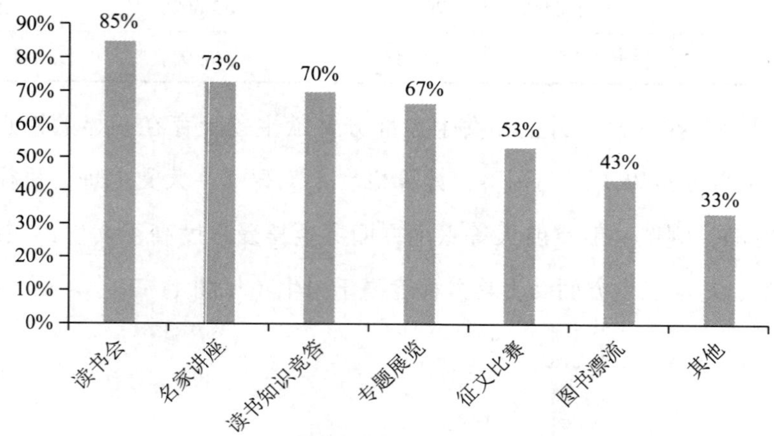

图 11-8　公共图书馆未成年人阅读推广活动形式

大部分公共图书馆都为未成年人提供了个性化的阅读推广活动，如北海市少年儿童图书馆的“向海之路”主题阅读体验馆，大连市少年儿童图书馆的创客悦读体验活动、滨城约书网借服务，广州少年儿童图书馆玩具图书馆、阅读 + 手工坊、阅读 + 体验（科学小实验），还有广东省立中山图书馆将阅读与美食、音乐、心理等相结合的创意阅读营、将馆舍历史文化元素与图书馆服务相结合的图书馆手册 DIY 活动、由小志愿者带领的图书馆导赏活动等。

11.1.6　服务团队建设概况

公共图书馆面向未成年人阅读推广服务的团队建设，包括馆员及志愿者团队建设。其中馆员团队包括专业的文献资源建设团队和阅读推广团队。

本次调查数据显示，当前已经有不少公共图书馆开始注重阅读推广团队的建设，但仍有相当一部分公共图书馆在这方面还比较欠缺（见图 11-9、11-

10）。公共图书馆可建立相关指导部门，定期组织从事阅读推广的人员参加相关考核和培训，不断提升阅读推广人素质。此外，还可整合在学校、民间阅读组织中活跃的阅读推广人，扩大团队规模并提升服务品质。

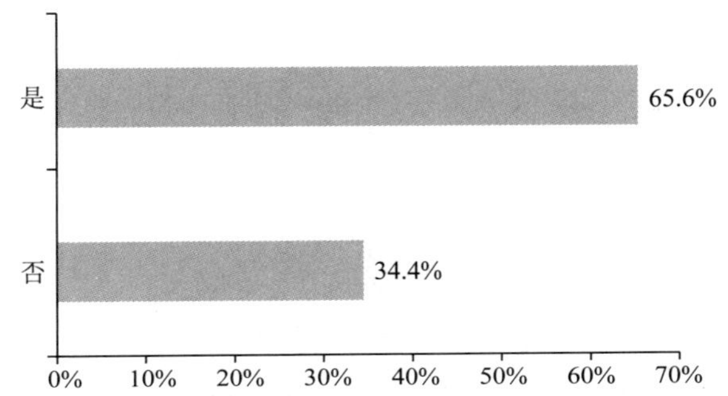

图 11-9　设置阅读推广服务或指导部门的公共图书馆的比例

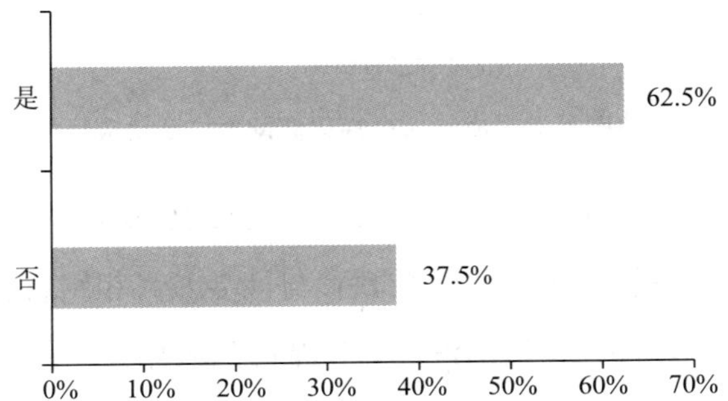

图 11-10　未成年人阅读推广服务团队定期参加阅读推广培训或考核的公共图书馆的比例

11.1.7　现代技术应用现状

新媒体时代，我国的未成年人阅读推广服务也逐渐从传统的静态式、单向式、灌输式阅读向动态式、互动式、益智式阅读方向发展。具体表现有：阅读载体更加多元化、阅读形式趋向体验式、阅读工具趋向移动式、对 5G 环境下少儿阅读大数据整合利用的探索、少儿创客空间的设立、虚拟现实和增强现实（AR）等现代技术的应用、智慧化阅读服务及精准推送、智能场馆、机器人服务，等等。

本次问卷调研结果显示，82% 的图书馆都开设了特色数字图书馆，此外，48% 的图书馆在阅读推广中融入了 VR 技术，还有 18% 的图书馆运用了机器人技术（见图 11–11）。

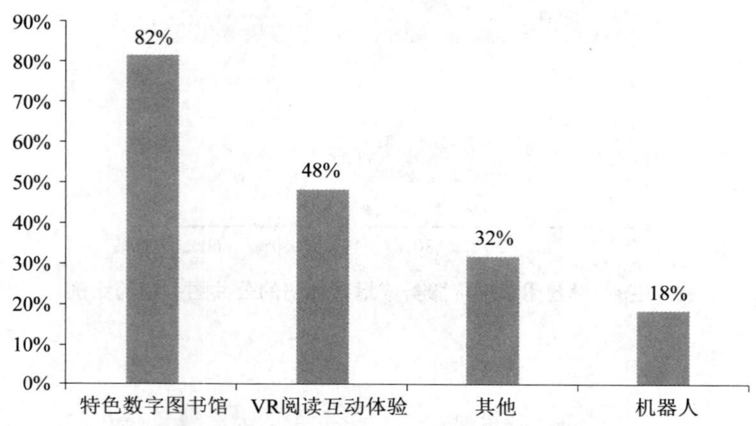

图 11–11　公共图书馆未成年人个性化阅读推广活动应用的现代技术

近年还有不少图书馆在新馆空间规划或老馆改造时都将创客空间纳入规划体系中。例如，深圳图书馆将学校教育与社会教育相结合，与新东方在线合作主办创客系列活动，该活动没有知识基础的限制，6 至 14 岁未成年人均可参加。为适应创客教育的课程内容设计、教育环节的整体规划，深圳少年儿童图书馆配备了 3D 打印机、Scratch 编程软件、Makey Makey、Python 套件等工具，提供创意制作、3D 打印等相关内容的文献资源，以及天闻少儿智趣视听馆、软件通等 50 多个数据库电子资源[10]。再比如，深圳少年儿童图书馆新设立的 VR 体验馆，还有福州图书馆应用增强现实技术打造的“海底世界”“AR4D 创作馆”“AR4D 科普教育馆”。

在数字资源的整合与共享方面也有可喜的进步。2018 年底，深圳少年儿童图书馆提出的“读联体”项目为各级图书馆、数字资源生产商、读者、学校提供数字资源共享和智慧化管理的一站式服务云平台，用大数据、人工智能、云计算、区块链等技术，实现数字资源统一管控、优质内容统一服务，提升阅读体验度，打造一站式数字阅读新模式。

未来，在未成年人阅读服务领域，技术应用或将进一步趋于智慧化、交互式、科学式发展，图书馆将进一步建立智慧化图书管理系统、完善数字资源建设及服务体系、智慧化的资源导读体系、应用云平台实现智慧协同，并以创新模式提升未成年人的信息素养。

11.1.8　社会合作现状

近年来，各地政府都在积极引导社会力量参与公共图书馆建设，并做出了不少有益探索。

11.1.8.1　捐赠物资

捐赠物资是社会力量参与公共图书馆服务的一种传统模式。例如深圳少年儿童图书馆从 2013 年起每年举办的“图书馆之夜”活动就由热心企业免费提供帐篷、瓶装饮用水等。

11.1.8.2　合作建馆

公共图书馆和社会力量通过在人员、设施、资金、场地等方面的合作，加快公共图书馆服务范围的扩大，降低图书馆成本，引入更具专业性、更有管理能力的社会力量，提高公共文化服务质量和水平。例如，以往郑州市少年儿童图书馆由于地理空间所限，图书馆资源与学生的需求处于不均衡状态，于 2019 年底与三家小学合作建立分馆，共同构建馆校一体化的图书馆文化资源服务体系，成为学生们学习知识和文化的第二课堂。

11.1.8.3　合作项目

引入社会力量参与公共图书馆的公益活动或项目，有利于项目的推行，在人力、物力、财力、场地等多方面都能够得到有效的优化。由深圳少年儿童图书馆、深圳市儿童医院、深圳市阅读推广人协会以及南方都市报社联合制订的“阳光陪伴——重症儿童陪伴阅读计划”，汇聚多方力量，由深圳少年儿童图书馆提供专业的书籍建议和志愿阅读推广人培训，为重症儿童提供更有效、针对性更强的阅读陪伴服务。

11.1.8.4　志愿服务

志愿服务是公共图书馆的重要补充力量。例如，深圳少年儿童图书馆文化志愿服务活动已开设 40 多项，涉及文学、声乐、美术、语言、手工技艺等领域。该图书馆根据志愿者的自身特点、专业特长，将其分为读者服务组、活动组织组及阅读推广组三个大组，分别开展文化志愿服务活动，这些志愿者的服务时长、服务内容有所不同，但共同为读者提供了良好的阅读环境和服务。

11.1.9　特殊未成年人阅读推广及服务现状

近年来，我国公共图书馆事业发展迅速，一些图书馆已经开始针对特殊未成年人开展形式多样、内容丰富的服务。例如，首都图书馆少儿部在儿童读者流量相对少的时候把临近社区内的残障儿童及外来务工人员子女请进图书馆开展读书活动[11]，深圳少年儿童图书馆连续几年每年邀请 100 名来深务工人员子女到馆参加“留守儿童之夜”活动。

本次调研还专门就特殊未成年人阅读推广现状进行了问卷调查（见附录 9、10）。调查结果显示：近半数公共图书馆设有专门为特殊未成年人阅读推广服务的部门或组织，并且定期开展阅读推广活动；七成公共图书馆设有面向特殊未成年人的专业志愿者团队和培训课程，并有服务反馈。

但同时，我国公共图书馆面向特殊未成年人的服务在理论和实践上都还存在盲点和误区。问卷调查显示：在阅读资源方面，经济欠发达地区由于区域经济发展落后，缺乏适合特殊未成年人的阅读资源，发达地区虽然阅读资源较丰富，但质量有待提升，同时，馆员和读者对资源的评价差距较大；在环境设施方面，馆员和读者对公共图书馆中环境设施对特殊未成年人的适合度评价都不高；在服务方面，馆员和读者总体都对公共图书馆面向特殊未成年人的阅读推广及服务满意，对服务的社会层面评价高，一致性强；在馆员服务素养方面，半数公共图书馆有为特殊未成年人进行阅读推广服务的专职馆员，但部分馆员不了解特殊未成年人权利保护的相关法律法规和相关社会学、心理学知识。因此，还应对馆员加强特殊未成年人服务方面的指导和培训。

11.2 构建以公共图书馆为枢纽的未成年人阅读生态

阅读活动作为一种复杂的社会活动，涉及一系列对象：读者、出版机构、书店、图书馆、学校、家庭、社区、培训机构、民间阅读组织、政府等，这些对象构成一个巨大的、错综复杂的集合体。在阅读推广服务中，这些组织集合体自发地以各种形式动态聚合在一起，通过阅读活动产生一系列阅读链和阅读网络，最终形成某种新型的、复杂的动态适应系统，各组成对象之间相互联系、相互作用、交互共生、动态演化。

11.2.1 未成年人阅读生态系统

11.2.1.1 未成年人阅读生态系统的概念

生态系统是特定空间内各生物群落与环境之间因为发生物质、信息、能量交换形成的一个整体，它是生态学的基本功能单位[12]。在研究未成年人阅读推广过程中，笔者发现未成年人阅读与文献、教师、家长及周围环境都密不可分，相互之间又有错综复杂的关系，这种围绕阅读推广对象——未成年人的体系结构，和生态系统极为相似。

未成年人阅读生态系统是以组织和个人（与阅读有关的有机体）的相互作用为基础的联合体，它是生产者、消费者和中介在一定环境下以生产阅读内容和提供阅读服务为中心组成的群体。

11.2.1.2　未成年人阅读生态系统的构成

未成年人阅读生态系统主要由四大要素、三层环境构成。

（1）四大要素

未成年人阅读生态系统主要由生产者、中介、消费者和信息四个要素构成。生产者、中介和消费者在未成年人阅读生态系统中分别负责信息组织生产、信息分解及传递、信息消费。信息则是指各类文献内容、知识等，在生产者、中介及消费者之间流动、转化，实现未成年人阅读生态系统能量传递。在未成年人阅读生态系统中，信息的传输由扮演着各个角色的关键节点完成。然而在现实环境中，大多关键节点的角色并非单一、固定的，针对不同的对象或由于自身不同的职能，它们可以是生产者、中介及消费者中任意一个角色，也可以同时拥有两个身份，甚至三个身份。

（2）三层环境

未成年人阅读生态系统的环境指的是与阅读有关的所有外在因素之和。在未成年人阅读生态系统中，环境可分为微环境、中环境和宏环境三层。微环境可理解为狭义的阅读环境，指的是与阅读推广活动有关的背景和场所，包括家庭环境、学校环境和社会环境等。中环境是中间系统，它是指各微环境之间的联系或者相互关系。宏环境则是角度广义的阅读环境，即基于政治、经济、文明的社会环境，其中包括家庭、学校、社会对未成年人阅读产生的影响以及蕴含其中的制度、习惯[13]。

在未成年人阅读生态系统中，中介作为信息分解及传递者，对消费者接收信息起着关键作用，因此中介在阅读生态系统中的地位尤其重要。公共图书馆、阅读推广人及机构、学校都是阅读生态系统中介角色的主要组成部分。区别于其他中介角色，公共图书馆不仅可以在生产者、消费者及中介三个角色间相互转换，重要的是，它可以将阅读生态系统中各个节点串联起来，形成完整的动态网络，使得阅读生态系统运作更为顺畅，起到关键的枢纽作用（如图 11-12）。

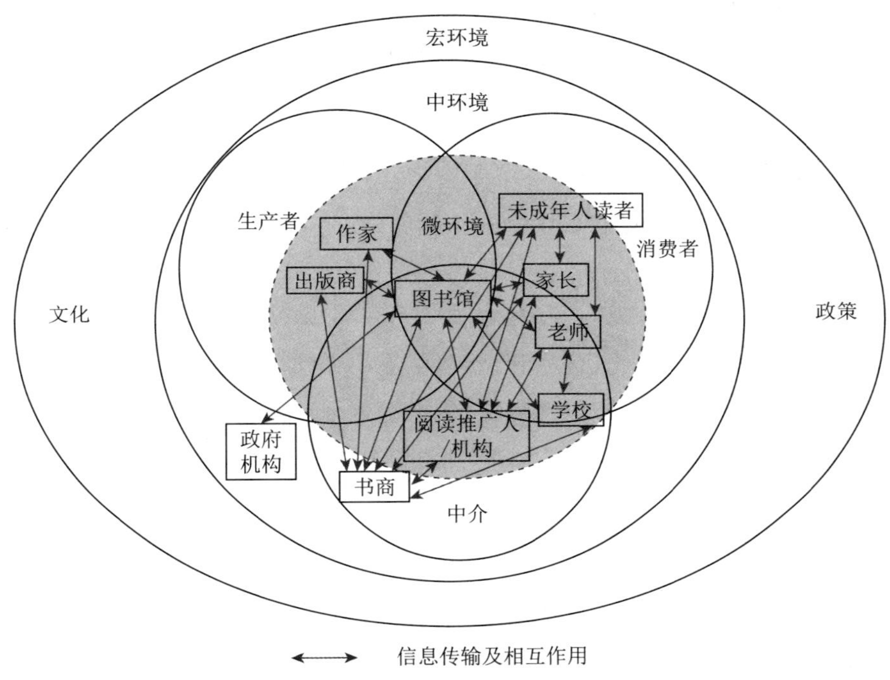

图 11-12　未成年人阅读生态系统结构图

11.2.2　以公共图书馆为枢纽的未成年人阅读生态系统的协同分析

德国物理学家赫尔曼·哈肯（Hermann Haken）创立了协同理论（Synergetics），他认为，属性不同的各个系统，在其所处环境中存在着相互影响又相互协作的关系。协同理论也适用于各种社会现象，比如不同的社会组织、单位之间的相互合作与相互竞争，部门之间的相互配合，以及各个系统的互相干扰和制约等[14]。在未成年人阅读生态系统中，公共图书馆通过与学校、出版商、社会阅读推广人及机构等其他节点的相互协同，围绕着推广阅读这个目标，合作并进，利用资源及专业技术方面的优势实现共赢，进而摸索阅读生态的可持续发展模式。

11.2.2.1　公共图书馆与出版界协同

由于公共图书馆在未成年人阅读生态系统中，既是童书的消费者也是童书内容的分解者、加工者以及出版商和个人消费者之间的中介，也是各类原创阅读推广和指导内容的生产者（见图 11–13），公共图书馆从各个渠道获取未成年人需要的知识和内容，采取阅读指导、阅读推广等一系列手段，加速和促进未成年人汲取和获得其中的知识和养分。

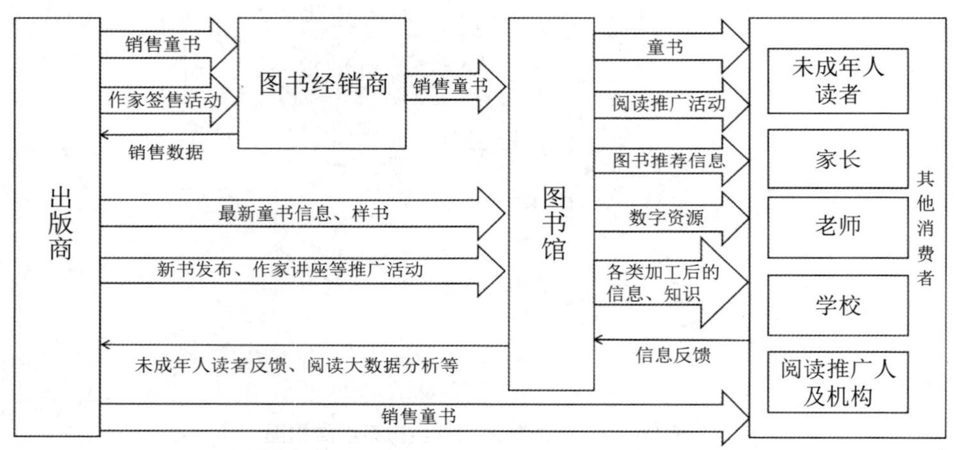

图 11–13　在未成年人阅读生态系统中公共图书馆与各类主体的关系

具体来说，公共图书馆和出版界应该通过以下几个手段，建立健全合作机制，共同推动未成年人阅读生态建设。

（1）健全合作交流渠道，保证有效互动

如果出版界与图书馆界之间存在信息互动的障碍，就会影响到双方合作开展阅读推广的效果，健全出版界与图书馆界合作交流渠道是解决这一问题的关键[15]。例如，图书馆内设置的阅读推广部门，应该与各童书出版社建立长期联系，获取新书出版信息，在出版社、作者做新书推介活动时，可以结合本馆情况，安排线上或线下活动，甚至作者进校园活动，用于丰富本馆阅读活动。

（2）大数据挖掘读者需求，指导童书出版

出版界非常需要最终读者需求和行为分析，他们通常依靠的主要是开卷数据、各书商的销售数据。图书馆可以通过建立阅读榜、人人阅等数字平台，搜集学生用户的阅读和评价数据，加以分析和比对，提供给出版商，用于指导和促进童书出版。

（3）联合推动优质童书评选机制，用评选促进阅读

我国也不乏各种童书奖项，但大都站在成人立场，也缺少图书馆人的参与。“我最喜爱的童书”自2014年创立，由全国数十家图书馆组成的联盟共同评选和颁发，每年评选出上一年度的优秀童书。由阅读专家委员会提名、学生参与实名投票，是该奖项最大的特色。图书馆通过举办这类具有公信力、影响力的童书评选活动，可以增强和出版界的联动，用评选推动儿童阅读。

（4）建设优质数字推广平台，促进阅读生态繁荣

目前，各图书馆的纸质图书来源于书商，电子资源来源于各数据库提供商，这是图书馆在采购流程上的限制所致。在信息化的今天，这种传统模式显然是非常滞后的，出版社应该直接或间接地参与数字资源提供，帮助图书馆建立优质数字推广平台，促进阅读生态繁荣，进而达到图书馆界、出版界、读者的共赢。

11.2.2.2　公共图书馆与学校协同

学校是未成年人日常所处时间最长的场所，是未成年人阅读最为重要的组织主体。《中华人民共和国公共图书馆法》规定，公共图书馆要“为学校开展有关课外活动提供支持”[16]；教育部《中小学图书馆（室）规程》提出，“（中小学）图书馆应当积极与本地公共图书馆，特别是少年儿童图书馆、高等学校图书馆开展馆际合作，实现资源共享”[17]。相关政策法规的颁布实施，为馆校协同奠定了坚实的基础，为馆校合作开展阅读推广提供了良好的保障。公共图书馆承担着未成年人阅读推广的主要责任，特别是少年儿童图书馆，

其主要服务对象与学校服务对象高度契合，并具有共同的目标及使命。公共图书馆与学校协同，共同促进未成年人阅读，主要工作内容包括图书资源共建共享、学校图书馆建设、阅读活动开展、阅读推广队伍建设以及阅读数据收集分析五个方面。

图书资源共建共享方面，公共图书馆应发挥自身图书资源优势，结合学校学生阅读需求，提供优质儿童读物供学校学生阅读，方便学生在校享受公共图书馆阅读服务。同时采取信息手段，结合学校网络终端设备，方便学生阅读多形式、各类型的数字资源。

学校图书馆建设方面，公共图书馆可提供参考书目帮助学校图书馆优化馆藏建设，并对馆舍环境打造、空间布局以及图书排架等方面提供专业指导，提高学校图书馆服务水平。

阅读活动开展方面，由学校负责组织，公共图书馆利用其专业阅读推广服务团队，或通过图书馆业界渠道邀请作家、阅读推广人开展阅读推广活动，解决了学校阅读推广专业性不强、公共图书馆缺乏组织手段的问题。

阅读推广队伍建设方面，公共图书馆利用专业力量，可组织培训学校图书馆管理员及在校阅读推广的教师，帮助其提升阅读推广技巧及专业素养，更好地为学校学生提供专业的阅读推广服务。

阅读数据收集分析方面，馆校协同研究学生阅读大数据有助于公共图书馆和学校有针对性地开展符合学生阅读需求的活动，同时研究学生阅读倾向，掌握学生阅读情况，可为学生提供定制阅读服务并优化图书馆馆藏，有助于提高学生阅读兴趣，进一步促进学生阅读。

11.2.2.3　公共图书馆与家庭、社区协同

在未成年人阅读生态系统中，家庭和社区都是未成年人阅读的微环境，对未成年人来说，家庭阅读环境、社区阅读环境的作用和学校阅读环境相当，都有着最直接的影响。在打造家庭阅读环境、社区阅读环境这个问题上，公共图书馆可以发挥关键作用。公共图书馆作为专业的阅读机构，具备信息筛

选、加工和整合能力，不仅仅是将最新、最优质的童书内容、推荐信息传递给家庭、社区，还能有针对性地面向家庭、社区提供阅读指导，并将阅读推广活动免费输送给家庭和社区。

公共图书馆利用自身的平台优势和专业优势成立家庭阅读指导中心，开展对家庭阅读推广人员的培养。如深圳少年儿童图书馆专门为家长开辟了家庭教育馆，针对家庭教育与阅读收集专门的文献，面向家长开设讲座，为家庭阅读提供指导。公共图书馆还可以以自身为平台，联合各阅读行业专家开发针对家庭和社区的阅读相关学习包、资源包，相当于公共图书馆制定各种模块化产品，并将其推送给社区和家庭，让社区和家庭可以便捷地挑选适合自己的阅读方案或阅读资源。

公共图书馆通过联合社会资源，多方合作，打造品牌化阅读推广项目。用阅读公益活动带动阅读经济，吸引家庭、社区共同参与，公共图书馆牵头协调各组织资源、场地、资金、人员互补互惠，实现阅读活动的可持续发展。

11.2.2.4 公共图书馆与政府机构协同

公共图书馆与政府机构协同可分为广义的协同及狭义的协同。广义的协同指的是政府机构提供政策、法规方面的支持，或是公共图书馆在开展未成年人阅读推广活动的过程中，利用政府在人民心中的公信力，扩大活动受众面，提升活动宣传力度，产生更好的阅读推广活动效果；而狭义的协同是指政府机构与公共图书馆合作开展具体阅读推广活动，或是在未成年人阅读推广活动开展中提供人力、资金等相关支持。

广义的公共图书馆与政府机构协同对公共图书馆与其他机构协同有着积极的影响。如政策法规的指引，为协同主体各方提供了政策法规依据，协调各方资源，有助于促成公共图书馆与不同未成年人阅读推广主体的协同。狭义的公共图书馆与政府机构协同，更多是指实际合作开展的未成年人阅读推广活动，与其他社会机构类似，整合双方资源优势，合作开展未成年人阅读推广活动，效果更佳。

11.2.2.5 公共图书馆与民间阅读组织、个人的协同

随着阅读社会化的发展，越来越多的读者因为共同的兴趣爱好走到了一起，随之而来地产生了一批民间阅读组织。民间阅读组织种类多样，规模不一，阅读个性突出，受众广泛，是未成年人阅读推广生态系统中的重要组成部分，但其制约因素有：缺乏稳定的管理团队、缺乏专业的未成年人阅读推广人才、活动场地不稳定、活动经费紧张或缺乏。公共图书馆作为一个阅读服务平台，可以从以下四个方面对民间阅读组织进行协同运作：

一是与民间阅读组织合作，建立未成年人阅读推广人才培育机制，培训阅读推广人，建立人才储备。

二是公共图书馆协助优秀的民间阅读组织参与政府主持的未成年人阅读推广项目。双方互为补充，政府保障了阅读组织的经费和场地，阅读组织也可以解决政府人员不足的矛盾。

三是公共图书馆通过协调图书出版、图书销售、教育服务等企业，发掘合作潜能，吸引社会资金，形成产业链，促使民间阅读组织专业化、联盟化、适度商业化，从而实现民间阅读组织的可持续性发展。

四是将民间阅读组织引入公共图书馆搭建的网络阅读推广平台，将阅读资源数字化，阅读活动线上化，打破阅读活动时间和空间的限制，让阅读推广服务辐射面更广，同时也提升民间阅读组织的品牌影响力。

11.2.3 构建以公共图书馆为枢纽的未成年人阅读生态

构建未成年人阅读生态系统，公共图书馆扮演着举足轻重的角色。公共图书馆通过中介角色，连接着各个关键元素，并直接作用于各子系统。公共图书馆发挥应有的作用，协同各方共同推广阅读，形成通畅的信息传输链，直接影响着未成年人阅读生态系统的健康与稳定。

11.2.3.1 整合多方资源，打造健康的未成年人阅读生态圈

公共图书馆应通过梳理分析国内外公共图书馆与各机构之间阅读推广合作实践案例，探讨提练公共图书馆与各机构之间的合作模式，提出具有可行性的常态化合作框架，杜绝阅读孤岛的现象。公共图书馆依托自身的管理和资源平台，打破地域限制，促进区域合作，联合学校、出版社以及其他社会阅读推广人及机构，本着开放、共享、共赢的理念，以推广未成年人阅读为目的，通过多元合作、资源整合、共建共享，充分发挥各方资源及阅读推广服务优势，形成合力，构建形态丰富、功能高效的未成年人阅读生态系统，推动未成年人阅读。

11.2.3.2 持续改革创新，保持阅读生态进化能力

未成年人阅读推广服务生态圈已经开始崭露头角，公共图书馆要对所处社会环境和技术进步保持敏感。及时采用新技术，跨越行业边界主动与新产业合作，拓宽阅读服务渠道，增加阅读服务种类，精确快速地识别读者的阅读需求，提升阅读推广服务的个性化程度。

改变视角，用打造产品的思路来打造阅读服务。在阅读服务生态圈中，公共图书馆可以串联起大量能提供互补性阅读产品或阅读服务的企业和组织，从而在各机构间形成合力，节约社会资源，为读者打造更丰富的阅读产品和提供各类型的阅读活动。

公共图书馆可以在阅读生态群中发挥核心优势，培养龙头单位，打造阅读服务品牌，这样可以快速发挥领头示范作用，带动整个阅读行业升级创新。

11.2.3.3 制定长效机制，保障未成年人阅读生态平衡

公共图书馆探讨、制定可行的未成年人阅读生态各节点的合作方案及管理办法，并加强组织领导，建立各相关机构共同参与的阅读推广合作机制，共同推动未成年人阅读；建立管理委员会，统筹分工，进行业务指导，协调资源配置，开展联动阅读活动，共同研究、分析并解决阅读推广工作中出现的重大问题，不断扩大合作范围，促进相关阅读机构和组织的进一步合作；

定期开展阅读调查，了解未成年人的阅读需求及满意度，检测阅读推广效果，对阅读推广服务开展情况进行科学评估和反思，及时调整、改进，维持、保障阅读生态系统平衡。

11.3 我国公共图书馆未成年人阅读推广和服务未来发展战略

公共图书馆面向未成年人阅读推广服务战略是指对读者具有重要意义的、对图书馆阅读推广又是切实可行的、顺应时代发展和环境变化的、有关图书馆阅读推广服务方面明确的原则或方法。它是一种纲领，是公共图书馆面向未成年人阅读推广服务方面的思想和理念。我国公共图书馆面向未成年人阅读推广服务战略核心应包括且不限于以下四个方面的内容：第一，以未成年人为中心；第二，宣传自我，提升读者及社会对图书馆的认知；第三，培养国家、民族文化与价值认同的阵地；第四，促进全民阅读。在此核心基础上，应从政策法规上予以保障，从服务对象、服务空间、服务资源、服务团队、服务提供方、服务方式等六个要素着手，制定我国公共图书馆未成年人阅读推广及服务未来发展战略。

11.3.1 政策法规保障：法律保障政策引导

立法是世界各国促进阅读推广事业发展的重要手段，是保障公民文化阅读权益、提高阅读推广主体积极性、提升阅读推广工作专业化的制度工具。近十年来，我国从中央到地方都非常重视未成年人文化教育方面的权利保障，积极推动着包括未成年人在内的全民阅读促进和保障方面的法制建设。但在未成年人阅读推广服务上，我国仍存在地方法制建设滞后，缺乏专门针对未成年人阅读推广法规及配套政策，缺乏未成年人阅读推广专业人才队伍建设政策保障等三大问题。

为推动我国公共图书馆未成年人阅读推广及服务未来发展，第一应当有法规保障，制定专项法规，完善未成年人阅读法律保障体系，设立一个具备公信力、影响力的法定机构，专门统筹协调各行政区域内各部门、各单位、各社会团体和各种社会力量在阅读促进方面的合作运转工作，保障未成年人乃至全体公民的阅读权利，打开促进全民阅读发展的新局面。第二应当有财政保障，应设立国家未成年人阅读专项基金，加强未成年人阅读的公共文化服务设施和资金保障，明确规定县级以上人民政府应将未成年人阅读促进工作所需资金纳入本级财政预算，并明确规定这些资金的投入比例和使用程序，以国家专项资金作为保障，目前推广过程中因经济发展不平衡而带来的未成年人阅读环境建设的区域性差异。第三应当有政策引导，在《全民阅读条例（草案）》等公共文化服务相关行政法规和地方性法规规章中，增加针对未成年人阅读推广人才培养的条款，设立未成年人阅读推广相关高等教育课程，为未成年人阅读推广事业人才储备。各地政策法规的制定应当充分考量当地未成年人阅读推广事业发展特色及情况，因地制宜，查漏补缺。

11.3.2 服务对象扩展：特殊儿童及儿童照顾者

目前国内大部分少年儿童图书馆面向的服务对象限定于未成年人，要推动我国公共图书馆未成年人阅读推广及服务未来发展，首先就应当注意未成年人这个群体的概念和外延。在未成年人中，有一类特殊儿童，由于年龄、生理等因素的多重影响，处于更加弱势的地位，如何给所有儿童公平发展的机会，是公共图书馆服务容易忽视的部分。目前我国对特殊未成年人的定义有广义和狭义两种，广义的特殊未成年人指在智力、感官、情绪、肢体、行为或言语等方面与正常未成年人有显著差异的各类未成年人。这些差异既包括在身心发展上落后于正常未成年人，也包括超过正常未成年人，同时也指有轻微违法犯罪的未成年人。狭义的特殊未成年人专指残疾未成年人，即身心发展上有各种缺陷的未成年人。他们的群体特征明显，又有别于其他读者群体。要推动我国公共图书馆特殊未成年人阅读推广及服务未来发展，要在馆藏资源上充分考虑不同类型特殊未成年人的不同需要；要提升馆员服务素养，对相关岗位人员进行特殊儿童服务专业的指导和培训；在阅读推广服务项目的设置和推广上，要注意考量特殊未成年人的年龄阶段和类型。

此外少年儿童图书馆的服务对象也应当包含“未成年人及其照顾者和教育者”，即家长、老师、阅读推广人等。未成年人具有该群体的特殊性，他们的成长、生活与家长、老师等人息息相关，与家庭、学校等环境介质息息相关，如果简单将服务对象界定为未成年人，那么亲子阅读、家庭教育、教师服务等与未成年人紧密相关的教育功能必将缺失，造成公共文化服务的空白。要推动我国公共图书馆未成年人阅读推广及服务未来发展，应将特殊儿童、未成年人的照顾者等一并纳入服务对象范围，真正意义上拓宽发展公共图书馆阅读推广及服务。

11.3.3 服务空间创设：儿童友好与未来发展趋势

环境对未成年人阅读起着至关重要的作用。公共图书馆未成年人阅读推广和服务空间的新建、改建、扩建将进入新的发展进程。如何适应新时代的要求，更好地满足未成年人的需求，为未成年人打造良好的阅读环境，正成为公共图书馆亟需面对的问题。儿童阅读空间随着政策法规的制定、经济技术的发展、儿童观的变化、图书馆功能的扩展与定位的更新而不断发展，但目前图书馆未成年人阅读空间建设还存在少儿阅览座席数量相对少、空间环境成人化、空间利用率不足、部分图书馆少儿阅读空间过度娱乐化等问题。

为进一步优化公共图书馆未成年人阅读推广与服务空间，第一，应从宏观角度，落实《中华人民共和国公共图书馆法》的要求，由相关机构牵头，颁布“未成年人服务空间建设指引”。第二，需打破过去设置成人阅览区的思维模式，在儿童设施设备的配置、标识标准等方面从儿童的角度出发，注重布局和设计的安全性、趣味性、便利性、舒适性以及动静分离等针对少儿读者的空间设计原则，创造安全、通透、灵活、自由的空间。第三，应关注未来发展趋势，以读者需求为导向，推进少年儿童图书馆与科技融合，利用物联网、5G 通信等先进技术，打造智慧化的新型少儿文化空间。第四，可突破少年儿童图书馆的物理形态，拓展未成年人服务空间边界。积极利用馆外馆、社区馆等新的图书馆空间形态，将图书馆未成年人服务空间延伸到社会各个角落，开辟未成年人服务新的空间形态。

11.3.4 服务资源建设：按需采编及共建共享

从全国范围来看，少年儿童图书馆数量、财政拨款、总藏量、总流通人次都保持了良好的增长势头。目前各地少年儿童图书馆发展水平不一，供未成年人阅读使用的文献资源与成人馆拥有的文献资源相比在数量上相对匮乏，图书馆对未成年人读者的吸引力不足。面对以上问题，公共图书馆应根据未成年人的特点，制订科学合理的馆藏发展政策规划，不断完善采编业务工作制度，建立符合未成年人特点的资源体系。

随着大数据、物联网、云计算、人工智能、虚拟现实等技术发展，能够提供个性化、精准化服务的智慧图书馆的轮廓已经越来越清晰，要推动我国公共图书馆未成年人阅读推广及服务未来发展，首先应加速推进智慧图书馆资源建设，使用机器学习算法推荐图书，利用智能机器人在图书馆内进行书籍查找等辅助工作；基于云计算、大数据挖掘开展个性化服务及辅助决策；通过云平台共享图书馆资源；探索使用物联网服务于用户、图书的智能定位、检测和引导功能等设备。其次应积极探索“未成年人阅读推广服务参考书目”

活动与机制，准确把握读者真实的潜在需求，从专业的角度去鉴赏童书，解决读者“看什么”以及“怎么看”的问题。再次要深化推动文献资源的共建共享，为图书馆文献资源的采访决策、优化配置和数据库的筛选调整提供科学的依据，也为图书馆再造文献采访模式提供有力的保障，最终促进整个系统的健康良性循环。最后要建立资源采购质量评价机制，提高资源建设专业水准，优化馆藏资源结构并提高质量。

11.3.5 服务团队建设：转变理念，“知书”与“知人”

公共图书馆工作人员一直以来在文献和读者之间发挥着桥梁作用，工作人员的专业素养和业务能力与公共图书馆服务质量息息相关。公共图书馆面向未成年人阅读推广服务的团队建设，包括馆员及志愿者团队建设。未成年人有其自身的特性，针对未成年人的阅读推广服务，不是以读者的文本掌握为服务目的，而是以提升读者的阅读兴趣为服务目的；不是以推广读物（为读者找书、为书找读者）为服务目的，而是以推广提升阅读兴趣的方法为服务目的；更不是只为未成年人读者服务，而是为有提升未成年人阅读兴趣意愿的全年龄段读者及潜在读者服务。与此同时，当今社会正从信息时代走向数据时代，新型阅读需求的出现，也对公共图书馆服务团队提出更多挑战。

在馆员团队建设上，首先，应当注重培养馆员正确的阅读推广理念，使他们认识到阅读推广与指导是一项“知书”与“知人”的服务，再由馆员针对读者个人特质与特殊需求，主动为读者推荐适合的阅读素材。在这个过程中，馆员要重视引导与启发读者思考，以激发读者的阅读兴趣及培养读者对阅读素材的选择能力，进而提升读者的阅读素养。其次，应注重培养馆员与读者的沟通能力，及时了解读者需求，有针对性地调整馆藏结构，提升读者体验，增强读者黏性。再次，应当不断提升馆员的专业性，书目开发与解读、活动策划与组织、服务理论与技术等能力，通过不断加强馆员在各自领域的专业性，让图书馆服务在动态发展中不断深化。

而志愿者团队的建设，则要注重增强志愿者的认同感及志愿者能力提升的机会。读者在享受图书馆服务的同时，产生了认同感，驱动读者转化为志愿者。志愿者又促使图书馆服务进一步提升，强化了读者体验，吸引更多的志愿者参与，让志愿者与图书馆形成良性互动的正激励关系。建设志愿者团队，也需要建立一套健全的、行之有效的工作制度，从招募、培训、激励、评估等四个方面入手，促进文化志愿者由辅助向专业化转变。

11.3.6　服务提供方拓展：社会合作机制建设

从党的十八届三中全会起，在全面深化改革思想的推动下，全国各公共图书馆系统都在主动适应时代的要求和转变，不断探索公共图书馆服务建设的新方式，积极引入各方社会力量参与图书馆服务。

本书从社会力量参与公共图书馆未成年人阅读推广服务合作前、合作中、合作后这三个过程的相关影响要素出发，建构出社会力量参与公共图书馆服务的运行机制模型（见图 11-14）。具体来说，将图书馆设为 A，社会力量设为 B，效用函数为 U（X）：只有双方认为合作带来的效用大于单干带来的效用之和〔即 U（A+B）>U（A）+U（B）〕，且双方之间需要建立有约束力的合作契约，方能达成合作；双方达成合作后，社会力量在合作过程中行为的积极性，受到其对目标效价和目标期望值的影响，这两个因素的水平越高，越能够有效激发社会力量的合作热情和动力；双方合作结束后，社会力量对期望收益的实现程度会影响其对该合作项目的目标效价以及继续合作意愿程度；社会力量的继续合作意愿程度会对能否发生新的合作产生影响，但双方需要再进行新的合作博弈。

要推动我国公共图书馆未成年人阅读推广及服务的未来发展，第一要完善政策体系，加强政策宣传，保证政策执行；第二要搭建合作平台，打破传统模式，匹配双方资源；第三要建立约束机制，约定权利义务，引入第三方监督；第四要完善激励机制，转变公益观念，创新激励方式；第五要创新评价体系，拓展评价指标，开展过程化动态评估。

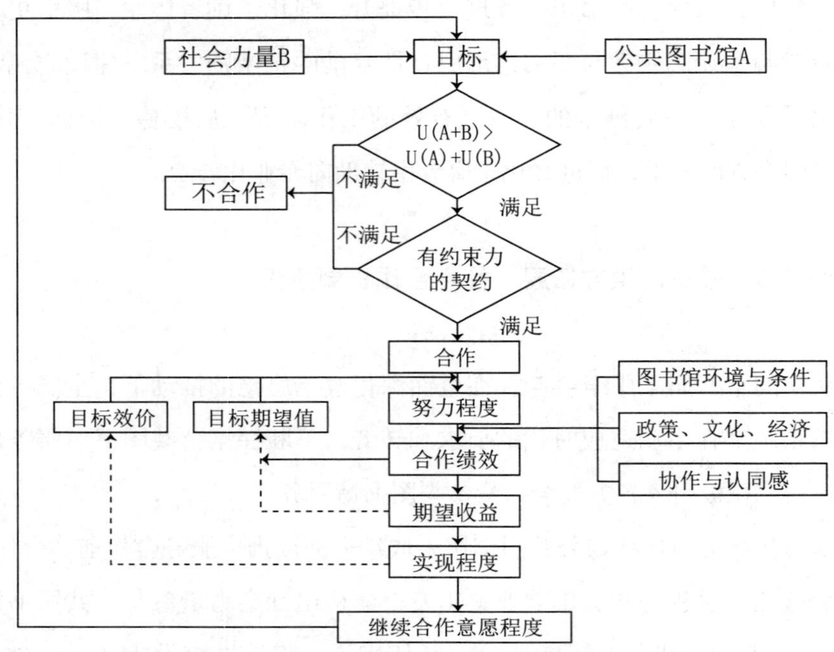

图 11-14 社会力量参与公共图书馆服务的运行机制模型

11.3.7 服务方式更新：现代技术的应用

新媒体时代，信息传播载体及介质、信息传播的体量均发生了翻天覆地的变化，少儿阅读推广服务也从传统的静态式、单向式、灌输式阅读向动态式、互动式、益智式阅读方向发展。要推动我国公共图书馆未成年人阅读推广及服务的未来发展，首先，可通过物联网、RFID 技术、人工智能、5G 技术，建立智慧化图书管理系统；其次，可通过资源整合与共享、数字资源云存储体系、数字化的门户网站及微信公众号服务，建立数字资源建设及服务体系；再次，可以通过分级书目推荐、个性化阅读推荐、少儿阅读积分计划、个性化资源体系建设等，搭建智慧化的资源导读体系；此外，通过交互机器人、游戏式体验应用人工智能技术；最后，通过建设少儿创客空间、培养少年儿童基于编程基础的计算思维与意识、开发学生自适应学习工具，提升创新模式的创建水平。

（执笔人：宋卫、胡戬、董璐璐、戴颖媛、吴黎、吴松桦、周佩莹、周知、蔡焱、陈洁、江场雪、金晔、赖国辉、李永浩、梁斯铭、卢璐、卢珊珊、苏小露、王翠、王威威、谢利红、许明、曾宪付、钟宝军、钟阜康、钟文）

参考文献

［1］朱永新 . 我的阅读观［M］. 北京：中国人民大学出版社，2012：204-207.

［2］伞殿杰 .《公共图书馆法》视野下未成年人阅读权益保护研究［J］. 图书馆学刊，2018（2）：11-14.

［3］钱伯斯 . 打造儿童阅读环境［M］. 许慧贞，蔡宜容，译 . 海口：南海出版公司，2007：3.

［4］中华人民共和国文化部 . 公共图书馆建设标准：建标 108—2008［S/OL］.［2020-04-21］.https://doc.mbalib.com/view/d31899011f537ae8c62b021251191234.html.

［5］第七次全国人口普查公报（第五号）［EB/OL］.［2021-05-11］.http://www.stats.gov.cn/tjsj/zxfb/202105/t20210510_1817181.html.

［6］冯睿，吕梅 . 我国公共图书馆未成年人阅读服务研究［J］. 图书馆工作与研究，2015（10）：101-105.

［7］2018 年《中国儿童发展纲要（2011—2020 年）》统计监测报告［EB/OL］.［2019-12-06］.http://www.stats.gov.cn/tjsj/zxfb/201912/t20191206_1715751.html.

［8］七成家庭有陪孩子读书习惯？亲子阅读为何受关注［EB/OL］.［2020-04-21］.http://www.xinhuanet.com/culture/2020-04/21/c_1125882974. html.

［9］陶丽珍 . 国内少儿图书馆未成年人数字资源建设现状调查研究［J］. 图书情报研究，2019（2）：60-64.

［10］谢守美，聂雯，赵文军 . 深圳图书馆创客空间运行模式研究［J］. 图书情报工

作，2018（8）：22-26.

［11］陈学锋 . 国内公共图书馆特殊儿童服务的不足与探讨［J］. 兰台世界，2017（8）：67.

［12］TANSLEY A. The use and abuse of vegetational concepts［J］.Ecology，1935（16）：284-307.

［13］年度传媒伦理研究报告课题组 .2016 年传媒理论问题研究报告［J］. 新闻记者，2017（2）：4-16.

［14］林佩玲 . 馆校协同：促进中小学生课外阅读的新模式：以宁波大学园区图书馆为例［J］. 图书馆研究，2015（1）：58-61.

［15］张丽 . 公共图书馆阅读推广多元合作模型构建［J］. 情报科学，2017（10）：40.

［16］中华人民共和国公共图书馆法［EB/OL］.［2018-05-10］.http://www.npc.org.cn/npc/xinwen/：11/04/content_20131427.htm.

［17］教育部关于印发《中小学图书馆（室）规程》的通知［EB/OL］.［2018-06-20］.http://www.moe.gov.cn/srcsite/A06/jcys_jyzb/201806/t20180607_338712.html.

12　公共图书馆技术创新及数字发展战略

图书馆是国家文化发展水平的重要标志，是滋养民族心灵、培育文化自信的重要场所。图书馆也是一个与技术发展密切相关的行业，以大数据和人工智能为代表的信息技术的迅速更迭，给以知识组织和信息服务为己任的图书馆行业带来巨大的挑战，同时也提供了前所未有的机遇。这些技术不仅改变了图书馆的资源构成、业务组织形式和读者获取信息的方式，更推动了图书馆理念、管理与服务模式的深刻变革。在现代图书馆体系中，技术不仅蕴含在图书馆内部，反映在资源本身，而且是业务的保障、服务的纽带和发展的引擎。

在《中华人民共和国公共图书馆法》深入实施的背景下，公共图书馆作为现代公共文化服务体系的重要组成部分，迎来了良好的发展机遇。近年来，数字技术、网络技术和通信技术的发展让图书馆的数字化、网络化程度不断提升；而大数据、云计算、移动互联网、物联网、人工智能、社交媒体技术、可视化技术、RFID 技术、信息物理系统等在图书馆大显身手，让图书馆服务趋于智能化、泛在化。当前，全球新一轮科技革命和产业变革呈加速趋势，世界正在迎来科技创新浪潮，颠覆性技术革命成为引领未来创新和驱动转型的先导力量。尤其是我国在人工智能、量子通信、生物科学、传感技术、区块链技术、5G 移动通信技术等前沿领域已有良好基础，部分领域甚至已达到国际领先水平。可以预见，未来智慧应用在公共图书馆的直接表现就是图书馆服务的智慧化、管理的智慧化、空间的智慧化，智慧图书馆必然是未来图书馆的发展趋势。

12.1 图书馆技术创新现状及当前发展重点

进入 21 世纪以来，图书馆技术发展已逐步从探索起步阶段向普及推广与创新应用阶段过渡。为全面、清晰、直观地了解国内外图书馆界在技术领域的研究及应用实践状况，有必要系统梳理和分析近年来图书馆技术相关领域的丰硕研究成果。同时，随着各类新兴技术不断向图书馆各业务流程渗透，图书馆技术可以被分为信息采集技术、信息存储技术、信息组织技术、信息检索技术、信息服务技术等几类。这些技术在经过十多年的创新发展之后，已深深根植于图书馆的每个角落。着眼于当前图书馆界新技术的应用现状与趋势进展，图书馆技术创新及数字发展将以“新一代图书馆服务平台”“全媒体阅读”“数字人文”三个方向为近期重点。其中，“新一代图书馆服务平台”在图书馆自动化系统的基础上扩展了数字 / 电子资源管理，实现了云服务，将代替原有的图书馆集成管理系统。而随着移动设备的普及和移动互联网的迅猛发展，数字阅读将进一步向“全媒体阅读”这一概念转变。“数字人文”作为数字图书馆的重要组成部分，在开展资源数字化保存的基础上，充分开发和利用资源，实现人文知识的历史传承。

12.1.1 国内外图书馆技术领域的研究

近年来，国内外围绕图书馆技术领域的研究成果产出相对稳定。从中国知网平台中图分类号为 G250.7 图书馆工作、信息工作自动化和网络化[1]的文献中，筛选出 2010 至 2019 年间图书馆技术领域的文献 3 万余篇并对其进行统计分析，展示十年来相关研究的发展概况（见图 12–1）。

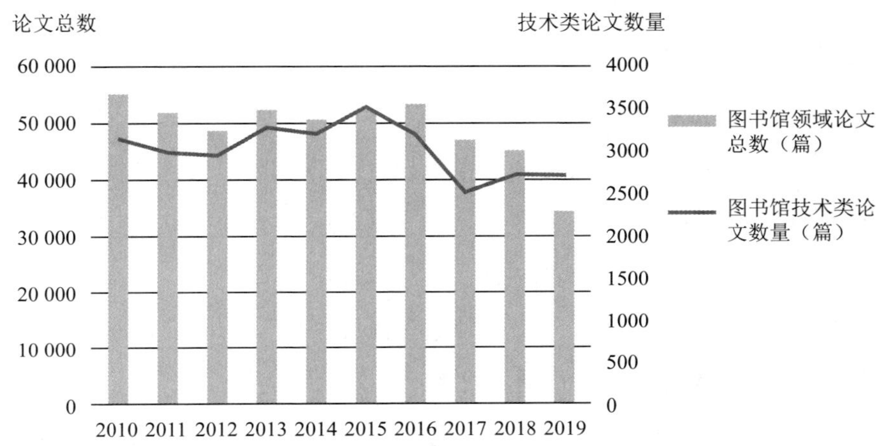

图 12–1　2010—2019 年国内图书馆技术领域论文数量分布

在 Elsevier Scopus 数据库中，筛选 2010 至 2019 年间国外图书馆及其技术领域的文献并做统计分析（见图 12–2）。

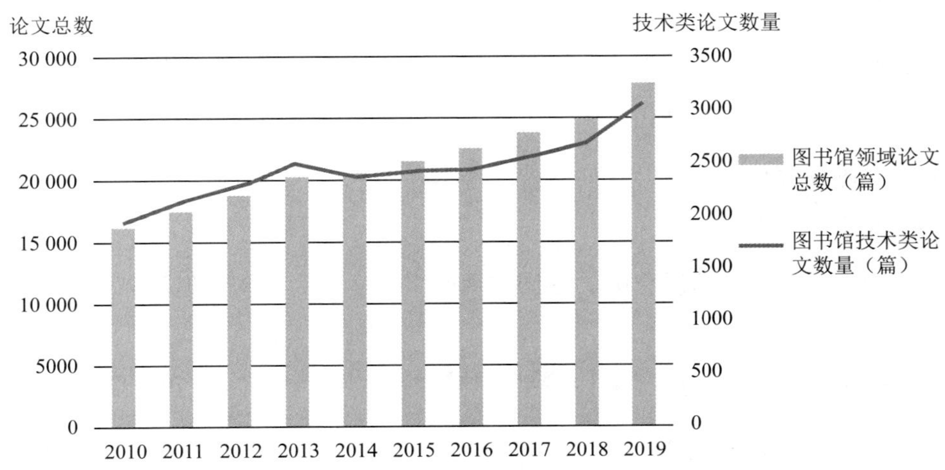

图 12–2　2010—2019 年国外图书馆技术领域论文数量分布

整体上看，国内有关图书馆技术领域的研究基本呈现平稳发展的趋势，国外则依然处于稳步增长的态势。

进一步按 G250.7 图书馆工作、信息工作自动化和网络化的 6 个下位类来看国内相关论文的数量分布情况，包括：电子图书馆、数字图书馆，数据库自设，信息资源整合与利用，图书信息资源管理系统，图书馆工作、信息工作网络化，自动化辅助技术的应用。其中，电子图书馆、数字图书馆类的论文数量最多，超过所有 6 类论文的半数以上，达 58%；其次是数据库建设、信息资源整合与利用两类，分别占 20% 和 17%。由此可见，近 10 年间，国内图书馆技术领域的研究主要集中在这些主题方向。

之后，运用文献计量法对国内外“智慧图书馆”的研究现状进行分析。通过中国知网数据库检索国内研究文献[①]，剔除综述性文献与会议通知、期刊总目录、编辑寄语等无效记录，最终得到文献 859 篇；通过 Scopus 数据库检索国外对于智慧图书馆领域的研究[②]，最终得到文献 471 篇。利用 CiteSpace 软件分别对上述检索结果中的关键词进行共现分析，国内智慧图书馆研究的关键词共现网络整体上较为紧密，并以点“智慧图书馆”为该网络的核心。从分析结果看，除“智慧图书馆”之外，高频关键词还包括：智慧服务、物联网、大数据、高校图书馆、RFID、云计算、数字图书馆、服务模式、智慧城市、智慧馆员、人工智能、读者服务等，即对智慧图书馆的研究主要围绕上述领域展开。而与智慧图书馆有关的技术、服务模式是学者们的研究重点和热点。

国外智慧图书馆研究的关键词共现网络虽然较为紧密，但没有明显的某

① 检索式：KY="智慧图书馆" or SU="智慧图书馆"，时间选择在2010—2019年间。检索执行时间：2021 年 5 月 19 日。

② 检索式：TITLE-ABS-KEY（ubiquito* OR smart* OR intelligen* OR blend*）AND（TITLE（librar*）or KEY（librar*））AND PUBYEAR > 2009 AND PUBYEAR < 2020 AND SUBJAREA（SOCI）AND（EXCLUDE（SUBJAREA，"CHEM"）and EXCLUDE（SUBJAREA，"BIOC"））AND（LIMIT-TO（SRCTYPE，"j"）OR LIMIT-TO（SRCTYPE，"d"））AND（LIMIT-TO（DOCTYPE，"ar"））AND（LIMIT-TO（LANGUAGE，"English"））。检索执行时间：2021 年 5 月 19 日。

个核心点。从分析结果看，高频关键词包括：academic library、smartphone、human、digital library、mobile device、artificial intelligence、student、information literacy、blended learning、librarian、internet、library service、public library、emotional intelligence 等。初步发现：国外对于智慧图书馆的研究除了关注人工智能这样的技术之外，以人为本的读者服务亦是重点，而面向学术图书馆和公共图书馆的（服务）研究形成了相对较为独立的两部分。此外，基于智能手机的图书馆服务也是研究的热点之一。

12.1.2　图书馆技术创新及数字化发展现状

当前，对图书馆技术有不同的分类方法，本章采用比较常见的分类方法，按采集、存储、组织、检索、服务等工作流程的分类方法梳理具体图书馆技术研究的进展。

12.1.2.1　信息采集技术

信息采集技术相关研究和实践主要集中在网络信息资源的采集技术方面，包括通用信息采集技术、主题信息采集技术等。通用信息采集技术以网络中所有格式的信息资源为对象，搜集到的内容结果覆盖面广、信息量大。采集到的信息内容成为图书馆信息工作的有效补充。主题信息采集技术是为满足用户特定需求而开发的采集技术，可以针对某一主题、地区、类型、群体的信息进行搜索，并且只反馈符合特定要求的信息。

射频识别（Radio Frequency Identification，RFID）非接触式的自动识别技术的应用研究在过去 10 年发展迅速，它的系统化运用给图书馆的整个工作流程管理模式带来较大影响，进而引发业务流程的重组。这一变化衍生出图书自助借还、快速盘点功能，防盗门禁系统等。

12.1.2.2　信息存储技术

图书馆信息存储包括实体信息资源的存储和数字信息资源的存储。目前，实体资源存储技术的研究与应用主要涉及密集书库相关技术和高密度自动仓储书库技术（Automated Storage and Retrieval System，ASRS）。数字信息资源存储技术主要研究存储系统的安全性、可靠性、可扩展性、动态备份等，为信息系统提供高效、低能耗、低成本的存储设备，可分为资源管理技术、容灾技术等几大类。

以虚拟化技术为基础的云计算服务为图书馆，尤其是为图书馆联盟的服务发展带来了新的契机。欧盟的 Europeana Cloud 项目[2]基于云计算的基础设施，整合了欧洲图书馆、档案馆和博物馆的文化遗产元数据和内容。

12.1.2.3　信息组织技术

知识组织从强调通用分类法向互操作性转移，使用 Word2vec 技术实现对象词条的向量形式转化，建立了词表间的映射[3]。通过自动标注技术，包括自动标引、自动聚类、术语抽取等进行关键词的自动标引[4]，在此基础上结合向量机分类器等技术实现句子级别的语义标引[5]。鼓励用户参与图书馆资源的标引，基于用户自然标注的辅助标引算法构建用户标注词表、形成标引知识库，使用 TF-IDF 算法和位置加权算法提取特征词，丰富信息资源的标引信息[6]，这些方法的使用都极大丰富了对基于知识的文本信息组织的方法优化。

语义网使整个互联网成为一个通用的信息交换媒介，使计算机能够理解文档语义。以本体为知识组织基础结构，以语义网为知识应用的实现平台，可以设计全新的学术资源知识管理解决方案[7]。

12.1.2.4　信息检索技术

图书馆领域的信息检索技术主要集中在基本检索模型研究和智能检索技术、图像检索技术的研究及其应用上。信息检索模型是信息检索技术的基础，智能检索技术涉及跨语言检索技术、全文检索技术、个性化检索技术、自然语言检索技术、基于语义分析的信息检索等[8]。基于内容的图像检索技术包含基于文本的图像检索技术（TBIR）、基于图像内容的图像检索技术

（CBIR）[9]，图像检索技术在有效解决如何从图像数据库中检索出相关图像的问题方面应用广泛。

知识图谱逐步在语义搜索、智能问答、辅助语言理解、辅助大数据分析、增强机器学习的可解释性、结合图卷积网络辅助图像分类等多个领域发挥出越来越重要的作用。在数字图书馆领域，一些以知识图谱为基础构建的学术知识发现平台不断涌现，图谱中的实体识别技术能够提高搜索的命中率，同时允许用户通过自然语言的方式进行知识的语义搜索。而通过知识卡片、知识推荐等结果的返回也可以提升用户的交互体验。

12.1.2.5　信息服务技术

过去 10 年间涌现了发现服务、虚拟参考咨询、个性化服务等大量新的信息服务方式，其中资源发现系统（Resource Discovery System，RDS），又称“知识发现系统”，是一种软件系统，为图书馆提供一种资源发现能力，使图书馆能够将自己的馆藏充分揭示给用户，而且它还能够起到类似于搜索引擎的作用，提供一种“全网域”（Web Scale）的元数据搜索服务，将图书馆并没有订购或租用的很多资源，也一并“发现”，读者因此可以通过馆际互借或原文提供等方式获得其所需的资源。它看起来既有搜索引擎的搜索功能，又比搜索引擎更进一步，“发现”隐藏在大量服务器之后的深网（Deep Web）的内容。由于这些特点，目前图书馆界的 RDS 应用热潮意义十分深远。资源发现服务通常采用云服务的方式提供资源的发现和获取服务，资源发现系统的中心索引采用基于云服务的 SaaS 模式。对于全文的获取，RDS 都集成了全文链接获取功能。

12.1.3　图书馆技术创新及数字发展近期重点

过去十年的技术创新为图书馆信息化建设打下了良好的基础，图书馆对信息技术的重视，深入到了各个环节。在此基础上，图书馆技术创新及数字发展的近期目标应着眼于整体，从大局上把握图书馆关键信息系统的提升。可总结为以下三个方向：

12.1.3.1　新一代图书馆服务平台

随着信息技术的发展，原有的图书馆集成管理系统早已无法涵盖图书馆的全部业务。近十年图书馆界推出的下一代图书馆服务平台（Library Services Platforms，LSP）在图书馆自动化系统的基础上扩展了数字 / 电子资源管理，实现了云服务，但其核心依旧是馆藏资源与业务流程，而不是以用户为中心。下一代图书馆服务平台不仅要满足当前复合型图书馆在全媒体管理、全流程管理和全网域资源发现方面的基本需求，而且具备足够的灵活性、扩展性和个性化能力，能够支持未来图书馆大量已知和未知业务，帮助图书馆实现多样性和差异化发展，支持图书馆之间的各类合作。

“下一代图书馆服务平台”是一个“图书馆资源管理系统”，图书馆或相关组织的人员使用这些产品来获取和描述馆藏，向用户提供资料以及使用与其他操作任务有关的功能。图书馆资源管理系统的类型包括图书馆集成管理系统（ILS）、图书馆服务平台、电子资源管理系统、档案管理系统或其他专用工具。一个完整的图书馆服务平台应包括下面四个方面的特点：

（1）提供全媒体资源管理，包括电子、数字和纸本资源；

（2）依赖全球知识库；

（3）通过多租户 SaaS 部署在面向服务的体系结构基础上；

（4）提供一套应用程序编程接口（API），实现网络级的资源发现和获取。

图书馆服务平台的实现可能会取代多种现有产品，包括图书馆集成管理软件、电子资源管理工具、OpenURL 链接解析器和数字资产管理系统等。

围绕下一代图书馆服务平台，相关热点技术如下：

云服务（Cloud Service）是指在云计算的基础上，通过网络以按需的方式获取所需的服务，这些服务可以是 IT 服务、软件服务、互联网相关服务，也可以是其他服务。

微服务（Microservices）是一种以业务功能为主的服务设计概念，每一个服务都具有自主运行的业务功能以及对外开放且不受程序语言限制的API接口，应用程序则是由一个或多个微服务组合而成的。

多租户（Multi-tenancy Technology）是一种软件架构技术，实现在多用户的环境下共享相同的系统或程序组件，并且仍可确保各用户间的数据隔离。通过多租户技术结合云服务，各图书馆可以在同一个图书馆服务平台下定制符合本馆实际需求的个性化图书馆系统，有效降低应用成本。

知识库（Knowledge Base）是用于知识管理的一种特殊的数据库，以便于有关领域知识的采集、整理以及提取。通过知识库，图书馆可实现对图书、期刊、视频、音频、标准、报纸、专利等多种形式的资源进行统一管理，消除数字资源孤岛。

数据安全与个人隐私是指由于下一代图书馆服务平台是基于云服务的系统，这就意味着图书馆需要将数据迁移至云端，保障图书馆的数据安全和读者的个人隐私，除了防止黑客攻击窃取信息之外，更要防范云服务供应商的信息泄露。

系统接口规范是指下一代图书馆服务平台提供多种接口规范。第一种为图书馆业界规范的接口，例如Z39.50、SIP2、NCIP、OAI/PMH等。第二种为开放式API，多为REST风格的API。这些接口既能满足传统业务，也能集成越来越多的图书馆创新业务。

12.1.3.2　全媒体阅读

公共图书馆在全民阅读的推广和传播方面起着关键的作用。近年来，随着手机等移动设备的普及和移动互联网的发展，数字阅读这一新的阅读形式发展迅猛，数字阅读的全媒体化以及全媒体阅读已经成为趋势和方向。

（1）阅读载体的变化

以触屏手机、墨水屏手机等为代表的设备，为用户提供了更多样的阅读体验。同时，轻点翻译查词、划线分享和在线笔记等功能也为数字阅读提供了更胜于传统纸书阅读的优势。而在各种平板电脑和电子书阅读器的流行和普及后，富媒体融合阅读、交互式 app 阅读等让阅读的体验更上一层楼。同时，平板设备阅读也成为数字阅读载体中最具有生产力的一种方式。而纸本书，也没有因为数字阅读的兴起和普及而消亡。一些立体书、互动书则是纸本书“逆袭”的一种新的形式。

（2）阅读服务内容的多元化

阅读服务内容是相比载体更重要的一个方面。在全媒体阅读环境下，已经形成了多媒介、多形态的阅读生态和体系。从媒介角度来分，纯文本、图片、音频、视频等不同媒介带给读者的是截然不同的感官体验。借助技术发展的阅读设备已经具备极强性能，4G、5G 带来的数据传输能力加上 AR、VR 技术提供的从二维向三维演进的用户交互，使得数字阅读得以发生颠覆性的变革。目前，各类媒介的阅读服务主要是图文和音频两种，以提供与传统纸本图书相同和接近的阅读体验是各类媒介最主要的目标。这几年，有声阅读（听书）在一些并不适合用眼阅读的场景发展良好。

（3）阅读推广与服务的模式发展

阅读推广模式是随着阅读的形式和载体变化而变化的，阅读推广与阅读平台、媒介紧密相关。文化云作为一种新的阅读推广与服务一体化的模式正迅速崛起。国家公共文化云是以文化共享工程现有的六级服务网络和国家公共文化数字支撑平台为基础，统筹整合全国文化信息资源共享工程、数字图书馆推广工程、公共电子阅览室建设计划而升级推出的公共数字文化服务总平台、主阵地，包括国家公共文化云网站、微信号、移动客户端，突出手机端服务功能定制，具有共享直播、资源点播、活动预约、场馆导航、服务点单、特色应用、大数据分析等核心功能，通过电脑、手机 app、微信、公共文化一体机提供服务。截至 2021 年，北京、上海等 20 多个省份陆续推出省级、地市级或区县级的文化云服务，其他地区的文化云项目也正在积极推进。

（4）泛阅读与融合图书馆

如果我们把以掌握阅读方法、发展阅读能力、理解文章内容、积累知识为目的的读书方法称为精读，那么泛阅读就是从各种不同的渠道、媒介或载体上接收到各种信息。我们每天所接触的大量新闻、推文等，都是我们汲取信息的渠道，也是一种泛阅读。融合图书馆是一种以“互联网 +”为基础的、以用户需求为指导方向的新型图书馆形态，它通过技术融合为图书馆提供高效化管理，为用户提供智能化服务，具有融合化、互动化、可视化、泛在化、智能化等五大特点。在这一领域，网上数字展览、增强现实（AR）与虚拟现实（VR）互动电子书等是主要的探索和发展方向。

（5）图书馆自建数字阅读平台

数字阅读服务不同于传统阅读，其阅读服务需要依赖于一定的平台和体系架构[10]。目前，互联网一共有五类数字阅读平台，分别是：电商平台、运营商平台、内容商平台、社交网络平台、图书馆自建平台。这些平台都有自身的定位和特点，区别包括内容来源、技术架构和服务模式等。在服务模式中，主要有基于 app 的原生阅读模式，基于 HTML5 的 Web app 或微站模式。无论是采用哪种或者多种阅读模式，都有相关的长处和不足。以 Web app 模式为例，Web app 无需安装应用即可使用，且多种平台和终端只需要开发维护一套应用，降低了开发成本和工作量，而其不足之处在于需要网络的支持和配合，在部分终端浏览器中的兼容性不佳等问题。反之，原生 app 模式则会产生开发运维成本过高的问题。

纽约公共图书馆开发的开源电子书平台 SimplyE，通过整合和打通各资源商内容，统一揭示、统一获取、统一服务，为用户带来了良好服务体验，为图书馆自建数字阅读平台带来了新的启发。

12.1.3.3　数字人文

数字人文可以说是数字图书馆的一环，也可以说是数字图书馆的超越。它始于用户的需求，且有赖于人文学者的参与。以前图书馆数字化主要是通过数字复制将历史资源保护起来，很少从资源开发利用的角度考虑。一个好的图书馆，不仅要守护好历史资源，而且要让这些资源得到充分开发和利用，图书馆为再现历史、传承文明所提供的服务，既是检验图书馆实力的核心业务，也是体现数字图书馆转型的重要标志。

数字人文概念最早可追溯到20世纪中期，由罗巴托·布萨（Roberto Busa）提出的人文计算（Computing Humanities），主要是指采用电脑运算来实现历史学、文学、考古学等人文领域研究中的自动检索、排列、计算等工作。到20世纪90年代，随着万维网、文本处理技术、数字文本标记规范的诞生与发展，人文学者开始使用超文本编辑、数据库建设等各类数字技术处理人文资源，并大量生产人文知识。进入21世纪，语义网、数据可视化、地理信息系统、用户贡献内容、AR/VR等技术与概念相继出现，数字人文的研究内容和工具得以进一步丰富[11]。

2004年，苏珊·施赖布曼（Susan Schreibman）等人编写的《数字人文指南》（*A Companion to Digital Humanities*）将这一电脑运算与人文科学交叉的研究领域化、学科化，并将其命名为数字人文（Digital Humanities）[12]，数字人文既包含了“以现代人文学方法来研究数字对象”，也包含了“以资讯科技方法来研究传统人文问题”[13]。在随后的十几年间，数字人文领域研究在国外蓬勃发展，各高校、图书馆建立了数字人文研究中心，如斯坦福大学的人文实验室、英国伦敦国王学院的人文计算研究中心等。国内数字人文研究起步稍晚，但发展势头迅猛，也已取得了一定的成果。武汉大学于2011年成立我国首个数字人文研究中心，随后各高校、机构也纷纷开展各类数字人文研究，开展了如“数字敦煌”“中国历史地理信息系统项目”（CHGIS）等项目。

进入数字时代后，图书馆不仅提供传统的文献资源保存与服务，也逐步将现代信息技术融入传统服务中。数字人文作为一门将新兴计算机技术方法应用于传统人文研究的交叉学科，契合图书馆发展方向，是图书馆发展的趋势之一。

图书馆有着知识收集、存储和服务的职能，拥有丰富馆藏资源和元数据，在数字人文研究中主要承担着为数字人文研究提供支持的职责。图书馆面向数字人文服务的主要工作内容包括数字资源建设与管理、工具方法研究与应用、基于内容的知识发现与服务、搭建数字人文基础设施平台、为人文学者提供友好的数字人文研究环境，图书馆不仅仅是数字人文研究中的资源提供者，更是重要的参与者[14]。

依照数字人文项目建设过程划分，数字人文发展中相关技术包括数据加工、数据挖掘、知识组织、数据呈现、数据服务、数据策管、数字出版，涉及数字化技术、文本挖掘技术、数据分析技术、可视化技术等多类技术方法，从资源建设、分享、服务到发布、保存、管理，全流程影响图书馆的信息服务。

12.2 智慧图书馆研究

近年来，在移动互联网、大数据、云计算、人工智能和区块链等新技术驱动下，人们的生活生产和文化娱乐的方式发生了巨大的变化，催生了许多新的文化形式和文化业态。2017 年，国务院印发《新一代人工智能发展规划》，将人工智能上升至国家战略高度。2019 年的《政府工作报告》中首次提及“智能 +”。“智能 +”是用人工智能、大数据等智能化技术及手段，为传统产业赋能。向智慧图书馆的转变也是图书馆深化发展和提升服务能力的必然要求。

“智慧图书馆”的概念最早由欧美大学图书馆的学者率先提出。2003 年，芬兰奥卢大学图书馆的马库斯 · 艾托拉（Markus Aittola）等人在《智慧图书馆：基于位置感知的移动图书馆服务》一文中首次提到了“智慧图书馆”，认为智慧图书馆是“一个不受空间限制且可被感知的移动图书馆服务，它可以帮助用户找到所需图书和相关资料”。这是国际范围内首篇对“智慧图书馆”进行理论研究的论文[15]，但当时在业界没有引起足够的关注。2008 年，IBM 公司提出了以物联网技术为基础的“智慧地球”概念，引发了人们对各领域智慧化的关注和研究，“智慧图书馆”也开始被人们熟知和重视。

从“智慧图书馆”诞生之日起，学者对它的概念和定义的研究和讨论就从未间断过。智慧图书馆目前还未有一个公认的定义。李玉海等在《我国智慧图书馆建设面临的五大问题》一文中对智慧图书馆的定义是“智慧图书馆以物联网、大数据、区块链及智能计算等设备和技术为基础，将图书馆的专业化管理和智能的感知、计算相结合，有效、精准、快捷地为用户提供所需的文献、信息、数据等资源，提供经过深加工的知识服务，提供用户需要的智能共享空间和特色文化空间，是虚实有机融合的图书馆”[16]。这个定义从技术、管理、资源、服务和用户等多个维度定义了智慧图书馆。

智慧图书馆由多个要素构成，包括业务管理的智能化、服务的智慧化、楼宇和空间的智慧化等。这些要素智慧化的实现离不开信息技术的创新和应用，尤其是以人工智能、物联网、云计算为核心的新一代技术的发展对图书馆业务流程的再造和图书馆的智慧化起着举足轻重和无可替代的作用（如图 12-3）。

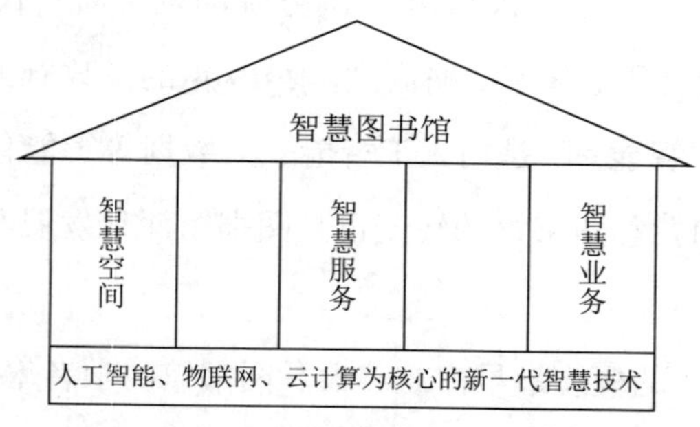

图 12-3　智慧图书馆框架示意

12.2.1　智慧技术

智慧图书馆是智慧技术的一个应用领域。目前智慧技术在学界还没有一个权威的定义。智慧技术一般是指将计算机、互联网、云计算、物联网等技术科学地结合在一起，从而形成更“智慧”的综合技术。其核心理念是基于云计算，借助物联网，模拟人类在相关活动中的智力行为，具体体现在分析、推理等方面，以此深化、扩展、部分替代人的脑力活动[17]。

人工智能及其相关技术是智慧图书馆建设的关键核心技术。人工智能技术可广泛用于智慧图书馆的搜索引擎、信息推荐、图像分析、视觉搜索、语音识别、情境感知、数据挖掘等业务。云计算及其相关技术（如边缘计算）可应用于智慧图书馆系统的存储、分析、安全、备份等，大大降低智慧图书馆的基础运行成本。物联网目前在图书馆的应用尚处于初级阶段，应用最多的是 RFID 技术，随着 5G 技术的成熟和普及，物联网将会使得智慧图书馆实现全面的互联互通。区块链技术目前在智慧图书馆中的应用极少。未来，将区块链技术与人工智能、大数据等社会驱动技术深入融合，将从根本上改变传统的图书馆信息组织体系、知识存储体系、用户交互体系、技术应用体系和信用保障体系等。

12.2.1.1　人工智能

人工智能亦称智械、机器智能，指由人制造出来的机器所表现出来的智能[18]，通常是指通过普通计算机程序来呈现人类智能的技术。目前，人工智能理论与技术已逐步完善，并得到了广泛应用。深度学习算法、大数据和云计算技术这三大基础技术为人工智能的发展奠定了技术基础。

人工智能目前主要被应用于搜索引擎、信息推荐、图像分析、视觉搜索、语音识别、情境感知、数据挖掘等技术和领域[19]，图书馆在资源建设、管理和服务中都可运用这些技术向用户提供基于智能系统的支撑、深度学习计算的知识创建、策略优化、神经感知等智能服务，以达到智能搜索、获取、整合，可以运用智能机器人或智能程序，实现空间引导或参考咨询等功能。基于人工智能的智慧图书馆建设使得图书馆的个性化服务、主动性知识服务更加体现出以读者为中心的服务理念[20]。另外，人工智能技术区别于其他现代科技的核心点就在于其具有学习能力，特别是“自主性”的学习能力。在实际应用中，人工智能可提供的独特价值是借助其强大的计算能力，更为主动、高效、精准地挖掘用户数据，实现无人化、智慧化的管理与服务，通过将互为关联的数据进行挖掘和量化，以发现存在的规律、问题和趋势[21]。

目前国内图书馆真正通过人工智能技术提供智慧服务的还不多见，仅有一些零星尝试[22]。未来，图书馆界还需构建包括理论、技术、应用与设施等软硬件在内的一套科学、完整和系统的图书馆人工智能软硬件体系[23]。人工智能有待在未来成为图书馆的支撑性基础技术。

12.2.1.2　云计算

云计算是继 20 世纪 80 年代大型计算机经历客户端—服务器的大转变之后的又一巨变。用户不再需要了解“云”中基础设施的细节，不必具有相应的专业知识，也无需直接进行控制。云计算描述了一种基于互联网的 IT 服务增加、使用和交付新模式，通常涉及通过互联网来提高动态易拓展且经常虚拟化的资源[24]。服务提供者集成大量的资源供多个用户使用，用户可以轻易地请求更多资源，并随时调整使用量，将不需要的资源释放回整个架构。云计算服务具有随需应变自助服务、随时随地用任何网络设备访问、多人共享资源池、快速重新部署灵活度、可被监控与量测、基于虚拟化技术快速部署资源或获得服务、减少用户终端的处理负担以及降低用户对于 IT 专业知识的依赖等特征。

当前云计算在图书馆中的运用主要体现在：一是整合各类实体与网络资源、降低运行成本，服务器与互联网、信息资料等的整合能够提高移动图书馆的资源搜寻效率，各服务设备的有效整合发挥了整体大于部分的效益，大大降低了基础建设成本；二是减少软硬件的购置费用，云计算能够完成所有软件的安装与升级，节省智慧图书馆发展的各种资源[25]。此外，智慧图书馆系统的存储、分析、安全、备份需要较强的运算能力与大容量存储空间。云计算技术由于可用性、便捷性、扩展性、灾备性能较强，能极大降低智慧图书馆的运行压力并保证数据安全，主要用于分布式计算、大数据分析、数据存储以及灾备服务等。

12.2.1.3　物联网

物联网是互联网、传统电信网等的信息承载体，通过 RFID、红外感应器、全球定位和激光扫描器等传感设备与互联网连接，进行信息计算、处理、数据挖掘，通过无线通信技术实现智能识别、定位、监控和管理。物联网把人、物本身的信息经由传感器、智能设备等采集后，通过网络通信传送到云计算平台进行存储、分析和控制[26]。

物联网利用微型化、智能化、嵌入式的信息感知设备，让万物之间的信息联通成为可能，在智慧图书馆建设中发挥重要作用。在物联网等新技术支持下，图书馆实现了书与书、书与人、人与人之间的互联，摆脱时间和空间的限制，让读者可以在任何时间、任何地点，以任何方式获得图书馆的资源和服务[27]。物联网技术可借助信息传感设备，在约定协议下将实体与互联网连接起来，并通过与 Wi-Fi 定位技术和 ZigBee 等技术关联使用，识别和储存用户的生物信息、位置信息、情感信息、借阅信息、行为轨迹信息等诸多数据，实现信息的交换和通信，从而实现如馆藏资源查找、定位、盘点，用户定位、身份识别，智能家具控制、室内温控等感知功能，实现基于智慧图书馆平台的统一管理与互联互通[28]。

更加全面、更加快速的感知是智慧图书馆的基础，智慧图书馆利用 RFID、无线通信网络实时采集物体的动态信息，配合管理系统，能够随时获取需要的数据和信息，为智慧决策、自动控制提供依据[29]。图书馆通过传感器、电子标签等实现对任意物品的定位和跟踪，可掌握建筑、设施运行状态、人员状态等重要信息，全面、即时感知馆内所有人、物和环境[30]。当用户随意性的行为形成大数据传输到云端，图书馆还可结合云计算分析，深度挖掘数据，找出用户自己都未曾意识到的兴趣点。

目前，物联网在图书馆的应用尚处于初级阶段，某些方向已经有成功的案例，比如RFID标签在借阅、整架、盘点上的应用[31]，但还没有全面、整体实现物联网化的范例，物联网仍然具有十分广阔的市场和应用前景。

12.2.1.4　5G

5G是第五代移动通信技术的简称，指超高传输率、低延迟、支持大规模高密度高速度设备连接并具有高可靠性的新一代蜂窝移动通信技术。5G技术本身是根据全新的通信需求来设计的。不同于4G只是为了满足个人通信的需求，5G设计了三大需求应用场景，即增强型移动宽带（eMBB）、海量低功耗连接（mMTC）和低延时高可靠连接（uRLLC），能够全面满足大带宽、海量设备接入、低延时、高可靠性的需求。基站峰值速率从4G的1Gbps增加到20Gbps，用户体验速率比4G时代提高几倍到十几倍，移动性能支持500公里时速的设备大量接入，毫秒级的低延时能够满足城市自动驾驶控制和工业4.0中的协同性要求，同时提供智慧城市中每平方公里百万级高密度传感器的在线连接[32]。

5G是智慧图书馆最重要的基础性技术。随着5G商用的普及，这种技术将帮助图书馆实现过去不可能或很难实现的智慧应用场景。如：

（1）超高速多媒体应用

5G的增强型移动宽带技术，能够让图书馆为读者提供更好的免费上网体验，支持大规模人群和多设备同时在线，开展超清影视、直播等服务，适用于各类会议、讲座、展览等文化活动[33]。

（2）智能楼宇空间服务

5G的海量低功耗连接技术，可以使图书馆建筑中的所有设备设施（包括建筑运行本身）全部终身在线，接受建筑信息模型系统（BIM）系统和图书馆业务管理系统的智能调度控制，包括空调、灯光、电梯、监控等各类子系统，可以提供安全预警、人流管理、人脸识别、空间预约、室内导航、绿色节能、消防安保、灾害防护等服务。

（3）低延时高可靠应用

5G 的低延时高可靠连接技术通常用于工业 4.0 和无人驾驶 / 无人机控制，图书馆可将其用于与增强现实场景有关的教育培训、主题会展、少儿服务等场景，以及定位 / 导航、智能查找 / 推送、创客服务、虚拟知识空间服务等，还能实现自动盘点机器人更好协同并提高效率。

12.2.1.5 区块链

区块链（Blockchain）技术是利用块链式数据结构来验证与存储数据、利用分布式节点共识算法来生成和更新数据、利用密码学的方式保证数据传输和访问的安全、利用自动化脚本代码组成的智能合约来编程和操作数据的一种全新的分布式基础架构与计算范式。它以去中心化为最大特征，还具有不可篡改、开放、透明、安全和可信等特征[34]。

区块链被认为是继蒸汽机、电力、互联网之后的下一代颠覆性技术。我国也将区块链与人工智能、量子通信等新型技术作为新时期努力发展的重点工程。目前，区块链技术已被广泛应用到医疗、金融、国际贸易、房地产、能源、公共管理等领域。

以信息资源采购、管理和服务应用为基础核心业务的图书馆虽然目前还缺乏有深度的区块链技术应用探索，但其具有非常肥沃的区块链技术落地应用土壤。区块链技术的去中心化增强了话语权和共识度，基于加密算法的不可篡改性提升了数据安全性，智能合约技术为图书馆智能化发展提供契机，可追溯性保障了大数据获取的完整性[35]。

依据区块链技术的特征和图书馆建设的发展需求，可以展望图书馆未来对区块链技术的若干应用场景：如应用于图书馆智能设备的研发，应用于用户教育的学习认证技术，应用于图书馆数据的安全保障，应用于图书馆服务链体系的构建，应用于图书馆资源共享的建设和应用于图书馆知识库的建设，等等。

12.2.2 智慧业务与服务创新

大数据时代，在智慧技术浪潮的推动下，传统图书馆的业务流程和服务必须重构和再造才能满足用户多样化的需求，智慧业务的使用和智慧服务的提供成为衡量智慧图书馆的一个关键技术指标。

12.2.2.1 移动图书馆服务

随着智能手机和移动终端的普及，尤其是5G技术的成熟，移动图书馆服务将会是智慧业务的重要组成部分，也将是主战场。除了传统的图书馆移动app以外，图书馆可以将服务嵌入各种社交新媒体平台，如微信、微博和支付宝等。读者进入图书馆建筑内后，图书馆还可以提供基于位置的各种移动服务。

12.2.2.2 24小时图书馆

现阶段的无人图书馆主要是24小时无人值守图书馆，配备的设施设备主要有智能门禁、自助借还书机、自助查询办证导览发布机、书架和阅览桌。智慧时代的图书馆应该是利用人工智能技术进行服务的无人图书馆。智慧无人图书馆可以通过人脸识别获取读者身份信息，运用RFID技术建立书库物联网体系，实时定位图书位置；运用深度学习算法对读者在馆行为进行深度分析，用机器视觉代替人眼观测来判断读者在馆行为。读者无需进行任何操作即可完成图书借阅，简化借书流程，缩短借阅时间，实现读者借书“拿了就走”，提升读者借书体验效果[36]。

12.2.2.3 机器人服务

随着人工智能技术的不断发展，越来越多的图书馆尝试用机器人来协助图书馆的日常业务工作。机器人成为人工智能技术在智慧图书馆业务中发挥作用的主要载体之一。国内外图书馆对机器人的应用，主要有智能问答机器人、参考咨询机器人、自动图书盘点机器人等。未来随着物联网等各项技术的不断发展和成熟，机器人还可实现自动更新书架、送书到桌和服务残障人士等功能[37]。

12.2.2.4 文献智能分拣

文献的智能分拣也是智慧图书馆业务的一个重要组成部分。即使图书文献种类繁多和数量巨大，智慧图书馆也能借助先进的技术和设施设备实现文献的智能管理和借阅的快捷周转。对于流转速度最快的外借书架，可以采用RFID 智能书架，这种书架借助 RFID 芯片实现图书的精确定位。对于利用率较低的图书，图书馆可采用密集书库加自动分拣系统的管理方式，节省图书馆的空间和经费。

自动分拣系统设备包括图书的条码或 RFID 识别系统、传输系统、分拣系统和楼层提升系统。原理是给每一册图书安装 RFID 电子标签或条形码作为图书的识别码，在图书进入图书自动分拣设备后，RFID 电子标签中的图书分类信息被设备上的 RFID 天线读取，然后经过系统判断将图书传送到相应分类的分拣口进行归类，并输送到指定的地方。RFID 技术让自动分拣系统无须考虑分拣对象的摆放方式，只需将被分拣对象置于可识别范围内即可准确快速地识别，大大提高了自动分拣系统的兼容性及分拣效率。

12.2.2.5 智能参考咨询

参考咨询服务是图书馆主要工作之一。随着网络的普及和图书馆数字化工作的推进，数字参考咨询服务成为相关研究的热点。要实现智能化的数字参考咨询服务，需要智能问答系统的支撑，而构建相应的知识库是实现智能问答的重要前提工作。

智能问答系统是一种针对自然语言处理的新型信息检索系统。它的出现，体现了人们对快速、准确地获取信息的热衷。传统的搜索引擎要求用户输入一些关键字的组合，且对于用户提交的查询只能定位到文献或是网页，用户必须自己去筛选需要的有用信息。问答系统允许用户以自然语言的形式输入一个问句，最终返回给用户的也是自然语言形式的简短而准确的答案。

目前自动问答技术已经取得了一定的成绩，出现了许多优秀的问答系统，现有类型主要有聊天机器人[38]、基于知识库的问答系统、问答式检索系统，以及基于自由文本的问答系统等。图书馆智能机器人技术在图书馆的多个应用领域已经发挥了十分明显的优势，目前已经扩展应用到图书馆智能化参考咨询问答服务[39]、图书馆智能24小时自助图书馆服务、图书馆书库自动巡架检查服务、图书馆外借阅览读者自助借还书服务、图书馆智能机器人图书自动上架与自动取书服务等方面[40]。

12.2.2.6　替代计量学

替代计量学是Web 2.0环境下一种新兴的计量方法，替代计量学的兴起是文章级评价、科研成果计量、科研发现计量、科学计量学2.0等众多研究的合流，与科学交流的网络化密切相关。替代计量学作为适应在线科研交流环境而诞生的研究，与传统文献计量学既存在区别，又保持联系[41]。

对图书馆来说，替代计量学有效地提高了图书馆的服务质量。通过替代计量学能够将近一周或是近一个月的文献资料查找数据进行有效的整合，这样就可以分析出最受欢迎的文献资料有哪些，根据需求量的不同将文献进行重新整理。替代计量学的出现也为图书馆馆藏发展决策的优化提供了新的可能。为了探索馆藏发展与用户需求的一致性，图书馆使用过多种工具，包括用户需求调研、馆藏质量评价及用户决策采购等。而替代计量指标如关注度、使用量指标，揭示了用户对信息资源的需求程度。因此，图书馆可以通过检查高关注度的资源是否被纳入馆藏体系来优化馆藏建设。

在当前的图书馆服务工作中，如果采用传统性的文献计量学难免会存在一定的不足之处，对于文献的管理也具有滞后性，因此，转化服务方式，采用替代计量学则更符合现代社会发展的需要。

12.2.3 智慧空间

图书馆作为生长着的有机体，其空间布局规划与图书馆所处时代背景及用户需求紧密相连。由于图书馆服务模式从“以资源为中心”转向“以用户为中心”，“空间即服务”理念将主导未来智慧图书馆空间布局规划与建设。智慧图书馆的空间布局在兼容资源保存的基础上，将营造实体与虚拟相融合，支持个性化和群组化学习、研讨、交流、分享、创新，甚至文化休闲的智能空间与环境。根据空间功能的不同，智慧图书馆应重点营造的空间有知识共享空间、创新创意空间、文化交流空间等[42]。空间设施是智慧图书馆服务体系的基础条件，在智慧空间中需要配备各种智能设施设备、智能终端和各种学习和体验软件，实现感知、互联、智能甚至智慧的服务，并能够有机融合资源、技术、服务、馆员和用户五要素，吸引用户参与，让用户获得良好的体验。

12.2.3.1 智慧馆舍

吴建中先生非常认同和提倡“图书馆是城市生活的第三空间”这一理念，并强调图书馆作为场所具有非常重要的价值，他认为“图书馆是知识交流与共享的最佳场所，它往往是一个城市最值得骄傲的公共建筑”[43]。“第三空间”及其所强调的交流与互动功能越来越多地进入图书馆规划设计与发展进程中。

智慧图书馆馆舍是基于图书馆相关业务进行规划设计的，各种基础及配套设施齐全、布局合理且能够满足图书馆业务开展的建筑或建筑群。建筑内外结合物联网、云计算、大数据、人工智能、5G 等新一代信息技术，使图书馆馆舍的建设和管理深入融合发展。

目前图书馆智慧馆舍的具体应用场景有馆舍综合安防、馆内便捷通行、馆舍设施管理、馆舍资产和能耗管理、馆舍环境空间管理以及整个图书馆的智能运营。

12.2.3.2　空间服务

图书馆的空间布局规划与图书馆所处时代背景及用户需求紧密相连。智慧图书馆的服务模式将从“以资源为中心”转向“以用户为中心”，践行“空间即服务”的理念并运用物联网，人工智能，全景AR、VR、MR等技术手段，将物理空间、虚拟空间与信息服务融合，构建智能高效的数字文化服务生态空间。

（1）创客空间

创客空间（Hack Space、Maker Space），是供人们分享创意、交流经验与合作创新的地方，为人们进行动手性探索与参与性学习提供场地、材料、工具、设备和技术[44]。

创客空间的出现，为图书馆服务方式开启了新方向，也给图书馆如何为用户打造交流、创造的空间等问题提供了理论指导与实践思路。近几年我国图书馆创客空间的研究热点主要集中在高校图书馆和公共图书馆的创客空间研究，图书馆创新、创业服务研究，图书馆3D打印服务研究，创客空间与信息共享空间等其他空间的融合交叉研究以及介绍与分析美国图书馆创客空间的案例等。

2013年5月，上海图书馆“创·新空间”对外开放，标志着“创客空间”正式进入国内的公共图书馆领域[45]。“创·新空间”作为上海市文化创意产业的重要信息窗口，集学习、创意、交流、展示等功能于一体，以“激活创意、知识交流”为主题概念，为读者提供智能化、全媒体专题信息服务，为“创客”及专业设计人员搭建主题服务的知识平台和体验艺术创意的智能空间。

（2）3D打印

3D打印（3D printing）即快速成型技术的一种，又称增材制造，它是一种以数字模型文件为基础，运用粉末状金属或塑料等可黏合材料，通过逐层打印的方式来构造物体的技术[46]。

2010年之后，3D打印技术真正进入大众视野，2011年，美国法耶特维尔公共图书馆最早开展3D打印服务，随后美国多地图书馆都有了3D打印机，内华达大学图书馆则是第一家给学生提供3D打印服务的美国高校图书馆。国内图书馆应用3D打印机的时间相对晚了一些，2013年5月，上海图书馆在国内图书馆界率先引入3D打印机并对读者开放[47]。提供3D打印服务，对图书馆来说，可以让不同学科背景的人来到图书馆，找到具有相似研究兴趣的科研伙伴，共建创意、共享空间，加强图书馆与社会各界的广泛合作，在提升自身服务质量的同时，提升图书馆的社会影响力。从而促进科技合作与艺术交流，创造出新的知识[48]。

（3）BYOD

BYOD（Bring Your Own Device）是指携带自己的设备办公、学习，这些设备包括个人电脑、手机、平板等移动智能终端设备。它向人们展现了一个更现代化的办公、学习的智能场景[49]。在图书馆领域，BYOD更多的是指读者通过自携设备来访问和使用图书馆提供的各类应用与服务的模式。

2013年11月，上海图书馆推出“市民数字阅读app”，同时研制数字阅读自助机，使读者不仅可以直接搜索、浏览和试读电子图书，还可以通过“扫一扫”“摇一摇”等功能，将电子书快捷地添加到自持的移动终端上（如智能手机、平板电脑等），BYOD服务模式的应用大大节省了图书馆购置设备的经费，为公共图书馆数字移动阅读服务开辟出一片全新的天地。2018年初，上海图书馆开展手机扫码借书测试，将读者的手机变成“图书馆的书刊外借自助设备”，改善读者借书体验、避免高峰时间读者排队借书的情况。

（4）VR、AR、MR体验

随着信息技术和互联网的快速发展，各种虚拟与现实相结合的技术日益成熟，目前主要有虚拟现实、增强现实和混合现实（MR）这三种技术[50]。

这三种技术与图书馆的智慧空间服务相结合后产生了多种新的图书馆应用和服务，例如图书馆的虚拟导航、AR智能书架、AR图书、数字展览和知识分享等。未来图书馆会利用各种虚拟技术在智能服务、参考咨询服务、信息资源服务、知识分享、文创产品开发等方面进行探索[51]。目前国内已有开发公司尝试打造混合现实数字图书馆，图书馆的墙壁上喷涂了各种书籍，读者佩戴上混合现实技术的设备之后，凝视墙上的图案便可以打开阅读相应书籍[52]。

（5）游戏体验

在当前文化产业蓬勃发展的大环境下，图书馆服务急需融入创新元素，以适应新时代图书馆发展的新要求，而游戏化（Gamification）的植入无疑正是图书馆服务创新的一种有效手段。图书馆的检索游戏和排架游戏是最常见的游戏化信息素养教育形式。2003 年，林登实验室开发的“第二人生”（Second Life）游戏，是一个基于互联网的 3D 虚拟世界。美国许多大学已在其中建立虚拟图书馆，其中斯坦福大学已提供虚拟典藏、参考服务、展览和授课等。读者还可以浏览许多珍贵的馆藏原稿[53]。与国外相比，我国图书馆在游戏化服务方面的起步较晚，但也已经有了相关的实践，如清华大学图书馆的排架游戏、常熟市图书馆的“乡土文化乐园”等[54]。

除电子游戏之外，结合密室逃脱等青年受欢迎的游戏设计思路，图书馆还可以举办一些图书寻宝活动，把一些“宝藏”线索隐藏在图书当中，让读者在馆内搜寻，最终让读者熟悉图书馆的馆藏分布[55]。

（6）体验实验室

体验实验室（Experience Lab）用新媒体技术手段创造出多种不同学科的场景，使体验者沉浸在不同风格的空间中重新感受自己与身边的世界[56]。继图书馆开设创客空间以来，各类体验实验室便开始在图书馆陆续创办。图书馆开设体验实验室的新服务功能，有利于用户在实践中萌生创意，为人们提供工作或职业生涯规划指导，帮助人们学习科学、技术、工程、数学等学科知识，提升技术能力等。

图书馆创建实验室，正在改变图书馆主要通过显性而静态的阅览活动进行知识传播的途径，将“动手制作”融入图书馆，促使用户将动手与动脑、实践与探索、学习与创造等紧密结合起来。促进用户之间的隐性知识传播，提升个人学识素养，加快知识流动，有利于知识创新[57]。

12.3　公共图书馆技术创新及数字发展战略

未来公共图书馆的技术创新与数字化建设和发展，整体上应遵循以下几个原则。第一，合理利用原则，即致力于合理引入技术并保障其有效利用。图书馆采用新技术的根本目标是提高效率，改善人们使用图书馆的体验。因此，图书馆需对准备引入的新技术进行充分调研，避免盲目、低效的投入，防止图书馆技术体系出现冗余，提高技术使用率和使用效能，降低管理成本，提升用户体验度。第二，应用创新原则，即致力于推动技术的模式创新及应用。当前，仍在经历转型发展的图书馆，其业务内容已经开始打破传统格局，各类新业务、新服务不断涌现。图书馆应充分利用新技术的优势，改善和创新图书馆业务流程，而非满足于让技术适应传统的图书馆业务流程。图书馆要善用新技术，变被动为主动，从简单的技术引进与应用向探索模式创新转变，结合图书馆资源、服务、管理等要素，根据需求研发技术和寻找适用技术，实现图书馆技术创新的新模式，有效发挥自身在数字和网络环境下创新增值服务的能力。第三，健全管理原则，即致力于改进和完善技术管理体系。图书馆应不断健全技术管理体系，注重技术的系统性能提升和功能扩展性，对引进系统和技术应用在对接、安全与融合等方面做充分考虑，从而增强技术产品的耦合性，提高应用部署的灵活性。此外，应重视技术的规划管理工作，对技术方案选择、技术设备配置、综合应用评价等方面进行合理的规划。第四，以人为本原则，即致力于坚持用户本位的思想。图书馆应用各类技术的最终目的是给人带来便利，以人为本是图书馆技术发展的根本遵循，因此技术应充分建立在与用户互动的基础上。同时，图书馆应重视用户信息反馈、使用行为等的收集和分析，为技术的改进和完善提供依据。

除上述四项原则外，图书馆技术发展的还有一项关键原则，即应重视以需求驱动技术变革与创新。图书馆的技术需求主要体现在两个方面：

首先是服务需求。用户在使用图书馆过程中产生的主观需求主要体现在以下两点：一是精准需求。图书馆用户的需求是多元化的，每个用户都有其特定的个性化服务需求和心理诉求。用户希望图书馆能够精准把握每一位用户的真实需求，并以此为核心，更加注重服务情境创设、服务过程及用户个人的内在特征，制定个性化的服务策略，建立“用户至上”的图书馆个性化服务模式。二是高效性需求。当前，互联网的发展促使信息量急剧增长，图书馆用户的需求变得更多样、更广泛。因此，用户要求图书馆提供的服务形态和内容等更加广泛且易得易用，并在获取服务的过程中能够与图书馆建立高效的交互渠道，从而便捷、及时、高效地获取所需资源。随着移动智能终端的发展与普及，越来越多的用户希望能够随时随地完成各类信息资源与服务的获取、整合及利用。

其次是管理需求。图书馆希望利用新技术改革管理方式、提升管理效率，满足其对机构自身所涉及的人、财、物等各方面的管理需求，其中包括图书馆业务流程管理需求、图书馆数据管理需求等。一方面，信息化时代，业务流程重组是图书馆转型期建设的关键环节和主要任务，图书馆许多原有的业务内容、人员、机构、制度、基础设施已不再适用，亟需重新设计、规划、重组业务流程，基于各种新技术应用，对资源采访、馆藏模式、用户服务、人力资源建设等进行管理流程再造。另一方面，图书馆拥有庞大的数据集合，包括用户信息数据、服务资源数据及其他业务数据等。为了及时响应各利益相关方需求的变化和调整，同时也是为图书馆提供精准服务打好关键基础，图书馆需要及时做好各类信息数据的收集、分析、利用、服务和监管，成为顺应未来图书馆发展方向的数据管理和服务的引领者。

在遵循上述五项原则的基础上，我国图书馆技术创新及数字发展战略的主要目标可以从以下五个方面做重点探讨及思考。

12.3.1 全面普及——将技术纳入图书馆各环节

信息技术的不断创新和发展将彻底改变图书馆的运作方式。随着网络信息化的普及和计算机技术的迅速发展，不同类型的信息技术势必被广泛运用到图书馆各项业务工作流程中。例如，在资源建设方面，图书馆可基于信息化、数字化、网络化的发展，进一步推动数字出版技术广泛应用，增强电子出版物、网络出版物等非实体文献的出版，依托不断涌现的网络信息资源，促使图书馆的馆藏类型、品种和结构呈现出多元化的发展态势。图书馆应努力在开展信息资源采集、组织、存储等工作的过程中，积极引入新技术，包括数字化技术、信息抽取技术、关联数据技术、数字资源长期保存技术等。在服务提供方面，由于用户的信息需求不断向多元化、综合化、个性化方向发展，图书馆开展信息服务的方式也要随之变化。图书馆可充分利用大数据、云计算等信息技术，分析并掌握用户需求，为其提供有针对性的个性化服务；充分利用 RSS/ATOM 等技术提供信息发布和知识交流服务；充分利用人工智能相关技术开展智能机器人、虚拟知识服务等[58]。在业务管理方面，为应对馆藏资源结构的变化与服务对象需求的变化，图书馆应加速使其管理手段从传统管理模式向开放式、网格式的信息化管理模式转变。图书馆集成管理系统从以资源管理为中心，发展到以业务管理为中心，再到采用新型技术架构和互操作技术的系统研发为中心，支持当前复合型图书馆在全媒体管理、全流程管理等方面的需求[59]。

12.3.2　与时俱进——把握技术更新迭代

进入 21 世纪后，云计算、物联网、移动互联网、5G 等新技术一经问世，即引起图书馆领域的高度关注，针对这些技术的早期研究主要集中在对技术应用前景的讨论。有的学者认为，云计算将为图书馆提供软件服务、互联网整合服务等。图书馆一方面是云计算的使用方、受益者，另一方面又可以作为云服务的开发者、提供方[60]。还有的学者认为，物联网概念的核心思想是借助 RFID 等各种传感设备，将各种实体与信息世界互联互通，物联网中的 RFID 使自动借还书成为可能[61]。如 2006 年 7 月正式对外开放的深圳图书馆新馆成为当时国内第一家全面使用 RFID 设备的图书馆。“图书馆是生长着的有机体”，而不断更新裂变的现代技术所带来的动态影响，显著加快了图书馆的成长演进与吐故纳新。在新技术应用逐渐普及以后，图书馆通过大量吸纳新技术，促使其服务模式出现各种程度的改进和完善。因此，基于新技术带来的服务模式创新应得到进一步重视，例如结合各类新兴技术应用而形成的智慧图书馆、泛在图书馆等概念。2015 年，《国务院关于积极推进“互联网 +”行动的指导意见》正式拉开了我国“互联网 +”理论与应用研究的大幕，在“互联网 +”的理念下，云计算、物联网、移动终端等将成为图书馆必要的基础服务技术及设施，并且应突出以用户为中心和用户参与的图书馆“互联网 +”模式，促进新一代信息通信技术与“互联网 2.0+ 服务 2.0+ 创新 2.0”的相互作用与共同演化[62]。

12.3.3　数据驱动——聚焦数据分析技术

近年来，国内越来越多的图书馆相继开展数字化、信息化建设或数字图书馆建设，并在具体实践中积累了大量的各种类型的数据。在接下来一段时期内，针对如何充分利用这些数据来解决数字化和信息化过程中普遍存在的问题，通过数据驱动图书馆各类业务与服务的进一步深化和优化，将成为图书馆界高度关注的领域。第一，图书馆可深入应用数据挖掘技术。数据挖掘作为图书馆工作中最常用的分析手段应得到重点关注。深度分析和探讨数据挖掘技术与知识发现之间的关系[63]，以及如何利用数据挖掘技术为图书馆开展个性化服务提供支持，例如按用户要求进行信息订制，或挖掘用户兴趣模式，提供主动服务等[64]。第二，图书馆有必要加强大数据分析技术的应用力度。大数据相关理念和原理的出现，为图书馆各项工作提供了新的思路和工具。利用大数据相关技术对图书馆内海量、异构的各类运营数据、信息资源数据以及用户数据等进行合理存储、有效整合与深入分析，发掘数据中所蕴含的各种有价值信息，达成对信息资源演变及用户需求偏好等的全面、即时感知，并以此拓展服务领域、提升服务能级，例如实现馆藏资源精准采购、馆舍空间设施优化、学科知识探究发现、为用户提供差异化服务等[65]。第三，图书馆应强化对以数据分析为基础的新领域、新方式的研究和应用，包括用户建模、个性化服务、智能搜索、数据可视化、知识图谱、参考咨询等[66]。例如：利用大数据技术构建用户知识需求预测引擎，建立图书馆新型知识服务体系[67]；构建以数据信息为基础的参考咨询服务创新机制，通过数据的协调与耦合提升图书馆参考咨询服务的社会适应能力，等等[68]。

12.3.4 融合发展——推动跨类型、跨区域合作

互联网时代，各行各业之间的边界变得越来越模糊，这为图书馆角色转型和深度跨界合作创造了良好机遇。同时，在当前文化与科技融合发展趋势日益凸显的基础上，以云计算、物联网、移动互联网、大数据、智慧城市等为代表的新技术正在对文化需求和文化产品与服务提供方式的革新带来更加巨大的影响。作为公共文化服务体系的重要组成部分，图书馆应致力于借鉴和应用各种类型的新兴技术，主动打破传统服务的界限，不断优化工作流程，积极寻求与

其他利益相关者开展跨界、跨域合作，实现资源、服务、管理等业务层面的共建共享。例如，融合“互联网 +”思维，图书馆与微博、微信、支付宝以及各类视频网站、流媒体平台等新技术平台进行合作，将图书馆的各类阅读资源和服务项目向线上扩展，以及借助此类新技术平台，创新跨图书馆机构的协同服务模式，整合不同地区图书馆或其他社会文化机构的线上资源，连通各机构的在线服务，统一入口、统一书库、统一管理、统一运营，实现资源和服务的共建共享与通借通还[69]。又如，将已开发的“你选书我买单”等服务进行线上平台的研发和升级，集跨地区荐书、找书、借书、读书、换书等功能于一体，并与原有的线下服务沟通联动，大大提升服务效率和资源共享性[70]。可见，在新技术背景下，图书馆应致力于获得更多的技术机会和能力，将强大的服务触角延伸向社会的各个角落，进一步扩大与公众的接触面。

12.3.5 迈向智能——构建智慧图书馆

随着智能化技术的加速普及，人类已逐步迈入智慧时代。当前，国内外有关智慧图书馆的探讨已从理论研究逐步转向应用开发。智慧图书馆的有力发展依赖于物联网和人工智能等新技术的应用与发展，它作为多模块协同发展的综合体，也是一个多技术集成、融合的技术应用网络。在智慧图书馆的技术应用领域，相关技术主要集中在计算机和网络综合技术、物联网、人工智能、大数据和数据挖掘、地理信息系统（GIS）、虚拟现实、区块链和其他可辅助智慧图书馆建设的集成技术和系统中，其中以物联网技术和人工智能技术最受关注。物联网技术可借助信息传感设备，在约定协议下将实体与互联网连接起来，并通过与 Wi-Fi 定位技术和 ZigBee 等技术关联使用，实现信息交换和通信，从而实现全方位智能化识别、定位、跟踪、监控和管理。人工智能技术可应用在图书馆内部业务和对外服务方面，对内可帮助图书馆员准确高效地进行知识组织，对外可结合用户行为构建用户画像，实现用户与图书馆知识体系的匹配，为用户提供精准服务。作为未来重大技术趋势之一，人工智能技术将有可能成为图书馆领域内最具潜力和颠覆性的技术。人工智能和图书馆有着天然的关联性和交融性，二者的深度融合能有效提升图书馆管理与服务水平、拓展服务内涵和外延[71]。此外，图书馆还可通过应用虚拟现实等技术，优化各类馆藏资源和布局[72]。

智慧图书馆是图书馆技术创新及数字发展的长远战略目标。智慧图书馆应以上述新一代核心智慧技术为基础，全面普及智慧化管理与服务模式，提升智慧技术支撑图书馆稳定、高效运行的机制和能力，广泛打造以人为本的，基于资源、服务、阅读、连接等要素的智慧应用场景，实现空间楼宇的智慧化、业务管理的智慧化、服务的智慧化。首先，在图书馆空间布局上营造实体与虚拟相融合并支持个性化学习、研讨、交流、分享、创新的智能服务环境，如知识共享空间、创客空间等。在空间中配备多种智能设施设备，融合图书馆内外各类资源，塑造可互联感知的智能化服务空间。其次，利用智慧技术实现图书馆业务流程的重构与再造。例如，建立一个可高效管理各类资源、升级整合各类服务的下一代图书馆服务平台来简化业务流程、提高服务效能，在此基础上打造更加智能的移动图书馆、24 小时无人值守图书馆等；又如，开发智能机器人协助图书馆开展日常业务和服务工作，主要包括智能问答机器人、参考咨询机器人、自动图书盘点机器人等。总而言之，智慧时代的图书馆技术创新，需要在信息化发展的基础上，研究与探索图书馆服务智能化、资源个性化、管理感知化、连接无缝化、体验智慧化等维度，构建智慧图书馆体系[73]。

（执笔人：陈超、刘炜、马春、张磊、杨佳、张春景、曲蕴、姚馨、周纲、沈励、郭利敏、朱雯晶、徐鸿强、夏翠娟、贺晨芝、张喆昱、周江纯、丁柯允、宋歌笙、徐昊、宋文婷、赵斌、王晔斌、陈晨、陆晓君、孙宇、蔡丹丹、张炜、吴政、王林、邵波、陈黄焱）

参考文献

［1］国家图书馆《中国图书馆分类法》编辑委员会．中国图书馆分类法［M］．5 版．北京：国家图书馆出版社，2010：123.

［2］Europeana Cloud［EB/OL］．［2020-03-11］.https://pro.europeana.eu/project/europeana-cloud.

［3］沈思，苏新宁．知识服务环境下分类表的知识组织探究［J］．图书情报工作，2014（7）：113-118.

［4］李纲，戴强斌．基于词汇链的关键词自动标引方法［J］．图书情报知识，2011（3）：67-71.

［5］白如江，王晓笛，王效岳．基于支持向量机和核心特征词的科技文献自动标引研究［J］．情报理论与实践，2014（7）：129-134.

［6］陈白雪，宋培彦．基于用户自然标注的 TF-IDF 辅助标引算法及实证研究［J］．图书情报工作，2018（1）：132-139.

［7］王昊，谷俊，苏新宁．本体驱动的知识管理系统模型及其应用研究［J］．中国图书馆学报，2013（2）：98-110.

［8］鲍玉来，毕强．基于领域本体的开放存取资源语义检索引擎设计与实现［J］．情报理论与实践，2014（5）：87-91.

［9］任浩然．基于 NSCT 的数字图书馆图像资源检索技术研究［D］．太原：山西财经大学，2018.

［10］朱雯晶．基于开源软件的图书馆电子书平台构建：上海图书馆的实践［J］．图书馆杂志，2019（5）：30-38.

［11］刘炜，叶鹰．数字人文的技术体系与理论结构探讨［J］．中国图书馆学报，2017（5）：32-41.

［12］SCHREIBMAN S，SIEMENS R，UNSWORTH J. A companion to Digital Humanities［M］.Malden：Blackwell Pub，2004：xxiii-xxvii.

［13］FITZPATRICK K.The Humanities，Done Digitally［M］// GOLD M K.Debates in the Digital Humanities.Minneapolis：University of Minnesota Press，2012：12-15.

［14］［15］王世伟．未来图书馆的新模式：智慧图书馆［J］．图书馆建设，2011（12）：1-5.

［16］李玉海，金喆，李佳会，等．我国智慧图书馆建设面临的五大问题［J］．中国图书馆学报，2020（2）：17-26.

［17］龙艳红．智慧技术与智慧城市的解析［J］．数字通信世界，2019（11）：88.

［18］维基百科［EB/OL］．［2020-04-23］.https://zh.wikipedia.org/wiki/.

［19］［22］单轸，邵波．国内“人工智能 & 图书馆用户行为分析”的演变和现状探赜［J］．图书馆学研究，2018（10）：9-15.

［20］傅云霞．人工智能在智慧图书馆建设中应用研究［J］．图书馆工作与研究，2018（9）：47-51，79.

［21］陆婷婷．从智慧图书馆到智能图书馆：人工智能时代图书馆发展的转向［J］．图书与情报，2017（3）：98-101，140.

［23］［71］李晨晖，张兴旺，秦晓珠．图书馆未来的技术应用与发展：基于近五年 Gartner《十大战略技术趋势》及相关报告的对比分析［J］. 图书与情报，2017（6）：37-47.

［24］区块链技术融合云计算，为大规模的应用打下基础［EB/OL］．［2020-04-13］．https://www.sohu.com/a/300249184_99945062.

［25］周玲元，李慧．智慧图书馆微服务体系建设研究：以移动图书馆为例［J］．图书馆学研究，2020（2）：55-62.

［26］［29］侯松霞．论智慧图书馆的机遇与挑战：基于云计算与物联网融合视角［J］．图书馆工作与研究，2019（S1）：50-53，60.

［27］储节旺，陈芬，郭春侠．边缘计算在图书馆智慧服务中的应用探索［J］．情报理论与实践，2020（3）：78-84.

［28］［72］段美珍，初景利．国内外智慧图书馆研究述评［J］．图书馆论坛，2019（11）：104-112.

［30］［31］武洪兴．基于物联网的智慧图书馆应用构想［J］. 图书馆工作与研究，2020（3）：85-91.

［32］刘炜，陈晨，张磊 .5G 与智慧图书馆建设［J］. 中国图书馆学报，2019（5）：42-50.

［33］储节旺，汪敏 .5G 环境下移动信息服务创新初探［J］．情报理论与实践，2019（3）：29-35.

［34］张忠林，王玲．区块链技术在图书馆的应用场景分析［J］．图书与情报，2018（6）：110-112.

［35］赵闯，聂兰渤．区块链理念下图书馆技术应用前景探析［J］．图书馆学研究，2018（21）：7-9，54.

［36］冯银花．基于人工智能的无人图书馆［J］．大学图书情报学刊，2019（4）：89-93.

［37］杨政昂，肖东娟，官钰，等．基于智能机器人的图书馆管理与服务创新［J］．中国图书馆学报，2019（15）：175-180.

［38］姚飞，张成昱，陈武．清华智能聊天机器人“小图”的移动应用［J］．现代图书情报技术，2014（Z1）：120-126.

［39］李文江，陈诗琴．AIMLBot 智能机器人在实时虚拟参考咨询中的应用［J］．现代图书情报技术，2012（Z1）：127-132.

［40］来云．图书馆智能化咨询问答机器人系统设计与语料技术研究［J］．现代情报，2017（11）：123-126.

［41］邱均平，余厚强．替代计量学的提出过程与研究进展［J］．图书情报工作，2013（19）：7-14.

［42］高协，王昕，张心言，等．智慧图书馆的空间设施构想［J］．数字图书馆论坛，2018（6）：15-20

［43］吴建中．拓展图书馆作为社会公共空间的功能［J］. 公共图书馆，2011（1）：3-5.

［44］曾建勋．从创客空间到众创空间［J］．数字图书馆论坛，2015（6）：1.

［45］曲蕴．公共图书馆“创客空间”实践探索：以上海图书馆“创 · 新空间”为例［J］．新世纪图书馆，2014（10）：42-44.

［46］3D 打印［EB/OL］．［2020-04-13］.https://baike.baidu.com/item/3D%E6%89%93%E5%8D%B0.

［47］熊定越．“图书馆 +3D 打印”打造新服务模式：上海图书馆实践案例［J］．图书情报导刊，2016（7）：15-19.

［48］图书馆引入 3D 打印的意义和前景［EB/OL］．［2020-04-13］.http://www.mohou.com/articles/article-6683.html.

［49］Sydney Boys High School. Bring your own device［EB/OL］．［2020-04-15］. https://www.sydneyboyshigh.com/byod.

［50］阿嘎尔 .VR/AR+ 时代图书馆发展初探［J］．图书馆学刊，2017（7）：117-121.

［51］VR 图书馆如何运作　VR 图书馆应用一览［EB/OL］．［2020-04-20］.http://www.pc6.com/infoview/Article_94522.html.

［52］全国首个 MR 混合现实数字图书馆　动静结合的全新阅读体验［EB/

OL］.［2020-04-20］.https://xw.qq.com/cmsid/20170904127087OO.

［53］Stanford Libraries. Virtual archives in Second Life［EB/OL］.［2020-04-21］. https://library.stanford.edu/spc/more-about-us/projects-and-initiatives/virtual-archives-second-life.

［54］陈鹤阳.国内外图情领域游戏化研究现状及动向研判［J］.现代情报，2020（3）：24-37.

［55］莫茜.图书馆游戏化服务探究［J］.智库论坛，2018（14）：104-105.

［56］Experience Lab 体验实验室［EB/OL］.［2020-04-21］.http://www.360doc.com/content/18/0604/11/32606862_759535560.shtml.

［57］曾建勋.图书馆开设实验室的启示［J］.数字图书馆论坛，2019（1）：1.

［58］杨子帅，王颖纯，刘燕权.图书馆服务中人工智能技术应用的调查研究［J］.图书馆，2019（10）：34-40.

［59］谢蓉，刘炜，朱雯晶.第三代图书馆服务平台：新需求与新突破［J］.中国图书馆学报，2019（3）：25-37.

［60］刘炜.图书馆需要一朵怎样的“云”？［J］.大学图书馆学报，2009（4）：2-6.

［61］邵莉娟，叶宏信.物联网：影响图书馆的第四代技术［J］.图书与情报，2010（2）：90-92，110.

［62］张兴旺，李晨晖.当图书馆遇上“互联网+”［J］.图书与情报，2015（4）：63-70.

［63］化柏林.数据挖掘与知识发现关系探析［J］.情报理论与实践，2008（4）：507-510.

［64］夏南强，张红梅.基于数据挖掘的数字图书馆个性化服务［J］.图书馆学研究，2006（1）：32-34，43.

［65］曲蕴.美国国会图书馆 2019—2023 年战略规划解读与启示［J］.图书馆，2019（9）：53-59.

［66］李广建，陈瑜，张庆芝.新中国 70 年现代图书情报技术研究与实践［J］.图书馆杂志，2019（11）：4-20.

［67］樊伟红，李晨晖，张兴旺，等.图书馆需要怎样的“大数据”［J］.图书馆杂志，2012（11）：63-68，77.

［68］袁红军.大数据时代下图书馆参考咨询服务创新机制探究［J］.图书馆工作与研究，2017（1）：16-19.

［69］杨静.基于新技术的公共图书馆跨界合作动因及发展策略探究［J］.图书馆工作与研究，2019（9）：36-41.

[70] 段宇锋，王灿昊. 内蒙古图书馆“彩云服务”的创新之路 [J]. 图书馆杂志，2018（4）：43-50.

[73] 刘晓清. 图书馆技术创新变革与研究 [J]. 国家图书馆学刊，2018（4）：85-89.

13　公共图书馆空间发展战略

空间与资源、服务一样，是图书馆运行和发展中的关键要素。近年来，公共图书馆越来越重视其作为空间场所的价值，国际图联《全球愿景报告》将“图书馆重视多样性和包容性，为大众提供非商业化公共空间”列为图书馆发展的十大亮点之一[1]。未来，公共图书馆事业将不断迎来新的契机与挑战，空间发展更应受到充分关注。公共图书馆有必要在吸收国内外空间建设经验的基础上，进一步创新空间价值、激发空间活力、提升空间形象，构建与社会水平发展相适应的、面向未来的高质量发展战略，使其在新时代中焕发出强大且持久的生命力。

图书馆空间是指提供资源、设备及服务以满足读者需求的特定场所，是图书馆的基本要素，也是图书馆价值的重要表现形式，具有文化性、知识性、服务性和发展性等特点。随着人类文明的变迁、社会经济发展和科学技术的创新，图书馆空间的内涵发生了巨大而深刻的变化，从最初的封闭藏书楼到免费开放的公共图书馆，从单一建筑走向规模宏大的建筑群。

按照服务功能，图书馆空间可以分为藏书空间、借阅空间、休闲空间、学习空间、办公空间等多种类型。近年来，各类空间交互发展，图书馆空间类型的边界逐渐模糊，且与社会空间融合为一体。本章讨论的公共图书馆空间为广义概念，既包括有形的、物化的实体空间，也包括无形、数字化的虚拟空间；既指内部场所设施，也包括建筑外观及周边环境，还涵盖主体建筑以外的各类延伸空间形态。

13.1 国内外公共图书馆空间发展现状

在公共图书馆百余年历史进程中，建筑空间作为其重要组成部分，朝着开放、人文、多元等趋势不断发展。就我国而言，数十年时间里，公共图书馆空间发展在布局、功能、服务等多方面都取得了显著的成就，同时面临着一些问题。

13.1.1 国内外公共图书馆空间发展趋势

现代社会的进步、科学技术的高速发展以及大众精神文化需求的变化都在影响着公共图书馆的功能与服务，空间发展也伴随着其转型升级而不断变革。如今的公共图书馆已经从早期文献资源的贮藏空间向满足大众交流、社会参与的公共空间转变，通过空间再造，彻底改变传统图书馆的藏阅一体空间，增强功能适用性，使图书馆成为新的功能空间[2]。而人工智能、“图书馆＋书”等技术理念正不断推动着公共图书馆实体空间与虚拟空间的深度融合，加快其向大数据时代的全媒体复合型图书馆转型[3]。

纵观公共图书馆空间发展历程，虽然国内外有所差异，但其总体发展趋势基本表现为：

13.1.1.1 空间理念从封闭到开放

图书馆最早是为少数人服务的封闭机构，后来才逐步向普通民众开放，这种开放的理念深刻地作用于其建筑空间的布局与服务。“拴着锁链的图书馆”、闭架管理的书库……这种不便于读者利用的格局已经被全开放式的大空间所取代，公共图书馆的最大限度的开架、一体化的空间服务，使读者可以根据自己的喜好自由选择活动区域。例如：芬兰赫尔辛基中央图书馆几乎全部由开放式的公共空间组成，成为赫尔辛基居民的公共客厅、工作空间和学习场所[4]；上海市浦东新区图书馆利用中庭空间、书山空间和浮云空间三个开放式大空间带来层次丰富的一体化阅读体验[5]。

13.1.1.2　更加关注以“人”为中心的空间建设

公共图书馆空间建设历程从本质上讲也是从以“书”为中心到以“人”为中心的转变过程。在重藏轻用时期，公共图书馆更重视书库的建设，它占据了图书馆大部分空间，读者空间围绕藏书布局且十分有限。而今，“以人为本”成为每个公共图书馆空间建设中坚持的必要原则，选址方便读者，满足各类空间使用需求，充分考虑安全、照明、声音、色彩、环保等因素，力求为广大读者提供舒适、亲切的空间体验。

基于对用户需求的深刻理解，公共图书馆强调用户需求驱动服务设计、服务创新，关注共同创建和用户参与的“设计思维”正被广泛地应用在公共图书馆建设过程中。如新加坡公共图书馆就引入用户参与决策，建设以“生活方式、设计和应用艺术”为主题的乌节路图书馆，其标志性的曲线书架、杂志封面一律向外的杂志墙等，得到了公众的肯定和喜爱[6]。

13.1.1.3　日趋多元化、一体化及灵活化的空间功能设置

早期的公共图书馆只有藏书功能，后又兼具了图书借还、查询和阅览功能，随着自身职能的延伸，社会文化功能凸显出来，逐渐成为集收藏阅览、信息传播、学习交流、休闲娱乐等于一体的公共文化场所。

以“模数式”为代表的空间设计，开启了现代公共图书馆藏借阅空间一体化的进程，空间形态愈发多元化，其边界也不再壁垒分明，融合发展正成为主流趋势。更加灵活可变的空间形式被广泛应用，带给读者多样化、个性化服务。公共图书馆空间伴随功能的拓展与变动，可以实现自由动态组合。

2011年，丹麦学者提出了由学习、灵感、会议和表演组成的四维空间概念模型，表达了公共图书馆的四个总体目标：体验、授权、参与和创新[7]。奥胡斯市新一代复合型、创造型图书馆借鉴这一理念，以灵活而专业的空间结构层次为基础打造了一个集创造、科技、知识、媒介和用户于一体的城市媒介空间[8]。

13.1.1.4　空间规模和范围不断拓展延伸

随着经济条件的改善，各国纷纷扩大了公共图书馆的建筑总量，提高空间承载力，超大规模的公共图书馆在全球文化建筑体中占有重要席位。以我国为例，上海、天津、广东、辽宁等多个省级公共图书馆新馆面积都在10万平方米以上①。

公共图书馆空间服务范围也在不断拓展，空间布局更加密集，建筑面积覆盖率大大提高。在国外，公共图书馆是社区的文化活动中心，给居民营造家一般的空间归属感。我国农家书屋、城市书房等将图书馆空间服务延伸至基层，还涌现出许多“图书馆+”等公共阅读空间的新形态，如江苏省苏州市、浙江省温州市等地的小微型公共阅读空间建设发展实践均取得了一定的成果。

随着新技术发展与普及，越来越多的公共图书馆实体空间通过整合数字化资源创造出新的服务体验，且不再局限于实体空间内部，读者可以足不出户享受图书馆虚拟空间服务。在经历了信息共享空间、学习空间、创客空间的形态演进之后，智慧空间将成为未来图书馆空间的主要形态和发展方向[9]。

---

①　数据来源于国家图书馆研究院编的《2019中国图书馆事业发展基础数据概览》。

13.1.2 我国公共图书馆空间发展的主要成就

13.1.2.1 公共图书馆成为城市创新与发展新地标

改革开放以来，党和国家持续加大对公共图书馆事业的支持，加强对图书馆空间的规划与指导。《全国公共图书馆事业发展“十二五”规划》《“十三五”时期全国公共图书馆事业发展规划》均把加强公共图书馆设施建设，统筹规划公共图书馆布局，进行新建、改建和扩建工作列为重点任务[10-11]。针对公共图书馆建筑空间的规划设计，我国制定出台《建标108—2008 公共图书馆建设标准》《图书馆建筑设计规范》等行业标准。《中华人民共和国公共文化服务保障法》和《中华人民共和国公共图书馆法》的颁布实施，起到了进一步的引导和支持作用。公共图书馆空间建设处在繁荣的快速发展时期，并取得了显著的成就。

近十年来，我国各地区掀起了公共图书馆的新建或改扩建浪潮，建筑规模不断扩大，朝着现代化、个性化和国际化方向发展，加入文化综合体的整体选址布局中，成为城市的新地标，在公众社会文化生活中扮演着不可或缺的重要角色。截至2019年，全国已有公共图书馆3196个，各地区公共图书馆总建筑面积近1700万平方米，较1979年增长19.6倍①。

例如，山西省太原市图书馆新馆与周边园林景观形成内外呼应，定位温馨典雅的中式基调，成为“汾河岸边的城市书房”。其共享大厅中庭上部向内收拢的形态使建筑内部空间形式回归原始形态，读者犹如置身于静谧的树林间、草庐下读书。东西两侧的墙柱斜向排列，形成漫射光，避免了阳光直射对读者阅读的影响，减少了能耗，增强了馆内的光影效果和空间美感，也增强了读者的文化感受。

① 数据来源于国家图书馆研究院编的《2019中国图书馆事业发展基础数据概览》。

天津市滨海新区图书馆以“滨海之眼”和“书山”为形象核心特征，中庭以冲孔铝板结合彩色印刷为基础打造出“书山”的造型，表现了“书山有路勤为径”“书籍，是人类进步的阶梯”的内涵，在为使用者提供阅览功能的同时，还创造了休息、会友、交流的空间，为读者带来充分的学习与社交一体化的空间体验。天津市滨海新区图书馆自开馆便引起持续广泛关注，被美国《时代》周刊列为2018年世界最值得去的100个地方之首，成为新一代网红打卡地[12]。

13.1.2.2　基本实现全开放、一体化的空间格局

我国早期图书馆空间整体上以藏书功能为主，直至20世纪初开始按不同的功能需求对图书馆进行空间功能划分，现阶段我国公共图书馆空间设置和改造中，藏阅空间一体化是发展的主流。有很多图书馆在内部设计上，阅览区域完全是大开间式结构，比如天津图书馆文化中心馆，大敞开式的开架阅览，没有墙壁阻隔，明亮的自然光线照射进来，虽然是在室内，但读者在阅读时丝毫不会感觉光线昏暗。

新的藏阅空间也大量涌现，存在形式多种多样，如中庭式、阶梯式、走廊式、观光式等，不断满足图书馆分享、共享、融合、交互的功能。图书馆的公共空间也是不可或缺的重要组成部分，其存在形式和创新样式也是层出不穷，从大厅到楼梯，从走廊到庭院，从草坪到广场，甚至材料的选择、功能的配置。我国公共图书馆界对于公共空间的运用越来越成熟，创新了很多的公共空间利用模式。公共图书馆逐步提高对公众的馆藏开放面积比例，为了更好地满足公共图书馆空间功能发展需求，同时适应新时代图书馆事业发展的需要，现代化公共图书馆的建筑空间，呈现出全开放式的空间布局发展趋势[13]。

浙江省杭州图书馆秉承“平民图书馆、市民大书房”的办馆方针，全馆总面积约4.4万平方米，对读者开放面积达到4万平方米，占总面积的90%。同时，打破库室分离格局，在开放区域采取统一荷载，藏阅合一，借阅一体

化，空间设计错落有致，同时利用书架和沙发等进行软隔断，使馆内各功能区域无障碍贯通，在内部功能上实现了物理空间、网络空间、社会空间的大融合。

13.1.2.3 围绕核心功能完成衍生功能的合理设置

新时期，我国各公共图书馆适应社会发展需要向国际看齐，我国公共图书馆空间发展主要围绕着图书馆核心功能灵活布局，在保留传统的借阅空间外，还陆续增设了多功能报告厅、多功能交流室、展览厅、专题研究室、写作室、创客空间、学习共享空间、阅读体验空间、咖啡吧、茶吧等多元化服务空间。公共图书馆空间发展陆续引进国际先进的设施设备和科学技术手段，运用独特的装饰设计风格，创造独具特色和文化底蕴浓厚的主题服务空间，为社会公众搭建起一个集学习、交流、共享、休闲、体验、娱乐为一体的公共文化服务空间。

满足环境需求的阅读区域主要是针对不同类型的读者，提供以纸质文献为主的藏阅空间。例如，广州图书馆在新馆设计时，将南二楼 1481 平方米的少儿阅览区打造成亲子绘本阅读馆，设有小剧场、玩具馆、母婴室，通过馆藏文献、空间造型、环境布置营造亲子共读氛围，让亲子家庭在开放、自由的绘本馆快乐阅读。亲子绘本阅读馆自 2013 年开放至今，创新服务绩效屡创新高，2019 年亲子绘本阅读馆共举办未成年人阅读推广活动 1779 场，参加公众 68.9 万人次[14]。深圳图书馆“南书房”取名源于清代康熙读书处“南斋”，占地约 350 平方米，以“道 · 法 · 自然”的设计理念，将深圳图书馆的经典馆藏、特殊文献展示和读书互动分享的体验集中在一起，弘扬经典阅读之风，是一个综合性的读书、分享与交流的空间。

社交休闲功能在我国公共图书馆以各种创新性的形式被推广，体现出公共图书馆空间的多元化、人性化、个性化。如湖南省长沙图书馆的新三角创客空间是国内首个集学习、交流、制作、展示、孵化于一体的图书馆公益性创客互动平台，目前拥有 170 平方米的专用工作室，配备有 3D 打印机、数控雕刻机、激光切割机等230余种专业工具设备，馆内配套有报告厅、多媒体教室、700平方米展厅作为创客交流和项目展示的场所。

"城市的入口，人民的大学"，图书馆的社会教育功能与其文献服务、数据服务、阅读推广、培训讲座等互相交融，在图书馆空间发展中充分体现。如河北省沧州图书馆"遇书房·经典阅览室"以6000余册古今中外经典文献为主配置馆藏，是兼具多种功能的经典阅读推广和文化交流空间，它依托该馆的经典文献资源、专业馆员及各界经典阅读和传统文化专家、学者和文化志愿者，利用先进的服务设施，开展学术研讨、专题讲座、交流沙龙、文化展览、文献研读等多种形式的经典阅读推广活动。

13.1.2.4　基本实现无线与有线网络的全覆盖

随着时代的发展，科学技术的进步，公共图书馆空间发展在科技应用方面也在不断变化与更新。公共图书馆无线与有线网络全覆盖打破了传统图书馆的封闭式电子阅读室上网模式，实现了社会公众可以通过无线网络随时利用自身携带的笔记本电脑、iPad、智能手机等设备使用图书馆数字资源[15]，既为社会公众使用图书馆资源和服务提供了便利，也提高了图书馆数字资源的使用率。目前，我国公共图书馆基本实现无线与有线网络全覆盖，Wi-Fi成为公共图书馆的基本组网方式之一[16]，这为公共图书馆空间发展提供了网络资源保障，同时也满足了社会公众对网络资源服务的实际需求，提升了公众在图书馆的体验。

13.1.2.5　虚拟空间服务不断深化

新技术的广泛应用促进公共图书馆空间转型，出现了自助图书馆、无人值守图书馆、云端图书馆、移动图书馆等新型图书馆空间。我国大多数公共图书馆如今都设置了虚拟空间服务区域，在设计中运用现代信息技术进行创新。现阶段公共图书馆的虚拟文献服务集中体现在数字文献、电子文献、数据库等数字化资源提供方面，接下来的虚拟文献可能会以更智能、更多元、更云端的方式被开发，这也对满足信息需求支持的图书馆虚拟空间的发展提出了难度更高的要求。

通过互联网、大数据、云计算、物联网、AI 人脸识别、区块链、3D 全息投影等新技术的融入，及图书馆应用管理软件的充分运用，公共图书馆极大地拓展了多样化阅读场景，丰富了人们的阅读体验。如上海市徐汇区图书馆的“书香部落”，是集“书房、客厅、工作室”为一体的自助式阅读空间，馆内全部采用 RFID 智能书架来提供自助式开放外借服务，可实现办证、查询、借还书等一体化服务。作为杭州市余杭区图书馆智慧城市分馆，临平图书馆的智慧元素随处可见，人脸识别入馆、智能书架、智能借阅柜、智能机器人、大数据系统屏、VR 一体机、电子书瀑布流、自助借还机、自助消毒柜等设备一应俱全。苏州第二图书馆拥有全国首个智能化存储空间，该馆应用多媒体、大数据等先进技术在馆内实现全方位智慧空间服务。

13.1.3 我国公共图书馆空间发展面临的问题

13.1.3.1 公共服务空间不足

公共图书馆馆藏文献的持续增长，低利用率文献重复建设，读者对活动服务空间的高需求，这些因素造成图书馆公共服务空间不足。现代化公共图书馆需要具有“不给读者任何限制，让人人享受图书馆”的空间发展服务理念，即公共图书馆的零门槛制度。然而，国内有些公共图书馆公共服务空间处于超负荷运转状态，通过不断压缩阅览服务区域的空间来开展阅读推广活动，阅览室占座现象时有发生，图书馆对人流量处于高峰期时实施临时限制进馆措施等现象，都折射出公共图书馆公共服务空间的不足。

13.1.3.2 空间结构与功能的单一性

随着社会经济的快速发展，人们对精神文化的需求也在不断地提升，公共图书馆空间结构与功能的单一性在一定程度上对图书馆多元化文化服务起到相应的限制作用，难以满足社会公众对公共文化服务的多样化需求。在我国公共图书馆的空间发展过程中，存在着图书馆的空间结构单一、空间功能布局落后、建筑与设施设备老化等问题，这些问题制约着公共图书馆的转型与变革。

13.1.3.3　空间服务设施配套不完善

公共图书馆空间服务设施作为公共文化服务体系中的重要组成部分[17]，直接影响着社会公众对图书馆空间环境的舒适满意度和服务体验感。打造高质量、高水平的公共图书馆服务空间，不仅需要科学合理的空间功能布局，同时也需要完善的公共空间服务配套设施的支撑。公共图书馆空间服务配套设施的欠缺会给社会公众在使用图书馆的过程中带来诸多不便，缺少人性化的空间服务会影响到公共服务空间的功能与品质，从而降低图书馆的服务效益和社会公众对图书馆的服务满意度。

13.1.3.4　空间利用率有待提升

随着社会文化潮流和公众生活需求的不断变化，公共图书馆的形态和功能也在逐渐发生变化。单纯的藏书阅览空间难以适应新时代公共图书馆发展的需要，公共图书馆较低的空间利用率不仅影响着图书馆内部空间的活力，还影响着图书馆空间的使用效能和图书馆的服务效益[18]，难以满足社会公众对各式各样、灵活个性化的空间服务需求。

13.1.3.5　空间再造经费不足

政府部门对公共图书馆空间再造经费的投入是图书馆空间发展的重要资源保障，公共图书馆空间再造在经费不足的情况下将是艰难前行，难以达到空间再造的预期效果，从而制约着图书馆空间功能布局的合理调整及阅读推广活动的有效开展，最终影响到图书馆空间资源建设与服务效能的提升以及图书馆的转型发展。

13.1.3.6　缺乏本土特色文化空间的展现

文化作为一座城市的独特印记，更是一座城市的根与魂。每一座城市都有属于自身的独特文化属性。公共文化空间既是展现和传承乡土文化的重要载体，也是一种独具特色的文化空间类型。公共图书馆空间建设缺乏本土特色文化空间的展现，导致文化氛围不足，既不利于图书馆特色文化空间品牌的建立和推广，也不利于图书馆独特的文化内涵和底蕴的体现。如果公共图书馆文化空间建设缺乏对地方民俗特色、历史传统等本土文化的传承和发扬，其文化空间将会缺乏文化艺术氛围和吸引力以及造成地域特色文化和个性化服务的缺失。

13.1.3.7　空间体验感与互动性欠缺

随着社会公众的文化水平和接收信息的能力、审美水平的不断提高，公众对公共图书馆文化服务空间的功能属性要求也在不断提升，“互动性”和“体验性”的接收信息方式引起了公众的重视。公共图书馆传统的公共服务空间具有一定的限制性，其所营造出的互动体验式的活动氛围较为单调，缺少新型技术手段的融入，趣味性和吸引力不足，导致公众参与图书馆的公共服务活动的积极性不高。公共图书馆开展多样化的阅读体验服务活动需要以相应的活动空间为前提。图书馆建筑空间的不足，使得图书馆在拓展实施阅读体验服务活动时受到了一定的制约，同时图书馆服务空间缺少情景化参与、主题式营造、角色感带入、情感性渗透等互动体验氛围的设计，从而降低了社会公众对图书馆空间的体验感与互动性及参与感与归属感。

13.1.3.8　空间发展区域不平衡

在《中华人民共和国公共图书馆法》尚未出台之前，公共图书馆事业发展缺乏相关法律和政策的保障，各级政府对公共图书馆事业发展的投入随意性比较强。这在一定程度上造成了各地各级公共图书馆空间发展不平衡的现象，尤其是发达地区、城市公共图书馆与欠发达地区、县级以下基层图书馆之间的空间发展区域不平衡问题较为突出，具体体现在各地区公共图书馆建设的数量、质量和服务水平参差不齐。这不仅制约着我国公共图书馆事业的健康发展，也不利于我国公共文化服务体系与公共文化服务均等化的建设。

13.2 融合创新背景下我国公共图书馆空间发展

融合创新是公共图书馆空间发展的新动能，现代公共图书馆需要突破传统思维，审视文旅融合、文化与科技融合、创新驱动等因素作用下空间发展的定位与转向，以提升空间体验，实现空间效能最大化。

13.2.1 文旅融合背景下公共图书馆空间的多元化发展

文化和旅游融合发展是党中央立足党和国家事业全局、把握文化和旅游发展规律做出的战略决策[19]。公共图书馆探索文旅融合有着时代的需求及广阔的空间[20]，应坚持“宜融则融、能融尽融”的工作理念，实现空间的多元化发展。

13.2.1.1 产业联动，打破公共图书馆空间的传统固有模式

当前，公共图书馆在文旅融合的实践过程中，面临着品牌项目数量不足、质量不佳和读者需求复杂的难点[21]。公共图书馆需要摆脱传统空间定义的束缚，积极发挥其作为公共文化空间的作用，同时有必要引入多方社会力量，适度加强与文化产业、旅游产业的合作发展，形成产业联动态势。

例如，人们可以开发城市中具有特色的公共图书馆建筑和空间资源，将其纳入当地旅游风景区中，在增加入馆人数的同时，也对外树立了图书馆的口碑。又如，推动公共图书馆与研学游的融合，通过对旅游景区的文化解读，让参与者加深对图书馆传统价值的认同，依托社会教育、休闲体验等服务，使大众接受现代图书馆空间新功能。

公共图书馆与其他基层文化机构和相关产业群体，应该统一思想，创新

发展，对内联动营销，对外强化交流合作，线上线下齐发力，以文旅融合的思维推动当地文化和旅游产业提升质量和实现经济效益的“双赢”。

13.2.1.2 跨界合作，适应公共图书馆空间发展新需求

随着文旅事业的高速发展，跨界合作成为一大亮点，最具代表性的便是公共图书馆与博物馆、文化馆等公共文化机构的融合。这些公共文化机构通过集中的建筑群落形式，打造文化综合体，提供社会文化服务的同时也带动了旅游的发展。

除内部合作之外，公共图书馆还可以在保障其公益性服务的基础上，适当地考虑纳入市场化因素，如图书馆与民宿、咖啡厅等相结合，公共图书馆在专业、资源和政策等方面具备优势，通过与社会力量的合作可以弥补场地、人员、资金的不足。例如，浙江省云和县图书馆通过发展民宿书吧、采用图博合璧方案延伸文献服务等做法，形成推动县域文旅融合的新合力[22]。

13.2.1.3 坚持“图书馆 +”思维，创建公共图书馆全域文化空间

为实现文旅深度融合，公共图书馆空间发展应该坚持“图书馆 +”思维，打破原有的空间限制，开展全域服务。多元化的图书馆空间理念要求公共图书馆在满足用户基本信息需求的基础上，扩展出更多的服务功能。如芬兰赫尔辛基中央图书馆，其主体空间既承载了城市图书馆的基本功能，又具有休闲娱乐、社交、生活体验、科技体验等多元功能[23]。

开展公共图书馆全域服务，除了打破物理层面的桎梏之外，还要在服务资源、服务关系、服务秩序等方面进行完善和重构，包括对区域资源进行有机整合，扩展“互联网 +”服务类型，将总分馆建设延伸至旅游景区等公共服务场所等。

打造多元化的公共图书馆服务空间还可以借助先进的技术手段。如利用AR、VR等科技来增加展览的趣味性，提供沉浸式体验，或者面向读者开发可视化的传递媒介来介绍图书馆文化等新型服务形式，增强公共图书馆的空间吸引力，提升品牌价值。

13.2.1.4　深度挖掘文旅资源，探索公共图书馆旅游新空间

为了更好地促进文化资源与旅游服务融合，公共图书馆要结合公共文化服务，深度挖掘旅游资源，积极开拓旅游功能。一方面可以在公共图书馆空间改造的过程中，适当地纳入旅游元素；另一方面也可以利用图书馆的开放空间，为当地旅游行业进行文化宣传。

探索公共图书馆旅游新空间，要进一步突出文化资源的利用、文化创意的引入，走出传统文献服务的框架，进而带动文化产业发展、文化市场繁荣。公共图书馆还可以在社区文化活动中心建立旅游信息服务点，开展游客参与性强的主题文化活动，深入挖掘旅游主题板块的历史文化元素，建设小型博物馆、陈列馆、体验馆和布置室外雕塑等，营造浓厚的文化氛围。

13.2.2　文化与科技融合背景下公共图书馆空间的新发展

新技术的嵌入、匹配协调的技术系统、融合空间场景等都成为图书馆发展的新引擎。公共图书馆为进一步适应社会公众需求，应逐步打造文化与科技融合下的新型多元文化体验、交流学习与协同共享空间。

13.2.2.1　互联网与物联网背景下公共图书馆物理空间的新变化

注重体验、有效交互、智慧互联是“互联网 +”和“物联网 +”背景下公共图书馆物理空间的价值内涵。目前，公共图书馆空间与“互联网 +”技术的融合已取得了一定的发展成绩。伴随着 5G 技术的兴起，“物联网 +”将有更广阔的发展平台。

基于物联网构建的通借通还服务，给物理空间的发展带来更多的“硬智慧”，可以打通深层次的物理服务空间。基于物联网的地理信息系统，为物理空间的服务提供强大的关系查询能力，将地理位置信息与图书馆服务、读者信息紧密结合。通过识别技术、智能感知与普适计算等通信感知技术，图书馆空间与空间、物品与物品之间实现信息交换和通信，真正实现了物物相连。

以创客空间为例，创客空间需要3D扫描仪、3D打印机、照相机、投影仪、激光切割机、摄影机等大量高科技设备而任何一个图书馆都不可能购置全面的技术设施，但借助万物互联可在技术层面实现馆际多渠道合作、共享设施设备。

13.2.2.2 大数据与云计算环境下公共图书馆虚拟空间的新走向

伴随着信息技术持续渗透到图书馆的空间发展，虚拟图书馆不再是“数字图书馆”的别称，而是将纸质资源与数字资源、移动社交、信息平台、微服务等进行充分整合，实现物理与虚拟空间的智慧互联。公共图书馆的虚拟空间与实体空间融合共生、良性互动，正走向全媒体服务新空间。

大数据环境要求图书馆通过空间再造为用户提供更为优质的多元服务，形成以读者需求为重点的泛在式服务保障体系。云计算与云服务之下，图书馆云空间服务集成了虚拟学习、研究、社交等功能空间，逐步建立起虚拟知识共享平台，例如网络课堂、知识创造区等[24]。同时，作为现代公共文化服务体系的核心组成部分，公共图书馆的虚拟空间已经与公共文化服务云融为一体，由不同公共文化服务机构云空间共同搭建起一个融通、多元的虚拟空间。

13.2.2.3 人工智能与泛在信息环境下公共图书馆智慧空间的新协同

人工智能环境下的图书馆空间更加智能、灵活、开放，同时呈现出更加多样、包容、协同和层次性的新型空间特征[25]。智能空间将用户的智能终端与图书馆空间中的智慧模块展开立体、多维交互协作，并基于用户的个性化需求和习惯，主动为用户提供推荐、查询、定位的高度智能化服务。以智能产品、现代通信为支撑的智慧图书馆，拓展了传统服务内容，无人化智能管理、24小时开放正成为公共图书馆新的空间发展趋势。

泛在信息环境让图书馆智慧空间进一步融入读者生活之中，也为图书馆空间发展带来了开放、平等、协作、共享、去中心化的模式，将全球层面的点、线、面、体进行充分融合和协同，实现服务和资源的共有、共享，以最高效率将人与人、人与社会联系在一起，以最佳方式、方法突破空间的限制[26]。未来公共图书馆要以开放共享的服务理念和全球化视野，在文化活动、阅读推广、场所布局、社区凝聚力等层面进行协同，打造“社会创新空间”，增强公共图书馆与城市的融合度、协同度。

13.2.2.4 传统与现代融合下公共图书馆数字人文空间发展的新视域

公共图书馆空间是传统与现代的融合体。数字技术与人文环境的集合，促进了图书馆数字人文空间的产生。目前，公共图书馆还普遍缺少为用户提供数字人文演示、培训、实践的服务空间，需要进一步增强数字人文空间服务理念，通过空间功能的拓展营造更加具有吸引力的人文环境。

公共图书馆应配备先进的现代技术设备，以能满足数字人文研究的各种需求，最终完善图书馆的数字学术服务功能[27]。公共图书馆对数字技术与设备的应用，应着重体现公共图书馆的人文关怀和阅读氛围，满足用户对人文信息的需求和技术认知的拓展。

公共图书馆具有地方文献中心的职能，地域性数字人文空间是其在新环境下的独特优势。应进一步挖掘地方特色文化元素，以区域特色文化和资源为主线，促进地方文化的传承与保护[28]。历史古籍的保护性开发是图书馆的重要工作，文化遗产的数字化和数字人文也是应关注的领域。

13.2.3 创新驱动背景下公共图书馆空间的可持续发展

13.2.3.1 创新驱动背景下公共图书馆空间可持续发展的新业态

创新驱动背景下，公共图书馆面临新技术、新模式、新思维、新机制的转变，空间的可持续发展也呈现出新业态：

第一，公共图书馆空间可持续发展的充分赋能。在创新赋能成为社会各领域的发展热潮下，空间赋能会成为图书馆空间服务的新常态，为用户提供便捷高效的精准服务。

第二，生态空间视阈的可持续发展。将空间生态纳入公共图书馆空间可持续发展规划，在制度和决策上以生态理念引领其可持续发展，从生态学角度打造科学健康、绿色环保的公共图书馆空间生态格局。

第三，通过跨界、合作、集优、聚力来推动公共图书馆空间的可持续发展。图书馆空间的转型和可持续发展，是多重因素的集成和异质融合，必将走向跨界融合与联盟合作，最终重构图书馆空间价值观和发展观，公共图书馆应增强联盟合作、互补双赢、开放融合意识[29]。

13.2.3.2　创新驱动背景下公共图书馆创客空间模式的可持续发展

创客空间（或众创空间）是公共图书馆在“大众创业、万众创新”时代背景下的创新型孵化器。公共图书馆创客空间依赖于健康的信息生态圈以及生态圈的优化与平衡[30]。公共图书馆要以长远发展的眼光树立健康有效的创新意识，科学评估创客空间的发展前景，以最优化的方式配置信息资源。

公共图书馆很难单纯依靠自身力量实现创客空间的高质量可持续发展，必须依赖社会各方的大力支持，引入第三方社会力量参与，探索社会化合作运营的有效模式[31]。创客空间的开放性促使其走向广泛合作、共赢发展，各方力量各取所需，实现创客空间的平台化、联动化运作，打造空间联动平台。

创客空间涵盖实体空间与虚拟空间两个层面，融合创新背景下，移动创客空间、数字创客空间会逐步成为新的增长点，公共图书馆应逐步推动智能化文创服务空间、泛在化移动互联空间、集体化智慧知识空间、虚拟化情报信息空间等的发展。

筹资与收入来源、费用与成本结构、空间与人员培训、处罚与治理政策等都是公共图书馆创客空间可持续发展面临的重要因素。应逐步实行创客空间的制度化管理，确保用户与图书馆及时交流，反馈相关意见[32]。

13.2.3.3　创新驱动背景下公共图书馆空间可持续发展的运营管理新模式

近年来，越来越多的公共图书馆探索新型的空间发展模式，通过吸纳社会力量参与，拓宽建设主体，为空间的可持续发展注入新的动能。公共图书馆空间可持续发展应构建互联互通的运营管理模式，以现代公共文化服务体系建设的宏观思维，科学布局各种空间要素，实现公共文化服务体系下公共图书馆点、线、面、体的多维有序组合，对服务网点空间设计进行精准对接，进一步融合公共图书馆物理和虚拟空间。

跨界融合也是创新的一种有效方式，可以从多元维度上延展公共图书馆空间服务。“图书馆 +”思维要求图书馆在空间发展方面不断探求融合发展之路，不断探求跨学科、跨领域、跨行业的跨界耦合，重构公共图书馆空间关系、业务和文化结构。

我国由于长期以来的以行政为主导的分级管理模式，一定程度上造成空间发展与空间服务效率低下，缺乏深层次的交流和沟通，不利于构建深层次的空间一体化格局，进而限制空间均衡发展和资源优化配置。在当下供给侧结构性改革的风潮下，公共图书馆空间的可持续发展同样需要一场从管理到运行模式上的变革[33]。新型运营管理模式须以公众诉求和需求为导向，吸纳公众参与公共图书馆服务和管理工作，在图书馆服务的思维层面、实践层面以及管理体制层面不断融合创新；基于用户需求，提升业务能力和专业素质，转变服务理念[34]。

13.3 未来我国公共图书馆空间发展战略

面对不断变化的社会环境和技术浪潮，公共图书馆空间发展未来将迎接新的契机与挑战。公共图书馆有必要在吸收国内外空间建设经验的基础上，进一步创新空间价值、激发空间活力、提升空间形象，构建与社会发展水平相适应、面向未来的高质量空间发展战略，让公共图书馆在新时代焕发强大且持久的生命力。

13.3.1 着重改善读者空间体验

13.3.1.1 空间环境体现公共图书馆人文关怀

近二十年来，读者对图书馆优劣的感知重点已经从文献资源是否丰富以及获取是否方便，转移到了空间环境是否良好以及设施设备是否适宜[35]。然而在现实中，我国公共图书馆的空间服务供给与读者日益增长的需求之间的矛盾依然突出。公共图书馆空间发展应继续坚持以读者为中心，以服务为导向，着力改善环境布局，提供舒适友好、干净幽雅的空间设施以及人性化的服务，从细节上带给读者仿佛置身于家中般的轻松愉悦的优质空间体验，充分展现人文关怀。

13.3.1.2 基于细分需求的公共图书馆空间创新

当今社会，公众对图书馆空间功能的需求已呈现出差异化特征，公共图书馆应瞄准形势，基于空间需求精细化提供服务。通过研究读者的年龄特点、使用偏好等，采取相应的空间措施，为不同群体提供有差异性的服务项目。利用大数据技术，研究挖掘读者潜在需求，营造个性化空间环境。公共图书馆具有公共交流平台的功能[36]，这使得规划交流性与互动性更强的公共空间形态成为“第三空间”图书馆的定位新要求。而针对人们不断变化的阅读行为习惯，公共图书馆应积极创建多元复合的公共阅读空间，实现线上线下立体式联动，为公众提供有趣味、有特色的“悦”读体验。

13.3.1.3 打造数字化、智能化、智慧化的公共图书馆服务空间

新技术给予了图书馆空间无限的发展可能。公共图书馆应着力构建更深层次的数字服务空间，由信息服务中心向支持咨询、决策与研究的一站式知识中心转变，同时应注重读者参与感，激发其创新意识，发展嵌入社交平台的数字服务空间，提供交互式体验服务。在空间设计中，合理引入智能借阅设备、智能机器人、自动分拣系统等新型设施设备，创新智能学习空间和智

能体验中心。以智慧发展引领战略转型，在虚实空间互联互通中构建智慧文化服务场景，为读者带来全方位、集成化的空间体验。

13.3.2 持续提升空间服务效能

13.3.2.1 深化公共图书馆空间内涵和价值

经过多年的发展，公共图书馆空间建设很容易进入瓶颈期，因此，空间发展的重点应由扩张面积向提高服务质量转变，将空间服务效能提升至新的高度。要深化在知识创新、协同共享、文化展示等方面的空间内涵，从资源整合、发展特色、增强互动等方面推动空间再造，打造一批具有品牌影响力的公共图书馆服务空间。同时抓住新的科学技术带来的重大机遇，依托数字化、网络化和智能化技术手段，通过重新规划布局、功能升级和优化服务，使图书馆空间向着更加知识化、人性化、智慧化的方向发展[37]。

13.3.2.2 评估优化公共图书馆空间资源利用率

公共图书馆为更好地实现空间场所价值，有必要科学地开展空间的评估与优化。应构建完整的空间评估体系，合理评估馆内外现有空间分布，调整空间设置与布局，优化空间资源配置，使空间服务效能最大化。在过去几次全国公共图书馆评估定级工作中，作为基础性保障条件，建筑空间的评估是重要内容，未来关于多功能空间形态的创新、空间设施的技术变革等项目，势必会随着事业发展在新的评估标准中有所体现，空间服务效能也将更加受到重视，公共图书馆应顺应趋势，及时做好准备。

开展评估工作的最终目的，是使公共图书馆发挥更大空间效用来服务读者。因而，公共图书馆不能只将求新求异作为空间好坏的衡量标准，读者需求才是空间评估首要考虑的层面，公共图书馆定期对需求的调查可以及时获取空间的利用率和满意度，解决暴露出来的问题，读者需求是动态的，评估也是持续不间断的。

13.3.3 树立空间、环境与人的和谐发展观

13.3.3.1 实现公共图书馆空间与环境协调统一

社会主义现代化要实现人与自然的和谐共生。公共图书馆应坚持绿色生态的原则，运用绿色技术手段，构建可持续的空间发展环境。在规划建设中要践行节能低碳的设计理念，选用环保健康的材料工艺。要增加绿化设施布局，为读者提供环境友好的阅读空间。

公共图书馆的空间建设要考虑地域文化、自然景观以及相邻建筑的整体特点。成功的公共图书馆建筑可以营造出与周边环境相互呼应的视觉美感，同时能将所在城市独特的历史文化元素融入自身特色文化空间建设中，与人文环境相协调。

13.3.3.2 正确处理公共图书馆各类空间的内部关系

藏与用的矛盾关系伴随了公共图书馆的空间发展历程，如今用与用的矛盾关系也开始凸显。藏书空间和读者空间同等重要，应在规划中合理布局。现代公共图书馆注重提供交流与互动空间，动静分区的设计十分必要。即使是开放自由度较高的公共空间，满足个体私密性的空间也应在布局中有所考量。此外，在多元空间形态并存的趋势下，平衡传统空间与新型空间的比例，融合发展才能提高公共图书馆空间整体满意度。

13.3.3.3 促进社会与人和谐发展

促进社会和谐是当代公共图书馆的主要使命之一[38]，公共图书馆应继续强化空间服务背后的使命驱动作用，将构建和谐社会、促进人的全面发展作为空间战略的指导思想。

在构建公共文化空间的过程中，公共图书馆应持包容的态度，杜绝排他行为，为读者营造自由、中立、无差别的交流环境，致力于消除空间障碍，践行普惠均等的宗旨，保障读者文化权益。另一方面，技术的日新月异，未

来会加剧信息富有者和贫困者间的差距，公共图书馆须强化自身空间的教育属性，提升公民信息素养，缩小数字鸿沟，使空间资源为全民所共享。

13.3.4 健全空间应急服务机制

《国际图联趋势报告2019年新进展》指出，“应对不确定性”是图书馆未来的关键趋势之一[39]。近年来各类突发公共事件频发，在一定程度上影响公共图书馆的空间发展，因而有必要将应急服务机制纳入空间战略长期规划，以便在突发公共事件面前做出及时、准确的反应，彰显空间价值。《中华人民共和国突发事件应对法》明确了应对突发事件的四个阶段：预防与准备、监测与预警、救援与处置、善后与恢复[40]，公共图书馆可以依此健全空间应急服务机制。

13.3.4.1 完善空间应急预案

公共图书馆作为公共空间，随时可能会产生危险，公共图书馆要进一步完善已有空间应急预案制度，重点考虑以下几项内容：建筑设计的安全性与抗灾能力；针对不同功能空间的防范举措；应急保障设施的空间布局；空间场所内的定期应急演练；馆舍空间的疏散路线和标识等。应仔细研究各类突发公共事件的特点，如地震对建筑抗震能力和选址的要求，公共卫生事件警示要加强空间的消毒、通风等。此外，公共图书馆还应发挥社会教育职能，引导公众自觉维护公共空间安全，掌握在馆区内外如何紧急避险等常识技能。

13.3.4.2 提升空间应急服务能力

公共图书馆是突发公共事件中的应急场所、文化阵地，当危机来临时，有义务配合政府和社会需要，做好应急服务工作。公共图书馆要及时调整常规的空间布局与服务，关闭受损的空间场地，拓展非常规空间服务，例如：设置紧急避难、组织救助的场地；加强社会公共空间在灾难中的分享、放松、交流甚至是安慰的功能；通过网络平台实现决策支持、社区联络和信息发布等。

2020 年以来，新冠肺炎疫情成为全球性的突发公共卫生事件，疫情限制了实体空间的开放，公共图书馆纷纷转向提供更深层次和多元化的数字空间、虚拟空间服务。如何优化和提升空间资源利用率变得十分重要，这需要公共图书馆在全力做好实体空间的疫情防控保障基础上，打造创新支撑空间一体化、常态化的服务平台，保证公共文化服务不停歇。

13.3.4.3　做好危机后的空间恢复与重塑

突发公共事件发生后，公共图书馆应立即着手解决产生的各类空间问题，恢复正常的空间服务。针对突发公共事件中暴露出的空间隐患，要及时排查整改，防止再次出现。

经历突发公共事件的过程也是重新审视、反思现有空间定位的过程。今后社会生活中的不确定性将会有增无减，公共图书馆应树立安全、灵活、专业、包容的空间发展理念，为危机应对提供正确的方向。值得注意的是，在全社会对网络高依赖度的今天，健全针对虚拟空间信息安全的应急服务机制也是公共图书馆接下来要关注的重点问题。

13.3.5　回归公共图书馆空间的本质特性

13.3.5.1　坚守公共图书馆的知识文化空间属性

公共图书馆作为“第三空间”的价值已得到广泛认可，然而这种开放、自由理念作用下的空间功能存在边界。知识性和文化性是公共图书馆空间的本质属性，促进知识传播和文化服务是公共图书馆的主要功能，公共图书馆在空间建设中应做到有所取舍和平衡。另外，必须正视技术对空间的塑造作用，它是空间再造的重要手段，但不能喧宾夺主，公共图书馆应遵循“内容为王”，始终坚守本源，赋予空间发展源源不断的新能量。

13.3.5.2 保持公共图书馆空间的核心竞争力

我国许多公共图书馆采用“代建制”方式建设新馆，作为专业性较强的建筑设施，如果对公共图书馆的战略定位没有正确而深刻的理解，建成后很可能出现不如意之处。因而，公共图书馆应充分发挥在新馆建设中的主体作用，参与到规划、调研、设计、验收的全过程中。

公共图书馆的主要功能不只是提供图书和信息，而是要充分发挥自身的专业技能和资源优势，向支持人类学习和创造知识环境的方向发展[41]，公共图书馆的传统服务是应对变化万千的外界环境，捍卫自身价值的独特优势[42]。我国公共图书馆由古代藏书楼演变而来，这种对传统文化的敬畏与传承应始终渗透于其空间建设中。一方面应做好人类文化遗产的守护者，另一方面应加强优秀传统文化在空间服务中起到的教育、引导作用，挖掘特色，使传统空间焕发新的面貌。

合作与融合未来仍是公共图书馆空间发展的优选策略，然而在多方利益协调的过程中，公共图书馆应注意把握主动性，坚持公益性的核心价值，除了对空间资源的持续投入，更应全面创新设计思维与服务模式，以求保持自身的核心竞争力。

13.3.6 关注公共图书馆服务体系中的空间建设

近年来，公共图书馆服务体系建设日臻完善，对公共图书馆空间发展起到良好的示范和带动作用，使各地区图书馆空间覆盖率及保障能力有了很大提升。目前，我国公共图书馆服务体系建设已经进入到全面推进、提升效能、促进均等的新阶段[43]。作为体系中关键要素之一的空间建设，未来也应沿着纵深化方向推进，继续优化服务半径，以丰富的资源内容及高质量的服务品质解决空间供需不对称、利用不充分等问题，实现高效均等的体系建设目标。

13.3.6.1 提升基层公共图书馆空间建设水平

基层图书馆位于公共图书馆服务体系末端，其空间建设水平直接关系着群众文化权益的实现。当前，应继续解决部分地区空间覆盖范围有限、网点分布不均等问题，拓展新型空间功能形态，利用24小时自助图书馆、汽车流动图书馆以及网络虚拟空间将基层图书馆的边界扩展延伸，带来更加灵活便捷的服务。

许多基层图书馆依附于当地综合性文化服务中心，与现代化功能要求存在差距。应基于新的服务理念，对现有空间设施特别是数字化设备进行更新与升级，精心设计布置馆舍环境，增强文化创意，加大对读者的吸引力等，成为亲民便民的多功能服务空间。

13.3.6.2 构建高效均等的公共图书馆空间服务体系

我国公共图书馆在空间效能方面存在明显的区域和城乡差距，阻碍着社会公平。未来应建立并完善覆盖面更广、分布更均衡的公共图书馆网络布局，着眼于地区实际，增加空间资源有效供给，充分发挥乡村振兴、全面扶贫战略下文化主阵地的作用，向着更高效均等的空间发展水平迈进。

公共图书馆特别是基层图书馆有必要建立起线上线下互联互通、传统与新型服务并重的多元化空间服务体系，区域、城乡之间要实现空间资源共享与优势互补，将优质的公共文化服务通过协作平台输送给更多群众，使服务体系的功能与作用实现最大程度的发挥。

13.3.7 加快完善公共图书馆空间发展的相关标准

空间发展关乎公共图书馆百年大计，应持续推进标准化建设这项长期而基础性的工作，为规范空间设施建设、全面提升空间质量提供重要保障。随着我国公共图书馆的转型升级，空间发展也面临着新业态、新环境，全新的概念与发展模式对标准化工作提出了新的要求。为在新形势下公共图书馆空间发展有章可循，修订完善相关标准势在必行。

13.3.7.1　适应空间发展的新定位

公共图书馆的功能变化赋予了空间发展新的定位，然而现行标准如《建标 108—2008　公共图书馆建设标准》和《图书馆建筑设计规范》(2015 年)制定时间较早，在空间规划布局和建筑设计上相对滞后，应结合现实环境和需求适时做出调整。

现代公共图书馆致力于打造开放灵活的多功能空间，现行标准主要还是围绕传统服务空间，在标准修订中，应增加以下内容：补充公共活动类、文化创新类等新功能空间布局要求，明确公共图书馆共享空间面积，明确以读者需求为中心重组各类空间要素，明确各空间独立分区的设置等。

公共图书馆已走向虚实结合的复合化空间形态，新修订的标准应考虑以下几点：提高数字体验空间、全媒体服务空间的数量和面积指标；完善图书馆信息化系统的升级应用，覆盖无线网络，提升自助空间设施水平；充分利用智能科技解决藏书空间不足挤占读者空间等问题。

13.3.7.2　处理好空间发展的共性与个性

完善公共图书馆空间发展的相关标准，应充分考虑不同类型人群的不同需求。就细化程度而言，现行馆舍建筑标准还有很大缺口，有必要参考专门性的标准，并针对群体特点，实现合理布局。我国公共图书馆数量多、分布广，空间发展存在差异化情况。因此，制定的相关标准除了是国家和行业层面应当统一遵循的准则，还应因地制宜根据不同层级公共图书馆的不同职能内容给予单独性的空间建设要求和指标。

（执笔人：李培、秦丽娜、王茉瑶、周公旦、寿晓辉、周宇麟、黄臻雄、肖秉杰、钟伟、杨曼乐、宋兆凯、李鹏、刘秀峰、黄芳、刘旭青、卢晓彤）

参考文献

［1］IFLA.Global Vision Report［EB/OL］.［2021-01-25］.https://www.ifla.org/globalvision/report.

［2］柯平，邹金汇.后知识服务时代的图书馆转型［J］.中国图书馆学报，2019（1）：4-17.

［3］张明平.芬兰赫尔辛基市图书馆空间设计经验分析及启示［J］.图书馆学刊，2016（8）：139-142.

［4］侯梦瑶.赫尔辛基 Oodi 中央图书馆［J］.建筑技艺，2019（4）：48-53.

［5］楼隆龙.当图书馆遇上大空间：浦东图书馆大空间公共建筑研究［J］.建筑与文化，2019（3）：128-129.

［6］陈欣.设计思维在公共图书馆中的应用研究：以广州图书馆创客空间为例［J］.图书馆，2020（4）：79-84.

［7］JOCHUMSEN H，RASMUSSEN C H，DORTE S-H.The four spaces-a new model for the public library［J］.New Library World，2012，113（11/12）：586-597.

［8］陈盈.丹麦 Mediaspace 核心价值解读及其对未来城市图书馆的启示［J］.图书馆理论与实践，2017（3）：66-69.

［9］单轸，邵波.图书馆智慧空间：内涵、要素、价值［J］.图书馆学研究，2018（11）：2-8.

［10］文化部关于印发《全国公共图书馆事业发展“十二五”规划》的通知［EB/OL］.［2021-02-10］.https://www.mct.gov.cn/whzx/bnsj/ggwhs/201712/t20171204_829824.html.

［11］文化部关于印发《“十三五”时期全国公共图书馆事业发展规划》的通知［EB/OL］.［2021-02-10］.https://www.mct.gov.cn/whzx/bnsj/ggwhs/201712/t20171204_829824.htm.

［12］天津这个地方上榜 2018 年世界百佳胜地！［EB/OL］.［2021-02-10］.https://biz.ifeng.com/c/7hJdkfL3ICI.

［13］吴庆珍.谈公共图书馆建筑布局的发展趋势：以杭州图书馆新馆为例［J］.图书馆工作与研究，2010（12）：65-68.

［14］南二楼：亲子绘本阅读馆［EB/OL］.［2021-02-10］.https://www.gzlib.org.cn/

userGuide/168271.jhtml.

［15］昌吉州图书馆实现无线网络全覆盖［EB/OL］.［2021-02-10］.http://www.cj.gov.cn/zgxx/xwzx/yw/ms/125586.htm.

［16］肖楠.浅析我国公共图书馆现代科技应用的若干趋势［J］.四川图书馆学报，2014（6）：23-26.

［17］王冰.图书馆在公共文化服务体系中的地位和作用［J］.北方文学，2017（12）：183.

［18］王婧，张娟，张勃.公共图书馆建筑空间使用率研究与评价［J］.华中建筑，2016（4）：128-131.

［19］雒树刚.推动文化和旅游融合发展［N］.光明日报，2020-12-14（6）.

［20］鄢莹.公共图书馆文旅融合的典型实践与分析［J］.图书与情报，2019（1）：111-114.

［21］王利.公共图书馆文旅融合的实践与发展探索［J］.智库时代，2020（11）：289-290.

［22］潘丽敏，陈丽红.文旅融合背景下云和县图书馆县域文旅服务创新探索［J］.图书馆研究与工作，2019（9）：25-28，49.

［23］萨支斌.赫尔辛基Oodi中央图书馆空间再造及启示［J］.图书馆工作与研究，2020（3）：62-67.

［24］胡伶霞.泛在知识环境下高校图书馆虚拟知识空间的构建［J］.图书馆学刊，2016（9）：121-124.

［25］蒲姗姗.人工智能环境下的图书馆空间发展与变革研究［J］.图书馆，2019（2）：58-64.

［26］张明平.芬兰赫尔辛基市图书馆空间设计经验分析及启示［J］.图书馆学刊，2016（8）：139-142.

［27］胡文华.全球视野下的数字人文实践　刘炜做客华东师范大学图书馆数字人文服务空间［J］.上海高校图书情报工作研究，2019（2）：8.

［28］储节旺，是沁.创新驱动背景下图书馆创客空间功能定位与发展策略研究［J］.大学图书馆学报，2017（5）：15-23.

［29］蒋萌，王勋荣.互联网+环境下图书馆空间现状、趋势与再造战略研究［J］.新世纪图书馆，2017（5）：31-35.

［30］刘洵，金席卷，戴志敏.图书馆创客空间的信息生态圈构建［J］.图书馆学研究，2016（21）：36-40，86.

［31］李玲丽，曾林源.STEAM 创客教育空间的实施路径与发展机制研究：以杭州图书馆科技分馆为例［J］. 图书馆研究与工作，2020（4）：29–34，93.

［32］王春迎，黄如花. 创新驱动的图书馆创客空间发展情况探析［J］. 数字图书馆论坛，2016（5）：32–38.

［33］孟庆宇.“互联网 +”背景下图书馆空间再造路径探析［J］. 新世纪图书馆，2019（5）：40–43.

［34］陆雪梅.“图书馆 +”思维的知识空间建设比较研究［J］. 图书馆学研究，2017（8）：64–69，87.

［35］王子舟. 多视角下的空间：城市公共阅读空间演进的几个观念［J］. 中国图书馆学报，2019（6）：24–33.

［36］方家忠. 公共交流平台：公共图书馆服务新模式［J］. 图书馆论坛，2015（12）：19–24.

［37］贾子文，苏云梅，刘杰. 知识服务时代的图书馆空间变革［J］. 大学图书情报学刊，2020（6）：41–44.

［38］于良芝. 公共图书馆存在的理由：来自图书馆使命的注解［J］. 图书与情报，2007（1）：1–9.

［39］IFLA.IFLA trend report update 2019［R/OL］.［2021–01–25］.https://trends.ifla.org/files/trends/assets/documents/ifla_trend_report_2019.pdf.

［40］中华人民共和国突发事件应对法［EB/OL］.［2021–01–25］.https://npc.gov.cn/npc/c2/c183/c198/201905/t20190522_27304.html.

［41］吴建中. 从未来看现在：图书馆发展的下一个十年［J］. 图书馆建设，2016（1）：4–9.

［42］何亚丽，卢心怡. 国外国家图书馆发展战略研究［J］. 数字图书馆论坛，2020（4）：17–22.

［43］李东来. 公共图书馆服务体系发展新阶段的认知与思考［J］. 国家图书馆学刊，2019（5）：89–92.

14 公共图书馆跨界合作战略

近年来，网络化、数字化极大地影响着社会发展。2015 年 7 月，国务院印发《关于积极推进“互联网 +”行动的指导意见》，“互联网 +”成为国家发展战略。“互联网 +”以互联网和信息技术为基础，跨界融合被认为是“互联网 +”最典型的特征，“+”模式改变了社会生产和生活方式。图书馆也不例外，“互联网 +”对图书馆的影响是必然的、深远的、决定性的[1]。

在此背景下，公共图书馆与各文化产业主体、商业信息服务商等共享文化、信息市场，其传统业务领域上的优势遭遇严峻挑战，面临着被相关领域渗透侵蚀的危机。然而危机也意味着机遇，万物互联也为图书馆创新发展提供了契机。2018 年实施的《中华人民共和国公共图书馆法》明确提出：“县级以上人民政府应当积极调动社会力量参与公共图书馆建设”。图书馆要乘势而为，充分利用万物互联的有利条件，与社会各界紧密合作，在保持传统优势的同时寻求突破与创新，培养和发掘新的竞争力和增长点。

我们认为，图书馆跨界合作是指图书馆与其他不同领域的主体为达到共同目的，跨越界限，共同将两个或多个领域关联起来，相互配合行动，对事物进行运作，从而对图书馆和合作方都产生新的变化的行为。

14.1　公共图书馆利益相关者及其对跨界合作的影响分析

14.1.1　公共图书馆利益相关者

“利益相关者”的概念由美国经济学家弗里曼（R. Edward Freeman）提出，是指能够影响一个组织目标的实现或被组织实现目标的过程所影响的团体和个人[2]。早期利益相关者理论被应用于公司治理领域，经过不断的引申发展，该理论逐渐应用于图书馆相关的研究中[3]并成为图书馆战略规划的方法工具之一[4-5]。本章引入利益相关者理论，将公共图书馆相关各领域按利益相关关系进行划分，由此分析它们对公共图书馆的影响。

公共图书馆的利益相关者是指那些能够影响公共图书馆目标实现，或者能够被公共图书馆目标实现的过程影响的任何个人和群体[6-7]，图书馆在追求自我发展的同时，也要满足利益相关者的利益需求，使之成为图书馆发展的动力。根据米切尔评分法[8]，图书馆利益相关者必须具备以下三个属性中至少一项：①权力性，即某一群体是否拥有影响图书馆决策的地位、能力和相应的手段；②合法性，即某一群体是否在法律和道义上被赋予其对图书馆拥有的索取权；③紧迫性，即某一群体的要求能否立即引起图书馆管理层的关注[9]。

满足不同属性数量的利益相关者对图书馆的影响程度是不同，本书据此将图书馆利益相关者细分为三类：①确定型利益相关者。这一群体同时拥有合法性、权力性和紧迫性三属性，对公共图书馆的影响最大，其行为对图书馆目标的实现产生直接影响，没有他们图书馆将无法生存与发展。主要由政府部门、图书馆员工、读者构成。②预期型利益相关者。这一群体拥有三个属性中的两项，与公共图书馆保持较密切的联系，是通过对产业和图书馆供应链来影响图书馆的资源配置效率和价值创造效率的利益群体[10]，如出版社、杂志社、数据库商、设备销售商、办公用品批发商、其他公共文化机构等。③潜在型利益相关者。这一群体具备三个属性中的一种，是与公共图书馆现有利益相关度不直接或不明显，但未来对图书馆可能带来影响的个人或群体，如书店、学校、社区等。

14.1.2 公共图书馆利益相关者对图书馆跨界合作的影响

14.1.2.1 确定型利益相关者对图书馆跨界合作的影响

图书馆的确定型利益相关者主要由政府部门、图书馆员工、读者构成。其中，政府是图书馆的直接领导部门或间接领导部门，代表国家建设和管理图书馆[11]。我国公共文化和图书馆的相关法规政策文件指出，政府机构对公共图书馆建设和管理起主导作用，也规定了公共图书馆坚持政府主导、鼓励社会参与，为图书馆在政府主导下的发展和与社会各界的广泛跨界融合提供了依据。《中华人民共和国公共图书馆法》中明确规定，“县级以上人民政府应当公共图书馆事业纳入本级国民经济和社会发展规划”，“加大对政府设立的公共图书馆的投入”。“国家鼓励公民、法人和其他组织自筹资金设立公共图书馆。”“国家采取政府购买服务等措施，对公民、法人和其他组织设立的公共图书馆提供服务给予扶持。”《“十三五”时期全国公共图书馆事业发展规划》明确了政府机构对公共图书馆建设和管理的主导作用，认为社会力量是公共图书馆事业发展的重要参与者，“鼓励和支持公民、企事业单位、社会团体以及其他组织兴建、捐建或与政府部门合作建设公共图书馆，或者通过捐资、捐赠、捐建等方式参与公共图书馆建设、管理和服务”[12]。随着《基础设施和公用事业特许经营管理办法》《财政部关于推广运用政府和社会资本合作模式有关问题的通知》等一系列政府和社会资本合作（PPP）相关政策的出台，鼓励并引导社会资本参与基础设施和公用事业建设运营的模式也为公共图书馆跨界合作提供了灵感。

员工是图书馆的人力资源，是图书馆服务的基础。公民、法人和其他组织都可以以一定的方式补充公共图书馆人力资源数量不足或服务能力差距，其中以志愿者最为典型。志愿者资源可以缓解图书馆人力的不足、增加图书馆服务项目、开拓图书馆服务对象、节省图书馆经费，同时还可以提升单位员工士气和活力[13]。《中华人民共和国公共图书馆法》鼓励公民参与公共图书馆志愿服务，规定"县级以上人民政府文化主管部门应当对公共图书馆志愿服务给予必要的指导和支持"。

读者是图书馆的服务对象，也是图书馆赖以存在的理由。在公共图书馆确定型利益群体中，读者需求的转变对图书馆造成的影响非常显著。第十七次全国国民阅读调查显示，2019 年，我国成年国民数字化阅读方式（网络在线阅读、手机阅读、电子阅读器阅读、Pad 阅读等）的接触率为 79.3%，较 2018 年的 76.2% 上升了 3.1 个百分点，较 2017 年的 73.0% 上升了 6.3 个百分点，数字化阅读率持续上升，纸质阅读率增长放缓[14]。数字阅读形式多样、内容丰富，可以存在于多种数字化终端，这些终端体积小、存储量大、方便携带，读者可以随时随地浏览各种信息资源[15]，不受图书馆服务时间和空间的限制，这些特征是传统纸质文献所达不到的，数字阅读逐渐改变着读者的阅读习惯。许多资源提供者瞄准了数字阅读这一巨大市场，通过开发数字阅读软件、阅读器或数字阅读资源与读者建立起了数字型关系，从而对公共图书馆提供资源的方式与开展阅读服务的形式都造成了巨大的冲击。

14.1.2.2　预期型利益相关者对图书馆跨界合作的影响

预期型利益相关者包括出版社、杂志社、数据库商、设备销售商、办公用品批发商、其他公共文化机构等。其中，出版社、杂志社、数据库商、设备销售商、办公用品批发商等可统称为资源商，是图书馆文献资源、信息资源、设备设施的主要来源。图书馆向他们购买资源以保持正常运营，向社会公众提供服务。但随着互联网快速发展，越来越多的数据库商、商业信息机构以及出版社开始绕过图书馆，直接向公众提供服务。这在一定程度上撼动着图书馆作为文献信息中心的地位，对图书馆造成了较大的影响。

数据库商在海量信息中去粗取精所产生的高质量数据产品是数据库商盈利的来源，图书馆工作范畴和传统优势中的信息资源收集、整理、加工等职能正面临数据库商的冲击。公共图书馆在选择高质量的数据库资源提供给本馆用户使用的同时，需要深入开发更有吸引力的资源，如特色数字资源、地方资源等，以获得用户青睐，更需要将这些信息资源集成起来，为用户提供方便快捷的信息查询与利用服务[16]。为此，公共图书馆必须与作者、资源拥有者等相应的个人或组织进行合作。

随着互联网的迅猛发展，越来越多的商业信息机构，如搜索引擎服务商[17]、信息服务商等加入信息服务行业，他们凭借其自身信息技术的加持和平台优势很快成为人们信息查询交流的主流工具，加之维基百科、知乎、豆瓣等交互式信息平台以开放性、交互性和用户创造内容等特征得到大众认可，这些使得图书馆原本的权威信息中心角色逐步弱化，整个网络知识关系结构正向去中心化、多中心化的态势发展[18]。人们对于信息的获取已经不局限于图书馆，图书馆这个原有的信息宝库面临着巨大的挑战。

出版社的主要职能是为人们提供优质的文化阅读产品，是阅读产品的生产者与供应者。为了谋求更好的发展，出版社开始根据自身的资源优势条件，积极参与到全民阅读中，独立或合作开展阅读推广活动。如，少儿类出版社、古籍类出版社、医学类出版社，可以根据自身的资源特点独立开展相关主题的阅读推广活动。华东师范大学出版社联合上海华申中外文化交流服务有限公司打造 24 小时文化阅读空间[19]。人民教育出版社与腾讯公司合作推动信息技术教育教学的融合创新[20]。这些都使得出版社逐渐具有了与图书馆、书店、学校等机构类似的阅读推广功能，成为阅读和阅读内容的推广者与引导者之一[21]，也逐渐撼动着图书馆阅读推广者的核心地位。

博物馆、档案馆、文化馆、科技馆、美术馆与图书馆都是提供公共文化产品和服务的机构，既存在着竞争关系，也具有良好的跨界合作基础。为了提升自身竞争力，一些公共文化机构通过“多馆合一”模式来丰富服务内容。如甘肃临夏州将科技馆、档案馆、美术馆合建，结合后的“三馆”将成为服务地区的大型展览活动现场、民众科普教育基地[22]。随着各公共文化机构之间的合作共建合作服务逐渐增加，将可能蚕食图书馆的服务空间，图书馆应积极寻求与兄弟单位的跨界合作，力争将公共文化机构打造为更包容、更便利的公众生活“第三空间”。

同样身为预期型利益相关者的媒体机构，虽不直接对公共图书馆的职能产生影响，但会影响图书馆舆论环境的形成。随着微信、抖音、微博等各种自媒体与社交媒体的普及，公共图书馆的舆论环境呈现发言自由、交流频繁、思想多元、参与度高的特点[23]。媒体机构可以为图书馆所用，图书馆与媒体机构的合作能聚集人气，对图书馆树立形象、扩大知名度大有裨益。双方的合作也能推动全民阅读、地方文化开发等活动的开展。如针对全民阅读推广活动开设互动论坛、制作专题栏目等，能有效刺激公众参与的积极性，加大宣传的力度和广度，大大增强社会效应，起到“1+1>2”的效果。

14.1.2.3 潜在型利益相关者对图书馆跨界合作的影响

潜在型利益相关者一般与图书馆当前关系并不密切，根据其与图书馆之间是否存在竞争关系可细分为以下两种类型[24]：一是与图书馆职能不同，但存在竞争关系的群体或机构，如书店；二是与图书馆职能不同，且几乎不存在竞争关系的群体或机构，如学校、社区、民间组织等。

书店在激烈的市场竞争中不断寻求变革，其为读者提供的多样化服务在一定程度上有取代图书馆教育职能、文化职能之势。近年来，各类型大小不一的书店如雨后春笋出现在各个城市里，其中不乏面积上万平方米的大型书城，既有新华书店这样的老牌书店，也有“方所”这样的新兴民营机构[25]。

这些书店大部分图书实行开架销售，读者可根据自身兴趣随意取阅，书店在内部装修、配套设施、图书陈列方面处处体现着对读者的照顾与关怀，为读者阅读创造了舒适的环境。除了提供图书外，书店还实行各种混业经营，如咖啡厅、餐吧、文化用品店等，极大方便了读者；书店也会组织专题研讨、学术沙龙、新书首发会、名人签售等阅读推广活动，吸引读者参加，以多元化形式提升文化消费的附加值[26]。在不少消费者心中，书店除了能进行图书消费，还成了一个休闲和社交场所。面对竞争力不断提高的书店，公共图书馆以往免费借阅、环境幽雅等优势能否继续保持，是否需要与书店开展合作，共同促进图书的利用率，是双方都必须思考的问题。

学校、社区、民间组织等与图书馆几乎不存在竞争关系，其对公共图书馆的影响并不显著。学校是教书育人之地，承担着在校教育的职责，公共图书馆在公民课后教育、终身学习等方面与学校形成互补，如果双方能加强合作，将使教育体系更加完善，促进全社会教育水平提升。在建设文化强国的时代号召下，各行各业，特别是社区、民间组织日益重视文化建设，如杭州良渚文化艺术中心社区图书馆是由良渚文化村发动全体村民一起设计、规划、选书打造而成，被誉为“中国最美社区图书馆”[27]。公共图书馆如能与社区、民间组织合作，将更好地发挥各自优势，促进文化强国的建设。

14.2　公共图书馆跨界合作的现状

在“互联网 +”环境下，社会各领域广泛开展跨界合作，在给公共图书馆带来冲击的同时，也带来了发展契机。公共图书馆积极探索跨界合作以谋求发展，逐渐凝练出多种跨界合作类型，通过实践取得了一定的成绩，也面临着需要解决的问题。

14.2.1 公共图书馆跨界合作开展情况

14.2.1.1 公共图书馆与其他公共文化机构的跨界合作

随着公众文化需求的日益增长和多元化发展，单独类型的公共文化机构已很难满足公众“一站式”的文化需求，同时，公共文化机构的共同属性使得它们具有良好的跨界合作基础。英美等国家的图书馆、档案馆、博物馆较早地开展了跨机构、跨领域合作。在我国公共文化服务建设的背景下，公共文化机构创新了“图书馆 + 博物馆 + 档案馆”“图书馆 + 博物馆”“图书馆 + 科技馆”“多馆合一”等多种合作模式，在资源建设、文化宣传、科学普及等方面开展跨界合作。跨界合作加强了公共文化资源整合，提升了服务效能，促进各公共文化机构共同为公众提供优质、便捷的公共文化服务。

“坚持文化导向，建设现代化文化强区”的佛山市顺德区，是首批广东省公共文化服务体系示范区。在良好的机制下，顺德区图书馆、博物馆和档案馆在数字资源建设、人力资源建设、宣传推广营销、传统文化保护等方面开展合作，其中尤以数字资源建设方面的合作最为典型。顺德图书馆和顺德档案馆 2017 年就开展了古籍影印本、地方文献、自建数据库的电子文献资源交换，总计交换文献约 5 千册、光盘约 100 套，促进了顺德地方文献资源的共建共享[28]。

面向省内丰富的文化资源，陕西省图书馆联合陕西历史博物馆开展“文化遗产主题宣传”系列活动，并邀请著名作家、网络名人参与，通过文化名人的带动效应，在线上线下引导公众积极参与。在线下，陕西省图书馆及陕西历史博物馆开展实地参观博物馆、讲座、读书会等多种形式的互动活动，人气爆棚；在线上，两馆互动的活动得到网友的大量关注和好评，阅读量、关注量、留言量居高不下，推广效果斐然①。

① 资料由陕西省图书馆提供。

科学普及是提升全民科技素养、促进科技发展的重要主题之一。重庆图书馆与重庆科技馆跨界合作开展科普活动，在场馆互置“科普E站”平台和“网络电子书刊阅读器”，同时在网站、微信、微博等网络新媒体互联互推。此外，双方还“两车”（科普大篷车+流动图书车）齐发，开进社区、乡村、学校，开展“科技人文直通车”系列活动，将科普活动和图书借阅有机结合，得到了大众的关注和积极参与，得到了中国科学技术协会的认可①。

此外，浙江省景宁县畲族文化中心三馆（博物馆、文化馆、图书馆）合一工程、河南省鹤壁市三馆（博物馆、图书馆、群众艺术馆）合一工程、山西晋城三馆（图书馆、档案馆、美术馆）合一工程，青岛开发区综合展馆工程（博物馆、规划展馆、图书馆、档案馆）等不断涌现的多馆合一工程的建设，使公共图书馆与公共文化机构跨界合作有了更多实质性的进步。

14.2.1.2　公共图书馆与书店、出版社、资源商的跨界合作

在信息社会，公众对信息的个性化、及时性要求不断提高。为此，信息资源产业链上的各主体需要打破常规，彼此结合起来开展合作。公共图书馆与书店、出版社、数字资源提供商等多种信息资源提供者联合开展“馆店”“馆社”“馆商”等跨界合作，打通采、藏、借、阅中的界限，极大地缩短了从资源采购到满足读者需求的时间，并打破了彼此原有固有的资源体系，扩充了读者的资源获取途径。在此基础上开展的阅读推广跨界合作，打破了传统借阅的局限性，拓展了阅读服务空间。

内蒙古自治区图书馆于2014年推出了口号为“我阅读，你买单，我的图书馆，我做主”的“彩云服务”。凡是持有内蒙古自治区图书馆读者证的读者，可以在任一与“彩云服务”数据交互云管理平台联网的书店借阅图书，还通过与物流公司合作，使读者享受到借书到家的服务。这一馆店合作，将图书馆新书采购权交给读者，创造了以读者为主导的资源建设新模式；将借

① 资料由重庆图书馆提供。

阅服务职能外移于书店，实现了服务与需求的直接对接，成功解决了公共图书馆长期以来普遍存在的供需不平衡的突出矛盾。该合作项目获得了2016年美国图书馆协会（ALA）“美国图书馆主席国际创新奖”[29]，产生了较大的国际影响及示范效应。

公共图书馆通过与出版社的跨界合作，共同推进图书出版、信息援助、阅读推广，不仅对文化产业发展起到促进作用[30]，也为社会提供了强有力的信息保障。例如，上海市嘉定区图书馆与上海少年儿童出版社在阅读推广方面开展合作，以多样化的活动形式为青少年解读“十万个为什么”“第一次遇见科学”[31]等系列丛书，提高了青少年科普读物阅读的兴趣和能力，有效地推动了阅读推广，达到通过阅读为青少年普及科学知识、提高青少年科学素养的目的。

公共图书馆与数字资源提供商强强联手，跨界合作共建丰富的信息资源，将之快速投入社会并服务于社会。例如，国家图书馆与方正阿帕比合作创建少数民族古籍特色资源数字化平台，将馆藏专著、学术论文、科研项目与音视频资料进行数字化整合，有效推动了图书馆信息资源建设。在新冠疫情防控期间，江西省图书馆联合少儿数字资源提供商澳通乐儿，为小读者带来“阅读养心共抗疫情”专题数字资源，以动画视频、数字展览、音频故事、电子绘本、字乐工具书、HTML5游戏等形式，普及防疫健康、传统文化等知识，满足少年儿童在家学习、娱乐的需求[32]。

14.2.1.3 公共图书馆与政府、社区、社会组织的跨界合作

公共图书馆与政府、社区、社会组织开展跨界合作，在地方文献建设，文化保护、宣传、交流、传承及为特殊人群服务等方面发挥了重要作用，彰显了图书馆在社会建设中的作用，提升了图书馆的社会形象。

记载历史、传承文化，是公共图书馆的职责。湖南图书馆积极与市委合作，历时5年寻访百余位抗战老兵，对每一位老兵都进行了口述历史的录音、录像，整理出版了《湖南抗战老兵口述录》一书[33]，保存了重要的历史资

料。还与社区合作开设抗战专题课程，开办“湖南抗战影像公益巡展”，极好地向大众讲述了抗战历史。

2014 年，温州市图书馆联合温州市政府、园林管理局、机关事务管理局以及企业社区等跨界合作兴办“城市书房”。温州市政府主导建设工作，负责法律法规保障和资金支持；温州市图书馆提供设备和图书资源，并对资源建设、读者服务进行指导，对阅读空间进行监督和考核；其他社会组织提供场地条件，并负责书房的日常管理、物业管理；志愿者、社区义工等参与城市书房的图书整理、卫生打扫、秩序维护[34]。各机构和社会组织各司所长，跨界合作办起了老百姓需要的书房。

重庆图书馆与美国驻成都总领事馆、美国驻中国大使馆英语语言办公室合作举办英语教学论坛活动，为中美两国英语教育工作者和学生搭建了交流平台，提高了学生的英语交流能力，促进了中美英语教育经验分享与借鉴①。

郑州图书馆与郑州市委外宣办、郑州市外侨办、郑州市归国华侨联合会联合主办了“老外爱上郑州——金秋赏月中外情圆”外国友人专场诗词联欢会，以诗会友，共话团圆，促进了中外文化交流[35]。

浦东图书馆与浦东新区教育发展基金会、浦东新区史志办、上海中医药博物馆、浦东新区收藏协会等开展跨界合作，围绕浦东开发开放、浦东名人、医药、史志、教育、非遗艺术六大专题，共建浦东地方文献中心，供市民更好地了解浦东的沧桑巨变②。

广东省立中山图书馆自2010年就与广东省文化厅、广东省残疾人联合会、广东省盲人协会、广东图书馆学会联合举办盲人诗歌散文朗诵暨盲人散文创作大赛③，通过跨界合作，聚合多类资源，在盲人群体中营造“爱读书、读好书”的氛围，进一步丰富盲人的精神文化生活。

① 资料由重庆图书馆提供。
② 资料由上海图书馆提供。
③ 资料由广州图书馆提供。

14.2.1.4　公共图书馆与学校、教育机构的跨界合作

公共图书馆可以与中小学、高校、老年大学、教育机构等共同开展阅读推广活动、教学活动、科学研究等方面的跨界合作。跨界合作可以给学生创造更好的阅读条件，丰富师生的阅读体验，也更好地支持了教师的教学科研活动。跨界合作力图满足各个年龄段公众的学习需求，对提高馆藏利用率、提高图书馆的公众认知度、充分发挥图书馆的教育职能等都具有积极的作用。

苏州图书馆早在2008年就与胥江实验中学合作建设分馆，开辟了国内将中学图书馆纳入公共图书馆总分馆体系并实施紧密型管理的“馆校”合作模式[36]，满足了师生员工的阅读和教学需求。

2013年，在政府的鼓励支持下，广州少年儿童图书馆与9所中学合作进行校园智慧图书馆建设。学校提供资金和场地，图书馆提供管理系统、纸质和电子图书，还引进合作单位提供书架、门禁系统、自助借还书机等，共建学校图书馆。

2013年，首都图书馆与北京联合大学合办北京学研究所[37]。首都图书馆提供文献资源和专题服务，及时收藏、保护北京学研究所的研究成果，并为北京联合大学提供学生实习场地、岗位和工作指导；北京联合大学为首都图书馆的课题申报提供智力支持，为读者提供讲座服务，与图书馆共同组织展览、会议等活动。双方的跨界合作充分发挥了人才智力优势和信息资源优势。

2016年，上海图书馆联合上海电影艺术学院、中国美术学院上海设计学院、上海大学美术学院开展“我心中的图书馆”衍生作品设计活动，并将其融入学院课程教学①。上海图书馆提供大量参考资料和视觉形象上的建议，在图书馆微信平台开展作品线上评选，为优秀作品在上海图书馆提供展出机会。合作促使图书馆馆藏利用率提高，学生对图书馆的认识更深刻，作品设计赋予图书馆全新的形象，吸引了更多读者；通过合作，学校进一步提高了知名

---

① 资料由上海图书馆提供。

度，学生得到了锻炼，作品有展示的机会，实现了双赢。

2017 年，东营市图书馆与东营市老年大学合作共建“东营市图书馆老年大学分馆”[38]，馆内设有阅览区，并提供纸笔、老花镜、饮用水以及箱包寄存服务等。该馆成为老年人群体畅享阅读、获取知识的重要场所，是整合社会资源力量、打造没有“围墙”的老年大学的重要举措。

14.2.1.5　公共图书馆与商业企业、互联网企业的跨界合作

公共图书馆依托自身资源优势及阅读活动等方面的丰富经验，积极与商城、咖啡店、高铁等实体商业部门合作，借助其商业空间和顾客流量，开拓了“图书馆 + 咖啡店”“图书馆 + 地铁”“图书馆 + 企业”等合作模式。一些公共图书馆还积极发掘网上空间，与互联网企业共同开拓了“图书馆 + 新媒体平台”“图书馆 + 互联网服务平台”等跨界合作模式。这些合作极大地延伸了图书馆服务空间，成为公众身边、手边的图书馆，既满足了公众随时随地看书阅读、获取信息、文化交流的需求，切实开展公共文化服务，也极大地促进了图书馆用户和企业客户增量，实现双赢。

例如，太原市图书馆与六味斋公司合作开办“六味书斋”分馆。六味斋是集“中国驰名商标”“中华老字号”“国家级非物质文化遗产”三大国家级荣誉于一身的农业产业化国家重点龙头企业，其所在的六味斋食品工业园区是 4A 级景区。“六味书斋”分馆为企业职工、游客提供便捷的阅览、借还等服务，以典型的公共图书馆进企业、进景区的合作模式[39]，为宣传太原百年驰名品牌、宣传推广全民阅读、树立太原市文旅融合形象打开了一个新的服务窗口。

近些年，杭州图书馆一直在探索主题图书馆建设，通过与政府、企业等跨界合作，以特定领域的专藏和服务来满足人们对专类知识和专门主题信息的需求，努力为读者提供更加个性化、专业化的服务。截至 2019 年底，已建成科技分馆、电影分馆、运动分馆、华为全球培训中心分馆、4S 店主题分馆等 26 家主题分馆。其中，科技分馆在高新区政府支持下，与高新区集聚众多

高新科技企业合作成立了“书香科技城民间阅读联盟”“STEAM 创客教育联盟”，与吉利汽车、网易严选、杨林控股有限公司等企业合作建设了 154 家“企业书房”，开展了广泛的服务[40]。

公共图书馆与互联网企业合作将公共文化服务延伸至线上，创新了“图书馆 + 新媒体平台”“图书馆 + 互联网服务平台”等跨界合作模式，丰富了图书馆服务的内涵，极大地扩展了服务覆盖面。其中，公共图书馆与新媒体平台的合作包括图书馆官方微博、微信公众号、app 等的运营，读者可以通过这些平台进行借阅查询、活动预约、疑问咨询等，合作拉近了公众与图书馆之间的空间距离。在与新媒体平台的合作中，“图书馆 + 直播”模式的发展尤为迅猛。2016 年，四川省图书馆创新性地与网易直播展开合作，对 3 场讲座进行了直播，每场参与者达数万人，而以往讲座的每场参与者最多不超过 400 人[41]。许多图书馆逐渐探索出“图书馆 + 讲座 + 直播”“图书馆 + 访谈 + 直播”“图书馆 + 教育 + 直播”等主题丰富、形式多样的合作。

公共图书馆与互联网服务平台的合作也日益增多。2015 年，上海图书馆与互联网平台的芝麻信用建立了跨界合作关系，信用芝麻分 650 分以上的读者可以免押金办理读者证，借还图书[42]。2016 年，海南省图书馆在微信上线图书查询服务。2017 年，浙江图书馆在微信、支付宝推出了“U 书”快借服务，实现了全省范围内的“你选书，我买单”。2018 年，浙江图书馆牵头，联合省内公共图书馆共同打造“浙江省公共图书馆信用服务平台”，与支付宝跨界合作，建立全省用户中心，实现用户统一认证，基于用户信用，实现免押金注册；对接电商系统，实现读者线上按需选书和在线阅读；对接书店系统，实现“馆店融合”；对接物流系统，提供快递借书和还书服务，极大地便利了用户对图书馆的使用。2020 年，嘉兴市图书馆与支付宝展开跨界合作，为支付宝老年大学生活号录制“老年智能手机使用指南”系列教学视频[43]，为老年人提供实用的公共文化服务，实现了智能时代图书馆的适老化服务，借助平台优势提高了图书馆的社会价值。

14.2.1.6　公共图书馆与旅游行业的跨界合作

随着文化和旅游部的成立，文旅融合成为社会各界关注的焦点。公共图书馆的文化属性，注定其在文旅融合中具有不可替代的作用。以文为魂、以旅为体，公共图书馆与旅游行业在实践中，逐渐探索出“图书馆＋景区”“图书馆＋酒店（民宿）”“图书馆＋餐厅”、文创产品开发、研学旅游等极富特色的跨界合作模式，拓宽了公共图书馆的服务，也为文旅融合提供了鲜活的案例。

2019年，浙江图书馆与西湖景区岳王庙合作共建启忠书吧，以岳飞主题文献和爱国主义教育活动为特色，藏书囊括了浙江图书馆现有馆藏中全部岳飞相关书籍[44]。这是全国首个与5A级景区共建、可供所有游客免费借书的公共图书馆信用书吧，“图书馆＋景区”模式开启了文旅融合发展的全新阵地。浙江省丽水市莲都区图书馆与联众集团合作，成立下南山特色分馆，由民宿提供空间并进行管理，图书馆提供资源并定期到民宿图书馆进行业务指导。“图书馆＋民宿”的跨界合作让游客在旅居之时能更好地品味文化，愉悦身心。南京图书馆与必胜客进行合作，打造了“悦读食光”城市书吧，推出“图书馆＋餐厅”的跨界合作模式，灵活开展书籍的借阅、交换、捐赠、阅读分享会等服务，让更多的市民在一方餐桌上进行知识共享和互动交流①。

公共图书馆跨界合作开发文创产品是文旅融合的又一创新产物。2016年，国家图书馆与淘宝网合作开设了淘宝“国图旺店”在线展销平台；2017年，国家图书馆又与阿里巴巴合作，开发了“翰墨书香”便携式书法文具盒，消费者下载软件扫描字帖，即可看到书法名家的书写示范视频；在迎接国家图书馆110周年馆庆之际，与天猫新文创平台跨界合作，推出“新文创，新阅读”系列活动[45]，与多个品牌跨界合作推出礼盒、饮品、护肤品等多种联名款产品，以品牌跨界及文化沉浸体验等多种形式推广阅读、推广传统文化，

① 资料由南京图书馆提供。

让更多读者爱上新文创、新阅读。

2020年暑期，重庆图书馆与重庆高速冷水营地管理有限公司合作，举办了“森林有书声”亲子夏令营活动[46]。双方结合旅游景点的特点和旅游群体的需求，为亲子家庭量身定制了集立体阅读、行走阅读、经典阅读、康养阅读、生态阅读为一体的高品质“阅读+旅游+研学”文旅活动，探索公共图书馆文旅融合的有效路径。

14.2.2 公共图书馆跨界合作的成绩与存在问题

14.2.2.1 公共图书馆跨界合作取得的成绩

（1）逐步形成整体协同发展的战略思维

面对各行业渗透、跨界融合的发展趋势，公共图书馆与时俱进，抓住机遇寻求突破发展。无论是东部地区的公共图书馆，还是中部、西部地区的公共图书馆，无论是国家图书馆、省级图书馆，还是市级、县级图书馆，都从各自的情况出发，探索跨界合作，公共图书馆逐步形成整体协调发展的战略思维。这种协同发展不仅是单个公共图书馆内部，或公共图书馆行业内部的协同，更是公共图书馆与更多、更广泛的其他类型图书馆、个人、组织、机构、政府等共同携手发展。

（2）探索了富有特色的公共文化机构跨界合作模式

公共图书馆与很多行业、机构、组织开展跨界合作，其中，既有与公共图书馆性质相近的公共文化机构，也有与公共图书馆性质差异较大的其他类型机构，既有营利性机构，也有非营利性机构。公共图书馆与这些机构交流互鉴，取长补短，探索了“图书馆+博物馆+档案馆”“馆店”“城市书房”“馆校”“主题图书馆”“跨界合作+总分馆”“馆+互联网”以及文旅融合等富有公共图书馆特色的跨界合作模式，有力地促进了文化传播、信息交流和社会教育的发展。

（3）创新了公共图书馆服务方式，提升了服务效能

随着社会的不断发展，公共图书馆不能因循守旧，应该与时俱进地开发多种方式的跨界合作，涉足更广泛的社会领域，拓展公共图书馆服务。公共图书馆跨界合作，在信息资源建设、信息开发与交流、文化传承与传播、社会教育、文化娱乐、文旅融合、弱势群体服务、营销、运营管理等方面都产生了很多典型有代表性的合作范例。通过跨界合作，公共图书馆与合作伙伴彼此支持，共同发展，创新了服务方式，提升了服务效能，对提升公共图书馆核心竞争力产生了良好效果。

14.2.2.2　公共图书馆跨界合作面临的问题

公共图书馆跨界合作实践虽已比较丰富，但处于探索中的公共图书馆跨界合作仍面临许多问题和困难。

（1）统筹规划问题

虽然很多图书馆都积极地开展跨界合作，但从公共图书馆整体来看，还比较缺乏统筹规划。公共图书馆跨界合作需要政府支持和引导，以引领公共图书馆等公共文化机构按照国家需求、市场规律开展跨界合作。应对社会发展变革，迎接“互联网 +”带来的各行业跨界融合挑战。这不是哪一个公共文化机构或哪一个公共图书馆所面临的问题，而是整个公共文化事业都需要重视的问题。

（2）参与度问题

公共图书馆是公益性机构，其提供的绝大部分服务是公益、免费的，但有一些跨界合作项目无法要求合作伙伴只投入不获取，是需要给合作伙伴带来经济回报的。因此，以什么吸引合作方加盟共同致力于合作增效是公共图书馆跨界合作中难题之一，也成为影响合作伙伴参与度的重要因素。此外，在一些跨界合作中，需要有较多的参与者共同完成，但是由于对接工作、宣传力度等问题，部分参与者对项目的了解度可能不够，会影响跨界合作的认知度、参与度。

（3）经费问题

由于公共图书馆自身经费有限，很多跨界合作项目经费较难从图书馆日常业务经费支出，经费不足成为很多公共图书馆跨界合作面临的共同问题。例如，很多阅读推广活动是系列活动，与合作方共同在各个基地在开展服务的过程中，普遍遇到人员成本、场地成本等各种经济相关问题，维系项目的开展较为困难。文创产品的开发、特殊人群服务等跨界合作，更是需要大量资金来推动和加以完善。

（4）跨界合作机制问题

合作是有其内在规律的，跨界合作更需要机制予以保障。公共图书馆跨界合作还处于探索阶段，合作成员的参与机制、考核机制、激励机制等都较为缺乏。例如，在一些跨界合作活动中，由于缺乏机制，成员素质参差不齐、发展不均衡，影响了合作方效益，打消了合作者的积极性，阻挠了合作进程。此外，在合作过程中沟通不畅、协调机制不完善的问题时有发生，对合作的契合度和稳定性都造成影响。

（5）模式单一问题

目前，公共图书馆跨界合作案例虽然比较多，但大部分跨界合作主要还是基于图书馆信息资源开展的，成熟的模式比较单一，没有完全摆脱阵地服务的传统思维，活动缺乏多样性。公共图书馆如何适应社会变化和满足公众需求变化，对自身功能定位作出调整，主动开展跨界合作，还有很大的探索空间。公共图书馆的管理、服务、业务各个层面还没有形成清晰的合作目标，在模式上还需要更深入探究。

（6）版权问题

图书馆在依托自身资源进行跨界合作时，在数字化开发阶段、数字化服务阶段普遍遭遇版权问题，如一些作者拒绝将其作品数字化；部分作者提出数字化后仅可用馆内固定 IP 查阅，不可复制、不可传播；一些作者提出只可以提供部分电子书而非全集。同时，图书馆统一信息平台要集成多来源信息提供一站式服务，首先也必须解决版权问题。版权问题在某种程度上影响了公共图书馆跨界合作的开展。

（7）稳定性问题

跨越边界的合作，意味着对原有范围的打破，重新寻找动态的平衡。这也意味着公共图书馆跨界合作对环境可能无法完全把控，造成稳定性的欠缺。例如，公共图书馆与外国驻华领馆开展的文化交流活动，涉及外事活动管理范畴，其申报流程及活动内容把控难度较高，致使活动具有不确定性。公共图书馆开展的涉及技术性的合作，会受到技术快速更新换代和人们需求的变化等因素带来的挑战。

14.3 我国公共图书馆跨界合作未来发展战略

迎接挑战和机遇，公共图书馆在积极开展跨界合作探索过程中应思索并找准新时代背景下自身的功能定位，明确跨界合作发展趋势，对未来公共图书馆跨界合作制定合理的规划，促进公共图书馆事业的新发展。

14.3.1 找准新时代公共图书馆功能定位

图书馆的功能定位并不是与生俱来的，而是后天通过人和社会被赋予的，其功能定位也不是一成不变的，会随着社会发展而不断调整[47]。“互联网 +”背景下各领域广泛跨界融合，对公共图书馆产生了极大的冲击，也使公共图书馆与社会有了更多的关联。新时代的公共图书馆，须找准契合发展的功能定位。

14.3.1.1　信息共享中心

随着信息技术的快速发展和互联网的普及，读者对于公共图书馆的使用需求由静态阅读趋向动态的信息需求，公共图书馆由传统的“信息资源中心”逐渐向“信息共享中心”转变。将纸质文献资源与数字资源、馆藏资源与馆外资源、本地资源与网络资源整合到一个无缝的信息环境中，为满足人们的信息需求提供一站式服务，既是公共图书馆形态的转变，也是一种新的信息服务模式。这种转变意味着，与多方合作能集成多来源多形态的信息，为用户提供更丰富的信息资源和更方便快捷的信息服务，成为读者心目中理想的信息共享中心。

14.3.1.2　文化传播中心

在当今时代，人民群众文化生活需求日益提升，对文化的保护、交流、创造、传播、传承成为盘活公共图书馆的源泉。“养在深闺”的公共图书馆文化资源难以满足用户深层次的需求，公共图书馆需要从文化库藏向文化传播中心转变。公共图书馆可与相关领域合作，深入发掘馆藏文化资源，激发文化活力，加强文物保护利用和文化传播，推动文化产品供给侧结构性改革，不断满足人民群众精神文化生活需求。

14.3.1.3　终身学习中心

互联网、计算机的普及，使公共图书馆在教育上突破了时间和空间的限制。用户可以足不出户接收到公共图书馆的相关教育资源，获取信息知识，自主、灵活地开展学习，不再受到图书馆时空与馆藏的限制，这在互联网时代极富成效地扩展了图书馆社会教育职能。随着大数据、云计算等技术的发展，图书馆与更多个人、机构合作，不仅可以实现信息资源的共享，更有丰富的人力资源、课程资源供用户自由、方便、快捷地获取，从而增加了整个社会获取知识和接受教育的机会。

14.3.1.4　文化休闲中心

随着公共文化服务体系建设的日趋成熟，公共图书馆越来越多地与其他公共文化机构、非公共文化机构合作，为公众提供立体、多面的文化休闲服务。公共图书馆或“走出去”，与社区、企业等举办各种专题展览、知识讲座、电子阅览等活动；或“请进来”，与各行各业合作，丰富图书馆内文化休闲活动。特别是随着文旅融合等国家战略的推行，以文载旅、以旅传文，公共图书馆与更多个人或组织合作，关注自身休闲功能的发挥，在职能上有了新的拓展，满足公众对文化休闲生活的需要，开展文化休闲服务[48]。

14.3.2 明确跨界合作原则

公共图书馆跨界合作必须坚持一定的原则，通过跨界合作使得公共图书馆在保持自身核心能力的基础上得到新发展。

第一，公共图书馆跨界合作必须保持自身核心竞争力。跨界合作需要公共图书馆打破传统的机构、行业壁垒，广泛寻求合作伙伴，因此，公共图书馆跨界合作一定要避免偏离自身核心业务或核心竞争力，应紧密围绕信息共享中心、文化传播中心、终身学习中心、文化休闲中心的功能定位，开展跨界合作，不断巩固公共图书馆核心能力，为公共图书馆培育新的竞争优势。

第二，公共图书馆跨界合作必须坚持平等原则。合作的基础是平等互惠，公共图书馆与各合作方必须基于此原则开展合作。这需要对公共图书馆的利益相关者进行更深入的剖析，紧密围绕公共图书馆和合作方的共同利益，平等合作，实现双方获利。

第三，公共图书馆跨界合作必须坚持公平原则。作为国家的公共文化机构，为公众提供均等的公共文化服务是公共图书馆的使命，公共图书馆通过跨界合作更好地为公众提供公共文化服务时仍要秉持公平原则，尤其是在关注和扶助社会弱势群体方面，更应与社会各界广泛合作，更好地实现社会公平。

第四，公共图书馆跨界合作必须坚持特色化原则。为了满足人民群众日益增长的公共文化需求，公共图书馆在基本实现公共文化全覆盖均等化的基础上，更需要拓展跨界合作，为公众提供个性化、特色化的公共文化服务。

14.3.3 统筹规划跨界合作

公共图书馆跨界合作要从整体上进行统筹规划，协同发展，避免一窝蜂上，浪费资源。

第一，需要梳理公共图书馆的跨界合作对象，以便作出有针对性的指导。这些对象有公共文化机构，也有非公共文化机构，有政府部门、社会组织，也有个人，有营利性机构也有非营利性机构。公共图书馆应对它们进行合理分类，梳理不同对象的特征，以便制订合作战略。

第二，要分地区、分层级地把握公共图书馆跨界合作情况。我国各地区的公共图书馆的情况各有不同，各个层级的公共图书馆在规模、业务等方面也存在差异。针对公共图书馆所在地区、层级对公共图书馆跨界合作进行梳理，有利于分地区分层级引导并合理管理公共图书馆跨界合作。

第三，总结公共图书馆的跨界合作活动经验，制订相应的图书馆跨界合作发展规划。同时要对已经普遍开展的跨界合作，如馆店合作，进行科学的论证、研讨，制订专门策略并在全国推广。

第四，关注公共图书馆跨界合作成效，研究其与公共图书馆服务效能、绩效之间的关系，便于制定评价标准、开展评估，或在今后的公共图书馆评估工作中予以专项考量，促进公共图书馆跨界合作发展。

第五，公共图书馆要认真考虑跨界合作可能对本馆造成的影响，在制订战略规划过程中，要根据图书馆自身情况，专门研究本馆跨界合作，为其专门制订规划，逐渐将其纳入图书馆日常运营工作。

14.3.4 树立跨界合作思维

公共图书馆跨界合作经验表明，成功的跨界合作是以正确的跨界合作理念为先导的。数字化、网络化、“互联网 +”等促使各领域交叉融合，行业界限模糊，行业间竞争空前激烈，竞争的背后往往是产品服务的同质化、行为的模仿化和竞争的无序化等，面对这些危机，相互联合、携手合作成为各行各业普遍趋势。公共图书馆要与社会各界合作共进，面对共同的用户群体，尽可能找到合作点，促进共同发展。

跨界合作即联手，但联手并不只是在公共图书馆基础上叠加简单的功能，而是真正地理解、实现用户需求，寻找满足用户的恰当合作伙伴，与合作伙伴构建基于用户体验的互补关系。当公共图书馆与文化机构或其他类型图书馆开展跨界合作时，面向的是相同或类似的用户群体，此时需要对用户群体作详细深入的调研，深入分析其文化、信息消费习惯，作为合作的依据；当公共图书馆与非文化机构跨界合作时，则更需要考察用户在不同领域中的需求，从而找到需求交点，作为合作的基础。

14.3.5 扩展跨界合作领域

目前，公共图书馆跨界合作主要集中于馆藏资源的整合、共享以及举办基于馆藏资源的活动等方面。为了更好地生存发展，公共图书馆还要综合考虑当下实际，把合作的内容扩大到更多方面。例如需要考虑人力资源、平台建设、服务与设施等多角度的融合，在内容上开展信息资源建设与文化传播、社会教育、弱势群体服务、图书馆运营等的全方面合作，实现优势互补、整体融合，获得更好成效。

从公共图书馆内部体系来看，合作涉及公共图书馆的决策层、管理层、业务层等各层级，如法人治理结构的广泛社会合作涉及对决策层的改变，跨界合作营销对管理层的各流程也会产生影响。公共图书馆要充分地从各个层面的需求出发，选择最有利于图书馆发展的领域进行合作。

为了扩展跨界合作领域，公共图书馆要全面地认识合作对象。公共图书馆已经与政府、企业、组织、个人等开展了合作，具体包括政府机构、数据运营商、出版社、科研机构、媒体机构、公共文化机构、其他类型图书馆等。公共图书馆可以从管理部门与非管理部门、营利组织与非营利组织、公共文化组织与非公共文化组织等角度对跨界合作对象进行分析，提取不同合作对象与公共图书馆合作的特征，挖掘可以合作的新对象和新机会，为公共图书馆扩展跨界合作创造契机。

14.3.6　丰富跨界合作形式

目前大多数公共图书馆跨界合作主要方式是联合举办展览、联合开展读书活动、联合开展推广宣传活动、共同搭建信息共享平台等，采用的形式比较保守。公共图书馆与文化机构的合作已经有较好的基础，形式上以联合挖掘文化资源展示为主，但多是与档案馆、图书馆、博物馆等机构合作，形式上比较有限，且与其余公共文化机构如影院剧院、文化馆（站）等的合作很少。与其他行业的机构、企业或个人的合作则相对较少，深入的合作形式不多见。

丰富跨界合作形式，首先要强化内功，从公共图书馆自身的产品或服务入手，例如可考虑从图书馆优势品牌或项目深化合作。除此之外，还要适时对合作形式进行凝练，总结跨界合作模式，以加强合作的适应面。目前公共图书馆跨界合作有政府主导式、项目团队式、特许经营式、战略联盟式、机构合并式等。其中较多使用的是组建联盟，这种形式尤其适用于多个公共文化机构间的跨界合作。当公共文化机构与非公共文化机构开展跨界合作时，目前通常采用项目式合作。其他方式则使用较少，需要进一步的研究。

14.3.7 完善跨界合作机制

事物的正常运行和预期作用的发挥需要机制作为保障。在跨界合作时，不同机构、不同部门间存在壁垒，过程中不可避免地会产生许多利益相关、责任归属等问题，因此合作机制的完善尤为重要。公共图书馆合作机制是公共图书馆在相关合作协议或管理机构的协调下开展合作，通过制定相关政策与规章制度，建立制度化的合作模式，以保障合作持久顺利运行的规则体系[49]。需要在政府主导下，秉承风险共担、利益共享的原则研究公共图书馆跨界合作机制。

首先要研究参与机制。它主要是为了保障合作得以达成的规则体系，主要包含合作伙伴选择、合作愿景与目标设置、合作时间规定、合作协议或合同以及投入机制、合作退出机制等。公共图书馆应在考察合作伙伴和合作类型的基础上，建立不同类别合作的机制。其次，跨界合作是过程型的合作，为处理好各机构相互之间的关系、保障合作顺利进行，除了要建立参与机制，还需要更多的过程管理方面的机制。公共图书馆应在研究跨界合作流程的基础上，制定分阶段的合作机制，以保障合作顺利进行，减少纠纷，明确权责，促进共赢。这些机制主要包括协调机制、监管机制、评价机制、激励机制等。

14.3.8 加大跨界合作保障

跨界合作是新生事物，公共图书馆需要突破自身边界，可能会遇到诸多问题与障碍。为了确保公共图书馆跨界合作，需加大对跨界合作的保障。

第一，要强化国家政策保障力度。国家相关部门应牵头制定深化公共图书馆跨界合作的指导意见，提出未来一段时期跨界合作的工作重点和具有针对性的政策措施，在体制机制、技术融合、版权保护、权责分配、人才培养等方面加强政策引导和措施保障。

第二，要着力解决版权问题。公共图书馆以信息资源的收集、组织、传播见长，跨界合作需要对信息资源进行深度挖掘，以创新公共图书馆服务，因此可能面临版权法律保护及其挑战问题。要加强对资源数字化、用户生成内容、媒体资源保存、合作长期保存、机构仓储库等方面的著作权保护问题的探讨和解决。

第三，拓宽经费来源。一方面，图书馆要提前谋划，拓展社会合作渠道，纳入更多的社会力量，以尽量解决资金紧缺的问题；另一方面，也要控制活动预算，在可控的预算范围内打造精品。此外，关乎残障、特殊群体的特色服务可以寻求政府扶持，向政府申请专项补助以得到国家或省级专项经费支持。

第四，加强组织保障。目前，公共图书馆的跨界合作虽然开展得越来越多，但缺乏专门的管理手段。应成立理事会负责制订跨界合作战略规划，具体事务由专门领导负责分管，同时成立对外联络部门，并与公共图书馆活动部、读者服务部等相关部门做好权责划分。

第五，加强公共图书馆跨界合作专门人才保障。一方面，公共图书馆要加强对馆员的培训，其内容不仅要针对图书馆业务技能，还要加强对该业务领域相应的跨界合作相关内容培训。另一方面，图书馆要与合作机构共同对双方工作人员开展培训，为加强跨界合作实现双赢提供强有力的人才保障。

第六，加强技术保障。在网络社会，公共图书馆跨界合作要靠技术来实现，因此需要公共图书馆加大对技术研发的资金投入，并加强对数字资源融合技术的研究，提升融合的效率和科学性。同时，可以加强与科技公司、信息服务公司、科技院校等企业或机构的跨界合作，获得事半功倍的成效。

第七，加强业务规范。在公共图书馆的跨界合作过程中，业务规范必不可少。一方面要针对合作的技术进行规范，如一体化平台建设的标准，数字化采集、存储及展示的技术规范；另一方面要加强服务的规范，如对跨界合作服务性质、形式与范围等进行规定。

（执笔人：任竞、李健、韩毅、王宁远、易红、严轩、姜晶、张怡宁、柴宇航、丁晓、徐杰杰、李永丽）

参考文献

[1] 王东波. 基于“互联网+”的图书馆未来发展新趋势[J]. 国家图书馆学刊，2016（3）：75-81.

[2] FREEMAN R E. Strategic management：a stakeholder approach[M].Boston：Pitman Publishing Inc，1984：93-94.

[3] 张铁. 公共图书馆利益相关者：从影响、参与到共同治理[J]. 图书馆，2016（9）：22-25.

[4] 叶焕辉. 加拿大多伦多大学图书馆战略规划及启示[J]. 图书馆论坛，2014（3）：144-149.

[5] 孟祥保，高凡. 利益相关者视角下科研数据战略规划研究[J]. 图书情报工作，2016（9）：38-44.

[6] 黄佩芳. 基于利益相关者理论的公共图书馆社会合作探微：以佛山市图书馆为例[J]. 图书馆，2015（2）：80-83.

[7] 陈静. 高校图书馆利益相关者利益驱动力提升探赜[J]. 情报理论与实践，2013（5）：88-92.

[8] MITCHELL A，WOOD D. Toward a theory of stakeholder identification and salience：defining the principle of whom and what really counts[J]. Academy of management review，1997，22（4）：853-886.

[9] 杜宗明. 基于利益相关者视角的图书馆阅读推广研究[J]. 大学图书情报学刊，2017（5）：3-6，11.

[10] 王东艳，吴正荆. 基于利益相关者角度对图书馆和谐管理的思考[J]. 图书馆学研究，2012（21）：43-47，66.

[11] 李宏荣，练六英. 利益相关者理论视角下的图书馆社会合作研究[J]. 图书馆论坛，2010（6）：91-95.

［12］文化部关于印发《“十三五”时期全国公共图书馆事业发展规划》的通知［EB/OL］.［2020-06-05］.http://www.gov.cn/xinwen/2017-07/07/content_5230578.htm.

［13］宋家梅.图书馆志愿者管理研究［D］.保定：河北大学，2013.

［14］第十七次全国国民阅读调查显示：2019 年我国成年国民人均每天读纸质书不到 20 分钟 [EB/OL].[2020-06-14].http://news.cyol.com/app/2020-04/22/content_18581312.htm.

［15］李辉.论图书馆“数字阅读”体系建设［J］.图书馆研究，2013（2）：60-63.

［16］刘兹恒，董舞艺，孟晨霞.试析数据库商与图书馆的关系［J］.图书馆杂志，2015（3）：12-15，11.

［17］傅宝华.互联网冲击下图书馆的困境与出路［J］.社会科学家，2010（11）：156-158.

［18］于春萍，张新宇.图书馆阅读推广面临的挑战：基于国民阅读需求的分析［J］.图书馆研究，2019（6）：84-89.

［19］丽娃河畔亮起昼夜长明“阅读之灯”：出版社 24 小时阅读空间启用［EB/OL］.［2020-02-01］.https://news.ecnu.edu.cn/c8/d8/c1833a182488/page.htm.

［20］腾讯与人民教育出版社达成战略合作，共同探索教育信息化创新发展［EB/OL］.［2020-06-06］.https://tech.qq.com/a/20180505/015863.htm.

［21］张宏.出版社参与城市公共阅读空间建设的研究［J］.出版广角，2019（8）：22-24.

［22］马进忠，马志杰.打造文化坐标提升城市品位：临夏州科技馆、档案馆、美术馆项目建设侧记［EB/OL］.［2020-06-06］.http://gansu.gscn.com.cn/system/2020/05/15/012385141.shtml.

［23］周颖斌.“后真相”时代图书馆网络舆情危机治理探析［J］.河北科技图苑，2019（3）：69-73.

［24］黄佩芳.基于利益相关者理论的公共图书馆社会合作探微：以佛山市图书馆为例［J］.图书馆，2015（2）：80-83.

［25］宫敏星.浅谈公共图书馆如何应对个体租书店的挑战［J］.黑河学刊，2005（6）：101-102.

［26］郑丽芬.网络时代的公共图书馆与新型实体书店：危机、转型与共生［J］.图书馆，2014（6）：115-117.

［27］中国最美的社区图书馆［EB/OL］.［2020-04-30］.http://www.vankeweekly.com/?p=80335.

［28］蔺梦华，甘子超.公共文化服务体系下县域图书馆、博物馆、档案馆合作发展模

式探析：以佛山市顺德区为例［J］. 图书馆理论与实践，2019（9）：72-75.

［29］内蒙古图书馆 . 内蒙古图书馆“彩云服务”获美国图书馆主席国际创新奖［EB/OL］.［2020-06-07］.http://www.nmglib.com/show-640.html.

［30］肖希明，完颜邓邓 . 国外图书馆与出版商、书商的多元化合作［J］.图书馆，2016（4）：6-12.

［31］小创客学堂：探索自然世界　打开科普大门［EB/OL］.［2020-06-14］.http://www.jiading.gov.cn/zwpd/zwdt/content_585143.

［32］江西省图书馆.阅读养心　共抗疫情|抗疫情特别版阅读抗疫专题资源解锁啦！［EB/OL］.［2020-06-14］.https://mp.weixin.qq.com/s/HNmYhsjtnqIdnIrIGrmJSQ.

［33］袁复生 . 给历史和抗战老兵以尊严［N/OL］. 新京报，2018-08-10（C2）［2020-06-14］.http://epaper.bjnews.com.cn/html/2013-08/10/content_456295.htm.

［34］温州图书馆 . 城市书房简介［EB/OL］.［2020-02-09］.https://www.wzlib.cn/tszt/cssf/gk/26871.html.

［35］郑州图书馆 . 金秋赏月　中外情圆：外国友人专场诗词联欢会在郑州图书馆举办［EB/OL］.［2020-06-07］.https://www.zzlib.org.cn/search/detail?did=1331.

［36］刘鑫 . 胥江实验中学图书馆建设的探索与实践：苏州图书馆总分馆制的延伸与发展［J］. 图书与情报，2009（3）：82-85.

［37］北京学研究所 . 北京联合大学与首都图书馆合办北京学研究所［J］. 北京联合大学学报（人文社会科学版），2004（1）：45.

［38］黄海霞 . 东营市图书馆老年大学分馆今日揭牌开馆［EB/OL］.［2020-06-10］.http://www.dzwww. com/shandong/sdnews/201706/t20170614_16040881.htm.

［39］六味斋 . 六味斋园区内居然有太原市图书馆分馆［EB/OL］.［2020-06-10］.http://www.lwzfood.com/view-8-8f34d1d47eaf49b59f377542378ab6ad.html.

［40］应晖，柯平 . 主题图书馆的杭州模式［M］. 北京：国家图书馆出版社，2019：139.

［41］四川省图书馆 3 场试水直播吸引 35 万人“图书馆 +”还能做什么［EB/OL］.［2020-06-10］.https://www.chnlib.com/wenhuadongtai/2016-11-18/75691.html.

［42］龚锦培，施颖华 . 上海区县公共图书馆跨界合作实践初探［J］. 图书馆研究与工作，2016（1）：18-21.

［43］市图书馆携手支付宝老年大学推出网红课程［EB/OL］.［2020-06-10］.http://www.myzaker.com/article/5ee06fa48e9f0968e17a5b68/.

［44］书香浙江 · 杭州岳王庙启忠书吧正式开放［EB/OL］.［2020-06-10］.http://wwj.

zj.gov.cn/art/2019/9/24/art_1641242_38342540.html.

［45］成琪.让文创展现典籍之美 国家图书馆推出新文创新阅读系列活动［EB/OL］.［2020-06-10］.http://www.ce.cn/culture/gd/201909/12/t20190912_33143187.shtml.

［46］诗与远方，森林与书声：重庆图书馆与重庆高速集团共同打造亲子夏令营［EB/OL］.［2020-08-31］.http://www.cqlib.cn/?q=node/19102.

［47］黄宗忠.充分发挥图书馆功能［J］.图书馆论坛，2011（6）：14-22.

［48］苏静芹，李正祥.论现代公共图书馆的休闲服务及其实践［J］.图书与情报，2011（5）：105-109.

［49］肖希明，李琪.公共数字文化服务合作机制研究［J］.图书与情报，2016（4）：31-37.

15 公共图书馆营销推广战略

我国公共图书馆事业正处于新时代发展的重要机遇期，战略规划的制定将对公共图书馆未来的发展具有长远而深刻的影响。管理学大师彼得·德鲁克（Peter F. Drucker）在《卓有成效的管理者》中说，“做正确的事（do right things）比正确地做事（do things right）更重要”[1]。“十四五”时期公共图书馆需要规划和解决的问题很多，其中最重要的问题之一是营销推广战略规划。本章在分析国内外公共图书馆营销推广发展现状的基础上，对我国公共图书馆营销推广存在的问题及影响因素进行分析，并提出我国公共图书馆营销推广未来发展战略设计，为公共图书馆营销推广发展提供参考，以期推动我国公共图书馆事业更好更快地发展。

15.1 公共图书馆营销推广的基本问题

市场营销学是管理学的一个分支，也是企业管理的重要领域，但市场营销学已经不仅仅局限于企业，在社会、文化、教育等非营利性机构都有重要的作用与影响。图书馆也是市场营销学的重要应用场景。图书馆不仅要做好自己的业务，同样也需要加强营销。这不仅是一种策略，也是一种战略。在图书馆的情境下，本章将市场营销统一称为“营销推广”，淡化商业的味道，增强其宣传推广的涵义，体现公共图书馆的性质、功能与特点。

15.1.1 营销推广及其相关概念

营销推广是市场营销学的一个基础概念，泛指在以等价交换为特征的市场推销的交易活动中，工商业组织以各种手段向顾客宣传产品，以激发他们的购买欲望和行为，扩大产品销售量的一种经营活动。营销推广概念的产生源于麦卡锡（Jerry McCarthy）在 20 世纪 60 年代提出的“4P”理论，即通过产品（Product）、价格（Price）、渠道（Place）和促销（Promotion）的组合来开展营销活动。“4P”理论为企业营销实践提供了一个很好的分析框架，但随着市场竞争愈演愈烈，同质化产品越来越多，以产品为导向的“4P”理论无法适应时代发展需要，以用户为导向的“4C”理论开始走向历史舞台[2]。1990 年，劳特朋（R.F. Lauterborn）提出“4C”理论，即“4 忘掉与 4 考虑”：忘记产品，考虑用户需求与欲望（Consumer’s wants and needs）；忘记价格，考虑用户为满足其需求愿意付出多少成本（Cost）；忘掉渠道，考虑如何为用户提供便利（Convenience）；忘记促销，考虑如何与用户进行双向沟通（Communication）。与“4P”理论相比，“4C”理论注意到了媒介对用户行为情绪的影响，呼吁组织重视“推广”的作用，并将其视为组织实现营销目标的有效途径。但“4C”理论依然存在一定的缺陷，即忽视了潜在的竞争对手，忽视了技术对产品价值的提升，推高了维护用户的运营成本，使用户需求与组织的稳定成长之间存在一定的鸿沟[3]。随着市场的快速发展，“4R”理论问世。它以建立用户忠诚为目标，对“4P”和“4C”理论进行了进一步发展与补充。“4R”理论由艾登伯格（Elliott Ettenberg）于 2001 年在其《4R 营销》一书中正式被提出，该理论将营销四要素分解成为关联

（Relevance）、反应（Reaction）、关系（Relationship）和报酬（Reward）。舒尔茨（Don E. Schuhz）在“4R”理论基础之上，又将其升级成“5R”理论，该理论获得了市场的广泛认可并沿用至今。舒尔茨的“5R”理论包括关联（Relevance）、感受（Receptivity）、反应（Responsive）、回报（Recognition）和关系（Relationship）5 个要素。“5R”理论成为企业低成本竞争战略重要的理论基础，是市场竞争中集群效应与规模效应重要的理论来源，也是组织获取竞争优势的一个重要的分析框架，尤其对公共图书馆的发展有着非常重要的启示和借鉴意义。

15.1.2　公共图书馆营销推广的涵义及其意义与作用

目前，学术界对公共图书馆营销推广尚未确定一个明确的定义，但在现代营销推广理论的范式框架下，公共图书馆营销推广可理解为：利用多元化的推广活动建立与用户间的密切联系，时刻了解用户的基础需求与特殊需求，并根据用户的共性与差异性需求来调整公共图书馆的业务布局和服务体系，搭建与用户间稳定的交流网络与及时有效的沟通机制，提升公共图书馆的社会形象与社会影响力，更好地促进图书馆实现社会功能、做出社会贡献。简而言之，公共图书馆营销推广就是公共图书馆运用营销手段与策略，提升图书馆服务及机构形象的过程。

公共图书馆营销推广有战略层面和战术层面的意义。从战略层面看，一是践行国家科教兴国战略，通过营销推广吸引更多用户参与认识知识、学习知识和应用知识的过程，使公共图书馆成为社会公民进行终身学习的核心场所；二是服务国家人才强国战略，通过营销推广将高度集中的文献情报资源按用户个性化需求进行匹配，增强用户自主学习的动力，使公共图书馆成为培养国家创新型人才的坚实基地；三是支撑国家创新驱动发展战略，通过营销推广拓展科学普及与科学传播的公共服务渠道，为大众创业、万众创新提供良好的社会支撑。从战术层面看，一是营销推广提升了公共图书馆社会曝光率，为公共图书馆社会形象树立与品牌形象建设奠定良好的基础；二是营销推广为公共图书馆积累了大量的潜在用户，他们是公共图书馆产品迭代与服务提升的重要推动力；三是营销推广为公共图书馆争取外部合作创造了机会，是不同类型图书馆和情报资源供应商优势互补的有效手段；四是营销推广是检验公共图书馆运营水平的客观标准，其效果取决于自身产品、服务能力建设与用户需求的匹配与组合设计能力。

15.1.3　研究内容

本章的研究主要包括以下三个方面。

15.1.3.1　国内外公共图书馆营销推广发展现状

通过对国内外大量相关文献和国内外公共图书馆营销推广实践的调研，对国内外公共图书馆营销推广的相关研究和主要做法与案例进行梳理与总结，系统分析国内外公共图书馆营销推广的现状和发展态势。

15.1.3.2　我国公共图书馆营销推广存在的问题及影响因素分析

从我国公共图书馆营销推广发展现状出发，反思和总结我国公共图书馆营销推广存在的主要问题，挖掘这些问题产生的原因，进一步分析我国公共图书馆营销推广的影响因素，从而明确我国公共图书馆营销推广的发展方向。

15.1.3.3　我国公共图书馆营销推广未来发展战略

立足于我国公共图书馆的战略定位与战略规划，研究确立我国公共图书馆营销推广总体战略目标与具体目标，认清我国公共图书馆营销推广的发展态势与关键问题，制订应对营销推广问题的对策，有效地运用各种营销推广的手段，部署图书馆层面和国家层面的营销推广重点工作，让更多的读者和整个社会了解、认识、参与、利用图书馆及其活动，进一步推动我国公共图书馆事业的发展。

15.1.4 研究方法

在本章的研究中，主要采用的研究方法如下。

15.1.4.1 文献分析法

广泛地搜集、整理、研究国内外公共图书馆营销推广的文献材料，了解和学习有关图书馆营销推广的理论与方法，同时学习和借鉴国外公共图书馆营销推广的研究与实践，总结我国公共图书馆营销推广存在的问题与不足，作为本章的研究基础。

15.1.4.2 专家咨询法

在理论研究的基础上，采用专家咨询方式，通过召开专家咨询会、学术研讨会等方式邀请领域内多位专家指导相关内容的研究，咨询的内容包括整体方案研究、我国公共图书馆营销推广影响因素分析及重点工作建议等。

15.1.4.3 案例分析法

纵观国内外公共图书馆营销案例，综合考虑公共图书馆的规模、影响力、机构设置、地域分布及在营销推广方面的代表性等因素，分析研究多家图书馆机构，着重了解其开展营销推广工作的具体方法，为我国公共图书馆营销推广研究与实践提供参考。

15.2 国内外公共图书馆营销推广发展现状

营销推广在我国图书馆界虽不是新生事物，但与国外公共图书馆相比，我国公共图书馆在营销推广的理论认知和实践活动方面都还处于探索阶段。近些年，我国公共图书馆界在营销推广活动的策划、实施和效果等方面都取得了很大的进展，多个图书馆还获得国际图联（IFLA）“国际营销奖”（International Marketing Award）。但总体而言，我国公共图书馆在营销推广上还需要进一步加强认识，加强针对公共图书馆的营销研究，加强公共图书馆营销模式的设计与创新。

15.2.1　我国公共图书馆营销推广的现状与分析

15.2.1.1　我国学术界对公共图书馆营销推广的基本认识

公共图书馆作为最早引入营销理念的图书馆类型，在图书馆营销理论与实践方面走在前列，我国公共图书馆逐渐将营销推广纳入战略规划，特别是在互联网技术飞速发展，媒体融合、文旅融合的新时代背景下，公共图书馆营销推广开始走向新阶段。我国图书馆营销研究始于1993年。1993年4月25日至28日，中国科学技术信息研究所在联合国教科文组织综合情报计划处的资助下，在北京召开了“图书馆和信息服务机构营销政策国际讨论会”。专家们就营销政策议题发表了各自的见解，达成了共识：不论在发达国家还是在发展中国家，图书馆和信息服务机构的管理者必须采用营销方法，才能使其组织把注意力放到用户需求上，才能使其组织充满活力、有远见、向用户提供优质服务[4]。随后国内学者从国外发展现状、营销理论等角度展开探讨。庞志雄介绍了美国图书馆市场营销[5]。唐岚介绍了“整合营销”4C，即消费者（Consumer）、消费者满足欲求或需要的成本（Cost）、购物的便利性（Convenience）、沟通（Communication）在公共图书馆的应用，指出公共图书馆应采用整合营销策略，以大力培养用户市场为取向，制定符合实际的文献信息产业发展策略与规划、制定各类文献信息产品和服务的符合消费实际水平的收费标准，以各种形式进行信息市场的培育[6]。陈超指出，在知识经济、体验经济时代，公共图书馆越来越需要营销管理，我国图书馆界对市场营销的认识存在局限性，包括非战略性、非系统性、非宏观性、非自觉性、非组织性、非专业性，并提出战略营销的管理模式[7]。此后，越来越多的学者认识到营销对公共图书馆提升在用户群体中的影响力与认可度、加强服务能力建设、提高资源利用效率、满足用户需求、改善图书馆公共关系等方面的重要作用，对相关领域的研究逐渐深入，并更加关注营销理论、营销案例、营销模式等内容。

15.2.1.2　我国公共图书馆营销推广的典型案例

2017年初发布的《新媒体联盟地平线报告：2017年图书馆版》将图书馆营销列为重要挑战之一[8]；2018年国际图联《全球愿景报告》也特别强调了营销推广的重要意义[9]。国际上多家公共图书馆已经将营销上升到战略规划的层面，如英国威尔士公共图书馆[10]、美国纽约公共图书馆。图书馆营销是具体的实践业务，需要结合图书馆的具体案例讨论，为业界提供参考。以下内容根据我国公共图书馆在营销推广方面的实践成效，在发达地区与欠发达地区分别选取了具有示范意义的公共图书馆营销案例进行介绍分析，以期为我国广大公共图书馆的营销推广实践提供参考。

（1）发达地区公共图书馆营销推广典型案例

①东莞图书馆："读者留言东莞图书馆"，让书香成为城市眷恋

2020年6月，一则来自东莞图书馆的读者留言引发了社会公众的广泛关注，寥寥数语引发了图书馆界乃至全社会对图书馆价值使命的重新认识。"读者留言东莞图书馆"事件之所以成为公共图书馆营销中的成功案例，一方面离不开东莞图书馆长期以来提供的人性化服务与馆员的专业素养，另一方面也与融合媒体全方位、深层次的传播密不可分，是在东莞图书馆高水平运营服务基础之上，公共媒体与行业媒体共同作用的结果。该事件的演化发展过程可分为以下四个阶段。

a. 潜伏阶段：人际传播。"虽万般不舍，然生活所迫，余生永不忘你。"吴桂春读者的留言中反映出图书馆存在的价值与意义，这份饱含真挚情感的读者留言经由馆员在东莞图书馆内部得到了快速传播。

b. 扩散阶段：新媒体传播。互联网时代下的信息无胫而走，传播效果不可估量。留言事件经过层层转发，在微信、豆瓣、微博、抖音等新媒体平台上得到迅速传播与发酵，从而引发了广泛的社会关注及讨论。

c. 演变阶段：融合媒体传播。除新媒体之外的传统媒体也迅速加入该事件的传播中。报纸、电视、杂志、学术期刊等先后推出评论、专题报道、采访、专业讨论，将新媒体的病毒式传播特点与专业媒体兼具深度与高度的报道相结合，通过融合媒体传播将整个事件推向高潮。

d. 消退阶段：舆论热度逐渐消退。留言事件经历了一周左右的集中关注后，舆论热度逐渐降温，但图书馆业界和学界对于该事件的思考仍在继续。多家图书馆以及《图书情报工作》《图书馆论坛》等学术期刊纷纷推出专题活动，对该事件背后所蕴含的图书馆形象使命展开专业探讨，重视其对于图书馆营销推广的意义。

②佛山市图书馆："邻里图书馆"，让书香溢满左邻右舍

2020 年 7 月，国际图书馆协会联合会（IFLA）国际营销奖揭晓，佛山市图书馆的"邻里图书馆"社区服务创新项目荣获一等奖，该项目的成功经验对我国公共图书馆营销具有十分重大的参考意义。

佛山市图书馆邻里图书馆项目秉承"共建共治共享"的理念，以家庭为单位，由公共图书馆供给文献资源、提供服务支撑，协助建立家庭阅读空间，以邻里关系为纽带输送阅读服务。邻里图书馆成为深入社区的图书馆服务点，将图书馆的资源和服务延伸到小区和家庭，为市民提供近在咫尺的阅读服务。截至 2020 年 11 月中旬，邻里图书馆已发展至 1137 家，成员馆自发组织开展各类阅读推广活动 954 场，服务读者人数 2.65 万人次，累计从图书馆借书超过 21.7 万余册次，转借图书给邻里达 7.8 万册次，引领了全民阅读风气[11]。

邻里图书馆项目具有以下三方面显著特点[12]。

a. 邻里图书馆是公共图书馆主导的总分馆项目。邻里图书馆虽然利用了社区居民的人力资源和场地资源以及部分居民家庭藏书，但服务的主体藏书

资源来自佛山市图书馆。邻里图书馆服务的设计、管理和评价任务也是由公共图书馆承担。

b. 邻里图书馆是现代信息技术的产物。邻里图书馆通过采用信息技术，特别是区块链技术和移动技术，实现了资源的统一管理与有效利用，使得居民可以通过手机 app 扫描，实现居民与邻里图书馆之间，甚至居民与居民之间点对点的借书、还书与转借，所有借还记录即时进入图书馆系统成为图书馆服务记录的一部分，有效发挥了信息技术对邻里图书馆的支持。

c. 邻里图书馆注重对民间人力资源的开发。该项目有意识地动员、引导了大批民间阅读推广爱好者加入邻里图书馆，并为他们开展阅读推广提供各种支持。这些民间阅读推广人在公园、社区绿地或商场等各种场所开展推广活动，有效吸引了广泛社区居民的参与。

③杭州图书馆：多元服务 + 品牌打造，让书香浸染千家万户

杭州图书馆一直秉承“平等、免费、无障碍”的服务理念为公众提供均等化的服务，其通过多元的文化服务活动，品牌塑造、立体化的传播矩阵，形成整合营销、品牌营销、新媒体营销、事件营销的体系，为推动全民阅读、提升市民素养、打造文明城市作出了巨大贡献。

杭州图书馆营销实践具有以下三方面特点。

a. 杭州图书馆提供的多元服务是营销推广的基础。杭州图书馆的服务形式与服务类型整理见表 15–1，其服务对象广泛、服务项目丰富、服务形式多样[13]，有效提升了公民的信息素养、科学素养、文化修养。

表 15–1　杭州图书馆用户服务形式与内容

服务形式	服务内容
公益讲座	生活健康、阅读、摄影、职场培训、科学普及、音乐等
影音欣赏	交响乐演奏、观影、戏曲、音乐欣赏、话剧演出
阅读推广	读书会、朗诵大赛、好书推荐

续表

服务形式	服务内容
沙龙	摄影、传统文化推广、国学文化宣传、数学、美术、绘画、法律、心理、健康、艺术鉴赏、体育、外语学习
亲子活动	成长体验营、沉浸式剧场、儿童书法绘画、绘本分享、儿童电影、公益培训班
展览	书展、创意作品、书画、摄影、美术
培训	绘画美术、棋类、剪纸、书法、英语、摄影、音乐、主持、舞蹈

b. 将服务内容不断优化形成精品和品牌是杭州图书馆的营销推广策略。杭州图书馆打造的主要品牌包括：一是“文澜大讲堂”，该品牌活动拥有多个特色鲜明的主题活动，获得“浙江省优秀讲座品牌”荣誉称号[14]。二是多终端全方位数字服务平台——文澜在线，该平台集资源搜集、获取、信息发布、知识服务于一体，进一步将服务与品牌深入用户。

c. 杭州图书馆新媒体营销同样是公共图书馆的范本。2011 年初，杭州图书馆的微博事件引起了社会广泛关注，杭州图书馆不拒绝拾荒者进入图书馆读书，被誉为“史上最温暖图书馆”，时任馆长褚树青被誉为“最感人馆长”。杭州图书馆在微博上积极回应并宣传了图书馆平等、自由的服务理念和精神，正确引导了公众认识图书馆的服务理念与社会责任，有效提升了杭州图书馆在公众的吸引力与影响力。杭州图书馆微信公众号具有内容优质、形式多样、推送及时的特点，与用户形成了良好互动，曾获得第三届大众喜爱的 50 个阅读公众号称号。杭州图书馆还进军短视频平台，开通了抖音账号，通过视频生动形象地展示杭州图书馆的阅读推广活动，取得了良好的营销推广成效。

（2）欠发达地区公共图书馆营销推广典型案例

①会昌县图书馆：面向留守儿童，开展家庭导读服务

“留守儿童”问题一直是社会关注焦点，对于欠发达地区的基层公共图书馆而言，如何解决留守儿童在阅读方面存在的问题，如何面向留守儿童的

特殊需求有针对性地开展阅读服务，都是亟待研讨和实践的重要议题。江西省赣州市会昌县图书馆针对留守儿童阅读问题，专门推出“家庭导读服务模式”，开展多元化推广活动，注重强化与各方沟通与协调，并且建立了一支稳定的“馆员＋志愿者”导读服务队伍，起到了良好的营销推广效果。

该服务模式主要有以下两方面特征[15]。

a. 采用多种方式了解留守儿童阅读现状，有针对性地设置家庭导读方案。会昌县图书馆在开展家庭导读服务前，首先通过走访、问卷调查、电话咨询、预约面谈等方式，深入了解留守儿童的认知能力、阅读水平、阅读需求，以便有针对性地设置家庭导读方案；在开展活动过程中，分别对留守儿童所在的班级，他们的家长、导读老师等进行摸底调查，从中获取相关阅读信息。

b. 以家庭为单元，以家长为辅助，以班级为枢纽。留守儿童家庭导读服务的对象主要是6—12岁的有潜在阅读需求的留守儿童，以家庭为单元，不仅可以对具体家庭的留守儿童开展导读服务，还可以延伸服务对象至整个家庭其他年龄段的留守儿童。以家长为辅助，即由家长或其他家庭成员对留守儿童进行辅助教育、训练和引导，会昌县图书馆通过面向家长开展读者调查、聘请专家、举办专题讲座等活动，促进了家长与图书馆间的合作。以班级为枢纽，则可以精准了解留守儿童的阅读情况以及心理问题，从而便于馆员和班级老师或同学相互配合，帮助留守儿童树立乐观向上的生活态度，享受阅读的快乐。

②彭阳县图书馆：面向农民群体，开展“三农”服务

为抑制数字鸿沟造成的社会发展转型中新一轮更严重的贫富差距，满足农民群体日益多元化的文化信息需求，宁夏回族自治区固原市彭阳县图书馆充分发挥职能作用，积极协调各方力量，依托农家书屋面向农民群体进行图书馆信息服务的营销推广，对于普及科技文化、传播先进文化、丰富农村生活、提高农民文化素质发挥了重要作用。

彭阳县图书馆依托农家书屋平台面向当地农民开展了多种多样的信息服

务活动[16]，其主要内容与特点如下。

a. 举办培训活动。一是组织书屋管理员进行培训活动，提升管理员业务素质和专业技能；二是结合农业结构调整和农民实际需要，与彭阳县农业、林业、畜牧业等部门联合举办农业科技培训班，培训农民近百人次。

b. 开展服务活动。一是充分利用“4・23”世界读书日，在农村学校广泛开展读书活动，提升孩子阅读积极性；二是利用“全民读书月”、图书馆服务宣传周等活动，通过谈农家事、传致富经、送文化餐等活动引导农民利用书屋；三是通过开展送书到户、读书讲座、征文、诗歌朗诵等活动培养农民阅读习惯。

c. 解答疑难咨询。彭阳县图书馆利用书屋资源和设备优势，协调农业部门技术人才，组建“农业科技服务队”，通过讲解示范，为农民解决技术难题，将服务从信息层面提升到知识层面，为农民致富提供技术保障。

d. 提供网络服务。彭阳县图书馆通过引入先进的网络通信技术，依托书屋平台建设集互联网经营、农村党员远程教育、文化信息资源共享三功能于一体的新农村信息服务网络，为农民提供全面的网络化服务。

e. 进行跟踪服务。一是成立“农业科技服务队”巡回村组，将书屋的科技书籍直接送到农民手中；二是通过网络咨询服务平台，及时为农民解决技术问题，进行跟踪服务，有效提高了当地村民的经济收入。

f. 注重延伸服务。彭阳县图书馆为农民提供信息服务，不仅促进信息技术应用于农业生产，为生产增值增效，也在当地政治、经济、文化、社会生活等方面产生了深远的影响。

（3）我国公共图书馆营销推广典型案例的启示

①专业化的馆员是公共图书馆营销推广的前提

“人”是社会一切活动的主要因素，能否建立一支具备营销理念且对社会发展保持高度敏锐的馆员队伍，直接关系到图书馆营销推广的成效，上述典型案例中的公共图书馆均十分注重发挥馆员在营销推广中的作用。因此，公共图书馆需要注重营销方面人才的引进，并给予相应政策或待遇扶持。如若欠发达地区不具备相应条件，则可对现有馆员进行长期培养及考核，同时考虑吸纳热心图书馆事业且有一技之长的社会群众加入图书馆志愿服务队伍，以此提高图书馆营销人员专业化程度和营销推广覆盖范围。

②高质量的服务是公共图书馆营销推广的基础

服务质量直接关系到图书馆的营销效果，服务质量涉及馆员素质、馆藏资源、馆舍布局、服务项目等。发达地区公共图书馆往往由于其优越的区位优势而在开展服务方面拥有得天独厚的条件，因此发达地区图书馆应充分利用其区位优势，在资源的开发利用、服务方式的拓展和业务体系建设等方面抓住机遇、敢于创新，在我国图书馆营销推广中做好示范榜样。欠发达地区公共图书馆虽然资源有限，但可以立足本土现状，面向当地经济社会发展中存在的问题有针对性地开展营销推广，如彭阳县图书馆面向农民提供的“三农”服务、会昌县图书馆面向留守儿童推出的“家庭导读服务模式”，都充分考虑了当地社会发展现状，结合特殊群体的需求开展了内容充实、形式多样、深入用户的营销推广，取得了良好的营销效果。

③灵活的策略是公共图书馆营销效果的保障

一方面，公共图书馆需要积极与媒体合作，展开多渠道营销。东莞图书馆读者留言事件中，融合媒体所发挥的推动作用有目共睹，使得读者留言这一平常举动发酵成为全网轰动的热议事件，成为一次关于图书馆形象的成功营销。另一方面，公共图书馆需要根据用户需求整合不同层次、不同内容的信息资源，开发出适合不同层次用户的服务和产品，从而制订优质的、多样化的推广策略和方案。如会昌县图书馆在充分了解留守儿童生活状况和阅读现状的基础上，制订了有针对性且人性化的家庭导读服务模式，有效弥补了图书馆对当地留守儿童阅读服务存在缺失等相关问题。因此，灵活的营销推广策略既需要公共图书馆不断拓宽营销渠道，将传统渠道、网络渠道、新媒体渠道有机结合，同时也要因地制宜、因人施策、因势利导地制订有针对性的营销方案，才能有效提升图书馆的营销效果。

④新技术的应用是公共图书馆营销推广的亮点

图书馆充分利用现代信息网络技术，积极创新服务方式，为用户提供多样化、个性化且便捷的服务，有利于提升图书馆的营销效果。如彭阳县图书馆在依托农家书屋平台向农民提供“三农”服务的过程中，结合当地建设条件，采用光纤、ADSL和无线宽带WiMAX技术以及450M数字无线接入系统+新一代卫星天线接收系统的方式，建设新农村信息服务网络，将与用户的交流从物理空间转到网络空间；佛山市图书馆邻里图书馆项目采用了先进的区块链技术和移动技术，依托现代信息技术辅助服务，实现项目的高质高效运营管理。可见，现代信息网络技术在图书馆营销推广方面发挥着巨大的作用，无论发达地区还是欠发达地区都应根据自身条件，引入先进技术以不断提高服务能力，积极开发图书馆服务的新功能，以提升图书馆服务的影响力，帮助用户随时随地获得其所需的信息和服务。

⑤互动性强是公共图书馆营销效果的关键

图书馆的营销推广工作只有充分贴合用户需求才能最大限度调动用户参与图书馆服务活动的积极性，从而形成强有效的良性互动。如佛山市图书馆在邻里图书馆项目运作过程中，对每一个邻里图书馆进行个性化命名，许多家庭以孩子名字为自家邻里图书馆名，这激发了管理者的热情；成立了不同工作小组及邻里图书馆管理委员会，以加强公共图书馆与邻里图书馆的沟通；通过微信、微博、抖音等社交平台发布项目参与信息；对邻里图书馆服务进行考核评级并给予奖励，从而充分调动邻里图书馆管理者的积极性。因此，公共图书馆在开展推广工作之前，要充分调研用户需求，了解用户的真正喜好，这样才能有针对性地提供服务；在具体营销推广活动中应注重用户感受，积极与用户进行互动，捕捉用户对资源或服务的及时反馈，并适当调整相应方案；在推广实施后也需要建立考评制度，及时收集用户的反馈意见，调查用户满意度，为图书馆以后的营销推广工作提供改进方向。

15.2.2 国外公共图书馆营销推广实践

作为社会文化服务机构，公共图书馆具有公益属性，因此其营销活动有别于一般的企业行为。国外图书馆界十分重视营销推广活动，通过营销推广促进图书馆、知识提供者、服务接受者（用户及潜在用户）之间积极、及时的交互活动，推动知识的广泛传播，进而提升图书馆的用户关注度和品牌认可度，保障和促进自身的生存与发展，最终实现图书馆的社会价值使命。

图书馆营销推广本质上是一种实践性活动，离不开对具体案例的分析研究。综合考虑公共图书馆的规模、影响力、机构设置、地域分布及在营销推广方面的代表性，结合国际图联国际营销奖历年获奖机构情况，本小节选取新加坡国家图书馆管理局、美国纽约公共图书馆、美国旧金山公共图书馆、捷克吉日·马赫纳图书馆、加拿大埃德蒙顿公共图书馆、新西兰因弗卡吉尔市图书馆和档案馆、澳大利亚阳光海岸图书馆 7 家机构作为研究对象，开展网络调研，着重了解其开展营销推广工作的具体方法并进行分析。

15.2.2.1 从被动适应到主动赋能

市场营销理论认为，需求是驱动用户产生使用行为的原始动因。在外界环境的影响下，图书馆用户信息需求、渠道偏好、价值认可等方面的行为认知正在发生深刻变化，及时跟踪并了解需求变化给予积极反馈，进而主动培养用户的需求，成为公共图书馆营销的重要着力点之一[17]。

新加坡国家图书馆管理局（National Library Board Singapore，NLB）是世界上为数不多的法定机构性质的图书馆系统，采取典型的法人治理模式。该系统由国家图书馆和 26 个公共图书馆构成，面向新加坡全国公众提供可信赖的、可访问的、覆盖全球的知识信息服务[18]。由于其独特的管理模式和创新理念，NLB 在国际上获得了广泛的认可，2001 年，NLB 被新加坡政府评为年度创新组织，获得新加坡首届“国家创新奖”，其在国家创新体系中的地位可见一斑[19]。

作为政府机构，NLB不仅承担着新加坡公共图书馆体系的行政管理工作，同时还将“发展商业化信息服务，促进经济持续增长”作为目标，通过培养全民阅读习惯、提高公众信息素养，开展知识共享活动，提升国家的知识创新力和国际竞争力，将新加坡建设为知识型国家。从一定意义上讲，“主动赋能”是新加坡国家图书馆管理局开展营销活动的核心要义和鲜明特点。

2014年的“S.U.R.E.——提升新加坡人的信息素养意识计划”（S.U.R.E.—Promoting Information Literacy Awareness to Singaporeans）是NLB主导开展的一场战略层面的营销活动，也是图书馆作为公共文化服务机构助力国家发展的一次大胆尝试。该计划的四个字母分别代表信息源（Source）、理解（Understand）、研究（Research）和评估（Evaluate），意在提升新加坡国民信息素养，建立一个“能够正确识别和使用信息的国家”。NLB将该项工作与同期执行的“读吧！新加坡”（Read! Singapore）全民阅读活动、儿童启蒙阅读计划（Kids Read）、新加坡记忆工程（Singapore Memory Project）等项目结合，进一步激发了各界人士对相关问题的广泛关注，形成了相互促进、有机融合的国民阅读和信息素养教育体系[20]。从最终效果看，近年来，新加坡在联合国人类发展指数、全球竞争力排行等指标排名中位居前列，国民教育方面的表现尤其亮眼。报道显示，新加坡学生在阅读、数学与科学等科目中的平均水平处于世界领先地位[21]。能够取得这样的成绩，新加坡国家图书馆管理局在国民信息素养教育方面的引领推动功不可没。S.U.R.E.项目获得了2014年IFLA国际营销奖一等奖。

15.2.2.2　从资源主导到需求主导

麦卡锡营销理论认为，顾客不是营销活动的组成部分，而是一切营销行为所应当围绕并为之努力的目标。一个成功的营销项目，应当构成“发现用户需求—遴选/组合/生产满足需求的产品—选择适合的渠道—进行推广—满足用户需求”的行为闭环[22]。传统的公共图书馆营销推广通常以馆藏资源为出发点，侧重于知识产品和服务的展示；而新的营销理念则倡导针对用户不断变化的需求，变革传统业务模式、开发新的增值服务，从而彰显图书馆价值。某种意义上讲，以用户需求为中心的市场营销活动，是一场公共图书馆界的“供给侧改革”。

纽约公共图书馆（New York Public Library，NYPL）成立于1895年，是全美最大的公共图书馆系统，拥有88个社区分支机构和4个学术研究中心，每年为超过1700万名读者提供服务，年均举办各类活动达93000场[23]。为适应环境的快速变化，2016年，该馆组织了名为“为你而建”（Building for You）的大型调研活动，通过街头访问、小组会议等形式广泛收集公众对图书馆发展的意见建议，并启动了历史上最大规模的读者调查工作，共收集了19000多份调查问卷。以翔实的需求数据为支撑，由NYPL董事会及高级管理层牵头，250名工作人员参与，制订了《2017—2021纽约公共图书馆五年发展规划》。该规划将“获取、阅读、学习、创造”明确为图书馆服务的“四大核心支柱”，进一步强化以用户需求为中心的目标导向，将营销推广活动摆在全馆工作的重要位置，形成了详尽的工作路线图和时间表[24]。其中涉及的营销推广内容概括见表15-2：

表15-2　纽约公共图书馆营销推广计划概览表

序号	服务对象	营销推广及读者服务重点	主要目标
1	全体用户	持续改进NYPL.org网站，升级NYPL移动应用程序	提升服务效能，改善用户体验
2	留学生、新移民、少数族裔	开展系列成人继续教育活动，为读者提供英语培训等课程和服务	帮助读者掌握语言技能，促进融入社会
3	特殊读者、残障人士	组织多样化的外展活动，帮助不便进入图书馆的读者获得相关资料和服务	保障信息获取权利平等
4	被监禁人员	为纽约及周边地区的服刑人员提供书籍阅读和课程培训服务	促进边缘群体掌握谋生技能，重新回归社会

续表

序号	服务对象	营销推广及读者服务重点	主要目标
5	青少年群体	提供丰富的课外学习和活动的资源，引导学生使用图书馆满足知识信息需求	吸引青年群体关注图书馆、利用图书馆
6	在校学生和教师	开设信息资源检索等培训课程，普及相关知识技能	发挥图书馆知识门户作用，提高资源利用效率
7	在职人士、求职群体	提供职业发展技能培训和求职咨询指导	为读者创造终身学习机会，提升社会竞争力。
8	社区公众	提供就业安置、福利、平权行动、劳动关系等全方位的信息咨询服务	打造信息服务枢纽，塑造社区之家品牌形象

由表 15-2 可见，纽约公共图书馆针对不同群体的特点制定了多样化的营销推广计划，打造特色服务品牌，展现对读者的人文关怀，积极融入社区，是贯穿其中的一条主线。

15.2.2.3　从独立实施到群策共享

市场营销理论的演进与拓展，为公共图书馆组织营销推广扫除了观念上的障碍，使得图书馆也可以借鉴商业营销的方式来改善组织的资源配置效率、提高组织的运行绩效。公共图书馆与不同类别的社会组织通过“借力使力、以群策群”的合作营销方式，能够优化资源使用，克服各自在资金、渠道、技能等方面的不足，有效提升营销推广活动的效果[25]。国外公共图书馆与社会不同类型机构共同策划、通过资源共享、渠道共建开展营销推广活动已成为重要趋势，合作营销的理念深入人心。

旧金山公共图书馆（San Francisco Public Library）成立于 1879 年，是美国旧金山市最早的免费公共图书馆，如今已拥有由中央馆及 27 个分馆组成的遍布旧金山各个区域的公共图书馆系统。为了更好地服务公众，实践使命，该馆在《2016—2021 年战略发展规划》中提出，“通过创新服务方式、拓展合作伙伴关系来提高营销推广效果，密切与社区公众的关联”。旧金山公共图书馆常年策划组织系列展览、培训、沙龙等营销推广活动，积极发展合作伙伴关系，共同策划组织营销活动。如与“旧金山公共图书馆之友”（Friends of the San Francisco Public Library）及其他文学团体合作，策划和实施“一个城市，一本书”的全市阅读活动；与市长办公室及旧金山联合学区（San Francisco Unified School District，SFUSD）合作，推出全市扫盲计划，并提供阅读推广服务；与科技部门建立更紧密的合作关系，合作研发新技术，共同推进图书馆服务创新；与加州理工学院、旧金山博物馆、亚洲艺术博物馆等机构合作举办形式多样的文化活动，特别是展览[26]。

15.2.2.4　从产品主导到品牌主导

“品牌”是个体意识中对某一组织或某种产品区别于其他事物的综合反映，代表着消费者对其的认知程度。如果某一图书馆能够通过某种活动，使用户意识到其区别于其他图书馆的独特性，从而使其在同行业竞争中产生强大的优势，那么这种可辨识的独特性就是该馆的特色品牌。纵览近年来国外公共图书馆的营销推广业务实践，基于自身机构性质、馆藏优势、地理位置等属性，发掘文化特色，塑造独特品牌形象，并通过营销推广活动使公众及社会广为理解并接受，成为多数公共图书馆突破发展瓶颈、提升服务效能的重要途径。营销活动的重点开始从针对具体服务内容的“产品营销”转变为塑造形象、提升社会认知度的“品牌营销”。

位于加拿大阿尔伯塔省首府埃德蒙顿市的埃德蒙顿公共图书馆（Edmonton Public Library，EPL）成立于1913年，下设21家分馆，馆藏图书、音像制品、数字资源等近1700万册（件）。在2009年，EPL管理层意识到，多数公众对图书馆的看法实际上是有限且过时的，而改变公众看法的最佳方式是紧密围绕发展愿景“使每个埃德蒙顿人都能终生拥有选择并参与学习的机会”组织营销推广活动，通过品牌重塑活动来更好地反映图书馆作为“用户的热情倾听者、终身学习者之家及社区的创新型知识库”的价值观[27]。因此，自2010年起，该馆组织丰富的营销推广活动，开展了“重塑埃德蒙顿公共图书馆”（Rebranding the Edmonton Public Library）项目，重新设计了图书馆的全套组织形象识别（CI）系统，包括理念识别（MI）、视觉识别（VI）和行为识别（BI）服务，提出了图书馆的使命口号“我们共享”（We Share!），遴选了 4 种热点服务设计多款平面广告，并于 2011 年正式推出了 EPL 的全新品牌形象。由于在营销推广工作中出色的表现，EPL 于 2014 年被美国《图书馆杂志》（*Library Journal*）和盖尔集团（Gale）评为“2014 年度图书馆”（2014 Library of the Year），这是美国以外的图书馆第一次获得该奖项[28]。

15.3 我国公共图书馆营销推广存在的主要问题

国内公共图书馆都或多或少地开展了营销推广活动，但公共图书馆是否真正重视和正确认识营销推广，是否积极运用营销推广的策略与手段，是否通过营销推广产生良好的效果，都是需要分析和反思的。公共图书馆要做好营销推广，首先要分析营销推广中存在的问题以及原因，从而明确营销推广的发展方向，不断优化营销推广战略规划。目前而言，我国公共图书馆营销推广主要存在以下问题：

15.3.1 公共图书馆营销推广自身开展动力不足

在当前科学技术迅猛发展的信息时代，企业领域的营销方式已经借助互联网技术，从传统营销逐步向数字营销转变。然而，在非营利性的公共服务领域，公共图书馆的营销推广仍相对落后，存在自身动力不足的问题，主要表现在以下两方面：

15.3.1.1　受传统观念制约，营销推广观念落后

目前，营销推广日益受到图书馆界的关注，越来越多的图书馆开始尝试和探索运用营销的理念和方法来改善图书馆服务。但业界仍有部分从业者认为公共图书馆不需要推广营销，或是在进行营销推广时，对营销推广缺乏整体深入的认识和系统明确的把握，从而产生一些认知误区，例如，认为图书馆为公益性文化事业单位，与含有商业色彩的营销无关，不需要引入营销学理念来发展图书馆事业，不需要将图书馆营销推广纳入图书馆日常业务体系等，以致缺乏营销推广对公共图书馆的重要价值的认同。

15.3.1.2　受行政体制影响，对政府依赖性较强

政府是我国社会管理的主体，公共图书馆由各级政府投资建设，并以社会效益为根本目的向所有社会成员提供服务。但倘若公共图书馆过于依赖政府的主管作用，有可能导致公共图书馆的发展受到行政体制的制约。一方面，公共图书馆一直以来依靠政府财政拨款进行内部运转，行业较为稳定，因而缺乏竞争环境，导致开展营销推广活动的动力不足；另一方面，目前受限于经济发展水平，公共图书馆用于营销推广的经费有限，多从办公或活动经费中支出，缺乏营销专项经费[29]。基于以上情况，很多公共图书馆（特别是中小型公共图书馆）只能维持基本的生存，没有足够的精力与经费投入营销推广之中，极大地限制了相关工作的开展，使得营销推广缺乏应有的发展活力。

15.3.2　公共图书馆领导对营销推广重视程度不够

就目前公共图书馆营销推广发展现状而言，我们可以看到，由图书馆馆长、副馆长等组成的公共图书馆管理层作为图书馆营销推广的决策者，正在逐步探索公共图书馆营销推广的策略，但整体上对公共图书馆营销推广的重视程度还有待增强。具体而言，表现在以下两方面。

15.3.2.1 缺乏专门的营销推广部门及营销战略规划

经过调查我国部分公共图书馆的机构设置情况，笔者发现，我国大多数公共图书馆没有设立以宣传推广为核心业务的营销推广部门，大部分的营销推广工作由各个部门临时抽调的工作人员承担或者分散于各个业务部门。营销推广专业部门的缺失导致了公共图书馆服务营销在活动策划、宣传推广、人员培训、用户需求分析等方面缺乏统筹规划。

同时，大多数公共图书馆普遍没有制订一整套完备系统的营销战略规划。我国部分公共图书馆虽然已经意识到公共图书馆营销推广的重要性，但并没有把营销推广真正地提上议程，部分公共图书馆也只是在年度工作计划中提及要加强图书馆营销推广工作，但没有制订详细完整的长期营销规划。可以看出，相当数量的公共图书馆领导没有足够重视营销推广工作，使得营销推广工作缺乏系统性和规范性，导致图书馆营销工作的实际应用效果大打折扣[30]。

15.3.2.2 缺乏专业的营销推广人才及营销创新能力

虽然大多公共图书馆开展了营销推广活动，但大部分公共图书馆缺少高素质的营销推广人才，工作人员也大多没有接受过完整系统的营销推广方面的培训，既懂图书馆又善于营销的人才少之又少。同时，专业上的不足也导致了我国部分公共图书馆及其工作人员的营销创新能力不足。营销创新能力是指图书馆及其工作人员所具备的对用户知识、图书馆学知识、营销学知识、营销推广理念、营销推广策略进行再加工，从而创造性地引导用户需求，促进图书馆内外交互，实现预期目标的创新性能力[31]，是图书馆营销推广能力的核心要素。专业人才的缺乏和创新能力的不足，往往导致馆员难以在信息大爆炸的时代进行专业化和针对性地设计细分目标客户的营销推广方案和策略，因此难以满足广大用户不断增长的多元化信息需求与服务需求[32]。

15.3.3 业界对公共图书馆营销推广的认知存在偏差

图书馆是公益性服务机构，营销推广也是一种读者服务。从读者利益出发，营销推广就是将资源管理与整合、用户服务、空间利用、深层培育、关系协同、新技术应用等交织在一起的一种揭示资源、推广服务、树立形象的综合性活动。在公共图书馆界，图书馆同行对营销推广往往也存在着一定的误解。主要有以下两方面。

15.3.3.1 公共图书馆容易陷入营销推广的宣传误区

一是将图书馆营销等同于宣传推广。尽管国内外许多组织机构和学者已对“图书馆营销”的概念内涵进行研究阐述，但国内业界对图书馆营销推广的认识还处于初级阶段，有人认为图书馆营销就是“图书馆宣传推广”，这无疑是一种片面的理解。图书馆营销是一种从读者利益出发，将揭示资源、推广服务、树立形象融合在一起的综合性活动，其范围非图书馆宣传推广所能涵盖。

二是部分传统公共图书馆容易陷入一味追求宣扬本馆成就的宣传误区，未能意识到做好服务、提高效益才是图书馆宣传推广的最终目标[33]。这种方式看似进行了推广和宣传，实际宣传效果却不尽如人意，如何提高营销推广效益的问题亟待解决。

15.3.3.2 营销推广效果评价尚未引起高度重视

营销推广有一套完善的流程，目前，一些公共图书馆管理层有意识地引进营销推广理念，也积极实施营销推广策略，但是鲜少有公共图书馆积极探讨、设立内部评价指标，对图书馆营销推广效果进行有效评估，缺乏贯穿营销推广活动全过程的系统性计划，从而进一步影响了图书馆推广营销的进一步发展。公共图书馆忽视活动进行后的用户反馈和评价环节[34]，仅仅关注营销推广活动的进行过程是不够的。只有更全面关注每个活动环节，及时地获取用户对活动的意见和反馈，重视并开展与用户广泛的良性互动，公共图书馆营销推广才能及时地对营销推广进行调整，以更好地提高效益，精准地满足用户的需求。

15.3.4　公共图书馆营销推广面临的发展环境复杂

15.3.4.1　组织内部环境不够成熟

图书馆界一直存在这样一种观念，认为公共图书馆是由国家财政拨款支持的、具有公共文化机构性质的事业单位，不必担心自身的生存发展问题，因此组织内部缺乏开展营销推广的环境和氛围，营销观念也不够深入。多数图书馆也几乎未设置专门的营销推广部门和营销推广岗位，没有聘请拥有相关学科背景的专兼职人员从事营销推广工作。

组织内部环境不够成熟，还表现在制度文化、精神文化不够健全。制度文化方面，公共图书馆营销推广的相关规章制度、考核奖励制度以及组织结构等不健全；精神文化方面则表现为对组织内部营销推广的认同、营销推广的作用成效等的观点与信念不统一。

15.3.4.2　组织外部环境十分复杂

在营销推广活动中，提前确定目标用户群体，加深对用户需求的了解是不可或缺的重要步骤。公共图书馆所面临的外部环境渐趋复杂化、网络化和泛在化，这一环境下用户获取信息的途径增多，公共图书馆获得的用户注意力相较过去有明显下降，吸引用户的难度增加。随着用户需求不断变化、个性化特征明显，用户倾向于依靠自身能力，通过搜索引擎等便捷的网络渠道获得信息，公共图书馆存在感相对减弱。社会大众生活节奏加快，个人可支配时间变短，用户需求呈现碎片化的时间特点等，使得公共图书馆开展营销推广的难度加大，如何在营销推广活动中获得用户关注成为重要命题。

15.4 公共图书馆营销推广总体发展战略设计

公共图书馆营销推广是一个长期而系统的工程，能否确立前瞻性、可靠性的营销推广发展战略，制定科学有效的营销推广规划，对公共图书馆营销战略的实施具有积极而重要的影响。没有战略规划，公共图书馆营销推广活动就难以有效而有序地开展。营销推广战略既要从国家层面加以整体的设计与布局，也要从图书馆层面制订详尽的规划部署。

15.4.1 我国公共图书馆营销推广的总体目标与具体目标

15.4.1.1 总目标

公共图书馆要立足于图书馆的战略定位与战略规划，结合图书馆自身的业务发展与实际，以充分发掘图书馆的文献资源与各方面资源为基础，有效地运用各种营销推广的手段，将图书馆及其资源和服务广、快、精、准地宣传推介给读者和社会，增强读者和社会对图书馆及其资源和服务的认知、感受与体验，形成图书馆与读者及社会的良好而积极的互动，促进图书馆的发展，促进图书馆资源的开发与服务水平的提升。

15.4.1.2 具体目标

（1）重新认识图书馆的本质与能力

要理解图书馆为什么要重视营销推广，需要首先认识图书馆的本质。所谓的图书馆的本质，就是图书馆为什么要存在？为谁而存在？怎样存在？这是图书馆的初心。为读者服务得好的图书馆，要让读者感知到图书馆的价值与作用，并放大这种感知效应，吸引更多的读者更多更好地利用图书馆。

图书馆绝不是孤立存在的，而是置身于读者和社会之中的。图书馆只有为读者和社会提供更好的资源保障与专业服务，才有生存的意义和发展的可能。这一切离开了营销推广很难达成。图书馆营销推广的过程，也是图书馆自我认知与业务能力不断提升的过程，读者的需求必将转化为图书馆做好服务的动力。

（2）推动图书馆从“内向型”向“外向型”转变

当今的图书馆已经进入新的时代，传统图书馆固守物理空间、固守到馆服务、固守文献服务的“内向型”传统理念使图书馆缺乏与读者及社会的主动联系与能动作用。传统图书馆不受重视、不被认可的原因很多，其中最重要的一点是图书馆过于自我和封闭，墨守成规，抱残守缺，缺乏开放的思想与意识，缺乏改革的动力与能力。

新时代的图书馆面临着很多的挑战，包括网络的替代性压力，竞争对手的强势进入，读者不到馆的“空壳化”倾向，社会对图书馆不认同的边缘化趋势等。这就需要图书馆认清形势，变被动为主动，培养自己的“外向型”特质，学会运用营销手段和策略，将自己“推销”出去，以自己的空间、资源、服务、技术、能力为资本，转化为读者的认知和认可，使社会重新认识图书馆及其价值。

（3）学会并善于利用各种营销手段与营销策略

企业重视营销是为了市场的回报和利润收入，这也充分证明和体现了营销对企业生存和发展的不可替代的作用。图书馆也一样。图书馆虽然不是为了利润，但同样需要市场（读者的需求），同样需要通过积极的营销为图书馆带来更多的读者、更好的评价、更好的社会形象。

图书馆要结合自身的能力与实际需要，创造性地将现有的丰富的营销手段和策略有效地运用到本馆的营销实践中，还可以引入专业的营销团队，做好专业的图书馆营销推广设计与策划。要增强图书馆营销推广的认识，加强营销手段与策略的运用，强化营销推广的实际效果。

（4）图书馆要强化自身专业能力的建设

良好的营销建立在良好的服务基础上，良好的服务也需要良好的营销将其影响显性化。夸大其词、虚假宣传、过分渲染、虚张声势不会造就一个好的图书馆，更可能适得其反，让更多的读者远离图书馆，破坏图书馆的社会形象。所以，公共图书馆要寻求在做好服务工作与做好营销推广之间的适度平衡和二者的有机结合。

打铁必须自身硬。图书馆要获得良好的社会评价与美誉度，要苦练基本功，强化自身的专业能力建设，包括资源保障能力、文献服务能力、信息服务能力、知识服务能力等，也要不断通过激发读者的需求，激发更多的用户认识图书馆、利用图书馆，进而提升图书馆的服务创新能力。用实力说话，让服务的效果证明图书馆自身的能力与价值。

（5）构建图书馆与读者及社会良性互动机制

图书馆与社会的关系、联系、互动越紧密，就越能把握社会的需要，就越有可能为社会提供有价值的服务。好的营销推广将是图书馆与读者及社会之间的润滑剂，有助于建立图书馆与读者及社会之间的良好互动关系。一定程度上，图书馆营销推广的成效，是由图书馆与读者及社会能够构建良性互动机制决定的。

为此，公共图书馆要重视营销推广在图书馆发展中不可或缺的作用。图书馆可建立专门的（专职或兼职）岗位和指派专业人员从事营销推广的策划与实施，学习和运用各种营销推广的策略与手段，学会调动和利用舆情的积极力量，加强对营销推广效果的监测与评价，从而掌握图书馆发展的主动权，树立图书馆在为读者和社会服务中的新的形象。

15.4.2 我国公共图书馆营销推广的宏观策略

15.4.2.1 加强实践总结与理论研究

当前我国公共图书馆正处于一个大发展、大变革时期，经济社会的飞速发展，对公共图书馆营销推广理论研究和实践总结提出了新的更高的要求。但目前学界对图书馆营销推广的理论研究和实践总结还远远跟不上发展的步伐，不论是研究队伍还是研究水平都比较薄弱，基本理论研究还处于初始阶段，实践探索也处于各行其是、模仿借鉴的早期阶段。

在理论研究方面，“图书馆营销推广”虽然有一定理论基础，但是没有形成系统深入的认知，现有的理论分析比较局限于宏观、笼统的宣传推广，未来应加强在用户需求、战略规划、图书馆推广、提供产品 / 服务等方面的研究。实践方面，国内图书馆开展营销服务需要注重战略规划、营销策略、营销评价等，在提供服务时不能只顾服务的实施过程，同时也要注意对服务目的、营销目标以及营销战略的规划，需要统筹协调。同时，可通过分析借鉴国内外图书馆营销推广的典型案例和企业营销推广的成功经验，总结图书馆营销推广的最优模式，建立图书馆界自身的营销推广知识体系与方法体系，提升公共图书馆整体管理水平和服务质量。图书馆学专业期刊应加强“图书馆营销推广”的专题报道，策划并发表更多的该主题的论文。

15.4.2.2 设立“图书馆营销推广专业委员会”

早在 1997 年，国际图联就设立了“管理与营销专业委员会”，其宗旨是定义图书馆营销，促进对相关专业人员的培养，并在全球范围内普及和推广图书馆营销理念。在发达国家，大规模的营销推广活动多由权威性的图书馆组织或阅读协会组织发起，包括和政府的合作中，协会也起到了引领和带头作用。国外图书馆也十分重视与多方社会力量的合作，充分利用社会资源，组织大型营销推广活动。

在我国，中国图书馆学会除了应提供政策保障、学术研究相关功能，更应充分发挥行业组织的作用，代表图书馆界呼吁、重视营销推广，促进国际交流，寻求对外合作[35]。目前，中国图书馆学会第十届理事会共设置 16 个分支机构，虽然有阅读推广委员会，但是没有营销推广专业委员会，因此建议中国图书馆学会设立“图书馆营销推广专业委员会”，以“图书馆营销推广”为工作主线，通过学术交流、专业培训、交流合作和组织发展等活动，积极推进图书馆营销推广，促进公共图书馆营销推广工作取得更大的成效。

15.4.2.3 设立“中国图书馆营销推广奖”

国际图联管理与市场营销委员会于 2001 年设立了“国际营销奖”，旨在表彰在全球范围内实施有创意、重结果的营销项目或活动的组织，奖励世界范围内最优秀的图书馆营销项目，近年来我国也有多家图书馆获此殊荣。

在我国图书馆事业的良好发展态势之下，为培育和推广图书馆营销和公共关系的优秀案例，鼓励分享营销经验，我国图书馆界也可以推出“中国图书馆营销推广奖”，对我国某一时期内最具代表性和最突出的图书馆营销推广项目进行奖励，鼓励和支持更多的图书馆加强营销推广工作。评选周期方面可设定为两年一次评选，通过挑选优质案例，打造营销推广品牌项目。奖项设置方面，可以参考国际图联设立：资源管理及整合类营销内容，如文献传递、馆际互借等；用户服务类营销内容，如阅读推广、图书馆宣传服务等；扩充专业知识或技能的服务内容，如学科服务、培训课程等。也可以增加理论与实践研究内容，如推销策略、公关策略、产品开发策略。还可以按宣传手段设置，例如利用各种宣传手段，加大宣传力度，将图书馆优质的产品和服务推广到最为合适的市场和用户人群。

15.4.2.4 举办公共图书馆营销推广学术会议

定期举办全国或地方公共图书馆营销推广学术会议有助于各图书馆汇报交流营销计划与实践，对公共图书馆营销推广工作提出合理化建议，同时也可以加强各图书馆之间的沟通与协作，实现合作共赢。会议可以由“图书馆营销推广专业委员会”组织实施，也可由其他相关的有影响力的机构主办，邀请全国各地图书馆参与，加强公共图书馆营销推广相关的理论研讨与实践经验的总结、分析与分享。

会议需要重视营销推广相关问题的研讨，研究解决图书馆营销推广的宗旨、理念、目标、活动开展等方面的重大问题，加强业界对营销推广的认识。通过相互交流不断完善营销活动的组织和策划，并将精益管理、建立标准化的理念融入其中，推动图书馆营销推广工作更精准、更高效。通过学术会议，进一步发挥各图书馆系统联合开展营销推广活动的联动效应，以制定规范、制度，建立评价体系等有效方式，促进图书馆营销推广活动的常态化。

15.4.2.5　组织公共图书馆营销推广业务培训

除了学术会议外，全国或地方性公共图书馆营销推广业务培训也有助于提高专业化服务能力，打造一批能够高水平开展营销推广的图书馆，培养一批拥有专业化营销推广能力的馆员，也可以推动各地公共图书馆的互联互通，打破地区图书馆发展的不平衡，促进跨地域的图书馆业务交流。同时也有助于更好地总结各馆的先进经验，分享研究成果。省、市两级公共图书馆也可以加强对本行政区域内基层图书馆（室）的营销推广业务指导。

业务培训重点应该放在进一步推动图书馆更好地做好营销推广，强化服务体系的规划与设计，强化馆员营销能力的培养等方面。培训组织者可以邀请行业内外专家学者、工作者分享图书馆营销推广的实践进展与学术成果。同时，也可面向全国各级各类图书馆工作者开展征文，并与图书馆学相关杂志合作，在学术期刊上发表优秀论文。培训具体内容可以涉及图书馆营销推广的战略与目标、图书馆营销推广的主要手段与活动、其他行业营销推广的启示与借鉴、国外图书馆营销推广的最佳实践、不同目标群体营销推广的不同策略、图书馆营销推广的技术解决方案、图书馆营销推广战略规划要点、新技术手段在营销推广中的运用等。

15.4.3 我国公共图书馆营销推广的微观策略

15.4.3.1 公共图书馆营销推广的重点任务

（1）面向公众的营销推广

①重视利用传统公共媒体开展营销推广。公共图书馆可积极采用海报、易拉宝、宣传手册和电子屏等传播媒介在图书馆服务空间范围内进行营销推广，并与传统公共媒体保持良好的合作互动关系，充分利用报纸、期刊、电视、广播等平台，将图书馆需要营销推广的信息内容覆盖到各类媒体受众人群，以便更好地提升信息内容的传播力[36]。

②加强新型媒体的运营与协作。倡导公共图书馆安排专业馆员开设与运营社会化媒体账号和内容，如微博、微信公众号、今日头条、抖音等，进行“微”营销。充分关注新技术对图书馆新型媒体的影响，如AR、VR等。加强宣传图书馆网站、数字图书馆、电视图书馆、移动app等数字化图书馆平台，通过各媒体平台相互协作，提高公共图书馆新媒体平台的关注度与影响力。

③结合时政热点事件提升传播力。公共图书馆应时刻关注社会时政热点事件，将热点事件与图书馆服务营销内容相关联，尤其是能全面体现社会主义核心价值观、正能量等意识形态内容，引起社会共鸣和反响，正面宣传和传播公共图书馆服务的公益性、平等性、重要性。

④举办创意新颖的营销活动和展会。公共图书馆要在满足用户活动需求的前提下，围绕用户体验、活动形式、活动渠道等方面进行创新，如运用互联网、移动互联网扩大图书馆活动的覆盖面，积累用户粉丝群。积极参与各地文化展会，借助文化展会的人流量推广图书馆服务和文创产品。

⑤引进社会力量，提升营销规模与影响力。公共图书馆可在合法、合规的前提下吸引社会力量，全方位、立体化地增强图书馆的宣传推广，进行媒体平台运营合作、营销活动合作、场地设备合作等，以及与社区居委会、街

道办、学校及社区图书馆合作开展营销，拓展公共图书馆线下营销的覆盖区域[37]。

（2）面向机构用户的营销推广

①服务党政机关单位做好高端服务及宣传。公共图书馆应加强与各类党政机关单位的合作，积极参与建立健全政府舆情信息服务系统，发挥图书馆自身优势，为政府部门决策提供信息支持，协助提高政府部门工作效率。

②将服务与营销有机结合。做得好，也要宣传得好，但前提是做得好。公共图书馆要将自身的性质与功能、馆藏资源特点与优势、图书馆服务项目与服务质量、图书馆新的活动与形式等进行及时、全方位的发布，配合有效的宣传，塑造图书馆的良好社会形象，进而推动图书馆的良好发展。

③面向不同类型用户进行个性化服务及宣传。公共图书馆在建设智慧城市、智慧图书馆的背景下，应积极应用新技术，面向不同类型用户，根据用户的个性化需求，优化公共图书馆的资源，定制不同类型的信息服务，建立用户需求与个性化服务的反馈及互动机制，打造和推广适合移动互联网传播的服务平台。

15.4.3.2　公共图书馆营销推广的组织管理

（1）增加资金投入，建立经费保障

足够的营销推广经费支持是公共图书馆开展营销推广的切实保障。可设立营销专项资金，并单列服务营销经费预算，提高营销经费支出比例，形成长效的服务营销经费保障机制。图书馆也要做好营销推广调研和计划，保证营销推广效果，杜绝公共财政资金浪费。

（2）组建专门部门，推动工作常态化

公共图书馆在“十四五”时期要进一步优化公共图书馆组织机构保障机制，重塑公共图书馆业务流程，将图书馆营销推广与图书馆业务工作有效结合在一起，在图书馆内部成立营销推广的专门部门或岗位，以用户需求为根本导向，灵活运用营销手段，强化营销策略实施，推动图书馆营销推广形成模式、形成特色。

（3）强化营销推广人才队伍的引进与培养

完善公共图书馆营销推广服务人才队伍保障机制，加强在职培训教育，适当增加相关营销理论和实践课程，或在公共图书馆相关学术会议上增加服务营销主题内容，为馆员提供学习机会。也可将营销推广人才纳入图书馆编制招聘计划，或者积极招募具有市场营销特长的志愿者，打造图书馆营销人才队伍。

（4）塑造图书馆特色品牌服务

公共图书馆应实施特色品牌发展战略，塑造品牌、经营品牌、管理品牌、营销品牌，以提升公共图书馆核心竞争力。要将服务品牌建设作为一种战略，不断激发公共图书馆服务创新创造的活力，以“品牌再造”的理念不断提升服务品牌的品质和影响力。

（5）建立营销推广评价指标体系

对营销推广工作进行评估，有助于发现工作中存在的不足，对营销推广策略进行修改和调整，从而达成更好的工作效果。公共图书馆需要重视营销推广评估的研究，建立科学的服务营销推广评估体系，明确营销推广目标，评估营销推广效果和营销成本，将监督管理落到实处。

（6）成立跨机构的服务营销合作协调组织和联盟

公共图书馆成立跨机构的服务营销合作协调组织和联盟，有利于通过跨机构、跨系统、跨行业的合作创新，实现各合作主体的优势互补和协同发展。如建立跨图书馆、书店、出版社、博物馆、非遗中心、阅读推广民间组织等的公共文化系统内协调机构，统一策划营销推广活动。

15.4.3.3　公共图书馆营销推广的危机管理

社会信息环境的剧烈变化和图书馆自身发展碰撞而引发的各类问题，使得图书馆面临的危机也不再局限于传统的突发性危机事件，还包括图书馆服务危机、经费危机、形象危机、人才危机等。正因如此，公共图书馆在营销推广中也需要进行危机管理，具体策略如下。

（1）树立危机意识

首先要加强馆员培训，提高馆员服务能力和识别危机的能力，增强馆员危机意识。其次，营造重视危机管理的公共图书馆组织文化，使危机管理内化于心，外化于行。此外，公共图书馆需要将危机管理纳入公共图书馆营销推广体系，加强对危机管理与危机应对的教育与宣传。

（2）提高危机识别能力

公共图书馆营销推广工作的过程，是与公众、媒体、社会广泛接触的过程。数字时代，公共图书馆进行营销推广要不断提高识别危机的能力，要对可能发生的危机进行预判，积极应对各类危机。

（3）注重沟通

公共图书馆需要加强与馆员的沟通交流，增强馆员参与危机管理的积极性，不断提升服务质量。对外则需要加强与资源供应者、用户、合作伙伴、媒体及公众的交流，了解社会对图书馆的期望与要求，听取各方的意见与建议，主动消除误解，获得用户信任，发挥公共图书馆推广营销的作用，树立公共图书馆的正面形象，为公共图书馆营造良好的外部环境。

（4）重视媒体合作

公共图书馆与媒体保持良好的、密切的关系，有利于媒体对公共图书馆形成较为准确和立体的认识，在报道公共图书馆危机事件时能站在一个较为客观、公正的立场上进行宣传。当危机事件发生时，公共图书馆更需要加强与媒体的沟通与合作，及时、积极地向媒体传达危机事件产生的原因和采取的处理措施，向社会展现公共图书馆积极的一面，从而阻止谣言传播，帮助公共图书馆在危机管理过程中获得更多的支持。

（5）建立公共图书馆危机信息系统

危机的识别、分析处理、恢复反馈都需要高效完善的信息系统与预警机制做支撑[38]。公共图书馆要建立危机预警与响应系统，对现有公共图书馆行业信息进行优化与整合，以便在危机出现时能够从公共图书馆领域专业的角度获得指导与合作。

（6）建立公共图书馆危机管理联盟

面对日益复杂的环境，公共图书馆只凭一己之力很难应对各种危机因素，需要通过营销推广的方法，呼吁并集结各方资源和力量，建立包含各类图书馆、政府组织、学会、协会、媒体等成员在内的危机管理联盟。在公共图书馆营销推广中，要注重与有关单位、组织建立良好的关系，及时沟通交流可能遇到的危机及需要的帮助，以便更好地应对危机。

15.4.3.4 单体营销和整体营销协同发展

公共图书馆单体营销是指由单个图书馆开展的营销，包括市场研究、用户需求分析、图书馆产品和服务的推广、评价和改进等工作。公共图书馆的整体营销是指由多个公共图书馆共同合作进行某一方面的营销，实施主体在资源上可以充分地进行共建共享，以此保证资源的丰富多元，从而打造多样化的营销产品，提供更为优质的营销服务。

单体营销和整体营销相互协同，对于推动公共图书馆营销推广事业具有显著的积极影响：①有利于提高品牌影响力。如浙江省公共图书馆阅读推广联盟联合自 2016 年起举办“图书馆之夜”活动，历经 4 年发展，成功地将该活动从城市推广到乡村、社区，逐步成为浙江省公共图书馆全民阅读节系列活动的知名品牌[39]，在公共图书馆整体营销的品牌塑造方面起到了良好的典范作用。②有利于增强资源利用率。如成立于 2020 年 9 月的中部六省（湘鄂赣皖晋豫）公共图书馆联盟致力于在协调文献采购、编制联合书目、共同开发文献、开展讨论活动等方面积极开展合作，在最大限度实现资源共享、服务集成的同时拓宽资源的受众面，整体提高图书馆行业文化数字资源的利用率。③有利于促进数字阅读推广。一方面，各公共图书馆可针对本馆实际情况开展单体营销，推出与本馆用户相匹配的营销方式和方法，满足本馆用户的个性化需求；另一方面，公共图书馆通过整体营销，可共同制定长期的、整体的、统一的规划和营销服务行业标准，达成一致的战略发展意见，协同并进，整体推动数字阅读的发展。

（执笔人：刘冬、初景利、胡芳、朱峻薇、聂凌睿、张蔚然、毛祎骏、阮立、刘艳、吴冬曼、李楠、王译晗）

参考文献

［1］德鲁克．卓有成效的管理者［M］. 许是祥，译．北京：机械工业出版社，2005：2.

［2］罗文菁．基于 4P 营销理念的图书馆营销推广研究［J］. 图书馆研究与工作，2020（2）：35–38.

［3］曹稳．基于 4C 理论下的出版营销［J］. 编辑之友，2011（8）：30–32.

［4］孙毅红．我国公共图书馆服务营销策略研究［D］. 厦门：厦门大学，2008.

［5］庞志雄．美国的图书馆市场营销概述［J］. 图书馆杂志，1993（1）：55–57.

［6］唐岚．论公共图书馆应大力进行信息用户市场的培育［J］. 四川图书馆学报，2001（1）：57–62.

［7］陈超．公共图书馆的战略营销管理［J］. 图书馆论坛，2002（5）：113–115.

［8］BECKER S A，CUMMINS M，DAVIS A，et al. NMC horizon report：2017 library edition［R/OL］.［2020–07–13］.https://www.libraries.rutgers.edu/rul/staff/planning/reports-other/2017-nmc-horizon-report-library-EN.pdf.

［9］IFLA.Global vision report［R/OL］.［2020–01–06］.https://www.ifla.org/globalvision/report.

［10］刘若瑾．英国威尔士公共图书馆营销战略分析与启示［J］. 图书馆建设，2014（12）：85–87.

［11］佛山市图书馆．邻里图书馆［EB/OL］.［2020–11–17］.https://www.fslib.com.cn/special_category/6.

［12］范并思．公共图书馆营销理念与实践的重大突破：“邻里图书馆”荣获“IFLA 国际营销奖”一等奖评析［J］. 图书馆论坛，2021（4）：1–4

［13］吴一舟．沙龙活动在公共图书馆服务中的实践：以杭州图书馆“文澜沙龙”为例［J］. 图书馆研究与工作，2011（2）：16–18.

［14］李辉辉，孙艳香．杭州图书馆社会化媒体营销现状及策略研究：以“文澜大讲

堂”为例［J］. 科技传播，2015（21）：20-21，34.

［15］钟冬莲 . 公共图书馆服务留守儿童阅读的实践模式分析：以会昌县图书馆“家庭导读服务”项目为例［J］. 图书馆，2017（12）：107-111.

［16］张万有 . 彭阳县图书馆依托农家书屋平台为“三农”服务的实践［J］. 图书馆理论与实践，2014（6）：109-112.

［17］MATHEWS B. Marketing today's academic library：a bold new approach to communicating with students［EB/OL］.［2020-04-26］.https://www.alastore.ala.org/content/marketing-todays-academic-library-bold-new-approach-communicating-students.

［18］About us［EB/OL］.［2020-06-22］.http://www.nlb.gov.sg/WhoWeAre/AboutUs/AboutNLB.aspx.

［19］谢莉 . 新加坡国家图书馆管理局的营销理念与实践［J］. 图书馆，2012（1）：75-78.

［20］The S.U.R.E. story［EB/OL］.［2020-06-22］.https://www.las.org.sg/wp/bulletin/?s=S.U.R.E.

［21］新加坡在全球人类发展指数名列 18［EB/OL］.［2020-06-22］.http://news.sohu.com/20130317/n369117798.shtml.

［22］MCCARTHY E J. Basic marketing：a managerial approach［M］. 5th ed. Georgetown，Ontario：RICHARD D. IRWIN，INC.，1978：36.

［23］Events［EB/OL］.［2020-06-12］.https://www.nypl.org/events.

［24］New York Public Library five year library system plan of service（public library systems）2017-2021［R/OL］.［2020-06-22］.https://www.nypl.org/sites/default/files/2017-2021-plan-of-service.pdf.

［25］董文琪 . 非营利组织的合作营销研究［M］. 长沙：中南大学出版社，2007：21.

［26］Strategic plan 2017-21［R/OL］.［2020-04-26］.https://sfpl.org/sites/default/files/uploads/files/pdfs/StrategicPlan2017-21.pdf.

［27］Our brand［EB/OL］.［2020-07-04］.https://www.epl.ca/ourbrand/.

［28］Edmonton Public Library named 2014 library of the year EPL first Canadian library to capture top prize［EB/OL］.［2020-07-04］.https://www2.epl.ca/public-files/press-releases/library_of_the_year_media_release_0.pdf?_ga=2.207043668.617430260.1593962973-1995674187.1593962973.

［29］刘冬 . 融媒体时代公共图书馆营销推广的实践探索与思考：以杭州图书馆为例［J］. 图书情报工作，2021（1）：76-81.

［30］张旭．国内外图书馆联盟营销研究综述［J］．情报探索，2017（8）：124–129.

［31］徐双．图书馆营销创新问题及其路径分析［J］．图书馆工作与研究，2012（4）：52–55.

［32］温柔．高校图书馆服务营销存在问题及营销策略研究［J］.河南图书馆学刊，2017（5）：45–47.

［33］李超平．从图书馆宣传推广到图书馆营销［J］. 山东图书馆学刊，2014（3）：78–81.

［34］张浩如．大数据时代的图书馆品牌建设与营销［J］. 图书与情报，2016（5）：70–75.

［35］朱淑华．公共图书馆与儿童阅读推广［J］．图书馆建设，2008（10）：61–65.

［36］韦楠华，吴高．公共数字文化服务营销推广现状、问题及对策研究［J］．图书馆学研究，2018（17）：61–76.

［37］陆樱．社会力量参与公共图书馆建设的路径与方法探析［J］．文化创新比较研究，2019（34）：194–195.

［38］LACY M，CLARK S.Library as safe haven：disaster planning，response，and recovery［J］.Reference & user services quarterly，2015，54（4）：73.

［39］国家图书馆研究院．中部六省（湘鄂赣皖晋豫）公共图书馆联盟成立［J］．国家图书馆学刊，2020（5）：113.

16　公共图书馆管理运行机制改革创新

党的十八大以来，以习近平同志为核心的党中央对加快推进社会治理现代化作出一系列重要部署，提出要创新社会治理体制，深入推进“放管服”改革，创新完善人民群众参与社会治理的组织形式和制度化渠道。在全面深化改革、加快文化治理现代化、坚持人本理念的背景下，公共图书馆作为公共文化机构之一，其管理运行机制的改革备受重视。

“五位一体”，是对“全面推进经济建设、政治建设、文化建设、社会建设、生态文明建设”的概括表述。文化建设是其重要组成部分。推进国家治理体系和治理能力现代化之中，文化治理现代化也不能缺位。党的十八届三中全会通过了《中共中央关于全面深化改革若干重大问题的决定》，事业单位体制改革和文化体制改革成为全面深化改革若干重大问题的重要组成部分，完善文化管理体制、构建现代公共文化服务体系、建立事业单位法人治理结构、完善绩效考核机制、鼓励社会力量和社会资本参与公共文化服务体系建设等议题备受关注[1]。2019 年召开的党的十九届四中全会进一步推进国家治理体系和治理能力现代化，指出要健全人民文化权益保障制度，深化文化体制改革，加快完善遵循社会主义先进文化发展规律、体现社会主义市场经济要求、有利于激发文化创新创造活力的文化管理体制。2020 年召开的党的十九届五中全会提出进一步推动社会主义文化强国建设，要求围绕“举旗帜、聚民心、育新人、兴文化、展形象”的使命任务，促进满足人民文化需求和增强人民精神力量相统一[2]。文化治理现代化仍将是“十四五”建设期间的重点内容。

图书馆管理运行机制的改革创新作为全面深化改革的内在需求，既是响应深化文化体制机制改革号召的重要举措，又践行了党和国家有关加快推进文化治理现代化、文化体制改革、事业单位改革的政策要求。对其进行经验总结和理论研究，能够为其他同类事业单位，特别是公共文化机构体制机制改革提供极具参考价值的借鉴意义，构成文化治理现代化建设中的亮眼一环。

公共图书馆的管理运行机制创新分为管理机制创新和运行机制创新两个部分。图书馆管理体制并非指公共图书馆自身的管理机制，而是指国家对于公共图书馆的机构设置、隶属关系、权限划分及其活动进行管理的一整套制度化安排，其核心是政府管理部门、图书馆行业协会与作为独立法人单位的公共图书馆之间的相互关系及其各自的责任、权利、义务[3]。图书馆的运行机制是指图书馆内部的机构设置，各机构功能以及相互之间的联系。

图书馆管理机制和运行机制密切相关。图书馆管理体制问题是一个大框架，内部机制改革并不等于管理体制发生变化，一旦管理机制的某一环节出现问题，就会引发整个管理体系运行的不协调。图书馆管理体制的改革创新是国家层面的宏观问题，是自上而下的，不是由图书馆自己决定的；而运行机制改革则是微观的，是自下而上的，图书馆可以根据自己的实际情况进行内部管理的改革和创新[4]。

16.1　我国公共图书馆管理运行机制改革政策环境

本节内容从政策文本出发，分析国家层面、文化和旅游部层面以及省级、市级层面政策对公共图书馆管理运行机制改革的相关规定，总结有关政策导向，分析当前政策环境，为后文提出改革未来发展战略思路奠定基础。

16.1.1 国家宏观政策文本

2013 年以来，我国颁布了数十条与“深化体制机制改革”相关的法律法规，主要涉及我国各个领域的总体战略规划、市场体系建设、体制改革创新以及产业发展等方面，具体如下。

16.1.1.1 全面深化改革

2013 年，《中共中央关于全面深化改革若干重大问题的决定》将“全面深化改革”作为我国当前改革开放的重要任务，提出要锐意推进经济体制、政治体制、文化体制、社会体制、生态文明体制和党的建设制度改革[5]；2015 年，《中共中央 国务院关于深化体制机制改革加快实施创新驱动发展战略的若干意见》再次强调了新形势下深化体制改革的重要性[6]；2019 年，《中共中央关于坚持和完善中国特色社会主义制度 推进国家治理体系和治理能力现代化若干重大问题的决定》中指出，要推进全面深化改革，推动中国特色社会主义制度不断自我完善和发展、永葆生机活力[7]。2021 年全国人大第四次会议批准的《中共中央关于制定国民经济和社会发展第十四个五年规划和二〇三五年远景目标的建议》指出，“十四五”时期的经济社会发展，仍需坚定不移贯彻新发展理念，坚持以深化供给侧结构性改革为主线，以改革创新为根本动力，推进国家治理体系和治理能力现代化[8]。

与此同时，人才成为推动全面深化改革的重要力量，推进人才机制建设也是全面深化改革的重点内容。为此，我国相继出台了《国家中长期人才发展规划纲要（2010—2020）》《关于深化人才发展体制机制改革的意见》等纲领性文件。

16.1.1.2 事业单位改革

事业单位改革是我国体制改革的重要组成部分，为此我国颁布了一系列政策持续推进事业单位的改革。公共图书馆作为我国重要的文化事业单位，其管理运行机制改革也受到事业单位改革的推动。

近年来，简放政权是事业单位改革的主要方向，为进一步加快事业单位改革与政府购买服务衔接的步伐，2016 年颁布的《中华人民共和国国民经济和社会发展第十三个五年规划纲要》中提出要“深化承担行政职能事业单位改革，大力推进政事分开”[9]。此外，事业单位的分配制度改革也是改革的重要方向。为进一步为深化体制改革，我国实行事业单位分类改革，鼓励从事生产经营活动的事业单位转为企业，推进有条件的事业单位转为社会组织，从而更好发挥事业单位的职能和作用。2018 年，《国务院办公厅关于印发文化体制改革中经营性文化事业单位转制为企业和进一步支持文化企业发展两个规定的通知》中指出：“经营性文化事业单位转制为企业，要依法登记为有限责任公司或股份有限公司，加快构建有文化特色的现代企业制度……积极稳妥推进混合所有制改革。”[10]同年，《中共中央关于深化党和国家机构改革的决定》中也明确提出要“全面推进承担行政职能的事业单位改革，理顺政事关系，实现政事分开”；“区分情况实施公益类事业单位改革，面向社会提供公益服务的事业单位”；“全面加强事业单位党的建设，完善事业单位党的领导体制和工作机制”[11]。

16.1.1.3 文化体制改革

2013 年，《国务院关于落实〈政府工作报告〉和国务院第一次全体会议精神重点工作部门分工的意见》中提出要将文化改革发展纳入经济社会发展总体规划，要深化文化体制改革，完善公共文化服务体系[12]。2015 年，中共中央办公厅、国务院办公厅印发的《关于加快构建现代公共文化服务体系的意见》中提出：“在新的形势下，构建现代公共文化服务体系，是保障和改善民生的重要举措，是全面深化文化体制改革、促进文化事业繁荣发展的必然要求。”[13]此外，《国务院办公厅转发文化部等部门关于做好政府向社会力量购买公共文化服务工作意见的通知》中进一步明确了政府在推动公共文化服务社会化发展、深化文化体制改革中应发挥的关键作用，强调政府向社会力量购买公共文化服务对丰富公共文化服务供给、提高公共文化服务效能的重要意义[14]。此外，2020 年《中共中央关于制定国民经济和社会发展第十四个五年规划和二〇三五年远景目标的建议》强调现代文化产业体系的健全，指出要“深化文化体制改革，完善文化产业规划和政策”[15]。

16.1.1.4　公共文化机构体制改革

公共图书馆作为公共文化机构的代表，在公共文化机构改革的浪潮中首当其冲。2016 年，我国正式出台了《中华人民共和国公共文化服务保障法》[16]，为我国公共图书馆法人治理机制和社会力量参与机制提供了法律依据。2017 年 11 月，《中华人民共和国公共图书馆法》[17]正式颁布，为进一步推动我国公共图书馆事业的发展奠定了坚实的法律基础，其中第四条规定：“县级以上人民政府应当积极调动社会力量参与公共图书馆建设，并按照国家有关规定给予政策扶持”，为我国公共图书馆体制机制改革营造了良好的政策氛围。2019 年，《中共中央　国务院关于建立健全城乡融合发展体制机制和政策体系的意见》[18]中提出了“健全城乡公共文化服务体系”，为公共文化体制改革进一步向基层延伸指明方向。

总体来看，2013—2019 年，我国深入贯彻落实全面深化改革的总体目标，在政治、经济、文化等各个领域都制定颁布了相关的改革政策，为我国公共图书馆体制机制改革创新营造了良好的政策环境。

16.1.2　文化和旅游部政策

我国文化和旅游部也对图书馆管理运行机制改革给予了高度重视，近几年来陆续发布了若干政策，为改革创新提供了有力的政策保障和实践指导。

16.1.2.1　法人治理

2014 年，文化部发布《关于贯彻落实〈2014 年文化系统体制改革工作要点〉及其〈分工实施方案〉的通知》，提出要推进文化企事业单位改革，推动图书馆等公共文化机构组建理事会试点工作，鼓励图书馆等通过吸纳有关方面代表、专业人士、各界群众参与管理，完善决策和监督机制[19]。2017 年发布的《文化部“十三五”时期文化发展改革规划》提出要深化文化体制机制改革，推进文化事业单位改革，强调推动公共图书馆等建立事业单位法人治理结构[20]。同年发布的《关于深入推进公共文化机构法人治理结构改革的实施方案》指出了图书馆等公共文化机构法人治理结构的主要内容，包括建立以理事会为主要形式的法人治理结构并明确各方职责、制定管理章程、加强党的建设等[21]。

以上政策不断推动、引导法人治理结构改革实践工作从试点发展到深入推进阶段，此外，关于法人治理结构的主要内容和配套措施等也逐渐得到完善，为深化公益性文化事业单位改革，推动图书馆等各公共文化机构建立法人治理结构做出了有益指导。

16.1.2.2 总分馆制

近年来，文化和旅游部十分重视对图书馆总分馆制的推广，将总分馆制改革纳入了现代公共文化服务体系建设之中。

2016 年，文化部等部门联合发布了《关于推进县级文化馆图书馆总分馆制建设的指导意见》，提出到 2020 年，全国有条件的地区因地制宜建立起上下联通、服务优质、有效覆盖的县级文化馆、图书馆总分馆制，提出通过创新服务方式和手段、引导社会力量参与总分馆制建设等途径推进县级文化馆及图书馆总分馆制建设发展[22]。2017 年，《文化部“十三五”时期文化发展改革规划》提出要加快构建现代公共文化服务体系，创新公共文化管理体制和运行机制，并继续推进县级公共文化馆、图书馆总分馆制建设发展[23]。同年发布的《“十三五”时期全国公共图书馆事业发展规划》再次明确了到2020年基本建立健全县级图书馆总分馆制的目标，强调要因地制宜地建立起以县级图书馆为总馆，乡镇（街道）综合文化站为分馆，村（社区）综合性文化服务中心为基层服务点的上下联通、资源共享、有效覆盖的总分馆体系[24]。

16.1.2.3 社会力量参与

2013年发布的《全国公共图书馆事业发展“十二五”规划》提出要吸引社会资金以多种方式投入图书馆建设，逐步形成以政府投入为主、社会力量积极参与的多元化经费保障体系，推动图书馆事业持续稳定发展[25]。2015年，《关于做好政府向社会力量购买公共文化服务工作的意见》提出了到2020年在全国基本建立比较完善的政府向社会力量购买公共文化服务体系的目标[26]。2018年文化和旅游部发布《文化和旅游部 财政部关于在文化领域推广政府和社会资本合作模式的指导意见》，强调要深化文化领域供给侧结构性改革，推动政府职能转变，创新文化供给机制，引导社会资本积极参与文化领域政府和社会资本合作项目[27]。

通过以上政策文本可以看出，文化和旅游部一直鼓励、支持和引导社会力量以多种方式从多方面参与图书馆的建设运行，同时重视对社会力量参与机制及外部环境的构建和营造，为激发图书馆创造活力、推动图书馆持续稳定发展发挥了重要作用。

16.1.2.4 绩效考核和评价

2013年，文化部发布《文化部“十二五”时期公共文化服务体系建设实施纲要》，提出要探索建立公共文化服务绩效评价和监督机制，建立完善的公共文化服务绩效评价指标体系以发挥绩效评价对政府行为的导向作用[28]。2017年《“十三五”时期全国公共图书馆事业发展规划》发布，其中强调要完善图书馆选人用人制度，加强队伍建设，完善公共图书馆绩效考评制度，并提出建立第三方评价机制，以考核结果作为预算确定、收入分配的重要依据[29]。同年《文化部“十三五”时期公共数字文化建设规划》提到在进行公共数字文化建设时要加强绩效考核评价，建立以效能为导向的公共数字文化服务绩效考核机制[30]。

以上政策强调以效能提升为目的和导向推进图书馆绩效考核，有利于促使图书馆切实提高其服务质量与服务效益，同时可以看出近年来对图书馆进行的考核和评价工作呈现出常态化、方式科学化、途径多样化、考核结果重要性提高等趋势，也更加重视公众在这一过程中的话语权和参与度。

总体来看，文化和旅游部发布的政策内容涵盖了公共图书馆管理运行机制改革的多个方面，强调从构建法人治理结构、建立完善总分馆制、吸引社会力量参与、绩效考核等多个角度建立起新的管理运行体系，旨在进一步推动公共图书馆管理能力和服务效能的提高。

16.1.3 地方重要政策

在国家层面的法规政策的指导和引领下，我国许多省市根据当地实际，相继出台了与公共图书馆管理运行机制改革创新有关的政策，为公共图书馆管理运行机制在各地方的发展提供了政策保障和指导。

16.1.3.1 法人治理

地方根据各地的实际情况，通过政策规划指导法人治理结构的改革，提出法人治理结构的要求和目标，推进法人治理结构改革的实践。《北京市推进全国文化中心建设中长期规划（2019 年—2035 年）》提出推进公共图书馆等公共文化机构法人治理结构改革，吸纳有关方面代表、专业人士、各界群众参与管理[31]。《浙江省公共图书馆服务大提升行动方案（2020—2022 年）》提出推进县级以上公共图书馆法人治理结构改革全覆盖，加强社会监督，提升公共图书馆管理水平和服务效能[32]。《深圳市人民政府办公厅关于印发深圳市文化发展“十三五”规划的通知》提出“完善文化事业单位法人治理结构，探索更为有效的绩效评估形式，推动事业单位服务创新。”[33]《佛山市人民政府办公室关于印发佛山市文化事业发展“十三五”规划的通知》提出“到 2020 年，区级以上较大规模的文化事业单位基本建立法人治理结构”[34]。

16.1.3.2　总分馆制

地方对总分馆制建设较为重视，相应政策在东部、中部、西部地区都有出台。许多地方的政策重视对总分馆服务体系的扩展和完善，如《东莞市加强村（社区）公共文化服务实施办法》提出“依托村（社区）综合文化服务中心的建设运行，进一步完善以东莞图书馆为中心馆、各镇街图书馆为总馆、各村（社区）图书服务点为分馆的东莞市图书馆总分馆服务体系。”[35]《嘉兴市公共图书馆中心馆—总分馆服务体系标准》规定嘉兴市公共图书馆服务体系建设实行“政府主导、统筹规划，多级投入、集中管理，资源共享、服务创新”的原则[36]。《嘉定区持续推进国家公共文化服务体系示范区建设工作的实施意见（2018—2020）》提出完善区图书馆“总分馆”服务体系，按照“五个统一”原则进行建设，并逐步将此模式向村（社区）图书室延伸，促进全区公共图书馆服务能级整体提升[37]。

16.1.3.3　社会力量参与

地方通过出台政策为社会力量的参与进行积极的引导，创造良好的环境。《北京市人民政府关于进一步加强基层公共文化建设的意见》提出“鼓励社会化运营方式……引入竞争机制，鼓励和支持社会力量通过兴办实体、资助项目、赞助活动、提供产品和服务等多种方式参与公共文化服务体系建设。”[38]《浙江省文化厅关于印发浙江省公共图书馆三年提升计划的通知》提出探索公共图书馆与社会资本合作的新领域、新方法，打造志愿服务队伍等措施，鼓励社会力量参与公共图书馆建设[39]。《上海市“十三五”时期文化改革发展规划》提出:“以需求为导向，扩大社会力量参与，建立有利于文化类社会组织健康发展的制度安排。”[40]《黄冈市人民政府办公室关于进一步推进公共文化服务社会化发展的实施意见》从引导社会力量参与公共文化设施建设和运营管理、鼓励社会力量参与公共文化服务、培育公共文化服务社会化主体、完善政府向社会购买公共文化服务机制、推动公共文化服务体制机制改革创新等方面提出了推进包括图书馆在内的公共文化服务机构社会化发展的任务和举措[41]。

16.1.3.4 绩效考核和评价

不少省（区、市）对公共文化服务绩效考核和评价机制的完善进行了积极的探索，从绩效考核和评估的内容、指标、方式、主体等角度出发，提升绩效考核和评估的科学性、客观性。

《广东省公共文化服务体系建设规划（2011—2020年）》要求制定科学适用的考评标准，建立目标责任制，健全明晰有效的奖惩制度，建立各界广泛参与的监督机制，加强绩效管理和评估考核[42]。浙江省《关于加快构建现代公共文化服务体系的实施意见》提出："以效能为导向，把公共文化服务绩效纳入科学发展考核体系，作为考核评价领导班子和领导干部政绩的重要内容。"[43]《大连市人民政府办公厅关于印发大连市公共文化服务体系建设规划的通知》提出创新公共文化服务绩效考核与评价机制，研究符合实际的公共文化服务体系建设绩效评价指标体系，进行相应的制度设计，并将其纳入对各地各部门的考核评价体系之中[44]。

总体而言，地方层面的政策对公共图书馆总分馆制建设、引导社会力量参与、绩效考核和评价等方面关注度较高，这些政策对地方图书馆事业的改革创新有着重要的推动作用，也对我国公共图书馆事业的创新发展做出了有益的尝试和探索。

16.2 我国公共图书馆管理运行机制改革现状

图书馆管理机制深刻地影响着图书馆的管理效能和服务体系。构建科学高效的管理机制有利于提高公共图书馆的服务效率和服务水平、完善治理体系、整合优势资源。当前，我国公共图书馆在管理运行机制改革创新实践过程中的几个重点领域包括：图书馆绩效评价激励改革、人才队伍发展机制改革、法人治理结构改革、总分馆制改革、社会力量参与改革。

16.2.1 绩效评价激励改革

公共图书馆绩效评价可以明确公共图书馆的发展方向和宗旨，改善工作和服务中出现的各种问题，从而提高服务质量和效能，是激励图书馆发展进步的指向标和监督者。现阶段我国公共图书馆绩效评价改革主要以全国公共图书馆评估工作为导向，部分地区也在因地制宜地探索绩效评价的新内容和新模式。

16.2.1.1 主要特点

我国公共图书馆绩效评价激励改革的特点主要体现在三个方面：

其一，逐渐加深对评估作用的认识。2017 年 3 月至 2018 年 6 月开展的第六次公共图书馆评估定级工作就强调要以评促建、以评促管、以评促用。一方面，第六次公共图书馆评估定级工作以“先建设、后评估”为指导思想，提前发布全国公共图书馆第六次评估标准，督促、指导地方政府和各级公共图书馆对照标准自评。另一方面，第六次公共图书馆评估定级工作加强引领公共图书馆各项服务工作与组织管理的方向，在加强政府保障与公共图书馆体系化建设、明确各级公共图书馆的定位、重视公共图书馆服务效能等方面充分引领公共图书馆的未来发展方向[45]。

其二，日益重视服务效能导向。纵观第六次全国公共图书馆评估指标体系，根据柯平对新增指标的分析研究，我国公共图书馆绩效评价已由注重经济与效率、追求投入产出比的最大化，向注重综合考虑效益、服务质量和公民导向方面发展，第六次公共图书馆评估总体顺应这一趋势，向以效能为中心转变，在数字阅读、新媒体服务、服务数据显示度和服务品牌建设等方面通过评估促进服务和效能提升，并建立多渠道的用户反馈机制，通过相应的管理机制和制度保障来提高用户满意度[46]。

其三，科学性和创新性并重。科学性方面，评估指标制订承旧启新，充分考量我国公共图书馆现实情况，并通过多次研讨会和调研不断修改完善，进行试评估反复验证，并采用“先建设、后评估”的评估方法，提升了评估结果的可信度和科学性。创新性方面，近年来的一系列评估活动多是在科学性基础上“积极探索，大胆尝试，将创新实用融入整个评估过程”[47]，在评估组织、标准体系、评估方法、评估机制等方面都进行了创新性的尝试。

16.2.1.2　重点案例

在图书馆绩效评估的大背景下，我国涌现出相关改革机制的重点先进案例。

东莞在2014年发布了《东莞市公共文化服务体系绩效评估办法》，东莞市政府依据绩效评估指标体系，并将其用于评价公共文化服务体系服务效能，发挥评估工作对创新工作机制、改进服务质量、提升服务效能的重要作用。为保证公共文化机构能够落实评估工作，《东莞市公共文化服务体系绩效评估办法》要求建立绩效评估制度，建立绩效评估责任制，被评估单位确保提供的信息真实、准确，积极配合绩效评估工作[48]。从2016年起，东莞市就在全市进行公共文化服务评估数据采集填报工作，每年优化提升评估方式、评价指标体系、绩效考核体系，以期通过每年的数据积累，最终形成东莞公共文化服务的数据库，为公共文化示范区建设长足有效地蓄力。2017年东莞市镇（街）公共文化服务绩效评估工作[49]对各镇街公共文化服务现状进行了客观、公正的分析和评估，以此激发基层文化发展动力，为群众提供更加精准的文化服务。这份报告一经发布便在东莞基层产生了强烈反响，成为基层文化单位查漏补缺的行动指南和东莞文化部门创新公共文化服务的重要依据。

此外，还有不少图书馆或相关机构展开绩效评价机制改革，如作为县（区）级图书馆，深圳市龙岗区图书馆于2010年正式引入卓越绩效管理模式，在该模式的管理引导下大大提升了管理水平和服务效能。

16.2.1.3 成就与症结

尽管政府在政策和资源上的投入、图书馆行业内在驱动、用户需求提供服务导向等因素，使得图书馆绩效评价激励有明确的方向和外部动力，但仍存在保障不足等问题和症结。

首先，以服务效能为中心的评估效用亟待深化。提升服务效能是公共图书馆发展的大势所趋，在“十四五”时期，公共图书馆势必要从“粗放型”大规模投入转向“精细化”发展，以服务为核心，重视服务质量与用户体验。其次，评估结果与经费投入不挂钩。当前中国公共图书馆评估工作越来越多，每年耗费巨大的人力、物力、财力投入评估工作，评估的约束效果却未与投入形成正比，其中关键就在于评估结果与图书馆经费脱节，无法从根本上对图书馆形成约束力。未来我国公共图书馆绩效改革应当重视评估结果与财政相关联，把握图书馆经济命脉，充分实现绩效评估工作的反馈与指导作用，从而使公共图书馆事业持续健康发展。最后，评估对用户满意度的考量有待深化。当前的公共图书馆绩效评估工作，多重视地方政府所下达指标的完成状况，对于读者反馈意见的考量和落实程度明显不足，读者的优质意见和建议未能充分体现在图书馆服务效能提升的过程中，这种状况在日益重视“用户中心性”的文化体制改革背景下显然亟待完善。

16.2.2 人才队伍发展机制改革

如今，国家对于文化领域专业人才的重视程度不断加深，不仅关注人才的激励和保障机制，更重视专业人才的全面发展，具体表现在全面提高文化服务人才的思想道德修养与科学文化修养。

16.2.2.1 主要特点

我国公共图书馆人才队伍发展机制改革的特点主要体现在以下三个方面。

其一，重视馆员能力提升与发展。近年来公共图书馆事业发展迅速，新业务、新机制、新服务不断涌现。为了加深公共图书馆员对图书馆业务、服务的认识与了解，提升图书馆人才队伍的专业性，改善馆员职业前景，实现自我价值，许多公共图书馆均开始对馆员进行科学系统的培训。与此同时，为促进区域协调发展，更好地实现省级图书馆在全省公共图书馆业务工作中的指导协调职能，不少省级图书馆学会等行业组织联合有条件的公共图书馆，面向区域内图书馆相关从业人员举办各类继续教育课程。

其二，改革基层人才评审制度改革。基层图书馆人才队伍，乃至整个基层人才队伍的绩效评估与激励都是基层事业建设与发展的重难点。为响应《关于深化人才发展体制机制改革的意见》等文件的号召，图书馆界逐步尝试改革职称评审要求和方式，如《浙江省图书资料高级专业技术资格评审业绩成果和学术要求量化指导意见》便提高了工作能力和业绩要求，打破以往唯论文、唯学历的考核倾向，引入量化方式增强评审的科学性和可操作性。

其三，注重创新员工激励机制。新时期以来，公共图书馆行业不断完善人才队伍绩效激励机制与模式，绩效评估的类型逐渐丰富，馆员的科研工作水平得到重视，有力地促进的馆员专业水平的全面提升。以下文要介绍的佛山市图书馆为例，其项目制下的联合绩效评估模式有力提升了馆员的竞争意识与工作积极性。

16.2.2.2 重点案例

当前公共图书馆的人才队伍发展有两个较为重要的改革内容，一是人力资源保障机制建设，二是项目化绩效激励。

人力资源保障机制是公共图书馆服务体系建设的关键所在，也是人才队伍激励改革的重要内容。2017 年，广州图书馆对人力资源保障机制的构建进行了研究，总结了当前人才队伍建设的不足及新趋势，进而针对人力资源数量及质量保障提出了可行路径，强调继续推进图书馆聘用制，通过岗位间竞争充分发挥个人才能和优势，激励馆员提高工作积极性和创造性。广州市黄埔区图书馆、天河区图书馆、越秀区图书馆、南沙区图书馆等都进行了人力资源配置实践，为公共图书馆人力资源保障机制建设提供了宝贵经验。例如黄埔区图书馆通过编制人员、临聘人员和购买服务人员三种用工模式进行人力资源配置，非编制人员占了该馆人力资源队伍的72%。通过约定购买服务合同内容、按需招聘、择优竞岗、岗前培训、在岗培训与配套的评估、激励制度，黄埔区图书馆社会化用人实践有效缓解了图书馆人手短缺的问题。

公共图书馆“项目制”发展模式作为一种较为新颖的业务管理模式，在馆员绩效激励方面具备优势。佛山市图书馆于2011年推出“项目立馆”管理模式，组建跨部门团队，将一定时期内的图书馆目标拆分为多个的子项目，在规定时间和资源范围内达到预期目标，员工在承担按照其所在岗位的职责和要求所开展的日常工作、上级领导直线下达的工作任务等职能工作的同时兼职项目工作。为做好人才队伍激励工作、提高馆员工作积极性、增加馆员在岗稳定性，佛山市图书馆推出了联合绩效模式，即职能部门领导和员工所在项目负责人分别设定和下达多个任务目标给个人，并分别在工作周期结束时对员工绩效进行评价，员工个人的最终绩效评价在综合职能工作和项目工作后确定。

16.2.2.3　成就与症结

在人才队伍发展机制改革上，当前公共图书馆普遍开始重视馆员能力提升与发展，尝试对馆员进行系统科学的培训。以广州市图书馆学会为例，其推出的继续教育课程分为面授培训、网络培训、高研班，学会将所有培训课件上传到官网，方便广大图书馆从业人员获取学习[50]。与此同时，公共图书馆行业尝试改革基层人才评审制度改革，绩效评估的类型逐渐丰富，馆员的科研工作水平得到重视，有力地促进的馆员专业水平的全面提升。

然而，图书馆仍存在人才体制僵化，馆员数量不足、动力欠缺，馆员专业能力欠缺，人才发展空间不足等问题。为了推动公共文化服务的完善和发展，激发人才投身公共文化事业的动力，有必要因地制宜地创新图书馆岗位设置制度和人才职称评审制度，扩大人才招收范围，吸引更多有志者投入公共文化事业。同时要以服务效能为导向，灵活调整学历、外语、计算机等评估指标，突出实践能力、工作业绩、服务年限等指标权重，为各类人才拓宽上升渠道，不断发挥职称导向和政策激励的作用。

16.2.3　法人治理结构改革

2008 年，党的十七届二中全会通过《关于深化行政管理体制改革的意见》，进一步提出法人治理结构改革问题，明确要求主要从事公益服务的事业单位完善法人治理结构。截至 2016 年 12 月，全国共有 129 家公共图书馆成立理事会，其中省级公共图书馆 11 家，市级公共图书馆 75 家，区县级公共图书馆 43 家。全国共有 28 个省（自治区、直辖市）成立了公共图书馆理事会，浙江、广东、山东和内蒙古排名靠前，共计 71 家，占统计总数的 55%[51]。然而，完成理事会构建的各级公共图书馆仍是少数，而且大部分图书馆短期内未制订计划[52]。

虽然大部分图书馆尚未建立法人治理结构，但通过部分公共图书馆的积极探索，法人治理结构改革取得了积极的成果，特别是来自东部经济发达地区的各级公共图书馆提供了许多经验。以上海图书馆、南京图书馆、浙江图书馆、广东省立中山图书馆、深圳市福田区图书馆、温州市图书馆等为代表的一批改革试点单位所取得的成果与经验，对我国公共图书馆在新时代全面推进法人治理结构有着典型示范意义。

16.2.3.1　主要特点

我国法人治理结构改革的特点主要体现在以下两个方面：

其一，我国公共图书馆法人治理结构改革与国家治理现代化的重要任务紧密相关。我国公共图书馆法人治理结构的建立符合我国正在进行的事业单位改革确立的基本方向——政事分开、管办分离以及国家治理现代化的需求，因而受到了国家层面重视和相关改革政策的大力推动。其《关于建立和完善事业单位法人治理结构的意见》和《关于深入推进公共文化机构法人治理结构改革的实施方案》两个文件最具有针对性，对公共图书馆建立法人治理结构的基本原则、总体要求、主要内容、组织实施提出了明确具体的指导意见。公共图书馆建立法人治理结构能吸引社会力量参与公共图书馆的决策，从制度上保障人民当家作主。公共图书馆法人治理结构的建立，要按照社会治理现代化的要求，引入社会力量参与，形成多元治理结构，以提高公共文化机构自身发展能力，促进公共文化事业发展为目标。

其二，法人治理已成为图书馆社会化的重要手段。长久以来，政府充当着图书馆治理主体的角色，而随着中国现代社会利益分化和多元化的趋势日趋凸显，要求参与地方治理的主体越来越多、愿望越来越强烈。在实现国家治理现代化的要求下，我国政府转变文化治理思路，加大简政放权力度，鼓励和支持社会力量参与公共文化服务建设和图书馆社会化管理。在“十三五”规划时期，乘着法人治理结构改革的东风，全国已经有超过 129 家公共图书馆建立起以理事会为标志的法人治理结构，成功地迈出了公共图书馆“去行政化”改革的第一步，在打破体制机制障碍、促进政事分开和管办分离、建立监督机制等方面获得了积极的经验[53]。

16.2.3.2　重点案例

在公共图书馆法人治理结构改革过程中出现了不少探索创新案例：

（1）广东省立中山图书馆

2014 年 2 月，根据《广东省文化厅 2014 年深化文化改革发展重点任务分工方案》要求，广东省立中山图书馆成为省文化厅事业单位理事会工作试点单位，随后便成立了理事会组建筹备小组，制定工作方案，选举产生了职工代表和理事会理事，并于 12 月底顺利召开第一届理事会成立大会暨第一次会议。广东省立中山图书馆的法人治理结构建设工作起步较早，走在全国前列，为其他开展法人治理结构建设工作的省级图书馆提供了宝贵经验。主要做法如下：制定了《广东省立中山图书馆章程》等规范的管理制度，规定了法人治理结构中理事会、管理层和党的领导之间的关系，明晰了各责任主体的权力和责任；制定了《广东省立中山图书馆理事会咨询委员会管理办法》，组建读者服务咨询委员会和资源建设咨询委员会，为理事会决策提供咨询建议。八年以来，广东省立中山图书馆克服各种困难，积极开拓创新，结合工作实际建立了组织架构清晰、管理制度规范的理事会，起到了示范作用[54]。

（2）温州市图书馆

温州市图书馆法人治理结构改革的试点工作从2014年2月开始，同年6月组建成立第一届理事会，10月入选文化部试点单位，2017年11月组建二届理事会。温州市图书馆从开展试点工作至今已经有八年多，取得了显著成效，产生了广泛影响。其主要做法如下：领导重视，创新思路，做好顶层设计，确定了建立以理事会为决策议事机构、管理层为执行机构、监事会为监督机构的“三位一体”事业单位法人治理结构；围绕核心，抓住重点，构建治理结构，理事会选举温州企业家代表为理事长，充分吸收社会公众参与公共治理，接受社会监督；建章立制，理顺权责，完善运行机制，制定了《温州市图书馆章程》；规范运行，大胆实践，发挥理事会作用，成立理事会工作部，推出理事接待日活动，理事会参与图书馆工作考评，并发起成立了“温州市图书馆发展”基金会，负责基金会运作，探索利用社会资本发展图书馆事业；勇于突破，打破瓶颈，不断深化改革，在突破现有人事和财政体制问题上取得较大成就。这些做法为深化现代公共文化体制创新、构建治理体系和提升治理能力提供了全新思路和有益经验，值得全国公共图书馆效仿。

（3）佛山市图书馆

佛山市图书馆的法人治理结构改革工作起步较晚，于2018年6月才完成理事会构建。虽然理事会建成至今只有几年时间，但佛山市图书馆充分吸收社会力量参与图书馆事务治理，形成了公众参与的多元治理结构，使理事会享有充分的事务决策权，推进了图书馆现代化治理。改革做法主要如下：充分吸纳社会各方代表，成立决策型理事会，对图书馆重大事项进行决策和监督，还组建了监事会，形成了较为完整的法人治理结构，举办单位还让渡理事会“业务绩效考核权、班子任免建议权、中层干部竞聘方案审议权、业务经费预算审核权、建设发展规划权”等五项权力，保障了理事会决策所需的相应权力；在理事会中成立临时党支部，对于“三重一大”事项，理事会作出决定前，应征得理事会临时党支部同意，增强党对图书馆的领导地位；设立若干专业委员会，聘请专业人士担任委员，为理事会决策提供专业咨询服务，对图书馆业务或理事会决策提出建议，提高决策专业性。

（4）深圳市福田区图书馆

深圳市福田区是深圳的中心城区，致力于创建国家公共文化服务体系示范区，打造国际化高品质文化强区。目前福田区的公共图书馆服务体系已经比较完善，形成了包括 1 个区级总馆、10 家街道分馆、4 家主题图书馆、90 家社区图书馆在内的共计 105 家公共图书馆总分馆网络体系。而深圳市福田区公共图书馆的法人治理结构改革工作开展时间比较长，开展了较多有益的尝试，拥有不少成功的试点工作经验，是国家级公共文化机构法人治理结构改革的试点单位。深圳市福田区公共图书馆在我国率先尝试“理事会 + 总分馆”的运营模式，并且设立专业委员会，聘请专业人士为理事会决策提供专业咨询，为图书馆法人治理结构改革试点工作提供了参考。

16.2.3.3　成就与症结

目前我国基本建立以理事会为主要形式的法人治理结构，全国的公共图书馆在探索如何组建理事会的过程中形成了几种有代表性的经验做法：第一种以深圳图书馆为代表，建立以议事、决策为主要治理内容的理事会；第二种在前一种治理类型的基础上，将监督职能纳入其中；第三种是建立咨询型理事会。

我国公共图书馆法人治理结构改革取得了不少进展，但囿于传统理念以及现有体制机制的制约，公共图书馆理事会制度的建设发展仍面临不少突出问题，还未出现得到业界普遍认可的实质性成效[55]。在组建理事会的基础上，公共图书馆搭建决策、执行、监督分权制衡的初步架构，积极吸纳社会人士参与治理，但理事会决策的专业支撑体系尚未建立、人事和财务等关联制度改革尚未落实、体制外人员的参与程度仍有待提升等问题亟待解决。

16.2.4　总分馆制改革

2006 年，中共中央办公厅、国务院办公厅印发的《国家“十一五”时期文化发展规划纲要》要求，“县（市）图书馆逐步实行分馆制”，首次将图书馆总分馆制建设写入国家文化发展大政方针，为总分馆制在全国的普及推广提供政策支持[56]。自 2011 年开始的公共文化服务体系示范区（项目）创建工作将总分馆制建设纳入示范区创建标准。在示范区创建的制度设计研究中，示范区创建城市的图书馆重新审视和优化总分馆的规划和方案，改革总分馆建设制度，并对均等化、专业化服务进行探索与创新，图书馆总分馆建设实践得到了极大的推动[57]。公共图书馆总分馆制建设在中国全面兴起，走向繁荣发展的崭新阶段。

16.2.4.1　主要特点

经过近 20 年的发展，我国公共图书馆总分馆制的改革创新实践已在服务均等化、特色化等方面取得了一定成就，其显著特点如下。

（1）确定总分馆制改革的基本方向

总分馆制改革的基本方向，是在“一级政府负责一个图书馆”的框架内，以基层为重点，由政府主导，以县级图书馆为中心，以“统筹发展、提高效能、促进均等”为原则，建设一个上下紧密联通、共建共享、服务均等的总分馆体系。

（2）明确总分馆制改革的三个问题

第一，总馆与分馆的合作深度不足。第二，部分分馆建设不可持续，部分地区过度关注分馆的建设速度，忽视了分馆的质量建设，总分馆制建设所需的配套硬件设施、制度规范、人才队伍未配备齐全便急于开始实体图书馆的建设[58]。第三，绩效考核制度有待完善，由于总分馆间联系松散，总馆对分馆的影响力不足，无法落实有效的惩罚和激励机制，考核没有产生实际作用[59]。

（3）涌现多种可推广的建设模式

一种是邱冠华归纳的五类建设模式，包括自下而上的全委托模式、自下而上的半委托模式、自上而下的半委托模式、自上而下的全委托模式和完全分馆式[60]。另一种是金武刚和李国新提出的三类建设模式，包括“多元投入、协同管理”的松散型总分馆模式、“多级投入、集中管理”集约型总分馆模式和“单一投入、统一管理”统一型总分馆模式[61]。不管是哪种分类思路，总分馆间的关系紧密程度、合作深度都是主要的分类依据，这些形态多样的建设模式也显示了我国总分馆制建设正处于一个过渡发展的时期。

16.2.4.2　重点案例

在总分馆制初步建立的基础上，我国广东、上海、浙江等图书馆事业发达地区摸索出了总分馆制进一步改革的方向，主要通过分馆的建设多元化和服务特色化，提高分馆建设质量，实现优质图书馆服务下沉。

（1）省域协调：“广东流动图书馆”项目

2003年，广东省启动了“广东流动图书馆”项目，由省级财政从2004年起每年向省立中山图书馆提供500—600万元专项购书经费及配套资金，用于购置基层公共阅读资源，并由广东省立中山图书馆负责图书资源在县级图书馆的分配和流通，欠发达地区县级图书馆与广东省立中山图书馆签订协议成为“广东流动图书馆分馆”[62]。截至2020年8月，该项目已有95个分馆，极大地促进了广东省公共图书馆事业均衡发展。

（2）均衡服务：上海市嘉定区“我嘉书房”建设

2015年，上海市嘉定区发布《嘉定区创建国家公共文化服务体系示范区实施规划（2015—2017年）》，要求按照“统一文献采购、分编和调配，统一阵地服务规范，统一系统设备标准，统一从业人员管理，统一考核评估办法的原则”，逐步搭建“市—区—镇—村”四级公共图书馆服务网络。自2017年起，上海市嘉定区开始通过社会化合作模式，建设24小时开放的公共图书馆延伸服务点“我嘉书房”。截至2019年底，嘉定区30家书房全部被纳入公共图书馆总分馆体系，与全市公共图书馆系统实现通借通还。“我嘉书房”的运营是嘉定区图书馆推动图书馆服务进一步延伸，促进图书馆服务全覆盖、均等化的实践。

（3）特色服务：杭州市图书馆主题分馆建设

2008年，杭州图书馆开始通过社会化合作共建或自建等方式建设主题分馆，后续还制定了《杭州图书馆主题分馆建设与管理规范》，为主题分馆建设的标准化、制度化提供支持。截至2019年底，杭州市图书馆主题馆名录上已有23家主题馆[63]。

（4）基层服务：佛山市南海区读书驿站建设

佛山市南海区公共图书馆采用建设读书驿站的方式增加图书馆基层服务点，有效地将图书馆的服务范围延伸到基层，解决了公共图书馆服务“最后一公里”问题。截至2020年1月，南海区已建成186间读书驿站[64]，“区总馆—镇街分馆—读书驿站（服务点）”的三级图书馆总分馆服务体系构建完成，总分馆体系内的文献利用率和整体绩效得到显著提高。

16.2.4.3　成就与症结

在现有体制框架下，我国既有公共图书馆选择按契约式协议形成总分馆关系，也有地区在政府主导下系统地规划和建设总分馆体系。实践中，北京、上海、杭州、东莞、佛山、嘉兴、深圳等多地已探索出适合本地的切实可行的总分馆模式，总结归纳出宝贵的经验，构建更广泛的区域协调体系，培养更强大的业务指导能力，推进更多元的分馆建设模式，启示我国总分馆制改革可朝着区域协调发展、合作更加深入、分馆多元建设的方向发展。

与此同时，在图书馆总分馆建设过程中，部分省级馆的作用尚未充分发挥、县（区）一级总馆的领导能力不足、基层分馆建设效果差等问题也较为突出。

16.2.5 社会力量参与

2011 年，党的十七届六中全会首次明确提出要引导和鼓励社会力量参与公共文化服务。会议通过《中共中央关于深化文化体制改革 推动社会主义文化大发展大繁荣若干重大问题的决定》，明确指出要“引导和鼓励社会力量通过兴办实体、资助项目、赞助活动、提供设施等形式参与公共文化服务”[65]。2016 年出台的《中华人民共和国公共文化服务保障法》将鼓励和支持社会力量参与公共文化服务上升为法律制度。2018 年 1 月正式实施的《中华人民共和国公共图书馆法》进一步阐明了社会力量参与公共图书馆建设的方式。我国公共图书馆吸纳社会力量参与发展至此，呈现出社会广泛参与图书馆管理与运行机制建设的局面。

16.2.5.1 主要特点

我国公共图书馆吸纳社会力量参与的主要特点如下。

第一，重视政府主导。《中华人民共和国公共文化服务保障法》确立了“政府主导、社会力量参与”的公共文化服务格局。《中华人民共和国公共图书馆法》进一步明确并贯彻了保障公民文化权益、落实政府主导责任、引导社会力量参与、推进体制机制改革的公共图书馆体系发展之路。

第二，社会力量参与形式多样。目前，社会力量参与公共图书馆建设的形式除了慈善捐赠、志愿者服务、自办图书馆、合作建设基层分馆之外，还包括参与理事会、政府购买、项目制等新兴形式，社会参与形式呈现出多样化的特点。

第三，规范化程度逐步提高。国家陆续出台专业服务领域的全国性指导意见与办法，如《国务院办公厅关于政府向社会力量购买服务的指导意见》

《关于加快构建现代公共文化服务体系的意见》《文化志愿服务管理办法》《关于公共文化设施开展学雷锋志愿服务的实施意见》等，社会力量参与公共图书馆建设的规范化程度正不断提高。

第四，重视基层参与。图书馆总分馆制下的社会力量分馆充分利用企业、机构甚至是书店、家庭等第三方空间，发挥社会资源作用；法人治理制度改革下社会力量参与到基层公共图书馆的民主决策活动；基层志愿者成为基层公共图书馆的常态化服务力量。这些都反映出社会力量基层参与的广度与深度，体现出了公共图书馆体系建设对基层环节的重视[66]。

16.2.5.2　重点案例

我国公共图书馆吸纳社会力量参与的实践案例丰富多元，在政府购买服务、社会联盟式参与、志愿服务项目等方面均出现不少典型案例。

在政府购买服务方面，近几年我国各级政府在公共文化领域中引入图书馆管理外包的理念，创新公共图书馆管理模式，政府购买服务成为一种重要手段。广州市南沙区图书馆与无锡高新区（新吴区）图书馆都是这方面实践的代表。如广州市南沙区图书馆建立初期，面临着严重的人员编制问题。从2011年9月份开始，该馆实行服务外包，由外包人员负责阅览室服务，几乎涵盖了该图书馆大部分的服务内容[67]。无锡高新区（新吴区）图书馆作为全国第一个采用全馆型社会化运营的图书馆项目，由新吴区政府将图书馆的日常运营全权交给外包公司。该馆依托外包公司的专业运营经验及人力资源优势，通过6年的平台建设，探索和实践了区级图书馆下辖的总分馆体系，并构建了覆盖全区域的流通服务网络[68]。

在社会力量参与总分馆建设方面，广州市黄埔区图书馆成绩卓越，在构建总分馆服务网络体系时十分注重借助社会力量参与，形成多方合力助推图书馆发展。政府主导和社会力量参与的新模式吸引了许多企业、志愿团体和个人的参与，社会公众通过志愿服务、捐款、冠名、合作共建等各种形式加入总分馆建设，不仅增加了社会大众对图书馆事业的认识和了解，更实现了图书馆整体服务效能的巨大提升。

在社会联盟式参与方面，广州图书馆于2017年启动“广州阅读联盟”建设，遵循自愿参与、协作运营的原则，广泛吸纳社会力量参与图书馆建设，在短时间内吸引了100多家阅读组织报名，最终24家入选。2018年第二轮招募结束之后，加入“广州阅读联盟”的阅读组织增加到38家，体现出多样性色彩。

在志愿服务项目方面，广州图书馆是我国最早引入志愿者服务的公共图书馆之一。广州图书馆最初以学生作为志愿者主体，之后慢慢扩展到社会各阶层。2009年，“智慧之光”广州图书馆志愿服务队成立。2013年广州图书馆新馆全面开放后，市民需求旺盛，广州图书馆志愿服务队积极吸纳大批社会力量为广大读者服务[69]。广州图书馆还建立了“广州图书馆志愿者”专门网站，提供志愿服务项目申请、学习培训等信息[70]。

在读者参与采购方面，广东省立中山图书馆的“你悦读，我采购”活动、广州图书馆的“你选书，我买单”活动是“菜单式采购”的典型案例，在引入社会力量参与采购的同时保障馆员选书专业性，有力地将社会力量引入图书采购环节，提高了工作效率和资源利用效率。

在文旅融合特色发展方面，广东省文化和旅游厅发起的“粤书吧”项目较为典型。该项目由广东省文化和旅游厅指导，采取全省统一标识，通过嵌入方式，按照“一吧一特色”的原则，在旅游景区、酒店、民宿和旅游交通集散地（机场、客运站等）等旅游经营单位，设立当地图书馆分馆或服务点的文旅融合创新形态，拓展新型阅读空间。截至2020年，广东省内共建成86家“粤书吧”。

16.2.5.3　成就与症结

我国公共图书馆注重社会力量参与路径引导，重视社会力量参与机制的规范化与标准化，积极促进各类社会群体参与图书馆建设，使得社会力量以多种身份和多种形式参与到公共文化事业建设实践中来，也使得社会力量参与有序化、高效化、多样化，为图书馆服务效能的提高提供支持。

不可忽视的是，当前我国社会力量参与公共图书馆管理的模式主要有志愿者服务、政府购买、业务外包等，尽管已取得一定成效，但是其模式仍需改进创新，且社会力量参与的准入标准与相关规范建设不完善。在评估层面，更是缺少科学的社会力量评估评价制度，不少评估机制指标仍有较大的优化空间。在持续性方面，社会力量参与的长期性和稳定性缺乏保障，为图书馆工作的长期稳定发展带来挑战。

16.3　我国公共图书馆管理运行机制改革未来发展战略

近年来，配合我国全面深化改革、推进事业单位改革、文化治理现代化、构建公共文化服务体系等重点政策，我国公共图书馆不断探索管理运行机制的改革创新，不断开展有关改革创新的理论研究，取得了初步的改革成效，但仍存在一些问题。“十四五”时期，公共图书馆需要以保障人民群众的文化权益，提升公共图书馆服务效能为目标，深入探索管理运行机制改革的未来发展战略思路。

16.3.1　总体方向：深化治理，激发活力

公共图书馆属于文化事业单位，当前也面临着管理体制、运行机制、资源配置方式等滞后的问题，受制于事业单位机制的束缚和影响，管理运行机制僵化，缺少活力。因此，从文化治理的视角来考量，对公共图书馆的改革是刻不容缓的命题。公共图书馆的管理运行机制改革本质上是和国家事业单位改革同步、同调的，其基本目标是激发事业单位制度的活力，落实公共图书馆的法人

自主权，深化文化治理现代化，满足社会发展以及民众对文化的需求。

对于政府而言，公共图书馆建立现代化的治理结构，意味着政府要转变职能，简政放权，充分尊重公共图书馆事业单位的独立法人地位，避免进行过多行政干预。但这并不意味着政府应该对公共图书馆不管不顾，政府仍需要从以下三方面进行宏观管理：一是指导督促事业单位按照国家有关规定，健全完善管理制度；二是对关键环节实行备案监管；三是通过多种渠道实施督察监管，例如实地走访、收集群众意见等。

16.3.2 绩效评价：效能为准，基层为重

公共图书馆绩效评价是衡量公共图书馆服务能力、激励图书馆服务提质增效的有力途径，但目前我国公共图书馆绩效评价机制仍存在一定问题。首先，当前的绩效评价工作主要以图书馆的软硬件设施设备、馆藏量、馆舍面积等硬性数据为指标，对于服务效能、服务成绩等软性指标的关注度不足。其次，我国自 1994 年首次开展全国县级以上公共图书馆评估工作，至今已完成了六次公共图书馆评估工作，但目前主要以县级以上公共图书馆为评价对象，对基层公共图书馆服务状况的评估明显缺乏。

“十四五”时期是公共图书馆事业发展的又一个重要时期，我国有必要完善与优化公共图书馆绩效评价体系，建立健全基层公共图书馆绩效评价体系，推动公共图书馆服务效能的提升与服务积极性、创造性的提高。战略实施层面，公共图书馆绩效评价机制的改革应当以服务效能为评价标准，将基层公共图书馆评价纳入公共图书馆体系评价范畴内。首先，关注图书馆服务效能水平，以读者访问量、文献借阅量、年新增读者量等服务数据为抓手，将服务效能与服务成绩量化，推动服务效能评价评估体制机制的建立健全；其次，将县级以下基层公共图书馆纳入绩效评价范围内，总分馆制下分馆的服务绩效与总馆绩效挂钩，重视基层服务评估，促进公共图书馆体系整体服务效能的全面提升。

16.3.3　人才队伍：提高待遇，提供平台

公共图书馆人才队伍的质量是公共图书馆提供高品质服务的保障，合理的人力资源配置有利于图书馆日常业务的开展。《中华人民共和国公共图书馆法》和第六次全国县级以上公共图书馆评估定级标准对图书馆工作人员提出了具体要求。《公共图书馆服务规范》（GB/T 28220—2011）规定，国家规定的每服务人口 10000—25000 人应配备 1 名工作人员[71]。然而当前，我国公共图书馆人才队伍严重短缺、人才结构不合理、文化创新人才和科研人才缺乏的情况仍较为严峻[72]。在经济落后地区的基层公共图书馆，公共图书馆更是人才缺乏，县级图书馆发展受限[73]。

据此，本书提出以下两个思路：一是提高图书馆员的待遇，创新收入分配制度，加强对业务绩效的考核，增加绩效工资，提高图书馆员的收入；二是提供图书馆员职业发展的平台，促进馆员不断接受继续教育，加强专业技能的学习，提高服务水平。各地的图书馆学会可以面向图书馆相关从业人员举办各类继续教育课程，公共图书馆也可以在馆内组织各类技能培训、专业讲座、读书分享会等，加强与开展图书馆学专业教育的学院进行交流，切实打造一个适合馆员职业发展的平台。

16.3.4　法人治理：全面铺开，落实权责

公共图书馆法人治理改革是新时代深化文化体制改革的重点任务，是推进图书馆领域治理能力现代化的关键工作之一，也是激发图书馆活力、促进图书馆提高服务效能在管理层面的重要举措。截至 2020 年，全国已经有 406 家公共图书馆建立起以理事会为标志的法人治理结构，部分图书馆在打破体制机制障碍、促进政事分开和管办分离、调动社会资源、建立监督机制等方面取得了

优秀的经验与成果。但在“十三五”时期，我国公共图书馆的法人治理制度总体上仍处于试点探索阶段，不少公共图书馆尚未组建理事会，公共图书馆的法人治理结构建设仍面临不少突出问题，得到业界普遍认可的实质性成效还未能显现。具体问题包括：相关人事和财务制度改革尚未落实，导致图书馆理事会对图书馆重大事务缺乏真正的决策权；理事会成员公开招募比例不够大，图书馆外部理事对图书馆事务缺乏系统专业的了解，不能充分代表社会公众进行专业决策；对理事会监督管理制度尚未完善，缺乏决策失误追究制度、年度工作报告制度、重要信息公开制度、绩效评价制度等。

对此，本书提出以下两点改革战略思路。

16.3.4.1　全面落实公共图书馆法人治理结构建设

目前全国已经有406家公共图书馆建立起以理事会为标志的法人治理结构，取得了初步的改革成效，为全国各地全面推进法人治理改革提供先进经验。“十四五”时期，有关部门应制定适用于全国的公共图书馆法人治理重点项目落实方案，推动全国各地建立健全配套措施，落实公共图书馆的人事管理自主权和扩大收入分配自主权，积极吸纳社会人士参与治理，形成具有地方特色的、多元共治的治理方式。

16.3.4.2　明确公共图书馆与举办单位、理事会之间的权责关系

公共图书馆应该建立以理事会为决策议事机构、管理层为执行机构、监事会为监督机构“三位一体”的法人治理结构。其中，举办单位对理事会进行监督指导、绩效考核，不过多干预图书馆具体事务，接受社会公众监督。其根据相应的图书馆章程行使职权，但不参与图书馆的运作管理，同时接受举办单位和社会公众监督。图书馆管理层执行理事会决策，接受举办单位、理事会和社会公众三方监督。监事会对理事会和图书馆管理层的议事、决策、管理进行监督。

下一步，公共图书馆应着重扩大理事会权限范围，逐步落实对图书馆建设发展规划、重大项目、重要服务、重大经费开支、薪酬分配等重要事项的

决策权，而政府主办单位只对关键环节进行监督，真正实现管办分离。

16.3.5 体系建设：加强指导，充实内容

目前公共图书馆体系建设已在全国范围内普及开来，各地的公共图书馆广泛实践，整体基本框架已初步搭建完成。上海、广州、杭州、佛山、嘉兴、苏州等地更是走在公共图书馆总分馆制建设前列，探索出各具特色的发展模式，为其他地区的公共图书馆总分馆制建设提供了丰富的经验参考。但另一方面，总分馆制建设还存在很多问题，比如总馆对分馆的领导力度薄弱，分馆服务效能不足、服务内容单一、后续发展乏力等。有必要总结国内实践经验，充分发挥总分馆制促进公共文化服务均等化的作用，深入提高我国现代公共文化服务体系建设水平。

对此，本书提出以下两点改革思路。

16.3.5.1　进一步加强总馆对分馆的业务指导力度和深度

在公共图书馆服务体系建设过程中，部分总馆由于自身能力有限，在业务管理等方面经验不足，可供支配的资金和资源未能达到总馆应有标准，导致其业务能力不高，对总分馆体系内的人、财、物管理协调能力不足，总馆对分馆的影响有限。部分总馆对分馆建设的监管能力不足，缺乏常态化的、切实有效的考核机制，使得部分分馆后续发展缺少有力的规范和引导，服务效能不高。要建立一个体系完善、服务高效的公共图书馆服务体系，首先，要做强总馆，提升总馆的业务能力；其次，总馆需要加强对分馆的业务指导力度和指导深度。要完善相关管理运行机制改革，使得总分馆职责划分更为清晰，总馆对分馆的人、财、物等资源协调能力和业务管理层面的领导能力进一步增强。

16.3.5.2　充实分馆尤其是基层分馆的服务内容，强化服务体系

总分馆制建设中部分地区出现分馆“重建设、轻管理”的现象，分馆建

设、管理不规范，人、财、物等配套资源不足，无法满足服务需求，整体服务效能低下，服务内容单一。部分分馆与总馆存在职能重叠，没有与当地文化特色相结合。部分分馆的配套政策、设施、资金缺少保障，无法支持分馆后续发展。应当借鉴发达地区经验，将其推广到全国地区。以杭州图书馆为例，杭州图书馆的总分馆探索积累了“主题化”发展经验，其在馆藏、空间设计装修、活动开展等方面加入主题特色设计，坚持“一馆一主题”“一馆一特色”，为基层群众提供多样化服务，在杭州市各区结合环境特点、合作方特点建设生活主题分馆、佛学主题分馆、运动主题分馆、环保分馆、盲文分馆等多个主题分馆、服务点，实现了“主题化”发展。

“十四五”时期，应当促使各个总分馆体系的分馆进一步充实服务内容，推动服务形式多样化，发展主题服务和特色服务，满足群众多样化的精神文化需求。建设以效能为导向的考核和评估机制，推动总分馆建设规范化，促进总分馆服务效能提升。

16.3.6 社会力量：规范参与，吸纳资源

社会化是新时期公共图书馆事业发展的重要趋势。目前，我国社会力量参与公共图书馆建设仍存在不少问题。首先，社会力量参与的准入标准和相关规范建设不完善，导致图书馆社会力量参与的程度与水平参差不齐；其次，社会力量参与评估评价制度不完善、社会力量参与的长期性与稳定性保障缺乏，也使得社会主体参与的积极性不足，图书馆服务资源吸纳能力有限。政策层面，尽管《中华人民共和国公共图书馆法》等相关法律法规明确鼓励社会力量参与公共图书馆建设，但目前的规范主要是原则性的，欠缺具体的指导性法规和指导意见。

社会力量参与公共图书馆建设是解决公共图书馆体系建设人力短缺、经费不足和场馆限制的有效手段之一。“十四五”期间，为最大限度保障人民

群众的基本公共文化权益，有必要制定健全的社会力量参与公共图书馆建设的政策法规，明确社会力量的法律地位，建立健全相应的共享、协调、沟通、协作和保障机制，完善监督管理体系，促进公共图书馆事业的社会化发展。

从战略实施层面上看，公共图书馆应当重点优化政府购买服务、社会合建分馆和志愿者服务三方面的社会力量参与模式。首先，形成以公益性为导向的社会力量参与规范，完善社会力量参与的准入与退出机制，明确服务的公益性，推动社会力量参与的程序透明化规范化；其次，发展以公共性为主导的社会合建分馆，明确社会合作主体角色定位，理顺政府、社会与市场的关系；再次，完善以多样性为导向的文化志愿机制，推动文化志愿者来源的多样性，规范志愿者管理工作，合理引导文化志愿者，加强志愿激励机制建设，提高文化志愿者参与积极性与主动性。

（执笔人：王惠君、程焕文、肖鹏、吴昊、李毅萍、徐玉兰、刘洪、史江蓉、陈润好、左都雯）

参考文献

［1］［5］中共中央关于全面深化改革若干重大问题的决定［EB/OL］.［2020-06-08］. http://www.gov.cn/zhengce/2013-11/15/content_5407874.htm.

［2］中国共产党第十九届中央委员会第五次全体会议公报［EB/OL］.［2021-06-08］. http://www.gov.cn/xinwen/2020-10/29/content_5555877.htm.

［3］肖容梅，吴晞，汤旭岩，等.公共图书馆管理体制研究［J］.中国图书馆学报，2010（3）：4-11.

［4］王志华.我国现行图书馆管理体制与内部运行机制的改革初探［J］.图书馆论坛，2006（5）：4-7.

［6］中共中央　国务院关于深化体制机制改革加快实施创新驱动发展战略的若干意见［EB/OL］.［2020-06-14］.http://www.gov.cn/xinwen/2015-03/23/content_2837629.htm.

［7］中共中央关于坚持和完善中国特色社会主义制度　推进国家治理体系和治理能力现代化若干重大问题的决定［EB/OL］.［2020-06-08］.http://www.gov.cn/zhengce/2019-11/

05/content_5449023.htm.

［8］［15］中共中央关于制定国民经济和社会发展第十四个五年规划和二〇三五年远景目标的建议［EB/OL］.［2020-11-24］.http://cpc.people.com.cn/n1/2020/1104/c64094-31917780.html.

［9］中华人民共和国国民经济和社会发展第十三个五年规划纲要［EB/OL］.［2020-08-19］.http://www.npc.gov.cn/wxzl/gongbao/2016-07/08/content_1993756.htm.

［10］国务院办公厅关于印发文化体制改革中经营性文化事业单位转制为企业和进一步支持文化企业发展两个规定的通知［EB/OL］.［2020-06-08］.http://www.gov.cn/zhengce/content/2018-12/25/content_5352010.htm.

［11］中共中央关于深化党和国家机构改革的决定［EB/OL］.［2020-06-13］.http://www.gov.cn/xinwen/2018-03/04/content_5270704.htm.

［12］国务院关于落实《政府工作报告》和国务院第一次全体会议精神重点工作部门分工的意见［EB/OL］.［2020-06-08］.http://www.gov.cn/zhengce/content/2013-03/29/Content_1045.htm.

［13］中共中央办公厅　国务院办公厅印发《关于加快构建现代公共文化服务体系的意见》［EB/OL］.［2020-06-13］.http://www.gov.cn/xinwen/2015-01/14/content_2804250.htm.

［14］国务院办公厅转发文化部等部门关于做好政府向社会力量购买公共文化服务工作意见的通知［EB/OL］.［2020-06-08］.http://www.gov.cn/zhengce/content/2015-05/11/content_9723.htm.

［16］中华人民共和国公共文化服务保障法［EB/OL］.［2020-06-14］.http://www.npc.gov.cn/zgrdw/npc/xinwen/2016-12/25/content_2004880.htm.

［17］中华人民共和国公共图书馆法［EB/OL］.［2020-06-13］.http://www.gov.cn/xinwen/2017-11/05/content_5237326.htm.

［18］中共中央　国务院关于建立健全城乡融合发展体制机制和政策体系的意见［EB/OL］.［2020-06-08］.http://www.gov.cn/zhengce/2019-05/05/content_5388880.htm.

［19］关于贯彻落实《2014年文化系统体制改革工作要点》及其《分工实施方案》的通知［EB/OL］.［2020-07-30］.http://zwgk.mct.gov.cn/zfxxgkml/qt/202012/t20201205_915359.html.

［20］［23］文化部“十三五”时期文化发展改革规划［EB/OL］.［2020-07-30］.http://zwgk.mct.gov.cn/zfxxgkml/ghjh/202012/t20201204_906372.html.

［21］中共中央宣传部　文化部　中央机构编制委员会办公室　财政部　人力资源社会保障部　国家文物局　中国科学技术协会关于印发《关于深入推进公共文化机构法

人治理结构改革的实施方案》的通知［EB/OL］.［2020-07-30］.http://zwgk.mct.gov.cn/zfxxgkml/ggfw/202012/t20201206_918786.html.

［22］文化部　新闻出版广电总局　体育总局　发展改革委　财政部关于印发《关于推进县级文化馆图书馆总分馆制建设的指导意见》的通知［EB/OL］.［2020-07-30］.http://zwgk.mct.gov.cn/zfxxgkml/zcfg/gfxwj/202012/t20201204_906310.html.

［24］［29］文化部关于印发《"十三五"时期全国公共图书馆事业发展规划》的通知［EB/OL］.［2020-07-30］.http://zwgk.mct.gov.cn/zfxxgkml/ghjh/202012/t20201204_906375.html.

［25］文化部关于印发《全国公共图书馆事业发展"十二五"规划》的通知［EB/OL］.［2020-07-30］.http://zwgk.mct.gov.cn/zfxxgkml/ghjh/202012/t20201204_906369.html.

［26］关于做好政府向社会力量购买公共文化服务工作的意见［EB/OL］.［2020-07-30］.http://zwgk.mct.gov.cn/zfxxgkml/zcfg/gfxwj/202012/t20201204_906265.html.

［27］文化和旅游部　财政部关于在文化领域推广政府和社会资本合作模式的指导意见［EB/OL］.［2020-07-30］.http://zwgk.mct.gov.cn/auto255/201811/t20181123_836209.html?keywords=.

［28］文化部关于印发《文化部"十二五"时期公共文化服务体系建设实施纲要》的通知［EB/OL］.［2020-07-30］.http://zwgk.mct.gov.cn/zfxxgkml/ghjh/202012/t20201204_906367.html.

［30］文化部关于印发《文化部"十三五"时期公共数字文化建设规划》的通知［EB/OL］.［2020-07-30］.http://zwgk.mct.gov.cn/auto255/201708/t20170801_688980.html?keywords=.

［31］北京市推进全国文化中心建设中长期规划（2019—2035年）［EB/OL］.［2020-04-09］.http://www.beijing.gov.cn/gongkai/guihua/wngh/cqgh/202004/t20200409_1798426.html.

［32］中共浙江省委全面深化改革委员会办公室　浙江省最多跑一次改革办公室　浙江省文化和旅游厅关于印发浙江省公共图书馆服务大提升行动方案（2020—2022年）的通知［EB/OL］.［2020-07-07］.http://zjjcmspublic.oss-cn-hangzhou-zwynet-d01-a.internet.cloud.zj.gov.cn/jcms_files/jcms1/web3658/site/picture/old/P020200925607070306417.pdf.

［33］深圳市人民政府办公厅关于印发深圳市文化发展"十三五"规划的通知［EB/OL］.［2016-09-27］.http://www.sz.gov.cn/zfgb/2016/gb979/content/mpost_4948525.html.

［34］佛山市人民政府办公室关于印发佛山市文化事业发展"十三五"规划的通知［EB/OL］.［2020-07-30］.http://www.foshan.gov.cn/gkml/gzwj/qtwj/content/post_2004218.html.

［35］东莞市人民政府办公室关于印发《东莞市加强村（社区）公共文化服务实施办法》的通知［EB/OL］.［2020-07-07］.http://www.dg.gov.cn/zwgk/zfxxgkml/szfbgs/zcwj/qtwj/content/post_589674.html.

［36］《嘉兴市公共图书馆中心馆—总分馆服务体系标准》出台［EB/OL］.［2020-07-30］.http://www.jiaxing.gov.cn/art/2015/7/21/art_1228921205_40475896.html.

［37］上海市嘉定区人民政府办公室关于转发《嘉定区持续推进国家公共文化服务体系示范区建设工作的实施意见（2018—2020）》的通知［EB/OL］.［2020-07-07］.http://www.jiading.gov.cn/publicity/jcgk/zdgkwj/qzfwj/qfbwj/95888.

［38］北京市人民政府关于进一步加强基层公共文化建设的意见［EB/OL］.［2020-07-07］.http://www.beijing.gov.cn/zhengce/zhengcefagui/201905/t20190522_58673.html.

［39］浙江省文化厅关于印发浙江省公共图书馆三年提升计划的通知［EB/OL］.［2020-07-07］.http://pcsp.library.sh.cn/notice.aspx?sid=10463&value=%E5%9B%BE%E4%B9%A6%E9%A6%86.

［40］中共上海市委办公厅　上海市人民政府办公厅印发《上海市“十三五”时期文化改革发展规划》的通知［EB/OL］.［2020-07-07］.http://fgw.sh.gov.cn/ggwbhwgwj/20170605/0025-27730.html.

［41］黄冈市人民政府办公室关于进一步推进公共文化服务社会化发展的实施意见［EB/OL］.［2020-07-07］.http://www.hg.gov.cn/art/2019/12/5/art_13613_861570.html.

［42］广东省公共文化服务体系建设规划（2011—2020年）［EB/OL］.［2020-07-07］.http://www.gdsqyg.com/agdgwgk/faguiinfo?id=2017041400000016.

［43］关于加快构建现代公共文化服务体系的实施意见［EB/OL］.［2020-07-07］.http://ct.zj.gov.cn/art/2015/7/8/art_1228998534_31235.html.

［44］大连市人民政府办公厅关于印发大连市公共文化服务体系建设规划的通知［EB/OL］.［2020-07-07］.http://pcsp.library.sh.cn/notice.aspx?sid=4397&value=%9B%BE%E4%B9%A6%E9%A6%86/html.

［45］［47］柯平，宫平.全国公共图书馆第六次评估的意义和特点［J］.图书馆建设，2016（12）：4-7，14.

［46］柯平，胡银霞.创新与导向：第六次全国公共图书馆评估新指标［J］.图书馆杂志，2017（2）：4-10.

［48］关于印发《东莞市公共文化服务体系绩效评估办法》的通知［EB/OL］.［2020-06-11］.http://www.dg.gov.cn/gkmlpt/content/0/589/post_589672.html#684.

［49］东莞：以绩效评估激发基层文化动力［EB/OL］.［2020-06-27］.http://z.sun0769.

com/2018/ggwhfw/xwzx/201810/t20181022_7951525.shtml.

［50］继续教育［EB/OL］.［2020-06-22］.http://www.gzlib.org.cn/societymspxtz/index.jhtml.

［51］易红，王宁远.公共图书馆法人治理结构现状调查与分析［J］.图书馆研究与工作，2018（1）：75-80.

［52］霍瑞娟.公共图书馆法人治理结构现状调研及思考［J］.中国图书馆学报，2016（4）：117-127.

［53］［55］冯佳，王珊珊.我国公共图书馆法人治理结构的试点实践研究［J］.中国图书馆学报，2018（4）：40-53.

［54］安徽省编办调研组到我馆开展调研工作［EB/OL］.［2020-07-28］.https://www.zslib.com.cn/templetpage/detail.aspx?dbid=2&id=1811.

［56］［61］金武刚，李国新.中国公共图书馆总分馆制建设：起源、现状与未来趋势［J］.图书馆杂志，2014（5）：4-15.

［57］邱冠华.新世纪以来国内公共图书馆总分馆建设回顾与思考［J］.中国图书馆学报，2017（4）：18-31.

［58］邱冠华.人民的图书馆：公共图书馆向基层延伸的模式研究［J］.图书馆建设，2007（6）：19-24，28.

［59］吴理财，刘建.文化治理视野下图书馆总分馆制的路径偏离及影响［J］.图书馆论坛，2018（9）：85-91.

［60］邱冠华，于良芝，许晓霞.覆盖全社会的公共图书馆服务体系：模式、技术支撑与方案［M］.北京：北京图书馆出版社，2008：54.

［62］让图书馆流动起来：广东建设文化大省［EB/OL］.［2020-08-20］.http://ldtsg.zslib.com.cn/ldtsgjj/201311/t20131126_458523.html.

［63］2019年杭州市图书馆主题馆名录［EB/OL］.［2020-07-31］.http://www.hangzhou.gov.cn/art/2019/10/8/art_1228974686_40702191.html.

［64］南海这个高大上的读书驿站，在你家附近吗？［EB/OL］.［2020-07-30］.https://nanhaitoday.com/nhxww/articles/2020/01/14/27e3e3c9c09a4c95a2b2f3d16f9ec5c9.html.

［65］中共中央关于深化文化体制改革　推动社会主义文化大发展大繁荣若干重大问题的决定［EB/OL］.［2020-07-31］.https://www.12371.cn/2012/09/28/ARTI1348823030260190.shtml.

［66］宁阳，王旭明.社会力量参与基层图书馆发展的研究与思考［J］.图书馆杂志，2019（1）：54-59.

［67］陈俊翘，张滢．公共图书馆服务外包实证研究：以广州市南沙区图书馆外包个案为例［J］．图书情报工作，2012（S1）：87-92，120.

［68］艾迪讯科技．无锡高新区（新吴区）图书馆［EB/OL］．［2020-07-31］.http://www.claridychina.com/shehuihuayunyinganli/14.html.

［69］广州图书馆志愿服务队荣获“2016 年度优秀文化志愿服务团队”称号［EB/OL］．［2020-07-29］.http://volun.gzlib.org.cn/tworker/information/495.

［70］广州图书馆志愿者官网［EB/OL］．［2020-07-31］.http://volun.gzlib.org.cn/tworker/pcindex.

［71］中华人民共和国国家质量监督检验检疫总局，中国国家标准化管理委员会．公共图书馆服务规范：GB/T 28220—2011［S］．北京：中国标准出版社，2012.

［72］丁亮，夏洞明，董群．公共图书馆创新人才现状分析及培养对策研究［J］．图书情报工作，2015（S2）：8-13.

［73］黄萍．民族地区县级图书馆人才培养现状研究分析：以桂北地区为例［J］．图书馆研究，2018（6）：56-62.

附录 1　国外图书馆战略规划及趋势报告研究样本

序号	地区 / 组织	名称
1	国际图联	国际图联趋势报告（IFLA Trend Report）初版（2013）
2		国际图联趋势报告 2016 更新版（IFLA Trend Report Update 2016）
3		国际图联趋势报告 2017 更新版（IFLA Trend Report Update 2017）
4		国际图联趋势报告 2018 更新版（IFLA Trend Report Update 2018）
5		国际图联趋势报告 2019 更新版（IFLA Trend Report Update 2019）
6		全球愿景报告（Global Vision Report）
7		国际图联 2016—2021 战略规划（IFLA Strategic Plan 2016-2021）
8		国际图联 2019—2024 战略框架（IFLA Strategy 2019-2024）
9		所有人的渠道和机遇——图书馆如何促进联合国 2030 年议程（Access and Opportunity for All：How Libraries Contribute to The United Nations 2030 Agenda）
10		发展与信息获取报告（The Development and Access to Information Report，DA2I）（2017）
11		发展与信息获取报告（The Development and Access to Information Report，DA2I）（2019）

续表

序号	地区 / 组织	名称
12		图书馆保护文化遗产声明（Libraries Safeguarding Cultural Heritage）（2017）
13		保护文化遗产：国际图联指南（Preserving Cultural Heritage：An IFLA Guide）（2017）
14	美国	改造社区：美国博物馆与图书馆服务署战略规划，2018—2022（Transforming Communities：Institute of Museum and Library Services Strategic Plan，2018-2022）
15	美国	美国图书馆协会战略方向（American Library Association Strategic Directions）（2017）
16	美国	未来图书馆中心趋势报告（Center for the Future of Libraries.Trends）
17	美国	美国公共图书馆协会 2018—2022 战略规划（PLA Strategic Plan 2018-2022）
18	美国	丰富图书馆的体验——美国国会图书馆 2019—2023 财政年度战略规划（Enriching the Library Experience：The FY2019-2023 Strategic Plan of the Library of Congress）
19	美国	美国国会图书馆 2019—2023 财政年度数字战略规划（The FY2019-2023 Digital Strategic Plan of the Library of Congress）
20	美国	纽约公共图书馆中心图书馆 2017—2021 战略规划（Central Library/Mid-Manhattan Library Plan of Service 2017-2021）
21	美国	纽约公共图书馆体系 2017—2021 五年发展规划［New York Public Library Five Year Library System Plan of Service（Public Library Systems）2017-2021］
22	美国	布鲁克林公共图书馆战略规划 2018（Brooklyn Public Library Strategic Plan 2018）
23	美国	皇后区公共图书馆 2018—2023 战略规划（Queens Library Strategic Plan 2018-2023）
24	美国	旧金山公共图书馆 2016—2021 五年战略规划（SFPL Five Year Strategic Plan 2016-2021）

续表

序号	地区 / 组织	名称
25		金县图书馆系统 2019—2023 指导和协调工作战略框架（King County Library System Strategic Framework Guiding and Aligning Our Work，2019-2023）
26		费城免费图书馆 2018—2020 战略规划（Free Library of Philadelphia Strategic Plan 2018-2020）
27		西雅图公共图书馆 2017—2019 战略方向（The Seattle Public Library Strategic Direction 2017-2019）
28		夏洛特·梅克伦堡图书馆 2025 工作重点（The Charlotte Mecklenburg Library essential in 2025）
29		安娜堡公共图书馆战略规划（2020 年通过）[Ann Arbor District Library Strategic Plan（Adopted by the Board of Trustees February 17，2020）]
30		纽黑文公共图书馆 2018-2023 战略框架（New Haven Free Public Library Strategic framework 2018—2023）
31		韦尔斯利免费图书馆 2019—2023 战略规划（Wellesley Free Library Strategic Plan 2019-2023）
32		卡森城市图书馆 2019—2024 战略规划（A Strategic Plan for the Carson City Library for 2019 through 2024）
33		普林斯顿公共图书馆 2019—2021 战略规划（Princeton Public Library Strategic Plan 2019-2021）
34		俄亥俄州立图书馆 2020—2021 战略规划（State Library of Ohio Strategic Plan 2020-2021）
35		俄亥俄州图书馆委员会 2018—2020 战略规划（Ohio Library Council Strategic Plan 2018-2020）
36		康涅狄格州立图书馆图书馆服务和技术法案五年规划 2018—2022（CT State Library Library Services and Technology Act Five-Year Plan，2018-2022）

续表

序号	地区 / 组织	名称
37		科罗拉多州立图书馆图书馆服务和技术法案五年规划 2018-2022［Colorado Department of Education & Colorado State Library Services & Technology Act（LSTA）Five-Year Plan 2018-2022］
38		怀俄明州立图书馆图书馆服务和技术法案五年规划 2018—2022（Wyoming State Library Services and Technology Act Five Year Plan：2018-2022）
39		俄勒冈州立图书馆图书馆服务和技术法案五年规划 2018—2022［State Library of Oregon's Library Services and Technology Act（LSTA）Five-Year Plan 2018-2022］
40		伊利诺伊州图书馆委员会 2019—2022 战略规划（Illinois Library Association Strategic Plan 2019-2022）
41		纽约州立图书馆 2018-2022 战略规划（New York State Library Strategic Plan 2018-2022）
42		马萨诸塞州立图书馆图书馆服务和技术法案五年规划 2018—2022（Library Services & Technology Act Five Year Plan 2018-2022）
43		哥伦比亚特区立图书馆 2017—2021 战略规划（DC Public Library Strategic Plan 2017-2021）
44		爱达荷州立图书馆 2020—2024 财政年度战略规划（Idaho Commission for Libraries State Strategic Plan FY2020 - FY2024）
45		爱达荷州立图书馆图书馆服务和技术法案五年规划 2018—2022（Idaho Commission for Libraries Library Services & Technology Act Idaho State Plan 2018-2022）
46	加拿大	加拿大图书馆协会联合会 2019—2022 年战略规划“一同强大：提升图书馆影响力”（Stronger Together：Advancing the Impact of Libraries）
47		加拿大国家图书馆暨档案馆 2019—2022 三年战略规划（Library and Archives Canada Three-year Plan 2019-2022）

续表

序号	地区 / 组织	名称
48		多伦多公共图书馆2020—2024战略规划：环境扫描和磋商计划（Strategic Plan 2020-2024：Environmental Scan and Consultation Plan）
49		渥太华公共图书馆2020—2023战略方向和优先领域（Strategic Directions and Priorities 2020-2023）
50		卡尔加里公共图书馆2019—2022战略规划（Potentials Realized：Calgary Public Library | Strategic Plan 2019-2022）
51	欧洲	欧洲图书情报与文献协会管理会2019—2022战略规划（EBLIDA Strategic Plan 2019-2022）
52		欧洲图书馆宣言（Library Manifesto for Europe）
53		呼唤文化：欧洲数字图书馆2020战略更新（A Call to Culture：Europeana 2020 Strategic Update）
54		后疫情时代的欧洲图书馆议程（一项正在进行中的工作）[A European Library Agenda for the Post-Covid 19 Age（Work in Progress）]
55	英国	英国公共图书馆2016—2021战略规划“图书馆传递：英国公共图书馆的追求”（Libraries Deliver：Ambition for Public Libraries in England 2016-2021）
56		英国图书馆与情报专家学会“公共图书馆：支持的理由”[Public Libraries：the Case for Support（2019）]
57		鲜活的知识：英国国家图书馆2015—2023战略规划（Living Knowledge：The British Library 2015–2023）
58		为所有人群提供鲜活的知识：英国国家图书馆角色的更新（2020）（Living Knowledge for Everyone：The British Library's Role in Renewal）
59		伯明翰公共图书馆2017—2021战略规划“通过教育、技术和社区来改变生活”（Birmingham 2017-2021 Strategic Plan：Transforming Lives Through Education，Technology，Community）

续表

序号	地区 / 组织	名称
60	苏格兰	抱负和机遇：苏格兰公共图书馆 2015—2020 战略规划（Ambition & Opportunity：A Strategy for Public Libraries in Scotland 2015-2020）
61		抱负和机遇：苏格兰公共图书馆 2015-2020 战略规划（2019 更新版）[Ambition & Opportunity：A Strategy for Public Libraries in Scotland 2015-2020（2019）]
62		爱丁堡中央图书馆未来发展报告[Central Library Future Development Report（2019）]
63	爱尔兰	我们的公共图书馆 2022：激发、连接和赋能社区[Our Public Libraries 2022：Inspiring，Connecting and Empowering Communities（2018）]
64	德国	德意志数字图书馆战略 2015—2020（Deutsche Digitale Bibliothek Strategie plan 2015-2020）
65		德国图书馆与信息协会 2018—2019 年工作总结（Tätigkeitsbericht für die Zeit von April 2018 bis März 2019）
66		德国图书馆联合会《通往过去与未来之门——德国的图书馆》（2017 年第三版修订）（Portale zu Vergangenheit und Zukunft：Bibliotheken in Deutschland）
67		德国国家图书馆 2025 指南（DNB Strategischer Kompass 2025）
68		勃兰登堡州图书馆规划（Bibliotheksentwicklungsplan Land Brandenburg）
69		巴伐利亚州图书馆规划（Bayerischer Bibliotheksplan）
70	瑞典	瑞典图书馆国家“民主的瑰宝：国家图书馆战略提案”（The Treasure Trove of Democracy：Proposal for a National Strategy for Libraries）（2019）
71	挪威	挪威国家图书馆“我们的共同记忆”2018—2022 战略规划（Strategi 2018-2022：Nasjonalbiblioteket-vår felles hukommelse）
72	芬兰	芬兰国家图书馆 2021—2030 战略规划（Strategic Plan of The National Library of Finland 2021-2030）

续表

序号	地区 / 组织	名称
73	丹麦	丹麦皇家图书馆 2020—2023 战略规划（Det Kgl. Biblioteks Strategi 2020-2023）
74	荷兰	荷兰国家图书馆 2019—2022 年战略规划“利用文字的力量”（Working with Words：Strategic Plan of the KoninklijkeBibliotheek，National Library of the Netherlands 2019-2022）
75	俄罗斯	俄罗斯国家图书馆 2018—2025 年发展纲要（Концепция развития Российской национальной библиотеки на 2018-2025 гг.）
76	澳大利亚	澳大利亚公共图书馆联盟 2019—2022 国家战略和行动计划（ALIA Australian Public Library Alliance National Strategy and Action Plan 2019-2022）
77		澳大利亚国家图书馆 2019—2023 年工作计划（National Library of Australia 2019–20 Corporate Plan Covering Reporting Periods 2019-20 to 2022-23）
78		新南威尔士州立图书馆 2019—2022 战略规划（The State Library of NSW Strategy Plan 2019-2022）
79		维多利亚公共图书馆 2030：行动中的未来（Victorian Public Libraries 2030：The Future in Action）
80		西澳大利亚州立图书馆战略规划 2018—2022（State Library of Western Australia Strategic Plan 2018-2022）
81		墨尔本公共图书馆战略计划 2016—2021（Melbourne Public Library Strategic Plan 2016 -2021）
82	日本	日本国立国会图书馆战略发展规划 2017—2020（国立国会図書館活動目標 2017-2020）
83		日本文部科学白皮书（2019 年度）（平成 30 年度文部科学白書）
84		未来日本公共图书馆展望手册（「公共図書館の将来——『新しい公共』の実現をめざす」）
85	新加坡	新加坡图书馆和档案馆战略规划的公众咨询草案（Creating the Libraries and Archives of Tomorrow 2021-2025）

续表

序号	地区 / 组织	名称
86	新媒体联盟（NMC）	新媒体联盟地平线报告2017图书馆版（NMC Horizon Report：2017 Library Edition）
87	美国高等教育信息化协会（EDUCAUSE）	2018年地平线报告高等教育版（2018 NMC Horizon Report：Higher Education Edition）
88		2019年地平线报告高等教育版（2019 Horizon Report：Higher Education Edition）
89		2020年地平线报告教与学版（2020 EDUCAUSE Horizon Report：Teaching and Learning Edition）

附录 2　市级公共图书馆基本情况调查表

<table>
<tr><td colspan="11">市图书馆基本情况调查表</td></tr>
<tr><td>填报联系人</td><td colspan="3"></td><td>联系电话</td><td colspan="6"></td></tr>
<tr><td rowspan="3">1. 本馆基本概况</td><td rowspan="2">行政区域常住人口 / 万人</td><td rowspan="2">馆舍建筑面积 / 平方米</td><td rowspan="2">馆藏总量 / 册</td><td colspan="4">经费</td><td colspan="3">人员</td></tr>
<tr><td>年度总经费 / 万元</td><td>纸质资源购置费 / 万元</td><td>电子资源购置费 / 万元</td><td>读者活动经费 / 万元</td><td>工作人员总数 / 人</td><td>专职人员数 / 人</td><td>临聘人员数 / 人</td></tr>
<tr><td></td><td></td><td></td><td></td><td></td><td></td><td></td><td></td><td></td><td></td></tr>
<tr><td rowspan="3">2. 本市图书馆网络情况</td><td colspan="2">县（区）</td><td colspan="2">乡镇（街道）</td><td colspan="2">村（社区）</td><td colspan="4">其他类型图书馆[1]</td></tr>
<tr><td>县（区）数量 / 个</td><td>县（区）馆数量 / 个</td><td>乡镇（街道）数量 / 个</td><td>乡镇（街道）馆数量 / 个</td><td>村（社区）数量 / 个</td><td>村（社区）馆（室）数量 / 个</td><td>全市其他建筑类图书馆数量 / 个</td><td>全市其他非建筑类图书馆数量 / 个</td><td>直属其他建筑类分馆数量 / 个</td><td>直属其他非建筑类分馆数量 / 个</td></tr>
<tr><td></td><td></td><td></td><td></td><td></td><td></td><td></td><td></td><td></td><td></td></tr>
<tr><td rowspan="3">3. 本市图书馆管理模式</td><td colspan="6">自动化系统情况与覆盖县（区）馆、基层馆情况</td><td colspan="2">县（区）图书馆文献配置</td><td colspan="2">县（区）图书馆人员配备</td></tr>
<tr><td>采用全市统一读者证（规则）[2]的县（区）馆数量 / 个</td><td>采用全市统一读者证（规则）的基层馆数量 / 个</td><td>采用互认读者证且通借通还[3]的县（区）馆数量 / 个</td><td>采用互认读者证且通借通还的基层馆数量 / 个</td><td>市馆物流覆盖的县（区）馆数量 / 个</td><td>使用市馆采编系统但自配文献的县（区）馆数量 / 个</td><td>市馆统配文献的县（区）馆数量 / 个</td><td>非市馆统配文献的县（区）馆数量 / 个</td><td>市馆派驻人员的县（区）馆数 / 个</td><td>市馆派驻县（区）馆总人数 / 人</td></tr>
<tr><td></td><td></td><td></td><td></td><td></td><td></td><td></td><td></td><td></td><td></td></tr>
</table>

续表

4. 本市图书馆运行绩效	累计办证量 / 人	年进馆人次 / 人次	年外借文献册次 / 册	年读者活动场次 / 场	年读者活动人次 / 人	年网站访问次数 / PV	年移动版网站访问次数 /PV	微信订阅用户数	微博粉丝数	
5. 本市已制定或者仍在制定中的图书馆法规、规章规范、标准（可加行）										
制定、发布时间	制定、发布部门		名称及说明							
6. 本市联动或向县（区）延伸的服务、活动、技术应用等类别的突出品牌（可加行）										
品牌名称	类别（服务、活动、技术应用）		品牌说明（100 字以内）							

注：本表重点体现市级图书馆，以及本区域县（区）图书馆综合情况，表格中所有统计数据截至 2019 年底，年度数据指 2019 年度。

1. 其他类型图书馆：建筑类分馆包括在辖区内与企业、各类机构合作建设或管理，与行政层级无关的图书馆；非建筑类分馆指大型设备，简易搭建空间等。
2. “全市统一读者证（规则）”指市级图书馆系统提供统一的读者证和服务规则，各馆均采用同样权限的读者证和规则。
3. “采用互认读者证且通借通还”指市级图书馆和县（区）图书馆分别有自己的读者证和服务规则，在互认读者证基础上实现另外定义规则的通借通还。

附录 3　县（区）级公共图书馆基本情况调查表

<table>
<tr><td colspan="13">________市________县（区）图书馆基本情况调查表</td></tr>
<tr><td>填报联系人</td><td colspan="3"></td><td>联系电话</td><td colspan="6"></td><td></td><td></td></tr>
<tr><td rowspan="3">1. 本馆基本概况</td><td rowspan="2">行政区域常住人口 / 万人</td><td rowspan="2">馆舍建筑面积 / 平方米</td><td rowspan="2">馆藏总量 / 册</td><td colspan="4">年度经费</td><td colspan="3">人员</td><td colspan="2">图书馆自动化管理系统</td></tr>
<tr><td>总经费 / 万元</td><td>纸质资源购置费 / 万元</td><td>电子资源购置费 / 万元</td><td>读者活动经费 / 万元</td><td>工作人员总数 / 人</td><td>专职人员数 / 人</td><td>临聘人员数 / 人</td><td>部署方式（1 上级 /2 独立 /3 无）</td><td>系统名称</td></tr>
<tr><td></td><td></td><td></td><td></td><td></td><td></td><td></td><td></td><td></td><td></td><td></td><td></td></tr>
<tr><td rowspan="3">2. 本县（区）图书馆网情况</td><td colspan="2">乡镇（街道）</td><td colspan="2">村（社区）</td><td colspan="2">其他类型[1]</td><td colspan="5">按面积分布的基层图书馆数量 / 个</td><td></td></tr>
<tr><td>乡镇（街道）数量 / 个</td><td>乡镇（街道）图书馆数量 / 个</td><td>村（社区）数量 / 个</td><td>村（社区）图书馆（室）数量 / 个</td><td>其他类型建筑类分馆数量 / 个</td><td>其他类型非建筑类分馆数量 / 个</td><td>100 平方米以下</td><td>101—300 平方米</td><td>301—600 平方米</td><td>601—1000 平方米</td><td>1000 平方米以上</td><td></td></tr>
<tr><td></td><td></td><td></td><td></td><td></td><td></td><td></td><td></td><td></td><td></td><td></td><td></td></tr>
</table>

续表

	自动化系统情况与覆盖基层馆情况					基层图书馆文献配置		基层图书馆人员配备		基层图书馆经费投入		
3. 本县（区）图书馆管理模式	提供统一读者证（规则）系统[2]的图书馆层级（0无/1市级/2本馆/3省馆）	（前项选0，续填本项）采用统一读者证（规则）的基层馆数/个	（前项选2，续填本项）与市馆采用互认读者证且通借通还[3]（是/否）	（前项选2，续填本项）参加市馆互认读者证且通借通还的基层馆数/个	区馆物流覆盖的基层馆数/个	由市/区馆统配文献的基层馆数/个	非市/区馆统配文献的基层馆数/个	有区馆派驻人员的基层馆数/个	区馆派驻基层馆总人数/人	用于基层馆的专项总经费/万元	专项经费覆盖图书馆数/个	
4. 本县（区）图书馆运行绩效	累计办证量/人	年进馆人次/人次	年外借文献册次/册	年读者活动场次/场	年读者活动人次/人	年网站访问次数/PV	年移动版网站访问次数/PV	微信订阅用户数	微博粉丝数			

续表

5. 本县（区）已制定或者仍在制定中的图书馆法规、规章规范、标准（可加行）				
制定、发布时间	制定、发布部门	名称及说明		
6. 本县（区）联动或向基层延伸的服务、活动、技术应用等类别的突出品牌（可加行）				
品牌名称	类别（服务、活动、技术应用）	品牌说明（100字以内）		

注：本表重点体现县（区）级图书馆，以及本区域乡镇（街道）图书馆综合情况，表格中所有统计数据截至2019年底，年度数据指2019年度。

1. 其他类型图书馆：建筑类分馆主要指在辖区内与企业、各类机构合作建设或管理，与行政层级无关的图书馆；非建筑类分馆指大型设备，简易搭建空间等。
2. “提供统一读者证（规则）系统”指哪一层级图书馆提供的系统，规定了统一的读者证和服务规则，各馆均采用同样权限的读者证和规则。
3. “与市馆采用互认读者证且通借通还”指县（区）图书馆有自己的读者证和服务规则，在互认读者证基础上与市馆实现另外定义规则的通借通还。此时，提供统一读者证（规则）系统的图书馆层级应是本馆。

附录4　乡镇（街道）、村（社区）级图书馆基础设施情况表

序号	乡镇（街道）名称	乡镇（街道）			村（社区）			其他类型[2]		馆藏总量/册（件）	图书馆建筑面积			图书馆人员		
		常住人口/万人	乡镇（街道）馆数量/个	独立馆舍[1]的数量/个	村（社区）数量/个	村（社区）馆数量/个	独立馆舍的数量/个	其他类型建筑类分馆数量/个	其他类型非建筑类分馆数量/个		本辖区图书馆馆舍总面积/平方米	乡镇（街道）级馆舍总面积/平方米	村（社区）级馆舍总面积/平方米	人员总数/人	专职人员/人	临聘人员/人
1																
2																
3																
4																
5																

注：本表重点体现本县（区）各乡镇/街道图书馆综合情况，包括覆盖状况、馆舍状况、文献状况和人员状况。每个乡镇/街道一行。

1.“独立馆舍”指具有独立的建筑空间（可以在一个大空间内），入口有独立标识的图书馆。在一个建筑空间内，没有自己的独立空间，或虽然有一个独立空间，但大门口无明确图书馆标识不计为独立馆舍。

2. 其他类型图书馆：建筑类分馆主要指在辖区内与企业、各类机构合作建设或管理，与行政层级无关的图书馆。非建筑类分馆指大型设备，简易搭建空间等。

附录 5　乡镇（街道）、村（社区）级图书馆管理模式情况表

序号	乡镇（街道）名称	馆舍归属	人员配备			文献配置				设施设备		
		属于政府物业的乡镇（街道）馆数量/个	由上级统配人员[1]的基层馆数量/个	由乡镇（街道）配备人员的基层馆数量/个	上级委派馆长（或副馆长）[2]的基层馆数量/个	街道图书馆是否由上级统配文献?（是/否）	由上级统配文献的社区馆数量/个	由乡镇（街道）配备文献的社区馆数量/个	本乡镇（街道）配备文献加入上级通借通还的基层馆数量/个	街道图书馆是否由上级配置服务设备?（是/否）	由上级配备服务设备的社区馆数量/个	由乡镇（街道）配备服务设备的社区馆数量/个
1												
2												
3												
4												
5												

注：本表重点体现本县（区）各乡镇/街道图书馆管理模式，包括馆舍归属、委托管理、服务方式、经费投入、人员配备、文献配置等。每个乡镇/街道一行。

1.“上级统配人员”指由市、县（区）图书馆在政府支持下，对基层图书馆的人员统一招聘或购买服务的方式。

2.“上级委派馆长”指由市、县（区）图书馆委派馆长（或副馆长）管理基层图书馆的日常工作。

附录 6　乡镇（街道）、村（社区）级图书馆运行绩效情况表

序号	乡镇（街道）名称	乡镇（街道）馆周开放平均时长 / 小时	村（社区）馆周开放平均时长 / 小时	累计办证量 / 人	年进馆人次 / 人次	年外借文献 / 册次	年读者活动场次 / 场次	年读者活动人次 / 人	年新增文献 / 册（件）
1									
2									
3									

注：本表重点体现本县（区）各乡镇 / 街道图书馆运行绩效基本情况。每个乡镇 / 街道一行。

附录 7　0—18 岁未成年人阅读情况调查

本次问卷主要为了调查我国 0—18 岁未成年人的阅读情况，了解其阅读需求，以便公共图书馆有针对性地为未成年人提供阅读指导服务，帮助未成年人激发阅读兴趣，养成良好的阅读习惯。问卷共计 29 题，包括单选题、多选题、少量的填空题、开放性题目。主要内容涵盖早期阅读的开始时间、阅读兴趣、阅读数量、阅读载体、阅读内容、阅读中存在的主要问题以及未成年人对公共图书馆服务的评价及建议等。

深圳少年儿童图书馆衷心感谢您的支持！

1. 您所在的学校名称是 ________________________________ [填空题]

2. 您的年级 [单选题]

○学龄前

○小学一年级至三年级

○小学四年级至六年级

○初中

○高中

3. 您的性别［单选题］

○男

○女

4. 您所在的地区［单选题］

○华东地区

○华南地区

○西部地区

○华北地区

○华中地区

5. 您从何时开始接触阅读［单选题］

○ 0—3 岁

○ 4—6 岁

○ 7 岁及以上

6. 您喜欢阅读吗？［单选题］

○非常不喜欢

○不太喜欢

○一般

○比较喜欢

○非常喜欢

7. 您平均一周阅读（　）小时［单选题］

○几乎不读

○ 30 分钟以内

○ 31—60 分钟

○ 61—120 分钟

○ 121 分钟及以上

8. 您平均一年阅读（ ）本书［单选题］

○ 5 本以内

○ 6—10 本

○ 11—20 本

○ 21—50 本

○ 51 本及以上

9. 您平均一年参加（ ）次阅读推广活动［单选题］

○ 0 次

○ 1—5 次

○ 6—10 次

○ 10 次以上

10. 您阅读图书的依据［多选题］

○家长推荐

○老师推荐

○同学、朋友推荐

○图书馆推荐

○媒体推荐

○自主选择

○其他 __________________

11. 您阅读的载体是［单选题］

○完全纸质文献

○纸质文献为主，数字文献为辅

○数字文献为主，纸质文献为辅

○完全数字文献

12. 您阅读的纸质图书形式是［多选题］

○绘本

○全文字图书

○文字为主，配一些图片

○拼音读本

13. 请问您喜欢阅读的文献主题是［多选题］

A. 领袖著作　B. 哲学心理学　C. 社会学　D. 政治法律　E. 军事　F. 经济　G. 教育　H. 语言文字　I. 文学　J. 艺术　K. 历史地理　L. 体育　M. 计算机人工智能　N. 家庭生活　O. 数理化　P. 天文　Q. 生物科学　R. 医药卫生　S. 农业科学　T. 机械制造　U. 汽车船舶舰艇　V. 航空航天　X. 环境科学　Y. 百科全书　Z. 其他

14. 在文学类文献中，您最喜欢的主题是［多选题］

A. 诗歌　B. 散文　C. 戏剧　D. 杂著　E. 报告文学　F. 民间文学　G. 军事小说　H. 历史小说　I. 科幻魔幻玄幻小说　J. 历险推理侦探小说　K. 武侠小说　L. 社会都市言情小说　N. 动物小说　O. 寓言童话　P. 神话故事　Q. 幽默笑话　R. 人物传记　S. 科普读物　Z. 其他

15. 您认为自己有哪些良好的阅读习惯［多选题］

○每天坚持阅读

○专心阅读，不开小差

○爱书护书

○注意阅读卫生

○愿意和别人分享阅读心得体会

○做读书笔记和撰写心得体会

○其他 ________________

16. 您认为自身阅读的主要问题或障碍是［多选题］

○没有阅读的兴趣

○缺乏阅读的动力

○不知道读什么书，没有适合自己看的书

○学习任务重，作业多，课外兴趣班多，没有时间阅读课外书

○家长、老师干涉，不让看自己喜欢看的书

○没有掌握适合的阅读方法

○没有好的阅读环境

○没有好的阅读体验

○没有形成阅读习惯

○书太贵

○其他 ________________

17. 您认为自己需要阅读指导吗［单选题］

○需要

○不需要

○无所谓

18. 您认为阅读指导中存在的问题有［多选题］

○缺乏指导阅读

○阅读指导人员态度不好

○阅读指导人员能力不足

○阅读指导人员没有推荐喜欢阅读的图书

○没有从阅读中有所收获

○其他 ________________

19. 您到图书馆的目的［多选题］

○阅览

○借还书

○自习

○上网

○参加读书活动

○其他 ________________

20. 您到图书馆的频率［单选题］

○几乎每天

○每周 1—2 次

○每月 1—2 次

○每季度 1—2 次

○几乎不去

21. 您课外书的主要来源［多选题］

○图书馆借阅

○书店购买

○网络购买

○向同学朋友借

○其他 ________________

22. 您对图书馆环境的态度是［单选题］

○很不满意

○不满意

○一般

○满意

○很满意

23. 您认为图书馆各种文献资源分布合理，易于查找［单选题］

○很不满意

○不满意

○一般

○满意

○很满意

24. 您认为图书馆文献资源（书刊、电子资源）能够满足需求［单选题］

○很不满意

○不满意

○一般

○满意

○很满意

25. 您认为图书馆举办的针对未成年人的阅读推广活动［单选题］

○很不满意

○不满意

○一般

○满意

○很满意

26. 您觉得图书馆应该改进和完善的地方是［多选题］

○未成年人阅读推广及服务政策法规的完善

○空间布局，环境建设

○文献资源建设

○改善未成年人阅读体验

○馆员素质提升

○优化未成年人阅读推广服务

○未成年人阅读推广生态建设

○提升服务效能

○其他 ________________

27. 您认为公共图书馆的阅读推广服务对您世界观、人生观、价值观的培养是否有重要作用？［单选题］

○是

○否

28. 您是否愿意接受公共图书馆为您提供中国传统文化的阅读推广服务？［单选题］

○是

○否

29. 您对图书馆还有哪些建议？［填空题］

____

附录 8　全国公共图书馆面向未成年人阅读推广服务调查

1. 贵馆名称:［填空题］

____

2. 贵馆如何对面向未成年人阅读推广活动的效果进行评估？［多选题］

○对学生和家长进行问卷调查

○通过微信公众号等网络渠道搜集意见反馈

○工作人员自我评定

○对推广书籍的借阅量进行分析评估

○针对特定人群进行跟踪回访

○其他 ________________

3. 目前贵馆认为未成年人阅读推广在哪些方面有待进一步优化？［多选题］

○加强对读者阅读需求、兴趣的前期调研和后期总结

○加强对内容深度的把控

○加强对阅读推广效果的合理评估

○创新多种活动形式

○加强活动宣传

○增加活动经费

○其他 ________________

4. 贵馆未成年读者一般对什么形式的阅读推广服务感兴趣？［多选题］

○读书会

○征文比赛

○名家讲座

○读书知识竞答

○专题展览

○图书漂流

○其他 ________________

5. 贵馆认为目前青少年阅读推广中存在哪些误区？［多选题］

○过分追求阅读量

○过分关注知识性

○过分强调成人主导

○过分追求社会热点

○阅读追求功利性

○其他 ________________

6. 贵馆在童书阅读推广方面遇到哪些困难？［多选题］

○绘本阅读的理念还处在导入期，读者对绘本阅读的认知有限

○图书馆没有专门的童书研究部门，缺乏专业指导

○图书馆缺乏自身的童书个性化特色品牌活动

○推广活动模式单一

○其他 ________________

7. 贵馆在面向未成年人阅读推广服务中有哪些合作方式整合利用现有阅读资源？［多选题］

○馆际合作与图书馆联盟

○出版业和作家协会

○学校图书馆和教育机构

○其他 ________________

8. 贵馆通过哪些渠道为未成年人推荐书目？［多选题］

○公众号推送

○海报宣传

○讲座培训

○现场展览

○其他 ________________

9. 贵馆在面向未成年人阅读推广服务中有哪些新的阅读体验？［多选题］

○ VR 阅读互动体验

○机器人

○特色数字图书馆

○其他 ________________

10. 贵馆为未成年人提供的阅览室面积是 ____________________ 平方米，占图书馆服务面积的 ____________。［多选题］

○ 100 以下

○ 100—500

○ 500—1000

○ 1000—2000

○ 2000—5000

○ 5000—10000

○ 10000 以上

○ 10% 以下

○ 10%—20%

○ 20%—40%

○ 40%—60%

○ 60%—80%

○ 80%—100%

11. 贵馆为未成年人提供的阅读席位有 ____________ 个，占全馆阅览席位总数的 ____________%。[填空题]

12. 贵馆 2019 年度未成年人阅览区的到馆人数是 ____________ 人，占全年到馆人数的 ___________%。[填空题]

13. 贵馆 2019 年未成年人阅读推广活动经费 _______________ 万元，占全年读者服务经费的 ____________%。[多选题]

○ 10 以下

○ 10—50

○ 50—100

○ 100—500

○ 500—1000

○ 1000 以上

○ 10% 以下

○ 10%—20%

○ 20%—40%

○ 40%—60%

○ 60%—80%

○ 80%—100%

14. 贵馆 2019 年少儿图书文献购置费 ____________ 万元，占全年购书经费的 ____________%。[多选题]

○ 10 以下

○ 10—50

○ 50—100

○ 100—500

○ 500—1000

○ 1000 以上

○ 10% 以下

○ 10%—20%

○ 20%—40%

○ 40%—60%

○ 60%—80%

○ 80%—100%

15. 贵馆 2019 年度面向未成年人的阅读推广服务活动共计 ____________ 场，占全年全馆活动总数 ____________%。[填空题]

16. 贵馆是否有设置阅读推广服务或指导部门？［单选题］

○是

○否

17. 贵馆馆员是否有定期参加阅读推广培训或考核？［单选题］

○是

○否

18. 贵馆阅读推广专职人员有 _________ 人，占全馆职工人数的 _________%。[填空题]

19. 贵馆面向未成年人开展的阅读推广品牌特色活动有哪些？是否是常设性活动？［填空题］

____

20. 贵馆对阅读推广专业人才培养和阅读推广队伍建设方面有哪些意见和建议？［填空题］________________________________

附录9　公共图书馆面向特殊未成年人阅读推广及服务现状的调查（读者版）

尊敬的先生 / 女士：

您好！首先感谢您参与我们的问卷调查，这项调查是想了解公共图书馆面向特殊未成年人阅读推广及服务现状。您的真实回答对我们的研究工作非常重要，这不仅决定此次调查的效果，而且将影响我们对公共图书馆面向特殊未成年人阅读推广及服务的思考及相关建议的提出。

本调查采用不记名的方式，所有的答案没有对错之分。我们向您保证：调查结果仅供研究之用，绝不会影响您的工作和生活。您只需要按照每部分的要求，如实作答即可。

感谢您的参与和大力支持。

深圳少年儿童图书馆

2019 年 6 月

基本情况

本部分是对您基本情况的调查，有选项题目，请在与您实际情况最接近的答案下打“√”，没有选项的，需要您填写。

1. 您的性别：

2. 您的年龄：

3. 您目前学历：

○高中及以下

○大专

○本科

○硕士及以上

4. 您所在的城市：

问卷调查

本部分请您根据实际情况打“√”，1 代表非常不符合，2 代表不符合，3 代表一般，4 代表符合，5 代表非常符合。

指标	题项	打分				
		5	4	3	2	1
文献方面	公共图书馆中适合特殊未成年人阅读的文献多					
	公共图书馆中适合特殊未成年人阅读的文献质量高					
	公共图书馆中适合未成年人阅读的文献，除了纸质资源还有电子资源等					

续表

指标	题项	打分				
		5	4	3	2	1
环境方面	公共图书馆所在的区域位置方便特殊未成年人到达					
	公共图书馆中有很多为特殊未成年人配备的设施（如盲道、扶手、适合的桌椅等）					
	公共图书馆的阅读环境适合特殊未成年人					
服务方面	公共图书馆面对特殊未成年人的阅读推广活动多，活动效果好					
	公共图书馆的工作人员对待特殊未成年人服务态度友好					
	公共图书馆面对特殊未成年人的阅读推广及服务采用了新技术（如 AR 技术）					
社会层面	公共图书馆面对特殊未成年人阅读推广及服务所投入的经费充足					
	公共图书馆面对特殊未成年人阅读推广及服务需要得到社区街道、特殊学校、妇联等机构合作					
	公共图书馆面对特殊未成年人阅读推广及服务得到了社会的很多关注					
总体评价	我认为公共图书馆面对特殊未成年人阅读推广及服务很重要					
	我对公共图书馆面对特殊未成年人阅读推广及服务挺满意					

再次感谢您的支持与合作！

附录 10　公共图书馆面向特殊未成年人阅读推广及服务现状的调查（馆员版）

尊敬的先生/女士：

您好！首先感谢您参与我们的问卷调查，这项调查是想了解公共图书馆面向特殊未成年人阅读推广及服务现状。您的真实回答对我们的研究工作非常重要，这不仅决定此次调查的效果，而且将影响我们对公共图书馆面向特殊未成年人阅读推广及服务的思考及相关建议的提出。

本调查采用不记名的方式，所有的答案没有对错之分。我们向您保证：调查结果仅供研究之用，绝不会影响您的工作和生活。您只需要按照每部分的要求，如实作答即可。

感谢您的参与和大力支持。

深圳少年儿童图书馆

2019 年 6 月

基本情况

本部分是对您基本情况的调查，有选项题目，请在与您实际情况最接近的答案下打“√”，没有选项的，需要您填写。

1. 您的性别：

2. 您的年龄：

3. 您目前学历：

○高中及以下

○大专

○本科

○硕士及以上

4. 您所在的城市：

问卷调查

本部分请您根据实际情况打“√”，1 代表非常不符合，2 代表不符合，3 代表一般，4 代表符合，5 代表非常符合。

指标	题项	打分				
		5	4	3	2	1
馆藏配置	公共图书馆中适合特殊未成年人阅读的文献多（注：文献涵盖各类特殊未成年人的阅读需求）					
	公共图书馆中适合特殊未成年人阅读的文献质量高（注：在文献选购中最大限度地结合特殊未成年人的心理特征以及心智特点等进行合理安排和设置，易于少儿理解和吸收）					
	公共图书馆中适合未成年人阅读的文献，除了纸质资源还有电子资源等					

续表

指标	题项	打分				
		5	4	3	2	1
环境设施	公共图书馆中有很多为特殊未成年人配备的设施（如盲道、扶手、适合的桌椅等）					
	公共图书馆的阅读环境适合特殊未成年人					
	公共图书馆面对特殊未成年人的阅读推广及服务采用了新技术（如AR技术等）					
阅读推广服务	公共图书馆面对特殊未成年人阅读推广及服务所投入的经费充足					
	公共图书馆设有专门为特殊未成年人阅读推广服务的部门或组织					
	公共图书馆面对特殊未成年人每年有固定开展的阅读推广活动					
	公共图书馆面对特殊未成年人开展的阅读推广活动种类多、数量多					
	公共图书馆有面对特殊未成年人开展的亲子阅读推广活动					
	公共图书馆开展的阅读推广活动有得到社区街道、特殊学校、妇联等部门的合作					
	公共图书馆面对特殊未成年人阅读推广及服务得到了社会的很多关注（新闻媒体）					
阅读推广服务志愿团队	公共图书馆面对特殊未成年人阅读推广及服务设有志愿者团队					
	公共图书馆面对特殊未成年人阅读推广及服务设有志愿者培训课程					
	志愿者团队在特殊未成年人阅读推广服务后进行服务反馈					

续表

指标	题项	打分				
		5	4	3	2	1
馆员服务素养	馆员非常了解特殊未成年人权利保护的相关法律法规					
	馆员非常了解特殊未成年人相关的社会学、心理学知识					
	公共图书馆有培养为特殊未成年人阅读推广服务的专业馆员					
	公共图书馆有为特殊未成年人阅读推广服务的专业馆员的技能培训课程（内部）					
	公共图书馆有安排社会组织或个人为服务特殊未成年人进行馆员技能培训（社会）					
	馆员对面对特殊未成年人阅读推广服务的反馈有及时的跟进和改善					
总体评价	我对公共图书馆面对特殊未成年人阅读推广及服务挺满意					
	我对公共图书馆面对特殊未成年人阅读推广及服务有什么建议（简答题）					

再次感谢您的支持与合作！

后　记

本书是由国家图书馆和中国图书馆学会联合全国15家副省级以上公共图书馆共同编纂的“全国公共图书馆事业发展战略研究丛书”的总报告。全书共16章，其中第一章为总论，概述“十三五”时期公共图书馆事业发展的主要成就、当前事业发展面临的新要求以及未来事业发展的总体思路。第二章到第十六章为专题报告，分别从公共图书馆发展环境和趋势、意识形态工作、基层公共图书馆发展、文献信息资源保障体系建设、优秀传统文化传承发展、服务创新、全民阅读服务、新技术创新应用、空间发展、跨界合作、营销推广以及管理运行机制改革等方面进行深入分析，提出了一系列既有前瞻性、又有现实可操作性的发展思路，为科学谋划图书馆事业未来发展奠定了坚实基础。

参与本书编纂工作的既有长期从事图书馆工作的管理与业务骨干，也有具有战略眼光和全局视野的业界专家。第一章“公共图书馆事业‘十三五’回顾和‘十四五’展望”，由国家图书馆研究院负责，申晓娟、李丹、张若冰、张孝天、王薇参与执笔；第二章“公共图书馆发展环境及趋势”由浙江图书馆馆长褚树青负责，朱晔琛、屠淑敏参与执笔；第三章“公共图书馆守好意识形态阵地、传播社会主义核心价值观策略”由福建省图书馆馆长郑智明和福建师范大学副教授洪秋兰负责，唐雅琳、李燕燕、陈秋萍、叶建勤、雷兰芳、万小刚参与执笔；第四章“东部地区基层公共图书馆发展策略”由深圳图书馆馆长张岩负责，蔡箐、王洋、肖鹏参与执笔；第五章“中部地区基层公共图书馆发展策略”由武汉图书馆馆长李静霞和中山大学副教授肖鹏负责，鄢静慧、丁亚茹、张熙、刘征霞、蔡卫萍、杨雅勤、夏雪萍、陈心雨、郑焰丹、赵佳贤、朱含雨、邝静雯、阿衣努拉·阿曼吐尔、莫纯扬、王影、陈苗参与执笔；第六章“西部地区基层公共图书馆发展策略”由陕西省图书馆馆长周云岳负责，陆路、强颖、万行明、邓辉、王岚、辛娜、方明媚、杨镜台、段小虎、金栋昌、李焕龙、马静、扎西卓玛参与执笔；第七章“公共图书馆传承弘扬中华优秀传统文化”由南京图书馆党委书记韩显红负责，全勤、陈顺、尹士亮、陈立、周蓉、武心群、纪景超、徐昕、赵彦梅、张小仲、史星宇、郝翠琴、韩德洁、李姣、韩超、程赟徽参与执笔；第八章“公共图书馆文献信息资源保障体系建设”由首都图书馆副馆长陈坚负责，陈人语、窦玉萌、纪陆恩、康迪、刘春鸿、宋艳萍、宋兆凯、孙慧明、王琦、肖佐刚、熊丽、徐冰、于菲菲、虞敏、张娟、郑佳盈参与执笔；第九章“公共图书馆服务创新战略”由广州图书馆馆长方家忠和中山大学教授程焕文负责，肖鹏、付跃安、肖红凌、潘颖、马泳娴、邵雪、宁亚龙、张靖、唐琼、周旖、莫纯扬、王影、何亚丽、邱越、王朦、麦洁雯、黄书悦、姚彩虹参与执笔；第十章“公共图书馆全民阅读服务战略”由湖北省图书馆馆长刘伟成负责，严继东、杨萍、黄英运、刘元珺、张汉强、竺佳怡、谢娟、曹星月、李茜、白樱子、杨帆、游梦娜、张志嵘、李翔宇、张文静、杨晓彤、潘玲、胡姝参与执笔；第十一章“公共图书馆未成年人阅读推广和服务战略”由深圳少年儿童图书馆馆长宋卫负责，胡戬、董璐璐、戴颖媛、吴黎、吴松桦、周佩莹、周知、蔡焱、陈洁、江场雪、金晔、赖国辉、李永浩、梁斯铭、卢璐、卢珊珊、苏小露、王翠、王威威、谢利红、许明、曾宪付、钟宝军、钟阜康、钟文参与执笔；第十二章“公共图书馆技术创新及数字发展战略”由上海图书馆馆长陈超负责，刘炜、马春、张磊、杨佳、张春景、曲蕴、姚馨、周纲、沈励、郭利敏、朱雯晶、徐鸿强、夏翠娟、贺晨芝、张喆昱、周江纯、丁柯允、宋歌笙、徐昊、宋文婷、赵斌、王晔斌、陈晨、陆晓君、孙宇、蔡丹丹、张炜、吴政、王林、邵波、陈黄焱参与执笔；第十三章“公共图书馆空间发展战略”由天津图书馆馆长李培负责，秦丽娜、王茉瑶、周公旦、寿晓辉、周宇麟、黄臻雄、肖秉杰、钟伟、杨曼乐、宋兆凯、李鹏、刘秀峰、黄芳、刘旭青、卢晓彤参与执笔；第十四章“公共图书馆跨界合作战略”由重庆图书馆馆长任竞和西南大学教授李健负责，韩毅、王宁远、易红、严轩、姜晶、张怡宁、柴宇航、丁晓、徐杰杰、李永丽参与执笔；第十五章“公共图书馆营销推广战略”由杭州图书馆馆长刘冬负责，初景利、胡芳、朱峻薇、聂凌睿、张蔚然、毛祎骏、阮立、刘艳、吴冬曼，李楠，王译晗参与执笔；第十六章“公共图书馆管理运行机制改革创新”由广东省立中山图书馆馆长王惠君和中山大学教授程焕文负责，肖鹏、吴昊、李毅萍、徐玉兰、刘洪、史江蓉、陈润好、左都雯参与执笔。全书的框架结构和内容由文化和旅游部副部长、中国图书馆学会理事长饶权负责审定，申晓娟、李丹、张若冰、张孝天、王薇、王浩、苏丽璇负责统稿。

本项目自 2020 年 4 月启动工作以来，编写组全体成员为本书付梓出版投入了巨大热情，付出了辛勤劳动，特别是克服了研究任务重、时间紧，以及疫情防控期间沟通不便等诸多困难，积极开展问卷调查、专家访谈、网络调研、实地考察等多种形式的调查研究工作，对书稿中所涉及数据、资料多方求证，力求精确完备，确保了书稿的高质量交付。在此，谨向所有给予我们无私支持与帮助的同人、朋友们致以最诚挚的谢意！

国家图书馆研究院

2021 年 10 月